Kohlhammer

Grundstudium Recht
herausgegeben von
Professor Dr. Jörg Eisele und Professor Dr. Bernd Heinrich

Strafrecht
Allgemeiner Teil

für Studienanfänger

von

Professor Dr. Jörg Eisele
Eberhard Karls Universität Tübingen

und

Professor Dr. Bernd Heinrich
Eberhard Karls Universität Tübingen

3., überarbeitete Auflage

Verlag W. Kohlhammer

3. Auflage 2023

Alle Rechte vorbehalten
© W. Kohlhammer GmbH, Stuttgart
Gesamtherstellung: W. Kohlhammer GmbH, Stuttgart

Print:
ISBN 978-3-17-043378-6

E-Book-Formate:
pdf: ISBN 978-3-17-043379-3
epub: ISBN 978-3-17-043380-9

Dieses Werk einschließlich aller seiner Teile ist urheberrechtlich geschützt. Jede Verwendung außerhalb der engen Grenzen des Urheberrechts ist ohne Zustimmung des Verlags unzulässig und strafbar. Das gilt insbesondere für Vervielfältigungen, Übersetzungen, Mikroverfilmungen und für die Einspeicherung und Verarbeitung in elektronischen Systemen.
Für den Inhalt abgedruckter oder verlinkter Websites ist ausschließlich der jeweilige Betreiber verantwortlich. Die W. Kohlhammer GmbH hat keinen Einfluss auf die verknüpften Seiten und übernimmt hierfür keinerlei Haftung.

Vorwort

Das vorliegende Studienbuch zum Allgemeinen Teil des Strafrechts, welches aufgrund der großen Nachfrage innerhalb von nur drei Jahren eine weitere Neuauflage erforderte, ist Teil der Reihe „Grundstudium" im Verlag W. Kohlhammer. Die Reihe richtet sich in erster Linie an Studierende der Rechtswissenschaft in den ersten Semestern und will insoweit die Grundlagen des jeweiligen Rechtsgebietes anschaulich und im Überblick darstellen. Dabei werden die für das grundsätzliche Verständnis notwendigen Strukturen im Einzelnen erörtert, wobei keinerlei Vorkenntnisse vorausgesetzt werden. Insoweit wird auch auf die vertiefte Erörterung von Meinungsstreitigkeiten, die erst für höhere Semester oder Examenskandidaten bedeutsam sind, weitgehend verzichtet. Dagegen sollen durch eine Vielzahl kleinerer Fälle die zentralen Problemstellungen verdeutlicht und die Studierenden dadurch in die Lage versetzt werden, die Klausuren und Hausarbeiten im Grundstudium erfolgreich zu bewältigen. Durch optisch hervorgehobene Piktogramme wird auf spezielle Definitionen, in Klausuren und Hausarbeiten gebräuchliche Formulierungen und Gesetzestexte und besondere Problemstellungen hingewiesen. Weitere Hinweise, Kriterien für die Klausurbewertung, spezielle Klausurtipps und Prüfungsschemata ergänzen die Darstellung und tragen zur Übersichtlichkeit bei. So erhalten die Studierenden in gebotener Kürze alle Informationen, die für das Verständnis des jeweiligen Rechtsgebietes erforderlich sind. Knapp gehaltene Hinweise auf weiterführende Literatur, zentrale Entscheidungen und Übungsklausuren sollen zum vertieften Arbeiten motivieren, wobei jeweils angegeben wird, warum die einzelnen Beiträge sich insbesondere für Studierende in den Anfangssemstern besonders eignen.

Inhalt des vorliegenden Bandes ist der Allgemeine Teil des Strafrechts, der üblicherweise bereits im ersten oder zweiten Semester an den Universitäten gelehrt wird. Erörtert werden die allgemeinen Lehren des Strafrechts sowie die für den strafrechtlichen Deliktsaufbau wesentlichen Elemente des Tatbestandes, der Rechtswidrigkeit und der Schuld. Daneben werden die Sonderformen des Versuchs, der Fahrlässigkeitstat und des Unterlassungsdelikts ebenso knapp und verständlich dargestellt wie die strafrechtliche Irrtumslehre und die Grundfragen von Täterschaft und Teilnahme sowie die strafrechtlichen Konkurrenzen. Bewusst knapp gehalten sind dabei die Nachweise in den Fußnoten, geht es doch erst einmal darum, den Studierenden die Grundstrukturen des Strafrechts zu vermitteln. Für eine vertiefte Erfassung des Rechtsgebiets und weiterführende Hinweise auf Literatur und Rechtsprechung sowie für eine detaillierte Auseinandersetzung mit einzelnen Streitfragen wird auf das umfangreiche Lehrbuch des Autors *Bernd Heinrich*, erschienen in der 7. Aufl. 2022 in der „Studienreihe Rechtswissenschaften", ebenfalls im Verlag W. Kohlhammer, verwiesen. Das vorliegende Studienbuch stellt dabei eine Kurzfassung dieses umfassenden Standardwerks zum Allgemeinen Teil des Strafrechts dar, welches das für das Juristische Staatsexamen

V

Vorwort

erforderliche Wissen präsentiert. Zusammen mit dem von denselben Autoren erschienenen Band zum Besonderen Teil des Strafrechts wird der bis zur Zwischenprüfung erforderliche Prüfungsstoff damit komplett abgebildet. Beide Bände zum Strafrecht werden von beiden Autoren gemeinsam herausgegeben, wobei die Federführung der Bearbeitung des vorliegenden Allgemeinen Teils bei *Bernd Heinrich*, diejenige des Besonderen Teiles bei *Jörg Eisele* liegt.

Ein herzlicher Dank gebührt den studentischen Mitarbeiterinnen und Mitarbeitern des Lehrstuhls vom *Bernd Heinrich*, ohne deren fleißige Mithilfe beim Korrekturlesen und der Erstellung des Stichwortverzeichnisses dieser Band nicht in der vorliegenden Form hätte erscheinen können, namentlich Herrn *Michael Dinkel*, Herrn *Marian Jander*, Frau *Merit Kober*, Herrn Dr. *Sebastian Schulze-Bühler* und Frau *Priska Veith* sowie Herrn *Dr. Philipp Wissmann*, der als wissenschaftlicher Mitarbeiter das Projekt am Lehrstuhl koordiniert hat. Frau *Kim Falke* hat die 2. Auflage gewissenhaft durchgesehen und uns im Anschluss wichtige Hinweise gegeben. An der 3. Auflage haben Herr *Tizian Benjowski*, Herr *Uwe Geis-Schroer*, Frau *Leoni Völker* und Frau *Maria Vrettou* federführend mitgewirkt.

Tübingen, im April 2023   Jörg Eisele, Bernd Heinrich

Inhaltsverzeichnis

Vorwort	V
Literaturverzeichnis	XII
Abkürzungsverzeichnis	XIV
Übersicht Piktogramme	XVII

Teil 1: Einleitung ... 1

    Kapitel 1: Einführung und strafrechtliche Grundfragen ... 1
        I. Das Strafrecht in der juristischen Ausbildung ... 1
        II. Die Aufgabe des Strafrechts: Rechtsgüterschutz ... 4
        III. Sinn und Zweck von Strafe: Die Straftheorien ... 6
        IV. Verfassungsrechtliche Einflüsse auf das Strafrecht ... 7
        V. Abgrenzung zu anderen Rechtsgebieten ... 12
        VI. Geltungsbereich des deutschen Strafrechts ... 14
        VII. Aufbau einer Strafnorm und strafrechtliche Systementwürfe ... 19

Teil 2: Der strafrechtliche Tatbestand ... 27

    Kapitel 2: Der strafrechtliche Tatbestand – Überblick und Deliktsarten ... 27
        I. Grundlagen ... 27
        II. Der Aufbau eines strafrechtlichen Tatbestandes ... 28
        III. Arten von Tatbestandsmerkmalen ... 31
        IV. Auslegung von Tatbestandsmerkmalen ... 35
        V. Überblick über verschiedene strafrechtliche Grundbegriffe ... 38
        VI. Überblick über verschiedene Deliktsarten ... 39

    Kapitel 3: Die menschliche Handlung ... 49
        I. Grundlagen ... 49
        II. Handlungsformen: Tun und Unterlassen ... 50
        III. Abgrenzung von Handlung, Kausalität, Vorsatz und Schuld ... 51
        IV. Anforderungen an die menschliche Handlung ... 51
        V. Prüfung der Handlung in einem strafrechtlichen Gutachten ... 54

    Kapitel 4: Kausalität ... 56
        I. Grundlagen ... 56
        II. Die Äquivalenz- oder Bedingungstheorie ... 57
        III. Formen der Kausalität ... 59

    Kapitel 5: Objektive Zurechnung ... 62
        I. Grundlagen ... 62

Inhaltsverzeichnis

      II. Inhalt der Lehre von der objektiven Zurechnung 63
      III. Fallgruppen, in denen kein rechtlich missbilligtes Risiko geschaffen wird 64
      IV. Fallgruppen, in denen sich das Risiko nicht im konkreten Erfolg verwirklicht. 65

Kapitel 6: Subjektiver Tatbestand 69
      I. Grundlagen 69
      II. Vorsatz und Fahrlässigkeit 70
      III. Der Begriff des Vorsatzes 71
      IV. Arten des Vorsatzes 74
      V. Besondere Erscheinungsformen des Vorsatzes 77

Teil 3: Rechtswidrigkeit 81

Kapitel 7: Rechtswidrigkeit – Einführung und Systematik 81
      I. Grundlagen 81
      II. Struktur der Rechtfertigungsgründe 85

Kapitel 8: Notwehr, § 32 StGB 88
      I. Grundlagen 88
      II. Prüfungsschema 89
      III. Sonderprobleme 104

Kapitel 9: Rechtfertigender Notstand, § 34 StGB 107
      I. Grundlagen 107
      II. Prüfungsschema 107
      III. Typische Anwendungsfälle 114

Kapitel 10: Einwilligung 115
      I. Überblick 115
      II. Das Einverständnis 116
      III. Die Einwilligung 118
      IV. Die mutmaßliche Einwilligung 122
      V. Die hypothetische Einwilligung 124

Kapitel 11: Sonstige Rechtfertigungsgründe 125
      I. Zivilrechtliche Rechtfertigungsgründe 125
      II. Öffentlich-rechtliche Rechtfertigungsgründe 130
      III. Weitere Rechtfertigungsgründe 133

Teil 4: Schuld 137

Kapitel 12: Schuld – Einführung und Systematik 137
      I. Grundlagen 137
      II. Prüfungsaufbau und Prüfungsumfang 138

Kapitel 13: Entschuldigungsgründe 144
      I. Grundlagen 144
      II. Entschuldigender Notstand, § 35 StGB 144
      III. Notwehrexzess, § 33 StGB 149

Inhaltsverzeichnis

	IV.	Handeln aufgrund eines für verbindlich gehaltenen dienstlichen Befehls.	152
	V.	Übergesetzliche Entschuldigungsgründe	152

Kapitel 14: Actio libera in causa ... 153
- I. Einführung in die Problematik ... 153
- II. Begründungsansätze für die vorsätzliche actio libera in causa ... 154
- III. Folgerungen auf der Grundlage der eingeschränkten Vorverlagerungstheorie ... 155

Teil 5: Sonstige Strafbarkeitsvoraussetzungen ... 157

Kapitel 15: Sonstige Strafbarkeitsvoraussetzungen ... 157
- I. Grundlagen ... 157
- II. Persönliche Strafausschließungs- und Strafaufhebungsgründe ... 157
- III. Strafverfolgungsvoraussetzungen und Strafverfolgungshindernisse ... 158

Teil 6: Das Versuchsdelikt ... 160

Kapitel 16: Das Versuchsdelikt – Übersicht und Deliktsaufbau ... 160
- I. Grundsätzlicher Überblick zum Einstieg ... 160
- II. Der Aufbau des Versuchsdelikts im Einzelnen ... 163

Kapitel 17: Formen des Versuchs ... 168
- I. Der untaugliche Versuch ... 168
- II. Der grob unverständige Versuch, § 23 Abs. 3 StGB ... 169
- III. Der abergläubische Versuch ... 170
- IV. Das Wahndelikt ... 171
- V. Der erfolgsqualifizierte Versuch ... 172

Kapitel 18: Unmittelbares Ansetzen ... 175
- I. Zeitliche Stufen der Deliktsbegehung ... 175
- II. Unmittelbares Ansetzen zur Tatbestandsverwirklichung ... 179

Kapitel 19: Rücktritt vom Versuch ... 187
- I. Grundlagen und rechtsdogmatische Einordnung ... 187
- II. Verschiedene Versuchsformen und ihre Relevanz für einen Rücktritt ... 188
- III. Die verschiedenen Rücktrittsvarianten des § 24 StGB ... 192
- IV. Rücktritt vom Versuch des Unterlassungsdelikts ... 201
- V. Spezielle Abgrenzungsprobleme zwischen dem unbeendeten, dem beendeten und dem fehlgeschlagenen Versuch ... 201
- VI. Sonderprobleme ... 205

Teil 7: Das Unterlassungsdelikt ... 208

Kapitel 20: Das Unterlassungsdelikt – Übersicht ... 208
- I. Grundlagen ... 208
- II. Abgrenzung von aktivem Tun und Unterlassen ... 210

Inhaltsverzeichnis

Kapitel 21: Aufbau des Unterlassungsdelikts 214
    I.   Prüfungsschema (beim unechten Unterlassungsdelikt) 214
    II. Prüfungsaufbau im Einzelnen 215

Kapitel 22: Garantenpflichten 222
    I.   Grundlagen 222
    II. Einteilung der Garantenpflichten 223
    III. Die einzelnen Schutzpflichten (Obhuts- oder Beschützergaranten) 224
    IV. Die einzelnen Überwachungspflichten (Sicherungs- oder Überwachungsgaranten) 229

Teil 8: Das Fahrlässigkeitsdelikt 235

Kapitel 23: Das Fahrlässigkeitsdelikt – Übersicht und Deliktsaufbau 235
    I.   Grundlagen 235
    II. Grundsätzliches zu den Fahrlässigkeitsdelikten 236
    III. Aufbau des Fahrlässigkeitsdelikts 241
    IV. Objektive Sorgfaltspflichtverletzung 246
    V. Problemschwerpunkte im Rahmen der objektiven Zurechnung 249
    VI. Sonderformen: Vorsatz-Fahrlässigkeits-Kombinationen 253

Teil 9: Die Irrtumslehre 256

Kapitel 24: Die Irrtumslehre – Übersicht 256
    I.   Grundlagen 256
    II. Irrtümer auf den verschiedenen Ebenen des Deliktsaufbaus . 256
    III. Irrtum über tatsächliche Umstände oder über die rechtliche Bewertung 257
    IV. Irrtum zu Lasten und zugunsten des Täters 258

Kapitel 25: Irrtümer auf Tatbestandsebene 260
    I.   Grundlagen 260
    II. Tatbestandsirrtum (§ 16 StGB) 260
    III. Verbotsirrtum (§ 17 StGB) 269

Kapitel 26: Irrtümer auf Rechtswidrigkeitsebene 272
    I.   Grundlagen 272
    II. Erlaubnistatbestandsirrtum 272
    III. Erlaubnisirrtum 277

Kapitel 27: Sonstige Irrtümer 278
    I.   Rechtliche Behandlung des Doppelirrtums 278
    II. Irrtümer auf Schuldebene 280
    III. Irrtümer auf der „Vierten Ebene der Strafbarkeit" 281
    IV. Irrtum über die Garantenstellung beim unechten Unterlassungsdelikt 283
    V. Zusammenfassung und Überblick 284

Inhaltsverzeichnis

Teil 10: Täterschaft und Teilnahme 287

   Kapitel 28: Die Beteiligungslehre – Überblick. 287
      I.   Grundlagen 287
      II. Abgrenzung von Täterschaft und Teilnahme – Grundsätze .. 289
      III. Abgrenzung von Täterschaft und Teilnahme – Theorien 290
      IV. Täterschaft und Teilnahme beim Unterlassungsdelikt 292

   Kapitel 29: Mittäterschaft 294
      I.   Grundlagen 294
      II. Voraussetzungen der Mittäterschaft 296
      III. Sonderprobleme. 298

   Kapitel 30: Mittelbare Täterschaft. 302
      I.   Grundlagen 302
      II. Formen der mittelbaren Täterschaft. 304
      III. Fallgruppen des „Täters hinter dem Täter" 305
      IV. Sonderproblem: Abgrenzung von strafloser Anstiftung zur Selbsttötung und Totschlag in mittelbarer Täterschaft. 309
      V.   Sonstige Probleme im Rahmen der mittelbaren Täterschaft. . 310

   Kapitel 31: Anstiftung 311
      I.   Grundlagen der Teilnahme – Grundsatz der limitierten Akzessorietät 311
      II. Grundlagen der Anstiftung. 312
      III. Der objektive Tatbestand der Anstiftung 313
      IV. Der subjektive Tatbestand der Anstiftung. 318

   Kapitel 32: Beihilfe 322
      I.   Grundlagen 322
      II. Der objektive Tatbestand der Beihilfe 323
      III. Der subjektive Tatbestand der Anstiftung. 328
      IV. Sonstiges 329

   Kapitel 33: Sonstige Teilnahmeprobleme 329
      I.   Kettenteilnahme. 329
      II. Konkurrenzen 330
      III. Lockerungen der Akzessorietät, §§ 28, 29 StGB 330
      IV. Die versuchte Teilnahme. 333
      V.   Die notwendige Teilnahme. 336

Teil 11: Konkurrenzen und Wahlfeststellung 338

   Kapitel 34: Konkurrenzen und Wahlfeststellung. 338
      I.   Grundlagen 338
      II. Die einzelnen Konkurrenzen im Überblick 339
      III. Prüfungsschema 342
      IV. Wahlfeststellung und „in dubio pro reo" 354

Stichwortverzeichnis 361

Literaturverzeichnis

Alternativkommentar zum Strafgesetzbuch, herausgegeben von Rudolf Wassermann, Band 1, §§ 1–21, Neuwied 1990, Band 3, §§ 80–145d, Neuwied 1986 (zitiert: *Bearbeiter*, in: AK)
Baumann, Jürgen/Weber, Ulrich/Mitsch, Wolfgang/Eisele, Jörg, Strafrecht Allgemeiner Teil, 13. Aufl., Bielefeld 2021 (zitiert: *Baumann/Weber/Mitsch/Eisele-Bearbeiter*)
Beling, Ernst, Die Lehre vom Verbrechen, Tübingen 1906 (zitiert: *Beling*, Die Lehre vom Verbrechen)
Blei, Hermann, Strafrecht I, Allgemeiner Teil, 18. Aufl., München 1983 (zitiert: *Blei*)
Eisele, Jörg, Strafrecht – Besonderer Teil I, Straftaten gegen die Person und die Allgemeinheit, 6. Aufl., Stuttgart 2021 (zitiert: *Eisele*, BT I)
Eisele, Jörg, Strafrecht – Besonderer Teil II, Eigentumsdelikte und Vermögensdelikte, 6. Aufl., Stuttgart 2021 (zitiert: *Eisele*, BT II)
Fischer, Thomas, Strafgesetzbuch mit Nebengesetzen, 69. Aufl., München 2022 (zitiert: *Fischer*)
Frank, Reinhard, Strafgesetzbuch, 18. Aufl., Tübingen 1931 (zitiert: *Frank*)
Freund, Georg/Rostalski, Frauke, Strafrecht, Allgemeiner Teil, Personale Straftatlehre, 3. Aufl., Berlin u. a. 2019 (zitiert: *Freund/Rostalski*)
Frister, Helmut, Strafrecht Allgemeiner Teil, 9. Aufl., München 2020 (zitiert: *Frister*)
Gropp, Walter/Sinn, Arndt, Strafrecht Allgemeiner Teil, 5. Aufl., Berlin u. a. 2020 (zitiert: *Gropp/Sinn*)
Heinrich, Bernd, Strafrecht – Allgemeiner Teil, 7. Aufl., Stuttgart 2022 (zitiert: *Heinrich*, AT)
Jescheck, Hans-Heinrich/Weigend, Thomas, Lehrbuch des Strafrechts, Allgemeiner Teil, 5. Aufl., Berlin 1996 (zitiert: *Jescheck/Weigend*)
Kindhäuser, Urs/Zimmermann, Till, Strafrecht Allgemeiner Teil, 10. Aufl., Baden-Baden 2021 (zitiert: *Kindhäuser/Zimmermann*)
Krey, Volker/Esser, Robert, Deutsches Strafrecht, Allgemeiner Teil, 7. Aufl., Stuttgart 2022 (zitiert: *Krey/Esser*)
Kühl, Kristian, Strafrecht, Allgemeiner Teil, 8. Aufl., München 2017 (zitiert: *Kühl*)
Lackner, Karl/Kühl, Kristian/Heger, Martin, Strafgesetzbuch mit Erläuterungen, 30. Aufl., München 2023 (zitiert: *Lackner/Kühl/Heger*)
Leipziger Kommentar zum Strafgesetzbuch, 11. Aufl., herausgegeben von Burkhard Jähnke, Heinrich Wilhelm Laufhütte, Walter Odersky, Berlin 1992 ff. (zitiert: *Bearbeiter*, in: LK, 11. Aufl.); 13. Aufl., herausgegeben von Gabriele Cirener, Henning Radtke, Rutz Rissing-van Sahn, Thomas Rönnau, Wilhelm Schluckebier (zitiert: *Bearbeiter*, in: LK, 13. Aufl.)
Maurach, Reinhart/Zipf, Heinz, Strafrecht Allgemeiner Teil, Teilband 1, 8. Aufl., Heidelberg 1992 (zitiert: *Maurach/Zipf*, AT 1)
Maurach, Reinhart/Gössel, Karl-Heinz/Zipf, Heinz, Strafrecht Allgemeiner Teil, Teilband 2, 8. Aufl., Heidelberg 2014 (zitiert: *Maurach/Gössel/Zipf*, AT 2)
Münchener Kommentar zum Strafgesetzbuch, 4. Aufl., herausgegeben von Volker Erb und Jürgen Schäfer, 9 Bände, München 2020 ff. (zitiert: *Bearbeiter*, in: MüKo, 4. Aufl.)

Literaturverzeichnis

Nomos-Kommentar zum Strafgesetzbuch, 3 Bände, herausgegeben von Urs Kindhäuser, Ulfrid Neumann und Hans-Ullrich Paeffgen, 5. Aufl., Baden-Baden 2017 (zitiert: *Bearbeiter*, in: NK)

Otto, Harro, Grundkurs Strafrecht, Allgemeine Strafrechtslehre, 7. Aufl., Berlin, New York 2004 (zitiert: *Otto*)

Rengier, Rudolf, Strafrecht Allgemeiner Teil, 14. Aufl., München 2022 (zitiert: *Rengier*)

Roxin, Claus/Greco Luís, Strafrecht AT, Bd. I – Grundlagen: Der Aufbau der Verbrechenslehre, 5. Aufl., München 2020 (zitiert: Roxin/Greco, AT I)

Roxin, Claus, Strafrecht AT, Bd. II – Besondere Erscheinungsformen der Straftat, 2003 (zitiert: *Roxin*, AT II)

Schönke, Adolf/Schröder, Horst, Strafgesetzbuch, 30. Aufl., München 2019 (zitiert: *Bearbeiter*, in: Schönke/Schröder)

Systematischer Kommentar zum Strafgesetzbuch, herausgegeben von Jürgen *Wolter*, 9. Aufl., Köln 2017 (zitiert: *Bearbeiter*, in: SK)

Welzel, Hans, Das Deutsche Strafrecht, 11. Aufl., Berlin 1969 (zitiert: *Welzel*)

Wessels, Johannes/Beulke, Werner/Satzger, Helmut, Strafrecht Allgemeiner Teil, 52. Aufl., Heidelberg 2022 (zitiert: *Wessels/Beulke/Satzger*)

Abkürzungsverzeichnis

Abs.	Absatz
a. F.	alte Fassung
AK	Alternativkommentar (vgl. Literaturverzeichnis)
a. l. i. c	actio libera in causa
Alt.	Alternative
a. M.	andere Meinung
Anh.	Anhang
arg.	argumentum
Art.	Artikel
AT	Allgemeiner Teil
Aufl.	Auflage
BayObLG	Bayerisches Oberlandesgericht
BBG	Bundesbeamtengesetz
Bd.	Band
BGB	Bürgerliches Gesetzbuch
BGH	Bundesgerichtshof
BGHSt	Entscheidungen des Bundesgerichtshofes in Strafsachen (Amtliche Sammlung, zitiert nach Band)
Bsp.	Beispiel
BT	Besonderer Teil
BtMG	Betäubungsmittelgesetz
BVerfG	Bundesverfassungsgericht
BVerfGE	Entscheidungen des Bundesverfassungsgerichtes (Amtliche Sammlung, zitiert nach Band)
bzgl.	bezüglich
bzw.	beziehungsweise
ca.	circa
DDR	Deutsche Demokratische Republik
ders.	derselbe
d. h.	das heißt
dies.	dieselbe/dieselben
EGStGB	Einführungsgesetz zum Strafgesetzbuch
EMRK	Europäische Menschenrechtskonvention
etc.	et cetera
EUV	Vertrag zur Gründung der Europäischen Union
f.	folgende
FamRZ	Zeitschrift für das gesamte Familienrecht (Zeitschrift, zitiert nach Jahrgang)
ff.	fortfolgende

Abkürzungsverzeichnis

Fn.	Fußnote
FS	Festschrift
GA	Goltdammer's Archiv für Strafrecht (Zeitschrift, zitiert nach Jahrgang)
gem.	gemäß
GG	Grundgesetz
GmbH	Gesellschaft mit beschränkter Haftung
GVG	Gerichtsverfassungsgesetz
h. M.	herrschende Meinung
i. S.	im Sinne
i. V. m.	in Verbindung mit
JA	Juristische Arbeitsblätter (Zeitschrift, zitiert nach Jahrgang)
JGG	Jugendgerichtsgesetz
JR	Juristische Rundschau (Zeitschrift, zitiert nach Jahrgang)
JURA	Juristische Ausbildung (Zeitschrift, zitiert nach Jahrgang)
JuS	Juristische Schulung (Zeitschrift, zitiert nach Jahrgang)
JZ	Juristenzeitung (Zeitschrift, zitiert nach Jahrgang)
Kap.	Kapitel
KfZ	Kraftfahrzeug
LG	Landgericht
LK	Leipziger Kommentar (vgl. Literaturverzeichnis)
MüKo	Münchener Kommentar (vgl. Literaturverzeichnis)
MDR	Monatsschrift für Deutsches Recht (Zeitschrift, zitiert nach Jahrgang)
Mg	Milligramm
m. w. N.	mit weiteren Nachweisen
NJW	Neue Juristische Wochenschrift (Zeitschrift, zitiert nach Jahrgang)
NK	Nomos Kommentar (vgl. Literaturverzeichnis)
Nr.	Nummer
NStZ	Neue Zeitschrift für Strafrecht (Zeitschrift, zitiert nach Jahrgang)
OLG	Oberlandesgericht
OWiG	Gesetz über Ordnungswidrigkeiten
RGSt	Entscheidungen des Reichsgerichts in Strafsachen (Amtliche Sammlung, zitiert nach Band)
Rn.	Randnummer
S.	Seite
SK	Systematischer Kommentar (vgl. Literaturverzeichnis)
sog.	sogenannte/r
SoldG	Soldatengesetz
StGB	Strafgesetzbuch
StPO	Strafprozessordnung
str.	strittig
StV	Strafverteidiger (Zeitschrift, zitiert nach Jahrgang)
StVO	Straßenverkehrsordnung
StVollzG	Strafvollzugsgesetz
u. a.	unter anderem

Abkürzungsverzeichnis

v.	von
vgl.	vergleiche
Vorbem.	Vorbemerkung
VStGB	Völkerstrafgesetzbuch
WaffG	Waffengesetz
wistra	Zeitschrift für Wirtschaft. Steuer. Strafrecht (Zeitschrift, zitiert nach Jahrgang)
WStG	Wehrstrafgesetz
z. B.	zum Beispiel
ZJS	Zeitschrift für das Juristische Studium, Online-Zeitschrift, abrufbar unter www.zjs-online.com (zitiert nach Jahrgang)
ZStW	Zeitschrift für die gesamte Strafrechtswissenschaft (Zeitschrift, zitiert nach Band und Jahrgang)

Übersicht Piktogramme

Definition ⚠

Formulierung ✎

Gesetzestext §

Hinweis 👁

Klausurbewertung ✔

Klausurtipp ➔

Problem ⚡

Prüfungsschema ☰

Teil 1: Einleitung

Kapitel 1: Einführung und strafrechtliche Grundfragen

I. Das Strafrecht in der juristischen Ausbildung

Neben dem Zivilrecht und dem öffentlichen Recht ist das Strafrecht das dritte große Teilgebiet des Rechts, welches die Studierenden der Rechtswissenschaft im Rahmen ihres Studiums erwartet. Ähnlich wie in den anderen Rechtsgebieten, müssen in den Klausuren (hier unterscheidet man regelmäßig Anfänger-, Fortgeschrittenen- und Examensklausuren) sowie in den Hausarbeiten „Fälle" gelöst werden. In diesen Fällen wird regelmäßig ein feststehender Lebenssachverhalt präsentiert (Bsp.: Anton sticht seinem Nebenbuhler Bruno mit einem Messer in den Hals, wobei er mit der Möglichkeit rechnet, dass Bruno tödlich verletzt ist, dies ist ihm aber egal), der anschließend zu lösen ist. Dabei müssen bestimmte examensrelevante Straftatbestände (Mord, Diebstahl, Betrug, Straßenverkehrsgefährdung etc.) nach einem genau einzuhaltenden Schema durchgeprüft werden.

Die Prüfung endet regelmäßig mit der Feststellung, dass sich der Täter nach bestimmten Vorschriften des Strafgesetzbuches (StGB) strafbar gemacht hat. Die Frage, welche konkrete Strafe zu verhängen ist (Geldstrafe, Freiheitsstrafe – jeweils in welcher Höhe), ist hingegen nicht Prüfungsgegenstand in der universitären juristischen Ausbildung. Denn hierzu bedarf es regelmäßig einer intensiven Auseinandersetzung mit der Person des Täters, dessen Vorleben, den Auswirkungen der Tat auf das Opfer etc., was in einer Klausur kaum zu leisten wäre. Diese Aspekte lernen angehende Juristinnen und Juristen in ihrem auf das Studium folgenden Rechtsreferendariat. Auch die Auseinandersetzung mit den Grundlagen des Strafrechts, die Frage nach dem Zweck und der Legitimation von Strafe (warum gibt es Strafe, wozu soll Strafe dienen?) oder strafrechtspolitische Überlegungen (welche neuen Strafvorschriften sollte der Gesetzgeber schaffen, welche bestehenden Vorschriften sollte er aufheben?) werden – auch wenn man dies bedauern mag – kaum einmal Gegenstand in der juristischen Prüfung sein. Anders ist dies höchstens dann, wenn am Ende des Studiums der strafrechtliche Schwerpunktbereich gewählt wird. Insoweit sollen auch im vorliegenden Grundriss gerade der „Fallaufbau" und die Struktur der Straftat und nicht kritische rechtspolitische Überlegungen im Zentrum stehen. Dabei soll darauf abgestellt werden, was Studierende in den Anfangssemestern benötigen, um einerseits Strafrecht „zu verstehen", andererseits in den ersten Klausuren gut abzuschneiden.[1]

---

1 Wer darüber hinaus vertieft in die Materie einsteigen will oder – z. B. im Rahmen einer Hausarbeit – einen strafrechtlichen Meinungsstreit ausführlich darstellen möchte, dem sei u. a. die Darstellung von *Heinrich*, Strafrecht Allgemeiner Teil, 7. Aufl. 2022, empfohlen. Auf dieses Lehrbuch wird an mehreren Stellen des vorliegenden Grundrisses in den Fußnoten noch zur Vertiefung hingewiesen werden.

> **Hinweis**
> Gerade in strafrechtlichen Klausuren sind ein gutes Zeitmanagement und ein stringenter Aufbau, der sich auf die zentralen Punkte des jeweiligen Falles konzentriert, zwingend erforderlich. Denn in der Prüfungspraxis überwiegt nicht die „Schwerpunktklausur", in welcher sich die Studierenden mit einer zentralen strafrechtlichen Frage intensiv auseinanderzusetzen hätten, sondern die „Rennfahrerklausur", in der in kürzester Zeit eine Vielzahl verschiedener Straftatbestände (oder auch synonym: Strafnormen, Delikte!) durchgeprüft werden muss und die Aufgabe gerade auch darin besteht, nicht nur die auftauchenden Probleme zu kennen und vertretbar zu lösen, sondern auch Schwerpunkte zu setzen und Nebensächliches kurz zu halten.

3 Der vorliegende Grundriss beschäftigt sich mit dem **Allgemeinen Teil** des Strafrechts (§§ 1–79b StGB). Hierbei geht es um die „Struktur einer Straftat", d. h. die Frage, aus welchen Elementen sich eine Straftat zusammensetzt (Tatbestandsmäßigkeit, Rechtswidrigkeit, Schuld). Dies ist auch entscheidend dafür, wie man das Vorliegen einer solchen Straftat in einer Klausur prüft. Daneben werden Sonderfragen angesprochen, die für alle Straftatbestände Bedeutung erlangen können, so z. B. wann jemand vorsätzlich oder fahrlässig handelt oder ob man eine Straftat auch durch schlichtes Nichtstun (= Unterlassen) begehen kann. Wichtig ist hier z. B. auch der Themenkomplex „Täterschaft und Teilnahme", in dem geklärt wird, welche Auswirkungen es hat, wenn mehrere Personen (meist in unterschiedlicher Intensität) bei der Straftatbegehung zusammenwirken. Auch finden sich in diesem Bereich Regelungen darüber, wie zu verfahren ist, wenn der Täter sich über bestimmte Dinge irrt (er also z. B. den falschen Menschen tötet oder davon ausgeht, sein Handeln sei erlaubt).

4 Dagegen enthält der **Besondere Teil** des StGB (§§ 80–358 StGB) die einzelnen Straftatbestände, die jedoch – ebenso wie die Vorschriften des Allgemeinen Teils! – nicht vollständig zum Pflichtstoff im Rahmen des juristischen Studiums zählen. Da die Juristenausbildung Ländersache ist, finden sich diejenigen Normen und Rechtsinstitute, die zum Gegenstand der Staatsexamensprüfung gemacht werden können, in den jeweiligen landesrechtlichen Justizausbildungsordnungen, in die beizeiten einmal ein kurzer Blick geworfen werden sollte.

5 Ebenfalls nicht zum Pflichtstoff gehören die umfangreichen Vorschriften des **Nebenstrafrechts**. Hierunter versteht man Strafvorschriften, die in anderen Gesetzen als dem StGB enthalten sind und die Verstöße gegen Vorschriften dieses speziellen Gesetzes unter Strafe stellen. Hierbei kann es sich sowohl um an sich zivilrechtliche Regelungen (vgl. z. B. das Urheberrechtsgesetz mit seinen Strafnormen in §§ 106 ff. UrhG) oder um Regelungen des besonderen Verwaltungsrechts (vgl. z. B. das Waffengesetz mit seinen Strafnormen in §§ 51 ff. WaffG) handeln. In der Praxis spielen diese Nebengesetze im Gegensatz zum juristischen Studium eine große Rolle, man denke nur an das Betäubungsmittelgesetz (unerlaubter Umgang mit Drogen) oder die Abgabenordnung (hier sind die Steuerstraftaten geregelt).

6 Im **Allgemeinen Teil** des StGB findet sich – insoweit „vor die Klammer gezogen" – eine Zusammenfassung derjenigen Regelungen, die für alle Delikte sowohl des Besonderen Teils als auch für das Nebenstrafrecht gleichermaßen gelten. Ob es sich dabei um Mord, Körperverletzung, Raub oder Urkundenfälschung handelt, spielt keine Rolle. Dieses Verfahren führt zu einer weitgehenden Systematisierung und Dogmatisierung des Strafrechts und weist zudem einen gewissen Vereinfachungseffekt auf.

> **Bsp.:** Ein **Beispiel** hierfür stellt die Vorschrift des § 15 StGB dar: „Strafbar ist nur vorsätzliches Handeln, wenn nicht das Gesetz fahrlässiges Handeln ausdrücklich mit Strafe bedroht". Diese Regelung führt nicht nur dazu, dass der Gesetzgeber nicht in jeder Strafnorm des Besonderen Teils jeweils ausdrücklich niederlegen muss, ob diese Norm nur für vorsätzliches Verhalten oder auch für fahrlässiges Verhalten gilt, sondern sie stellt darüber hinaus auch klar, dass der Vorsatzbegriff bei allen Tatbeständen in gleicher Weise zu bestimmen ist. Die Definition des Begriffes „Vorsatz" ist also abstrakt zu fassen und kann nicht beim Mord, beim Diebstahl oder bei der Beleidigung unterschiedlich ausgelegt werden. Insoweit muss auch die Abgrenzung von Vorsatz und Fahrlässigkeit[2] nur einmal abstrakt gelernt werden und kann dann auf sämtliche Tatbestände des Besonderen Teils übertragen werden.

7 Teilweise finden sich in den einzelnen Abschnitten des **Besonderen Teils** allerdings auch Vorschriften, welche die Regelungen des Allgemeinen Teils für bestimmte Straftatbestände modifizieren. Diese Regelungen gehen dann den Regelungen des Allgemeinen Teils als Spezialgesetze vor (Vorrang des Besonderen Teils vor dem Allgemeinen Teil!).

> **Bsp.:** Der 17. Abschnitt des Besonderen Teils des StGB, in dem die Körperverletzungsdelikte, §§ 223 ff. StGB, geregelt werden, enthält zwar überwiegend einzelne Straftatbestände. Daneben findet sich in § 228 StGB jedoch eine Sonderregelung über die „Einwilligung". Eine solche Einwilligung stellt in aller Regel einen Rechtfertigungsgrund dar und führt dazu, dass ein Verhalten, welches den Tatbestand einer Strafvorschrift erfüllt, gerechtfertigt wird (mit der Folge, dass der Handelnde daher nicht bestraft wird).[3] Die Vorschrift des § 228 StGB stellt nun eine Ausnahme des allgemeinen (ungeschriebenen) Grundsatzes dar, dass eine Einwilligung stets rechtfertigend wirkt. Bei der Körperverletzung ist dies nach § 228 StGB nämlich nur dann der Fall, wenn die Tat trotz der Einwilligung nicht gegen die guten Sitten verstößt.

8 Aus dem Bereich des Allgemeinen Teils des Strafrechts sind für Studierende vor allem die §§ 13–35 StGB von Bedeutung, auf die sich auch dieser Grundriss im Wesentlichen beschränkt. Hier werden grundsätzliche Fragen der „dogmatischen Struktur" der Straftat behandelt (so wird z. B. beschrieben, aus welchen Elementen sich eine Straftat zusammensetzt, was wiederum für den Prüfungsaufbau entscheidend ist). Es finden sich hier auch Regelungen über die Strafbarkeit des Versuchs, über Täterschaft und Teilnahme, die Unterlassungsstrafbarkeit, Vorsatz und Fahrlässigkeit, die im Hinblick auf jedes Delikt in Frage kommenden Rechtfertigungsgründe, die möglichen Entschuldigungsgründe und die strafrechtliche Relevanz von Irrtümern. Im vorliegenden Grundriss nicht behandelt werden hingegen die Rechtsfolgen der Tat (Strafen und Maßregeln), die Strafverfolgungsvoraussetzungen (z. B. der Strafantrag) und Fragen der Verjährung, da diese nicht unmittelbar prüfungsrelevant sind.

---

2 Vgl. zu dieser Abgrenzung ausführlich unten Rn. 174 ff.
3 Vgl. zur Rechtswidrigkeitsebene und den Rechtfertigungsgründen noch unten Rn. 201 ff.

II. Die Aufgabe des Strafrechts: Rechtsgüterschutz

9 Vor der Erörterung der Struktur einer Straftat und der Darstellung des Prüfungsaufbaus ist es sinnvoll, sich kurz Gedanken darüber zu machen, welche Aufgabe dem Strafrecht in unserem Rechtssystem eigentlich zukommt und warum es sinnvoll und notwendig erscheint, auf ein bestimmtes Verhalten überhaupt mit Strafe zu reagieren. Der Zweck des Strafrechts (und damit der Grund, warum der Gesetzgeber die einzelnen Straftatbestände ins Gesetz aufgenommen hat), liegt im **Schutz bestimmter Rechtsgüter**. Unter diesem Begriff fasst man bestimmte Werte zusammen, die durch die Rechtsordnung geschützt werden sollen. Es kann sich hierbei sowohl um Rechtsgüter des Einzelnen als auch um solche der Allgemeinheit handeln.

10 Als „klassisches" Rechtsgut des Einzelnen (auch „Individualrechtsgüter" genannt) ist das menschliche Leben zu nennen. Schon in der Verfassung (Art. 2 Abs. 2 Satz 1 GG) wird klargestellt, dass das menschliche Leben ein zentrales Grundrecht des Einzelnen darstellt. Es ist daher folgerichtig, dass dieses Recht auch durch das Strafrecht gegen Verletzungen nicht nur seitens staatlicher Organe, sondern auch seitens anderer Mitbürger geschützt wird. Das menschliche Leben ist daher als Rechtsgut anerkannt und schützenswert. Als weitere individuelle Rechtsgüter sind die körperliche Unversehrtheit, die Ehre, die Freiheit, aber auch Vermögen und Eigentum zu nennen.

11 Daneben existieren allerdings auch Rechtsgüter der Allgemeinheit (Allgemeinrechtsgüter oder auch kollektive Rechtsgüter) wie z. B. das ordnungsgemäße Funktionieren der staatlichen Verwaltung oder der Rechtspflege. Wenn dem Staat z. B. die Aufgabe zukommt, ein funktionierendes Gerichtswesen zu schaffen (dies schon deshalb, damit die Einzelnen ihr Recht nicht mit „Gewalt" im Wege der Selbstjustiz durchsetzen), muss dieses auch sicherstellen, dass Zeugen vor Gericht die Wahrheit sagen. Eben diesem Zweck dienen die Aussagedelikte, §§ 153 ff. StGB, durch welche die innerstaatliche Rechtspflege als Rechtsgut geschützt wird. Aber auch die „Sicherheit des Straßenverkehrs" oder die „Umwelt" sind als kollektive Rechtsgüter anerkannt. Bedeutsam ist, dass diese Rechtsgüter dem Gesetzgeber nicht statisch vorgegeben sind. Vielmehr bestimmt die staatliche Gemeinschaft regelmäßig auf der Grundlage der jeweiligen Gesellschaftsordnung Werte und Grundsätze, die für das menschliche Zusammenleben als so wichtig angesehen werden, dass auch ein Schutz durch das Strafrecht erforderlich scheint. Einen wesentlichen Anhaltspunkt für die zu schützenden Werte bildet dabei die jeweils geltende Verfassung. Die als schützenswert angesehenen Rechtsgüter sind insoweit einem zeitlichen Wandel unterworfen. Während manche Rechtsgüter, wie z. B. die Umwelt, erst im Laufe der vergangenen Jahre hinzugekommen sind, sind andere weggefallen, wie z. B. die „Reinhaltung der mitmenschlichen Beziehungen vor sexuell unzüchtigen Handlungen" (früher geschützt durch den Kuppeleitatbestand, § 180 StGB a. F.).

12 Die zu schützenden Rechtsgüter sind **Grundlage der jeweiligen Strafbestimmung**, sie sind die Motivation des Gesetzgebers, eine bestimmte Vorschrift zu erlassen. Diese Motivation ist allerdings im Gesetz selbst nicht ausdrücklich niedergeschrieben, sondern durch Auslegung des Straftatbestandes im Einzelfall zu ermitteln. Dies ist mitunter recht einfach. So ist es z. B. nicht zweifelhaft, dass der Tatbestand des Totschlags, § 212 StGB, das Rechtsgut „Leben" oder der Tatbestand des Diebstahls, § 242 StGB, das „Eigentum"⁴ schützt. Zuweilen kann die Ermittlung des geschützten Rechtsguts aber auch schwieriger sein. Als Beispiel sollen hier nur die Bestechungsdelikte, §§ 331 ff. StGB, genannt werden, deren Rechtsgut seit langem umstritten ist.

Entscheidend ist, dass jeder Straftatbestand zumindest **ein** anerkanntes Rechtsgut schützen muss. Ist dies nicht der Fall, dann verstößt die entsprechende Vorschrift gegen die Verfassung, da sich der mit jeder strafrechtlichen Verurteilung verbundene Eingriff in die Freiheitsrechte des Einzelnen in diesem Fall nicht rechtfertigen lässt. Möglich ist es jedoch, dass ein Straftatbestand mehrere Rechtsgüter schützt, wie z. B. bei der „falschen Verdächtigung", § 164 StGB: Neben dem einzelnen Staatsbürger, der sich nicht zu Unrecht staatlichen Strafverfolgungsmaßnahmen ausgesetzt sehen soll, wird darüber hinaus auch die staatliche Rechtspflege geschützt, damit diese nicht durch unrichtige Anzeigen überflüssig in Anspruch genommen wird – was Zeit und Geld kostet und dementsprechend zu vermeiden ist. Diese „Doppelung" der Rechtsgüter spielt insbesondere dann eine Rolle, wenn der betroffene Einzelne (also das Opfer hinsichtlich des verletzten Individualrechtsguts) in die falsche Verdächtigung einwilligt. Denn eine solche Einwilligung ist nur im Hinblick auf Individualrechtsgüter, nicht aber bei kollektiven Rechtsgütern möglich – weswegen die Einwilligung in diesem Beispiel niemals alle geschützten Rechtsgüter gleichsam abdecken „kann".⁵

13

> **Klausurtipp**
> Bei der juristischen Fallbearbeitung muss das durch die jeweilige Strafnorm geschützte Rechtsgut nicht bei jeder Prüfung im Einzelnen festgestellt werden. Das Rechtsgut kann jedoch bei der Auslegung einzelner Tatbestandsmerkmale und im Hinblick auf den durch die Vorschrift geschützten Rechtsgutträger (z. B. hinsichtlich einer möglichen Einwilligung oder bei der Berechtigung, als Verletzter einen Strafantrag zu stellen) durchaus eine Rolle spielen und ist in diesen Fällen einer genaueren Prüfung zu unterziehen.

Umgekehrt ist aber nicht immer dann, wenn ein konkretes Rechtsgut durch ein bestimmtes Verhalten betroffen ist, zwingend auch eine Strafvorschrift einschlägig. Es kann also durchaus gesellschaftlich unerwünschte und möglicherweise auch zivilrechtlich rechtswidrige und schuldhafte Verhaltensweisen geben, welche auch zivilrechtliche Schadensersatzansprüche begründen, die aber nicht als so gravierend angesehen werden, dass sie auch mit Strafe bedroht werden müssten (so macht sich z. B. derjenige, der fahrlässig eine fremde Sache beschädigt, nach § 823 BGB schadensersatzpflichtig, da er das Eigentum – ein an sich strafrechtlich geschütztes Rechtsgut! – eines anderen verletzt hat. Strafbar macht er sich daneben jedoch nicht, da § 303 StGB nur die **vorsätzliche**, nicht aber die fahrlässige Sachbeschädigung mit Strafe bedroht). Man spricht in diesem Zusammenhang auch vom **fragmentarischen Charakter des Strafrechts**. Die Anwendung des Strafrechts bzw. die Bestrafung eines Menschen darf lediglich **ultima ratio** sein. Diese Anforderung ist erfüllt, wenn ein ganz besonders sozialschädliches Verhalten vor-

14

---

4   Darüber hinaus ist es aber selbst bei so eindeutigen Tatbeständen wie dem Diebstahl durchaus umstritten, ob darüber hinaus auch noch weitere Rechtsgüter geschützt werden, wie hier z. B. neben dem „Eigentum" der „Gewahrsam".
5   Vgl. hierzu noch unten Rn. 303.

liegt. Wann dies der Fall ist, liegt in den Händen des Gesetzgebers, der diese Wertentscheidung durch die Tatbestände des StGB manifestiert.

15 Vom geschützten **Rechtsgut** (z. B. vom abstrakten Rechtsgut „Eigentum") zu unterscheiden sind der durch die jeweilige Vorschrift geschützte **Rechtsgutsträger** (z. B. der konkrete Eigentümer der beschädigten oder gestohlenen Sache) sowie das **„Handlungs-"** oder **„Tatobjekt"** (z. B. das beschädigte oder gestohlene Mobiltelefon).

> **Literaturhinweise**
> **Weiterführende Literatur:** *Rönnau*, Der strafrechtliche Rechtsgutsbegriff, JuS 2009, 209 (kurze, prägnante Einführung in die Thematik); *Swoboda*, Die Lehre vom Rechtsgut und ihre Alternativen, ZStW 122 (2010), 24 (ausführlicher, verständlicher Gesamtüberblick)

III. Sinn und Zweck von Strafe: Die Straftheorien

16 Nicht vertieft werden soll an dieser Stelle die Frage nach dem Sinn und Zweck staatlichen Strafens.[6] Ob und inwieweit Strafe sinnvoll ist, ob eine Gesellschaft ohne Strafe (und Strafrecht!) auskommen kann und ob, beziehungsweise inwieweit, sie sich ausschließlich auf zivilrechtliche Sanktionsmechanismen beschränken kann, sind Grundfragen, über die sich zwar alle Studierenden des Rechts einmal Gedanken gemacht haben sollten, die aber, ebenso wie die Strafzumessung (d. h. die Frage, welche konkrete Strafe letztlich ausgesprochen wird) oder die Ausgestaltung des Strafvollzugs regelmäßig nicht Gegenstand von strafrechtlichen Klausuren im juristischen Staatsexamen sind. Daher genügt im Folgenden ein kurzer Überblick über die hierzu vertretenen Ansätze.

1. Absolute Straftheorien

17 Nach den **absoluten Straftheorien** (Vertreter insbesondere *Immanuel Kant* und *Georg Friedrich Wilhelm Hegel*) ist die Strafe unabhängig von ihrer gesellschaftlichen Wirkung, d. h. unabhängig von ihrem Zweck zu sehen. Sie dient allein dazu, die Rechtsordnung wiederherzustellen und auf das begangene Unrecht zu reagieren. Insofern wirkt sie ausschließlich repressiv und hat damit **vergeltenden Charakter**. Der Täter müsse bestraft werden, „weil" er eine Straftat begangen hat und nicht deswegen, weil er durch die verhängte bzw. vollstreckte Strafe gebessert würde oder andere durch die Bestrafung des Täters von der Begehung eigener Straftaten abgeschreckt werden könnten. Würde der Täter als Mittel zum Zweck bestraft, verstieße dies als Einschränkung seiner Freiheit sogar gegen die Menschenwürde. Verwandt hiermit ist auch die **Sühnetheorie**, die darauf abstellt, durch die Strafe würde sich der Täter mit der Rechtsordnung wieder versöhnen.

2. Relative Straftheorien

18 Dagegen gehen die **relativen Straftheorien** davon aus, dass mit der Verhängung von Strafe jeweils die Verfolgung eines bestimmten Zwecks verbunden sein muss.

---
6 Vgl. hierzu ausführlicher *Heinrich*, AT, Rn. 13 ff.

Strafe dürfe nicht repressiv (d. h. in die Vergangenheit orientiert) sein, sondern müsse präventiv (d. h. in die Zukunft gerichtet) wirken. Der Hauptzweck von Strafe liege letztlich darin, künftige Straftaten zu verhindern. Dabei werden zwei Ansätze vertreten:

Nach der Theorie der **Generalprävention** (Vertreter insbesondere *Paul Johann Anselm v. Feuerbach*) steht die Wirkung der Strafe auf die Allgemeinheit (und nicht auf den Täter selbst) im Mittelpunkt der Betrachtung. Durch die Verhängung von Strafe werde das Rechtsbewusstsein der Bevölkerung und das Vertrauen der Allgemeinheit gestärkt, was dazu führe, dass auch die anderen Mitglieder der Gesellschaft dazu motiviert werden, die Gesetze einzuhalten und sich insgesamt rechtstreu zu verhalten („positive Generalprävention"). Darüber hinaus führe die Bestrafung Einzelner aber auch dazu, dass andere künftig von der Begehung von Straftaten abgehalten werden, d. h. durch die Bestrafung des Täters „abgeschreckt" werden („negative Generalprävention"). **19**

Dagegen rückt die Theorie der **Spezialprävention** (Vertreter insbesondere *Franz v. Liszt*) die Wirkung der Strafe für den betroffenen Einzelnen in den Mittelpunkt. Die Strafe solle einerseits zur Besserung des Täters führen und eine Appellfunktion dahingehend besitzen, dass er fortan ein straffreies Leben führe („positive Spezialprävention"), andererseits solle sie bei nicht besserungsfähigen Tätern die Gesellschaft vor diesen Tätern schützen („negative Spezialprävention"). **20**

3. Vereinigungstheorien

Da keine der genannten Theorien vollständig überzeugen bzw. im Hinblick auf jeden Täter und jede Tat eine „stimmige" Lösung bieten kann, haben sich inzwischen mehrere sog. **Vereinigungstheorien** entwickelt, die je nach Ausprägung zwar den Schwerpunkt auf den einen oder anderen zuvor genannten Aspekt legen, im Ergebnis aber die genannten Theorien miteinander verbinden. Auch im **StGB** klingen im Rahmen der Strafzumessung sämtliche Theorien an: So ist nach § 46 Abs. 1 Satz 1 StGB die Schuld **Grundlage** für die Zumessung der Strafe (repressiver Aspekt = Sühne- oder Vergeltungsgedanken). Nach § 46 Abs. 1 Satz 2 StGB ist bei der Strafzumessung auf die Wirkungen abzustellen, die von der Strafe für das weitere Leben des Täters zu erwarten sind (spezialpräventiver Ansatz). Schließlich soll nach § 47 Abs. 1 StGB eine Freiheitsstrafe unter sechs Monaten nur verhängt werden, wenn sie zur Einwirkung auf den Täter (Spezialprävention) oder zur Verteidigung der Rechtsordnung (Generalprävention) unerlässlich ist. **21**

> **Literaturhinweise**
> **Didaktische Beiträge:** *Lesch*, Zur Einführung in das Strafrecht: Über den Sinn und Zweck staatlichen Strafens, JA 1994, 510, 590 (ausführlicher Überblick mit verständlichem Bezug zu den historischen Wurzeln der Straftheorien); *Momsen/Rackow*, Die Straftheorien, JA 2004, 336 (verständliche Einführung anhand von Beispielsfällen)

IV. Verfassungsrechtliche Einflüsse auf das Strafrecht

Gerade im Strafrecht spielen verfassungsrechtliche Vorgaben an vielen Stellen eine Rolle. Dies gilt nicht nur für das „materielle" Strafrecht (die einzelnen Strafnor- **22** men und die allgemeinen strafrechtlichen Grundsätze)[7], sondern vor allem auch für das Strafprozessrecht (das sog. „formelle" Strafrecht), insbesondere für die strafprozessualen Ermittlungsmaßnahmen. An dieser Stelle soll allerdings ein grober Überblick über die verfassungsrechtlichen Einflüsse genügen.[8]

> **Klausurtipp**
> Zwar wird in einer strafrechtlichen Klausur regelmäßig nicht erwartet, die Verfassungsmäßigkeit einer bestimmten Strafvorschrift zu prüfen. Mitunter können aber verfassungsrechtliche Grundsätze, wie z. B. das Analogieverbot oder der Bestimmtheitsgrundsatz, die Auslegung von Straftatbeständen im konkreten Fall beeinflussen. Auch Grundrechte sind zuweilen im Rahmen dieser Auslegung zu beachten, man denke nur an die Meinungsfreiheit, Art. 5 Abs. 1 GG, oder die Kunstfreiheit, Art. 5 Abs. 2 GG, welche im Rahmen der Beleidigungsdelikte, §§ 185 ff. StGB, zu berücksichtigen sind.

1. Grundsatz „nulla poena sine lege"

23 Im Zentrum steht hierbei der erstmals von *Anselm v. Feuerbach* im Jahre 1801 geprägte Grundsatz **„nulla poena sine lege"** (keine Strafe ohne Gesetz), der sich inzwischen wortgleich in Art. 103 Abs. 2 GG und in § 1 StGB findet. Etwas konkreter wird dieser Grundsatz auch in Art. 7 Abs. 1 der Europäischen Menschenrechtskonvention (EMRK) gefasst, die in Deutschland im Range eines einfachen Bundesgesetzes gilt.

> **§ Gesetzestext**
> Art. 103 Abs. 2 GG/§ 1 StGB: *Eine Tat kann nur bestraft werden, wenn die Strafbarkeit gesetzlich bestimmt war, bevor die Tat begangen wurde.*
> Art. 7 Abs. 1 EMRK: *Niemand kann wegen einer Handlung oder Unterlassung verurteilt werden, die zur Zeit ihrer Begehung nach inländischem oder internationalem Recht nicht strafbar war. Ebenso darf keine höhere Strafe als die im Zeitpunkt der Begehung der strafbaren Handlung angedrohte Strafe verhängt werden.*

24 Der Grundsatz „nulla poena sine lege" (oder ganz korrekt: **„nullum crimen, nulla poena sine lege"**, da nicht nur die Strafe als Rechtsfolge, sondern auch und gerade die Strafbarkeit an sich gesetzlich bestimmt sein muss) stellt zum einen eine Ausprägung des **Rechtsstaatsprinzips**, Art. 20 Abs. 3 GG, dar, denn um in ausreichendem Maße Rechtssicherheit zu gewährleisten, muss jeder Bürger wissen, welches Verhalten strafbar ist und welches nicht – man spricht hier auch von der „Garantiefunktion des Strafrechts". Zum anderen folgt er auch aus dem Prinzip der **Gewaltenteilung:** Der Gesetzgeber – und nicht der Richter – hat festzulegen, welches Verhalten strafbar sein soll. Insgesamt lassen sich aus dem Grundsatz „nulla poena sine lege" vier verschiedene Ausprägungen ableiten:

25 a) **Unzulässigkeit von Gewohnheitsrecht („nulla poena sine lege scripta").** Nur ein geschriebenes Gesetz kann die Strafbarkeit eines Verhaltens begründen und eine bestimmte Strafe als Rechtsfolge androhen. Dagegen ist die Begründung einer Strafbarkeit durch Gewohnheitsrecht unzulässig. Unter Gewohnheitsrecht

---

7 Vgl. zur Abgrenzung von materiellem und formellem Recht noch genauer unten Rn. 33 ff.
8 Vgl. hierzu ausführlicher *Heinrich*, AT, Rn. 21 ff.

versteht man hierbei eine gerade nicht durch ein Gesetz festgelegte rechtliche Regelung, die seit längerem (auch von den Gerichten) angewandt wird und von einer allgemeinen Rechtsüberzeugung getragen wird. Eben dies ist im Strafrecht unzulässig. Das strikte Verbot der Anwendung von Gewohnheitsrecht gilt allerdings nur **zu Lasten** des Täters. Gewohnheitsrechtliche Regelungen zugunsten des Täters sind hingegen zulässig – man denke hier nur an den gewohnheitsrechtlich begründeten Rechtfertigungsgrund der Einwilligung.[9]

b) **Bestimmtheitsgrundsatz** („**nulla poena sine lege certa**"). Der Bestimmtheitsgrundsatz besagt, dass Strafgesetze sowohl hinsichtlich der tatbestandlichen Voraussetzungen als auch hinsichtlich der Rechtsfolgen ein Mindestmaß an Bestimmtheit aufweisen müssen. Die Gesetze müssen also so präzise sein, dass ihr Anwendungsbereich klar zu erkennen und durch Auslegung zu ermitteln ist. Jedermann soll allein aus der gesetzlichen Formulierung ersehen können, was erlaubt und was verboten ist. Unzulässig wäre daher z. B. eine Strafvorschrift mit dem Inhalt: „Wer gegen die guten Sitten verstößt, wird schwer bestraft". Denn hieraus wäre weder klar ersichtlich, was tatsächlich verboten ist, noch ginge deutlich hervor, welche Höhe eine auszusprechende Strafe haben könnte. Andererseits ist es aber auch anerkannt, dass in einem Strafgesetz nicht alles bis ins Detail geregelt werden kann. Insoweit sind sowohl Tatbestände, die ausdrücklich auf andere Normen oder Grundsätze verweisen als auch solche, zu deren Auslegung man Regelungen aus anderen Gesetzen heranziehen muss (sog. „Blanketttatbestände") in beschränktem Maße zulässig. Dies gilt auch für die sog. „wertausfüllungsbedürftigen Vorschriften" (**Generalklauseln**), die einen weiten Auslegungsspielraum eröffnen.

> **Bsp.:** Um festzustellen, was man im Rahmen des Diebstahls, § 242 StGB, unter einer „fremden" Sache versteht, muss man die Eigentumsordnung des BGB heranziehen. Um zu ermitteln, was unter das Tatbestandsmerkmal der „Gewalt" im Sinne der Nötigung, § 240 StGB, fällt, hilft ein Blick in andere Gesetze dagegen kaum weiter. Allerdings kann der Gesetzgeber auch nicht alle Formen möglicher Gewaltanwendung im Gesetz genau umschreiben. Daher muss es zulässig sein, durch Auslegung zu ermitteln, ob z. B. die „gewaltlose" Verabreichung von „K.O.-Tropfen" durch Schütten in ein Glas als Gewalt im Sinne des § 240 StGB anzusehen ist oder nicht.[10]

c) **Rückwirkungsverbot** („**nulla poena sine lege praevia**"). Unter dem Rückwirkungsverbot versteht man, dass eine Strafvorschrift weder mit rückwirkender Kraft geschaffen noch die Strafe im Hinblick auf eine bereits existierende Strafvorschrift mit rückwirkender Kraft verschärft werden darf. Das Rückwirkungsverbot umfasst somit sowohl das „Ob" als auch das „Wie" der Strafbarkeit. Es gilt (wie der gesamte Grundsatz „nulla poena sine lege") jedoch nur für das **materielle Recht**, d. h. für die Frage, welches Verhalten strafbar ist und welche Strafe sich hieran knüpft. Umstritten ist bereits, ob der Grundsatz auch für die – ohnehin sehr knappen – Regelungen und Grundsätze des Allgemeinen Teils des StGB anwendbar ist. Dagegen gilt das Rückwirkungsverbot – nach ebenfalls umstrittener Ansicht – nicht für das Strafprozessrecht oder die Strafverfolgungsvoraussetzungen (Strafantrag,

---

9   Vgl. hierzu unten Rn. 294 f., 302 ff.
10 Vgl. zur Auslegung des Gewaltbegriffs bei der Nötigung *Eisele*, BT I, Rn. 452 ff.

Verjährung etc.). Auch kann es auf die Rechtsprechung der obersten Gerichte bzw. allgemein für den Wandel bestimmter Rechtsauffassungen auf der Grundlage bestehender Gesetze keine Anwendung finden. Wenn also die Gerichte – um ein Beispiel zu nennen – bisher immer entschieden haben, dass rein psychische Beeinträchtigungen keine Körperverletzungen, §§ 223 StGB ff., darstellen können, muss es dennoch möglich sein, dass der BGH dies in einer späteren Entscheidung einmal anders sieht. Wird jemand dann auf der Grundlage dieser neuen Rechtsprechung verurteilt, kann er nicht geltend machen, es läge ein Verstoß gegen das Rückwirkungsverbot vor, weil er auf die bisherige Rechtsprechung vertraut hätte[11].

28 Auch im Rahmen des Rückwirkungsverbots ist jedoch zu beachten, dass eine **Rückwirkung zugunsten des Täters** stets zulässig ist. Daher bestimmt auch § 2 Abs. 3 StGB für den Fall, dass ein Gesetz zwischen der Begehung der Tat und der Aburteilung geändert wird, dass stets das mildere Gesetz Anwendung findet. Wird eine Strafnorm nach der Tatbegehung – aber vor der Verurteilung – aufgehoben, muss der Täter freigesprochen werden. Eine Ausnahme von diesem Grundsatz bilden jedoch die sog. „Zeitgesetze", d. h. Gesetze, die von vornherein nur für eine bestimmte Zeit gelten sollen (§ 2 Abs. 4 StGB).

29 d) **Analogieverbot** („**nulla poena sine lege stricta**"). Unter dem Analogieverbot versteht man das Verbot, den Täter wegen eines Verhaltens zu verurteilen, welches zwar nicht ausdrücklich von einer Strafvorschrift erfasst ist, welches dem Richter aber in gleicher Weise strafwürdig erscheint wie ein ähnliches Verhalten, für das eine solche Strafnorm existiert. Nicht der Richter, sondern der Gesetzgeber soll dann, wenn eine solche Strafrechtslücke existiert, eine entsprechende neue Strafvorschrift schaffen.

> **Bsp.:** § 242 StGB stellt die Wegnahme fremder „Sachen" unter Strafe. Unter Sachen versteht man nur „körperliche Gegenstände" (vgl. § 90 BGB). Daher fallen sowohl Elektrizität als auch Daten nicht unter den Diebstahlstatbestand. Auch wenn der Richter im konkreten Fall den „Elektrizitätsdiebstahl" oder den „Datendiebstahl" für ebenso strafwürdig hält, darf er den Täter infolge des Analogieverbotes nicht nach § 242 StGB verurteilen. Dies sah schon das Reichsgericht im Jahre 1899 hinsichtlich des Elektrizitätsdiebstahls so und sprach den Täter frei,[12] woraufhin der Gesetzgeber mit § 248c StGB, der „Entziehung elektrischer Energie", einen eigenen Straftatbestand schuf.

30 Große Probleme sowohl in der Praxis als auch in der Klausur bringt die Abgrenzung von verbotener Analogie und zulässiger Auslegung mit sich.[13] Denn jede Rechtsnorm bedarf der **Auslegung**, da man einen Straftatbestand kaum einmal perfekt formulieren kann, sodass sich in allen Fällen eindeutig bestimmen lässt, ob der Tatbestand eingreift oder nicht. Dabei bildet der Wortlaut des Gesetzes die Schranke zulässiger Auslegung. Wird diese Grenze des äußersten Wortsinns überschritten, so liegt eine – im Strafrecht zu Lasten des Täters verbotene – **Analo-**

---

11 In Frage käme hier allerdings ein für den Täter unvermeidbarer Verbotsirrtum nach § 17 StGB; vgl. hierzu unten Rn. 728 ff.
12 RGSt 32, 165.
13 Vgl. zu dieser Abgrenzung noch unten Rn. 96 ff. sowie zu den einzelnen Auslegungsgrundsätzen Rn. 99 ff.

IV. Verfassungsrechtliche Einflüsse auf das Strafrecht

gie vor. Auch im Rahmen des Analogieverbots ist jedoch zu beachten, dass eine Analogie zugunsten des Täters stets zulässig ist, sofern eine vom Gesetzgeber unbeabsichtigte Gesetzeslücke vorliegt. Insoweit kann es bei für den Täter günstigen Vorschriften (Rechtfertigungsgründe, Strafausschließungsgründe) durchaus zu einer zulässigen Analogiebildung kommen.

2. Weitere ausdrücklich normierte Verfassungsgrundsätze

Neben dem in **Art. 103 Abs. 2 GG** geregelten Bestimmtheitsgrundsatz findet sich in **Art. 103 Abs. 1 GG** noch der Anspruch jedes Beschuldigten auf rechtliches Gehör. Dieser Grundsatz gilt über den Wortlaut hinaus („vor Gericht") für das gesamte Verfahrensrecht und ist daher in jedem Stadium des Strafverfahrens zu berücksichtigen. Der Beschuldigte muss also zu jeder Zeit das Recht haben, zu den gegen ihn erhobenen Vorwürfen Stellung zu nehmen und z. B. Entlastungsbeweise vorzubringen. Schließlich findet sich in **Art. 103 Abs. 3 GG** noch der Grundsatz des Verbots der Doppelbestrafung wegen derselben Tat (ne bis in idem). Hiernach darf niemand „wegen derselben Tat aufgrund der allgemeinen Strafgesetze mehrmals bestraft werden".

31

> Eindeutig ist z. B. der Fall, dass ein Täter, der wegen einer Körperverletzung zu einer sehr milden Strafe verurteilt oder gar freigesprochen wurde, von der Staatsanwaltschaft auch dann, wenn diese mit dieser Entscheidung nicht einverstanden ist, nicht noch einmal wegen desselben Delikts vor einem anderen Gericht angeklagt werden darf. – Problematischer ist hingegen die Konstellation, dass ein Täter (lediglich) wegen einer Trunkenheitsfahrt, § 316 StGB, verurteilt wurde und sich nach der Verurteilung herausstellt, dass er während der Fahrt fahrlässig einen Menschen getötet hat, § 222 StGB. Da die abgeurteilte Trunkenheitsfahrt ein Dauerdelikt darstellt, welches den gesamten Zeitraum der Fahrt abdeckt, würde allerdings auch hier eine spätere Verurteilung wegen einer fahrlässigen Tötung gegen Art. 103 Abs. 2 GG verstoßen.

3. Nicht ausdrücklich normierte Verfassungsgrundsätze

Neben den geschriebenen gibt es aber auch noch weitere ungeschriebene Verfassungsgrundsätze, die sich entweder aus dem Menschenbild des Grundgesetzes (Art. 1 Abs. 1 GG) oder aus dem Rechtsstaatsprinzip (Art. 20 Abs. 3 GG) ableiten. Einer dieser Grundsätze ist das **Schuldprinzip** („nulla poena sine culpa")[14] welches besagt, dass die Schuld des Täters eine zwingende Voraussetzung für die Legitimität staatlicher Strafe ist. Im Gegensatz zum Zivilrecht, welches auch eine reine Gefährdungshaftung kennt, muss der Betroffene im Strafrecht stets für seine Tat verantwortlich sein, insbesondere vorsätzlich oder fahrlässig handeln. Ein weiterer ungeschriebener Verfassungsgrundsatz ist auch der Grundsatz **„in dubio pro reo"**: Kommt der Richter nach Erhebung und Würdigung aller zur Verfügung stehenden Beweismittel nicht zu einer eindeutigen Einschätzung, wie sich der Sachverhalt zugetragen hat, so hat er „im Zweifel" den für den Täter jeweils günstigeren Sachverhalt zugrunde zu legen, d. h. denjenigen Sachverhalt, der für den Täter die günstigeren Rechtsfolgen (Freispruch, mildere Bestrafung) nach sich zieht. Bereits an dieser Stelle soll betont werden, dass dieser Zweifelsgrundsatz stets nur bei

32

---

14 Vgl. zum Schuldprinzip noch ausführlich im Rahmen der Erörterung der Schuld unten Rn. 356 f.

Zweifeln hinsichtlich festgestellter Tatsachen eingreift – und niemals die Auslegung der Rechtsvorschriften beeinflusst. Ist statt einer Tatsachen- eine unklare Rechtsfrage betroffen, darf der Richter nicht schlicht „in dubio pro reo" entscheiden, sondern muss zur Rechtsfrage Stellung beziehen.

> **Literaturhinweise**
> **Didaktische Beiträge:** *Bott/Krell,* Der Grundsatz „nulla poena sine lege" im Lichte verfassungsrechtlicher Entscheidungen, ZJS 2010, 694 (verständliche Übersicht mit aktuellen Beispielen aus der Rechtsprechung); *Hettinger,* Die zentrale Bedeutung des Bestimmtheitsgrundsatzes (Art. 103 II GG), JuS 1986, L 17 (kurze, studierendengerechte Einführung)
>
> **Leitentscheidungen: RGSt 32, 165** – Elektrizität (verbotene Analogie, wenn Elektrizität als Sache angesehen würde); **RGSt 71, 323** – Leichenbeschimpfung (zur analogen Anwendung von Strafvorschriften in der NS-Zeit); **BVerfGE 25, 269** – Verjährungsunterbrechung (zur Reichweite des Rückwirkungsverbots); **BVerfG NJW 2008, 3627** – Polizeikontrolle (zur Abgrenzung von Analogie und Auslegung: PKW ist keine Waffe im Sinne des § 113 StGB)

V. Abgrenzung zu anderen Rechtsgebieten

33 Regelungsgegenstand des Strafrechts ist das **materielle Recht**. Davon zu unterscheiden ist das **Strafprozessrecht**, welches zum **formellen Recht** zählt. Ferner ist das Strafrecht noch abzugrenzen vom **Disziplinarrecht** und vom **Ordnungswidrigkeitenrecht**, bei denen auf bestimmtes Fehlverhalten von Personen ebenfalls mit staatlichen Sanktionen reagiert wird.

34 Unter dem Begriff des **materiellen Rechts** versteht man die Rechtslage an sich, d. h. die Beurteilung von Recht und Unrecht. Im Strafrecht betrifft dies vor allem die im Strafgesetzbuch (StGB) geregelten Vorschriften sowohl des Allgemeinen als auch des Besonderen Teils. Hier wird einerseits geregelt, wann sich wer und wodurch strafbar machen kann, andererseits ergibt sich hieraus, welche Rechtsfolgen sich an die jeweilige Tat knüpfen (Geldstrafe, Freiheitsstrafe, Maßregeln der Besserung und Sicherung). Dagegen zählen zum **formellen Recht** sämtliche Vorschriften, welche die Rechtsdurchsetzung betreffen. Hier wird geregelt, auf welche Weise der staatliche Strafanspruch geltend gemacht werden kann. Dabei stellt die Strafprozessordnung (StPO) ein bestimmtes förmliches Verfahren (das „Strafverfahren") zur Verfügung, durch welches festgestellt werden kann, wie sich die materielle Rechtslage darstellt. Darüber hinaus wird durch die Strafvollzugsgesetze (StVollzG) des Bundes und der Länder geregelt, wie das auf diese Weise festgestellte Recht durchgesetzt, der staatliche Strafanspruch also verwirklicht werden kann.

35 Jede begangene Straftat führt nach ihrer Entdeckung zu einem strafrechtlichen Ermittlungsverfahren, in welchem die Staatsanwaltschaft prüft, ob Anlass zur Erhebung einer öffentlichen Klage besteht (vgl. § 170 Abs. 1 StPO). Ist dies der Fall, wird anschließend – nach Zulassung der Klage durch das Gericht – in der gerichtlichen Hauptverhandlung festgestellt, ob sich ein Täter tatsächlich strafbar gemacht hat und welche Strafe dafür auszusprechen ist. Dabei ermittelt die Staatsanwaltschaft den Sachverhalt unter Mitwirkung der Polizei (vgl. § 161 Abs. 1 StPO) und erhebt gegebenenfalls Anklage. Der Richter hingegen entscheidet auf der Basis der staatsanwaltschaftlichen Anklage auf der Grundlage der mündlichen Hauptverhandlung. Dem Richter stehen in vielen Fällen sog. „Laienrichter" (Schöffen) zur Seite. Im Gegensatz zum US-amerikanischen Recht kennt das deutsche Recht allerdings keine „Geschworenen".

36 Die Vorschriften des **materiellen Strafrechts** sind im Wesentlichen im StGB geregelt, welches aber an manchen Stellen darüber hinaus auch Regelungen über die Rechtsdurchsetzung enthält (Regelungen über die Stellung eines Strafantrags, §§ 77 ff. StGB, Regelungen über die Verjährung einer Straftat, §§ 78 ff. StGB). Darüber hinaus findet sich eine Vielzahl einzelner Strafbestimmungen im sog. „**Nebenstrafrecht**". Hierunter versteht man eigenständige Straftatbestände, die in zumeist verwaltungsrechtlichen, zuweilen aber auch zivilrechtlichen Einzelgesetzen aufgenommen wurden. Für das gesamte Nebenstrafrecht gelten dabei die Vorschriften des Allgemeinen Teils des StGB (vgl. § 1 EGStGB). In der Praxis besonders bedeutsam sind die Straftatbestände des Waffengesetzes (§§ 51 f. WaffG) und des Betäubungsmittelgesetzes (§§ 29 ff. BtMG). Das **formelle Strafrecht** ist zwar weitgehend in der StPO geregelt, darüber hinaus finden sich aber auch Regelungen in anderen Gesetzen. So finden sich z. B. im **Gerichtsverfassungsgesetz** (GVG) Regelungen über die Fragen der sachlichen Zuständigkeit der Gerichte (d. h. die Frage, welches Gericht für welche Straftaten zuständig ist).

37 Während das **Strafrecht** dem Staat die Möglichkeit gibt, jedermann wegen der Begehung eines allgemeinen Delikts zu bestrafen, eröffnet das **Disziplinarrecht** einem Vorgesetzten das Recht, einen Untergebenen innerhalb eines bestimmten **Sonderrechtsverhältnisses** (z. B. dem Beamten-, Soldaten- oder Wehrdienstverhältnis) zu disziplinieren. Dieses Recht steht teilweise auch Berufsverbänden zu (z. B. Rechtsanwalts- oder Ärztekammer). Als Sanktionen sind hier Verweise, förmliche Verwarnungen, die Entlassung aus dem Dienstverhältnis, der Ausschluss aus dem jeweiligen Berufsverband, aber auch Geldbußen oder sogar (im Wehrrecht) kurze Arreststrafen (§ 9 WStG) möglich. Diese Sanktionen können neben diejenige Strafe treten, die durch ein Strafgericht verhängt wird. Da es sich bei den Sanktionen des Disziplinarrechts nicht um klassische „Strafen" handelt, soll nach h. M. das Verbot der **Doppelbestrafung**[15] hier nicht gelten.

38 Während der Gesetzgeber besonders schwere Verfehlungen gegen die gesellschaftliche Ordnung im Wege des **Strafrechts** mit der Verhängung einer **Strafe** sanktioniert, sieht er für weniger gravierende Verstöße von Strafe ab und ahndet diese lediglich als bloße **Ordnungswidrigkeit** (z. B. Falschparken, zu schnelles Fahren). Es handelt sich hierbei um bloßes „Verwaltungsunrecht", welches mit der **Verhängung einer Geldbuße** geahndet wird. Geld**strafen** (und erst recht Freiheitsstrafen) dürfen dann nicht verhängt werden. Eine Ahndung erfolgt ausschließlich durch die Verwaltungsbehörden (§§ 35 ff. OWiG), die Entscheidung ist jedoch gerichtlich überprüfbar. Eine solche Überprüfung erfolgt dann jedoch nicht durch die Verwaltungsgerichte, sondern durch den Strafrichter am Amtsgericht (§§ 67 ff., 71 ff. OWiG).

---

15 Vgl. hierzu oben Rn. 31.

VI. Geltungsbereich des deutschen Strafrechts

1. Grundlagen

39 Bei der Frage des Geltungsbereichs des deutschen Strafrechts (= Strafanwendungsrecht) geht es darum, wann das deutsche Strafrecht gegenüber welchen Tätern und hinsichtlich welcher Taten angewandt werden kann. Dies ist insbesondere dann von Bedeutung, wenn eine Straftat grenzüberschreitende Wirkungen hat. Dies kann dann der Fall sein, wenn mehrere Personen in mehreren Ländern tätig werden, mehrere Staatsangehörige betroffen sind oder sich die Straftat in einem anderen Land auswirkt als dem, in dem der Täter gehandelt hat (z. B. beim Versenden einer Briefbombe oder bei Beleidigungen über das Internet). Eine gesetzliche Regelung findet sich in den §§ 3 bis 7 StGB und § 9 StGB.

> **Bsp.:** Ein italienischer Staatsbürger bringt während eines Urlaubes in Kolumbien seinen schwedischen Bekannten mit einer russischen Pistole um, die er wenige Tage zuvor in Ecuador gekauft hat. Zu dieser Tat hat ihn sein polnischer Freund, der gerade in den USA weilt, angestiftet. Die in Deutschland lebende Frau des Opfers zeigt die Tat bei der Staatsanwaltschaft in Hamburg an, die sich nun fragt, ob sie in diesem Fall überhaupt ermitteln darf und ob hier deutsches Strafrecht zur Anwendung kommen kann.

Klausurtipp
In einer Klausur ist die Frage, ob deutsches Strafrecht anzuwenden ist, für jeden Tatbestand gesondert noch vor dem Eintritt in die eigentliche Tatbestandsprüfung zu Beginn des objektiven Tatbestandes zu prüfen. Dies gilt freilich nur dann, wenn der Sachverhalt Hinweise auf einen möglichen Auslandsbezug enthält.

40 Grundsätzlich gilt, dass im Strafrecht – im Gegensatz zum Zivilrecht – jeder Staat das Recht hat, bei Vorliegen einer konkreten Straftat sein eigenes Strafrecht zur Anwendung zu bringen. Das bedeutet, dass auch mehrere Staaten für die Ahndung derselben Tat zuständig sein können. Das bereits angesprochene **Verbot der Doppelbestrafung**[16] betrifft nur die Ahndung einer Straftat innerhalb eines Staates, findet jedoch im Verhältnis mehrerer Staaten untereinander keine Anwendung. Eine Ausnahme stellt diesbezüglich allerdings die Europäische Union dar, in der eine solche Doppelbestrafung vertraglich ausgeschlossen wurde (Art. 6 Abs. 2 EUV i. V. m. Art. 50 der Charta der Grundrechte der Europäischen Union). Entscheidend ist allerdings, dass ein deutsches Strafgericht – wiederum im Gegensatz zum Zivilrecht – stets nur deutsches (und nicht ausländisches) Strafrecht anwenden darf. Zudem ist zu beachten, dass deutsche Strafverfolgungsorgane (Polizei, Staatsanwaltschaft, Gericht) grundsätzlich nur im Inland tätig werden dürfen. Wird festgestellt, dass deutsches Strafrecht im konkreten Fall nicht angewendet werden kann, so stellt dies ein Prozesshindernis dar und das Verfahren muss eingestellt werden.

41 Einig ist man sich allerdings, dass für die Ausübung der staatlichen Strafgewalt in der Regel irgendein Anknüpfungspunkt vorhanden sein muss, der die Anwendung des eigenen Strafrechts rechtfertigt („genuine link"). Besteht ein solcher An-

---

16 Vgl. hierzu oben Rn. 31.

knüpfungspunkt hingegen nicht und betrifft eine Tat ausschließlich ausländische Interessen, wäre die Durchführung eines Strafverfahrens in Deutschland und eine Verurteilung des Täters eine Einmischung in die Angelegenheiten eines anderen Staates und daher völkerrechtlich unzulässig („völkerrechtliches Nichteinmischungsprinzip").

> **Bsp.:** Ein niederländischer Staatsbürger kauft in Amsterdam von einem anderen Niederländer eine Portion Marihuana und verbraucht diese vor Ort. Ein deutscher Staatsanwalt in Aachen bekommt hiervon Kenntnis und möchte vor einem deutschen Strafgericht eine Anklage wegen Verstoßes gegen das deutsche Betäubungsmittelgesetz erheben. Da hier kein Bezug zu Deutschland erkennbar ist, wäre eine solche Anklage unzulässig, da für eine Aburteilung ausschließlich die Niederlande zuständig sind. Dies ist schon deswegen einleuchtend, weil es allein Sache der Niederlande ist, ob ein solches Verhalten überhaupt unter Strafe gestellt werden soll oder nicht.

2. Anknüpfungspunkte

Die **verschiedenen Anknüpfungspunkte**, welche die Anwendung deutscher Strafgewalt ermöglichen, sind in den §§ 3 ff. StGB detailliert geregelt. Von Studierenden wird hier lediglich erwartet, dass sie auf der Grundlage des Gesetzestextes prüfen können, ob das deutsche Strafrecht im konkreten Fall anwendbar ist (was in Klausuren in der Regel der Fall sein wird) oder nicht. Detailkenntnisse, insbesondere die Kenntnis von höchstrichterlichen Entscheidungen, werden in diesem Bereich nicht erwartet. Daher soll hier im Hinblick auf die möglichen Anknüpfungspunkte ein kurzer Überblick genügen: **42**

a) **Anknüpfungspunkt: Begehungsort der Tat.** Der deutschen Strafgewalt unterliegt nach § **3 StGB** jeder, der innerhalb des deutschen Staatsgebietes eine Straftat begeht („**Territorialitätsprinzip**"). Darauf, ob der Täter oder das Opfer deutsche Staatsangehörige sind, kommt es dabei nicht an. Dieser allgemeine Grundsatz beruht auf der Erwägung, dass jedermann die Gesetze desjenigen Staates einzuhalten hat, in welchem er sich aufhält. Insbesondere bei grenzüberschreitender Kriminalität (der Täter versendet z. B. eine Briefbombe, die in einem anderen Land „zündet" und dort den Tod eines Menschen herbeiführt) ist es jedoch oft fraglich, ob die Tat im Inland stattgefunden hat oder nicht. Hier gilt nach § **9 Abs. 1 StGB** das sog. **Ubiquitätsprinzip** (Ubiquität = Allgegenwärtigkeit). Hiernach ist eine Tat an jedem Ort begangen, an dem a) der Täter gehandelt oder b) der Täter die erforderliche Handlung unterlassen hat oder c) der Erfolg eingetreten ist oder d) der Erfolg hätte eintreten sollen. Sowohl der Handlungs- als auch der Erfolgsort begründen somit die Tatortstrafbarkeit. Noch weiter als bei der Täterstrafbarkeit erstreckt sich der Anwendungsbereich des deutschen Strafrechts für den Teilnehmer, d. h. den Anstifter oder den Gehilfen (§ 9 Abs. 2 StGB). Begehungsort ist hier sowohl der Ort der Haupttat als auch der Ort, an dem der Teilnehmer gehandelt hat. **43**

> **Bsp.:** Anton steht auf deutschem Staatsgebiet und erschießt mit einem Gewehr den Bruno, der sich auf französischem Staatgebiet befindet. Daraufhin zieht Rudi, der Begleiter des Bruno, der ebenfalls auf französischem Staatsgebiet steht, seine Waffe, schießt und verletzt Anton schwer. – Sowohl Anton als auch Rudi können nach deutschem Strafrecht bestraft werden, da Anton (hinsicht-

lich des Totschlags an Bruno, § 212 StGB) in Deutschland gehandelt hat (auch wenn der tödliche Erfolg in Frankreich eintrat) und bei Rudis Tat der Erfolg (Körperverletzung des Anton, §§ 223, 224 Abs. 1 Nr. 2, Nr. 5 StGB) in Deutschland eintrat (obwohl Rudi sich zum Tatzeitpunkt auf französischem Staatsgebiet aufhielt).

44 § 4 StGB erweitert den Begehungsort auf **deutsche Schiffe und Flugzeuge**, die zwar, wenn sie sich im Ausland befinden, nicht zum deutschen Staatsgebiet zählen, aber dennoch, wenn sie unter deutscher Flagge fahren, der deutschen Strafgewalt unterliegen sollen (sog. „**Flaggenprinzip**").

45 b) **Anknüpfungspunkt: Staatsangehörigkeit des Täters.** Nach dem **aktiven Personalitätsprinzip** darf ein Staat Handlungen seiner eigenen Staatsbürger auch dann in vollem Umfang seiner Strafgewalt unterwerfen, wenn diese eine Tat im Ausland begehen. Nach § 7 Abs. 2 Nr. 1 StGB ist es jedoch zusätzlich erforderlich, dass die Tat entweder dort, wo sie begangen wird (d. h. im Ausland), auch strafbar ist oder dass der Tatort überhaupt keiner Strafgewalt unterliegt (z. B. bei einem Tatort auf hoher See). Daraus ergibt sich im Umkehrschluss, dass ein deutscher Staatsbürger nach deutschem Recht nicht bestraft werden kann, wenn er im Ausland eine Tat verübt, die nach dem Recht dieses Staates nicht unter Strafe gestellt ist.

46 c) **Anknüpfungspunkt: Staatsangehörigkeit des Opfers.** Nach dem **passiven Personalitätsprinzip** darf ein Staat Handlungen, die gegen einen eigenen Staatsbürger begangen werden, auch dann in vollem Umfang seiner Strafgewalt unterwerfen, wenn die Tat im Ausland begangen wird. Dabei unterfallen nur deutsche Staatsbürger (vgl. Art. 116 GG), nicht hingegen (z. B. bei Vermögensstraftaten) juristische Personen mit Sitz in Deutschland, dieser Vorschrift. Auch hier gilt aber nach § 7 Abs. 1 StGB die Einschränkung, dass die Tat am Tatort strafbar sein muss oder der Tatort keiner Strafgewalt unterliegt.

47 d) **Anknüpfungspunkt: Schutz besonderer inländischer Rechtsgüter.** Nach dem in § 5 StGB geregelten Schutzprinzip wird die deutsche Strafgewalt auch auf Taten ausgedehnt, die zwar im Ausland begangen werden, jedoch besondere inländische Rechtsgüter gefährden. Hintergrund dieser Regelung ist, dass in den hier genannten Fällen regelmäßig besondere deutsche Interessen gefährdet werden (z. B. beim Hochverrat, §§ 81 ff. StGB). Die Regelung bekommt dann eine eigene Bedeutung, wenn entweder sämtliche Beteiligte ausländische Staatsangehörige sind oder aber die Tat am Tatort nicht mit Strafe bedroht ist (da in diesen Fällen § 7 StGB dann nicht greift). Dabei lassen sich innerhalb des § 5 StGB zwei Schutzrichtungen unterscheiden, nämlich einerseits **Staatsschutzgesichtspunkte** bei der Verletzung von überindividuellen Rechtsgütern (so die genannten Hochverratsdelikte, §§ 81 ff. StGB), andererseits **Individualschutzgesichtspunkte** bei der Verletzung von besonders bedeutsamen Individualrechtsgütern (wie z. B. bei der Kindesentziehung, § 235 StGB). Teilweise wird bei den zuletzt genannten Taten zwar auch darauf abgestellt, dass der Täter oder das Opfer Deutsche sind oder jedenfalls ihren Wohnsitz im Inland haben. Im Gegensatz zu § 7 StGB wird hier aber auf die Einschränkung, dass die Tat auch am Tatort mit Strafe bedroht sein muss, verzichtet.

e) **Anknüpfungspunkt: Interessen von universaler Bedeutung.** Das in § 6 StGB geregelte **Weltrechtsprinzip** (oder auch **Universalitätsprinzip**) ermächtigt zur Ahndung von reinen Auslandstaten, die sich gegen übernationale Kulturwerte und Rechtsgüter richten, an deren Schutz ein gemeinsames Interesse aller Staaten besteht (z. B. Menschenhandel, Geld- und Wertzeichenfälschung, unbefugter Vertrieb von Betäubungsmitteln). Ob ein Deutscher an der Tat beteiligt ist oder nicht, spielt dabei keine Rolle. Zwar gerät die Durchführung eines Strafverfahrens in diesen Fällen an sich in Konflikt mit dem bereits genannten völkerrechtlichen Nichteinmischungsprinzip, eine Strafverfolgung ist hier aber deswegen gerechtfertigt, weil durch die Regelungen des § 6 StGB gerade internationale Verpflichtungen umgesetzt wurden, die Deutschland im Rahmen von völkerrechtlichen Verträgen mit anderen Staaten eingegangen ist. In diesen Verträgen wurde zumeist vereinbart, dass jeder Unterzeichnerstaat dafür Sorge zu tragen hat, dass eine entsprechende Strafvorschrift im nationalen Recht geschaffen wird. Dies hat zur Konsequenz, dass ein Täter, der z. B. unbefugt Betäubungsmittel vertreibt (vgl. § 6 Nr. 5 StGB), **in nahezu jedem Staat der Welt** hierfür bestraft werden kann, selbst wenn er nur innerhalb eines Landes tätig wird und seine Produkte auch nur an Einheimische verkauft. Einschränkend wird jedoch teilweise verlangt, dass auch hier irgendein „legitimierender Anknüpfungspunkt" für die Strafverfolgung im Inland besteht – und sei es nur, dass der Täter seinen Wohnsitz nach Deutschland verlegt.

f) **Anknüpfungspunkt: Stellvertretende Strafrechtspflege.** Nach dem in § 7 Abs. 2 Nr. 2 StGB geregelten **Stellvertretungsprinzip** unterliegt derjenige Ausländer der deutschen Strafgewalt, der im Ausland eine Tat begeht, im Inland angetroffen wird und aufgrund bestimmter Umstände nicht an den betreffenden Staat ausgeliefert werden kann. Der Sinn dieser Regelung besteht darin, dass auch flüchtige Täter bestraft werden können, die ansonsten straflos blieben, weil der betreffende Staat an einer Bestrafung entweder gehindert ist, kein Interesse hat oder sonstige Auslieferungshindernisse (z. B. eine im Ausland zu erwartende menschenunwürdige Behandlung, insbesondere Folter, oder auch eine drohende Todesstrafe) bestehen.

Literaturhinweise

Didaktischer Beitrag: *Satzger*, Das deutsche Strafanwendungsrecht (§§ 3 ff. StGB), JURA 2010, 108, 190 (umfassende Einführung anhand von anschaulichen Beispielsfällen)

Übungsfall: *Werle/Jeßberger*, Grundfälle zum Strafanwendungsrecht, JuS 2001, 35, 141 (Aufarbeitung des gesamten Themenkomplexes anhand mehrerer kleinerer Beispielsfälle)

Leitentscheidungen: BGHSt 34, 334 – Drogenhändler (zum Weltrechtsprinzip bei Drogendelikten); **BGHSt 45, 64** – Bosnische Serben I (zur Anwendung des § 6 Nr. 1 StGB); **BGHSt 46, 212** – Adelaide Institute (zum Tatort bei Internet-Straftaten); **BGHSt 46, 292** – Bosnische Serben II (zur Anwendung des § 6 Nr. 9 StGB)

---

3. **Exkurs: Internationales und Europäisches Strafrecht**

Die im letzten Jahrhundert vermehrt auftretenden schwerwiegenden und systematischen Menschenrechtsverletzungen durch staatliche Machthaber führten zu einer rasanten Entwicklung eines eigenständigen **Völkerstrafrechts**. Dies hatte zur Folge, dass Verstöße gegen zentrale Normen des Völkerrechts heute zum Teil **unmittelbar nach Völkerrecht**, d. h. nicht mehr (nur) nach dem nationalen Recht eines Staates, abgeurteilt werden können. Zuständig ist der **ständige internationale Strafgerichtshof (IStGH)** mit Sitz in Den Haag (Niederlande). Die hier aufgenommenen (völkerrechtlichen) Strafvorschriften finden sich allerdings auch im nationalen deutschen Recht wieder. Sie wurden in §§ 6 ff. des deutschen Völkerstrafgesetzbuches (VStGB) aus dem Jahre 2002 den Regelungen des IStGH-Statuts nachgebildet. Es handelt sich hierbei um die Tatbestände des Völkermords (§ 6 VStGB), des Verbrechens gegen die Menschlichkeit, d. h. schwerwiegende Verletzungen von Menschenrechten z. B. aus rassistischen oder religiösen Gründen (§ 7 VStGB), der Kriegsverbrechen, d. h. der schwerwiegenden Verletzungen des Kriegsvölkerrechts, z. B. durch die Misshandlung von Gefangenen oder Plünderungen (§§ 8 ff. VStGB) und das Verbrechen der Aggression (§ 13 VStGB). Bei der Ahndung dieser Verbrechen ist nach § 1 VStGB die deutsche Strafgewalt nach dem hier verankerten Universalitätsprinzip stets eröffnet, wobei ausdrücklich auf einen „legitimierenden Anknüpfungspunkt" verzichtet wurde.

51 Auf eine ausführliche Darstellung des sich erst noch entwickelnden **„Europäischen Strafrechts"** wird an dieser Stelle verzichtet, da die Europäische Union derzeit nur eine sehr begrenzte Kompetenz zum Erlass verbindlicher Strafrechtsnormen besitzt (vgl. Art. 33, 83, 325 Abs. 4 des Vertrags über die Arbeitsweise der Europäischen Union – AEUV). Dennoch wirkt das europäische Recht auch in das deutsche Strafrecht hinein. Durch europäische Rechtsakte wird der deutsche Gesetzgeber oft verpflichtet, entsprechende Strafvorschriften zu schaffen, die Rechtsanwender sind gehalten, deutsches Recht „unionskonform" auszulegen und teilweise enthalten auch deutsche Strafnormen eine direkte Bezugnahme auf europäische Verordnungen oder Richtlinien. Besondere Bedeutung erlangt das Europäische Recht zudem bei der Strafverfolgung sowie bei der Rechtshilfe (Bsp.: Europäischer Haftbefehl).

52 Wesentlich größere Bedeutung hat hingegen die – auf eine Initiative des Europarates (nicht der Europäischen Union!) zurückgehende – **Europäische Menschenrechtskonvention (EMRK)**. Der deutsche Gesetzgeber hat die EMRK durch ein Gesetz in die deutsche Rechtsordnung überführt, sodass die Regelungen der EMRK nunmehr im Rang eines Bundesgesetzes – und daher auf derselben Ebene wie das StGB oder die StPO – gelten. Die EMRK enthält eine Vielzahl von Rechten des einzelnen Bürgers sowie eine Vielzahl rechtsstaatlicher Mindestgarantien im Strafverfahren, die sich in der Regel auch mit den Grundrechten der deutschen Verfassung decken. Für die Auslegung spielt – auch im Hinblick auf das deutsche Recht – die Rechtsprechung des Europäischen Gerichtshofes für Menschenrechte (EGMR) eine entscheidende Rolle.

> **Literaturhinweise**
> **Didaktische Beiträge:** *Hombrecher*, Grundzüge und praktische Fragen des Internationalen Strafrechts – Teil 1: JA 2010, 637; Teil 2: Europäisches Strafrecht und Völkerstrafrecht, JA 2010, 731 (kurzer, prägnanter Überblick über Fragen des europäischen und internationalen Strafrechts); *Walter*, Einführung in das internationale Strafrecht, JuS 2006, 870, 967 (studierendengerechter Überblick über die Problematik des internationalen Strafrechts)

VII. Aufbau einer Strafnorm und strafrechtliche Systementwürfe

1. Trennung von Straftatbestand und Rechtsfolge

Betrachtet man die Vorschriften des Besonderen Teils des StGB, so fällt als erstes die Trennung von **Straftatbestand** und **Rechtsfolge** auf. Dabei wird im (Straf-)Tatbestand das strafbare Verhalten selbst umschrieben, es werden also die Voraussetzungen genannt, die vorliegen müssen, damit eine Strafbarkeit wegen eines bestimmten Delikts angenommen werden kann. Dagegen sind in den Rechtsfolgen die möglichen Sanktionen genannt, die sich an einen solchen Verstoß knüpfen.

> **Bsp.:** Nach § 242 Abs. 1 StGB begeht derjenige einen Diebstahl, der *„eine fremde bewegliche Sache einem anderen in der Absicht wegnimmt, die Sache sich oder einem Dritten rechtswidrig zuzueignen"*. Hieran knüpft sich eine bestimmte Rechtsfolge. Wer den Tatbestand des § 242 Abs. 1 StGB verwirklicht, wird, wenn auch die sonstigen Voraussetzungen (Rechtswidrigkeit, Schuld etc.) erfüllt sind, *„mit Freiheitsstrafe bis zu fünf Jahren oder mit Geldstrafe bestraft"*.

Nur der erste Bereich, die **Lehre von der Straftat**, wird im vorliegenden Grundriss behandelt, da nur dieser Bereich auch Gegenstand in den Klausuren der Ersten Juristischen Staatsprüfung ist. Nicht vertieft werden sollen die Rechtsfolgen, d. h. die möglichen Sanktionen (Freiheitsstrafe, Geldstrafe etc.), sowie die Grundsätze der Strafzumessung, d. h. die Frage, welche Umstände der Richter im konkreten Fall zu berücksichtigen hat, wenn er eine konkrete Strafe verhängt. Da allerdings auch Studierende jedenfalls grob darüber informiert sein sollten „was am Ende herauskommen kann", soll an dieser Stelle ein kurzer Überblick über die möglichen Rechtsfolgen gegeben werden.

Die Rechtsfolgenseite ist gekennzeichnet vom Grundsatz der **Zweispurigkeit** des Sanktionensystems. Handelt der Täter schuldhaft, wird eine **Strafe** verhängt. Dabei kennt das StGB als Hauptstrafen lediglich die Freiheitsstrafe und die Geldstrafe (§§ 38 ff. StGB). Als einzige Nebenstrafe ist in § 44 StGB das Fahrverbot vorgesehen. An die Strafe können bestimmte Nebenfolgen, wie der Verlust der Amtsfähigkeit, der Wählbarkeit und des Stimmrechts (§ 45 StGB), anknüpfen. Daneben kennt das StGB als „zweite Spur" jedoch auch noch die sog. **Maßregeln der Besserung und Sicherung** (§§ 61 ff. StGB). Diese orientieren sich nicht an der Schuld, sondern an der Sozialgefährlichkeit des Täters. Ihre Verhängung fordert lediglich das Vorliegen einer rechtswidrigen Tat, nicht aber ein schuldhaftes Verhalten des Täters. Zu nennen sind hier die Unterbringung in einem psychiatrischen Krankenhaus (§ 63 StGB), einer Entziehungsanstalt (§ 64 StGB) oder die Sicherungsverwahrung (§ 66 StGB). Bedeutsam sind ferner die Anordnung der Führungsaufsicht, verbunden mit der Bestellung eines Bewährungshelfers (§§ 68 ff. StGB), die Entziehung der Fahrerlaubnis (§§ 69 ff. StGB) und das Berufsverbot (§§ 70 ff. StGB). Als weitere Sanktionen, die an eine rechtswidrige Tat anknüpfen, zählen die in der Praxis bedeutsamen Rechtsinstitute der **Einziehung** von Taterträgen, die der Beteiligte durch eine rechtswidrige Tat erlangt hat (z. B. das „Honorar" des Auftragsmörders oder der Verkaufserlös bei Betäubungsmitteldelikten), sowie die Einziehung von Tatprodukten, Tatmitteln und Tatobjekten, d. h. Gegenständen, die durch eine rechtswidrige Tat hervorgebracht oder die zu ihrer Begehung oder Vorbereitung gebraucht wurden (z. B. das hergestellte Falschgeld oder das Auto, mit dem der Täter regelmäßig die Diebesbeute abtransportiert hat). Eine gesetzliche Regelung hierfür findet sich in §§ 73 ff. StGB.

2. Unterscheidung von Tatbestand und Sachverhalt

56 Begrifflich auseinander zu halten sind der gesetzliche **(Straf-)Tatbestand**, d. h. die gesetzlich normierten Voraussetzungen eines bestimmten Delikts (insoweit also: der „Wortlaut" des Gesetzes), und der konkrete **Lebenssachverhalt**, d. h. bestimmte tatsächliche Vorgänge, die einer strafrechtlichen Prüfung unterworfen werden.

> **Bsp.:** Der (Straf-)Tatbestand der Körperverletzung in § 223 Abs. 1 StGB lautet: *„Wer eine andere Person körperlich misshandelt oder an der Gesundheit schädigt, wird [...] bestraft".* Ein konkreter, zu beurteilender Lebenssachverhalt könnte dagegen lauten: „Peter Müller hat am 1. Juni 2014 um 18.42 Uhr dem Wirt der Kneipe „Zum bunten Vogel", Josef Maier, in dessen Kneipe einen Kristallglasaschenbecher an den Kopf geworfen, weil dieser ihm kein Bier mehr ausschenken wollte. Josef Maier erlitt dadurch eine Platzwunde, die genäht werden musste. Ferner erlitt er durch den Aufprall erhebliche Schmerzen".

57 Der **Sachverhalt** steht in den universitären Übungsfällen zumeist unzweifelhaft fest. In der juristischen Praxis ist es dagegen eine der Hauptaufgaben des Richters, festzustellen, was tatsächlich geschehen ist. Hierzu müssen möglicherweise Zeugen verhört, Sachverständige vernommen, Urkunden verlesen und der Tatort in Augenschein genommen werden. Diese Form der Sachverhaltsaufklärung, insbesondere auch die Beurteilung der Glaubwürdigkeit von Zeugen, wird in den strafrechtlichen Klausuren nicht verlangt, weshalb in diesem Grundriss hierauf ebenfalls verzichtet wird. Von den Studierenden wird vielmehr lediglich gefordert, einen feststehenden Sachverhalt daraufhin zu untersuchen, ob und wenn ja welche Straftatbestände durch welche Personen und durch welche Verhaltensweisen erfüllt wurden und ob die sonstigen Bedingungen für die Strafbarkeit (Rechtswidrigkeit, Schuld etc.) gegeben sind.

3. Elemente der Straftat

58 Eine Straftat kann in verschiedene Elemente zerlegt werden, die nicht nur unterschiedlich heißen, sondern die auch unterschiedliche Funktionen erfüllen und unterschiedlichen Prüfungsanforderungen unterliegen. Der sich daraus ergebende **zwingende Prüfungsaufbau** ist dabei in den strafrechtlichen Klausuren stets einzuhalten. Im Wesentlichen durchgesetzt hat sich dabei in Deutschland der sog. dreigliedrige Straftataufbau. Wesentlich ist dabei, dass sämtliche dieser nachfolgend genannten drei Voraussetzungen erfüllt sein müssen, damit eine Person – im Strafrecht spricht man üblicherweise vom **Täter** – auch tatsächlich bestraft werden kann. Die betreffende Person wird also strenggenommen erst deshalb zum Täter, weil alle Voraussetzungen der nachfolgend genannten Ebenen vorliegen.

> **Prüfungsschema**
> I. Tatbestand
> II. Rechtswidrigkeit
> III. Schuld

a) Anknüpfungspunkt jeder Strafbarkeit ist ein **menschliches Verhalten**, die **Handlung** eines Menschen. Ohne sie gibt es keine Straftat. Dabei versteht man unter einer Handlung jedes willensgetragene menschliche Verhalten. Es kann sich dabei sowohl um ein aktives Tun, als auch um ein Unterlassen handeln.[17] 59

b) Die Handlung muss einen gesetzlichen **Tatbestand** erfüllen. Wie gerade erwähnt, versteht man unter einem Tatbestand die gesetzlich normierten Voraussetzungen eines bestimmten Delikts, d. h. den „Wortlaut" des Gesetzes. Hier umschreibt der Gesetzgeber Verhaltensweisen, die in aller Regel – d. h., wenn keine besonderen Umstände hinzutreten – als sozialschädlich angesehen werden und deshalb mit einer Strafe zu ahnden sind.[18] 60

> **Bsp.:** Peter zertrümmert einen Kristallglasaschenbecher auf Josefs Kopf. – Hier ist der Tatbestand der gefährlichen Körperverletzung, §§ 223, 224 Abs. 1 Nr. 2 StGB, erfüllt. Stand der Aschenbecher nicht in Peters Eigentum, liegt zudem eine Sachbeschädigung, § 303 StGB, vor.

c) Um zu einer Bestrafung zu gelangen, muss die Erfüllung des Tatbestandes zudem **rechtswidrig** sein. Denn nicht immer stellt ein Verstoß gegen eine strafrechtliche Vorschrift auch ein unrechtmäßiges Verhalten dar. Erfüllt der Täter einen Straftatbestand, so muss allerdings regelmäßig ein besonderer Grund vorliegen, der dem Täter ein solches Verhalten gestattet. Diese speziellen „Erlaubnistatbestände" nennt man **Rechtfertigungsgründe**.[19] 61

> **Bsp.:** Wenn Peter im gerade genannten Beispiel den Aschenbecher nur deswegen auf Josefs Kopf zertrümmert, weil Josef kurz zuvor ein Messer gezogen und dem Peter gedroht hat, ihn „abzustechen", ändert dies nichts daran, dass Peter den Straftatbestand der gefährlichen Körperverletzung, §§ 223, 224 Abs. 1 Nr. 2 StGB erfüllt. Sein Verhalten ist jedoch durch den Rechtfertigungsgrund der Notwehr, § 32 StGB, gedeckt, da ihn Josef gerade rechtswidrig angegriffen hatte und der Schlag ein geeignetes, erforderliches und gebotenes Mittel war, diesen Angriff abzuwehren.[20] Das Vorliegen dieses Rechtfertigungsgrundes schließt nun im Ergebnis die Strafbarkeit Peters wegen der begangenen Körperverletzung aus, ändert aber nichts daran, dass der Tatbestand der Körperverletzung erfüllt ist. Die Aufgabe in einem juristischen Gutachten ist es nun, nicht nur festzustellen, dass Peter sich nicht strafbar gemacht hat, sondern genau zu bestimmen, an welcher Voraussetzung eine Strafbarkeit scheitert.

d) Auch ein tatbestandsmäßiges und rechtswidriges Verhalten reicht für eine Strafbarkeit noch nicht aus, hinzukommen muss weiter, dass die Tat auch **schuldhaft** begangen wurde.[21] Dies ist dann zu bejahen, wenn eine Verhaltensweise nicht nur gegen die Rechtsordnung verstößt, sondern wenn man sie dem Täter auch persönlich zum Vorwurf machen kann, er also persönlich für das von ihm begangene Unrecht verantwortlich gemacht werden kann.[22] 62

---

17 Vgl. zum Handlungsbegriff ausführlich unten Rn. 121 ff.
18 Vgl. zum Tatbestand ausführlich unten Rn. 75 ff.
19 Vgl. zur Rechtfertigung ausführlich unten Rn. 201 ff.
20 Vgl. zu den einzelnen Voraussetzungen einer zulässigen Notwehr ausführlich unten Rn. 225 ff.
21 Dies ergibt sich zwingend aus dem aus der Verfassung abgeleiteten Schuldprinzip; vgl. hierzu oben Rn. 32 sowie ausführlich im Rahmen der Erörterung der Schuld unten Rn. 356 f.
22 Vgl. zu den einzelnen Voraussetzungen der strafrechtlichen Schuld ausführlich unten Rn. 360 ff.

Bsp.: Zertrümmert Peter den Aschenbecher auf Josefs Kopf, ohne dass ihm ein Rechtfertigungsgrund zur Seite steht, scheidet eine Strafbarkeit dennoch aus, wenn er zum Zeitpunkt der Tat nicht schuldfähig war. Dies kann seine Ursache u. a. darin haben, dass Peter geistesgestört oder völlig betrunken war (vgl. § 20 StGB). Auch wenn es sich bei Peter um ein 13-jähriges Kind handelt, scheidet eine Bestrafung infolge Schuldunfähigkeit aus (vgl. § 19 StGB). Im Gegensatz zur fehlenden Rechtswidrigkeit kann ein lediglich schuldloses Verhalten jedoch eine Maßregel der Besserung und Sicherung nach sich ziehen, also z. B. die Unterbringung in einem psychiatrischen Krankenhaus oder einer Entziehungsanstalt, §§ 63, 64 StGB.[23]

63 e) Liegen sämtliche dieser Elemente vor, dann spricht man vom Vorliegen einer **Straftat**. Der Täter kann aus der jeweiligen Strafvorschrift, die als Rechtsfolge in der Regel einen bestimmten Strafrahmen vorgibt, bestraft werden.

64 In diesem Zusammenhang soll kurz noch darauf hingewiesen werden, was mit dem im StGB teilweise verwendeten Begriff der **rechtswidrigen Tat** gemeint ist.

> **§** **Gesetzestext**
>
> § 11 Abs. 1 Nr. 5 StGB: *Im Sinne dieses Gesetzes ist [...] rechtswidrige Tat: nur eine solche, die den Tatbestand eines Strafgesetzes verwirklicht.*

65 Erforderlich sind also die Erfüllung eines Straftatbestandes und das Vorliegen der Rechtswidrigkeit. Auf die persönliche Schuld des Täters kommt es nicht an. In diesen Fällen spricht man auch vom Vorliegen von **Unrecht**. Wer eine rechtswidrige Tat begeht, begeht also Unrecht. Insoweit kann es durchaus Unrecht ohne Schuld geben. Zwar kann der Täter in diesen Fällen nicht bestraft werden, dennoch hat das Vorliegen einer „rechtswidrigen Tat" einige wesentliche Konsequenzen:

So darf z. B. gegen eine Person, die eine rechtswidrige Tat begeht, im Wege der Notwehr vorgegangen werden. Ein schuldhaftes Verhalten des Angreifers ist nicht erforderlich. Auch kann man zu einer rechtswidrigen Tat anstiften oder Hilfe leisten (vgl. §§ 26, 27 StGB). Dass der Haupttäter schuldhaft handelt, ist auch hier nicht erforderlich. Schließlich kann sich an die Begehung von Unrecht die Verhängung einer Maßregel der Besserung und Sicherung knüpfen, §§ 63 ff. StGB.

66 Die genannte Prüfungsreihenfolge (das Unrecht ist vor der Schuld zu prüfen) beruht auf dem Gedanken, dass **das Unrecht der Schuld sachlogisch vorausgehen muss**. Denn es kann zwar Unrecht ohne Schuld geben (z. B., wenn ein Geisteskranker einen Menschen tötet), das Vorliegen einer strafrechtlichen Schuld ohne Unrecht ist jedoch ausgeschlossen (wer kein Unrecht begeht, kann auch nicht „schuld sein", man kann ihm das Verhalten jedenfalls strafrechtlich nicht vorwerfen).

4. Stellung des Vorsatzes

67 Lange Zeit umstritten war die Frage, an welcher Stelle des dreigliedrigen Verbrechensaufbaus (**Tatbestandsmäßigkeit – Rechtswidrigkeit – Schuld**) der Vorsatz

---

23 Zu diesen Maßregeln und ihrer Unterscheidung zu Strafen vgl. bereits oben Rn. 55.

zu prüfen ist. Dass ein solcher Vorsatz regelmäßig erforderlich ist, ergibt sich aus § 15 StGB.

> **Gesetzestext**
> § 15 StGB: *Strafbar ist nur vorsätzliches Handeln, wenn nicht das Gesetz fahrlässiges Handeln ausdrücklich mit Strafe bedroht.*

Zwar kennt unser StGB eine Vielzahl auch fahrlässig zu begehender Delikte, wie z. B. die fahrlässige Tötung, § 222 StGB. Insbesondere bei den Delikten, die sich gegen fremdes Vermögen oder Eigentum richten, wie z. B. beim Diebstahl, § 242 StGB, oder bei der Sachbeschädigung, § 303 StGB, findet sich eine solche Fahrlässigkeitsstrafbarkeit jedoch nicht. Aus § 15 StGB ergibt sich nun, dass die Notwendigkeit vorsätzlichen Verhaltens in jedes einzelne Delikt des Besonderen Teils des StGB mit hineinzulesen ist, wenn in der entsprechenden Vorschrift nicht ausdrücklich eine Fahrlässigkeitsstrafbarkeit angeordnet wird. Dies hat zur Folge, dass z. B. § 212 StGB („Wer einen Menschen tötet […], wird […] bestraft") i. V. m. § 15 StGB wie folgt zu lesen ist: „Wer **vorsätzlich** einen Menschen tötet […], wird […] bestraft".

Begreift man den Vorsatz als **Wissen und Wollen der Tatbestandsverwirklichung**,[24] so wird deutlich, dass es sich dabei jedenfalls um ein **subjektives Element** handeln muss. Der Täter muss einerseits die konkreten Umstände kennen, die dazu führen, dass sein Handeln einen gesetzlichen Tatbestand erfüllt, und er muss diese Tatbestandsverwirklichung auch wollen.

> **Bsp.:** Wenn Anton den still in einer Ecke stehenden Bruno mit einer Pistole erschießt (nur dieser äußere Tathergang ist im Übrigen von einem außenstehenden Beobachter **objektiv** erkennbar), liegt eine vorsätzliche Tötung nur dann vor, wenn Anton **subjektiv** die vorliegenden Umstände auch kennt. Er muss also wissen, dass er auf einen Menschen (und nicht z. B. auf eine Schaufensterpuppe) schießt, dass es sich bei der Pistole um eine scharfe Waffe (und nicht um eine Spielzeugpistole, mit der er nur drohen wollte) handelt und dass die Waffe auch geladen ist. Neben diesem Wissen um die einzelnen Umstände muss er den tödlichen Erfolg auch wollen, was z. B. dann ausscheidet, wenn er Bruno mit dem Schuss nur erschrecken, nicht aber treffen oder ihn nur verletzen, nicht aber töten wollte. – In der Praxis stellen sich für den Richter gerade in diesem Bereich große Nachweisprobleme, insbesondere wenn der Täter, wozu er ein Recht hat, in der gerichtlichen Hauptverhandlung schweigt. Die **objektiv** vorliegenden Umstände kann man durch Zeugenaussagen aufklären, was der Täter aber **subjektiv** wusste und wollte, bleibt nach außen stets unsichtbar.

Es läge nun nahe, sowohl das Vorliegen des Straftatbestandes selbst als auch die Bestimmung der Rechtswidrigkeit (und insoweit also die gesamte Unrechtsebene) rein **objektiv** zu bestimmen und von der Persönlichkeit des Täters abzukoppeln. Dies hätte den Vorteil, dass alle **subjektiven** Elemente als Bestandteile der Schuld angesehen werden könnten und auch dort zu prüfen wären. Vorsatz und Fahrlässigkeit wären demnach reine Schuldelemente und wären vom objektiven Unrecht der

---

24 Vgl. zum Vorsatz und seiner Abgrenzung zur Fahrlässigkeit noch ausführlich unten Rn. 173 ff.

Tat abzukoppeln. So sah dies in der Tat der **klassische Verbrechensaufbau**, der in Deutschland noch bis in die Mitte des 20. Jh. hinein absolut herrschend war, vor.[25] Diese Ansicht wird auch als „kausaler" Verbrechensaufbau bezeichnet, weil hiernach allein die kausale Verursachung einer unerwünschten Rechtsfolge (also z. B. des Todes eines anderen Menschen) das Unrecht der Tat begründet.

> **Bsp.:** Einen Menschen zu töten, ohne dass dabei ein Rechtfertigungsgrund eingreift, stellt nach dieser Lehre stets Unrecht dar. Dabei soll es gleichgültig sein, ob der Täter vorsätzlich oder fahrlässig gehandelt hat oder gar den tödlichen Erfolg überhaupt nicht vermeiden konnte, weil dieser nicht vorhersehbar war. Auch dann, wenn einem penibel alle Verkehrsregeln einhaltendem Autofahrer plötzlich ein Betrunkener vors Auto torkelt oder ein Kind zwischen zwei parkenden Autos auf die Straße springt und es zu einem tödlichen Unfall kommt, läge nach dieser Ansicht „Unrecht" vor und es wäre lediglich die Schuld ausgeschlossen.

71 Schon das genannte Beispiel zeigt die Schwächen des klassischen Verbrechensaufbaus. Denn es muss bereits für die Frage des Unrechts eine Rolle spielen, ob nun eine vorsätzliche Tötung vorliegt, die Tötung lediglich fahrlässig herbeigeführt wurde, oder ob der Verursachung eines tödlichen Erfolges überhaupt kein Pflichtverstoß zugrunde liegt. Einerseits muss der Grad des Unrechts bei einer vorsätzlichen Tötung höher sein als bei einer fahrlässigen Tötung (es wird hier eben gerade nicht das gleiche „Unrecht" begangen, obwohl in beiden Fällen ein Mensch getötet wird), andererseits muss bereits das Vorliegen von Unrecht insgesamt ausscheiden, wenn man demjenigen, der den Tod eines anderen verursacht, überhaupt keinen Vorwurf machen kann, weil er dessen Tod weder vorhersehen noch vermeiden konnte und er sich in keiner Weise pflichtwidrig verhalten hat.[26] Insoweit liegt es nahe, subjektive Elemente bereits auf der Ebene des Tatbestandes eines Delikts zu berücksichtigen.

> **Bsp.:** Für diese Überlegung spricht ferner, dass subjektive Elemente bei der Bestimmung des jeweiligen Delikts ohnehin nicht völlig ausgeblendet werden können. So fordern manche Tatbestände ausdrücklich ein besonderes subjektives Element, so z. B. die Absicht rechtswidriger Zueignung beim Diebstahl, § 242 StGB. Wer sich von seinem Nachbarn einen Rasenmäher (eine fremde bewegliche Sache) nur für eine Weile eigenmächtig „ausleihen", später aber zurückgeben will, der nimmt den Rasenmäher zwar weg, weil er fremden Gewahrsam bricht und eigenen Gewahrsam begründet[27], es liegt aber tatbestandlich nur eine straflose Gebrauchsanmaßung (furtum usus) und eben gerade kein Diebstahl vor, weil es bereits an der Zueignungsabsicht fehlt. Würde die Zueignungsabsicht als subjektives Element erst auf der Schuldebene geprüft, wäre der Unrechtsgehalt einer straflosen Gebrauchsanmaßung und eines strafbaren Diebstahls gleich, was angesichts der bewussten gesetzgeberischen Entscheidung für die Straflosigkeit des furtum usus nicht sein kann.

---

25 Vgl. zu den verschiedenen Ansichten zum Verbrechensaufbau in ihrer historischen Entwicklung ausführlich *Heinrich*, AT, Rn. 96 ff.
26 Zu den einzelnen Elementen, die einen Fahrlässigkeitsvorwurf begründen, vgl. noch ausführlich unten Rn. 655 ff.
27 Vgl. zum Gewahrsamsbruch als Element der Wegnahme beim Diebstahl *Eisele*, BT II, Rn. 26 ff.

VII. Aufbau einer Strafnorm und strafrechtliche Systementwürfe

Diese berechtigte Kritik am klassischen Verbrechensaufbau wird von der **modernen Lehre** berücksichtigt, die heute nahezu unbestritten ist. Diese geht davon aus, dass das Unrecht gerade nicht rein objektiv zu betrachten sei, sondern subjektive Merkmale des Täters mit zu berücksichtigen sind. Erreicht wird dies dadurch, dass – jedenfalls beim Vorsatzdelikt – bereits der Tatbestand in einen objektiven und einen subjektiven Tatbestand aufgespalten wird. Während im **objektiven Tatbestand** sämtliche objektiv bestimmbaren Elemente der jeweiligen Strafvorschrift zu prüfen sind, folgt dann im **subjektiven Tatbestand** eine Prüfung des entsprechenden Vorsatzes und sonstiger, bei manchen Delikten zusätzlich geforderter, subjektiver Merkmale (Zueignungsabsicht, Bereicherungsabsicht etc.).[28]

72

Prüfungsschema
I. Tatbestand
   1. objektiver Tatbestand
   2. subjektiver Tatbestand
II. Rechtswidrigkeit
III. Schuld

Für den bereits genannten Tatbestand des Diebstahls, § 242 StGB, ergibt sich somit folgendes Prüfungsschema: Im **objektiven Tatbestand** sind die objektiven Elemente des § 242 StGB zu prüfen: Der Täter muss eine fremde bewegliche Sache wegnehmen. Im **subjektiven Tatbestand** folgt eine Prüfung des Vorsatzes, der sich auf alle vier genannten objektiven Tatbestandsmerkmale erstrecken muss. Der Täter muss also **wissen**, dass er eine Sache wegnimmt, die beweglich und für ihn fremd ist. Eben dies muss er auch **wollen**. Darüber hinaus muss er, da der gesetzliche Tatbestand eben dies fordert, auch mit Zueignungsabsicht handeln. Diese Zueignungsabsicht[29] ist ebenfalls als Element des subjektiven Tatbestandes zu prüfen.

73

Prüfungsschema
I. Tatbestand
   1. objektiver Tatbestand
      – Sache, fremd, beweglich, wegnehmen
   2. subjektiver Tatbestand
      – Vorsatz bzgl. der Elemente Sache, fremd, beweglich, wegnehmen
      – Zueignungsabsicht
II. Rechtswidrigkeit
III. Schuld

Erwähnt werden soll an dieser Stelle noch die **Lehre von den negativen Tatbestandsmerkmalen** (oder auch: Lehre vom Gesamtunrechtstatbestand), die in der strafrechtlichen Literatur heute teilweise vertreten wird.[30] Sie deckt sich inhaltlich

74

---

28 Noch weiter geht der „finalistische" Verbrechensaufbau, der den Vorsatz bereits als Teil der Handlung ansieht, der sich jedoch nicht durchgesetzt hat; vgl. hierzu und zur Kritik *Heinrich*, AT, Rn. 103 ff.
29 Auf die besondere Problematik, dass im Tatbestand des § 242 StGB von der Absicht, sich die Sache „rechtswidrig" zuzueignen die Rede ist, soll an dieser Stelle noch nicht eingegangen werden; vgl. hierzu unten Rn. 209.
30 *Schlehofer*, in: MüKo, 4. Aufl., Vor § 32 Rn. 36 ff.

weitgehend mit der modernen Lehre, legt allerdings in Struktur und Aufbau der Straftat ein leicht abgewandeltes System zugrunde. Nach dieser Lehre besteht die Straftat letztlich nur aus zwei Elementen, nämlich dem **Tatbestand** auf der einen und der **Schuld** auf der anderen Seite. Der Tatbestand gliedert sich dabei in positive und in negative Tatbestandsmerkmale (hieraus leitet sich auch der Name dieser Lehre ab). Unter den positiven Tatbestandsmerkmalen werden die im gesetzlichen Tatbestand niedergelegten Merkmale verstanden (d. h. die objektiven und subjektiven Tatbestandsmerkmale im Sinne der modernen Lehre). Dazu treten bereits im Rahmen der Tatbestandsprüfung die „negativen" Tatbestandsmerkmale, worunter nichts anderes zu verstehen ist als das Fehlen von Rechtfertigungsgründen. Auch diese müssen dann bereits auf dieser Ebene von einem entsprechenden Vorsatz umfasst sein. Nur wenn die positiven Tatbestandsmerkmale erfüllt sind und das Fehlen von Rechtfertigungsgründen als negativen Tatbestandsmerkmalen festgestellt ist, ist nach dieser Lehre der Tatbestand und somit gleichzeitig auch das Unrecht erfüllt.

Prüfungsschema
I. Tatbestand (Gesamtunrechtstatbestand)
 1. positive Tatbestandsmerkmale
    a) objektiver Tatbestand
    b) Vorsatz bzgl. des Vorliegens des objektiven Tatbestandes
 2. negative Tatbestandsmerkmale
    a) objektives Fehlen von Rechtfertigungsgründen
    b) Vorsatz bzgl. der Rechtswidrigkeit
II. Schuld

Klausurtipp
In Klausuren muss in aller Regel nicht begründet werden, warum welche Prüfungsreihenfolge gewählt wird. Dies betrifft insbesondere die genannten Modelle des Straftataufbaus. Man entscheidet sich für einen bestimmten Aufbau (zweckmäßigerweise für den herrschenden) und prüft diesen konsequent durch. Da die verschiedenen Lehren nur in wenigen Punkten zu unterschiedlichen Lösungen führen, muss lediglich dann, wenn ein solcher Punkt in einer Klausur einmal problematisch ist (in der Regel bei der Erörterung der entsprechenden Theorienstreitigkeiten), auf die verschiedenen Theorien bzw. auf den gewählten Aufbau eingegangen werden.

Literaturhinweise
Didaktische Beiträge: *Ambos,* Ernst Belings Tatbestandslehre und unser heutiger „postfinalistischer" Verbrechensbegriff, JA 2007, 1 (kurze Darstellung mit anschaulichen Schemata); *Werle,* Die allgemeine Straftatlehre – insbesondere: Der Deliktsaufbau beim vorsätzlichen Begehungsdelikt, JuS 2001, L 33, L 41, L 49, L 57 (umfassender Überblick anhand von anschaulichen Beispielen).

Teil 2: **Der strafrechtliche Tatbestand**

Kapitel 2: Der strafrechtliche Tatbestand – Überblick und Deliktsarten

I. Grundlagen

Wird mit der modernen Lehre der dreigliedrige Straftataufbau (Tatbestandsmäßigkeit [objektiv; subjektiv] – Rechtswidrigkeit – Schuld) gewählt, muss man auf der ersten Stufe den Tatbestand in den Blick nehmen. Dabei muss stets ein **gesetzlicher Straftatbestand** (z. B. der Tatbestand des Diebstahls, § 242 StGB) als Anknüpfungspunkt für die strafrechtliche Prüfung dienen. Dies folgt bereits aus dem verfassungsrechtlichen Grundsatz „nulla poena sine lege".[31] In diesem Tatbestand müssen sämtliche Merkmale umschrieben sein, die ein bestimmtes strafrechtliches Verbot (oder Gebot) begründen. Der Einzelne soll dadurch erkennen können, was grundsätzlich von der Rechtsordnung als „verboten" angesehen wird und wonach er sich demnach richten muss (man spricht daher auch von der „Appellfunktion des Tatbestandes"). 75

> **Bsp.:** Der Tatbestand des Diebstahls wird in § 242 StGB wie folgt umschrieben: „Wer eine fremde bewegliche Sache einem anderen in der Absicht wegnimmt, die Sache sich oder einem Dritten rechtswidrig zuzueignen, wird [...] bestraft."

Die für die juristische Ausbildung relevanten **Tatbestände** befinden sich vorwiegend im **Besonderen Teil** des StGB. Im Normalfall ist ein solcher Tatbestand **in sich abschließend** und regelt die Voraussetzungen, unter denen ein bestimmtes Verhalten strafbar ist, vollständig. Dabei sind die vor die Klammer gezogenen Vorschriften des **Allgemeinen Teils** des StGB stets ergänzend heranzuziehen (z. B. das Erfordernis vorsätzlichen Verhaltens, § 15 StGB). Darüber hinaus ist zu beachten, dass manche Tatbestände (Qualifikationen, Privilegierungen) auf anderen Tatbeständen (den sog. „Grundtatbeständen") aufbauen.[32] Die Tatbestände (insbesondere im StGB) sind insoweit regelmäßig als sog. **Volltatbestände** konstruiert, enthalten also selbst alle Voraussetzungen, die zur Ermittlung der Strafbarkeit erforderlich sind. Es gibt jedoch auch Tatbestände, die für sich genommen nicht abschließend sind, sondern ausdrücklich auf andere Tatbestände oder Vorschriften verweisen (sog. **Blankett-Tatbestände**). 76

> **Bsp.:** So ist eine Luftverunreinigung, § 325 StGB, nur strafbar, wenn die Verschmutzung der Luft *„unter Verletzung verwaltungsrechtlicher Pflichten"* erfolgt.

---

31 Vgl. hierzu oben Rn. 23 ff.
32 Vgl. zu den bestimmten Deliktsarten sogleich noch unten Rn. 108 ff.

Welche Pflichten das sind, ergibt sich erst unter Heranziehung von verwaltungsrechtlichen Vorschriften im Einzelfall. Es gibt jedoch auch Tatbestände, die zwar keine ausdrückliche Verweisung auf andere Vorschriften vornehmen, für deren Auslegung man jedoch Normen aus anderen Rechtsgebieten braucht. So knüpft der Diebstahl, § 242 StGB, an die Wegnahme einer „fremden" beweglichen Sache an. Wann eine Sache „fremd" ist, lässt sich aber erst unter Heranziehung der Eigentumsordnung des BGB ermitteln.

II. Der Aufbau eines strafrechtlichen Tatbestandes

77 Jeder Tatbestand besteht aus verschiedenen einzelnen Elementen, den sog. **Tatbestandsmerkmalen**. Hier werden regelmäßig das Tatsubjekt (z. B. „Amtsträger"), das Tatobjekt (z. B. „Mensch", „Sache") und die Tathandlung (z. B. „töten", „wegnehmen") umschrieben. Es können sich darüber hinaus aber durchaus auch andere Merkmale in den gesetzlichen Tatbeständen wiederfinden (z. B. besondere Begehungsweisen, Tatmittel oder Tatmodalitäten). Aufgabe des Rechtsanwenders, also des Richters (oder auch desjenigen, der eine juristische Klausur oder Hausarbeit zu verfassen hat), ist es, in einem ersten Schritt die einzelnen Tatbestandsmerkmale sauber voneinander zu trennen. In einem zweiten Schritt muss dann festgestellt werden, welchen Inhalt die jeweiligen Tatbestandsmerkmale haben, was also im konkreten Fall unter dem vom Tatbestand verwendeten Begriff zu verstehen ist („Definition"). Schließlich ist in einem dritten Schritt zu prüfen, ob das Verhalten des Täters von der jeweiligen Definition des entsprechenden Tatbestandsmerkmals erfasst wird („Subsumtion"). Das einzelne Tatbestandsmerkmal muss also zuerst **benannt** und dann **definiert** werden. Danach hat eine **Subsumtion** unter den betreffenden Lebenssachverhalt zu erfolgen. Abschließend ist dann ein **Ergebnis** zu formulieren.

> **Bsp.:** Anton gibt dem Bruno eine kräftige Ohrfeige. Diese hinterlässt zwar keine Spuren, der Schlag tut dem Bruno jedoch ziemlich weh. In Betracht kommt hier der gesetzliche Tatbestand der Körperverletzung, § 223 StGB. In einem ersten Schritt sind die einzelnen Tatbestandsmerkmale zu **benennen**: „Wer" (= Täter), „eine andere Person" (= Opfer), „körperlich misshandelt" oder „an der Gesundheit schädigt" (= jeweils Tathandlungen). In einem zweiten Schritt sind diese Merkmale dann zu **definieren**: „Wer" ist jede natürliche Person, „eine andere Person" ist jede natürliche Person, die vom Handelnden verschieden ist, „körperliche Misshandlung" ist jede üble unangemessene Behandlung, die das körperliche Wohlbefinden mehr als nur unerheblich beeinträchtigt und unter einer „Gesundheitsschädigung" wird das Hervorrufen oder Steigern eines krankhaften Zustandes verstanden, wobei als krankhaft der vom Normalzustand der körperlichen Funktionen nachteilig abweichende Zustand anzusehen ist.[33] Nun folgt die **Subsumtion**: Anton ist eine natürliche Person, Bruno eine von Anton verschiedene andere natürliche Person, eine Ohrfeige ist kein üblicher sozialer Umgang, sondern eine unangemessene Behandlung, die infolge der Schmerzen auch das körperliche Wohlbefinden Brunos beeinträchtigt und nicht nur unerheblich ist. Da die Ohrfeige allerdings keine Spuren hinterlässt und daher kein krankhafter Zustand bei Bruno hervorgerufen wird, liegt darüber hinaus keine Gesundheitsschädigung vor. Da die Tathand-

---

33 Vgl. zu diesen Definitionen *Eisele*, BT I, Rn. 291, 296.

lungen „körperliche Misshandlung" und „Gesundheitsschädigung" nicht kumulativ, sondern nur alternativ vorliegen müssen („oder"), reicht die Erfüllung eines dieser Merkmale aus. Als **Ergebnis** ist daher zu formulieren: Anton hat den objektiven Tatbestand einer Körperverletzung, § 223 StGB, erfüllt.

1. Aufteilung in Tatbestandsmerkmale

Der erste Schritt, die Benennung der jeweils isoliert zu untersuchenden Tatbestandsmerkmale, ist relativ unproblematisch. Denn die einzelnen Tatbestandsmerkmale stehen regelmäßig im Gesetz. Ganz selten einmal kommt es vor, dass die Rechtspraxis im Hinblick auf einen ganz bestimmten Tatbestand ein sog. **ungeschriebenes Tatbestandsmerkmal** entwickelt hat. Dies ist – trotz des Grundsatzes „nulla poena sine lege scripta" – zulässig, da es sich dabei regelmäßig um eine zusätzliche Voraussetzung handelt, die die Strafbarkeit des ansonsten zu weit geratenen Tatbestandes einschränkt und somit zugunsten des potentiellen Täters wirkt. Wann dies der Fall ist, muss regelmäßig „gelernt" werden, beschränkt sich jedoch auf wenige Ausnahmefälle.

> **Bsp.:** Der Betrug, § 263 StGB, setzt sowohl einen täuschungsbedingten Irrtum als auch einen eingetretenen Vermögensschaden des Opfers voraus. Als Bindeglied – und als Abgrenzung zu anderen Delikten, wie z. B. dem Diebstahl – ist es jedoch notwendig, dass der Schaden dabei auf einer freiwilligen Vermögensverfügung des Opfers beruht. Denn im Gegensatz zum genannten Diebstahl stellt der Betrug ein „Selbstschädigungsdelikt" dar. Da dies jedoch nicht ausdrücklich im Gesetz steht, ist die Vermögensverfügung als ungeschriebenes Tatbestandsmerkmal in § 263 StGB „hineinzulesen".

Es wurde bereits festgestellt, dass ein Tatbestand regelmäßig aus **objektiven und subjektiven** Elementen besteht, die entweder im **objektiven** oder im **subjektiven Tatbestand** geprüft werden. Dabei ist zu beachten, dass (zumindest bei Vorsatzdelikten) im **subjektiven Tatbestand** stets der Vorsatz zu prüfen ist, der über § 15 StGB in jeden Tatbestand mit hineinzulesen ist. Dadurch ergibt sich folgender zwingender Aufbau des Tatbestandes beim vorsätzlichen Vollendungsdelikt:

Prüfungsschema
I. Tatbestand
  1. objektiver Tatbestand
     Prüfung der einzelnen objektiven Tatbestandsmerkmale (jeweils: Definition und Subsumtion)
  2. subjektiver Tatbestand
     – Feststellung des Vorsatzes hinsichtlich jedes einzelnen objektiven Tatbestandsmerkmals
     – Prüfung der sonstigen subjektiven Tatbestandsmerkmale (z. B. besondere Absichten)
II. Rechtswidrigkeit
III. Schuld

In einer juristischen Klausur müssen somit im ersten Schritt der Tatbestandsprüfung nicht nur die einzelnen Tatbestandsmerkmale voneinander getrennt, sondern es muss zudem festgestellt werden, welche Merkmale **objektiv** und welche Merkmale **subjektiv** sind.

Bsp.: So enthält der objektive Tatbestand des Diebstahls, § 242 StGB, insgesamt vier Merkmale: als Tatobjekt eine (1) Sache, die (2) beweglich und für den Täter (3) fremd sein muss, sowie als Tathandlung (4) die Wegnahme. Im subjektiven Tatbestand ist (5) zuerst ein Vorsatz bzgl. dieser objektiven Tatbestandsmerkmale erforderlich, der Täter muss also wissen, dass er eine Sache, die beweglich und für ihn fremd ist, wegnimmt. Daneben ist (6) als weiteres (geschriebenes) subjektives Tatbestandsmerkmal notwendig, dass der Täter die Absicht hat, sich diese Sache rechtswidrig zuzueignen.

2. Definition

Als zweiter Schritt folgt nun die **Definition** der einzelnen Tatbestandsmerkmale. Diese „Auslegung" ist eine der wesentlichen Aufgaben des Juristen. In der Ausbildung bzw. in juristischen Klausuren ist es ratsam, zumindest die wichtigsten Definitionen zu „wissen". In der Rechtspraxis finden sich diese Definitionen in den gängigen Kommentaren zum StGB. Wenn das juristische Verstehen eine Kombination von Fleiß und juristischem Gespür darstellt, ist an dieser Stelle die Ebene des Fleißes angesprochen. Zumindest die gängigen Definitionen sollten also „gelernt" werden. Natürlich kann im Rahmen einer Klausur zu jedem Tatbestandsmerkmal eine eigene Definition entwickelt werden. Dies ist jedoch sehr zeitintensiv. Zudem wird auch der fähigste Jurist in einer zwei- oder fünfstündigen Klausur kaum einmal exakt diejenige Definition „treffen", die sich in der Rechtspraxis in jahrzehntelanger harter Diskussion durchgesetzt hat.

Bsp.: So finden sich beim Straftatbestand des Diebstahls folgende Standarddefinitionen[34]: Als **Sache** wird „jeder körperliche Gegenstand i. S. des § 90 BGB" angesehen. **Fremd** ist eine Sache, „die zumindest auch im Eigentum eines anderen steht". Eine Sache ist **beweglich**, „wenn sie von ihrem bisherigen Standort körperlich fortbewegt werden kann". Unter **Wegnahme** versteht man „den Bruch fremden und die Begründung neuen, nicht notwendigerweise tätereigenen Gewahrsams". **Zueignung** schließlich bedeutet, dass „der Täter sich eine eigentümerähnliche Herrschaftsmacht über eine Sache anmaßt, indem er entweder die Sache selbst oder den in ihr verkörperten Sachwert dem eigenen Vermögen einverleibt, wobei er sich die Sache zumindest vorübergehend aneignet und den Eigentümer dabei dauerhaft enteignet" (da die Zueignung in § 242 StGB lediglich beabsichtigt sein muss, also im subjektiven Tatbestand zu prüfen ist, muss diese objektiv nicht vorliegen, es reicht also eine hierauf gerichtete entsprechende Absicht des Täters aus). Teilweise ist es sogar notwendig, einzelne Begriffe dieser Definitionen ihrerseits wiederum zu definieren. So versteht man unter dem Begriff des **Gewahrsams** (als Definitionsmerkmal des Begriffs der Wegnahme) „das von einem Herrschaftswillen getragene tatsächliche Herrschaftsverhältnis".

3. Subsumtion

Als nächster Schritt folgt dann die **Subsumtion** des vorliegenden Lebenssachverhalts unter die zuvor festgestellte Definition des jeweiligen Tatbestandsmerkmals. Geprüft werden muss also – wiederum jeweils getrennt nach den einzelnen Tatbestandsmerkmalen –, ob der konkrete Fall unter die jeweilige Definition „passt".

---

34 Vgl. zu diesen Definitionen *Eisele*, BT II, Rn. 16 ff., 21, 22 ff., 25 ff., 64 ff.

Wenn, wie bereits erwähnt, das juristische Verstehen eine Kombination von Fleiß und juristischem Gespür darstellt, ist hier nun Letzteres angesprochen. Denn es würde ein sinnloses – und nie endendes – Unterfangen darstellen, „lernen" zu wollen, inwieweit sämtliche in Frage kommenden Lebenssachverhalte unter die gefundenen juristischen Definitionen zu subsumieren sind. An dieser Stelle muss nun **argumentiert** werden. Insbesondere juristische Klausuren sind so konstruiert, dass es selten „eindeutige" Fälle gibt, für die nur eine Lösung denkbar ist.

> **Bsp.:** Anton zertrampelt aus Verärgerung über den zunehmenden Tourismus in seinem bayerischen Heimatdorf eine von der Gemeindeverwaltung gespurte Langlaufloipe. Bei der Prüfung, ob er hierdurch eine Sachbeschädigung, § 303 StGB, begangen hat, muss als erstes geprüft werden, ob eine Langlaufloipe eine „Sache" ist. Wie beim Diebstahl, so versteht man auch bei der Sachbeschädigung unter einer Sache einen „körperlichen Gegenstand i. S. des § 90 BGB" (= Definition). Die Sache muss aber – nun im Gegensatz zum Diebstahl – nicht beweglich sein, da § 303 StGB dieses Tatbestandsmerkmal nicht enthält. „Schnee" ist nun als körperlicher Gegenstand anzusehen, fraglich ist jedoch, ob dies auch für „gespurten Schnee" gilt, denn Anton beschädigt bzw. zerstört hier ja nicht den Schnee als solches, sondern die Loipe (= Subsumtion). Hier müssen nun Argumente gesammelt und eine Entscheidung getroffen werden. Ein „richtig" oder „falsch" gibt es dabei nicht. Selbst die Gerichte sind bei dieser Frage schon zu unterschiedlichen Ergebnissen gekommen.[35]

4. Ergebnis

Als letzter Schritt muss dann ein **Ergebnis** formuliert werden. Dies wird in Klausuren oft übersehen, dient aber, insbesondere nach längeren Erörterungen, der Übersichtlichkeit. Zu formulieren ist also z. B.: „Die Langlaufloipe stellt daher eine Sache dar" oder: „Eine Beschädigung liegt daher vor".

III. Arten von Tatbestandsmerkmalen

Betrachtet man die einzelnen Tatbestände, so kann man hinsichtlich der einzelnen Tatbestandsmerkmale verschiedene Differenzierungen vornehmen.

1. Geschriebene und ungeschriebene Tatbestandsmerkmale

> **Definition**
> Unter **geschriebenen Tatbestandsmerkmalen** versteht man solche Elemente des gesetzlichen Tatbestandes, die im Gesetz ausdrücklich niedergelegt sind.

> **Bsp.:** Beim Diebstahl, § 242 StGB, sind dies die Merkmale: Sache, fremd, beweglich, wegnehmen, Absicht rechtswidriger Zueignung.

> **Definition**
> Unter **ungeschriebenen Tatbestandsmerkmalen** versteht man Merkmale, die im gesetzlichen Tatbestand nicht ausdrücklich normiert sind, die aber von der

---

35 Vgl. BayObLG NJW 1980, 132 (verneinend); LG Kempten NJW 1979, 558 (bejahend).

Rechtspraxis im Laufe der Zeit entwickelt wurden, um den jeweiligen gesetzlichen Tatbestand zu ergänzen und seine Reichweite einzuschränken.

> **Bsp.:** Beim Betrug, § 263 StGB, ist dies die Vermögensverfügung, die als Bindeglied den täuschungsbedingten Irrtum mit dem Vermögensschaden verknüpft. Ein weiteres wichtiges Beispiel eines ungeschriebenen Tatbestandsmerkmals ist ferner bei sämtlichen Erfolgsdelikten (d. h. solchen Delikten, die neben der Tathandlung auch einen Erfolg in der Außenwelt voraussetzen) als Verbindung von Tathandlung und Erfolg die sog. Kausalität.[36]

2. Deskriptive und normative Tatbestandsmerkmale

87 **Definition**

Unter **deskriptiven Tatbestandsmerkmalen** versteht man solche Merkmale, die sich in erster Linie in einer sachlichen Beschreibung eines bestimmten Lebensvorgangs oder Gegenstandes erschöpfen, der allgemeinen sinnlichen Wahrnehmung zugänglich sind und keine spezifisch juristische Bewertung enthalten.

> **Bsp.:** Der Begriff der „Sache" in § 242 StGB ist ein vorwiegend deskriptives Tatbestandsmerkmal. Was unter einer Sache zu verstehen ist, kann sich nahezu jeder ohne größere juristische Kenntnisse vorstellen. Zwar gibt es auch hier im Einzelnen Abgrenzungsschwierigkeiten, im Wesentlichen ist der Kern des Sachbegriffs jedoch ohne juristische Wertung nachzuvollziehen.

88 **Definition**

Unter **normativen Tatbestandsmerkmalen** versteht man solche Tatbestandsmerkmale, die in erster Linie eine **juristische Wertung** erfordern und nicht lediglich sachlich-beschreibend sind. In aller Regel sind bei ihrer Auslegung andere Vorschriften aus der Rechtsordnung heranzuziehen.

> **Bsp.:** Der Begriff der „Fremdheit" in § 242 StGB ist ein eher normativ geprägtes Merkmal. Was man hierunter versteht, ergibt sich erst unter Heranziehung der zivilrechtlichen Eigentumsordnung und der jeweiligen Vorschriften des BGB. Das Erfassen der „Fremdheit" erfordert daher eine spezifisch juristische Bewertung.

3. Tatbezogene und täterbezogene Merkmale

89 **Definition**

Unter einem **tatbezogenen Merkmal** versteht man ein Merkmal eines gesetzlichen Tatbestandes, das sich in erster Linie auf die Art und Weise der Tatbegehung bezieht.

> **Bsp.:** Als tatbezogenes Merkmal ist das sich in § 211 Abs. 2 StGB findende Mordmerkmal der „grausamen" Begehungsweise anzusehen.

---

36 Vgl. hierzu ausführlich unten Rn. 137 ff.

III. Arten von Tatbestandsmerkmalen

Definition
Unter einem **täterbezogenen Merkmal** versteht man Merkmale, die mit der Persönlichkeit des Täters zu tun haben. Es kann sich hierbei entweder um solche Merkmale handeln, die sich auf die besonderen Motive des Täters beziehen (dann handelt es sich um subjektive Tatbestandsmerkmale), oder um solche, die eine besondere Subjekteigenschaft des Täters kennzeichnen (dann handelt es sich um objektive Tatbestandsmerkmale).

Bsp.: Als täterbezogenes Merkmal, welches sich auf besondere Motive des Täters bezieht, ist das sich in § 211 Abs. 2 StGB findende Mordmerkmal der „Habgier" zu nennen. Dagegen handelt es sich bei der Eigenschaft des Täters als „Amtsträger", z. B. in § 331 StGB, um ein täterbezogenes Merkmal, welches die besondere Subjekteigenschaft des Täters kennzeichnet.

4. Objektive und subjektive Tatbestandsmerkmale

Definition
Unter **objektiven Tatbestandsmerkmalen** versteht man diejenigen Umstände, die das äußere Erscheinungsbild einer Tat bestimmen, die also Merkmale des **objektiven Tatbestandes** sind. Es kann sich dabei sowohl um deskriptive oder normative als auch um tatbezogene oder täterbezogene Merkmale handeln.

Bsp.: Im Rahmen des § 242 StGB sind die Merkmale „Sache", „beweglich" und „wegnehmen" als objektive Tatbestandsmerkmale ausgestaltet, die tatbezogen und eher deskriptiv sind, während das objektive Merkmal „fremd" zwar ebenfalls tatbezogen, aber eher normativ geprägt ist.

Definition
Unter **subjektiven Tatbestandsmerkmalen** versteht man diejenigen Umstände einer Tat, die dem psychisch-seelischen Bereich und dem Vorstellungsbild des Täters angehören. Sie werden regelmäßig im **subjektiven Tatbestand** geprüft.

Bsp.: Zu nennen ist hier in erster Linie der Vorsatz im Hinblick auf die Verwirklichung eines gesetzlichen Tatbestandes. Als weitere subjektive Merkmale, die den Handlungsunwert einer Tat betreffen, sind besondere Absichten des Täters zu nennen, wie z. B. die „Zueignungsabsicht" in § 242 StGB oder die „Bereicherungsabsicht" in § 263 StGB. Teilweise verlangen manche Tatbestände auch ein Handeln „wider besseres Wissen", so etwa bei der Verleumdung, § 187 StGB.

5. Exkurs: Objektive Strafbarkeitsbedingungen

Definition
Unter einer **objektiven Bedingung der Strafbarkeit** versteht man solche im Gesetz festgeschriebenen Voraussetzungen, die zwar zur Verwirklichung eines

> Delikts vorliegen müssen, auf die sich jedoch ausnahmsweise der **Vorsatz nicht beziehen** muss. Sie stellen bloße Tatbestandsannexe dar.

Diese – im StGB sehr selten vorkommenden – objektiven Strafbarkeitsbedingungen sind von den objektiven Tatbestandsmerkmalen strikt zu unterscheiden. Während man unter den objektiven Tatbestandsmerkmalen solche zumeist im Gesetz ausdrücklich normierten Merkmale versteht, die subjektiv vom Vorsatz umfasst sein müssen, zeichnen sich die objektiven Bedingungen der Strafbarkeit gerade dadurch aus, dass ein vorsätzliches Verhalten diesbezüglich nicht erforderlich ist. Diese Merkmale müssen lediglich objektiv vorliegen, um eine Strafbarkeit zu begründen. Da sie insoweit zwar das Unrecht der Tat mitbestimmen, aber eben keine echten Tatbestandsmerkmale darstellen, sind sie lediglich als Tatbestandsannexe anzusehen. Sie sollten in einer Klausur daher auch erst im Anschluss an den subjektiven Tatbestand geprüft werden.

> **Bsp.:** Zu nennen ist in diesem Zusammenhang z. B. die schwere Folge (Tod oder schwere Körperverletzung) im Rahmen der Beteiligung an einer Schlägerei, § 231 StGB. Strafbarkeitsbegründend ist hier die Beteiligung an einer Schlägerei an sich. Dabei müssen sowohl das Vorliegen einer Schlägerei als auch die eigene Beteiligung hieran vom Vorsatz umfasst sein. Strafbar ist das Verhalten allerdings erst dann, wenn durch die Schlägerei jemand zu Tode kommt oder eine schwere Körperverletzung erleidet. Dieser besondere „Erfolg" muss als objektive Bedingung der Strafbarkeit jedoch nicht vom Vorsatz umfasst sein (wäre er es, dann läge ohnehin ein Tötungsdelikt oder eine schwere Körperverletzung, § 226 StGB, vor und § 231 StGB hätte keine eigenständige Funktion mehr). Ein weiteres Beispiel stellt die im Rausch begangene „rechtswidrige Tat" in § 323a StGB (Vollrausch) dar.

94 Da die objektiven Bedingungen der Strafbarkeit im Hinblick auf das **Schuldprinzip** problematisch sind (eben deshalb, weil sie vom Vorsatz nicht umfasst sein müssen), kommen sie im StGB, wie erwähnt, nur äußerst selten vor und sind zudem nur dann zulässig, wenn sie zur **Einschränkung der Strafbarkeit** dienen. Teilweise wird auch gefordert, dass eine rein objektive Verwirklichung des Merkmals nicht ausreichend sei, der Täter hätte vielmehr den Erfolg jedenfalls vorhersehen müssen (und insoweit wenigstens fahrlässig handeln müssen).[37]

6. Exkurs: Rechtswidrigkeit als Tatbestandsmerkmal

95 Zeitweise findet sich im Tatbestand eines Delikts auch das – wie ein Tatbestandsmerkmal ausgestaltete – Merkmal der Rechtswidrigkeit. Hier ist jeweils im Einzelfall zu differenzieren, ob die Erwähnung der Rechtswidrigkeit tatsächlich als Tatbestandsmerkmal anzusehen ist – mit der Konsequenz, dass die Rechtswidrigkeit vom (Tatbestands)Vorsatz umfasst sein muss – oder ob es sich um einen an sich überflüssigen Hinweis des Gesetzgebers handelt, dass im Rahmen dieser Strafvorschrift besonders oft Rechtfertigungsgründe eingreifen.[38]

> **Bsp.:** Die Absicht rechtswidriger Zueignung in § 242 StGB ist ein echtes subjektives Tatbestandsmerkmal, die Rechtswidrigkeit in § 303 StGB ist hingegen

---

37 So *Roxin/Greco*, AT I, § 23 Rn. 9, 12.
38 Vgl. hierzu ausführlich unten Rn. 207 ff. im Rahmen der Ausführungen zur Rechtswidrigkeit.

kein Tatbestandsmerkmal, sondern ein überflüssiger Hinweis auf die bei diesem Tatbestand oftmals einschlägigen Rechtfertigungsgründe.

IV. Auslegung von Tatbestandsmerkmalen

1. Abgrenzung von Auslegung und Analogie

Wie schon oben im Rahmen der Erörterung des Grundsatzes „nulla poena sine lege" angesprochen,[39] bedarf jede rechtliche Vorschrift einer **Auslegung**. Denn die einzelnen Straftatbestände sind nicht so eindeutig gefasst, dass sich ihr Inhalt jedem ohne weiteres von selbst erschließt. Allerdings ist die (zulässige) Auslegung abzugrenzen von der (im Strafrecht jedenfalls zu Lasten des Täters verbotenen) Analogie. Da es sich bei dieser Abgrenzung um eine der Grundfragen unseres Rechts handelt, soll an dieser Stelle nicht auf eine zumindest grobe Darstellung der Thematik verzichtet werden.

> **Definition**
> Unter dem strafrechtlichen **Analogieverbot** versteht man das Verbot, durch einen **Ähnlichkeitsvergleich** (d.h. den Vergleich mit existierenden anderen Strafbestimmungen und deren Unrechtsgehalt) neue Straftatbestände zu schaffen, um vermeintlich oder tatsächlich vorhandene Lücken zu schließen.

Die Abgrenzung von Auslegung und Analogie muss sich in erster Linie am Wortlaut des Gesetzes orientieren. Der Wortlaut des Gesetzes bildet dabei stets die Schranke zulässiger Auslegung. Wird diese Schranke überschritten, so liegt eine (verbotene) Analogie vor. Ziel der Analogie ist es somit, das Gesetz zu ergänzen und Gesetzeslücken auszufüllen, indem rechtliche Vorschriften über den Wortlaut hinaus erweitert und dadurch für den zu beurteilenden Fall nutzbar gemacht werden. Ziel der Auslegung ist es hingegen, den genauen Inhalt des Gesetzes festzustellen. Dabei ist die Abgrenzung nicht immer eindeutig, die Grenzen sind – leider – fließend. Was von dem einen noch als zulässige Auslegung angesehen wird, stellt sich für den anderen schon als verbotene Analogie dar.

> **Bsp.:** Bereits oben[40] wurde auf die Rechtsprechung des Reichsgerichts hingewiesen, dass Elektrizität nicht als Sache i.S. des § 242 StGB angesehen werden könne. Eine Bestrafung nach § 242 StGB bei der Entwendung von Elektrizität wäre daher nur im Wege der Analogie möglich gewesen, die aber – zu Ungunsten des Täters – unzulässig ist.

Da die Analogie als allgemeines Rechtsinstitut im Strafrecht aber jedenfalls zugunsten des Täters eingreifen kann, sollen an dieser Stelle kurz die Voraussetzungen genannt werden, die eine analoge Anwendung einer Vorschrift möglich machen. Es muss sich (1) um eine **gesetzliche Lücke** handeln, d.h. der jeweils zu beurteilende Fall „passt" nicht unter die bestehenden Vorschriften, eine Auslegung der einzelnen Merkmale führt also nicht zum Erfolg. Diese Lücke darf (2) vom Gesetzgeber **nicht beabsichtigt** sein, es muss sich also um eine ungewollte Rege-

---
39 Vgl. oben Rn. 30.
40 Vgl. oben Rn. 29.

lungslücke handeln, und (3) muss ein **Ähnlichkeitsvergleich** ergeben, dass hier eine vergleichbare Interessenlage vorliegt.

> **Bsp.:** So ist ein Rücktritt vom Versuchsdelikt nach den Grundsätzen des § 24 StGB stets, ein Rücktritt vom vollendeten Delikt (= tätige Reue) hingegen nur dann zulässig, wenn das Gesetz dies für bestimmte Tatbestände ausdrücklich vorsieht (vgl. u. a. in §§ 306e, 330b StGB). Im Einzelfall ist es daher fraglich, ob die Vorschriften über die tätige Reue bei vergleichbaren Konstellationen auch auf Tatbestände analog anwendbar sind, die eine solche Regelung nicht vorsehen (z. B. §§ 221, 323c StGB). Dies ist immer dann abzulehnen, wenn der Gesetzgeber hier eine solche Regelung ganz bewusst nicht geschaffen hat. Dies wird regelmäßig dann der Fall sein, wenn das Problem seit langem bekannt ist und der Gesetzgeber trotz Änderungen der jeweiligen Norm eine entsprechende Regelung nicht getroffen hat.

2. Grundsätze der Auslegung

99 Die Grundsätze der Auslegung sollen hier ebenfalls nur kurz wiedergegeben werden. Im Einzelnen lassen sich **vier verschiedene Auslegungsgrundsätze** unterscheiden, die im Zweifel zusammen berücksichtigt werden müssen:

a) Grammatikalische Auslegung

100
Definition

Unter der **grammatischen Auslegung** versteht man eine Auslegung, die sich am **Wortlaut des Gesetzes** orientiert. Entscheidend ist die Heranziehung des natürlichen – aber auch des juristischen – Sprachgebrauchs.

> **Bsp.: Natürlicher Sprachgebrauch:** Wenn beim Diebstahl, § 242 StGB, von einer Sache (Definition: „körperlicher Gegenstand i. S. des § 90 BGB") die Rede ist, so wird hiervon nach dem natürlichen Sprachgebrauch ein Buch sicherlich erfasst, die Elektrizität, die „aus der Steckdose kommt", hingegen nicht. Bei einer Batterie, die ja auch Elektrizität verkörpert, ist dies allerdings schon wieder anders.

> **Bsp.: Juristischer Sprachgebrauch:** Wenn beim Diebstahl, § 242 StGB, von einer „fremden Sache" die Rede ist, dann wird hier letztlich auf den juristischen Begriff des Eigentums – und somit auf die Eigentumsordnung des Zivilrechts – verwiesen.

Die natürliche Wortlautgrenze ist dabei sowohl **erster Anhaltspunkt** als auch **Grenze** der zulässigen Auslegung. Eine Auslegung, die die Wortlautgrenze des jeweiligen Tatbestandes überschreitet, wäre in jedem Fall unzulässig.

b) Historische Auslegung

101
Definition

Unter der **historischen Auslegung** versteht man eine Auslegung, die sich an der **Intention des Gesetzgebers** orientiert.

Bei der historischen Auslegung ist also zu prüfen, was sich der **Gesetzgeber** bei der Abfassung der jeweiligen Vorschrift gedacht hat. Oftmals finden sich umfangreiche schriftliche Aufzeichnungen über das Gesetzgebungsverfahren, Protokolle und Beschlüsse, aus denen sich ergibt, warum der Gesetzgeber eine bestimmte Vorschrift ins Gesetz aufgenommen hat und wie er diese verstanden haben wollte. Diese können allerdings nur einen ersten Anhaltspunkt geben, denn einerseits haben sich vielfach die Verhältnisse seit Erlass des Gesetzes weiterentwickelt, andererseits ist es aber auch möglich, dass der Gesetzgeber fehlerhafte Begriffe verwendet hat, d. h. Begriffe, die letztlich einen ganz anderen Sinn ergeben. Dies kann nur dadurch korrigiert werden, dass der Gesetzgeber das Gesetz ändert, nicht aber dadurch, dass der Richter dem Gesetz entgegen seinem klaren Wortlaut einen anderen Sinn unterlegt. Insoweit ist nicht vom subjektiven, sondern vom objektivierten Willen des Gesetzgebers auszugehen. Die historische Auslegung ist freilich in einer Klausur nicht zu leisten, kann aber bei Hausarbeiten eine gewisse Rolle spielen.

c) Systematische Auslegung

> **Definition**   **102**
> Unter der **systematischen Auslegung** versteht man eine Auslegung, die sich an der **systematischen Stellung** einer Vorschrift im Gesetz orientiert.

Zu fragen ist hier also stets, in welchem Normzusammenhang die jeweilige Vorschrift steht. Insoweit wäre es z. B. unzulässig, eine Vorschrift, die sich im Abschnitt der Vermögensdelikte befindet und auch vom Wortlaut her auf diese zugeschnitten ist, auf Verhaltensweisen anzuwenden, die nichtvermögensrechtliche Bereiche betreffen. Insoweit kann als „Nachteil" im Rahmen der Untreue, § 266 StGB, nur ein Vermögensnachteil verstanden werden, da sich die Vorschrift in einem Abschnitt des StGB befindet, der die Straftaten gegen das Vermögen regelt.

d) Teleologische Auslegung

> **Definition**   **103**
> Unter der **teleologischen Auslegung** versteht man eine Auslegung, die sich am **Sinn und Zweck** einer bestimmten Vorschrift orientiert.

In der teleologischen Variante liegt – insbesondere im Strafrecht – der Schwerpunkt der Auslegung. Dabei muss gefragt werden, wozu die jeweilige Strafbestimmung dient, welche Rechtsgüter sie schützen will, auf welche Weise der Schutz dieser Rechtsgüter am effektivsten erfolgen kann, was für Konsequenzen eine bestimmte Auslegung im Hinblick auf andere Tatbestände nach sich ziehen könnte und welche Auswirkungen dies im Hinblick auf die Gesamtrechtsordnung hätte. So wäre z. B. eine Auslegung unzulässig, die ein Verhalten gestattet, welches durch eine andere Vorschrift gerade verboten wird. Ebenso wäre eine Auslegung unzulässig, die gegen geltendes Verfassungsrecht oder auch gegen Vorschriften des internationalen Rechts verstößt (hinzuweisen ist allerdings darauf, dass die „verfassungskonforme" und die „europarechtskonforme" Auslegung von vielen als eigenständige Auslegungsmethoden angesehen werden).

V. Überblick über verschiedene strafrechtliche Grundbegriffe

104 Im Folgenden soll ein kurzer Überblick über verschiedene strafrechtliche Grundbegriffe gegeben werden. Dieser dient lediglich der groben Orientierung. Eine vertiefte Auseinandersetzung mit den einzelnen Begriffen findet an späterer Stelle statt.

1. Verbrechen und Vergehen

105 Im Hinblick auf die Schwere der Strafandrohung, d. h. die in der jeweiligen Vorschrift angedrohte Rechtsfolge, werden die Delikte in Verbrechen und Vergehen eingeteilt.

106 **Definition**

Unter einem **Verbrechen** versteht man nach § 12 Abs. 1 StGB rechtswidrige Taten, die im Mindestmaß mit Freiheitsstrafe von einem Jahr oder darüber bedroht sind.

Bsp.: So wird Totschlag, § 212 StGB, mit einer Freiheitsstrafe nicht unter fünf Jahren, der Raub, § 249 StGB, mit einer solchen nicht unter einem Jahr bestraft.

 Definition

Unter einem **Vergehen** versteht man nach § 12 Abs. 2 StGB rechtswidrige Taten, die im Mindestmaß mit einer Freiheitsstrafe unter einem Jahr oder mit Geldstrafe bedroht sind.

Bsp.: So wird der Diebstahl, § 242 StGB, oder der Betrug, § 263 StGB, mit einer Freiheitsstrafe bis zu fünf Jahren oder mit Geldstrafe bestraft. Da hier also auch eine Freiheitsstrafe von sechs Monaten oder auch lediglich eine Geldstrafe verhängt werden kann, liegt das „Mindestmaß" der zu verhängenden Strafe unter einem Jahr Freiheitsstrafe.

Maßgeblich für die Einordnung als Verbrechen oder Vergehen ist die abstrakt im Gesetz angedrohte Strafe, nicht diejenige, die vom Richter im Einzelfall tatsächlich verhängt wurde (der Diebstahl bleibt also stets Vergehen, wird also auch dann nicht zum Verbrechen, wenn der Richter im Einzelfall eine Freiheitsstrafe von zwei Jahren oder mehr verhängt). Eine entscheidende Rolle spielt die Differenzierung insbesondere für die Versuchsstrafbarkeit (vgl. § 23 Abs. 1 StGB)[41] sowie im Rahmen des Versuchs der Beteiligung nach § 30 StGB[42]. Zudem ist zu beachten, dass eine Einstellung des Verfahrens nach §§ 153, 153a StPO nur bei Vergehen möglich ist.

2. Erfolgsunwert, Handlungsunwert, Gesinnungsunwert

107 Während die Begriffe „Erfolgsunwert" und „Handlungsunwert" das **Unrecht** einer Tat betreffen, spielt der „Gesinnungsunwert" erst im Rahmen der **Schuld** eine Rolle.

---

41 Vgl. hierzu unten Rn. 428 ff.
42 Vgl. hierzu unten insbesondere Rn. 891, 894 ff.

> **Definition**
> Unter dem **Erfolgsunwert** einer Tat versteht man den Unwert einer Tat, der im Wesentlichen gekennzeichnet und bestimmt ist durch den durch die Tat verursachten Erfolg (d. h. durch die Verletzung oder Gefährdung des jeweiligen Rechtsguts).

Bsp.: Der Erfolgsunwert (z. B. der Tod eines Menschen bei § 212 StGB oder die Beschädigung einer Sache bei § 303 StGB), spielt im Wesentlichen nur bei den Erfolgsdelikten eine Rolle und ist hier insbesondere im Hinblick auf die Frage der objektiven Zurechnung von Bedeutung.

> **Definition**
> Unter einem **Handlungsunwert** einer Tat versteht man den Unwert einer Tat, der im Wesentlichen gekennzeichnet und bestimmt ist durch die Art und Weise des Handlungsvollzugs während der Tatbegehung.

Bsp.: Wer einen Menschen tötet, verwirklicht den Erfolgsunwert „Vernichtung fremden Menschenlebens". Dies allein reicht jedoch für die Tatbegehung noch nicht aus. Hinzukommen muss stets ein bestimmter Handlungsunwert. Handelt der Täter im Hinblick auf die Tötung vorsätzlich, ist § 212 StGB erfüllt; handelt er fahrlässig, liegt eine fahrlässige Tötung, § 222 StGB, vor. Entscheidend ist der Handlungsunwert daher bei der Frage der subjektiven Zurechnung. So kennen Versuchsdelikte regelmäßig lediglich einen Handlungsunwert, da der Erfolgsunwert (d. h. die Rechtsgutsverletzung oder -gefährdung) gerade ausbleibt. Wesentliche Merkmale des Handlungsunwerts sind der Vorsatz und die sonstigen subjektiven Tatbestandsmerkmale (Zueignungsabsicht etc.).

> **Definition**
> Unter einem **Gesinnungsunwert** einer Tat versteht man den Unwert einer Tat, der im Wesentlichen gekennzeichnet und bestimmt ist durch die jeweilige Schuld des Täters. Hier spiegelt sich die fehlerhafte Einstellung des Täters gegenüber den Verhaltensnormen der Rechtsordnung bzw. seine mangelnde Rechtsgesinnung wider.

Bsp.: Gesinnungsmerkmale beschreiben oft die besondere Motivation des Täters, wie z. B. die Habgier oder die Mordlust beim Mord, § 211 StGB. Sie sind als subjektive Merkmale im Rahmen des subjektiven Tatbestandes zu prüfen. Sie stellen insoweit stets auch täterbezogene Merkmale dar.

VI. Überblick über verschiedene Deliktsarten

Im Folgenden soll noch ein kurzer Überblick über die verschiedenen strafrechtlichen Deliktsarten gegeben werden. Dieser Überblick soll ebenfalls nur der groben Orientierung dienen. Eine nähere Auseinandersetzung mit den einzelnen Deliktsarten findet an späterer Stelle statt.

1. Erfolgs- und Tätigkeitsdelikte

109 Nach der spezifischen Beziehung zwischen der strafbaren Handlung und einem möglichen Erfolg können **Erfolgsdelikte** und **Tätigkeitsdelikte** unterschieden werden.

Definition
Unter einem **Erfolgsdelikt** versteht man ein Delikt, bei welchem der gesetzliche Tatbestand den Eintritt eines von der Handlung räumlich, zeitlich oder gedanklich abgrenzbaren Erfolges in der Außenwelt voraussetzt.

Bsp.: Der von der Tötungshandlung (z. B. einem Schuss) abtrennbare Erfolg des Totschlags, § 212 StGB, ist der Tod eines Menschen. Als Bindeglied zwischen Handlung und Erfolg ist dabei stets die Ursächlichkeit genau dieser Handlung für genau diesen Erfolg notwendig. Diese Ursächlichkeit nennt man Kausalität.[43] Prüfungsstandort dieser Merkmale ist jeweils der objektive Tatbestand.

Definition
Unter einem **(schlichten) Tätigkeitsdelikt** versteht man ein Delikt, bei dem der Tatbestand allein durch die Handlung als solche erfüllt wird, ein konkreter (hinzutretender) Erfolg also nicht erforderlich ist.

Bsp.: Der Meineid, § 154 StGB, ist bereits dann vollendet, wenn der Zeuge falsch schwört. Ein Erfolg, etwa in der Form, dass der Richter der falschen Aussage Glauben schenkt, ist nicht notwendig. Zwar ist hier die Verwirklichung eines bestimmten Erfolges (im genannten Beispiel: das unrichtige Urteil) regelmäßig gesetzgeberisches Motiv für die Schaffung dieses Tatbestandes. Dennoch ist der Eintritt des entsprechenden Erfolges kein Tatbestandsmerkmal. Im objektiven Tatbestand ist daher allein die Tathandlung zu prüfen. Da die schlichten Tätigkeitsdelikte keinen Erfolg voraussetzen, sind sie durchweg als abstrakte Gefährdungsdelikte anzusehen.

Definition
Unter einem **kupierten Erfolgsdelikt** versteht man ein Delikt, bei dem ein Erfolg zwar nicht in den objektiven Tatbestand mit einbezogen ist, jedoch eine auf den Erfolg zielende Absicht des Täters verlangt wird.

Bsp.: Beim Diebstahl, § 242 StGB, ist die Zueignung kein objektives Tatbestandsmerkmal, sie muss vielmehr lediglich beabsichtigt sein (Absicht, sich die Sache rechtswidrig zuzueignen). Zur Erfüllung des objektiven Tatbestandes reicht also allein eine bestimmte Tathandlung aus, der Erfolg muss vom Täter lediglich angestrebt sein. Prüfungsstandort der Tathandlung (hier: Wegnehmen) ist dabei der objektive Tatbestand, der (lediglich beabsichtigte) Erfolg muss hingegen im subjektiven Tatbestand festgestellt werden. Hieran ändert sich auch nichts, wenn der Erfolg tatsächlich eingetreten ist (der Täter sich also, im genannten Beispiel, die Sache tatsächlich zugeeignet hat).

---

43 Vgl. zur Kausalität noch ausführlich unten Rn. 137 ff.

2. Verletzungs- und Gefährdungsdelikte

Nach der Intensität der Beeinträchtigung des betroffenen Rechtsguts werden Verletzungs- und Gefährdungsdelikte unterschieden.

> **Definition**
> Unter einem **Verletzungsdelikt** versteht man ein Delikt, bei dem das geschützte Rechtsgut durch eine menschliche Handlung konkret beeinträchtigt (= verletzt) werden muss.
>
> **Bsp.:** Eine Körperverletzung, § 223 StGB, ist nur erfüllt, wenn eine körperliche Misshandlung tatsächlich vorliegt. Bei den Verletzungsdelikten handelt es sich in aller Regel auch um Erfolgsdelikte. Andererseits sind nicht alle Erfolgsdelikte zwingend Verletzungsdelikte, da der tatbestandsmäßige Erfolg nicht immer in der Verletzung eines bestimmten Tatobjekts oder einer Rechtsgutsbeeinträchtigung besteht. So sind auch die sogleich noch darzustellenden konkreten Gefährdungsdelikte als Erfolgsdelikte anzusehen, da der tatbestandsmäßige Erfolg hier in der konkreten Gefährdung liegt.

> **Definition**
> Unter einem **Gefährdungsdelikt** versteht man ein Delikt, bei dem es ausreicht, wenn der Täter durch seine Tathandlung das Rechtsgut lediglich gefährdet.

Es lassen sich zwei Formen von Gefährdungsdelikten unterscheiden: die konkreten und die abstrakten Gefährdungsdelikte. Zwischen diesen beiden Formen stehen noch die sog. „abstrakt-konkreten" Gefährdungsdelikte, die auch „Eignungsdelikte" genannt werden, die aber für das juristische Studium weniger bedeutsam sind.

> **Definition**
> Unter einem **konkreten Gefährdungsdelikt** versteht man ein Delikt, bei dem der tatbestandliche Erfolg in der konkreten Gefährdung des Tatobjekts liegt. Die aus einer menschlichen Handlung resultierende Gefahr muss dabei konkret vorliegen, ohne dass jedoch eine Verletzung zwingend erforderlich ist.
>
> **Bsp.:** Zur Kennzeichnung eines konkreten Gefährdungsdeliktes verwendet der Gesetzgeber regelmäßig die Formulierung: „[...] und dadurch [d. h. durch die Tathandlung] Leib oder Leben [...] gefährdet", wie dies z. B. bei der Straßenverkehrsgefährdung, § 315c StGB, der Fall ist. Eine konkrete Gefährdung liegt dabei immer dann vor, wenn das Ausbleiben einer Verletzung nur noch vom Zufall abhängt. Der Eintritt der konkreten Gefahr ist bei diesen Delikten (objektives) Tatbestandsmerkmal mit der Folge, dass die Gefährdung (die jeweils konkret festzustellen ist) vom Vorsatz des Täters umfasst sein muss.

> **Definition**
> Unter einem **abstrakten Gefährdungsdelikt** versteht man ein Delikt, bei dem die aus einer menschlichen Handlung resultierende Gefahr lediglich gesetzgeberisches Motiv, jedoch nicht Tatbestandsmerkmal ist.

Bsp.: So soll die schwere Brandstiftung, § 306a Abs. 1 StGB, das Leben von Menschen schützen, welches durch das Inbrandsetzen der genannten Gebäude regelmäßig gefährdet ist. Im Tatbestand hat dieses Motiv des Gesetzgebers jedoch keinen Niederschlag gefunden. Bei den abstrakten Gefährdungsdelikten hat der Gesetzgeber eine bestimmte Verhaltensweise generell als so gefährlich angesehen, dass er auf das Erfordernis des Eintritts einer konkreten Gefahr verzichtet hat. Weder eine mögliche Verletzung noch eine irgendwie geartete Gefährdung sind daher Tatbestandsmerkmale. Allein die gefährliche Tätigkeit als solche ist unter Strafe gestellt. Die abstrakten Gefährdungsdelikte sind daher zumeist auch schlichte Tätigkeitsdelikte. Als weiteres in der Praxis bedeutsames Beispiel ist die Trunkenheit im Verkehr, § 316 StGB, zu nennen. Hier wird bereits das Fahren in fahruntauglichem Zustand unter Strafe gestellt, selbst wenn eine konkrete Gefährdung anderer Verkehrsteilnehmer nicht vorliegt).

Definition

Unter einem **abstrakt-konkreten Gefährdungsdelikt** (oder auch: Eignungsdelikt) versteht man ein Delikt, bei dem die aus einer menschlichen Handlung resultierende Gefahr wenigstens generell geeignet sein muss, bestimmte Verletzungen herbeizuführen. Eine konkrete Gefährdung ist dabei jedoch nicht erforderlich.

Bsp.: Bei der Luftverunreinigung, § 325 StGB, muss die Handlung (Verursachung von Luftveränderungen) wenigstens (abstrakt) geeignet sein „die Gesundheit eines anderen, Tiere, Pflanzen oder andere Sachen von bedeutendem Wert zu schädigen".

3. Zustands- und Dauerdelikte

Je nachdem, ob der Täter durch seine Tathandlung ein konkretes Ereignis (z. B. den Tod eines Menschen im Rahmen des § 212 StGB) oder eine länger anhaltende Wirkung erzielt (wie z. B. bei der Freiheitsberaubung, § 239 StGB), unterscheidet man zwischen Zustands- und Dauerdelikten.

Definition

Unter einem **Zustandsdelikt** versteht man ein Delikt, bei dem bereits das bloße Herbeiführen eines bestimmten Zustandes den Unrechtstatbestand verwirklicht.

Bsp.: Bei der Körperverletzung, § 223 StGB, führt allein die Tathandlung der Gesundheitsschädigung zur Verwirklichung des Tatbestands. Der Täter muss diese Gesundheitsschädigung danach nicht noch durch weitere Handlungen aufrechterhalten (obwohl die Gesundheitsschädigung bis zum Zeitpunkt der endgültigen Heilung natürlich andauert, diese aber vom Täter nicht mehr beeinflusst werden kann).

Definition

Unter einem **Dauerdelikt** versteht man ein Delikt, bei dem nicht nur die Herbeiführung eines bestimmten Zustandes, sondern auch dessen Fortdauern den gesetzlichen Unrechtstatbestand verwirklicht.

Bsp.: Der Hausfriedensbruch, § 123 StGB, ist bereits mit dem Betreten des fremden Grundstücks vollendet. Das Delikt „dauert" aber bis zum Verlassen desselben fort. Oftmals ist eine gewisse Dauer sogar für die Deliktsverwirklichung zwingend erforderlich, wie z. B. bei der Freiheitsberaubung, § 239 StGB, denn hierfür reicht ein lediglich kurzfristiges Festhalten gerade nicht aus.

Während bei den Dauerdelikten das Delikt mit dem Beginn der tatbestandsmäßigen Handlung regelmäßig vollendet, aber erst mit dem Ende des rechtswidrigen Zustandes beendet ist,[44] ist die Tat bei den Zustandsdelikten mit dem Eintritt des tatbestandsmäßigen Erfolges zumeist zugleich vollendet und beendet (z. B. bei der Körperverletzung, § 223 StGB). Es gibt aber auch hier Ausnahmen (z. B. beim Diebstahl, § 242 StGB – Vollendung mit der Wegnahme der Sache, Beendigung mit dem Sichern der Beute). Hinzuweisen ist schließlich noch darauf, dass Dauerdelikte zumeist als schlichte Tätigkeitsdelikte ausgestaltet sind.

4. Begehungs- und Unterlassungsdelikte

Nach den beiden Grundformen menschlichen Verhaltens (Tun und Unterlassen) unterscheidet man ferner Begehungsdelikte und Unterlassungsdelikte. Im Rahmen der Unterlassungsdelikte kann dann noch zwischen echten und unechten Unterlassungsdelikten unterschieden werden.[45]

> **Definition**
> Unter einem **Begehungsdelikt** versteht man ein Delikt, bei dem die Tatbestandsverwirklichung an ein aktives Tun anknüpft.

Bsp.: Der Totschlag, § 212 StGB, kann dadurch verwirklicht werden, dass der Täter einen anderen Menschen ersticht, erschießt oder erdrosselt, d. h. ein aktives Tun an den Tag legt. Er muss den Tatbestand hier also gerade durch eine aktive Handlung verwirklichen.

> **Definition**
> Unter einem **Unterlassungsdelikt** versteht man ein Delikt, bei dem der Täter den tatbestandsmäßigen Erfolg durch Nichtstun, d. h. durch bloßes Unterlassen erfüllt.

> **Definition**
> Unter einem **echten Unterlassungsdelikt** versteht man ein Delikt, bei dem die Voraussetzungen, unter denen ein Unterlassen strafbar ist, in einem eigenen Tatbestand vollständig umschrieben werden. Hier erschöpft sich die Tatbestandserfüllung in dem Verstoß gegen eine bestimmte Gebotsnorm (= Norm, die einer bestimmten Person ein bestimmtes Verhalten vorschreibt), die als solche im Gesetz abschließend normiert ist. Der Täter muss dabei eine bestimmte, ihm vom Gesetz vorgeschriebene Tätigkeit gerade nicht vornehmen.

Bsp.: Ein klassisches echtes Unterlassungsdelikt stellt die Unterlassene Hilfeleistung, § 323c StGB, dar. Hier ist allein das Unterlassen der Hilfeleistung

---

44 Vgl. zur Vollendung und Beendigung einer Tat noch ausführlich unten Rn. 475, 478 ff.
45 Vgl. zu den Unterlassungsdelikten noch ausführlich unten Rn. 555 ff.

strafbar, auch wenn das Opfer hierdurch letztlich gar nicht geschädigt wird. Die Voraussetzungen, wann eine Hilfeleistung erforderlich ist, sind in § 323c StGB abschließend beschrieben.

Definition

Unter einem **unechten Unterlassungsdelikt** versteht man ein Delikt, bei dem die Unterlassungsstrafbarkeit nicht ausdrücklich im Gesetz normiert ist, sondern die Nichtabwendung eines tatbestandsmäßigen Erfolges erst im Vergleich mit einem Begehungsdelikt unter den Voraussetzungen des § 13 StGB begründet werden kann, was regelmäßig voraussetzt, dass der Täter eine besondere Rechtspflicht zum Handeln (= Garantenpflicht) besitzt.

Bsp.: Ein Totschlag, § 212 StGB, kann nicht nur durch aktives Tun (Erstechen, Erschießen, Erwürgen etc.), sondern auch durch Unterlassen begangen werden, z. B., wenn eine Mutter ihrem neugeborenen Kind keine Nahrung gibt und es dadurch verhungert. Dabei ist anzumerken, dass nahezu jedes im StGB normierte Delikt sowohl durch Tun als auch durch Unterlassen verwirklicht werden kann. Üblicherweise wird in einem Tatbestand allerdings nur ein Verbot ausgesprochen und ein bestimmtes Verhalten oder eine bestimmte Erfolgsherbeiführung mit Strafe bedroht. Wird nun derselbe Erfolg (z. B. der Tod eines Menschen) durch ein Nichthandeln verursacht, ist dies in gleicher Weise strafbar, wie wenn der Täter den Erfolg durch aktives Tun herbeigeführt hätte. Notwendig ist dabei jedoch immer eine besondere (sich aus der Rechtsordnung ableitende) Pflicht des Unterlassenden, den tatbestandsmäßigen Erfolg abzuwenden (die bereits genannte Garantenpflicht[46]). Besteht eine solche besondere Garantenpflicht nicht (wie z. B. bei einem Spaziergänger, der einem Ertrinkenden in einem einsamen Waldsee nicht hilft), scheidet eine Strafbarkeit wegen eines unechten Unterlassungsdelikts aus (in Frage kommt dann aber eine Strafbarkeit wegen des echten Unterlassungsdelikts der unterlassenen Hilfeleistung, § 323c StGB).

5. Allgemeindelikte, Sonderdelikte, eigenhändige Delikte

Straftatbestände können ferner nach dem jeweiligen **Täterkreis** abgegrenzt werden, der für die Deliktsbegehung in Frage kommt. Dabei können Allgemeindelikte, echte und unechte Sonderdelikte und eigenhändige Delikte unterschieden werden.

Definition

Unter einem **Allgemeindelikt** versteht man ein Delikt, welches von jedermann begangen werden kann (d. h. keine besondere Subjektstellung des Täters verlangt).

Bsp.: Eine Sachbeschädigung, § 303 StGB, kann durch jede natürliche Person als Täter begangen werden. Ein Allgemeindelikt erkennt man regelmäßig daran, dass der entsprechende Tatbestand den Täter mit „Wer [...]" umschreibt.

---

46 Vgl. zu den Garantenpflichten noch ausführlich unten Rn. 594 ff.

> **Definition**
> Unter einem **Sonderdelikt** versteht man ein Delikt, welches nur von einem Täter begangen werden kann, der eine besondere, im jeweiligen Tatbestand eigens umschriebene Subjektqualität aufweist.

> **Definition**
> Unter einem **echten Sonderdelikt** versteht man ein Delikt, bei dem die besondere Subjektqualität des Täters strafbegründende Bedeutung hat (d. h., wenn bei Fehlen dieser besonderen Subjektqualität überhaupt keine Straftat vorläge).
>
> **Bsp.:** Wegen einer Bestechlichkeit, § 332 StGB, kann sich nur ein „Amtsträger" strafbar machen. Ein „Grundtatbestand" für jedermann existiert insofern nicht. Wer diese besondere Täterqualifikation (hier: die Amtsträgereigenschaft) nicht aufweist, kann niemals Täter dieses Delikts, sondern höchstens Anstifter oder Gehilfe sein (z. B. die Ehefrau, die ihren Mann, der Beamter ist, dazu auffordert, Geld für seine Amtshandlungen zu nehmen).

> **Definition**
> Unter einem **unechten Sonderdelikt** versteht man ein Delikt, bei dem die besondere Subjektqualität des Täters strafschärfende Bedeutung hat, das Grunddelikt jedoch von jedermann begangen werden kann.
>
> **Bsp.:** Bei einer Körperverletzung im Amt, § 340 StGB, kann ebenfalls nur ein Amtsträger Täter sein. Allerdings existiert in diesem Fall ein „Grundtatbestand" für jedermann, nämlich die einfache Körperverletzung nach § 223 StGB. Wer hier die besondere Täterqualifikation (hier: die Amtsträgereigenschaft) nicht aufweist, kann sich täterschaftlich lediglich wegen des Grunddelikts strafbar machen.

> **Definition**
> Unter einem **eigenhändigen Delikt** versteht man ein Delikt, welches nur durch eine persönliche Ausführung (d. h. durch die unmittelbare eigenhändige Vornahme der tatbestandsmäßigen Handlung) begangen werden kann.
>
> **Bsp.:** Bei einem Meineid, § 154 StGB, kann nur derjenige Täter sein, der selbst (falsch) schwört. Bei einer Trunkenheit im Verkehr, § 316 StGB, kommt nur derjenige als Täter in Frage, der selbst betrunken Auto fährt, nicht aber der betrunkene Beifahrer, der den betrunkenen Fahrer dazu überredet, ihn nach Hause zu fahren. Insoweit stellen eigenhändige Delikte stets Sonderdelikte dar – nur wird hier der Täterkreis im Gesetz nicht ausdrücklich auf eine bestimmte Personengruppe eingeschränkt.

6. Grundtatbestand, Qualifikation, Privilegierung

Im StGB gibt es häufig Delikte, die auf andere Delikte (den Grundtatbeständen) aufbauen, aber zusätzliche Merkmale enthalten, die die Strafe entweder schärfen (Qualifikationen) oder mildern (Privilegierungen). Eine Sonderform der Qualifikationen stellen die Erfolgsqualifikationen (oder: erfolgsqualifizierten Delikte) dar.

Definition
Unter einem **Grundtatbestand** versteht man einen Tatbestand, welcher zwar in sich abgeschlossen ist und eine eigenständige Strafbarkeit begründet, aber darüber hinaus bei Hinzutreten zusätzlicher Umstände auch Ausgangspunkt für weitere Delikte sein kann.

Bsp.: Die einfache Körperverletzung, § 223 StGB, ist als Grundtatbestand anzusehen. Wird sie mittels einer Waffe begangen, greift die Qualifikation der besonders schweren Körperverletzung, § 224 Abs. 1 Nr. 2 StGB, ein, führt die Körperverletzung später zum Tod des Opfers, ohne dass der Täter dies wollte, liegt die Erfolgsqualifikation der Körperverletzung mit Todesfolge vor, § 227 StGB.

Definition
Unter einem **Qualifikationstatbestand** versteht man eine unselbstständige Tatbestandsabwandlung, welche sich aus einem Grundtatbestand und weiteren strafschärfenden Tatbestandsmerkmalen zusammensetzt. Kennzeichnend hierfür ist, dass diese qualifizierenden Merkmale (als objektive Tatbestandsmerkmale) grundsätzlich vom Vorsatz umfasst sein müssen.

Bsp.: Im bereits genannten Fall der besonders schweren Körperverletzung, § 224 Abs. 1 Nr. 2 StGB, muss der Täter also wissen, dass er die Verletzung mit einer Waffe vornimmt und er muss dies auch wollen. Wer also einem anderen mit einem kleinen für leer angesehenen Sandsack (= kein gefährliches Werkzeug) auf den Kopf schlägt, in dem sich aber, was der Täter nicht weiß, ein größerer Stein befindet (= gefährliches Werkzeug), der begeht zwar objektiv, nicht aber subjektiv eine Straftat nach § 224 StGB. Da Vorsatz hier stets erforderlich ist, bleibt es also bei einer Straftat nach § 223 StGB, der einfachen Körperverletzung.

Definition
Unter einem **erfolgsqualifizierten Delikt** versteht man ein Delikt, bei welchem die Strafbarkeit des Grunddelikts durch den Eintritt einer schweren Folge (zumeist den Tod des Opfers) erhöht wird. Im Gegensatz zu den echten Qualifikationen, bei denen die qualifizierenden Merkmale vom Vorsatz umfasst sein müssen, reicht bei den Erfolgsqualifikationen hinsichtlich des Eintritts der schweren Folge nach § 18 StGB Fahrlässigkeit aus.

Bsp.: Im bereits genannten Fall der Körperverletzung mit Todesfolge, § 227 StGB, führt der durch die Körperverletzung herbeigeführte Tod des Opfers zu einer wesentlichen Strafschärfung. War der Tod des Opfers gewollt, liegt allerdings nicht nur eine Körperverletzung mit Todesfolge, sondern ein Totschlag vor, § 212 StGB. War der Tod nicht gewollt, greift hingegen § 227 StGB ein, wenn der Tod wenigstens auf Fahrlässigkeit beruht, d. h. im konkreten Fall für den Täter vorhersehbar war. In diesem Bereich finden sich allerdings auch erfolgsqualifizierte Delikte, bei denen der Fahrlässigkeitsmaßstab erhöht wurde und statt einfacher Fahrlässigkeit ein „leichtfertiges" Verhalten gefordert wird,[47] wie z. B. bei einem Raub mit Todesfolge, § 251 StGB.

Definition

Unter einem **Privilegierungstatbestand** versteht man eine unselbstständige Tatbestandsabwandlung, welche sich aus einem Grundtatbestand und weiteren strafmildernden Tatbestandsmerkmalen zusammensetzt. Wie auch bei den Qualifikationen müssen diese privilegierenden Tatumstände – in der Regel – vom Vorsatz des Täters umfasst sein, damit sie ihm zugutekommen können. Die Milderung kann hier entweder in einer geringeren Strafandrohung oder auch darin liegen, dass der Gesetzgeber die Strafverfolgung – bei gleichem Strafrahmen – von einem Strafantrag abhängig macht.

Bsp.: Die Tötung auf Verlangen, § 217 StGB, setzt die vorsätzliche Tötung eines anderen Menschen (= Totschlag, § 212 StGB) voraus, bei welcher der Täter aber durch das ausdrückliche und ernsthafte Verlangen des Opfers motiviert wurde. Ist dem Täter dieses Verlangen des Opfers bekannt, greift die Privilegierung des § 217 StGB ein und die Strafe fällt geringer aus als beim Totschlag nach § 212 StGB. Begeht dagegen der Täter einen Diebstahl einer „geringwertigen Sache",[48] so wird er zwar nicht milder bestraft als beim normalen Diebstahl, § 242 StGB, die Strafverfolgung wird jedoch davon abhängig gemacht, dass das Opfer einen Strafantrag stellt, § 248a StGB. Insoweit gilt es allerdings zu beachten, dass die Geringwertigkeit hier nicht vom Vorsatz des Täters umfasst zu sein braucht. 248a StGB stellt dementsprechend allenfalls eine strafprozessual wirkende Privilegierung zu §§ 242, 246 StGB dar, die sich nicht auf den Tatbestand des Diebstahls auswirkt.

Zu erwähnen sind in diesem Zusammenhang noch die **Regelbeispiele**. Sie stellen eine gesetzliche Normierung von besonders schweren oder minder schweren Fällen eines bestimmten Grunddelikts dar, die allerdings – wie die besonders schweren und minder schweren Fälle selbst – keine Qualifikationen darstellen, sondern ausschließlich auf **Strafzumessungsebene** zu berücksichtigen sind. Wie bereits erwähnt, sind solche Strafzumessungsüberlegungen von den Studierenden in einer Klausur an sich nicht anzustellen, da sie außerhalb des dreigliedrigen Prüfungsschemas (Tatbestand – Rechtswidrigkeit – Schuld) stehen und das komplette Vorliegen einer Straftat voraussetzen. Die besonders schweren und minder schweren Fälle stellen diesbezüglich allerdings eine Ausnahme dar, da sie, insbesondere, wenn sie mit Regelbeispielen versehen sind, nicht nur „wie Qualifikationstatbestände" geprüft werden, sondern auch den Strafrahmen des jeweiligen Delikts verändern.

Bsp.: „Klassisches" Beispiel eines besonders schweren Falles, der mit Regelbeispielen versehen ist, ist der besonders schwere Fall des Diebstahls, § 243 StGB. Hier ist nicht nur der Strafrahmen im Vergleich zum einfachen Diebstahl, § 242 StGB, erhöht, sondern die einzelnen Voraussetzungen, unter denen ein

---

47 Vgl. zu dieser Unterscheidung noch ausführlich unten Rn. 654.
48 Vgl. dazu, wann eine Sache geringwertig ist, *Eisele*, BT II, Rn. 158.

solches Regelbeispiel gegeben ist, sind in den einzelnen Ziffern so detailliert umschrieben, dass man sie „wie Tatbestandsmerkmale" prüfen kann.

118 Die Besonderheit dieser Regelbeispiele besteht darin, dass sie lediglich eine „Indizwirkung" für das Vorliegen eines besonders schweren oder minder schweren Falles besitzen. Dies bedeutet, dass bei Vorliegen eines solchen Regelbeispiels lediglich eine widerlegbare Vermutung dafür spricht, dass ein besonders schwerer (oder minder schwerer) Fall vorliegt. Sprechen jedoch andere Gründe dafür, dass das Delikt als weniger gravierend erscheint, kann der Richter im Einzelfall trotz Vorliegens eines Regelbeispiels einen besonders schweren Fall auch ablehnen. Andererseits spricht in gleicher Weise eine widerlegbare Vermutung gegen eine Strafschärfung (oder -milderung), wenn ein solches Regelbeispiel nicht vorliegt (= klassischer „Gegenschluss").

119 Demnach kann im Einzelfall das Vorliegen eines „unbenannten" besonders schweren (oder minder schweren) Falles auch dann angenommen werden, wenn zwar keines der genannten Regelbeispiele vorliegt, der Fall aber im Unrechts- oder Schuldgehalt mit einem solchen vergleichbar ist (= Analogiewirkung). Der sich hierdurch geradezu aufdrängende Verstoß gegen das Analogieverbot des Art. 103 Abs. 2 GG[49] wird dabei mit folgender Argumentation umgangen: Obwohl die Regelbeispiele zumeist tatbestandsähnlich ausgestaltet seien, würden sie doch keine echten Tatbestandsmerkmale darstellen, da sie als bloße „Strafzumessungsregeln" eben keinen Einfluss auf die Strafbarkeit an sich, sondern nur auf die Strafzumessung besitzen. Dem Gesetzgeber müsse es aber erlaubt sein, im Gesetz „besonders schwere" Fälle unter eine höhere Strafdrohung zu stellen. Gäbe es nun lediglich das Merkmal „besonders schwerer Fall" und gäbe es die ausformulierten Regelbeispiele nicht, hätte der Richter bei der Beurteilung, ob ein besonders schwerer Fall vorliegt, überhaupt keine gesetzlichen Anhaltspunkte. Im Ergebnis würde also die Regelbeispielstechnik sogar die Rechtssicherheit gerade fördern und ihr nicht abträglich sein.

7. Sonstige Deliktsarten

120 Abschließend sind noch kurz einige weitere Deliktsarten zu nennen, die hier unsystematisch nebeneinandergestellt werden sollen, die aber im Laufe dieses Grundrisses an mehreren Stellen noch eine Rolle spielen werden.

Definition

Unter einem **Wahndelikt** versteht man ein Delikt, bei dem der Täter irrig annimmt, sein in tatsächlicher Hinsicht vollständig und richtig erkanntes Verhalten würde gegen eine in Wirklichkeit nicht existierende Verbotsnorm verstoßen. Das Wahndelikt, welches oft vom (in der Regel strafbaren) untauglichen Versuch abzugrenzen ist[50], ist nach deutschem Recht straflos.

Bsp.: Der Täter begeht einen Ehebruch in der Annahme, es würde sich dabei um ein strafbares Verhalten handeln.

---

49 Vgl. zum Analogieverbot oben Rn. 29 f., 96 ff.
50 Vgl. zur Abgrenzung von Wahndelikt und untauglichem Versuch noch ausführlich unten Rn. 458 f.

I. Grundlagen

Definition
Unter einem **Distanzdelikt** versteht man ein Delikt, bei dem die strafrechtlich relevante Handlung und der dadurch bewirkte Erfolg notwendigerweise räumlich auseinanderfallen.

> **Bsp.:** Bei der Verbreitung pornographischer Darbietungen durch den Rundfunk, § 184 Abs. 2 StGB, fallen Handlungsort (z. B. dort, wo der Täter eine betreffende Darstellung aussendet) und der Ort, an dem der Empfänger die entsprechende Darstellung wahrnimmt, notwendigerweise auseinander. Die Deliktsgruppe bedarf insbesondere dann einer besonderen Betrachtung, wenn der Erfolg auf einem anderen Staatsgebiet eintritt (vgl. hierzu § 9 StGB).

Definition
Unter einem **Unternehmensdelikt** ist ein Delikt zu verstehen, welches aufgrund seiner tatbestandlichen Fassung („wer es unternimmt [...]") sowohl den Versuch als auch die Vollendung erfasst (§ 11 Abs. 1 Nr. 6 StGB).

> Bei diesen Delikten, wie z. B. beim Hochverrat, § 81 StGB, stellt also bereits der Versuch ein vollendetes Delikt dar. Gesetzgeberisches Motiv für die Schaffung solcher Delikte ist es, hier einerseits den Versuch überhaupt tatbestandlich zu erfassen, andererseits aber auch, die üblichen Strafmilderungsmöglichkeiten beim Versuch, § 23 Abs. 2 StGB, sowie den Rücktritt vom Versuch, § 24 StGB, auszuschließen.

Literaturhinweise
Didaktische Beiträge: *Baur*, Tatbestandstypenlehre und ihre Bedeutung für die Fallbearbeitung, ZJS 2017, 529, 655 (gelungener Überblick über die Bedeutung der verschiedenen Deliktsarten in der Klausur); *Petersen*, Typische Subsumtionsfehler in (straf-)rechtlichen Gutachten, JURA 2002, 105 (kurze Einführung anhand von Beispielen); *Rönnau*, Grundwissen – Strafrecht: Erfolgs- und Tätigkeitsdelikte, JuS 2010, 961 (kurzer Überblick zu den Deliktsarten); *ders.*, Grundwissen – Strafrecht: Objektive Bedingungen der Strafbarkeit, JuS 2011, 697 (kurze Einführung); *Satzger*, Die eigenhändigen Delikte, JURA 2011, 103 (verständliche Einführung mit Beispielen)

Leitentscheidungen: BGHSt 14, 132 – Kirmes (objektive Bedingung der Strafbarkeit bei § 231 StGB); **BGHSt 16, 124** – Vollrausch (objektive Bedingung der Strafbarkeit bei § 323a StGB); **BGHSt 16, 130** – Zechschuld (objektive Bedingung der Strafbarkeit bei § 231 StGB)

Kapitel 3: Die menschliche Handlung

I. Grundlagen

Voraussetzung einer strafrechtlichen Verantwortlichkeit ist stets ein bestimmtes **menschliches Verhalten**. Hieran – und nicht an den Eintritt eines bestimmten Erfolges – knüpft jeweils die strafrechtliche Bewertung an. Es kann strafrechtlich zwar eine bestimmte Handlung ohne einen Erfolg geben (z. B. beim Versuch: Der

Täter schießt vorbei), nie aber einen strafrechtlich relevanten Erfolg ohne Handlung. Wenn also Menschen infolge der Verwendung gesundheitsschädlicher Produkte sterben, muss stets geprüft werden, auf welches konkrete menschliche Verhalten (dies kann sowohl ein Tun als auch ein Unterlassen sein) welcher konkreten Person (dies können, insbesondere bei der Mittäterschaft, auch mehrere konkrete Personen sein, die aber individualisiert werden müssen) der Erfolg zurückzuführen ist. Die wesentliche Funktion des Handlungsbegriffs liegt somit vorwiegend darin, deutlich zu machen, an welches konkrete menschliche Verhalten welcher Person angeknüpft wird.

> **Klausurtipp**
> Die exakte Bestimmung der Handlung ist insbesondere für den Prüfungsaufbau in einer Klausur wichtig. Hier muss jedenfalls dann, wenn mehrere Verhaltensweisen des Täters in Frage kommen, bereits im Einleitungssatz der Prüfung jedes einzelnen Tatbestandes genau festgestellt werden, durch welches Verhalten sich der Täter hinsichtlich welcher Strafvorschrift möglicherweise strafbar gemacht hat.

> **Formulierung**
> „Anton könnte sich dadurch, dass er die Tretmine in Brunos Garten vergrub und entsicherte, wegen eines Totschlags an Bruno strafbar gemacht haben". – „Rudi könnte sich dadurch, dass er als Geschäftsführer der ‚X-AG' den Rückruf des Holzschutzmittels ‚Superfax' nicht anordnete, nachdem die ersten Schadensfälle bekannt wurden, wegen einer gefährlichen Körperverletzung durch Unterlassen an Hilde strafbar gemacht haben".

122 Die zweite Aufgabe des Handlungsbegriffs besteht darin, bereits an dieser Stelle die sog. **„Nicht-Handlungen"** auszufiltern, die strafrechtlich keine Relevanz besitzen, wobei allerdings darauf hinzuweisen ist, dass nur eindeutige Fälle, die zudem kaum juristisches „Geschick" erfordern, über den Handlungsbegriff ausgeschieden werden.

> **Bsp.:** Anton und Bruno laufen gemeinsam durch die Stadt. Nach einem Streit gibt Anton dem Bruno einen kräftigen Stoß, wodurch Bruno auf ein an der Straße abgestelltes Fahrrad fällt und dieses verbeult. Bei der anschließenden Flucht vor Anton stolpert Bruno und kollidiert infolgedessen mit der vierjährigen Anna, die infolge des Sturzes eine Kopfverletzung erleidet. – Bei der Frage, ob sich (auch) Bruno wegen einer Sachbeschädigung am Fahrrad, § 303 StGB, strafbar gemacht hat, ist als erstes zu prüfen, ob überhaupt eine Handlung Brunos vorlag. Erst wenn eine solche festgestellt werden kann (was hier zu verneinen ist), kann man sich mit der Frage beschäftigen, ob Bruno auch vorsätzlich handelte. Dagegen ist das Stolpern infolge der Flucht als Handlung Brunos anzusehen, da er das Weglaufen als solches willentlich steuerte. Hier fehlt es im Hinblick auf die Körperverletzung gegenüber Anna, § 223 StGB, allerdings am Vorsatz. Es kommt jedoch eine fahrlässige Körperverletzung, § 229 StGB, in Betracht.

II. Handlungsformen: Tun und Unterlassen

123 Ausgangspunkt jeder Strafbarkeit ist stets ein **konkretes menschliches Verhalten**. Dieses wird zuweilen auch als „menschliche Handlung" umschrieben, was jedoch zu Missverständnissen führen kann, da die Handlung vielfach auch mit einem aktiven Tun gleichgesetzt wird. Insoweit soll bereits hier festgestellt werden, dass es zwei unterschiedliche Formen menschlichen Verhaltens gibt, die beide strafrechtlich relevant werden können, nämlich (aktives) Tun und Unterlassen.[51] Als gemeinsamer Oberbegriff für Tun und Unterlassen dient der Begriff des „menschlichen Verhaltens".

> Ebenso wie man einen Menschen dadurch töten kann, dass man ihn mit einem Gewehr erschießt, kann man ihn auch dadurch töten, dass man lebensnotwendige Hilfsmaßnahmen unterlässt. Beide Verhaltensweisen können gleichermaßen strafrechtlich bedeutsam sein. Eine Strafbarkeit kann somit sowohl an ein bestimmtes aktives Tun als auch an ein Unterlassen anknüpfen.

III. Abgrenzung von Handlung, Kausalität, Vorsatz und Schuld

Die Frage, ob eine bestimmte Handlung zu einem bestimmten Erfolg führt oder ob der Täter mit einer bestimmten Handlung einen bestimmten Erfolg beabsichtigt oder für diesen Erfolg verantwortlich ist, hat nichts mit dem Begriff der Handlung an sich zu tun. Dies ist eine Folge der strafrechtlichen Untergliederung in verschiedene Ebenen, die sauber voneinander zu trennen sind.

> **Bsp.:** Anton fährt mit seinem Auto durch die Stadt. Plötzlich springt vor ihm, ohne dass er damit gerechnet hat, ein Kind auf die Fahrbahn, wird von dem Auto erfasst und getötet. – Hier hat Anton gehandelt. Er ist Auto gefahren. Das reicht für die Feststellung der Handlung als Anknüpfungspunkt für die Prüfung strafrechtlichen Verhaltens aus. Ob sein Handeln für den Tod des Kindes ursächlich war, ob ihm der Tod des Kindes als „sein Werk" zugerechnet werden kann und ob er hinsichtlich des Todes des Kindes vorsätzlich, fahrlässig oder nicht fahrlässig gehandelt hat, ist für die Frage des Vorliegens einer Handlung irrelevant.

IV. Anforderungen an die menschliche Handlung

Nach der heute herrschenden Handlungslehre,[52] wonach der Handlungsbegriff lediglich eine erste Filterfunktion erfüllt und auf dieser ersten Prüfungsebene nur eindeutige „Nicht-Handlungen" auszuschließen sind, setzt das Vorliegen einer Handlung lediglich voraus, dass (1) ein menschliches Verhalten vorliegt, welches (2) konkret feststellbar ist, (3) einen Außenbezug aufweist und (4) vom Willen des Handelnden getragen ist.

1. Vorliegen eines menschlichen Verhaltens

Als erstes muss ein menschliches Verhalten vorliegen. Naturereignisse (z. B. ein Dammbruch) oder das Verhalten von Tieren können keine Strafbarkeit auslösen. Hier ist jedoch stets zu prüfen, ob nicht ein menschliches Verhalten als Auslöser diente.

> **Bsp.:** Anton hat einen hoch aggressiven Hund, den er loswerden möchte. Daher öffnet er eines Abends den Hundezwinger und lässt die Türe weit aufste-

---

51 Vgl. zu dieser Abgrenzung noch ausführlich unten Rn. 562 ff.
52 Vgl. zu sonstigen Handlungslehren auch im historischen Kontext *Heinrich*, AT, Rn. 194 f.

hen. Seine Ehefrau Berta merkt dies, unternimmt aber nichts. In der Nacht bricht der Hund aus und zerfleischt den Nachtwanderer Norbert. – Norberts Tod wurde zwar durch die Hundebisse verursacht. Dennoch lag auch hier ein zu untersuchendes menschliches Verhalten im Vorfeld vor (seitens des Anton durch aktives Tun, da er den Zwinger öffnete, seitens Berta durch Unterlassen). Die Entscheidung über die tatsächliche Strafbarkeit fällt in diesem konkreten Beispiel schließlich mit der Frage, ob vorsätzliches oder vorwerfbar fahrlässiges Handeln der beiden Akteure anzunehmen ist.

127 Nach überwiegender Ansicht können **juristische Personen** (z. B. Vereine oder Firmen) nicht „handeln", da sie keine Menschen, sondern rechtliche Konstrukte sind. Für sie handeln jedoch die jeweils zuständigen Organe (z. B. der Geschäftsführer oder der Vorstand; vgl. § 14 StGB).

2. Anknüpfung an ein konkretes Verhalten

128 Einer strafrechtlichen Prüfung muss stets ein konkretes menschliches Verhalten zugrunde liegen. Eine pauschale Bestrafung für eine **schlechte Lebensführung** ist nicht möglich.

> **Bsp.:** Der alkoholabhängige Bruno tötet im Zustand der Schuldunfähigkeit einen Zechkumpan, mit dem er sich um eine Flasche Schnaps gestritten hat. – Wegen der konkreten Tötungshandlung kann Bruno nicht bestraft werden, da er zu diesem Zeitpunkt schuldunfähig war, § 20 StGB. Auch eine Bestrafung wegen schlechter Lebensführung (durch das Herbeiführen seiner Alkoholabhängigkeit, die letztlich zu der Tat geführt hat) scheidet aus, weil hier kein konkret feststellbares Verhalten vorliegt. Das systematische Herbeiführen der Alkoholabhängigkeit an sich ist nicht strafbar.

3. Außenbezug

129 Ferner muss das menschliche Verhalten in irgendeiner Form eine Wirkung in der Außenwelt nach sich ziehen. Ein reines **„Gesinnungsunrecht"** kann nicht bestraft werden.

> **Bsp.:** Anton sitzt zu Hause in seinem Wohnzimmersessel und hört seinen Nachbarn Norbert zu später Stunde nach Hause kommen. Weil ihn dies stört und er Norbert ohnehin nicht leiden kann, wünscht er ihm den Tod. In der Nacht stirbt Norbert an einem Herzversagen. – Hier fehlt es nicht erst an einer feststellbaren Kausalität zwischen den bösen Wünschen und dem späteren Erfolg, es lag vielmehr bereits keine Handlung vor, da der rein innerlich bleibende Wunsch Antons strafrechtlich nicht als „Handlung" angesehen werden kann.

130 Der geforderte Außenbezug kann sowohl in einer **Veränderung der Außenwelt** (bei Delikten durch aktives Tun) als auch in einer **Nichtveränderung der Außenwelt** (bei Unterlassungsdelikten) bestehen. Auch im zuletzt genannten Fall liegt ein strafrechtlich relevantes Verhalten vor, welches eine Wirkung in der Außenwelt hinterlässt. Im Gegensatz zum aktiven Tun liegt das strafrechtlich relevante Verhalten hier jedoch darin, dass man eine bestimmte Veränderung in der Außenwelt gerade nicht herbeiführt, obwohl man rechtlich dazu verpflichtet ist.

4. Subjektives Element

Schließlich ist als subjektives Moment noch ein **willensgesteuertes Verhalten** erforderlich. Die bloße Verursachung einer Folge in der Außenwelt reicht demnach nicht aus. Insofern scheiden **Reflexbewegungen** (der berühmte Kniesehnenreflex oder das Zucken der Muskeln nach der Berührung eines elektrischen Zauns) oder Bewegungen im **Schlaf oder im Zustand der Bewusstlosigkeit** als taugliche Tathandlungen aus. Es ist hier jedoch wiederum stets zu fragen, ob sich eine vom Willen getragene Handlung im Vorfeld finden lässt, an die eine mögliche Strafbarkeit anknüpfen kann (sog. „vorverlagerte Handlungen"). 131

> **Bsp.:** Anton liest nachts im Kerzenschein gerne spannende Krimis und pflegt dabei regelmäßig einzuschlafen. Als er sich im Schlaf umdreht, wirft er die noch brennende Kerze um, die das gesamte Haus in Brand setzt. – Für eine mögliche Strafbarkeit Antons wegen fahrlässiger Brandstiftung, § 306d StGB, ist es entscheidend, ob Anton gehandelt hat. Da eine Bewegung im Schlaf kein willensgesteuertes Verhalten darstellt, scheidet diesbezüglich eine Handlung aus. Vorzuwerfen ist Anton jedoch, dass er bei den ersten Ermüdungserscheinungen nicht die Kerze gelöscht hat. Hierin liegt ein vom Willen getragenes Unterlassen. Zudem kann bereits das Anzünden der Kerze als aktives Tun strafrechtliche Relevanz besitzen, nämlich dann, wenn Anton damit rechnen konnte, alsbald einzuschlafen und die Kerze umzustoßen.

Auch ein Verhalten aufgrund äußerer Krafteinwirkung (sog. **„vis absoluta"**) stellt strafrechtlich keine Handlung dar. Diese ist jedoch abzugrenzen von der lediglich den Willen beugenden Gewalt (sog. **„vis compulsiva"**), bei der jemand infolge einer Drohung eine zwar nicht „freie", dennoch aber im Einzelfall willensgesteuerte Handlung vornimmt. Diese ist zwar möglicherweise gerechtfertigt oder entschuldigt, weist jedoch Handlungsqualität auf. 132

> **Bsp.:** Bruno wird von Anton in die Schaufensterscheibe gestoßen. Enkel Erwin führt die Hand seines gelähmten Großvaters Gustav und unterzeichnet auf diese Weise einen Brief mit beleidigendem Inhalt. In beiden Fällen handeln ausschließlich Anton und Erwin, nicht aber Bruno und Gustav. – Anders ist es allerdings, wenn Anton den Bruno durch das Vorhalten einer Waffe und durch die Drohung, ihn sonst zu erschießen, zwingt, in die Schaufensterauslage zu springen oder Erwin den Gustav unter Androhung von Schlägen dazu bringt, den Brief zu schreiben. – Hier lagen neben den Handlungen von Anton und Erwin (durch das Drohen) auch solche von Bruno und Gustav vor, da diese, wenn auch unter Zwang, letztlich selbst entscheiden konnten, ob sie der Drohung nachgeben oder nicht.

Da es für die Handlung als ersten Filter nur auf die **Willenssteuerung** und nicht auf die Schuldfähigkeit ankommt, können auch schuldunfähigen Personen (kleine Kinder, sinnlos Betrunkene, Geistesgestörte) handeln. Insoweit ist hinsichtlich des „willensgesteuerten Verhaltens" auf den **natürlichen Willen eines Menschen** abzustellen. Diesen besitzen auch schuldunfähige Personen. 133

> **Bsp.:** Wenn der völlig betrunkene Bruno mit seinem Zechkumpan in Streit gerät und diesen ersticht, „handelt" er, auch wenn er bei der Deliktsbegehung schuldunfähig ist. Anders ist dies, wenn Bruno infolge seiner Trunkenheit plötzlich bewusstlos wird und in eine Schaufensterauslage fällt. Dann ist er wie derjenige zu behandeln, der einschläft: Man kann lediglich an die Hand-

lung des Sich-Betrinkens anknüpfen. In dem Moment, in dem der Betreffende allerdings bewusstlos wird und umfällt, hat er auch keinen natürlichen Willen mehr. Eine Handlung scheidet dann aus.

134 Einen problematischen Grenzbereich stellen sog. **automatisierte Verhaltensweisen** dar. Hierunter versteht man Verhaltensweisen, die sich so eingeschliffen haben, dass sie im konkreten Fall vom Bewusstsein zwar kaum mehr beherrscht werden können, bei denen aber immer noch ein gewisser Rest an Steuerungsfähigkeit verbleibt. Gleiches gilt für Kurzschlusshandlungen und Spontanreaktionen. Im Ergebnis ist hier die Handlungsqualität zu bejahen.

> **Bsp.:** Anton fährt mit seinem PKW auf der Autobahn, als plötzlich eine Wespe ins Auto fliegt. Er bekommt einen Schrecken und schlägt wild um sich, wobei er seiner Beifahrerin Berta einen Schneidezahn ausschlägt. Wenig später springt ihm ein Hase vors Auto. Instinktiv reißt er das Lenkrad zur Seite und will ausweichen. Dabei verliert er die Kontrolle über den PKW. Es kommt zu einem Unfall, bei dem vier Menschen sterben. – Im Gegensatz zum bloßen Reflex, den man überhaupt nicht mehr steuern kann, sind die vorliegenden „automatisierten" Verhaltensweisen dennoch Ausdruck der Individualität des Einzelnen und zumindest ansatzweise steuerbar. Es besteht daher kein Grund, sie bereits auf der Handlungsebene auszugrenzen. Eine Handlung liegt im Beispielsfall daher vor.

V. Prüfung der Handlung in einem strafrechtlichen Gutachten

135 **Prüfungsschema**
I. Tatbestand
  1. Objektiver Tatbestand
     a) **Handlung (z. B. Messerstich)**
     b) Erfolg (z. B. Tod eines Menschen)
     c) Kausalität
     d) Objektive Zurechnung
  2. Subjektiver Tatbestand
II. Rechtswidrigkeit
III. Schuld

Die Handlung bietet stets den „Einstieg" in eine strafrechtliche Prüfung. Nur wenn feststeht, an welche Handlung angeknüpft wird, kann auf die Tatbestandsmäßigkeit im Einzelnen eingegangen werden. Systematisch ist die Handlung daher jeweils zu Beginn des objektiven Tatbestandes zu erörtern, wobei ein näheres Eingehen hierauf in einer Klausur nur dann zu erfolgen hat, wenn das Vorliegen einer Handlung überhaupt fraglich ist. Dies wird überwiegend nicht der Fall sein. In eindeutigen Fällen ist dann lediglich im Einleitungssatz festzustellen, welche Handlung zum Gegenstand der strafrechtlichen Prüfung gemacht wird.

 Formulierung
„Anton könnte sich dadurch, dass er mit dem Hammer auf Bruno einschlug, wegen einer gefährlichen Körperverletzung, §§ 223, 224 Abs. 1 Nr. 2, Nr. 5 StGB, strafbar gemacht haben". – „Martha könnte sich dadurch, dass sie ihrem

> Säugling Siegfried über mehrere Tage hinweg nichts zu essen und zu trinken gab, wegen eines versuchten Totschlags durch Unterlassen, §§ 212, 22, 13 StGB, strafbar gemacht haben". – „Toni könnte sich dadurch, dass er in Rudis Auto einstieg und mit diesem davonfuhr, wegen eines Diebstahls, § 242 StGB, strafbar gemacht haben".

Die exakte Bestimmung, an welche Handlung angeknüpft wird, ist im Verlaufe der weiteren Prüfung an mehreren Stellen entscheidend. Daher ist es unbedingt anzuraten, die zu untersuchende Handlung im Einleitungssatz der Prüfung konkret zu benennen. So muss (1) die konkrete Handlung – und nicht „irgendeine" Handlung – ursächlich für den jeweiligen Erfolgseintritt sein. Ferner muss (2) der bei den Vorsatzdelikten erforderliche Vorsatz als Element des subjektiven Tatbestandes stets zum Zeitpunkt der Handlung (und nicht etwa früher oder später) vorliegen.

> **Bsp.:** Der Spaziergänger Sepp löst beim Bergwandern versehentlich eine Steinlawine aus, die den Bergbauern Bruno unter sich begräbt. Als Sepp den Ort des tragischen Geschehens besichtigt und merkt, dass er Bruno getötet hat, freut er sich, da er Bruno ohnehin nicht leiden konnte. – Dieses spätere Billigen des Erfolges führt nicht dazu, dass Sepp nun wegen einer vorsätzlichen Tötung zu bestrafen ist. Entscheidend ist, ob er zum Zeitpunkt der Handlung (dem Auslösen der Lawine) Vorsatz hatte. Da dies nicht der Fall war, liegt diesbezüglich höchstens Fahrlässigkeit vor. Wenn Bruno nun aber zum Zeitpunkt der Entdeckung noch zu retten gewesen wäre, Sepp ihm aber nicht half, sodass Bruno verblutete, läge zu diesem Zeitpunkt Vorsatz hinsichtlich der Tötung vor, der nun aber nicht mehr an das aktive Tun (Auslösen der Lawine), sondern an das Unterlassen der Rettung anknüpfen würde. Der Einleitungssatz „Sepp könnte sich wegen Totschlags strafbar gemacht haben" wäre daher unvollständig, da die konkret zu untersuchende Handlung nicht genannt wird.

Literaturhinweise

Didaktische Beiträge: *Fahl*, Schlaf als Zustand verminderten Strafrechtsschutzes?, JURA 1998, 456 (der Beitrag geht jedenfalls zu Beginn auf die Frage von Handlungen im Schlaf ein und behandelt anschließend einige BT-Probleme); *Welzel*, Die deutsche strafrechtliche Dogmatik der letzten 100 Jahre und die finale Handlungslehre, JuS 1966, 421 (vertiefender Überblick mit historischem Bezug)

Übungsfall: *Rönnau*, Der volltrunkene Macho, JuS 2000, L 28 (anspruchsvoller Fall, der die aufbautechnischen Probleme, die bei der Prüfung bestimmter Handlungen auftreten können, verdeutlicht)

Rechtsprechung: BGHSt 23, 156 – Müdigkeit (zur Frage, ob das Einschlafen während des Autofahrens als Handlung angesehen werden kann); **BGHSt 40, 341** – Epilepsie (zur Frage, ob ein epileptischer Anfall beim Autofahren als Handlung angesehen werden kann); **OLG Hamm NJW 1975, 657** – Fliege (zur Frage automatisierter Verhaltensweisen als Handlung)

Kapitel 4: Kausalität

I. Grundlagen

137 **Prüfungsschema**

I. Tatbestand
  1. Objektiver Tatbestand
     a) Handlung (z. B. Messerstich)
     b) Erfolg (z. B. Tod eines Menschen)
     c) **Kausalität**
     d) Objektive Zurechnung
  2. Subjektiver Tatbestand
II. Rechtswidrigkeit
III. Schuld

Während bei den schlichten Tätigkeitsdelikten der Tatbestand bereits durch die Handlung als solche erfüllt wird, ein konkreter Erfolg in der Außenwelt also nicht erforderlich ist, setzt die überwiegende Zahl der Delikte im StGB neben der tatbestandlichen Handlung auch einen bestimmten – von der Handlung gedanklich abgrenzbaren – **Erfolg in der Außenwelt** voraus (= Erfolgsdelikte[53]). Dieser Erfolg kann sowohl in einer Verletzung (z. B. Tod eines Menschen) als auch in einer Gefährdung (z. B. einer konkreten Lebensgefährdung) liegen.

> **Bsp.:** Anton sagt vor Gericht falsch aus und beschwört diese Aussage. – Der Meineid, § 154 StGB, setzt tatbestandlich lediglich voraus, dass der Täter vor einem Gericht falsch schwört. Ein darüber hinausgehender Erfolg in der Form, dass der Richter dem Täter glaubt oder gar aufgrund der falschen Aussage ein falsches Urteil fällt, ist nicht erforderlich (= Meineid als schlichtes Tätigkeits- und abstraktes Gefährdungsdelikt). – Anders ist dies beim Totschlag, § 212 StGB. Dieser erfordert naturgemäß mehr als eine bloße Tötungshandlung, d. h. mehr als die Abgabe des Schusses. Notwendig ist darüber hinaus ein Erfolg in der Außenwelt, nämlich der Tod eines Menschen (= Totschlag als Erfolgs- und Verletzungsdelikt).

138 Wesentlich ist es nun, dass bei den Erfolgsdelikten nicht nur das Vorliegen einer Tathandlung und der Eintritt des Tatererfolges festgestellt werden, sondern dass darüber hinaus auch eine bestimmte Beziehung zwischen Handlung und Erfolg bestehen muss. Der strafrechtlich unerwünschte Erfolg muss gerade **durch die jeweilige Handlung verursacht** werden.

> **Bsp.:** Anton steht in seinem Garten und fällt einen Baum. Im selben Moment stirbt sein Nachbar Norbert an Herzversagen. – Hier lagen zwar sowohl eine Handlung (das Fällen des Baumes) als auch ein Erfolg (Norberts Tod) vor. Antons Handeln war aber für diesen Erfolg nicht ursächlich.

139 Diese Verursachung wird als **Kausalität** bezeichnet. Sie muss bei Erfolgsdelikten als **ungeschriebenes Tatbestandsmerkmal** jeweils zusätzlich zu den übrigen Tatbestandsmerkmalen geprüft werden. Zumeist ist die Frage der **Kausalität** unprob-

---

[53] Vgl. zur Definition oben Rn. 109.

lematisch. Sie kann lediglich in Ausnahmefällen fraglich sein und ist dann gesondert zu untersuchen.

> **Bsp.:** Anton will Bruno eine Ohrfeige geben. Bruno weicht aus und stolpert dabei so unglücklich, dass er sich eine Platzwunde zuzieht. Auf dem Weg ins Krankenhaus stirbt er bei einem Autounfall, weil der Krankenwagen auf eisiger Fahrbahn ins Schleudern gerät. Der Fahrer des Wagens hatte zuvor „einen über den Durst" getrunken. – Hier ist fraglich, ob Anton dadurch, dass er Rudi eine Ohrfeige geben wollte, das gesamte weitere Geschehen „verursacht" hat, also sowohl die Platzwunde durch den Sturz als auch Rudis Tod durch den Autounfall. Wenn dem so wäre, muss überlegt werden, ob die Kausalität auch dann noch anzunehmen ist, wenn der Fahrer des Krankenwagens den Unfall dadurch verursacht hat, dass er vollkommen betrunken war.

Im Hinblick darauf, welche Anforderungen an die Kausalität zu stellen sind, haben sich mehrere Theorien entwickelt, die hier nicht im Einzelnen dargestellt werden sollen[54]. Für den Anfänger (und in aller Regel auch bei der Anfertigung von Klausuren) reicht es aus, von der herrschenden **Äquivalenz- oder Bedingungstheorie** auszugehen, die allen anderen Theorien zugrunde liegt. In einem zweiten Schritt ist dann – nach der Feststellung der rein faktisch zu beurteilenden Kausalität – zu prüfen, ob dem Täter der konkrete Erfolg auch normativ zuzurechnen ist.

140

Diese Prüfung der **objektiven Zurechnung**, die ebenfalls als ungeschriebenes Tatbestandsmerkmal ein Teil des objektiven Tatbestandes ist, schließt sich somit an die Bejahung der Kausalität an und setzt diese denklogisch voraus. Hier ist zu untersuchen, ob der Erfolg rechtlich als ein „**Werk des Täters**" anzusehen ist, ob der Täter also im Sinne der Rechtsordnung für diesen Erfolg **verantwortlich** ist. Hierfür ist eine normative Prüfung erforderlich. Die Prüfungspunkte „Kausalität" (= faktisch) und „objektive Zurechnung" (= normativ) sind in einer Klausur somit sauber voneinander getrennt zu prüfen.[55]

141

II. Die Äquivalenz- oder Bedingungstheorie

> **Definition**
> **Ursächlich** im Sinne des Strafrechts ist jede Bedingung, die nicht hinweggedacht werden kann, ohne dass der tatbestandliche Erfolg in seiner konkreten Gestalt entfiele (sog. **conditio-sine-qua-non-Formel**).

142

Die Äquivalenz- oder Bedingungstheorie bedient sich somit einer äußerst weiten Kausalitätsformel. Dabei ist ein rein „faktischer" und kein „normativer" Maßstab anzulegen. Es reicht also ein rein naturwissenschaftlich nachweisbarer Ursachenzusammenhang aus. Dabei wird jede Bedingung als gleichwertig (also „äquivalent") angesehen. Es wird also auf der Ebene der Kausalität noch nicht zwischen unmittelbaren und mittelbaren, typischen oder zufälligen Kausalfaktoren unterschieden. Auch jede noch so entfernt liegende Bedingung, die nicht hinweggedacht werden kann, muss gleichwertig berücksichtigt werden und zur

---

54 Vgl. hierzu ausführlich *Heinrich*, AT, Problemschwerpunkt 1, Rn. 221 f.
55 Vgl. zur objektiven Zurechnung ausführlich unten Rn. 154 ff.

Annahme einer Kausalität führen. Eine normative Einschränkung erfolgt erst in einem zweiten Schritt, der objektiven Zurechnung, bei der geprüft wird, ob die kausale Verursachung des Erfolges dem Täter strafrechtlich auch als „sein Werk" zuzurechnen ist. Insoweit wird in einer Klausur die Kausalität – jedenfalls bei Delikten, die durch aktives Tun begangen werden – nur selten zu verneinen sein.

> **Bsp.:** Im gerade genannten Beispiel, in dem Anton dem Bruno eine Ohrfeige geben will, dieser beim Ausweichen stolpert und sich dabei eine Platzwunde zuzieht und schließlich auf dem Weg ins Krankenhaus bei einem Autounfall stirbt, ist die Kausalität sowohl für die Platzwunde als auch für den Tod zu bejahen: Hätte Anton den Bruno nicht ohrfeigen wollen, wäre dieser nicht ausgewichen. Wäre Bruno nicht ausgewichen, wäre er nicht gestolpert. Wäre er nicht gestolpert, hätte er sich keine Platzwunde zugezogen, Hätte er sich keine Platzwunde zugezogen, wäre er nicht mit dem Krankenwagen abgeholt worden. Wäre er nicht von dem Krankenwagen abgeholt worden, wäre es nicht zu dem Unfall gekommen und Bruno wäre nicht an den Folgen des Unfalls gestorben. Denkt man also das Verhalten des Anton (Erheben der Hand) hinweg, wäre der Erfolg in seiner konkreten Gestalt (Tod durch den Unfall) nicht eingetreten. Kausalität liegt also – nach einem rein naturwissenschaftlichen Verursachungsmaßstab – vor. Ob der Tod dem Anton als sein Werk zuzurechnen ist oder ob sich beim Verkehrsunfall ein allgemeines Lebensrisiko verwirklicht und ob Antons Verhalten auch dann noch zu einer Strafbarkeit führen soll, wenn Brunos Tod durch das Verschulden eines anderen, z. B. den betrunkenen Fahrer des Krankenwagens, (mit) herbeigeführt wurde, ist eine Sache der normativen Wertung, also der objektiven Zurechnung.

143 Dem BGH genügt bei der Bestimmung der Kausalität eine sog. **„generelle Kausalität"**: Ausreichend sei es (insbesondere bei der Produkthaftung), nachzuweisen, dass ein bestimmtes Produkt entsprechende Wirkungen hat. Nicht erforderlich sei es, dass die einzelnen naturgesetzlichen Wirkungszusammenhänge im Detail geklärt und nachgewiesen werden.

> **Bsp.:** Bei der Verwendung eines Ledersprays kommt es bei Kunden vermehrt zu Gesundheitsschäden. Dabei kann nachgewiesen werden, dass die Gesundheitsschäden zwar nicht bei allen Personen aufgetreten sind, die das Spray benutzt haben, dass die Schäden aber nur bei solchen Personen eintraten, die in Kontakt mit dem Spray gekommen sind. Dem BGH reichte dies zur Annahme der Kausalität, auch wenn nicht konkret nachgewiesen werden konnte, welche einzelnen Substanzen in welcher Kombination die Schäden verursacht hatte.[56]

144 Da das **„Hinwegdenken"** von Ursachen naturgemäß nur bei den Begehungsdelikten, wenn der Täter also aktiv handelt, gelingt, wird bei den **Unterlassungsdelikten** die Formel leicht abgewandelt und dadurch angeglichen: Ursächlich im Sinne des Strafrechts ist hier jede Bedingung, die nicht **hinzugedacht** werden kann, ohne dass der Erfolg in seiner konkreten Gestalt mit an Sicherheit grenzender Wahrscheinlichkeit entfiele.

---

56 Vgl. den berühmten „Ledersprayfall", BGHSt 37, 106.

III. Formen der Kausalität

Kausalzusammenhänge sind oft vielschichtig, weswegen man – auf der Grundlage der Bedingungstheorie – beim Zusammentreffen mehrerer Faktoren verschiedene Konstellationen unterscheiden kann.

1. Alternative Kausalität („Mehrfachkausalität", „Doppelkausalität")

> **Definition**
> Unter **alternativer Kausalität** versteht man das zeitliche Zusammenfallen von mehreren unabhängig voneinander gesetzten Bedingungen, wobei jede für sich allein zur Erfolgsherbeiführung ausgereicht hätte.

> **Bsp.:** Sowohl Anton als auch Bruno wollen Kunigunde vergiften. Auf einer Party schütten beide unabhängig voneinander eine tödliche Dosis Gift in Kunigundes Sektglas. Diese trinkt und stirbt. – Hätte jede Dosis Gift an sich ausgereicht, um Kunigunde zu töten, kann jede Dosis für sich genommen hinweggedacht werden, ohne dass der Erfolg in seiner konkreten Gestalt entfiele.

Nach der **conditio-sine-qua-non-Formel** müsste eine Kausalität in diesen Fällen ausscheiden. Dies kann aber im Ergebnis nicht richtig sein. Daher wird nach h. M. in den Fällen der alternativen Kausalität die conditio-sine-qua-non-Formel wie folgt modifiziert:

> **Modifizierte Formel:** Von mehreren Bedingungen, die zwar alternativ, nicht aber kumulativ hinweggedacht werden können, ohne dass der Erfolg in seiner konkreten Gestalt entfiele, ist jede dieser Bedingungen für den Erfolg ursächlich.

2. Kumulative Kausalität

> **Definition**
> Unter einer **kumulativen Kausalität** versteht man das zeitliche Zusammenfallen mehrerer unabhängig voneinander gesetzter Bedingungen, die nur zusammen, nicht aber jede für sich allein den tatbestandlichen Erfolg herbeiführen.

> **Bsp.:** Im eben genannten Giftfall schütten sowohl Anton als auch Bruno der Kunigunde unabhängig voneinander jeweils 20 mg Gift ins Sektglas, wobei beide davon ausgehen, dass ihre Dosis für eine Tötung ausreicht. Tödlich wirken aber erst 30 mg. Kunigunde stirbt. – Hier ist die Feststellung der Kausalität auf der Grundlage der conditio-sine-qua-non-Formel unproblematisch. Denkt man die Handlung auch nur eines der Beteiligten hinweg, würde der Erfolg (= Tod) entfallen. Fraglich ist hier jedoch die objektive Zurechnung des Erfolges (dazu sogleich).

Eine Sonderform der kumulativen Kausalität findet man im Rahmen der Unterlassungsdelikte, wenn zwei Personen unabhängig voneinander einen tatbestandlichen Erfolg, zu dessen Abwendung sie in rechtlich gleicher Weise verpflichtet sind, nicht abwenden. Auch hier ist eine Kausalität unproblematisch, sofern ein Tätigwerden eines Handlungsverpflichteten ausgereicht hätte.

Bsp.: Die vierjährige Nichtschwimmerin Anna ist im Freibad ins Schwimmerbecken gesprungen. Sowohl ihr Vater als auch der Bademeister unternehmen nichts, woraufhin Anna ertrinkt. – Da es hier ausreichend ist, entweder die Rettungshandlung des Vaters oder die des Bademeisters hinzuzudenken, sind beide für das Ertrinken des Kindes verantwortlich (und im Ergebnis wegen einer Tötung durch Unterlassen strafbar, §§ 212, 13 StGB).

3. Hypothetische Kausalität

149 **Definition**

Unter einer **hypothetischen Kausalität** versteht man eine Situation, in der eine Bedingung zwar zum Erfolg führt, eine andere Bedingung aber wenig später mit Sicherheit zum gleichen Erfolg geführt hätte.

Auch hier liegt eine Kausalität des Ausgangsverhaltens für den konkret eingetretenen Erfolg vor. Hypothetische Kausalverläufe (sog. „Reserveursachen") dürfen also nicht hinzugedacht werden. Denn der Erfolg in seiner konkreten Gestalt wäre gerade nicht in der vorliegenden Weise, sondern eben anders eingetreten.

Bsp.: Anton will gerade das Flugzeug besteigen, um zu seiner Geliebten nach Brüssel zu fliegen, als er von seiner eifersüchtigen Ehefrau Berta erschossen wird. Das Flugzeug, das Anton benutzen wollte, explodiert wenige Minuten nach dem Start, kein Passagier überlebt. – Bertas Verhalten war für Antons Tod in seiner konkreten Gestalt kausal. Sie ist wegen Totschlags, § 212 StGB, zu bestrafen. Dass Anton ansonsten wenige Minuten später bei dem Flugzeugunglück ohnehin ums Leben gekommen wäre, ist unbeachtlich, da Reserveursachen bei der Feststellung der Kausalität nicht zu berücksichtigen sind. Entscheidend ist allein, ob der konkrete Erfolg in dieser Weise, unter diesen Umständen und auch im selben Augenblick eingetreten wäre, was im vorliegenden Fall zu verneinen ist.

4. Abgebrochene Kausalität (überholende Kausalität)

150 **Definition**

Unter einer **abgebrochenen** bzw. **überholenden Kausalität** versteht man eine Situation, in der eine bereits gesetzte Bedingung zwar zum Erfolg geführt hätte, vor dem Erfolgseintritt jedoch eine andere Bedingung den Erfolg herbeiführt.

In diesen Fällen entfällt die Kausalität der Ersthandlung, da sie sich nicht im konkreten Erfolg niedergeschlagen hat.

Bsp.: Wieder schütten Anton und Bruno der Kunigunde auf einer Party jeweils eine tödliche Dosis Gift in den Sekt. Diese trinkt das Glas in einem Zug aus. Bevor allerdings das Gift zu wirken beginnt, wird Kunigunde von Ludwig mit einem Gewehr erschossen. – Hier war nur die Handlung Ludwigs kausal für den konkret eingetretenen Erfolg (= Tod durch Erschießen). Die Giftbeibringung stellt nur einen (strafbaren) Versuch dar, der sich im eingetretenen Erfolg nicht realisierte. Im Hinblick auf die Kausalität von Ludwigs Verhalten kann der Umstand, dass Kunigunde später ohnehin an dem Gift gestorben wäre, wiederum nicht berücksichtigt werden (= hypothetische Kausalität).

Problematisch ist allerdings die Situation, in der zwar eine andere Bedingung hinzutritt, die ursprünglich gesetzte Bedingung aber bis zum Erfolg noch fortwirkt (sog. „**mehrstufige Kausalität**"). Hier ist die Kausalität zu bejahen. **151**

> **Bsp.:** Anton gibt seiner Ehefrau Berta Gift. Diese liegt im Sterben und wälzt sich röchelnd am Boden. Es ist abzusehen, dass sie nicht mehr gerettet werden kann. Ihr Sohn Sebastian kommt hinzu, erfasst die Sachlage und erschießt Berta aus Mitleid, um sie von ihren Qualen zu erlösen. – Hier war nicht nur die Handlung Sebastians, sondern auch die Handlung Antons kausal für Bertas Tod. Denn die zweite Handlung knüpfte an die erste an, wurde also durch sie verursacht. Denkt man sich die Giftbeibringung weg, entfiele auch der Erfolg, denn dann hätte Sebastian keinen Grund gehabt, Berta zu töten.

5. Kausalität bei Gremienentscheidungen

Besonders problematisch ist die Beurteilung der Kausalität dann, wenn ein Gremium mehrheitlich entscheidet und man sich die Stimmabgabe des Einzelnen hinweg denken kann, ohne dass der Erfolg entfiele. **152**

> **Bsp.:** Fritz ist Mitglied des fünfköpfigen Vorstands einer GmbH. Diese vertreibt ein gesundheitsschädliches Holzschutzmittel. Nachdem dieser Umstand bekannt geworden ist, beschließt der Vorstand mit 4:1 Stimmen, den Vertrieb trotzdem aufrecht zu erhalten. Auch Fritz hatte dafür gestimmt. Mehrere Kunden sterben. Fritz beruft sich später darauf, dass der Vertrieb auch bei einem Abstimmungsergebnis von 3:2 fortgesetzt worden wäre, seine „Ja"-Stimme also für den Weitervertrieb und die dadurch verursachten Tötungen nicht kausal gewesen sei.

Hier hat eine zweistufige Kausalitätsprüfung zu erfolgen. Als erstes ist zu prüfen, ob der Vorstandsbeschluss kausal für die Tötung der Kunden ist. Ist dies nachgewiesen, ist in einem zweiten Schritt zu untersuchen, ob das Verhalten des Fritz für den Vorstandsbeschluss ursächlich geworden ist. Hinsichtlich der zweiten Frage bekommt man mit der conditio-sine-qua-non-Formel Schwierigkeiten. Lediglich dann, wenn man Fritz das Verhalten der übrigen Vorstandsmitglieder im Wege einer Mittäterschaft über § 25 Abs. 2 StGB zurechnen kann,[57] ist an einer Kausalität nicht zu zweifeln. Ist dies nicht möglich (weil es entweder an einem gemeinsamen Tatentschluss mangelt oder ein Fahrlässigkeitsdelikt vorliegt), muss hier entweder mit der Rechtsfigur der alternativen Kausalität argumentiert werden oder es darf nicht auf das bloße Abstimmungsergebnis abgestellt werden. Das Verhalten, welches man dem Täter nämlich zudem vorwerfen kann, ist, dass er sich im Vorfeld der Abstimmung nicht aktiv dafür eingesetzt hat, den Vertrieb zu stoppen. In diesem Fall ist es auch gleichgültig, ob der Täter bei der entscheidenden Abstimmung dafür oder dagegen gestimmt hat oder ob dies nicht mehr festgestellt werden kann. Auch kann man ihm weiter vorwerfen, sich nach der Abstimmung nicht aktiv für einen Vertriebsstopp engagiert zu haben. Auch hier müsste dann jedoch die Kausalität dieses Unterlassens im Hinblick auf den eingetretenen Erfolg **153**

---

57 Vgl. zur Mittäterschaft unten Rn. 782 ff.

festgestellt werden, sofern man hier nicht von einem mittäterschaftlichen Unterlassen ausgeht.

> **Literaturhinweise**
>
> **Einführende Aufsätze:** *Ebert/Kühl,* Kausalität und objektive Zurechnung, JURA 1979, 561 (ausführliche, studierendengerechte Darstellung mit Beispielsfällen); *Erb,* Die Zurechnung von Erfolgen im Strafrecht, JuS 1994, 449 (verständliche Einführung); *Kudlich,* Objektive und subjektive Zurechnung von Erfolgen im Strafrecht – Eine Einführung, JA 2010, 681 (kürzere Darstellung mit Beispielen)
>
> **Rechtsprechung: BGHSt 4, 360** – Rotlicht (zur Frage der Kausalität bei fahrlässigem Dazwischentreten Dritter); **BGHSt 7, 112** – Wettfahrt (zur Kausalität bei Mitverschulden des Opfers); **BGHSt 30, 228** – Massenkarambolage (zur Unbeachtlichkeit der hypothetischen Kausalität); **BGHSt 37, 106** – Lederspray (zur Frage der Kausalität bei Gremienentscheidungen); **BGHSt 39, 195** – Zwei Schüsse (zur alternativen Kausalität); **BGHSt 41, 206** – Holzschutzmittel (zur Kausalität der Verwendung von chemischen Substanzen für Gesundheitsschäden); **BGHSt 49, 1** – Ausgang (zur Berücksichtigung hypothetischer Kausalverläufe)

Kapitel 5: Objektive Zurechnung

I. Grundlagen

154

> **Prüfungsschema**
> I. Tatbestand
>   1. Objektiver Tatbestand
>   a) Handlung (z. B. Messerstich)
>   b) Erfolg (z. B. Tod eines Menschen)
>   c) Kausalität
>   d) **Objektive Zurechnung**
>   2. Subjektiver Tatbestand
> II. Rechtswidrigkeit
> III. Schuld

Bei Erfolgsdelikten (und nur bei diesen!) ist nach der Kausalität stets noch die **objektive Zurechnung** als weiteres ungeschriebenes Tatbestandsmerkmal zu prüfen. Hier geht es um die Frage, ob ein strafrechtlicher Erfolg (z. B. der Tod eines Menschen), der von einem Täter kausal verursacht wurde, diesem auch tatsächlich als „sein Werk" normativ zuzurechnen ist. Eine solche Zurechnung kann in bestimmten Fällen ausscheiden, in denen der Täter letztlich für den Erfolg nicht verantwortlich ist, weil dieser Erfolg z. B. als „Werk des Zufalls", als „Werk eines Dritten" oder als „Werk des Tatopfers selbst" anzusehen ist. Die Rechtsfigur der objektiven Zurechnung ist erforderlich, weil die Kausalität im Strafrecht sehr weitgehend sein kann und daher einer Einschränkung bedarf.[58]

---

58 Vgl. hierzu ausführlich *Heinrich,* AT, Rn. 239 ff.

> **Bsp.:** Anton und Berta zeugen eines Nachts gemeinsam den Fritz. Dieser tötet 20 Jahre später im Streit seinen Widersacher Bruno mit einem Messer. – Die Zeugung von Fritz ist für Brunos Tötung kausal, denn hätten Anton und Berta den Fritz nicht in dieser Nacht gezeugt, hätte dieser den Bruno nicht an diesem Abend mit diesem Messer erstochen. Dennoch ist Brunos Tod allein ein „Werk des Fritz". Der Tod kann Anton und Berta strafrechtlich nicht zugerechnet werden.

Während man früher in diesen Fällen den objektiven Tatbestand als erfüllt ansah und erst im Rahmen des subjektiven Tatbestandes den Vorsatz verneinte, wird heute bereits die Erfüllung des objektiven Tatbestands abgelehnt. Denn es ist jedenfalls theoretisch denkbar, dass ein Täter vorsätzlich einen Erfolg herbeiführen möchte, der aber letztlich nicht als „sein Werk" anzusehen ist. Die Rechtsprechung dagegen hat die Lehre der objektiven Zurechnung noch nie ausdrücklich anerkannt und löst die hier problematischen Fälle meist noch immer auf subjektiver Ebene (Entfallen des Vorsatzes bei wesentlicher Abweichung des vorgestellten vom tatsächlich eingetretenen Kausalverlauf).

155

> **Bsp.:** Anton will seine Ehefrau Berta loswerden, traut sich jedoch nicht, diese eigenhändig umzubringen. Daher überredet er sie, allein in den Wald zu gehen, um Pilze zu sammeln, in der Hoffnung, sie werde dort von einem Blitz erschlagen, was tatsächlich geschieht. – Auch hier war Antons Aufforderung, Berta solle in den Wald gehen, kausal für deren Tod. Auch hatte er hierdurch ihren Tod herbeigesehnt. Bertas Tod war aber letztlich kein „Werk Antons", sondern ein „Werk des Zufalls".

II. Inhalt der Lehre von der objektiven Zurechnung

Während die Kausalität auf der Grundlage der conditio-sine-qua-non-Formel eine rein tatsächliche („naturwissenschaftliche") Betrachtung verlangt, erfordert die objektive Zurechnung eine **rechtliche** (= **normative**) **Bewertung** des Sachverhalts. Es muss also unter normativen Gesichtspunkten geprüft werden, ob die Rechtsordnung einen bestimmten Erfolg als „Werk des Täters" ansieht und ihm damit strafrechtlich zurechnet oder nicht. Dabei sind ausschließlich objektive Maßstäbe anzulegen.

156

> **Definition**
> **Objektiv zurechenbar** ist ein tatbestandlicher Erfolg dem Täter dann, wenn das für den Erfolg ursächliche Verhalten ein rechtlich missbilligtes Risiko geschaffen hat, welches sich im Erfolg in seiner konkreten Gestalt auch in tatbestandstypischer Weise realisiert hat.[59]

In der Praxis haben sich nun einige **Fallgruppen** entwickelt, in denen die objektive Zurechnung ausscheidet bzw. (in juristischen Klausuren) zumindest diskutiert werden sollte. Dabei können auf der Grundlage der angegebenen Definition diejenigen Fälle, in denen bereits das rechtlich missbilligte Risiko ausscheidet (vgl. den ersten Teil der genannten Definition), von denen unterschieden werden, bei de-

157

---

[59] Vgl. hierzu *Heinrich*, AT, Rn. 243.

nen zwar ein solches Risiko geschaffen wurde, sich dieses aber nicht im konkret eingetretenen Erfolg realisierte (vgl. den zweiten Teil der genannten Definition). Die objektive Zurechnung kann dabei sowohl beim Vorsatzdelikt als auch beim Fahrlässigkeitsdelikt problematisch werden.

> **Hinweis**
>
> In einer Klausur muss die objektive Zurechnung nur dann erörtert werden, wenn Anhaltspunkte für das Vorliegen einer solchen Fallgruppe bestehen. Wenn dem nicht so ist, genügt (wiederum: nur bei Erfolgsdelikten!) der schlichte Hinweis: „Der Tod war dem Täter auch objektiv zurechenbar".

III. Fallgruppen, in denen kein rechtlich missbilligtes Risiko geschaffen wird

1. Erlaubtes Risiko

158 Objektiv nicht zurechenbar sind Verhaltensweisen, die sich noch im Rahmen des allgemeinen Lebensrisikos bzw. des von der Gesellschaft tolerierten Risikos halten und daher als sozialadäquat anzusehen sind. Sie werden von der Gesellschaft meist deswegen akzeptiert, weil mit der Risikoschaffung regelmäßig ein besonderer gesellschaftlicher Nutzen verbunden wird.

> **Bsp.:** Anton fährt ordnungsgemäß mit seinem PKW durch die Stadt und hält sich peinlich genau an die Verkehrsregeln. Plötzlich springt ihm unvorhergesehen die vierjährige Anna vors Auto. Anton kann nicht mehr bremsen und verletzt Anna tödlich. – Das Fahren mit dem Auto war kausal für Annas Tod. Auch ist es bekannt, dass jährlich eine große Anzahl von Menschen bei Autounfällen ums Leben kommt. Das Fahren mit einem PKW ist jedoch, sofern man sich an die Verkehrsregeln hält, ein von der Gesellschaft toleriertes Risiko und daher erlaubt.

2. Mangelnde Beherrschbarkeit des Erfolges

159 Objektiv nicht zurechenbar sind Geschehensabläufe, die nicht mehr im beherrschbaren Machtbereich des Täters liegen.

> **Bsp.:** Bruno schenkt seiner Ehefrau Gisela eine Safari in Afrika. Dabei hofft er, dass Gisela dort von einem Löwen gefressen wird, was tatsächlich auch geschieht. – Das Verschenken der Safari war für Giselas Tod kausal. Während diese Fälle teilweise ebenfalls dem Bereich des „erlaubten Risikos" zugeordnet werden, weil das Verschenken einer Safari kein sozial missbilligtes Verhalten darstellt, nehmen andere Stimmen hier mit der „mangelnden Beherrschbarkeit" eine eigenständige Fallgruppe des Ausschlusses der objektiven Zurechnung an.

3. Risikoverringerung

160 Objektiv nicht zurechenbar ist ein Erfolg, der auf einer Handlung beruht, durch die eine drohende Rechtsgutsverletzung vermindert wird, selbst wenn der Erfolg in seiner konkreten Gestalt auf das Verhalten des Handelnden zurückzuführen ist.

Bsp.: Anton will Bruno durch einen Axthieb töten. Berta sieht, wie Anton sich von hinten anschleicht und mit der Axt ausholt. Sie kann durch ein schnelles Eingreifen gerade noch verhindern, dass die Axt Gustavs Schädel spaltet. Die Axt trifft daraufhin nur dessen Schulter. – Berta hat durch ihr Eingreifen den Erfolg in seiner konkreten Gestalt (Körperverletzung Brunos durch Axthieb in den Arm) kausal (mit)verursacht. Hätte sie nicht eingegriffen, wäre dieser konkrete Erfolg ausgeblieben. Sie hat durch ihr Eingreifen aber keine rechtlich missbilligte Gefahr einer Körperverletzung geschaffen, sondern im Gegenteil gerade eine schwerwiegendere Rechtsgutsverletzung verhindert.

IV. Fallgruppen, in denen sich das Risiko nicht im konkreten Erfolg verwirklicht

1. Atypische Kausalverläufe

Objektiv nicht zurechenbar ist ein Erfolg, der Folge eines atypischen Kausalverlaufes ist. Als atypisch ist ein solcher Geschehensverlauf anzusehen, der völlig außerhalb dessen liegt, was nach dem gewöhnlichen Lauf der Dinge und nach der allgemeinen Lebenserfahrung zu erwarten ist. Der Erfolg ist dann nicht mehr ein **Werk des Täters**, sondern ein **Werk des Zufalls**.

Bsp.: Anton sticht Bruno in Tötungsabsicht ein Messer in den Bauch. Obwohl die Verletzung nicht lebensgefährlich ist, wird Bruno ins Krankenhaus gefahren. Auf dem Weg dorthin erleidet ein Sanitäter einen Herzanfall und lässt die Trage mitsamt Bruno fallen, wodurch dieser die Krankenhaustreppe hinunterfällt und sich das Genick bricht. – Da ein solcher Verlauf außerhalb jeglicher Lebenserfahrung liegt, scheidet eine objektive Zurechnung aus. Anders ist hingegen zu entscheiden, wenn Bruno während des Transportes im Krankenwagen stirbt, weil der Fahrer auf der Rettungsfahrt aufgrund der notwendigen hohen Geschwindigkeit in einen Unfall verwickelt wird. Denn es ist nicht atypisch, dass ein Verletzter ins Krankenhaus transportiert wird und es liegt nicht außerhalb jeglicher Lebenserfahrung, dass ein Krankwagen im Einsatz in einen Unfall verwickelt wird.

2. Schutzzweck der Norm

Objektiv nicht zurechenbar sind Verhaltensweisen, die zwar an sich pflichtwidrig sind, die jedoch einen Verstoß gegen eine Norm beinhalten, die ganz andere tatbestandsmäßige Erfolge verhindern will als denjenigen, der im konkreten Fall tatsächlich eingetreten ist. Diese Fallgruppe wird in erster Linie bei Fahrlässigkeitsdelikten relevant.

Bsp.:[60] Anton und Bruno fahren nachts auf einer einsamen Landstraße mit dem Fahrrad hintereinander her. Beide haben kein Licht am Rad. Plötzlich kommt ihnen Gustav mit dem Auto entgegen und erfasst den vorne fahrenden Anton. Dieser stirbt. Zum Unfall wäre es nicht gekommen, wenn jedenfalls der hinten fahrende Bruno mit Licht gefahren wäre, da Gustav den von Bruno angestrahlten Anton dann gesehen hätte. – Die fehlende Beleuchtung an Brunos Rad war hier kausal für Antons Tod (denkt man sie hinzu, hätte Gustav den Anton gesehen und ihn nicht erfasst). Auch stellt das Radfahren ohne

---
60 Fall nach RGSt 63, 292.

Licht auf einer unbeleuchteten Landstraße ein pflichtwidriges Verhalten dar, schafft also ein rechtlich missbilligtes Risiko. Dieses Risiko besteht jedoch darin, dass derjenige, der ohne Licht fährt, von einem Autofahrer nur schwer gesehen und dadurch ein Unfall verursacht werden kann. Die Pflicht, bei Dunkelheit nur mit eingeschaltetem Licht zu fahren, soll jedoch nicht dazu dienen, andere zu beleuchten, damit diese nicht in einen Unfall verwickelt werden. Eine Strafbarkeit Brunos wegen fahrlässiger Tötung, § 222 StGB, scheidet daher aus.

3. Pflichtwidrigkeitszusammenhang

163 Objektiv nicht zurechenbar ist ein Erfolg, der zwar durch ein pflichtwidriges Verhalten verursacht wurde, der aber auch eingetreten wäre, wenn der Täter pflichtgemäß gehandelt hätte. Die Pflichtwidrigkeit wird hier insoweit also nicht ursächlich für den Erfolg. Auch diese Fallgruppe wird hauptsächlich bei Fahrlässigkeitsdelikten sowie bei Unterlassungsdelikten relevant.

Bsp.:[61] Toni fährt stark angetrunken auf einer Landstraße mit seinem Fahrrad am rechten Fahrbahnrand. Anton nähert sich mit seinem LKW und überholt Toni mit einem zu geringen Seitenabstand. Toni erschrickt, zieht sein Fahrrad reflexartig nach links, gerät unter die Reifen des LKW und stirbt. Im nachfolgenden Prozess kommt der Sachverständige zu dem Ergebnis, dass Toni infolge seiner Trunkenheit auch dann sein Fahrrad nach links gezogen hätte und verunglückt wäre, wenn Anton ordnungsgemäß gefahren wäre und den Seitenabstand eingehalten hätte. – Das Fahren mit dem LKW war hier kausal für Tonis Tod. Auch war das Überholen mit zu geringem Seitenabstand pflichtwidrig. Der Schutzzweck der jeweiligen Verhaltensnorm sollte auch gerade Gefahren der vorliegenden Art (Verkehrsunfälle) verhindern. Die Pflichtwidrigkeit war im konkreten Fall jedoch nicht ursächlich für den Erfolg, da Antons Tod nach Aussage des Sachverständigen auch bei pflichtgemäßem Verhalten eingetreten wäre. Der Erfolg kann Toni daher nicht objektiv zugerechnet werden. Man spricht in diesem Zusammenhang auch vom Ausschluss der objektiven Zurechnung bei rechtmäßigem Alternativverhalten.

4. Freiverantwortliche Selbstschädigung oder Selbstgefährdung des Opfers

164 Objektiv nicht zurechenbar sind Verhaltensweisen, die erst zusammen mit einer eigenverantwortlich gewollten und verwirklichten Selbstverletzung oder Selbstgefährdung des Opfers einen tatbestandlichen Erfolg bewirken. Hier sind diejenigen Risiken, die ein Opfer selbst zu verantworten hat, einem anderen jedenfalls dann nicht zuzurechnen, wenn das Opfer freiverantwortlich handelt und sich die Mitwirkung des Täters lediglich auf die bloße Veranlassung, Ermöglichung oder Förderung der Selbstgefährdung oder der Selbstverletzung bezieht. Auch diese Fallgruppe wird zumeist bei Fahrlässigkeitsdelikten relevant.

Bsp.:[62] Anton handelt mit Heroin. Bruno gehört zu seiner Stammkundschaft. Eines Tages stirbt Bruno an einer Überdosis Heroin, die ihm Anton beschafft und verkauft hat. – Zwar ist der Handel mit Heroin grundsätzlich verboten

---

61 Fall nach BGHSt 11, 1.
62 Fall nach BGHSt 32, 262.

und auch der Grund dieses Verbots liegt gerade darin, dass durch den Konsum von Heroin Gesundheitsschäden, psychische Schäden oder gar der Tod der Konsumenten eintreten können (Schutzzweck der Norm). Dennoch kann dem Anton hier Brunos Tod nicht zugerechnet werden, sofern man ein freiverantwortliches Handeln des Letzteren annimmt und dieser sich das Heroin selbst gespritzt hat.

> **Hinweis**
> In dieser Fallgruppe ist sowohl die eigenverantwortliche **Selbstverletzung** als auch (häufiger!) die eigenverantwortliche **Selbstgefährdung** zu berücksichtigen. Gerade im vorliegenden Fall wird deutlich: Hinsichtlich des Körperverletzungserfolges (Nadelstich, Heroin im Körper) liegt eine Selbstverletzung, hinsichtlich des Todes eine Selbstgefährdung durch Bruno vor, da nicht zu vermuten ist, dass dieser sich selbst töten wollte.

5. Eigenverantwortliches Dazwischentreten eines Dritten

Objektiv nicht zurechenbar sind Verhaltensweisen, die zwar ein rechtlich relevantes Risiko schaffen, bei denen der Erfolg aber erst dadurch eintritt, dass ein Dritter vollverantwortlich und vorsätzlich eine neue, an die ursprüngliche Handlung anknüpfende, selbstständig auf den Erfolg hinwirkende Gefahr begründet, die sich dann auch im konkreten Erfolg realisiert.

> **Bsp.:** Anton schlägt Bruno in Tötungsabsicht nieder und flieht. Bruno bleibt schwer verletzt auf der Straße liegen. Da kommt Rudi vorbei, der Bruno schon lange hasst. Er will die Gunst der Stunde nutzen und sticht in Tötungsabsicht mehrmals auf Bruno ein, der sich infolge seiner Verletzungen nicht wehren kann. Bruno stirbt an den Messerstichen. – Das Niederschlagen Brunos ist hier kausal für dessen Tod. Obwohl Bruno letztlich an den Messerstichen starb, liegt kein Fall der überholenden Kausalität vor, da das Niederschlagen nicht hinweggedacht werden kann, ohne dass der Erfolg in seiner konkreten Gestalt entfiele (wäre Bruno nicht schutzlos auf dem Boden gelegen, hätte Rudi nicht zugestochen[63]). Brunos Tod ist Anton jedoch objektiv nicht zurechenbar, da Rudi vollverantwortlich eine neue, selbstständig auf den Erfolg hinwirkende Gefahr begründet, die sich dann allein im eingetretenen Erfolg realisiert hat. Brunos Tod ist somit „ein Werk Rudis" und eben nicht „ein Werk Antons".

> **Hinweis**
> Gerade in dieser Fallgruppe des Dazwischentretens eines vollverantwortlich und vorsätzlich handelnden Dritten sind jedoch mehrere Einschränkungen zu beachten, insbesondere muss der Dritte vollverantwortlich in dem Sinne handeln, dass er freiwillig und aus selbst gesetzten Motiven tätig wird.

> **Bsp.:** Anton gibt seiner Ehefrau Berta Gift. Diese liegt im Sterben und wälzt sich röchelnd am Boden. Es ist abzusehen, dass sie nicht mehr gerettet werden kann. Ihr Sohn Sebastian kommt hinzu, erfasst die Sachlage und erschießt Berta aus Mitleid, um sie von ihren Qualen zu erlösen. – Hier ist Bertas Tod dem Anton zuzurechnen, da das Dazwischentreten Sebastians die objektive

---

63 Vgl. zu dieser Konstellation oben Rn. 151.

Zurechnung nicht ausschließt. Er will durch den „Gnadenschuss" der Berta lediglich weitere Leiden ersparen und greift ihr Leben somit nicht aus rechtsfeindlichen Gründen an.

166 Bei Fahrlässigkeitsdelikten scheidet eine objektive Zurechnung zudem nur dann aus, wenn der Ersthandelnde keine **Sicherheitsvorschriften** verletzt, die gerade dazu dienen, Vorsatz- und Fahrlässigkeitstaten anderer zu verhindern.[64]

> **Bsp.:** Anton ist Jäger und darf von daher Waffen besitzen und zu Hause aufbewahren. Er lässt die Waffen jedoch zumeist unverschlossen in seinem Wohnzimmer liegen. Eines Abends bekommt er Besuch von einigen Freunden. Als Anton das Zimmer für kurze Zeit verlässt, schnappt sein Freund Bruno eine der herumliegenden Waffen und erschießt damit vorsätzlich den Rudi. – Da für berechtigte Waffenbesitzer eine gesetzliche Verpflichtung besteht, Waffen in verschlossenen Behältnissen aufzubewahren (§ 36 WaffG) und diese Vorschrift gerade dazu dient, Erfolge der vorliegenden Art zu verhindern, ist die objektive Zurechnung hier nicht ausgeschlossen, obwohl Bruno vollverantwortlich handelt. Bruno ist wegen vorsätzlicher, Anton wegen fahrlässiger Tötung zu bestrafen.

167 Entscheidend ist, dass der Dritte **vorsätzlich** handelt, ein bloßes fahrlässiges Handeln genügt nicht.

> **Bsp.:** Anton sticht Bruno in Tötungsabsicht nieder. Bruno wird in ein Krankenhaus eingeliefert. Aufgrund eines fahrlässigen Behandlungsfehlers des Arztes Armin stirbt Bruno letztlich an den Folgen des Stiches. Er hätte aber an sich problemlos gerettet werden können. – Antons Stich ist für Brunos Tod kausal. Da Behandlungsfehler im Krankenhaus auch nicht „atypisch" sind und Armin lediglich fahrlässig handelt, ist Brunos Tod dem Anton auch objektiv zurechenbar. Etwas anderes würde allerdings gelten, wenn Armin die Rettung vorsätzlich unterlässt, weil er Bruno nicht leiden kann.

168 Der Grundgedanke des Ausschlusses der objektiven Zurechnung bei eigenverantwortlichem Dazwischentreten eines Dritten kann auch auf diejenigen Fälle angewandt werden, in denen der Täter **selbst** einen von ihm fahrlässig verursachten Kausalverlauf insoweit modifiziert, als er die spätere Rettung des Opfers vorsätzlich unterlässt.

> **Bsp.:** Anton fährt in angetrunkenem Zustand auf einer einsamen Landstraße den Mofafahrer Bruno an, der schwer verletzt liegen bleibt. Obwohl Anton klar ist, dass er umgehend helfen müsste, verlässt er den Unfallort, wobei er Brunos Tod billigend in Kauf nimmt. – Durch das Anfahren des Bruno beging Anton an sich eine fahrlässige Tötung, § 222 StGB. Das spätere Liegenlassen stellt hingegen einen vorsätzlichen Totschlag (eventuell sogar einen Mord) durch Unterlassen dar, §§ 212, (211,) 13 StGB. Da es sich hierbei um ein Vorsatzdelikt handelt, scheidet die objektive Zurechnung im Hinblick auf § 222 StGB aus.

Literaturhinweise
Didaktische Beiträge: *Ebert/Kühl*, Kausalität und objektive Zurechnung, JURA 1979, 561 (vertiefender Überblick über die Problematik mit vielen Beispielsfällen); *Mitsch*,

---

64 Vgl. hierzu noch ausführlich unten Rn. 690 f.

I. Grundlagen

Das erlaubte Risiko im Strafrecht, JuS 2018, 1161 (vertiefte Auseinandersetzung mit der genannten Fallgruppe); *Schumann,* Von der sogenannten „objektiven Zurechnung" im Strafrecht, JURA 2008, 408 (verständliche Einführung mit Bezug zu den historischen Wurzeln der objektiven Zurechnung); *Seher,* Die objektive Zurechnung und ihre Darstellung im strafrechtlichen Gutachten, JURA 2001, 814 (prägnante Übersicht über die Problematik insbesondere im Hinblick auf ihre Behandlung in der Klausur)

Übungsfälle: *Freund,* Spritztour mit dem ultra krassen 3er BMW, JuS 2001, 475 (anschaulicher Fall, der verschiedene Ausprägungen der objektiven Zurechnung zum Gegenstand hat); *B. Heinrich/Reinbacher,* Venezianisches Finale, JA 2007, 264 (ein einem Kriminalroman von Donna Leon nachgebildeter Fall, der eine durch eine bewusste Täuschung veranlasste „freiverantwortliche" Selbsttötung zum Inhalt hat)

Leitentscheidungen: BGHSt 11, 1 – Radfahrerfall (zur Frage des erforderlichen Pflichtwidrigkeitszusammenhangs); **BGHSt 32, 262** – Heroinspritzenfall (zur eigenverantwortlichen Selbstgefährdung)

Kapitel 6: Subjektiver Tatbestand

I. Grundlagen

> **Prüfungsschema**
> I. Tatbestand
>   1. Objektiver Tatbestand
>   a) Handlung (z. B. Messerstich)
>   b) Erfolg (z. B. Tod eines Menschen)
>   c) Kausalität
>   d) Objektive Zurechnung
>   2. **Subjektiver Tatbestand**
> II. Rechtswidrigkeit
> III. Schuld

Wie bereits mehrfach erwähnt, wird heutzutage kaum mehr bestritten, dass sich die tatbestandliche Verwirklichung eines Delikts nicht im Vorliegen des objektiven Tatbestandes erschöpft. Ein Verhalten stellt sich (zumindest beim vorsätzlich begangenen Delikt) nur dann als tatbestandliches Unrecht dar, wenn auch die **subjektiven** Voraussetzungen gegeben sind. Der **„subjektive Tatbestand"** ist somit ein eigenständiger Prüfungspunkt im Rahmen der Prüfung des vorsätzlichen Begehungsdelikts.

> **Klausurtipp**
> In der Klausur muss daher unter der Überschrift „subjektiver Tatbestand" bei jedem Delikt festgestellt werden, dass der Täter hinsichtlich aller objektiven Tatbestandsmerkmale auch vorsätzlich gehandelt hat. Selbst wenn dies im Einzelfall unproblematisch ist, darf auf diesen Prüfungspunkt nicht verzichtet werden (allerdings reicht es in den meisten Fällen aus, das vorsätzliche Verhalten

> kurz festzustellen, z. B. „Anton hat hinsichtlich des tödlichen Erfolges auch vorsätzlich gehandelt". Auf weitergehende Ausführungen kann in diesem Fall verzichtet werden).

170 In der Prüfung des **subjektiven Tatbestandes** sind im Wesentlichen zwei unterschiedliche Prüfungspunkte zu beachten: Erstens muss festgestellt werden, dass der Täter vorsätzlich im Hinblick auf jedes einzelne (geschriebene oder ungeschriebene) objektive Tatbestandsmerkmal gehandelt hat. Dies ergibt sich aus § 15 StGB, der – sofern nicht ausdrücklich fahrlässiges Handeln unter Strafe gestellt ist – das Erfordernis eines Vorsatzes für sämtliche Delikte normiert und „vor die Klammer zieht". Das Erfordernis des Vorsatzes ist daher über § 15 StGB in jedes (Vorsatz)Delikt mit hineinzulesen und somit auch als geschriebenes (subjektives) Tatbestandsmerkmal zu betrachten. Zweitens können manche Tatbestände darüber hinaus noch besondere subjektive Merkmale erfordern, die dann aber im jeweiligen Tatbestand ausdrücklich normiert sein müssen. Diese bestehen in der Regel aus einer besonderen Absicht (Bsp.: die Zueignungsabsicht beim Diebstahl, § 242 StGB), aus einem speziellen Wissen (Bsp.: das Handeln „wider besseres Wissen" bei der Verleumdung, § 187 StGB) oder sonstigen Motiven des Täters (Bsp.: die Habgier beim Mord, § 211 StGB).

II. Vorsatz und Fahrlässigkeit

171 **Vorsatz** und **Fahrlässigkeit** schließen sich notwendigerweise aus. Man kann also bzgl. derselben Tat (d. h.: durch dieselbe Handlung) im Hinblick auf denselben Tatbestand und in Bezug auf dasselbe Objekt bzw. Tatopfer nicht gleichzeitig **vorsätzlich** und **fahrlässig** handeln. Möglich ist es jedoch, dass ein Täter im Rahmen einer Tat zugleich einen Tatbestand vorsätzlich, einen anderen jedoch fahrlässig erfüllt.

> **Bsp.:** Anton schlägt Bruno eine Bierflasche über den Kopf. Dabei will er ihn auf jeden Fall erheblich verletzen. Daran, dass Bruno an dem Schlag auch sterben könnte, hat Anton nicht gedacht. Es wäre ihm aber auch gleichgültig. Bruno stirbt. – Anton hat hier entweder eine vorsätzliche oder eine fahrlässige Tötung begangen. Ist man der Ansicht, dass die Gleichgültigkeit hinsichtlich des tödlichen Erfolges bereits ein (bedingt) vorsätzliches Verhalten darstellt, dann liegt ein Vorsatzdelikt vor. Eine Fahrlässigkeitsbestrafung kann dann nicht erfolgen. Hier muss man sich in einer Klausur also stets entscheiden. Nimmt man lediglich eine fahrlässige Tötung an, kann man daneben aber problemlos auch eine vorsätzliche Sachbeschädigung an der Bierflasche, § 303 StGB, annehmen, wenn Anton fest damit rechnete, dass diese bei dem Schlag zerbricht.

172 Möglich ist es zudem, dass ein Täter im Rahmen einer Tat denselben Tatbestand hinsichtlich einer Person vorsätzlich, hinsichtlich einer anderen Person jedoch fahrlässig erfüllt.

> **Bsp.:** Anton legt in Brunos Garten eine Tretmine aus, um damit den alleinstehenden Bruno zu töten. Dies geschieht auch, wobei durch die Explosion auch Berta, die Arm in Arm mit Bruno den Garten betrat, getötet wird. Damit hatte Anton nicht gerechnet. – Während hinsichtlich Bruno eine vorsätzliche

Tötung, § 212 StGB (bzw. ein vorsätzlicher Mord, § 211 StGB) vorliegt, kommt im Hinblick auf Berta lediglich eine Strafbarkeit wegen einer fahrlässigen Tötung, § 222 StGB, in Frage.

III. Der Begriff des Vorsatzes

1. Vorsatz als Wissen und Wollen der Tatbestandsverwirklichung

Das Strafgesetzbuch definiert an keiner Stelle, was genau unter dem Begriff des Vorsatzes zu verstehen ist. Es ist jedoch weitgehend anerkannt, dass sich der Vorsatz aus zwei Elementen zusammensetzt, die kumulativ vorliegen müssen.

Definition
Vorsatz ist Wissen und Wollen der Tatbestandsverwirklichung.

Abzugrenzen ist der **Vorsatz** von der **Fahrlässigkeit**. Relevant wird dies insbesondere für diejenigen Fälle, in denen der Täter jedenfalls entfernt mit der Möglichkeit des Erfolgseintritts rechnet, er diesen Erfolg aber nicht zwingend herbeiführen will (Bsp.: um sich abzureagieren, zertrümmert Anton eine Bierflasche auf dem Kopf seines Nebenbuhlers). In diesem Bereich haben sich die Rechtsfiguren des „bedingten Vorsatzes" und der „bewussten Fahrlässigkeit" entwickelt, zwischen denen sauber abzugrenzen ist. Denn der „bedingte Vorsatz" führt zu einer Bestrafung wegen des Vorsatzdeliktes (Bsp.: Totschlag, § 212 StGB), die „bewusste Fahrlässigkeit" hingegen zu einer Bestrafung lediglich aus dem Fahrlässigkeitsdelikt (Bsp.: fahrlässige Tötung, § 222 StGB). In diesem Bereich hat sich inzwischen eine nahezu unüberschaubare Vielzahl verschiedener Abgrenzungstheorien entwickelt,[65] die den Studierenden, jedenfalls in den Anfangssemestern, aber nicht alle bekannt sein müssen. Da sie jedoch für das Verständnis des Vorsatzes als „Wissen und Wollen der Tatbestandsverwirklichung" eine Rolle spielen können, soll im Folgenden ein kurzer Überblick gegeben werden:

Dass für den Vorsatz sowohl ein Wissens- als auch ein Wollenselement erforderlich ist, verlangen lediglich die sog. **Willenstheorien**. Nach der insbesondere von der Rechtsprechung vertretenen „Billigungstheorie"[66], der sich die überwiegenden Stimmen in der Literatur angeschlossen haben[67], handelt vorsätzlich, wer den Erfolgseintritt jedenfalls für möglich hält (kognitives oder Wissenselement) und dabei den Erfolg billigend in Kauf nimmt (voluntatives oder Willenselement). Die Gleichgültigkeitstheorie erweitert das voluntative Element der billigenden Inkaufnahme noch auf diejenigen Fälle, in denen dem Täter der Erfolg gleichgültig ist.[68] Eine weitere Spielart stellt die „Ernstnahmetheorie" dar, die aber im Wesentlichen zu denselben Ergebnissen gelangt: Um vorsätzlich zu handeln, muss der Täter die Möglichkeit des Erfolgseintritts kennen, diese ernst nehmen und sich mit ihr abfinden.[69] Diese Theorien gewährleisten eine sinnvolle Abgrenzung des bedingten Vorsatzes und der bewussten Fahrlässigkeit. Bei beiden Formen muss der Täter

---
65 Vgl. hierzu ausführlich *Heinrich*, AT, Problemschwerpunkt 2, Rn. 298 ff.
66 BGHSt 36, 1 (9); BGHSt 44, 99 (102).
67 Vgl. nur *Heinrich*, AT, Rn. 299.
68 *Beulke*, JURA 1988, 641 (644).
69 *Roxin/Greco*, AT I, § 12 Rn. 29, 35.

nämlich jedenfalls mit der Möglichkeit des Erfolgseintritts rechnen. Während er beim bedingten Vorsatz den Erfolg jedoch billigt oder jedenfalls gleichgültig hinnimmt, muss er bei der bewussten Fahrlässigkeit ernsthaft auf das Ausbleiben des Erfolges vertrauen.

176 Dagegen verlangen die **Wissenstheorien** lediglich ein Wissenselement und wollen auf das Willenselement verzichten. Vorsätzlich handelt hiernach bereits derjenige, der den Erfolgseintritt für möglich hält und trotzdem handelt (Möglichkeitstheorie[70]). Da danach der Bereich vorsätzlichen Verhaltens sehr weit ausgedehnt wird, verlangen wiederum andere, dass der Täter den Eintritt des tatbestandsmäßigen Erfolges nicht nur für möglich, sondern sogar für wahrscheinlich hält (Wahrscheinlichkeitstheorie[71]). Problematisch ist an diesen Ansichten, dass hier eine Abgrenzung zur bewussten Fahrlässigkeit, bei der ein Täter ebenfalls mit der Möglichkeit eines Erfolgseintritts rechnet, diesen Erfolg aber eigentlich nicht herbeiführen will, kaum mehr möglich ist.

177 Schließlich existiert noch eine größere Zahl sog. **Risikotheorien:** Vorsätzlich handelt hiernach, wer nach seiner eigenen Einschätzung bewusst ein unerlaubtes bzw. von der Rechtsordnung nicht toleriertes Risiko der Tatbestandsverwirklichung in Gang setzt (subjektive Variante[72]) bzw. eine (objektiv) ernstzunehmende, nicht nur unerlaubte, sondern auch unabgeschirmte Gefahr als solche erkannt hat und dennoch handelt (objektive Variante[73]).

178 Folgt man der herrschenden Billigungstheorie, ist somit festzustellen, ob der Täter Kenntnis hinsichtlich aller objektiven Tatumstände hatte (= Wissen) und zudem die Verwirklichung des gesetzlichen Tatbestandes auch wollte. Dabei ist es entscheidend, dass sich das Wissen und Wollen nicht abstrakt auf die Tat als solche beziehen muss, sondern vielmehr im Hinblick auf jedes einzelne Tatbestandsmerkmal (= auf jeden Umstand, der zum gesetzlichen Tatbestand gehört) zu prüfen ist. Das Gesetz umschreibt dies in § 16 Abs. 1 Satz 1 StGB wie folgt:

§ **Gesetzestext**
Wer bei der Begehung der Tat einen Umstand nicht kennt, der zum gesetzlichen Tatbestand gehört, handelt nicht vorsätzlich.

179 Dabei wird sich aus dem Wissen regelmäßig auch das Wollen ergeben. Wer weiß, dass eine Handlung ein bestimmtes Tatbestandsmerkmal erfüllt, der wird dies, wenn er die Handlung dennoch vornimmt, üblicherweise auch wollen. Denn würde der Täter die Erfüllung des jeweiligen Tatbestandsmerkmals nicht wollen, dann könnte er die entsprechende Handlung auch schlicht unterlassen. Es gibt jedoch auch Fälle, in denen dies nicht eindeutig ist und der Täter zwar um die Gefährlichkeit seines Verhaltens weiß, aber auf einen „guten Ausgang" vertraut.

Bsp. (für den Bereich des Unterlassens): Anton fährt mit seinem Auto den Fahrradfahrer Bruno an, der verletzt auf der Straße liegen bleibt. Anton rechnet zwar mit der Möglichkeit, dass Bruno schwer verletzt ist und Hilfe braucht,

---
70 *Kindhäuser/Zimmermann*, AT, § 14 Rn. 27.
71 *Prittwitz*, JA 1988, 486 (498).
72 *Frisch*, JuS 1990, 352 (366).
73 *Herzberg*, JuS 1986, 249 (262).

er fährt jedoch weiter in der Hoffnung „es würde schon nicht so schlimm sein". – Hier war dem Anton die Gefährlichkeit seines Handelns im Hinblick auf Brunos möglichen Tod durchaus bewusst. Dennoch wollte er dessen Tod nicht. Wissen und Wollen können also auseinanderfallen.

Bsp. (für den Bereich des aktiven Tuns): Fabrikant Fritz stellt Holzschutzmittel her und vertreibt diese. Dabei unterlässt er es aus Kostengründen, die erforderlichen Kontrollen hinsichtlich der Gesundheitsschädlichkeit seiner Produkte durchzuführen. Er vertraut jedoch darauf, dass „schon alles in Ordnung" gehen und nichts passieren würde. Einige Verbraucher erleiden dennoch gesundheitliche Schäden. – Auch hier wusste Fritz um die Gefährlichkeit des (unkontrollierten) Vertriebs. Er rechnete auch mit möglichen Schäden, „wollte" diese aber an sich nicht und vertraute pflichtwidrig auf einen glimpflichen Ausgang.

2. Das Wissenselement (der kognitive Bereich)

Das Wissenselement ist bei der Prüfung des Vorsatzes logisch vorrangig. Nur das, was man weiß, kann man auch wollen. Dabei sind mehrere Abstufungen – vom sicheren Wissen bis zum bloßen „Für-Möglich-Halten" – denkbar.

180

> **Hinweis**
>
> In der juristischen Praxis müssen – insbesondere wenn der Angeklagte schweigt – oft umfassende Ermittlungen angestellt werden, was der Täter im Einzelnen wusste und was er wollte. In Klausuren wird dies im Rahmen eines feststehenden Sachverhaltes meist ausdrücklich klargestellt („Anton kannte die Gefährlichkeit seines Verhaltens") oder es muss aus den mitgeteilten Indizien unter Berücksichtigung der allgemeinen Lebenserfahrung auf ein Wissen und Wollen geschlossen werden.

Bsp.: Für einen Tötungsvorsatz käme die Formulierung „Anton sticht Bruno ein Messer in Tötungsabsicht in den Bauch" in Frage, während für ein unvorsätzliches Verhalten die Formulierung „Anton stößt, ohne es zu wollen, eine Kerze um, die das Haus in Brand setzt" sprechen würde. Schwieriger wäre schon die Formulierung: „Anton steht an einem einsamen Bergsee und stößt Bruno, von dem er weiß, dass er Nichtschwimmer ist, ins tiefe Wasser". Eine lebensnahe Auslegung ergibt hier, dass derjenige, der einen Nichtschwimmer in einen einsamen Bergsee stößt, sich später nicht damit herausreden kann, er hätte nicht gewusst, dass dieses Verhalten lebensgefährliche Folgen haben kann. Aus der hohen Gefährlichkeit kann dann auch auf das Wollen, hier in Form der billigenden Inkaufnahme des Erfolges geschlossen werden, sofern im Sachverhalt nicht weiter ausgeführt wird, warum Anton auf einen glücklichen Ausgang vertrauen konnte.

Im Hinblick auf den **Wissensbereich** ist dabei lediglich erforderlich, dass der Täter die **tatsächlichen Umstände** kannte (vgl. auch § 16 Abs. 1 Satz 1 StGB). Er muss also nicht zugleich wissen, dass er auch ein gesetzliches Tatbestandsmerkmal erfüllt. Eine rechtlich zutreffende Subsumtion ist daher nicht notwendig.

181

Bsp.: Anton tötet mittels einer Steinschleuder die Hühner seines Nachbarn. – Hier hat Anton die tatsächlichen Umstände (Tötung der Hühner) vollständig erfasst. Nicht erforderlich ist, dass er auch weiß, dass die Tötung von Hühnern rechtlich eine Sachbeschädigung, § 303 StGB, darstellt. Geht er davon aus, dass Tiere keine Sachen sein können, liegt ein den Vorsatz nicht berührender unbeachtlicher Subsumtionsirrtum vor.

3. Das Wollenselement (der voluntative Bereich)

182 In einem zweiten Schritt ist anschließend festzustellen, ob und inwieweit der Täter die als sicher, möglich oder wahrscheinlich erkannte Tatbestandsverwirklichung auch wollte, eventuell sogar gerade beabsichtigte oder zumindest billigend in Kauf nahm. Auch hier sind also verschiedene Abstufungen möglich. Es wurde bereits festgestellt, dass aus dem Vorliegen des Wissenselements zumeist auch auf das Wollen zu schließen ist, dass dies aber nicht immer zwingend der Fall sein muss. Insbesondere ist der Wollensbereich dann gesondert zu untersuchen, wenn lediglich eine gewisse Möglichkeit der Tatbestandserfüllung, also ein gewisser Grad der Gefährdung gegeben ist.

> **Bsp.:** Anton hat erfahren, dass er mit dem AIDS-Virus (HIV) infiziert ist. Er wird von seinem Arzt über die möglichen Folgen umfassend aufgeklärt. Dennoch übt er auch weiterhin mit mehreren Personen ungeschützten Geschlechtsverkehr aus, ohne diesen etwas von seiner Infizierung zu erzählen. Eine der betroffenen Personen infiziert sich und stirbt an AIDS. Anton meint, er sei davon ausgegangen, es würde „schon nichts passieren". – Hier wusste Anton von der Gefährlichkeit seines Verhaltens, vertraute aber darauf, es würde schon gut gehen. Er „wollte" den tödlichen Erfolg also nicht. Ob er nun ernsthaft auf einen guten Ausgang vertrauen durfte, was nicht der Fall wäre, wenn sich der tödliche Ausgang gleichsam „aufdrängen" musste, ist eine Frage der Abgrenzung von bedingtem Vorsatz und bewusster Fahrlässigkeit im Einzelfall.

> **Klausurtipp**
> Bei der hier erforderlichen Abgrenzung von bedingtem Vorsatz und bewusster Fahrlässigkeit wird es in einer Klausur selten ein „richtig" oder „falsch" geben. Die Lösung muss lediglich „vertretbar" sein, was erfordert, dass sich die Studierenden argumentativ mit dem konkreten Sachverhalt auseinandersetzen. Was spricht im Einzelnen für, was gegen die eine oder andere Lösung? Am Schluss muss dann aber ein eindeutiges Ergebnis formuliert werden.

183 Relevant wird die Abgrenzung von Vorsatz und Fahrlässigkeit nicht nur für die Frage, welcher Tatbestand anzuwenden ist (Bsp.: vorsätzlicher Totschlag, § 212 StGB, oder fahrlässige Tötung, § 222 StGB), sondern vor allem auch dann, wenn der tatbestandliche Erfolg nicht eingetreten ist. Während bei Annahme eines (Tötungs-)Vorsatzes eine Strafbarkeit wegen eines Versuchs in Frage kommt, bleibt der Täter im Falle der Annahme bloßer Fahrlässigkeit straffrei, da der Versuch eines Fahrlässigkeitsdelikts schon konstruktiv nicht denkbar ist.[74]

IV. Arten des Vorsatzes

184 Je nachdem, wie stark die eben dargestellten Elemente des Wissens und Wollens ausgeprägt sind, kann man zwischen verschiedenen Vorsatzarten unterscheiden.

---

74 Vgl. zur Straflosigkeit des Versuchs einer Fahrlässigkeitstat unten Rn. 647.

Dabei ist davon auszugehen, dass sowohl im Wissens- als auch im Wollensbereich drei verschiedene Grenzwerte existieren, zwischen denen jedoch graduelle Abstufungen möglich sind.

Im **Wissensbereich** sind Abstufungen denkbar vom **sicheren Wissen** um die Tatbestandsverwirklichung über das **Für-Möglich-Halten** (= der Täter rechnet damit, dass er den Tatbestand erfüllt, bzw. hält dies für wahrscheinlich) bis hin zum **Nichtwissen** (= der Täter rechnet nicht im Geringsten damit, den gesetzlichen Tatbestand zu erfüllen).

Im **Wollensbereich** kann differenziert werden zwischen dem **zielgerichteten Wollen** (= dem Täter kommt es gerade darauf an, einen Tatbestand zu erfüllen) über das bloße „**In-Kauf-Nehmen**" eines Erfolges bis hin zum **Nichtwollen**.

Diese Elemente sind nun beliebig kombinierbar. Unproblematisch dem Bereich des Vorsatzes zuzuordnen sind die Fälle, in denen der Täter um die Tatbestandserfüllung sicher weiß und diese auch will. Problematisch sind diejenigen Fälle, in denen im Wissens- oder Wollensbereich Defizite festzustellen sind. Dabei kann allerdings ein sicheres Wissen auch Defizite im Wollensbereich ausgleichen, während ein zielgerichtetes Wollen Defizite im Wissensbereich auszugleichen vermag. Lediglich dann, wenn der Täter sowohl im Wissens- als auch im Wollensbereich Defizite aufweist, ist eine Abgrenzung zur (bewussten) Fahrlässigkeit erforderlich. Hieraus ergeben sich die nachfolgenden Arten des Vorsatzes. Dabei ist aber darauf hinzuweisen, dass immer dann, wenn der Tatbestand keine Sonderregelungen enthält, jede Form des Vorsatzes (also auch bedingter Vorsatz) ausreicht, um eine Verurteilung wegen einer Vorsatztat zu ermöglichen.

1. Wissentlichkeit

Dominiert das Wissen darüber, dass der tatbestandsmäßige Erfolg eintreten wird, liegt selbst dann, wenn dem Täter der Erfolg eigentlich unangenehm ist oder er den Erfolg nicht will, ein **vorsätzliches Verhalten** vor. Man spricht hier auch vom Vorliegen eines „direkten Vorsatzes" oder „dolus directus 2. Grades". Hinzuweisen ist darauf, dass manche Tatbestände gerade ein „wissentliches" Verhalten (z. B. bei der Strafvereitelung, § 258 StGB) oder ein Handeln „wider besseres Wissen" (z. B. bei der falschen Verdächtigung, § 164 StGB) voraussetzen.

> **Bsp.:** Anton will sein gegen Feuer versichertes Haus in Brand setzen, um die Versicherungssumme zu kassieren. Er weiß dabei, dass seine Großmutter Gerda, die im 4. Stock wohnt und die seit Jahren das Haus nicht mehr verlassen hat, dabei den sicheren Tod finden wird. Dies ist ihm zwar höchst unangenehm, er entschließt sich aber dennoch zur Tat. Gerda stirbt. – Obwohl ihm der Tod Gerdas höchst unangenehm war, handelte Anton dennoch mit sicherem Wissen, dass sie infolge seines Verhaltens sterben würde. Dies reicht für den Vorsatz aus.

2. Absicht

Dominiert hingegen das Wollenselement, liegt also ein zielgerichtetes Wollen im Hinblick auf die Erfüllung des Tatbestandes bzw. einzelner Tatbestandsmerkmale vor, so ist unabhängig vom Grad des Wissens, d. h. selbst dann, wenn der Täter den tatbestandlichen Erfolg nur für „möglich" oder gar für unwahrscheinlich hält, eine **Absicht** gegeben. Man spricht hier auch vom Vorliegen eines „dolus directus

1. Grades". Auch hier gibt es Tatbestände, die ausdrücklich eine solche Absicht verlangen (z. B. die „Zueignungsabsicht" beim Diebstahl, § 242 StGB) oder jedenfalls durch die Formulierung „um zu" eine zweckbestimmtes Verhalten fordern (z. B. liegt dann ein Mord vor, wenn der Täter handelt: „um eine andere Straftat zu ermöglichen", vgl. § 211 Abs. 2 3. Gruppe, 1. Variante StGB). In diesen Fällen ist die Erfüllung des Tatbestandsmerkmals also gerade der Hauptzweck des Handelns des Täters.

> **Bsp.:** Anton ist ein furchtbar schlechter Schütze und hat zudem seine Brille nicht auf. Dennoch ist er fest entschlossen Rudi, den Liebhaber seiner Frau, zu töten, sobald dieser das Gartentor durchschreitet. Als Rudi kommt, schießt er auf ihn, obwohl er davon ausgeht, er müsse schon großes Glück haben, um zu treffen. Er hat jedoch Glück und trifft Rudi, welcher auf der Stelle verstirbt. – Obwohl im Wissensbereich einige Defizite zu verzeichnen sind (Anton hielt die Tatbestandserfüllung für nicht sehr wahrscheinlich), reicht dies für ein vorsätzliches Verhalten aus. Es liegt hier ein (Tötungs-)Vorsatz in der Form von „Absicht" vor.

190 Die Absicht muss dabei nicht auf das Endziel des Handelns gerichtet sein. Es reicht aus, wenn der Täter die Tatbestandserfüllung als notwendiges Zwischenziel seines Verhaltens erstrebt (so z. B., wenn er eine Sache in Zueignungsabsicht wegnimmt, um damit eine weitere Straftat zu begehen oder einen Menschen tötet, um an die Lebensversicherungssumme zu kommen).

3. **Bedingter Vorsatz**

191 Sind weder das Wissens- noch das Wollenselement stark ausgeprägt, hält der Täter die Tatbestandsverwirklichung jedoch für möglich und nimmt er den Erfolg auch billigend in Kauf, spricht man von einem **bedingten Vorsatz** (auch Eventualvorsatz oder „dolus eventualis"). Auch dieser reicht für die Annahme eines Vorsatzes üblicherweise aus. Etwas anderes gilt lediglich dann, wenn der jeweilige Tatbestand ausdrücklich eine „stärkere" Vorsatzform (Absicht, Wissentlichkeit) verlangt. In diesem Bereich bestehen nun die bereits angesprochenen Probleme in der Abgrenzung zur (bewussten) Fahrlässigkeit. Nach der oben genannten Billigungstheorie ergeben sich dabei folgende Begriffsbestimmungen[75]:

Definition

Bedingter Vorsatz liegt vor, wenn der Täter mit der Möglichkeit der Tatbestandserfüllung rechnet (Wissenselement) und den Erfolg billigend in Kauf nimmt bzw. sich mit ihm abfindet oder ihm das weitere Geschehen gleichgültig ist (Wollenselement). Der Täter muss sich also sagen: „Na wenn schon".

Definition

Bewusste Fahrlässigkeit ist anzunehmen, wenn der Täter zwar mit der Möglichkeit der Tatbestandserfüllung rechnet (Wissenselement), dabei aber auf das

---

75 Gewisse (scheinbare) Abweichungen ergeben sich bei der Feststellung des Tötungsvorsatzes, da der BGH hier unter Berufung auf eine „besonders hohe Hemmschwelle" eine besonders sorgfältige Begründung des bedingten Tötungsvorsatzes fordert; vgl. zu diesem Problem ausführlich *Heinrich*, AT, Rn. 302 ff.

Ausbleiben des Erfolges vertraut (Wollenselement). Der Täter muss sich also sagen: „Hoffentlich passiert nichts".

> **Bsp.:** Anton schlägt Bruno eine Bierflasche über den Kopf und will ihn dabei an sich nur erheblich verletzen und nicht töten. Dennoch stirbt Bruno an den Folgen des Schlages. – Sofern Anton damit rechnete, dass sein Schlag tödlich sein könnte, und er trotzdem meinte, dann hätte Bruno eben „Pech" gehabt, nahm er den Erfolg wenigstens billigend in Kauf und handelte mit bedingtem Vorsatz.

V. Besondere Erscheinungsformen des Vorsatzes

Im Folgenden sollen noch vier besondere Erscheinungsformen des Vorsatzes vorgestellt und auf deren rechtliche Behandlung eingegangen werden.

1. Dolus generalis

> **Definition**
> Unter einem **dolus generalis** (Generalvorsatz) versteht man eine Situation, in der der Täter mit seinem Handeln zwar insgesamt ein bestimmtes Ziel verfolgt, bei den konkreten Einzelhandlungen aber ein vorsätzliches Verhalten nicht festzustellen ist.

Eine solche Situation kommt insbesondere bei **mehraktigen Geschehensabläufen** vor, bei denen der Täter davon ausgeht, den Erfolg bereits nach dem ersten Akt erreicht zu haben, während er ihn erst (unbewusst) beim zweiten Akt verwirklicht.

> **Bsp.:** Anton will Bruno durch einen Beilhieb töten. Nachdem er ihn niedergeschlagen hat, beseitigt er die (vermeintliche) Leiche Brunos dadurch, dass er sie in eine Jauchegrube wirft. Tatsächlich hatte Anton den Bruno aber durch den Beilhieb lediglich schwer verletzt. Brunos Tod tritt nunmehr dadurch ein, dass er in der Jauchegrube ertrinkt. Damit hat Anton nicht gerechnet, er ging vielmehr davon aus, dass Bruno zu diesem Zeitpunkt bereits tot war. – Hier liegt der objektive Tatbestand eines Totschlags durch das Versenken in der Jauchegrube vor. Durch dieses Verhalten hat Anton den Bruno getötet. Da er jedoch davon ausging, dass Bruno zu diesem Zeitpunkt bereits tot war, fehlte ihm ein entsprechender Vorsatz.

Es ist heute gefestigte Ansicht, dass ein vorsätzliches Verhalten stets zum Zeitpunkt der dem Täter vorgeworfenen Handlung vorliegen muss. Es ist also eine zeitliche Kongruenz erforderlich (sog. „Simultaneitätsprinzip"), was sich aus § 16 Abs. 1 S. 1 i. V. m. § 8 StGB ergibt. Die früher anerkannte Rechtsfigur des **dolus generalis**, die einen Gesamtvorsatz im Hinblick auf einen bestimmten Geschehensablauf ausreichen lässt, ist insoweit heute überholt. Man löst das Problem inzwischen überwiegend dadurch, dass man an die erste Handlung (hier: den Beilhieb) anknüpft und darauf abstellt, ob der Täter einem wesentlichen oder einem unwesentlichen **Irrtum über den Kausalverlauf** unterlag. Da es sich insoweit aber um ein Irrtumsproblem handelt, soll die Frage erst im Zusammenhang mit der Irrtumslehre erörtert werden.⁷⁶

2. Dolus subsequens

195 **Definition**

Unter einem **dolus subsequens** versteht man die nachträgliche Billigung einer zuvor unvorsätzlich verwirklichten Tat.

Diese nachträgliche Billigung ist unbeachtlich, da der Vorsatz stets zum Zeitpunkt der Tat, d. h. dann, wenn der Täter die Ausführungshandlung vornimmt, vorhanden sein muss (Simultaneitätsprinzip).

> **Bsp.:** Anton sitzt an einem Berghang und wirft Steine ins Tal. Ohne dass er dies gewollt hat, löst sich dadurch eine Steinlawine, die den Spaziergänger Bruno unter sich begräbt. Anton ist entsetzt und begibt sich zur Unfallstelle, wo er Bruno tot vorfindet. Als er jedoch erkennt, dass es sich bei dem Toten um Bruno handelt, freut er sich, denn dieser war sein Nebenbuhler, dem er schon seit langem nach dem Leben trachtete. – Hier hat Anton zwar den objektiven Tatbestand des Totschlags, § 212 StGB, erfüllt, da er durch sein Handeln Brunos Tod kausal und zurechenbar herbeiführte. Zum Zeitpunkt des Steinwurfs fehlte ihm jedoch der Tötungsvorsatz, da er mit einem solchen Verlauf nicht rechnete. Die spätere Billigung des tödlichen Erfolges kann diesen fehlenden Vorsatz zum Zeitpunkt der Tat nicht nachträglich begründen. Es liegt lediglich eine fahrlässige Tötung, § 222 StGB, vor.

3. Dolus antecedens

196 **Definition**

Von einem **dolus antecedens** spricht man, wenn der Vorsatz, den der Täter ursprünglich hatte, zum Tatzeitpunkt nicht mehr aktuell ist.

Auch in dieser Konstellation ist der (frühere) Vorsatz unbeachtlich, der Täter kann also nicht wegen eines vorsätzlich begangenen Delikts bestraft werden.

> **Bsp.:** Anton will Bruno töten. Er steckt zu Hause eine Pistole in seine Manteltasche und macht sich auf den Weg. Als er Bruno in der Bahnhofsgaststätte trifft, kommt es jedoch zu einem versöhnlichen Gespräch. Bei der abschließenden freundschaftlichen Umarmung löst sich versehentlich ein Schuss. Bruno wird getroffen und tödlich verletzt. – Obwohl Anton zum Zeitpunkt des Verlassens der Wohnung Tötungsvorsatz besaß (allerdings zur Tat noch nicht unmittelbar angesetzt hatte), liegt dieser Vorsatz zum Tatzeitpunkt nicht mehr vor. Daher scheidet ein Totschlag, § 212 StGB, im vorliegenden Fall aus. Es kommt lediglich eine fahrlässige Tötung, § 222 StGB, in Betracht.

197 Ein unbeachtlicher dolus antecedens liegt allerdings nur dann vor, wenn der Vorsatz zum **Handlungszeitpunkt** nicht mehr aktuell ist. Nicht ausreichend ist es, dass der Vorsatz zwischen der Handlung und dem **Erfolgseintritt** wegfällt.

---

76 Vgl. hierzu unten Rn. 717 f.

Bsp.: Anton überfällt Bruno, um ihn auszurauben. Dabei schlägt er mit bedingtem Tötungsvorsatz auf ihn ein. Nach der Entwendung der Beute wird Anton verhaftet. Nun hofft er, dass der schwer verletzte und inzwischen in einem Krankenhaus liegende Bruno überleben werde. Dennoch stirbt Bruno drei Tage später an den Folgen der Schläge. – Hier ist Anton (neben §§ 249, 250, 251 StGB) auch wegen vollendeten Mordes (aus Habgier, § 211 StGB) zu bestrafen. Dass er zum Zeitpunkt des Todeseintritts diesen nicht mehr wollte, ist unbeachtlich.

4. Dolus alternativus

Definition
Unter einem **dolus alternativus** versteht man einen Vorsatz, der gleichzeitig die Verwirklichung mehrerer Tatbestände umfasst, wobei jedoch nur eine der in Erwägung gezogenen Taten verwirklicht werden kann.

Dieser Vorsatz wird hinsichtlich der tatsächlich eingetretenen Rechtsgutsverletzung wie ein „normaler" Vorsatz behandelt.

Bsp.: Anton schießt mit der letzten sich in seinem Gewehr befindenden Kugel auf eine Gruppe von Spaziergängern, die ihre teuren Dressurhunde ausführen. Dabei ist es ihm gleichgültig, ob er einen Menschen oder einen Hund trifft und tödlich verletzt. – Trifft er einen Menschen, so ist er wegen Totschlags, § 212 StGB, zu bestrafen. Trifft er einen Hund, dann liegt eine vorsätzliche Sachbeschädigung, § 303 StGB, vor.

Fraglich ist hier lediglich, ob darüber hinaus auch eine (Versuchs-)Strafbarkeit im Hinblick auf die nicht getroffenen Objekte vorliegt. Dagegen spricht, dass der Täter nur ein Objekt treffen wollte und er eben dieses Ziel auch erreichte. Dafür spricht, dass sonst gegebenenfalls der schwerere Straftatbestand mit der höheren Strafdrohung (hier: der Totschlag, § 212 StGB) nicht zur Anwendung kommen könnte. Letztlich ist hier nach der „Wertigkeit" der Objekte zu differenzieren: Sind die anvisierten Objekte allesamt tatbestandlich gleichwertig (z. B.: mehrere Menschen), liegt eine vollendete Tat vor, auf die sich auch der Vorsatz bezieht. Hinsichtlich der nicht getroffenen Objekte ist kein Versuch anzunehmen, der Vorsatz ist insoweit „verbraucht". Sind die Objekte jedoch tatbestandlich ungleichwertig (z. B. Mensch und Hund), so ist weiter zu differenzieren: Verletzt der Täter das höherwertige Rechtsgut (tötet er also einen Menschen), bleibt es beim einfachen Vorsatzdelikt. Daneben kommt kein Versuch (einer Sachbeschädigung) in Frage, denn ansonsten würde der Täter, der auf zwei Menschen zielt, besser stehen als der, der auf einen Menschen und ein Tier zielt. Verletzt der Täter hingegen das geringerwertige Rechtsgut (tötet er also einen Hund), so liegt hinsichtlich dieses Rechtsguts ein vorsätzliches Vollendungsdelikt vor. Daneben tritt jedoch noch ein Versuch in Bezug auf die Verletzung des höherwertigen Rechtsguts (hier des Menschen). Der Täter hat hier also sowohl eine vollendete Sachbeschädigung, § 303 StGB, als auch einen versuchten Totschlag, §§ 212, 22 StGB, begangen.[77] Trifft er gar nicht, bleibt es

---

[77] Dieses Ergebnis ist allerdings nicht unstreitig, vgl. zu diesem Streit *Heinrich*, AT, Rn. 293 f.

beim versuchten Totschlag, §§ 212, 22 StGB, da es sich hierbei um das schwerere Delikt handelt.

200 Abzugrenzen ist der dolus alternativus allerdings vom dolus cumulativus: Rechnet der Täter damit, dass seine Handlung auch mehrere Tatbestände gleichzeitig verwirklichen könnte (Bsp.: Die abgegebene Kugel könnte mehrere Menschen verletzen), dann begeht er tateinheitlich mehrere Versuchs- bzw. Vollendungstaten.

> **Literaturhinweise**
>
> **Einführende Aufsätze:** *Geppert*, Zur Abgrenzung von Vorsatz und bewußter Fahrlässigkeit, insbesondere bei Tötungsdelikten, JURA 2001, 55 (eingehende Darstellung der prüfungsrelevanten Fallgruppe anhand von Beispielen aus der Rechtsprechung); *Henn*, Der subjektive Tatbestand der Straftat – Teil 1: Der Vorsatzbegriff, JA 2008, 699 (verständlicher Überblick mit Hinweisen zur Klausurbearbeitung); *Nicolai*, Die Abgrenzung von bedingtem Vorsatz und bewusster Fahrlässigkeit in der Strafrechtsklausur, JA 2019, 31 (umfassende klausurorientierte Darstellung des „Standardproblems"); *Otto*, Der Vorsatz, JURA 1996, 468 (vertiefender Überblick); *Rönnau*, Grundwissen – Strafrecht: Vorsatz, JuS 2010, 675 (kurze Übersicht mit Hinweisen zur Fallbearbeitung); *Satzger*, Der Vorsatz – einmal näher betrachtet, JURA 2008, 112 (verständliche, studierendengerechte Einführung)
>
> **Übungsfall:** *Schramm*, Die Reise nach Bangkok, JuS 1994, 405 (allgemein prüfungsrelevante Abgrenzung von bedingtem Vorsatz und bewusster Fahrlässigkeit)
>
> **Rechtsprechung:** **BGHSt 7, 363** – Lederriemen (bedingter Vorsatz); **BGHSt 16, 1** – Fahrkarte (Anforderungen an die Bereicherungsabsicht beim Betrug); **BGHSt 36, 1** – AIDS (Abgrenzung von bedingtem Vorsatz und bewusster Fahrlässigkeit); **BGHSt 65, 42** – Autoraserfall (Abgrenzung von bedingtem Vorsatz und bewusster Fahrlässigkeit); **BGH NStZ 1984, 19** – Zufahren (Abgrenzung von bedingtem Vorsatz und bewusster Fahrlässigkeit)

Teil 3: **Rechtswidrigkeit**

Kapitel 7: Rechtswidrigkeit – Einführung und Systematik

I. Grundlagen

> **Prüfungsschema**
> I. Tatbestand
>   1. Objektiver Tatbestand
>   a) Handlung (z. B. Messerstich)
>   b) Erfolg (z. B. Tod eines Menschen)
>   c) Kausalität
>   d) Objektive Zurechnung
>   2. Subjektiver Tatbestand
> **II. Rechtswidrigkeit**
> III. Schuld

1. Prüfungsaufbau

Die Rechtswidrigkeit steht in der Prüfungstrias Tatbestandsmäßigkeit – Rechtswidrigkeit – Schuld an zweiter Stelle. Zusammen mit der Tatbestandsmäßigkeit eines Verhaltens kennzeichnet sie das (objektive) **Unrecht** einer Tat und ist von der Schuld im Sinne der persönlichen Vorwerfbarkeit abzugrenzen. Dabei bedeutet Rechtswidrigkeit letztlich einen „Widerspruch zum Recht". Erfüllt ein Täter einen gesetzlichen Tatbestand, so bedeutet dies nämlich noch nicht zwingend, dass er auch Unrecht verwirklicht hat. Denn Unrecht liegt nur dann vor, wenn sein Verhalten auch der Rechtsordnung insgesamt widerspricht, d. h. rechtswidrig ist. Da die Rechtswidrigkeit systematisch nach der Tatbestandsmäßigkeit zu prüfen ist, **darf** sie nur geprüft werden, wenn zuvor der (objektive und subjektive) Tatbestand eines Delikts bejaht wurde.

201

> **Klausurtipp**
> In einer Klausur wäre es demnach ein grober Fehler, zuerst die Tatbestandsmäßigkeit eines Verhaltens abzulehnen und danach dennoch auf die Rechtswidrigkeit einzugehen. Lehnt man z. B. die Tatbestandsmäßigkeit eines Diebstahls ab, weil der Täter bei der Wegnahme einer fremden beweglichen Sache keine Zueignungsabsicht hatte, wäre es falsch, anschließend noch auf Rechtswidrigkeitsebene zu prüfen, ob sein Handeln z. B. durch Notwehr gerechtfertigt war.

2. Allgemeine Kriterien

202 Die Rechtswidrigkeit ist stets „tatbestandsbezogen", bezieht sich also immer auf einen ganz bestimmten Tatbestand. Ein „ganz allgemein" rechtswidriges Verhalten gibt es also nicht. Es kann auch durchaus möglich sein, dass ein und dieselbe Handlung im Hinblick auf den einen Tatbestand gerechtfertigt, im Hinblick auf einen anderen jedoch rechtswidrig ist.

> **Bsp.:** Anton hat Bruno auf offener Straße eine teure Uhr gestohlen und läuft davon. Da Bruno dem Anton nicht folgen kann und dieser auch auf einen Warnruf nicht reagiert, nimmt Bruno einen schweren Pflasterstein und wirft ihm diesen nach. Dabei nimmt er billigend in Kauf, dass der Pflasterstein auch einen Passanten in der Menge treffen könnte. Tatsächlich trifft der Stein sowohl Anton als auch den Passanten Paul. Beide werden dadurch erheblich verletzt. – Im Hinblick auf die Körperverletzung Antons ist das Werfen des Steines nach § 32 StGB gerechtfertigt. Anders hingegen ist die Sachlage im Hinblick auf Paul. Notwehr scheidet hier aus, da von Paul kein Angriff ausging. Im Rahmen des § 34 StGB fehlt es am wesentlichen Überwiegen des geschützten Interesses (der Wert der Uhr überwiegt nicht die körperliche Unversehrtheit Pauls). Bruno ist daher wegen gefährlicher Körperverletzung, §§ 223, 224 Abs. 1 Nr. 2, Nr. 5 StGB, im Hinblick auf Paul zu bestrafen.

203 Die Erfüllung des gesetzlichen Tatbestandes deutet darauf hin, dass der Täter eine Straftat begangen hat, denn der Gesetzgeber hat in den gesetzlichen Tatbeständen ja gerade diejenigen Verhaltensweisen umschrieben, die er prinzipiell als strafwürdig ansieht (**„Appellfunktion" des Tatbestandes**). Hat der Täter den Tatbestand erfüllt, liegt daher regelmäßig zumindest die **Vermutung** nahe, dass er sich auch unrechtmäßig verhalten hat. Man spricht in diesem Zusammenhang davon, dass der Erfüllung des gesetzlichen Tatbestandes eine **Indizfunktion** für das Vorliegen von Unrecht zukomme. Die Strafbarkeit entfällt regelmäßig nur dann, wenn diese Indizwirkung erschüttert wird. Dies ist dann gegeben, wenn im konkret vorliegenden Fall ausnahmsweise eine Erlaubnis vorliegt, welche die Verwirklichung des Tatbestandes **rechtfertigt.** Hier kollidiert dann die **Verbotsnorm** (z. B.: „Du sollst nicht töten" oder „Du sollst keine fremden Sachen zerstören") mit einem **Erlaubnissatz** (z. B.: „Du darfst dich gegen fremde Angriffe verteidigen"). Es entfällt dann zwar nicht der Tatbestand (der Täter hat ja auch weiterhin „getötet" oder „fremde Sachen zerstört"), es fehlt jedoch die Rechtswidrigkeit des Verhaltens – und somit das Unrecht der Tat insgesamt.

204 Einen solchen Erlaubnissatz nennt man **Rechtfertigungsgrund.** Ein solcher kann sowohl im StGB normiert sein (wie z. B. die Notwehr in § 32 StGB oder der rechtfertigende Notstand in § 34 StGB) als auch aus anderen Gesetzen stammen (z. B. §§ 228, 904 BGB). Denn allgemein gilt: Ein Verhalten, welches zivilrechtlich erlaubt ist, kann strafrechtlich kein Unrecht darstellen. Ferner können Rechtfertigungsgründe, da sie sich zugunsten des Täters auswirken, auch gewohnheitsrechtlich verankert sein (wie z. B. bei der Einwilligung) oder sich aus dem öffentlichen Recht ergeben (z. B. die Erlaubnis, auf richterliche Anordnung eine Wohnung zu durchsuchen). Liegt ein solcher Rechtfertigungsgrund vor, kann der Täter im Hinblick auf das begangene Delikt nicht bestraft werden. Sein Handeln ist gerechtfertigt.

I. Grundlagen

> **Klausurtipp**
> Es gilt der **Merksatz**: „Der Tatbestand indiziert die Rechtswidrigkeit." Diese scheidet nur aus, wenn ein Rechtfertigungsgrund vorliegt. In einer Klausur hat dies folgende Konsequenzen: Während im Rahmen der Prüfung des Tatbestandes die Verwirklichung jedes einzelnen Tatbestandsmerkmals konkret festgestellt werden muss, sind nähere Ausführungen auf Rechtfertigungsebene erst dann erforderlich, wenn gewisse Anhaltspunkte für das Vorliegen eines Rechtfertigungsgrundes bestehen. Ist dies nicht der Fall, genügt es festzustellen: „Die Tat war auch rechtswidrig. Rechtfertigungsgründe sind nicht ersichtlich".

Eine Ausnahme von diesem Grundsatz gibt es lediglich bei wenigen sog. „**offenen**" **Tatbeständen**. Für Studierende relevant sind hier nur die Nötigung, § 240 StGB, und die Erpressung, § 253 StGB. Bei diesen Delikten hat der Gesetzgeber den Tatbestand so weit gefasst, dass ihm auch Verhaltensweisen unterfallen, die nicht per se strafwürdig sind, die „Appellfunktion" des Tatbestandes also versagt. Daher hat er im jeweiligen Absatz 2 dieser Vorschriften eine gesonderte Regelung über die Rechtswidrigkeit getroffen: Diese liegt nur vor, wenn „die Anwendung der Gewalt oder die Androhung des Übels zu dem angestrebten Zweck als verwerflich anzusehen ist" (sog. „Zweck-Mittel-Relation").[78]

> **Klausurtipp**
> Liegt ein solcher, offener Tatbestand vor, hat eine **zweistufige Prüfung auf Rechtfertigungsebene** zu erfolgen: Zuerst muss festgestellt werden, dass die Erfüllung des Tatbestandes nicht durch einen allgemeinen Rechtfertigungsgrund gedeckt ist. Ist letzteres der Fall, so scheidet die Rechtswidrigkeit bereits nach den allgemeinen Grundsätzen aus. Ist hingegen kein Rechtfertigungsgrund gegeben, dann muss die Rechtswidrigkeit in einem zweiten Schritt aufgrund des Vorliegens der im Gesetz genannten Umstände positiv festgestellt werden.

3. Abgrenzung von Rechtswidrigkeit und Schuld

Während die fehlende Rechtswidrigkeit das Unrecht der Tat ausschließt, beseitigt die fehlende Schuld lediglich die individuelle Vorwerfbarkeit, lässt das Unrecht der Tat aber bestehen. Zwar kann der Täter in beiden Fällen nicht bestraft werden. Dennoch spielt die Frage, ob er sich bereits nicht rechtswidrig verhalten hat oder ob lediglich die Schuld ausgeschlossen ist, an mehreren Stellen unserer Rechtsordnung eine Rolle, insbesondere dann, wenn Dritte mit im Spiel sind. Zwei Beispiele sollen hier genannt werden:

> **Bsp. (1)**: Eine Notwehr ist nach § 32 StGB nur zulässig, wenn ein gegenwärtiger „rechtswidriger" Angriff (der nicht schuldhaft zu sein braucht!) vorliegt.[79] Ist der Angriff dagegen gerechtfertigt (etwa, weil er seinerseits zur Verteidigung dient), darf man sich gegen diesen nicht in Notwehr verteidigen. War der Angriff hingegen rechtswidrig aber nicht schuldhaft, darf man in Notwehr handeln.

---

78 Vgl. hierzu *Eisele*, BT I, Rn. 488 ff.; BT II, Rn. 789.
79 Zu den einzelnen Voraussetzungen der Notwehr vgl. noch ausführlich unten Rn. 225 ff.

Bsp. (2): Anstiftung (§ 26 StGB) und Beihilfe (§ 27 StGB) setzen voraus, dass ein anderer eine vorsätzliche rechtswidrige Tat begangen hat. Die Tat des Haupttäters muss dabei aufgrund des eindeutigen Gesetzeswortlauts nicht schuldhaft begangen worden sein.[80] Entfällt also bereits die Rechtswidrigkeit der Haupttat, ist weder Anstiftung noch Beihilfe möglich. Entfällt erst die Schuld, kann zu dieser Tat sowohl angestiftet als auch Beihilfe geleistet werden.

4. Sonderproblem: Rechtswidrigkeit als Tatbestandsmerkmal

207 Neben den genannten Beispielen der „offenen Tatbestände" (§§ 240, 253 StGB), in denen sich bereits im Tatbestand der Begriff „rechtswidrig" wiederfindet, ohne dass die Rechtswidrigkeit damit bereits zum (objektiven) Tatbestandsmerkmal wird, existieren noch weitere Tatbestände, bei denen dies jedenfalls nicht in gleicher Weise eindeutig ist.

Bsp.: § 242 StGB – „Wer eine fremde […] Sache […] in der Absicht wegnimmt, die Sache sich […] rechtswidrig zuzueignen"; § 263 StGB – „Wer in der Absicht, sich […] einen rechtswidrigen Vermögensvorteil zu verschaffen […]"; § 303 StGB – „Wer rechtswidrig eine fremde Sache beschädigt […]".

208 Da nun einerseits nicht davon ausgegangen werden kann, dass der Gesetzgeber bei diesen Delikten die gesamten Elemente der Rechtswidrigkeit zu Tatbestandsmerkmalen umfunktionieren wollte, was bei diesen Delikten zu einem systemfremden zweistufigen Straftataufbau führen würde (Tatbestandsmäßigkeit – Schuld), andererseits die Aufnahme des Merkmals der „Rechtswidrigkeit" in den Tatbestand aber auch nicht gänzlich belanglos sein kann, ist folgende Differenzierung angebracht:

209 a) Ist die Rechtswidrigkeit als **Attribut eines einzelnen Tatbestandsmerkmals** ausgestaltet, handelt es sich zumeist um ein **echtes Tatbestandsmerkmal** – und muss damit auch vom Vorsatz umfasst sein.

Bsp.: Bei der „Absicht rechtswidriger Zueignung" in § 242 StGB bezieht sich das Merkmal der Rechtswidrigkeit nicht auf den gesamten Tatbestand, sondern lediglich auf die beabsichtigte Zueignung. Die Rechtswidrigkeit der Zueignung ist daher Tatbestandsmerkmal. Sollte ein allgemeiner Rechtfertigungsgrund hinsichtlich des gesamten Delikts einschlägig sein (z. B. Notwehr, § 32), verbleibt die Prüfung auf der Rechtswidrigkeitsebene.

210 b) Bezieht sich hingegen die Rechtswidrigkeit auf den **gesamten Tatbestand**, dann stellt sie in aller Regel einen letztlich überflüssigen Hinweis des Gesetzgebers dar, dass im Hinblick auf das jeweilige Delikt oftmals allgemeine Rechtfertigungsgründe eingreifen werden.

Bsp.: Wenn die Sachbeschädigung, § 303 StGB, voraussetzt, dass jemand „rechtswidrig" eine fremde Sache beschädigt, dann bezieht sich die Rechtswidrigkeit auf den gesamten Tatbestand (anders, wenn es heißen würde: „Wer eine fremde Sache rechtswidrig beschädigt" – in diesem Falle würde sich die Rechtswidrigkeit nur auf das Merkmal der Beschädigung beziehen). Die Erwähnung der Rechtswidrigkeit hat hier keine eigene Funktion und könnte daher auch gestrichen werden.

---

80 Zur sog. „limitierten Akzessorietät" der Teilnahme vgl. noch ausführlich unten Rn. 828 f.

II. Struktur der Rechtfertigungsgründe

1. Trennung von objektiven und subjektiven Merkmalen

Grundsätzlich besitzen sämtliche Rechtfertigungsgründe dieselbe Struktur. Wie auch im Rahmen des Tatbestandes, so kann auch bei den Rechtfertigungsgründen ein **objektiver** und ein **subjektiver Teil** unterschieden werden.

2. Objektive Rechtfertigungsmerkmale

Regelmäßig wird dabei im Rahmen eines Rechtfertigungsgrundes zwischen der **Rechtfertigungslage** und einer auf dieser aufbauenden **Rechtfertigungshandlung** unterschieden. Während die Rechtfertigungslage (z. B. der „gegenwärtige rechtswidrige Angriff" bei der Notwehr, § 32 StGB, oder die „gegenwärtige, nicht anders abwendbare Gefahr" beim rechtfertigenden Notstand, § 34 StGB) den Anwendungsbereich eines Rechtfertigungsgrundes prinzipiell eröffnen, wird im Rahmen der zulässigen Rechtfertigungshandlung geprüft, ob der Betreffende auch den ihm bei der Verteidigung etc. gesteckten Rahmen eingehalten hat. Denn liegt eine Rechtfertigungslage vor, bedeutet dies noch nicht, dass der Betreffende nunmehr unbeschränkt Rechtsgüter anderer beeinträchtigen oder verletzen darf. Vielmehr ist in aller Regel zu prüfen, ob das Verhalten auch geeignet und erforderlich war. Zudem ist – bei jedem Rechtfertigungsgrund in unterschiedlicher Ausprägung – eine **Güterabwägung** notwendig.

> **Bsp.:** Der in Notwehr Handelnde darf nach § 32 StGB auch höherwertige Rechtsgüter des Angreifers verletzen (die Grenze ist hier erst beim „krassen Missverhältnis" überschritten). Dagegen muss beim rechtfertigenden Notstand, § 34 StGB, das gefährdete Rechtsgut das vom Täter verletzte Rechtsgut „wesentlich überwiegen". Unterschiedlich ausgestaltet sind die Voraussetzungen beim defensiven (§ 228 BGB) und aggressiven (§ 904 BGB) zivilrechtlichen Notstand. Beim Festnahmerecht des § 127 StPO sind dagegen nur geringfügige Eingriffe in Rechtsgüter des Festgenommenen zulässig (Beeinträchtigung der körperlichen Bewegungsfreiheit und der körperlichen Integrität).

3. Subjektive Rechtfertigungsmerkmale

Im subjektiven Teil muss der Täter zumindest Kenntnis von der jeweils rechtfertigenden Sachlage haben und auch wissen, dass seine Handlung erforderlich und geboten ist. Darüber hinaus ist – nach allerdings umstrittener Ansicht und im Hinblick auf die einzelnen Rechtfertigungsgründe in unterschiedlicher Ausprägung[81] – zu fordern, dass der Täter aus einer gewissen Motivation heraus handelt (nämlich gerade zum Schutz von bestimmten Rechtsgütern).

> **Bsp.:** So ist bei der Notwehr, § 32 StGB, ein Verteidigungswille, beim rechtfertigenden Notstand, § 34 StGB, ein Gefahrabwendungswille und beim Festnahmerecht, § 127 StPO, ein Festnahmewille erforderlich.

Fehlt das subjektive Rechtfertigungselement, ist der Rechtfertigungsgrund nicht vollständig gegeben. Ebenso wie jemand nicht bestraft werden kann, wenn der subjektive Tatbestand nicht erfüllt ist, kommt eine Rechtfertigung nicht in Betracht, wenn die subjektive Rechtfertigungsebene fehlt. Dabei ist die konkrete

---

81 Zum subjektiven Rechtfertigungselement im Rahmen der Notwehr vgl. noch ausführlich unten Rn. 262 ff.

Rechtsfolge allerdings umstritten. Während die Rechtsprechung mangels Vorliegens einer Rechtfertigung hier zutreffend wegen eines vollendeten Delikts bestraft,[82] gelangen weite Teile der Literatur lediglich zu einer Strafbarkeit wegen Versuchs,[83] da jedenfalls das Erfolgsunrecht in diesen Fällen wegfalle (immerhin habe der Täter ja objektiv etwas „der Rechtsordnung Entsprechendes" getan) und „nur" das Handlungsunrecht verbleibe, was exakt der Konstruktion des Versuchs entspreche.

> **Bsp.:** Anton schlägt Bruno aus einer Laune heraus nieder. Nachher stellt sich heraus, dass Bruno ihm soeben 1.000 € entwendet hatte, was durch das Niederschlagen ans Licht kommt. – Hier hat Anton zwar objektiv in Notwehr gehandelt, d. h. der Erfolgsunwert einer rechtswidrigen Körperverletzung liegt nicht vor. Er handelte jedoch subjektiv nicht mit Verteidigungswillen, da er von der Notwehr keine Kenntnis hatte. Insoweit wollte er eine rechtswidrige Körperverletzung begehen, der Handlungsunwert bleibt also bestehen. Dies entspräche, so die wohl h. M. in der Literatur, strukturell einem Versuch, da der Täter zwar „Böses" gewollt, aber „Gutes" getan habe. Die Rechtsprechung würde hingegen zu Recht wegen einer vollendeten Körperverletzung bestrafen, da mit dem fehlenden subjektiven Rechtfertigungselement ein wesentlicher Teil des Rechtfertigungsgrundes nicht vorliegt.

4. Kein abgeschlossener Katalog von Rechtfertigungsgründen

215 Im Hinblick auf die einzelnen Erlaubnissätze ist festzustellen, dass kein abgeschlossener Katalog im Strafgesetzbuch existiert. So finden sich im StGB nur vereinzelt geschriebene Rechtfertigungsnormen, wie z. B. in §§ 32, 34 StGB. Da die Rechtfertigungsgründe zugunsten des Täters eingreifen, gilt in diesem Bereich das **Analogieverbot** nicht. Rechtfertigungsgründe können daher auch aus anderen Gesetzen übernommen werden (z. B. aus dem BGB). Denn, wie bereits erwähnt, bedeutet Rechtswidrigkeit letztlich „Widerspruch gegen das Recht". Hieraus folgt, dass es nicht zulässig sein kann, dass das Strafrecht ein bestimmtes Verhalten verbietet, welches durch das Zivilrecht oder das Öffentliche Recht erlaubt wird. Dies wäre mit der **Einheit der Rechtsordnung** unvereinbar. Demnach können die Rechtfertigungsgründe nicht nur aus dem Strafrecht, sondern darüber hinaus auch aus dem Zivilrecht und dem Öffentlichen Recht stammen. Ferner existiert auch eine Vielzahl von gewohnheitsrechtlich anerkannten Rechtfertigungsgründen, wie z. B. die Einwilligung. Es ist sogar möglich, dass für den konkret vorliegenden Einzelfall ein neuer Rechtfertigungsgrund entwickelt wird, wie dies der BGH einmal im Falle des (beamtenrechtlichen) Rügerechts getan hat.[84]

5. In dubio pro reo

216 Da die Rechtfertigungsgründe zugunsten des Täters eingreifen, ist dann, wenn der Sachverhalt nicht aufgeklärt werden kann, nach dem Grundsatz **„in dubio pro reo"** im Zweifel davon auszugehen, dass dem Täter ein Rechtfertigungsgrund zur Seite stand.

---

82 BGHSt 2, 111 (114).
83 *Baumann/Weber/Mitsch/Eisele-Mitsch*, § 14 Rn. 55.
84 BGHSt 20, 342.

II. Struktur der Rechtfertigungsgründe

Bsp.: Anton ersticht Bruno. Im späteren Prozess kann nicht festgestellt werden, ob Anton in Notwehr, § 32 StGB, handelte, da Bruno ihn möglicherweise selbst zuvor mit einem Messer angegriffen hatte. – Ist eine solche Behauptung nicht völlig aus der Luft gegriffen (z. B., wenn bei Bruno tatsächlich ein Messer gefunden wurde oder Zeugen bekunden, sie hätten in Brunos Hand „etwas blitzen" sehen), muss Anton bei Unaufklärbarkeit des Sachverhalts freigesprochen werden.

6. Prüfungsreihenfolge

Um eine Tat zu rechtfertigen, reicht es aus, wenn **ein** Rechtfertigungsgrund eingreift. Dieser rechtfertigt die Tat – der Täter kann im Hinblick auf dieses Delikt nicht bestraft werden. Da jedoch in vielen Fällen mehrere Rechtfertigungsgründe einschlägig sein werden, liegt es nahe, die Rechtfertigungsgründe in einer bestimmten Reihenfolge zu prüfen. Ferner ist zu überlegen, ob es ratsam ist, stets sämtliche in Frage kommenden Rechtfertigungsgründe in einer Klausur anzusprechen.

217

> **Klausurtipp**
>
> Die spezielleren Rechtfertigungsgründe sind stets vor den allgemeinen Rechtfertigungsgründen zu prüfen. Greift ein vorrangiger Rechtfertigungsgrund ein, brauchen die nachfolgenden Rechtfertigungsgründe nicht mehr erwähnt zu werden. Kommen mehrere gleichrangige Rechtfertigungsgründe in Betracht, so sollten diese im Einzelnen angesprochen und bejaht werden.

Dabei hat sich folgende „Trias" von Rechtfertigungsgründen entwickelt: Zu beginnen ist stets mit der Notwehr, § 32 StGB, die immer dann einschlägig ist, wenn von dem später durch die Tat Verletzten ein gegenwärtiger rechtswidriger Angriff ausging. Die Notwehr gibt dem Verteidiger die am weitesten gehenden Rechte. Ist der Täter nach § 32 StGB gerechtfertigt, müssen die weiteren Rechtfertigungsgründe nicht mehr angesprochen werden. Als zweite Gruppe gleichrangig nebeneinander stehen sämtliche anderen Rechtfertigungsgründe des Straf-, des Zivil- und des Öffentlichen Rechts mit Ausnahme des § 34 StGB, der als „Auffang-Rechtfertigungsgrund" in die dritte Gruppe fällt und daher nur dann angesprochen werden sollte, wenn kein anderer speziellerer Rechtfertigungsgrund greift.

> **Literaturhinweise**
>
> **Einführende Aufsätze:** *Ebert/Kühl,* Das Unrecht der vorsätzlichen Tat, JURA 1981, 225 (verständliche Einführung für den ersten Überblick); *Geppert*, Die subjektiven Rechtfertigungselemente, JURA 1995, 103 (vertiefender Beitrag zum Verständnis der Rechtfertigung); *Küper,* Grundsatzfragen der „Differenzierung" zwischen Rechtfertigung und Entschuldigung, JuS 1987, 81 (vertiefender Beitrag mit teilweise historischen Bezügen)
>
> **Rechtsprechung: BGHSt 5,** 245 – Lichtspieltheater (subjektives Rechtfertigungselement); **BGHSt 20,** 342 – Rügerecht (Neuschaffung von Rechtfertigungsgründen)

Kapitel 8: Notwehr, § 32 StGB

I. Grundlagen

218 Wie im vorigen Abschnitt bereits erwähnt, ist die Notwehr der zentrale Rechtfertigungsgrund im Strafrecht und ist daher als **spezieller Rechtfertigungsgrund** in einer Klausur stets an erster Stelle zu prüfen. Dabei beruht die Notwehr auf dem Grundgedanken, dass sich jeder, der sich einem Angriff eines anderen ausgesetzt sieht, verteidigen darf. Die Tatsache, dass sich der in Notwehr Handelnde (auch) stets gegen einen fremden rechtswidrigen Angriff verteidigt, hat mehrere Konsequenzen:

219 1. Es findet regelmäßig **keine Güterabwägung** zwischen dem angegriffenen und dem durch die Verteidigung verletzten Rechtsgut statt. Es gilt der Grundsatz: Das Recht braucht dem Unrecht nicht zu weichen. Daher wird dem Angreifer auch zugemutet, „mehr einzustecken" als er ausgeteilt hat bzw. austeilen will. Eine Verhältnismäßigkeitsprüfung ist somit nicht durchzuführen. So kann es z. B. zur Verteidigung des Eigentums zulässig sein, Abwehrhandlungen zu ergreifen, die zum Tod des Angreifers führen. Ausnahmen bestehen lediglich im Falle eines krassen Missverhältnisses.

220 2. § 32 StGB enthält nicht nur das Recht, im Rahmen der Notwehr eigene Rechtsgüter zu verteidigen, sondern darüber hinaus auch die Möglichkeit, im Wege der **Nothilfe** fremde Rechtsgüter zu schützen (vgl. den Wortlaut des § 32 Abs. 2 StGB: *„[...] einen [...] Angriff [...] von sich oder einem anderen abzuwenden"*). Dabei besitzt derjenige, der im Wege der Nothilfe tätig wird, dieselben Rechte wie derjenige, der sich selbst in Notwehr verteidigt.

221 3. Der in Notwehr Handelnde wird zwar in erster Linie tätig, um individuelle (eigene oder fremde) Rechtsgüter zu verteidigen (Selbstschutzprinzip). Durch die Abwehr von rechtswidrigen Angriffen wird aber zugleich auch **die Rechtsordnung als Ganzes verteidigt** (Rechtsbewährungsprinzip). Diese **Doppelfunktion** (= dualistische Notwehrlehre) erklärt auch, warum das Notwehrrecht relativ weit ausgestaltet ist.

222 4. Liegt ein rechtswidriger Angriff vor, kann das Notwehrrecht aber dennoch im Rahmen der **Gebotenheit** ausscheiden (z. B. in den Fällen eines „krassen Missverhältnisses": Gegen die Wegnahme einer Schachtel Zigaretten darf man sich nicht dadurch wehren, dass man den Dieb tötet).[85] In diesem Fall greift dann regelmäßig auch kein anderer Rechtfertigungsgrund ein (sog. „Erst-recht-Schluss"). Insoweit stellt § 32 StGB bei Vorliegen eines gegenwärtigen rechtswidrigen Angriffs eine abschließende Spezialvorschrift dar.

223 5. Notwehr ist nur gegen denjenigen zulässig, der sich rechtswidrig verhält, d. h. gegen den Angreifer. Denn wenn das „Recht dem Unrecht nicht zu weichen braucht", kann dies nur gegenüber demjenigen gelten, der dieses Unrecht begeht und nicht gegenüber demjenigen, der hinsichtlich des Angriffs keine Verantwortung trägt. Die Verletzung von **Rechtsgütern Dritter** kann also niemals über § 32

---

85 Vgl. zur Einschränkung der Notwehr in diesen Fällen unten Rn. 243 ff.

StGB gerechtfertigt sein. Es können hier jedoch andere Rechtfertigungsgründe eingreifen, bei denen allerdings andere Abwägungskriterien zu beachten sind.

Bsp.: Anton ist in die Villa der Witwe Wilma eingedrungen und hat deren wertvollen Schmuck eingesteckt. Danach bricht er das Auto des Nachbarn Norbert auf und flieht mit diesem. Der Wachmann Paul kann ihn nur noch dadurch stoppen, dass er mit seiner Pistole auf die Reifen des Wagens schießt. Anton wird schwer verletzt, das Auto erleidet einen Totalschaden. – Im Hinblick auf Anton (Beeinträchtigung der körperlichen Integrität; Nötigung zum Anhalten) war der Schuss im Rahmen der Notwehr (Nothilfe), § 32 StGB, gerechtfertigt. In Bezug auf das Auto des unbeteiligten Norbert (Sachbeschädigung, § 303 StGB) scheidet Nothilfe dagegen aus, da Norbert hier kein Angreifer war. Als Rechtfertigungsgrund greift hier möglicherweise § 904 BGB ein, der aber ganz andere Abwägungskriterien enthält: Das geschützte Rechtsgut (hier: der Schmuck) muss das beeinträchtigte Rechtsgut (hier: der Wert des Autos) wesentlich überwiegen. Eben dieses Abwägungskriterium enthält die Notwehr gerade nicht. Wäre Anton hingegen in seinem eigenen Auto geflohen, hätte Paul in jedem Fall schießen dürfen.

II. Prüfungsschema

Die Notwehr wird, wie auch die anderen Rechtfertigungsgründe, in **drei Prüfungsschritten** untersucht: Vorliegen einer Notwehrlage, Rechtmäßigkeit der Notwehrhandlung, Verteidigungswille (subjektives Rechtfertigungselement). Jeder dieser drei Schritte lässt sich wiederum in drei Unterpunkte gliedern:

> **Prüfungsschema**
> 1. **Vorliegen einer Rechtfertigungssituation (Notwehrlage)**
>   a) Angriff
>   b) Gegenwärtigkeit des Angriffs
>   c) Rechtswidrigkeit des Angriffs
> 2. **Rechtmäßigkeit der Notwehrhandlung**
>   a) Geeignetheit
>   b) Erforderlichkeit
>   c) Gebotenheit (sozialethische Einschränkungen des Notwehrrechts)
> 3. **Verteidigungswille (subjektives Rechtfertigungselement)**
>   a) Kenntnis der Notwehrlage
>   b) Wissen, dass die Handlung der Verteidigung dient
>   c) Handeln, um zu verteidigen (Motivation)

1. Vorliegen einer Rechtfertigungssituation (Notwehrlage)

a) Angriff

> **Definition**
> Unter einem **Angriff** versteht man jede durch eine menschliche Handlung drohende Verletzung rechtlich geschützter individueller Güter oder Interessen.

Bei der Prüfung, ob ein Angriff vorliegt, ist ein objektiver Maßstab anzulegen, der Angriff muss also tatsächlich (und nicht nur in der Vorstellung des Täters) vorliegen, sog. ex-post Betrachtung. Glaubt der Täter irrtümlich, er werde angegriffen, irrt er über das Vorliegen eines Angriffs (es liegt dann ein sog. „Erlaubnistatbestandsirrtum" vor[86]). Eine Notwehr scheidet dann aus. Keinen „Angriff" stellen auch reine Bagatellfälle bzw. sozialübliches Verhalten dar.

> **Bsp.:** In einem voll besetzten Bus rempelt Anton mehrere Fahrgäste leicht an und drängt sie zur Seite, um aussteigen zu können. Bruno will dies nicht dulden und schlägt Anton mit einem Faustschlag zu Boden. – Da das „Anrempeln" und „Zur-Seite-Drücken" Bagatellcharakter hatte, stellt es bereits keinen Angriff dar. Brunos Faustschlag stellt sich daher als strafbare, nicht durch Notwehr gedeckte Körperverletzung, § 223 StGB, heraus.

226 Der Angriff muss zwar Handlungsqualität besitzen (eine reflexartige Bewegung im Schlaf kann daher keinen Angriff darstellen), er braucht aber – jedenfalls nach h. M. – nicht gezielt vor sich gehen. Verirrt sich also ein Spaziergänger unbewusst auf das Grundstück eines anderen, liegt ein Angriff auf dessen Hausrecht vor, selbst wenn der Spaziergänger gar nicht weiß, dass er ein fremdes Grundstück betreten hat. Ebenso muss der Angriff nicht schuldhaft vorgenommen werden.

> **Bsp.:** Der geistesgestörte Gerd dringt mit vorgehaltener Waffe in einen Supermarkt ein und beginnt, wild um sich zu schießen. Wachmann Paul schießt, nach Abgabe eines Warnschusses, gezielt auf Gerds Beine und kann auf diese Weise eine weitere Gefährdung der Kunden verhindern. – Auch hier handelte Paul in Notwehr (Nothilfe). Zwar ist das Notwehrrecht gegenüber erkennbar Schuldunfähigen im Rahmen der Gebotenheit eingeschränkt[87], es muss aber als ultima ratio bestehen bleiben, wenn eine Abwendung der Gefährdung auf andere Weise nicht möglich ist.

227 Nach zutreffender Ansicht kann ein Angriff auch in einem bloßen **Unterlassen** bestehen. Es muss dabei allerdings eine besondere **Rechtspflicht zum Handeln** vorliegen. Manche gehen davon aus, dass hierfür bereits die allgemeine Hilfeleistungspflicht bei Unglücksfällen ausreicht, da ein Untätigbleiben immerhin nach § 323c StGB strafbar ist.[88] Andere hingegen verlangen für das Vorliegen eines Angriffs eine sog. „Garantenpflicht", die derjenigen des § 13 StGB beim Unterlassungsdelikt entspricht.[89] Letzteres ist zutreffend, da das Verhalten des Unterlassenden nur dann, wenn er sich selbst wegen eines (unechten) Unterlassungsdelikts strafbar macht, eine Unrechtsschwelle erreicht, die mit einem Angriff durch aktives Tun vergleichbar ist.

> **Bsp.:** Vater Viktor sieht tatenlos zu, wie seine Tochter Anna in einem See zu ertrinken droht. Der hinzukommende Nichtschwimmer Bruno zwingt Viktor mit vorgehaltener Waffe, Anna zu retten. – Hier hat Viktor durch die Verweigerung der Rettung einen Angriff auf Annas Leben begangen, da er als Vater eine Garantenstellung besitzt (er hat sich deswegen im vorliegenden Fall auch wegen einer versuchten Tötung durch Unterlassen, §§ 212, 13, 22 StGB, strafbar gemacht). Das Vorhalten der Waffe, welches tatbestandlich eine Nötigung,

---

86 Vgl. hierzu genauer unten Rn. 733 ff.
87 Vgl. hierzu noch näher unten Rn. 260.
88 *Rönnau/Hohn*, in: LK, 13. Aufl., § 32 Rn. 101.
89 *Heinrich*, AT, Rn. 343.

§ 240 StGB, darstellt, ist daher durch Notwehr (Nothilfe) gerechtfertigt. Anders läge der Fall, wenn es sich bei Viktor nicht um den Vater, sondern um einen unbeteiligten Passanten gehandelt hätte. Denn dann bestünde für ihn lediglich die allgemeine Hilfeleistungspflicht aus § 323c StGB, die für einen Angriff durch Unterlassen nicht ausreicht. Bruno stünde dann auch kein Recht zur Nothilfe zu (es würde in diesem Fall allerdings § 34 StGB eingreifen, der jedoch ganz andere Abwägungskriterien enthält).

Der Angriff muss sich ferner gegen **individuelle Güter** oder Interessen richten. Eine Verteidigung von Rechtsgütern der Allgemeinheit ist im Wege der Notwehr nicht möglich. Denn die Abwehr von Angriffen auf die öffentliche Ordnung oder die Rechtsordnung als solche ist Sache des Staates und seiner Organe und steht nicht dem Einzelnen zu. Wer also bemerkt, dass ein anderer in strafbarer Weise giftige Abfälle in einen See kippt (Gewässerverunreinigung, § 324 StGB), darf hiergegen nicht im Wege der Notwehr bzw. Nothilfe vorgehen, solange im konkreten Fall nicht das Leben oder die Gesundheit einzelner Personen, sondern „nur" das Rechtsgut der Umwelt bzw. des Umweltmediums „Wasser" betroffen ist. Er muss sich vielmehr damit begnügen, den Vorfall der Polizei oder der Staatsanwaltschaft zu melden, welche sodann verpflichtet sind, ihrerseits zu ermitteln. **228**

b) Gegenwärtigkeit des Angriffs

> **Definition** **229**
> Ein Angriff ist dann **gegenwärtig**, wenn er unmittelbar bevorsteht, gerade stattfindet oder noch andauert.

Ein Angriff steht dann unmittelbar bevor, wenn das Verhalten des Angreifers unmittelbar in eine Rechtsgutsverletzung umschlagen kann. Dies ist z. B. dann der Fall, wenn sich Anton mit gezückter Waffe in ein Gebüsch legt, um den Bruno, der sich schon auf Sichtweite genähert hat, zu erschießen. Wenn ein Dritter dies bemerkt, darf er gegen Anton also bereits im Wege der Nothilfe tätig werden, ihm also z. B. die Waffe gewaltsam entwenden.

Ein Angriff dauert noch an, wenn der Straftatbestand zwar vollendet ist, die Rechtsgutverletzung aber noch fortdauert, die Beute beim Diebstahl (§ 242 StGB) also etwa noch nicht gesichert ist oder der „Folterknecht" sein Opfer nach mehreren Peitschenhieben (§§ 223, 224 StGB) weiter malträtiert oder ein Entführer sein Opfer weiterhin in Gefangenschaft hält (z. B. § 239 StGB). Die Verteidigung muss allerdings in zeitlich unmittelbarem Zusammenhang mit der Rechtsgutsverletzung stehen und darf nicht durch eine „Zäsur" von dieser getrennt sein. Damit fallen, was vielfach verkannt wird, auch und gerade die „Fluchtfälle" bei Eigentumsdelikten in den Bereich zulässiger Notwehr, sofern der Täter die Beute noch bei sich trägt und die Gefahr hinsichtlich des endgültigen Verlusts der Sache noch abgewendet werden kann. **230**

> **Bsp.:** Anton ist in die Villa der Witwe Wilma eingebrochen und flieht mit deren wertvollem Schmuck in der Tasche. Bruno sieht dies, verfolgt Anton, erreicht diesen nach 500 Metern und schlägt ihn von hinten nieder. – Hier liegt ein klassischer Fluchtfall vor. Solange keine eindeutige zeitliche Zäsur zwischen der Tathandlung und dem Einschreiten vorliegt (d. h. die Beute noch

nicht „gesichert" ist), dauert der Angriff noch an und die Gegenwärtigkeit ist zu bejahen.

231 Nicht mehr gegenwärtig ist ein Angriff jedoch dann, wenn er bereits vollständig abgeschlossen ist (Anton hat dem Bruno in der Kneipe eine kräftige Ohrfeige versetzt und begibt sich danach wieder zurück auf seinen Stuhl) oder eine eindeutige zeitliche Zäsur vorliegt (Rudi hat Kurts Fahrrad entwendet. Kurt sieht Rudi zwei Wochen später mit diesem Fahrrad durch die Stadt fahren). Nicht mehr gegenwärtig ist ein Angriff auch dann, wenn er fehlgeschlagen ist, der Täter also z. B. ohne Beute flieht.

Bsp.: Anton bricht in Brunos Villa ein und ist gerade dabei, das Tafelsilber einzupacken, als Bruno erwacht und das Wohnzimmer betritt. Anton lässt alles stehen und liegen und flieht. Dennoch wird er von Bruno verfolgt, der ihn mit einem kräftigen Griff festhält, bis die Polizei eintrifft. – Der Angriff auf das Eigentum war hier abgeschlossen, denn es lag, da Anton ohne Beute fliehen wollte, ein fehlgeschlagener Versuch vor. Eine Notwehr, § 32 StGB, war daher unzulässig, es kommt lediglich das allgemeine Festnahmerecht, § 127 StPO, in Frage (die Frage, welcher Rechtfertigungsgrund letztlich eingreift, ist deswegen entscheidend, weil das Notwehrrecht wesentlich weiter reicht als § 127 StPO, der z. B. lediglich das Festhalten, nicht aber den Schusswaffengebrauch gestattet.[90] Bei einer „Festnahme" darf der Fliehende z. B. nicht getötet oder schwer verletzt werden, bei der „Notwehr" ist dies hingegen durchaus zulässig).

232 Auch im Rahmen der Gegenwärtigkeit kommt es häufig vor, dass sich der Handelnde irrt. Auch hier gestattet aber infolge der Notwendigkeit einer rein objektiven Beurteilung nur ein tatsächlich gegenwärtiger Angriff ein Einschreiten in Notwehr. Wird die Sachlage verkannt, bleibt die „Verteidigung" rechtswidrig und dem Handelnden kann höchstens auf Schuldebene der Irrtum zugutekommen (sog. „Erlaubnistatbestandsirrtum"[91]).

Bsp.: Anton ist bei Bruno eingebrochen, wird aber von diesem überrascht und flieht ohne Beute. Bruno nimmt jedoch irrtümlich an, Anton hätte kurz vor der Flucht noch einige Wertsachen in seine Jackentasche gesteckt. Da er den fliehenden Anton nicht anders stoppen kann, macht er ihn mit einem gezielten Schuss in die Beine fluchtunfähig. – Mangels Gegenwärtigkeit (der Angriff ist objektiv bereits vollständig abgeschlossen bzw. fehlgeschlagen) scheidet Notwehr, § 32 StGB, aus. § 127 StPO greift ebenfalls nicht, da dieser keine schwerwiegenden Verletzungen des Festgenommenen gestattet. Die Tat bleibt also rechtswidrig. Brunos Irrtum (der darin besteht, dass er davon ausgeht, der Angriff auf sein Eigentum sei noch gegenwärtig) kann lediglich auf Schuldebene berücksichtigt werden.

c) Rechtswidrigkeit des Angriffs

233 **Definition**

Ein Angriff ist dann **rechtswidrig**, wenn er im Widerspruch zur Rechtsordnung steht und der Angegriffene ihn daher nicht zu dulden braucht.

---

90 Vgl. hierzu noch näher unten Rn. 342.
91 Vgl. hierzu noch näher unten Rn. 733 ff.

Bei der Frage der Rechtswidrigkeit des Angriffs ist zu beachten, dass es nicht erforderlich ist, dass der Angreifer sich durch sein Verhalten strafbar macht. Es genügt jede Form rechtswidrigen Verhaltens. Auch wer gerade im Begriff ist, das Eigentum eines anderen fahrlässig zu zerstören, handelt rechtswidrig, auch wenn er sich durch sein Verhalten nicht strafbar machen würde (die Sachbeschädigung, § 303 StGB, kennt keine Fahrlässigkeitsbestrafung). Zielrechtlich bleibt das Verhalten dennoch rechtswidrig und führt nach § 823 BGB zu einem Schadensersatzanspruch. Daher kann man sich auch wegen einer fahrlässigen Eigentumsbeeinträchtigung in Notwehr verteidigen.

234 An einem rechtswidrigen Verhalten fehlt es aber dann, wenn der „Angreifer" selbst gerechtfertigt ist. **Notwehr gegen Notwehr** ist daher ebenso wenig zulässig wie Notwehr gegen ein Handeln, welches durch einen sonstigen Rechtfertigungsgrund gedeckt ist.

> **Bsp.:** Anton hat Bruno eine Uhr entwendet und will fliehen. Bruno packt Anton mit einem schmerzhaften Griff am Arm und fordert ihn auf, die Uhr zurück zu geben. Anton schlägt daraufhin den Bruno nieder und flieht. – In diesen beliebten Klausurfällen einer „verschachtelten" Prüfung mehrerer (vermeintlicher) Notwehrhandlungen muss bei der Prüfung, ob Antons Faustschlag gerechtfertigt war, festgestellt werden, ob er sich dadurch gegen einen rechtswidrigen Angriff seitens des Bruno verteidigte. Brunos Angriff war aber nicht rechtswidrig, da er sich durch das, wenn auch schmerzhafte, Zupacken seinerseits im Wege der Notwehr gegen den Angriff Antons (Wegnahme der Uhr) verteidigte.

235 Schließlich ist noch darauf hinzuweisen, dass eine Nothilfe auch dann **unzulässig** ist, wenn zwar an sich ein gegenwärtiger rechtswidriger Angriff vorliegt, das Opfer aber ausdrücklich erklärt, der Nothelfer solle die Hilfe unterlassen. Denn der Nothelfer darf nicht mehr Rechte geltend machen, als der Angegriffene selbst ausüben will.

> **Bsp.:** Anton nächtigt rechtswidrig auf Brunos Grundstück. Zwar könnte Bruno ihn im Rahmen einer zulässigen Notwehrhandlung vertreiben (beeinträchtigtes Rechtsgut ist hier das Hausrecht), er hat dazu aber kein Interesse und duldet Antons Anwesenheit. In diesem Fall darf auch Rudi, ein guter Freund Brunos, nicht im Wege der Nothilfe für Bruno tätig werden.

2. Rechtmäßigkeit der Notwehrhandlung

236 Nachdem festgestellt wurde, dass eine Notwehrlage gegeben ist, d. h. ein gegenwärtiger rechtswidriger Angriff vorliegt, muss in einem weiteren Schritt geprüft werden, ob der in Notwehr Handelnde auch so gehandelt hat, wie er handeln durfte, d. h. ob er sein Notwehrrecht rechtmäßig ausgeübt und nicht überschritten hat. Denn obwohl das Notwehrrecht im Vergleich zu den übrigen Rechtfertigungsgründen sehr weit geht, sind auch hier gewisse Einschränkungen zu machen. Das Gesetz spricht in § 32 Abs. 1 StGB von der „Gebotenheit" der Notwehr, während in § 32 Abs. 2 StGB auf die „Erforderlichkeit" der Notwehr abstellt wird. Als erster Filter ist allerdings zu prüfen, ob die Verteidigungshandlung überhaupt geeignet war, den Angriff abzuwehren, sodass sich eine dreistufige Prüfung ergibt:

Formulierung
Die Notwehr ist nur zulässig, wenn neben der Notwehrlage auch eine **geeignete, erforderliche und gebotene** Verteidigungshandlung vorliegt.

237 a) **Geeignetheit.** Die Verteidigungshandlung muss zur Abwehr des Angriffs **geeignet** sein, d. h. sie muss jedenfalls grundsätzlich dazu führen können, den Angriff entweder ganz zu beenden oder zumindest abzumildern. Dabei ist auch hier ein rein tatsächlicher (= objektiver) Maßstab anzulegen. Allerdings ist die Geeignetheit auch dann anzunehmen, wenn ein grundsätzlich zur Abwehr geeignetes Verhalten den Angriff im konkreten Fall nicht abwendet (Bsp.: Der flüchtende Dieb wird durch einen Schuss nur verletzt, kann aber dennoch entkommen). Probleme ergeben sich auf dieser Ebene recht selten.

> **Bsp.:** Ludwig nächtigt im Keller des Hauseigentümers Anton. Als dieser den Keller betritt, flieht Ludwig. Obwohl Anton erkennt, dass Ludwig lediglich ein Nachtlager gesucht und nichts mitgenommen hat, will er die Sache nicht auf sich beruhen lassen und wirft Ludwig, der sich immer noch auf seinem Grundstück befindet, einen Knüppel zwischen die Beine. Dieser stolpert und kommt noch im Vorgarten zu Fall. – Es liegt hier zwar ein gegenwärtiger rechtswidriger Angriff Ludwigs auf Antons Hausrecht vor (§ 123 StGB, Hausfriedensbruch), gegen den sich Anton auch verteidigen durfte. Die vorgenommene Maßnahme (das Werfen des Knüppels) führte nun aber gerade nicht dazu, dass der Angriff abgewendet wurde, sondern im Gegenteil gerade dazu, dass Ludwig noch länger auf Antons Grundstück verblieb. Zur Abwehr der Verletzung des Hausrechts war das Werfen des Knüppels daher ungeeignet. In Frage käme lediglich ein Festnahmerecht nach § 127 StPO, welches aber daran scheitert, dass schwerwiegende Verletzungen hiervon nicht gedeckt sind.

238 b) **Erforderlichkeit.** Die Verteidigungshandlung muss für die Abwehr des Angriffs **erforderlich** sein (vgl. § 32 Abs. 2 StGB). Stehen dem Verteidiger mehrere Mittel zur Verfügung, um den Angriff abzuwenden, so muss er dasjenige Mittel wählen, welches den Angreifer am wenigsten belastet. Insoweit hat er sich also für das **mildeste Verteidigungsmittel** zu entscheiden.

239 Die Wahl eines milderen Verteidigungsmittels hat aber nur dann zu erfolgen, wenn dieses mildere Mittel auch **gleich effektiv** ist. Diese Frage ist nicht zu verwechseln mit der Prüfung, ob eine Verteidigungshandlung im konkreten Fall als unverhältnismäßige Reaktion auf den Angriff anzusehen ist, ob also der Verteidiger hätte „schonendere Mittel" einsetzen müssen. Diese „Einschränkungen" des Notwehrrechts, die zumeist eine wertende Beurteilung erfordern, sind erst im nächsten Prüfungsschritt, der **„Gebotenheit"**, zu untersuchen.[92] Dagegen wird auf der Ebene der „Erforderlichkeit" ein rein tatsächlicher (d. h. also nicht rechtlich wertender) Maßstab angelegt: Zu fragen ist, ob es andere Verteidigungsmöglichkeiten gab, die in gleicher Weise denn Angriff abgewendet hätten.

> **Bsp.:** Ludwig hat Anton eine Packung Zigaretten entwendet. Da Anton ein schlechter Läufer ist, könnte er Ludwig nur dadurch stoppen, dass er ihm von hinten einen Stein nachwirft, wobei es ihm möglich wäre entweder auf den

---

92 Vgl. hierzu noch näher unten Rn. 243 ff.

Rücken oder auf den Kopf zu zielen. Ein Treffer auf dem Rücken könnte für Ludwig schwere Verletzungen, ein Treffer am Kopf sogar den Tod zur Folge haben. – Während man auf der Ebene der Gebotenheit abwägen muss, ob man zur Verteidigung einer Schachtel Zigaretten notfalls auch einen Menschen töten darf (Fallgruppe des „krassen Missverhältnisses"[93]), ist auf der Ebene der Erforderlichkeit lediglich festzustellen, ob es ein milderes gleich effektives Mittel gab. Bestand selbst dann, wenn Ludwig mit dem Stein am Rücken getroffen würde, noch die Möglichkeit, dass er mit den Zigaretten flieht, dann wäre dies kein „gleich effektives" Mittel im Vergleich zum Treffer am Kopf.

240 Oftmals werden verschiedene Verteidigungshandlungen in unterschiedlicher Weise geeignet sein, den Angriff abzuwehren. Der Verteidigende darf aber unter normalen Umständen stets dasjenige Verteidigungsmittel wählen, welches die sofortige Beendigung des Angriffs erwarten lässt und die endgültige Beseitigung der Gefahr gewährleistet. Auf riskante Abwehrmaßnahmen muss er sich daher nicht einlassen. Bei der Beurteilung, inwieweit eine Verteidigungshandlung gleich effektiv ist, ist ein objektives Urteil ex-ante erforderlich, d. h. entscheidend ist die Sicht eines objektiven Dritten in der Lage des Angegriffenen zum Zeitpunkt des Tatgeschehens.

Bsp.: Toni stürmt mit einer Pistole in der Hand in eine Bank, nimmt sich die im Kundenraum stehende Wilma als Geisel, hält ihr die Pistole an den Kopf und fordert den Bankangestellten auf, ihm das Geld aus dem Tresor zu geben. Wachmann Paul sieht dies. Ohne lange zu zögern erschießt Paul den Toni. Danach stellt sich heraus, dass dessen Pistole nicht geladen war und es in gleicher Weise effektiv und für alle Beteiligten schonender bzw. weniger gefährlich gewesen wäre, wenn Paul dem Toni lediglich mit der Waffe gedroht oder ihn mit Körperkraft überwältigt hätte. – Da hier tatsächlich ein Angriff durch Toni stattgefunden hat, beurteilt sich die „Intensität" des Angriffs nach einem objektiven Urteil ex-ante. Danach durfte Paul von einer geladenen Waffe ausgehen, die ein sofortiges Handeln erforderlich machte.

241 Im Rahmen der **Erforderlichkeit** kommt man in der Praxis (bzw. in einer Klausur) kaum zu wesentlichen Einschränkungen. Denn letztlich ist nichts so effektiv wie die Tötung des Angreifers. Stößt der Verteidiger den Angreifer lediglich zurück oder schlägt er ihn nieder, so besteht immer noch die Möglichkeit, dass dieser sich wieder aufrappelt und den Angriff fortsetzt. Ein Niederschlagen wäre hier also **nicht in gleicher Weise** geeignet, den Angriff abzuwehren. Das Gleiche wird oftmals hinsichtlich der möglichen Benachrichtigung der Polizei gelten. Wenn sich die Gefährdung des Angegriffenen bis zum Eintreffen der Polizei erhöht, ist deren Herbeirufen nicht in gleicher Weise geeignet, den Angriff abzuwenden.

242 Selbst wenn es im Einzelfall aber tatsächlich einmal ein gleich effektives Verteidigungsmittel gibt, so ist als weiteres Kriterium noch die **Zumutbarkeit** der jeweiligen Maßnahme zu berücksichtigen. Eine „schmähliche" Flucht ist dem Angegriffenen selbst dann nicht zuzumuten, wenn sie für den Angreifer schonender und gleich effektiv ist, d. h. den Angriff mit der gleichen Sicherheit beenden würde.

---

[93] Vgl. zu dieser Fallgruppe noch näher unten Rn. 247 ff.

Denn § 32 Abs. 2 StGB gestattet es dem Angegriffenen, die erforderliche „Verteidigung" vorzunehmen. Flucht jedoch ist keine Verteidigung.

> **Bsp.:** Anton wird in der Kneipe von dem Bruno angepöbelt und geohrfeigt. Obwohl Anton hätte davonlaufen können, schlägt er Bruno mit einem gekonnten Faustschlag k.o. – Obwohl die Flucht hier möglich war, ist diese Anton nicht zuzumuten. Der Satz „Das Recht braucht dem Unrecht nicht zu weichen", ist hier also wörtlich zu nehmen.

243 c) **Gebotenheit.** Neben der Erforderlichkeit muss die Verteidigung im konkreten Fall auch **geboten** sein. Wie bereits angedeutet, beurteilt sich diese Gebotenheit nicht – wie die Erforderlichkeit – nach tatsächlichen Kriterien, es muss hier vielmehr eine **rechtliche Wertung** stattfinden. Denn grundsätzlich darf man beim Vorliegen eines gegenwärtigen und rechtswidrigen Angriffs die geeignete und erforderliche Abwehrmaßnahme ergreifen. Da das Notwehrrecht dann jedoch sehr weit ginge, sind von diesem Grundsatz einige Ausnahmen zu machen. Man spricht diesbezüglich auch von den **„sozialethischen Einschränkungen des Notwehrrechts"**.

244 Hier haben sich mehrere **Fallgruppen** entwickelt, die regelmäßig eine Einschränkung des Notwehrrechts oder gar einen Ausschluss desselben nahelegen. Diese Differenzierung zwischen Einschränkung und Ausschluss ist hier entscheidend: Während beim **Ausschluss** des Notwehrrechts von diesem gar nicht Gebrauch gemacht werden darf, muss bei einer bloßen **Einschränkung** des Notwehrrechts geprüft werden, ob dem sich Verteidigenden noch andere, weniger effektive oder unter normalen Umständen nicht zumutbare Möglichkeiten der Verteidigung zur Verfügung stehen (z. B. die kurzfristige Duldung des Angriffs bis zum Eintreffen der Polizei, Flucht, Ausweichen).

245 Im Hinblick auf die **Einschränkung** des Notwehrrechts im Wege der Gebotenheit hat der BGH eine **„Drei-Stufen-Theorie"** entwickelt: Liegt eine der sogleich noch zu untersuchenden Fallgruppen vor, muss der Täter die ihm zur Verfügung stehenden **„Ausweichmöglichkeiten"** ergreifen, selbst wenn diese – bei uneingeschränktem Notwehrrecht – als „schmähliche Flucht" dem Angegriffenen nicht zumutbar wären. Wo diese Ausweichmöglichkeiten nicht bestehen, ist eine defensive **Schutzwehr** (lediglich verteidigende Abwehrmaßnahmen) zu verlangen, wobei der Angegriffene auch fremde Hilfe nutzen muss. Auch muss er Verteidigungsmittel wählen, die möglicherweise weniger effektiv sind. Nur dann, wenn diese Maßnahmen nicht möglich oder nicht effektiv sind, darf er auf eine aggressive **Trutzwehr** umschwenken, d. h. auf eine möglichst effektive Verteidigung unter Verletzung von höherwertigen Rechtsgütern des Angreifers.

246 Bei der nachfolgenden Erörterung diverser Fallgruppen ist es allerdings wichtig zu wissen, dass diese nicht abschließend sind, sodass im Einzelfall die Gebotenheit auch dann ausgeschlossen oder eingeschränkt sein kann, wenn keine der genannten Fallgruppen einschlägig ist.

247 aa) **Fallgruppe 1: Vorliegen eines krassen Missverhältnisses.** Grundsätzlich bedarf es bei der Notwehr keiner Abwägung der jeweils betroffenen Güter und Interessen. Da der Angreifer durch den Angriff auf rechtlich geschützte Güter selbst Unrecht begeht, hat er im Zweifel mehr einzustecken als er austeilt (bzw.

austeilen will). In ganz extrem gelagerten Fällen ist von diesem Verbot der Güterabwägung jedoch eine Ausnahme zu machen.

> **Bsp.:** Norbert steht in seinem Garten und zupft Unkraut. Da kommt der Lausbub Sascha daher, klettert auf einen Baum, pflückt einen Apfel, beißt hinein, grinst und läuft mitsamt dem Apfel weg. Norbert ist entsetzt, will das Ganze nicht auf sich beruhen lassen und auch den Apfel nicht einfach preisgeben. Da er Sascha jedoch nicht einholen kann, nimmt er sein Gewehr und schießt Sascha von hinten nieder. Sascha erliegt später seinen Verletzungen. – Hier steht das geschützte Rechtsgut (ein Apfel, dazu schon angebissen) zum verletzten Rechtsgut (Saschas Leben) völlig außer Verhältnis. Insofern wäre eine Berufung auf das Notwehrrecht in diesem Fall rechtsmissbräuchlich.

248 Bei einem solchen krassen Missverhältnis ist eine Notwehr selbst dann unzulässig, wenn die Maßnahme das einzig mögliche Mittel darstellt, um das Rechtsgut zu schützen. Das Notwehrrecht ist also in diesen Fällen nicht nur eingeschränkt, sondern vollständig ausgeschlossen. Wann ein solches „krasses", gänzlich unerträgliches Missverhältnis vorliegt, ist aber stets eine Frage des Einzelfalles, wobei vom Richter (und den Studierenden) eine juristische Argumentation – das Abwägen von pro und contra im konkret vorliegenden Fall – verlangt wird.

249 Fraglich ist in diesem Zusammenhang, ob bereits der bloße Vergleich der zu schützenden Rechtsgüter – unabhängig vom jeweiligen Einzelfall – zu einem krassen Missverhältnis führen kann. Diskutiert (und von der ganz h. M. verneint) wird dies bei der Frage, ob die Tötung von Menschen zum Schutz von Sachwerten grundsätzlich unzulässig sein soll. Eine besondere Brisanz erlangt dies insbesondere deswegen, weil sich aus **Art. 2 Abs. 2 der Europäischen Menschenrechtskonvention (EMRK)** ergibt, dass eine „absichtliche Tötung" eines Menschen nur zulässig ist, „um die Verteidigung eines Menschen gegenüber rechtswidriger Gewaltanwendung sicherzustellen".[94] Dennoch wird – von Bagatellangriffen auf das Eigentum abgesehen – auch eine für den Angreifer lebensgefährliche oder gar tödliche Verteidigung als grundsätzlich zulässig angesehen.[95] Begründet wird dies damit, dass die EMRK nur das Verhältnis von Staat und Bürger, nicht aber das Verhältnis von Staatsbürgern untereinander regeln könne.[96] Andere wiederum gelangen zu dem Ergebnis, dass bereits die Auslegung des Art. 2 EMRK nicht zwingend ergebe, dass eine Tötung nur zum Schutz von Leib und Leben zulässig sein soll, sich der Inhalt des Art. 2 EMRK also letztlich mit § 32 StGB decke.[97]

> **Bsp.:** Der gehbehinderte Norbert beobachtet vom Fenster seiner Wohnung aus, wie Anton und Bruno im Begriff sind, sein auf der Straße abgestelltes Auto aufzubrechen. Auf mehrfachen Zuruf, dass sie verschwinden sollen, erntet er nur sanftes Gelächter. Auch auf einen Warnschuss Norberts reagieren die beiden nicht. Norbert erkennt, dass es keine andere Möglichkeit gibt, den Diebstahl seines Autos zu verhindern, als einen gezielten Schuss auf einen der Diebe abzugeben, der infolge der geringen Entfernung auch tödliche Folgen haben kann. Dies nimmt Norbert in Kauf. Tatsächlich wird Anton durch den Schuss tödlich verletzt. – Da es sich hier nicht um einen Bagatelldiebstahl

---

94 Vgl. hierzu ausführlich *Heinrich*, AT, Problemschwerpunkt 3, Rn. 365 ff.
95 Anders allerdings *Perron/Eisele*, in: Schönke/Schröder, § 32 Rn. 62.
96 So z. B. *Baumann/Weber/Mitsch/Eisele-Mitsch*, § 15 Rn. 52.
97 So z. B. *Roxin/Greco*, AT I, § 15 Rn. 88.

gehandelt und Norbert die Täter mehrfach gewarnt hat, ist der von ihm (jedenfalls mit bedingtem Vorsatz) begangene Totschlag, § 212 StGB, infolge Notwehr, § 32 StGB, gerechtfertigt.

250 Trotz dieser grundsätzlichen Zulässigkeit auch des Einsatzes tödlicher Mittel zur Verteidigung von Sachwerten muss hier jedoch – im Gegensatz zu den sonstigen Notwehrmaßnahmen – stets eine Prüfung der Verhältnismäßigkeit erfolgen. Eine tödliche Verteidigungsmaßnahme ist nur als **ultima ratio** zulässig, wobei es sich zudem auch nicht um gänzlich unbedeutende Sachwerte handeln darf. Während im Rahmen der Erforderlichkeit zu prüfen ist, ob ein milderes, gleich effektives Mittel existiert, ist im Rahmen der Gebotenheit unter der Fallgruppe des krassen Missverhältnisses insbesondere beim **Schusswaffengebrauch** (oder dem Gebrauch **sonstiger gefährlicher Gegenstände**, insbesondere Messer) ein abgestuftes Vorgehen zu fordern. Sofern möglich, muss der Täter zuerst den Einsatz der Waffe androhen. Lässt dies den Angreifer unbeeindruckt, dann muss er zuerst einen Warnschuss abgeben. Führt auch dieser nicht zum Erfolg, muss er auf „weniger empfindliche" Körperteile, insbesondere auf Arme oder Beine des Angreifers zielen, selbst wenn dieser Schuss den Angriff im Gegensatz zum tödlichen Schuss nicht mit gleicher Sicherheit beendet. Insoweit ist es also stets erforderlich, auch ein **weniger effektives, milderes Mittel** vorrangig zu ergreifen. Allerdings ist zu beachten, dass der BGH stets betont, dass ein sofortiger gezielter Schuss ebenso wie ein sofortiger tödlicher Einsatz eines Messers aber jedenfalls dann als zulässig angesehen werden muss, wenn sich der Angreifer sonst erheblichen Gefahren ausgesetzt sähe. So ist das Androhen eines Messeransatzes dann nicht erforderlich, wenn sich der Betreffende mehreren aggressiven Angreifern unmittelbar gegenüber sieht und die Gefahr besteht, dass diese sich durch das Androhen des Messers nicht beeindrucken lassen, dem Betreffenden das Messer entwenden und nun gegen ihn selbst anwenden könnten.[98]

251 bb) **Fallgruppe 2: Provokation des Angriffs.** Wer einen Angriff **provoziert** oder sonst **vorwerfbar verschuldet**, ist hinsichtlich des Maßes der eigenen Verteidigung weniger schutzwürdig als derjenige, der unschuldig Opfer eines Angriffs wird. Umstritten ist, ob das Notwehrrecht in diesen Fällen gänzlich ausgeschlossen oder nur (im Sinne der angesprochenen „Drei-Stufen-Theorie") eingeschränkt ist. Bei der Beurteilung unterscheidet man klassischer Weise zwischen der (in der Praxis selten vorkommenden) **Absichtsprovokation** und der sonst **vorwerfbar verschuldeten Provokation** des Angriffs.

252 Unter einer **Absichtsprovokation** versteht man Fälle, in denen jemand seine eigene Notwehrlage absichtlich und ausschließlich zu dem Zweck herbeiführt, den Angreifer in Notwehr zu verletzen.[99]

> **Bsp.:** Rudi unterhält sich auf einer Party angeregt mit Berta, der Freundin des als hochgradig eifersüchtig bekannten Anton. Diese Unterhaltung hat für Rudi ausschließlich den Zweck, Anton eine Tracht Prügel zu verabreichen, wenn dieser, von Eifersucht getrieben, ihn körperlich angreifen würde. So geschieht es denn auch. – Eine Notwehrlage Rudis ist hier anzunehmen, da Anton diesen tätlich angreift. Dieser Angriff ist auch rechtswidrig, da Anton trotz der

---

98 BGH StV 1999, 145.
99 Vgl. hierzu ausführlich *Heinrich*, AT, Problemschwerpunkt 4, Rn. 372 ff.

„Provokation" kein Recht hatte, Rudi allein deshalb körperlich anzugreifen, weil dieser sich mit seiner Freundin unterhält. Die von Rudi gewählte Notwehrhandlung ist auch erforderlich, wenn er Antons Angriff in der konkreten Situation nur dadurch entgehen konnte, dass er diesen niederschlug. Fraglich ist jedoch, ob sein Notwehrrecht hier eingeschränkt oder gar ausgeschlossen ist, da er die ganze Situation vorausgesehen und Anton nur aus dem Grund provoziert hatte, um ihn „in Notwehr" verletzen zu können.

Nach der **Rechtsbewährungstheorie** bleibt die Notwehr auch gegen einen absichtlich provozierten Angriff uneingeschränkt zulässig, denn das Recht brauche auch in diesen Fällen dem Unrecht nicht zu weichen.[100] Der Verteidiger verteidige nämlich auch dann die Rechtsordnung, wenn er selbst den (rechtswidrigen!) Angriff absichtlich provoziert hat. Dagegen geht die von der Rechtsprechung und der h. M. in der Literatur vertretene **Rechtsmissbrauchstheorie** zutreffend davon aus, dass die Ausübung eines Notwehrrechts gegen einen absichtlich provozierten Angriff aus dem Gedanken des Rechtsmissbrauchs heraus stets unzulässig ist.[101] Wer sich sehenden Auges und vorsätzlich in eine Situation begibt, die für ihn gefährlich werden kann, bedarf keines Schutzes durch die Rechtsordnung. Dagegen beschreitet die **Selbstschutztheorie** einen Mittelweg: Die Notwehr gegen einen absichtlich provozierten Angriff soll zwar eingeschränkt, aber jedenfalls als ultima ratio dann zulässig sein, wenn keine andere Selbstschutzmöglichkeit, insbesondere keine Ausweichmöglichkeit, besteht.[102] Es soll also eine bloße Einschränkung, kein Ausschluss des Notwehrrechts stattfinden. Nicht durchgesetzt hat sich eine vierte Ansicht, die nicht an die Notwehrhandlung selbst, sondern an die Provokation anknüpft (sog. **Theorie der actio illicita in causa**).[103] Hiernach wäre gegen einen absichtlich provozierten Angriff zwar eine Notwehr zulässig, der Handelnde hätte sich jedoch wegen der vorhergehenden absichtlichen Verursachung der Tat strafbar gemacht, da er sich quasi selbst als rechtmäßig handelndes Werkzeug missbrauche. Dieser mit der „actio libera in causa"[104] vergleichbare Gedanke würde also dazu führen, dass der Täter bei einer vorsätzlichen Provokation auch wegen einer vorsätzlichen Tat zu bestrafen ist, die ihren Ursprung aber nicht in der (gerechtfertigten) Abwehr des Angriffs, sondern in dessen Provokation sähe. Ebenfalls nicht durchsetzen konnte sich schließlich die **Einwilligungstheorie**.[105] Hiernach soll bereits die Rechtswidrigkeit des provozierten Angriffs entfallen, sodass im Rahmen der Notwehrprüfung bereits kein gegenwärtiger rechtswidriger Angriff feststellbar wäre und damit die Notwehrlage entfiele: Wer einen anderen absichtlich provoziere, der willige gleichsam darin ein, dass dieser sich infolge der Provokation zu einer entsprechenden Handlung hinreißen lasse. Der Provokateur verzichte also jedenfalls konkludent auf den Schutz der angegriffenen Rechtsgüter.

Im Gegensatz zur Absichtsprovokation wird bei den sonstigen **selbstverschuldet herbeigeführten Angriffen** das Notwehrrecht grundsätzlich zugelassen. Es ist jedoch umstritten, ob und wenn ja in welchen Konstellationen eine Einschränkung des Notwehrrechts stattzufinden hat. Diese Fälle zeichnen sich dadurch aus, dass

---

100 So *Baumann/Weber/Mitsch/Eisele-Mitsch*, § 15 Rn. 56.
101 So z. B. *Heinrich*, AT, Rn. 375.
102 So *Kühl*, AT, § 7 Rn. 239 ff.
103 So *Frister*, AT § 16 Rn. 31 f.
104 Vgl. zu dieser Rechtsfigur noch ausführlich unten Rn. 408 ff.
105 So *Maurach/Zipf*, AT 1, § 26 Rn. 43.

der Täter die Notwehrlage nicht vorsätzlich herbeiführen wollte, sondern – zumeist ungewollt – den späteren Angriff lediglich auslöste, dabei allerdings in irgendeiner Weise vorwerfbar handelte.

> **Bsp.:**[106] Anton fährt an einem kalten Wintertag im Zug erster Klasse. Nach kurzer Zeit steigt Bruno ein und setzt sich ihm gegenüber. Bruno ist schwer alkoholisiert, stinkt nach Schweiß, ist nur mit einem T-Shirt bekleidet und besitzt keinen Fahrschein. Obwohl Anton ihn auffordert, sich auf einen anderen der vielen freien Plätze zu setzen, bleibt Bruno sitzen. Da Anton das Verhalten Brunos nicht weiter dulden möchte, steht er auf und öffnet das Fenster, da er hofft, der nur leicht bekleidete Bruno werde sich wenigstens durch die Kälte vertreiben lassen. Bruno jedoch steht auf und schließt das Fenster wieder. Dieser Ablauf wiederholt sich mehrere Male, bis Bruno aufsteht, sich über Anton beugt und beginnt, diesen kräftig zu schütteln und zu ohrfeigen. Anton kann sich dagegen nicht anders wehren, als Bruno ein Messer in den Bauch zu stoßen. Bruno stirbt. – Fraglich ist, ob sich Anton hier durch den unmittelbaren Einsatz des Messers gegen den rechtswidrigen (!) Angriff Brunos verteidigen durfte. Geht man davon aus, dass er keine andere Möglichkeit hatte, sich gegen das Schütteln und die Ohrfeigen zu wehren und dass das vorherige Androhen des Messers den Anton selbst einer gewissen Gefährdung ausgesetzt hätte, ist es entscheidend, ob sein Notwehrrecht hier infolge seines eigenen Vorverhaltens derart eingeschränkt war, dass er die (geringen) körperlichen Übergriffe zu dulden hatte, wenn diese nur durch einen lebensgefährlichen Messereinsatz zu stoppen waren.

255 Die Lösung des zuvor genannten Falles ist umstritten. Einigkeit besteht allerdings darin, dass eine Einschränkung des Notwehrrechts dann nicht vorzunehmen ist, wenn das den Angriff auslösende Verhalten weder rechtswidrig noch sozialwidrig war.

> **Bsp.:** Der dunkelhäutige Schüler Paul betritt in der großen Pause den Pausenhof, obwohl sein Mitschüler Anton zuvor allgemein kundgetan hat, alle dunkelhäutigen Schüler, die den Hof betreten, zu verprügeln (und diese Drohung schließlich auch wahrmacht). – Hier provozierte das Verhalten Pauls zwar unmittelbar die Prügel durch Anton, allerdings war es in keiner Weise sozialwidrig, im Gegenteil: Es war Pauls gutes Recht, den Hof zu betreten, weswegen seine „Provokation" sich nicht nachteilig auswirken kann.

256 War das zugrunde liegende provozierende Verhalten hingegen rechtswidrig, wird überwiegend eine Einschränkung des Notwehrrechts auf der Grundlage der „Drei-Stufen-Theorie" (Ausweichen/Schutzwehr/Trutzwehr) angenommen und im Falle der Trutzwehr eine strenge Verhältnismäßigkeitsprüfung vorgenommen (z. B.: Anton gibt dem Bruno in seiner Stammkneipe eine kräftige Ohrfeige; obwohl der Angriff danach erkennbar beendet ist, holt Bruno eine Eisenstange und beginnt, auf den Anton einzuschlagen). Umstritten ist hingegen die vorliegende Konstellation des lediglich sozialwidrigen, nicht aber rechtswidrigen Vorverhaltens, welches den (rechtswidrigen) Angriff auslöste. Während die Rechtsprechung sowie ein Teil der Literatur ein lediglich sozialwidriges Verhalten für eine Einschränkung des Notwehrrechts ausreichen lassen,[107] wird dies von einem anderen Teil in der Lite-

---

[106] Fall nach BGHSt 42, 97.
[107] BGHSt 42, 97; *Heinrich*, AT, Rn. 380.

ratur abgelehnt, da nur derjenige, der sich selbst rechtswidrig verhalte, die Legitimation verliere, sich auf das Rechtsbewährungsprinzip zu berufen.[108]

257 Dagegen liegt keine Provokation – und daher auch keine Einschränkung des Notwehrrechts – vor, wenn der Sich-Verteidigende bereits zuvor mit einem Angriff rechnet und sich daher vorher mit effektiven Verteidigungsmitteln ausrüstet (sog. „Abwehrprovokation").

> **Bsp.:** Der dunkelhäutige Schüler Paul betritt in der großen Pause den Pausenhof, obwohl sein Mitschüler Anton zuvor allgemein kundgetan hat, alle dunkelhäutigen Schüler, die den Hof betreten, zu verprügeln. Weil Paul jedoch Angst hat, steckt er zuvor ein Taschenmesser ein. Nachdem Anton tatsächlich beginnt, auf Paul einzuschlagen, kann dieser sich nur noch dadurch verteidigen, dass er Anton mit dem Messer schwere Verletzungen zufügt.

258 cc) **Fallgruppe 3: Garantenstellung zum Angreifer.** Eine weitere Fallgruppe, in der das Notwehrrecht dem Angegriffenen nur eingeschränkt zur Verfügung steht, betrifft Fälle, in denen eine **enge persönliche Beziehung** zwischen ihm und dem Angreifer besteht. Dies liegt jedenfalls dann vor, wenn der Angegriffene eine **Garantenstellung**[109] im Hinblick auf den Angreifer besitzt. Denn es wäre widersprüchlich, ihm einerseits Schutzpflichten zugunsten eines Angehörigen aufzuerlegen, ihm aber andererseits ein uneingeschränktes Notwehrrecht zuzubilligen. Sonstige persönliche Näheverhältnisse führen dagegen nicht zur Einschränkung des Notwehrrechts.

> **Bsp.:** Der alkoholisierte Anton kommt spät nachts nach Hause und beginnt aus nichtigem Anlass, seine Ehefrau Berta anzupöbeln. Anschließend versetzt er ihr einige schmerzhafte Faustschläge ins Gesicht. Obwohl es Berta ohne weiteres möglich gewesen wäre, sich nach den ersten verbalen Attacken in der Küche einzuschließen und zu warten, bis sich Anton beruhigt hat, nimmt sie eine schwere Kristallvase und schlägt Anton damit bewusstlos, um sich vor weiteren Faustschlägen zu schützen.

259 Gerade im familiären Bereich ist allerdings eine besonders sensible Argumentation bei der Frage nach sozialethischen Einschränkungen des Notwehrrechts angebracht. Einerseits wird man hier dem Angegriffenen mehr zumuten müssen als einem völlig Unbeteiligten (sodass auch eine „schmähliche Flucht" hier zumutbar ist), andererseits darf dies jedoch nicht dazu führen, dass im häuslichen Bereich das „Recht des Stärkeren" gilt. Insoweit ist eine vorsichtige Einschränkung des Notwehrrechts zwar angebracht, diese darf jedoch weder einen vollständigen Ausschluss des Notwehrrechts zur Folge haben, noch dürfen die Duldungspflichten zu sehr überspannt werden. Voraussetzung für eine solche Einschränkung ist allerdings stets, dass es sich um eine – ansonsten – intakte familiäre Beziehung handelt. Leben z. B. Eheleute seit Jahren im ständigen Streit, begleitet von häufigen körperlichen Auseinandersetzungen, ist eine Einschränkung des Notwehrrechts abzulehnen.

260 dd) **Fallgruppe 4: Schuldlos handelnder Angreifer.** Ähnliches gilt, wenn es der Täter mit einem schuldlos handelnden Angreifer zu tun hat. Dies ist dann der

---
108 So z. B. *Roxin/Greco*, AT I, § 15 Rn. 73.
109 Vgl. zur Garantenstellung unten Rn. 595.

Fall, wenn der Angreifer entweder schuldunfähig ist, entschuldigt handelt (§§ 33, 35 StGB) oder sich in einem schuldausschließenden Irrtum befindet (§ 17 StGB). In der Praxis bedeutsam sind hier insbesondere die Fälle, in denen es sich bei dem Angreifer um ein Kind, einen sinnlos Betrunkenen oder einen Geistesgestörten handelt. Da hier oft die Möglichkeit bestehen wird, dem Angriff auszuweichen oder eine weniger gravierende Abwehrmaßnahme zu ergreifen, muss der Angegriffene darauf verwiesen werden, selbst wenn diese Maßnahmen nicht in gleicher Weise erfolgversprechend sind. Denn die Rechtsordnung bedarf hier nicht in gleicher Weise der Bewährung wie beim schuldhaft handelnden Angreifer.

> **Bsp.:** Der völlig betrunkene Anton versucht Brunos Kneipe zu betreten. Dieser verwehrt ihm den Zutritt mit der Begründung, er würde bald schließen. Anton sieht dies nicht ein, beleidigt Bruno und fängt an, tätlich zu werden. Bruno reagiert darauf mit einem gezielten Faustschlag, der Anton bewusstlos zu Boden sacken lässt. – Sofern, was anzunehmen ist, Bruno andere Möglichkeiten offenstanden, das Betreten der Kneipe durch den offensichtlich schuldunfähigen Anton zu verhindern, oder wenn er jedenfalls die Polizei hätte rufen können, durfte er nicht die „effektivere" Methode des Faustschlags wählen oder gar eine Waffe einsetzen. Sein Notwehrrecht war insoweit eingeschränkt. Wenn Anton allerdings eine Waffe gezückt oder auf Bruno eingestochen hätte, dann hätte dieser sich selbstverständlich auch mittels eines Faustschlags verteidigen dürfen.

261 **ee) Fallgruppe 5: Angriffe von ersichtlich Irrenden.** Mit der vorhergehenden Fallgruppe vergleichbar sind schließlich auch diejenigen Fälle, in denen der Angriff durch einen erkennbar Irrenden stattfindet, sofern für den Angegriffenen die Möglichkeit besteht, den Irrtum ohne größere Schwierigkeiten aufzuklären. Auch hier ist die Notwehr im Sinne der genannten Drei-Stufen-Theorie eingeschränkt.

> **Bsp.:** Der leicht angetrunkene und in diesem Zustand regelmäßig recht ruppige Bruno ist gerade dabei, sich beim Verlassen der Kneipe versehentlich Antons Mantel anzuziehen. Sofort stürzt Anton auf Bruno zu, hält ihn mit einem schmerzhaften Griff fest, bedroht ihn mit einem Messer und fordert ihn auf, den Mantel auszuziehen. – Obwohl Bruno infolge seines Irrtums unvorsätzlich handelte, lag dennoch ein gegenwärtiger rechtswidriger Angriff auf Antons Eigentum vor, weil dieser die Wegnahme seines Mantels nicht zu dulden brauchte. Insofern stand ihm ein Notwehrrecht zu, welches er unter normalen Umständen auch in der vorliegenden Form hätte ausüben dürfen. Da es sich bei Bruno aber um einen erkennbar Irrenden handelte, war Antons Notwehrrecht hier eingeschränkt. Er musste zuerst versuchen, den Irrtum aufzuklären, selbst wenn Bruno darauf mürrisch reagiert hätte. Nur wenn sich Bruno auch nach der Aufklärung des Irrtums noch uneinsichtig gezeigt hätte, hätte Anton handgreiflich werden dürfen.

3. Verteidigungswille (subjektives Rechtfertigungsmerkmal)

262 Neben dem Vorliegen der objektiven Voraussetzungen der Notwehr (Notwehrlage, Rechtmäßigkeit der Notwehrhandlung) ist zudem erforderlich, dass der Täter (subjektiv) von der rechtfertigenden Sachlage weiß und auch mit einer entsprechenden (Verteidigungs-)Motivation handelt. Wie weit dieser Verteidigungswille gehen muss, ist dabei allerdings ebenso umstritten wie die Frage, welche Rechtsfolge das Fehlen des Verteidigungswillens nach sich zieht. Dabei herrscht nicht einmal Einigkeit darüber, ob überhaupt ein subjektives Element erforderlich ist.[110]

> **Bsp.:** Anton und Bruno treffen eines Nachts auf den auf dem Boden knienden Rudi, mit dem sie seit Langem verfeindet sind. Bei ihrem Anblick springt Rudi erschrocken auf und rennt davon. Da Anton und Bruno dem Rudi schon lange „eins auswischen" wollen, verfolgen sie ihn, schlagen ihn nieder und lassen ihn liegen. Rudi hatte allerdings gerade Gustav niedergestochen und ausgeraubt, was zwar Anton erkannt hatte, Bruno jedoch nicht. Durch das Niederschlagen konnte die Mitnahme der Beute verhindert werden, auch wenn es Anton darauf gar nicht ankam. – Hier ist fraglich, ob die an Rudi begangene Körperverletzung, § 223 StGB, durch Nothilfe, § 32 StGB, gerechtfertigt ist. Dabei sind die objektiven Voraussetzungen dieses Rechtfertigungsgrundes gegeben, denn objektiv lag eine Notwehrlage (gegenwärtiger, rechtswidriger Angriff auf Gustavs Eigentum) vor. Zudem sind auch Erforderlichkeit und Gebotenheit der Notwehrhandlung zu bejahen. Fraglich ist hier allein die Notwendigkeit bzw. die Reichweite des subjektiven Rechtfertigungselements. Weder Anton noch Bruno handelten vorrangig zur Verteidigung von Gustavs Eigentum, wobei Bruno nicht einmal bekannt war, dass überhaupt eine Nothilfelage vorlag.

Nach der heute kaum mehr vertretenen **objektiven Theorie** ist ein subjektives Element bei Rechtfertigungsgründen grundsätzlich nicht erforderlich.[111] Da der Täter, insbesondere bei der Notwehr, stets auch die Rechtsordnung verteidige, könne es darauf, ob er dies auch wisse und wolle, nicht ankommen. Dem widersprechen jedoch die **subjektiven Theorien:** Die Rechtsordnung verteidigen könne nur derjenige, der auch vom Vorliegen der Notwehrlage Kenntnis habe, wobei die in der Literatur wohl h. M. es als ausreichend ansieht, wenn der Täter Kenntnis vom Vorliegen der Notwehrlage besitzt und er weiß, dass sein Verhalten zur Abwehr des Angriffs dient (sog. **Kenntnistheorie**).[112] Darauf, dass er gerade aus der Motivation heraus handle, das bedrohte Rechtsgut zu verteidigen, könne es hingegen nicht ankommen. Letzterem widersprechen die Rechtsprechung und auch ein Teil der Literatur: So folge die Notwendigkeit eines solchen **Verteidigungswillens** z. B. für §§ 32, 34 StGB schon aus dem Wortlaut („*um [einen Angriff/ die Gefahr] abzuwenden*"). Dies müsse aber auch für alle anderen Rechtfertigungsgründe gelten.[113] Zwar müsse der Verteidigungswille nicht die einzige Motivation des Handelnden sein, sie müsse aber zumindest einen wesentlichen Grund für die Verteidigungshandlung darstellen. Dies ist zutreffend: Ebenso wie auch der subjektive Tatbestand der Verbotstatbestände sowohl ein kognitives als auch ein voluntatives Element enthält, muss dies spiegelbildlich auch für die Rechtfertigungsgründe gelten. Daher können sich im genannten Beispiel weder Anton noch Bruno auf Nothilfe, § 32 StGB, berufen.

Ist hiernach ein subjektives Rechtfertigungselement erforderlich, stellt sich das weitere Problem, ob das Fehlen eines solchen subjektiven Elements zur Folge hat, dass sich der Täter wegen eines Vollendungs- oder möglicherweise nur we-

---
110 Vgl. hierzu ausführlich *Heinrich*, AT, Problemschwerpunkt 5, Rn. 386 ff.
111 *Spendel*, in: LK, 11. Aufl., § 32 Rn. 138 ff.
112 *Sternberg-Lieben*, in: Schönke/Schröder, Vorbem. §§ 32 ff. Rn. 14, 51.
113 BGHSt 2, 111 (114); *Krey/Esser*, Rn. 459.

gen eines Versuchsdelikts strafbar gemacht hat. In der Literatur wird diese **Versuchslösung** mehrheitlich mit folgendem Argument befürwortet:[114] Jede Straftat setze sich aus einem Erfolgs- und einem Handlungsunwert zusammen. Das objektive Vorliegen eines Rechtfertigungsgrundes lasse aber den Erfolgsunwert entfallen, da der Täter objektiv schließlich so handeln durfte, wie er gehandelt hat. Daher liege (wie beim untauglichen Versuch) nur der subjektive Handlungsunwert vor. Der Täter wollte „Unrecht" tun, handelte aber („aus Versehen") objektiv rechtmäßig – dies sei die typische Konstellation des Versuchs. Hiernach käme im genannten Beispiel nur eine Bestrafung wegen versuchter Körperverletzung, §§ 223, 22 StGB, in Frage. Dem widerspricht zutreffend die **Vollendungstheorie**.[115] Ebenso wie der Tatbestand eines (Vorsatz-)Delikts nur erfüllt ist, wenn sowohl die objektiven als auch die subjektiven Voraussetzungen erfüllt sind, kann die Rechtswidrigkeit auch nur dann entfallen, wenn beide Voraussetzungen vorliegen. Fehlt eines dieser Elemente, scheidet eine Rechtfertigung der Tat aus. Der Täter hat sich wegen eines vollendeten Delikts strafbar gemacht. Dass er zufällig und ohne es zu wissen das Richtige getan hat, kann ihn nicht privilegieren.

> **Klausurtipp**
> Für den Klausuraufbau unproblematisch ist die Lösung der Vollendungstheorie. Der Täter hat sich bei Fehlen des subjektiven Elements wegen eines vollendeten Delikts strafbar gemacht. Folgt man der Versuchslösung, so müsste an sich zuerst auf Rechtfertigungsebene die Strafbarkeit wegen des Vollendungsdelikts abgelehnt und anschließend unter einer neuen Überschrift das Versuchsdelikt geprüft werden. In der Klausur ist es jedoch zulässig, sich diesen „Umweg" zu sparen und im Rahmen der Prüfung des Vollendungsdelikts nach der Erörterung (und Entscheidung) dieses Problems festzustellen, dass man der Versuchslösung folgt und das Delikt nun als Versuchsdelikt weiterprüft.

III. Sonderprobleme

1. Notwehrüberschreitung (Exzess)

In Fällen der Notwehr kommt es häufig zu Situationen, in denen das Notwehrrecht überdehnt wird, sei es, dass der Täter sich zu intensiv verteidigt (intensiver Notwehrexzess), sei es, dass er sich verteidigt, obwohl der Angriff in zeitlicher Hinsicht noch nicht bzw. nicht mehr gegenwärtig ist (extensiver Notwehrexzess). In beiden Fällen scheidet eine Notwehr aus, im ersten Fall deswegen, weil die Notwehrhandlung zu weitgehend war, im zweiten Fall, weil es bereits an einer Notwehrlage fehlt. Handelt der Täter hier infolge des Geschehens aus Verwirrung, Furcht oder Schrecken, kommt eine Anwendung des § 33 StGB (Notwehrüberschreitung) in Betracht.[116] Hierbei handelt es sich jedoch nicht um einen **Rechtfertigungsgrund**, sondern lediglich um einen **Entschuldigungsgrund**. Das Unrecht der Tat bleibt also bestehen.

---

114 Rönnau, in: LK, 13. Aufl., Vor §§ 32 ff. Rn. 82.
115 BGHSt 2, 111 (114); Paeffgen/Zabel, in: NK, Vor §§ 32 ff. Rn. 128.
116 Vgl. hierzu unten Rn. 398 ff.

2. Putativnotwehr

266 Damit vergleichbar sind diejenigen Fälle, in denen der Täter zu Unrecht eine Notwehrlage annimmt und sich verteidigt, obwohl eine Notwehrlage in Wirklichkeit gar nicht gegeben ist. Es handelt sich dabei um den klassischen Fall eines **Irrtums** (= Erlaubnistatbestandsirrtum). Auch hier scheidet eine Rechtfertigung aus, der Täter begeht also Unrecht. Man löst diese Irrtumsfälle nach der hier vertretenen Ansicht ebenfalls auf der **Schuldebene**.[117]

3. Notwehrrecht von Hoheitsträgern

267 Umstritten ist, ob sich auch staatliche Hoheitsträger im Rahmen ihrer dienstlichen Tätigkeit auf die allgemeinen Rechtfertigungsgründe, insbesondere auf § 32 StGB, berufen können.[118] Diese Frage gewinnt vor allem dann Bedeutung, wenn das Verhalten des Hoheitsträgers zwar nicht von einer öffentlich-rechtlichen Ermächtigungsgrundlage gedeckt ist, aber nach allgemeinen Grundsätzen eine Notwehr- bzw. Nothilfelage vorliegt.

> **Bsp.:** Bei einer Routinekontrolle in einer Gaststätte wird Polizist Paul mehrfach vom Gast Anton beleidigt und angerempelt. Auch als er das Lokal verlässt, folgt ihm Anton unter fortwährenden Beschimpfungen. Als Anton den Paul schließlich mit einem schmerzhaften Griff am Ärmel packt und zu sich herzieht, wird es diesem zu viel und er streckt Anton mit einem gezielten Faustschlag zu Boden. Daraufhin verliert Anton die Lust an der Provokation und entfernt sich. – Tatbestandlich hat Paul eine Körperverletzung im Amt, § 340 StGB, begangen. Wäre Paul eine Privatperson gewesen, so wäre diese Körperverletzung allerdings gemäß § 32 StGB gerechtfertigt. Die für ihn einschlägigen (Landes-)Polizeigesetze regeln die vorliegende Konstellation aber ebenso wenig wie sonstige öffentlich-rechtliche Ermächtigungsgrundlagen.

268 Die Frage gewinnt in der Praxis insbesondere beim (tödlich verlaufenden) Schusswaffeneinsatz Bedeutung, der nach den meisten Polizeigesetzen der Länder nicht unbeschränkt zulässig ist. Nach der **rein öffentlich-rechtlichen Theorie** sind die hoheitlichen Eingriffsbefugnisse des Staates in den entsprechenden Landesgesetzen abschließend geregelt.[119] Daher seien die allgemeinen Rechtfertigungsgründe des Strafrechts auf Amtsträger unanwendbar. Dies ergebe sich daraus, dass jeder hoheitliche Eingriff einer besonderen gesetzlichen Ermächtigung bedarf und dies (insbesondere die hierin getroffenen Verhältnismäßigkeitserwägungen) nicht durch die Anwendung der sehr weitgehenden Regelung des § 32 StGB umgangen werden dürfe. Im Gegensatz dazu geht die **strafrechtliche Theorie** davon aus, dass sich auch Amtsträger auf die allgemeinen Rechtfertigungsgründe berufen können.[120] Ein Amtsträger, der sich oft in heikle Situationen begeben müsse, dürfe nicht schlechter stehen als eine Privatperson. Auch könne Landesrecht (= Polizeigesetze) das Bundesrecht (= StGB) nicht verdrängen. Eine Einschränkung könne höchstens dann gelten, wenn die Polizeigesetze ausdrücklich eine abschließende Regelung träfen und das entsprechende Verhalten hiervon nicht erfasst wäre.

---

117 Vgl. zur rechtlichen Behandlung des Erlaubnistatbestandsirrtums unten Rn. 733 ff.
118 Vgl. hierzu ausführlich *Heinrich*, AT, Problemschwerpunkt 6, Rn. 395 ff.
119 *Rönnau/Hohn*, in: LK, 13. Aufl., § 32 Rn. 220.
120 BGHSt 27, 260 (262 f.); *Perron/Eisele*, in: Schönke/Schröder, § 32 Rn. 42b f.

269 Zwischen diesen beiden Extrempositionen haben sich noch weitere Theorien entwickelt, die hier nur kurz wiedergegeben werden sollen. So differenziert die **Selbstverteidigungstheorie** danach, ob der Amtsträger zur Selbstverteidigung handelt (dann liegt eine zulässige Notwehr vor) oder ob er im Rahmen seiner dienstlichen Tätigkeit anderen im Wege der Gefahrenabwehr zu Hilfe kommt (dann ist eine Nothilfe nach § 32 StGB unzulässig, hier müsste also eine polizeirechtliche Ermächtigungsnorm existieren).[121] Obwohl § 32 StGB nicht zwischen Notwehr und Nothilfe differenziert, ist dieser Ansatz zutreffend, da man niemandem verbieten kann, sich in Notlagen selbst zu verteidigen, ein Handeln zugunsten Dritter aber durchaus reglementiert werden kann. Dagegen unterscheidet die **Differenzierungstheorie** strikt nach den strafrechtlichen und den öffentlich-rechtlichen Folgen des Handelns:[122] Strafrechtlich seien auch für Hoheitsträger die allgemeinen Rechtfertigungsgründe anwendbar, sodass eine strafrechtliche Ahndung nicht erfolgen könne. Ist die Handlung aber nicht von einer öffentlich-rechtlichen Rechtsgrundlage gedeckt, bleibe sie diesbezüglich rechtswidrig mit der Folge, dass sich der Amtsträger disziplinarrechtlich zu verantworten habe und Entschädigungsansprüche gegen den Staat bestünden. Wiederum anders sieht es die **Trennungstheorie**, die stets im Einzelfall danach entscheiden möchte, in welcher Eigenschaft der Hoheitsträger handelt.[123] Mache ein Amtsträger bei einer hoheitlichen Tätigkeit von seinem allgemeinen Notwehrrecht Gebrauch, handle er nicht als Hoheitsträger, sondern als Privatperson. Im Einzelfall müsse daher immer entschieden werden, ob ein Amtsträger gerade als Hoheitsträger oder als Privatperson tätig werde.

Literaturhinweise

Einführende Aufsätze: *Fahl*, Sozialethische Einschränkungen der Notwehr, JA 2000, 460 (studierendengerechte Darstellung des Klassikers „Obstdiebstahl"); *Kühl*, Notwehr und Nothilfe, JuS 1993, 177 (vertiefend zum Geltungsgrund der Regelung des § 32 StGB); *ders.*, Angriff und Verteidigung bei der Notwehr, JURA 1993, 57, 118, 233 (umfassender, verständlicher Überblick); *Norouzi*, Folter in Nothilfe – Geboten?, JA 2005, 306 (studierendengerechte Darstellung der aktuellen Fragestellung der Folter); *I. Sternberg-Lieben*, Allgemeines zur Notwehr, JA 1996, 129; *dies.*, Voraussetzungen der Notwehr, JA 1996, 299; *dies.*, Einschränkungen der Notwehr, JA 1996, 568 (studierendengerechter Überblick über das allgemeine Notwehrrecht in drei Teilen)

Übungsfälle: *Beulke*, Die fehlgeschlagene Notwehr zur Sachwertverteidigung, JURA 1988, 641 (anspruchsvolle Fallgestaltung zur Vertiefung); *Keunecke/Witt*, Worte mit Folgen, JA 1994, 470 (klar strukturierte Anfängerklausur)

Rechtsprechung: RGSt 34, 295 – Hundeschuss (Angriff durch Tiere); **RGSt 55, 82** – Obstdiebe (krasses Missverhältnis); **RGSt 58, 27** – Wanderstock (Notwehr gegen Dritte); **BGHSt 5, 245** – Lichtspieltheater (Verteidigungswille); **BGHSt 24, 356** – Finnendolch (Absichtsprovokation); **BGHSt 26, 143** – Wirtshausschlägerei (schuldhaft provozierter Angriff); **BGHSt 26, 256** – Faustschlag (Provokation); **BGHSt 27, 336** – Messerstich (Einschränkung des Notwehrrechts); **BGHSt 39, 374** – Schusswechsel (Einschränkung des Notwehrrechts); **BGHSt 42, 97** – Zugabteil (selbstverschuldet herbeigeführter Angriff); **BGHSt 48, 207** – Raubpressungen (Notwehr gegen eine vollendete, aber noch nicht abgeschlossene Erpressung)

---

121 *Heinrich*, AT, Rn. 398.
122 *Lackner/Kühl/Heger*, § 32 Rn. 17.
123 *Kinnen*, MDR 1974, 631.

Kapitel 9: Rechtfertigender Notstand, § 34 StGB

I. Grundlagen

Der rechtfertigende Notstand stellt neben der Notwehr, § 32 StGB, die zweite gesetzliche Regelung eines allgemeinen Rechtfertigungsgrundes im StGB dar. Er ist wie folgt abzugrenzen vom entschuldigenden Notstand in § 35 StGB: Während § **34 StGB** einen Rechtfertigungsgrund normiert (der auf Rechtfertigungsebene zu prüfen ist), handelt es sich bei § **35 StGB** um einen Entschuldigungsgrund (den man erst auf Schuldebene prüft). Die beiden Vorschriften sind zwar ähnlich konstruiert, unterscheiden sich jedoch wesentlich voneinander. Insbesondere im Rahmen der zu schützenden Rechtsgüter sowie der **Güterabwägung** sind hier völlig andere Überlegungen anzustellen. Die Differenzierung hat auch weitere Folgen: Da § 34 StGB als Rechtfertigungsgrund **das Unrecht der Tat** ausschließt, kann hiergegen keine Notwehr geübt werden. Auch sind Anstiftung und Beihilfe ausgeschlossen, da auch diese eine „rechtswidrige" Tat voraussetzen. Anders ist dies bei § 35 StGB: Hier scheidet lediglich die Schuld des Täters aus, die Tat selbst bleibt aber rechtswidrig mit der Folge, dass sowohl eine hiergegen gerichtete Notwehr als auch Anstiftung und Beihilfe möglich sind.

> **Klausurtipp**
>
> § 34 StGB hat im Gefüge der sonstigen Rechtfertigungsgründe lediglich eine Auffangfunktion. Ist ein speziellerer Rechtfertigungsgrund anwendbar, geht dieser vor (so z. B. die Notwehr, sofern ein gegenwärtiger rechtswidriger Angriff vorliegt, die Einwilligung, wenn das Opfer mit der Rechtsverletzung einverstanden ist, oder die zivilrechtlichen Rechtfertigungsgründe der §§ 228, 904 BGB, wenn es um die Wegnahme oder Zerstörung einer Sache geht). Ist insoweit der Anwendungsbereich eines vorrangig zu prüfenden Rechtfertigungsgrundes betroffen, scheitert dieser aber an speziellen Erfordernissen (z. B. an der Gebotenheit bei vorliegender Notwehrlage), so ist auch für § 34 StGB kein Raum. Insofern bleiben für § 34 StGB nicht mehr sehr viele Fälle übrig.

II. Prüfungsschema

Wie auch bei der Notwehr, § 32 StGB, ist beim rechtfertigenden Notstand eine dreistufige Prüfung vorzunehmen.

> **Prüfungsschema**
> 1. **Vorliegen einer Rechtfertigungssituation** (Notstandslage)
>   a) Gefahr (für ein beliebiges Rechtsgut)
>   b) Gegenwärtigkeit der Gefahr
>   c) Rechtswidrigkeit der Gefahr
> 2. **Rechtmäßigkeit der Notstandshandlung**
>   a) Geeignetheit
>   b) Erforderlichkeit (die Gefahr darf nicht anders abwendbar sein)
>   c) Interessenabwägung
>   d) Angemessenheit (§ 34 Satz 2 StGB)

3. Gefahrabwendungswille (subjektives Rechtfertigungselement)
a) Kenntnis der Notstandslage
b) Wissen, dass die Handlung der Gefahrabwendung dient
c) Handeln, um die Gefahr abzuwenden (Motivation)

1. Vorliegen einer Rechtfertigungssituation (Notstandslage)

a) Gefahr

272 **Definition**

Unter einer **Gefahr** versteht man einen Zustand, bei dem aufgrund tatsächlicher Umstände die Wahrscheinlichkeit des Eintritts eines schädigenden Ereignisses besteht.

Entscheidend für den Begriff der Gefahr ist also, dass eine Rechtsgutsverletzung droht. Dabei ist der notwendige Grad der Wahrscheinlichkeit des Schadenseintritts im Einzelnen umstritten. Es ist von folgendem Grundsatz auszugehen: Zwar darf es sich nicht nur um eine ganz entfernt liegende Möglichkeit des Schadenseintritts handeln, darüber hinaus sind aber auch keine allzu hohen Anforderungen an den Begriff der Gefahr zu stellen. Geht man insoweit von einem weiten Gefahrbegriff aus, können Fälle geringer Wahrscheinlichkeit auch über die weiteren Prüfungspunkte der Erforderlichkeit und der Interessenabwägung sinnvoll ausgeschieden werden.

273 Entscheidend ist jedoch, dass die Frage, ob eine Gefahr vorliegt, nicht aus der Sicht des Handelnden, sondern aus der **Sicht eines objektiven Dritten** in der jeweils konkreten Situation („ex ante") zu beurteilen ist. Da der mögliche Schadenseintritt zudem immer in der Zukunft liegt, beinhaltet die Annahme der Gefahr stets eine Prognose. Insoweit kann also auch eine „Anscheinsgefahr", die sich später als ungefährlich herausstellt, die ein objektiver Dritter allerdings für eine Gefahr gehalten hätte, ausreichen. Andererseits liegt dann, wenn der Handelnde irrtümlich von einer Gefahr ausgeht, die auch für einen objektiven Dritten nicht als solche erkennbar war, ein bloßer Irrtum (in Form eines Erlaubnistatbestandsirrtums[124]) vor.

274 Die Gefahr kann dabei auf einem **menschlichen Verhalten** beruhen, muss dies aber nicht. Sofern die Gefahr auf einem menschlichen Verhalten beruht, wird allerdings zumeist ein „Angriff" vorliegen, der bereits eine Notwehrsituation auslöst, die zur Anwendung des vorrangig zu prüfenden § 32 StGB führen kann. Dies ist aber nicht immer der Fall.

> **Bsp.:** Anton verfolgt Bruno und will diesen umbringen. Bruno kann sich nur noch dadurch retten, dass er in Rudis Haus einsteigt und sich hierin verbirgt. – Hier lag ein Angriff Antons vor, der Bruno jedoch nicht dazu berechtigte, in Notwehr fremde Rechtsgüter (hier: Rudis Hausrecht) zu beeinträchtigen.[125] Eine Rechtfertigung ergibt sich aber nach § 34 StGB.

---

124 Vgl. hierzu unten Rn. 733 ff.
125 Vgl. hierzu oben Rn. 223.

Eine **Gefahr** kann auch dann vorliegen, wenn der Zustand vom Inhaber des be- 275
troffenen Rechtsguts selbst verschuldet wurde. Sie scheidet jedoch mangels
Schutzbedürftigkeit des Rechtsguts aus, wenn der Inhaber des Rechtsguts dieses
in zulässiger Weise preisgegeben hat oder sich nicht helfen lassen will.

> **Bsp.:** Anton lässt seinen teuren Kaschmirmantel in seinem Vorgarten im Regen
> hängen, damit dieser „etwas zerlebt" aussieht. Bruno weiß dies, ihm blutet
> aber dennoch das Herz. Beim nächsten Wolkenbruch dringt er in Antons Gar-
> ten ein und „rettet" den Mantel. – Hier liegt ein Hausfriedensbruch, § 123
> StGB, vor, der weder durch eine (mutmaßliche) Einwilligung noch durch § 34
> StGB gerechtfertigt ist. Zwar lag eine Gefahr für den teuren Mantel vor, es
> entfiel aber die Schutzbedürftigkeit, da der Eigentümer das Rechtsgut bewusst
> preisgegeben hatte.

Als **zu schützende Rechtsgüter** werden in § 34 StGB ausdrücklich Leben, Leib, 276
Freiheit, Ehre und Eigentum aufgezählt. Darüber hinaus nennt § 34 StGB jedoch
auch noch jedes „andere Rechtsgut", ist in dieser Hinsicht also abschließend. Da
der Gesetzeswortlaut insoweit keine Beschränkung auf zu schützende Individualrechtsgüter enthält, kommen hier auch die – von der Notwehr nicht erfassten –
Allgemeinrechtsgüter in Frage (Bsp.: Sicherheit des Straßenverkehrs, § 316 StGB
– man darf also dem Betrunkenen gewaltsam den Autoschlüssel abnehmen, wenn
dieser sich anschickt, mit seinem Auto nach Hause zu fahren). Selbst eine Beschränkung auf strafrechtlich geschützte Rechtsgüter findet nicht statt, sodass z. B.
auch eine Gefahr für das allgemeine Persönlichkeitsrecht (Art. 2 Abs. 2 i. V. m. 1
Abs. 1 GG), welches ansonsten nirgends eine ausdrückliche Nennung im StGB
findet, eine Notstandslage begründen kann. Allerdings ist in diesen Fällen die
Erforderlichkeit der Maßnahme besonders sorgfältig zu prüfen, da der Schutz von
Rechtsgütern der Allgemeinheit vorrangig eine staatliche Aufgabe darstellt und
der Einzelne insoweit nur im Ausnahmefall tätig werden kann.

Auch im Rahmen des § 34 StGB ist es gleichgültig, ob der Täter eine Gefahr von 277
sich oder einem anderen abwehren will. Denn § 34 StGB erwähnt ausdrücklich
auch die **Notstandshilfe** (= um die Gefahr von sich *„oder einem anderen"* abzuwenden).

b) **Gegenwärtigkeit der Gefahr.** Wie bei der Notwehr, so fordert auch § 34 StGB 278
das „gegenwärtige" Vorliegen einer Gefahr.

> **Definition**
> Unter **Gegenwärtigkeit** versteht man einen Zustand, dessen Weiterentwick-
> lung den Eintritt oder die Intensivierung eines Schadens ernstlich befürchten
> lässt, sofern nicht alsbald Abwehrmaßnahmen ergriffen werden.

Entscheidend für das Merkmal der Gegenwärtigkeit der Gefahr ist dabei die Not- 279
wendigkeit, **umgehend** handeln zu müssen, auch wenn der Zeitpunkt der Schädigung noch nicht absehbar ist. Dabei ist festzustellen, dass sich der Begriff der
„Gegenwärtigkeit der Gefahr" nicht mit dem Begriff des „gegenwärtigen Angriffs"
i. S. des § 32 StGB deckt, sondern weiter ist. So erfasst er auch bestimmte Formen
von **Vorbereitungshandlungen** und sog. **Dauergefahren**. Auch **notwehrähnli-
che Lagen** fallen hierunter.

Bsp.: Anton bastelt im Keller seines Hauses einige „Molotow-Cocktails" und säubert seine Waffen, weil er, wie er seiner Ehefrau Berta erzählt, damit „nachher" ein Asylbewerberheim „platt machen" und die fliehenden Personen „abknallen" will. Berta verriegelt die Kellertür und ruft die Polizei. – Die durch das Einsperren begangene Freiheitsberaubung, § 239 StGB, ist nach § 34 StGB gerechtfertigt. Zwar lag noch kein gegenwärtiger Angriff im Sinne des § 32 StGB vor, durch die Vorbereitungshandlungen begründete Anton jedoch eine gegenwärtige Gefahr im Sinne des § 34 StGB.[126]

Definition

Unter einer **Dauergefahr** versteht man einen gefahrdrohenden Zustand von längerer Dauer, der jederzeit in eine Rechtsgutsbeeinträchtigung umschlagen kann, ohne dass der Zeitpunkt der Rechtsgutsbeeinträchtigung jedoch konkret feststeht. Eine solche Dauergefahr ist dann **gegenwärtig**, wenn der Eintritt einer Rechtsgutsverletzung entweder aktuell droht oder zwar nicht aktuell droht aber jedenfalls so dringend ist, dass die Gefahr jederzeit in einen Schaden umschlagen und nur durch unverzügliches Handeln wirksam abgewendet werden kann.

280 **c) Rechtswidrigkeit der Gefahr.** Die Gefahr muss zudem – was sich der Vorschrift des § 34 StGB aber im Gegensatz zu § 32 StGB nicht ausdrücklich entnehmen lässt – auch rechtswidrig sein. Eine Notstandshandlung darf also dann nicht vorgenommen werden, wenn eine Verpflichtung dazu besteht, die Gefahr oder die Verletzung von Rechtsgütern hinzunehmen.

Bsp.: Anton ist zu Unrecht zu einer Freiheitsstrafe von drei Jahren verurteilt worden. Er wird in die Vollzugsanstalt verbracht, in der er diese Strafe absitzen muss. Bei der nächsten Gelegenheit schlägt Anton einen Wärter nieder und flieht. – Anton ist hier wegen Körperverletzung, § 223 StGB, zu bestrafen. Eine Rechtfertigung nach § 34 StGB scheidet aus. Zwar ist in der (zu Unrecht erfolgten) Verurteilung zu einer Freiheitsstrafe eine Gefahr für das Rechtsgut der Freiheit zu sehen, diese Gefahr ist jedoch nicht „rechtswidrig", da man verpflichtet ist, auch rechtswidrige Urteile „hinzunehmen".

2. Rechtmäßigkeit der Notstandshandlung

281 Liegt eine Notstandslage vor, dann ist weiter zu prüfen, ob der Täter auch so handeln durfte, wie er tatsächlich gehandelt hat. Zu prüfen ist also die Rechtmäßigkeit der Notstandshandlung im konkreten Fall. Hierbei sind vier Prüfungspunkte zu beachten.

282 **a) Geeignetheit.** Wie bei der Notwehr, so muss auch beim rechtfertigenden Notstand die Handlung zur Abwendung der Gefahr geeignet sein. Auch hier beurteilt sich die Tauglichkeit der Maßnahme für die Erfolgsabwendung ex ante. Zwar sind Handlungen, die nur eine ganz fernliegende Rettungschance bieten, zur Gefahrenabwehr ungeeignet, das bloße Scheitern des Gefahrabwendungsversuchs schließt

---

[126] Weiteres „klassisches" Beispiel für Dauergefahren sind die Haustyrannenfälle, vgl. hierzu unten Rn. 284, 385, 387.

hingegen die Geeignetheit nicht aus, wenn aufgrund einer vorherigen Prognose eine Gefahrabwendung nicht ganz unwahrscheinlich war.

> **Bsp.:** Bruno wird von Anton verfolgt, der ihn verprügeln will. Auf der Flucht dringt Bruno durch ein Kellerfenster in ein fremdes Haus ein, um sich dort zu verstecken. Wider Erwarten wird er dennoch von Anton entdeckt und verprügelt. – Obwohl Bruno durch das Eindringen in ein fremdes Haus (strafbar nach § 123 StGB) die Gefahr für seine körperliche Integrität letztlich nicht abwenden konnte, waren die Handlungen dennoch grundsätzlich geeignet, der Gefahr entgegenzuwirken. Bruno ist also im Hinblick auf den tatbestandlich vorliegenden Hausfriedensbruch nach § 34 StGB gerechtfertigt.

b) Erforderlichkeit (die Gefahr darf nicht anders abwendbar sein). Auch im Rahmen des § 34 StGB ist eine Erforderlichkeitsprüfung notwendig, die im Gegensatz zu § 32 StGB allerdings häufiger zum Ausschluss dieses Rechtfertigungsgrundes führt. Im Gesetz wird diese Erforderlichkeit dadurch umschrieben, dass die Gefahr „nicht anders abwendbar" sein darf. Der Täter muss also das mildeste Mittel zur Gefahrenabwehr wählen, welches ihm zur Verfügung steht. Im Gegensatz zu § 32 StGB ist dabei nicht zu fordern, dass es auch „gleich effektiv" sein muss. Auch eine „schmähliche Flucht" ist dem Betreffenden hier zuzumuten.

> **Bsp.:** Anton wird von einem Hund angegriffen. Er kann dem Hundebiss dadurch entgehen, dass er a) schreiend davonläuft, b) den Hund mit seinem Schirm oder c) einem Schirm des Eigentümers des Hundes abwehrt, der dadurch (jeweils) zerbricht. – Eine Sachbeschädigung (des Hundes bzw. des Schirmes) ist nur dann nach § 34 StGB gerechtfertigt, wenn die Gefahr (des Hundebisses) nicht anders abgewendet werden kann. Eine andere Abwendbarkeit besteht hier jedoch sowohl in der Flucht als auch in der Verwendung des eigenen Schirms.

Eine Möglichkeit der anderweitigen Abwendbarkeit wird oft darin bestehen, die Polizei bzw. die staatlichen Behörden zu informieren und von dort Schutz und Hilfe zu erbitten. Ob dies in der Praxis effektiv ist, wird zuweilen zwar bezweifelt werden können, die Gerichte tun sich jedoch regelmäßig schwer damit, den staatlichen Behörden bescheinigen zu müssen, dass diese keinen effektiven Schutz für den Bürger gewährleisten können. So wird in den **Haustyrannenfällen** eine Rechtfertigung nach § 34 StGB regelmäßig bereits daran scheitern, dass mögliche Verletzungen oder weitere Demütigungen eines Ehegatten „anders abwendbar" sind als durch die Tötung des „Tyrannen". Denn in aller Regel wird einem Ehegatten hier zugemutet werden, den tobenden, trinkenden und schlagenden Partner anstatt ihn umzubringen doch eher zu verlassen, sich also von diesem zu trennen, zur Polizei zu gehen, die Scheidung einzureichen etc.

c) Interessenabwägung. Die entscheidende Weichenstellung in der Prüfung des § 34 StGB ist die **Interessenabwägung.** Voraussetzung einer Rechtfertigung ist es, dass das durch die Gefahr bedrohte Interesse das mit der Handlung beeinträchtigte Interesse **wesentlich überwiegt.** Nach dem Wortlaut des § 34 StGB sind im Rahmen der Abwägung der widerstreitenden Interessen „namentlich" (d. h.: nicht ausschließlich) die **betroffenen Rechtsgüter** und der **Grad der ihnen drohenden Gefahr** zu berücksichtigen.

286 Es hat also eine umfassende Interessenabwägung stattzufinden, in deren Rahmen **sämtliche schutzwürdigen Interessen** berücksichtigt werden müssen, die im konkreten Fall betroffen sind. Die „Wertigkeit" der verschiedenen Rechtsgüter ist zwar ein gewichtiges Indiz, die Abwägung erschöpft sich hierin jedoch nicht. Insofern muss im Rahmen des § 34 StGB keine reine **Güterabwägung**, sondern eine umfassende **Güter- und Interessenabwägung** vorgenommen werden. Neben den genannten Kriterien sind in die Abwägung daher z. B. mit einzubeziehen:

- Besondere Gefahrtragungspflichten (z. B. bei Feuerwehrleuten, Polizisten)
- Spezielle Schutzpflichten (Garantenstellung)
- Die mit der Tat darüber hinaus noch verfolgten Motive
- Die Ersetzbarkeit des Schadens
- Die Verursachung der Gefahr durch das spätere Opfer (Defensivnotstand)
- Das Ausmaß der drohenden Rechtsgutsverletzung (Schwere der Verletzung, Höhe des Sachschadens)
- Die Wahrscheinlichkeit des Schadenseintritts (Grad der Gefahr)
- Die Größe der Rettungschancen für das zu rettende Rechtsgut (je geringer die Rettungschancen sind, desto mehr Zurückhaltung ist geboten)

Klausurtipp
In Prüfungsarbeiten misslingt diese Interessenabwägung häufig deshalb, weil versäumt wird, die einzelnen Güter und Interessen überhaupt zu nennen. So muss bereits am Anfang der Prüfung festgestellt werden, welches Rechtsgut eigentlich geschützt und welches beeinträchtigt wird. In einem zweiten Schritt sind dann die weiteren Elemente aufzulisten, die im Rahmen des zu beurteilenden Falles in die Abwägung mit einfließen müssen. Erst in einem dritten Schritt ist dann die Abwägung vorzunehmen und das Ergebnis zu präsentieren.

287 Die Interessenabwägung hat somit im Hinblick auf die betroffenen Rechtsgüter **nicht abstrakt** stattzufinden. Zwar überwiegt das Rechtsgut „körperliche Integrität" nach abstrakter Betrachtung das Rechtsgut „Vermögen". Im Einzelfall kann aber auch eine geringfügige Körperverletzung gerechtfertigt sein, wenn dadurch ein Schaden in Millionenhöhe verhindert wird. Einen Anhaltspunkt für die „Wertigkeit" des jeweiligen Rechtsguts gibt die Höhe der Strafandrohung, welche die jeweiligen Strafvorschriften zu dessen Schutz vorsehen. Insgesamt bleibt festzuhalten, dass im Rahmen einer Prüfung des § 34 StGB nicht nur eine sorgfältige Analyse des Sachverhalts und eine Zusammenstellung der abzuwägenden Interessen, sondern auch eine **juristische Argumentation** erforderlich ist (bei der sich in Klausuren schnell „die Spreu vom Weizen" trennt).

288 Ein Problem stellt sich insbesondere beim **Rechtsgut Leben**. Da das geschützte Interesse das beeinträchtigte Interesse „wesentlich" überwiegen muss und menschliches Leben als **absolut** geschützter Rechtswert nicht abwägungsfähig ist, kann nach überwiegender Ansicht eine Beeinträchtigung über § 34 StGB niemals gerechtfertigt sein. Insofern kommt hier regelmäßig nur eine Entschuldigung nach § 35 StGB in Frage.[127]

---

[127] Zu weiteren Beispielen und zur Frage, ob von diesem „unverrückbaren Grundsatz" Ausnahmen zulässig sind, vgl. *Heinrich*, AT, Rn. 425.

Bsp.: Anton und Bruno machen eine Gebirgstour und stürzen in eine Schlucht. Beide sind über ein Seil miteinander verbunden. Während sich Anton schwerverletzt in relativ aussichtsloser Lage befindet, könnte sich Bruno mit letzter Kraft noch retten, wenn er das Seil kappt und Anton dadurch in den sofortigen Tod befördert. Er tut dies. Anton stürzt ab und stirbt. – Hier hat Bruno Antons Tod in seiner konkreten Gestalt verursacht. Er tat dies, um sein Leben zu retten. Antons Leben wäre allerdings ohnehin verloren gewesen. Dennoch schließt die h. M. auch hier eine Rechtfertigung Brunos über § 34 StGB aus.[128] Der absolute Schutz des Lebens vor Vernichtung gebietet es hier, die Tat als Unrecht anzusehen. Bruno ist lediglich über § 35 StGB entschuldigt.

289 Fraglich ist schließlich noch, wie ein **Mitverschulden** des später im Notstand Handelnden zu berücksichtigen ist. Während in § 35 Abs. 1 Satz 2 StGB für den entschuldigenden Notstand in bestimmten Fällen eine besondere Duldungspflicht im Hinblick auf die Gefahr normiert ist (*„namentlich weil er die Gefahr selbst verursacht hat"*), fehlt eine solche Regelung in § 34 StGB. Dennoch ist auch hier das Mitverschulden als ein Kriterium mit in die Abwägung einzubeziehen.

290 **d) Angemessenheitsklausel.** Nach § 34 Satz 2 StGB setzt eine Rechtfertigung über die bereits genannten Erfordernisse hinaus noch voraus, dass *„die Tat ein angemessenes Mittel ist, die Gefahr abzuwenden"*. Diese Angemessenheitsklausel hat allerdings nur einen recht schmalen Anwendungsbereich, da die meisten „unangemessenen" Reaktionen bereits bei der Güter- und Interessenabwägung ausgeschieden werden. Dennoch verbleibt der Angemessenheitsklausel ein gewisser Anwendungsbereich, der – in Anklang an die Einschränkungen in § 32 StGB[129] – als **„sozialethische Einschränkungen"** des Notstandsrechts bezeichnet werden kann. Denn auch wenn die Voraussetzungen des § 34 StGB an sich gegeben sind, gibt es doch immer wieder Fälle, in denen eine Rechtfertigung eines bestimmten Verhaltens mit der Gesamtrechtsordnung nicht vereinbar wäre. Dies ist insbesondere dann der Fall, wenn die Rechtsordnung ein bestimmtes rechtlich geordnetes Verfahren zur Bewältigung bestimmter Krisen- und Gefahrenlagen zur Verfügung stellt.

Bsp.: Der mittellose Ludwig braucht dringend Geld für eine lebensnotwendige Operation. Er kann sich dieses nur dadurch beschaffen, dass er nachts in die Villa des Millionärs Norbert einsteigt und aus dessen Safe 10.000 Euro entwendet. – Geht man allein vom Wortlaut des § 34 Satz 1 StGB aus, so wäre hier an eine Rechtfertigung zu denken: Zur Rettung des Lebens als höchstem Gut wäre es erforderlich und sicherlich auch im Rahmen der Güterabwägung zulässig, einem Millionär Geld zu entwenden. Die Behebung der geschilderten Notlage ist nun allerdings allein Sache der Sozialgemeinschaft. Versagt die Hilfe der Sozialgemeinschaft, so dürfen dem unbeteiligten Einzelnen keine besonderen Duldungspflichten auferlegt werden. – Entsprechendes gilt z. B. dann, wenn einem Sozialhilfeempfänger das letzte Geld gestohlen wird und er sich zum Überleben Lebensmittel an diversen Marktständen stehlen „muss". Sähe man dieses Verhalten als gerechtfertigt an, könnten sich die Eigentümer der Marktstände gegen die Wegnahme ihres Eigentums nicht mittels Notwehr zur

---

128 Vgl. *Perron*, in: Schönke/Schröder, § 34 Rn. 24.
129 Vgl. hierzu oben Rn. 243.

Wehr setzen. Daher ist in diesen Fällen eher eine Lösung über die Schuldebene (§ 35 StGB) angebracht.

3. Gefahrabwendungswille (subjektives Rechtfertigungselement)

291 Wie auch bei der Notwehr, so ist auch bei § 34 StGB ein subjektives Rechtfertigungselement erforderlich. Dies ergibt sich im Rahmen des § 34 StGB eindeutig aus dem Gesetz. Der Täter muss handeln, *„um die Gefahr [...] abzuwenden"*. Dieses Erfordernis kann gedanklich wiederum unter drei verschiedenen Aspekten geprüft werden. Der Täter muss a) Kenntnis davon haben, dass eine Notstandslage vorliegt, er muss b) ferner wissen, dass seine Handlung die Gefahr beseitigt und er muss – nach allerdings wiederum umstrittener Ansicht c) gerade aus der Motivation heraus handeln, die Gefahr abzuwenden (Gefahrabwendungswille). Ob darüber hinaus noch andere Motivationen des Täters mit eine Rolle spielen (Motivbündel), ist gleichgültig.

> **Bsp.:** Anton hat in betrunkenem Zustand einen Verkehrsunfall verursacht, bei dem Bruno schwer verletzt wurde. Da sonst niemand anwesend ist, ist es zur Rettung Brunos erforderlich, dass Anton ihn ins Krankenhaus fährt. Dies ist ihm auch ganz recht, da er einerseits durch sein Entfernen vom Unfallort der Polizei die Möglichkeit nimmt, seine Alkoholisierung festzustellen, und er zudem schnell nach Hause kommt, da er in unmittelbarer Nähe des Krankenhauses wohnt. – Obwohl der Gefahrabwendungswille nicht dominiert, ist Anton im vorliegenden Fall im Hinblick auf eine Strafbarkeit nach §§ 142, 316 StGB gerechtfertigt.

292 Wie schon bei der Notwehr, so ist auch hier umstritten, welche Folge das Fehlen des subjektiven Rechtfertigungselements nach sich zieht. Wiederum stehen sich die Vollendungs- und die Versuchslösung konkurrierend gegenüber.[130] Nach der hier vertretenen Ansicht ist der Täter bei Fehlen des subjektiven Rechtfertigungselements wegen eines vollendeten Delikts zu bestrafen.

III. Typische Anwendungsfälle

293 Als Anwendungsfälle des § 34 StGB bleiben relativ wenige Bereiche übrig, da § 34 StGB lediglich eine Auffangfunktion erfüllt. Bei Vorliegen eines Angriffs ist Notwehr, § 32 StGB, bei Eigentumsdelikten sind in der Regel die zivilrechtlichen Rechtfertigungsgründe vorrangig zu prüfen. Als typische Anwendungsfälle bleiben daher übrig: a) der **Hausfriedensbruch** (Bsp.: Anton flieht bei einer Verfolgung durch Dritte auf ein fremdes Grundstück) – da § 123 StGB das Hausrecht als Recht und nicht als Sache schützt, scheiden die zivilrechtlichen Rechtfertigungsgründe regelmäßig aus – und b) die **Verletzung von Allgemeinrechtsgütern**, da hier weder eine Notwehr[131] greifen kann noch eine Einwilligung möglich ist. Nach teilweise vertretener Ansicht fällt auch der **Nötigungsnotstand** hierunter (der Täter wird durch einen Dritten zur Begehung einer Tat gezwungen). Wie noch zu zeigen sein wird, fehlt es hier jedoch stets

---

130 Vgl. hierzu oben Rn. 264.
131 Vgl. hierzu oben Rn. 228.

an der „Angemessenheit", sodass lediglich eine Entschuldigung nach § 35 StGB in Frage kommt.[132]

> **Literaturhinweise**
>
> **Einführende Aufsätze:** *Bergmann*, Die Grundstruktur des rechtfertigenden Notstandes (§ 34 StGB), JuS 1989, 109 (kurze, studierendengerechte Einführung); *Erb*, Der rechtfertigende Notstand, JuS 2010, 17, 108 (ausführlicher, verständlicher Überblick mit vielen Beispielsfällen); *Kretschmer*, Der Begriff der Gefahr in § 34 StGB, JURA 2005, 662 (kurze Einführung in den Begriff der Gefahr im Sinne von § 34 StGB); *Nestler*, Rechtfertigende Notstände – Grundlagen und notstandsfähige Interessen, JA 2019, 153 (Abgrenzung der verschiedenen rechtfertigenden Notstände)
>
> **Übungsfall:** *Geerds*, Das Ende des Tyrannen, JURA 1992, 321 (kurze Lösungsskizze zu einer Zwischenprüfungsklausur)
>
> **Rechtsprechung: BGHSt 5, 371** – Meineid (zur Problematik des Nötigungsnotstandes); **BGHSt 27, 269** – Kontaktsperre (zur Güterabwägung); **BGHSt 48, 255** – Familientyrann (Dauergefahr und andere Abwendbarkeit der Gefahr); **BGHSt 61, 202** – Sarkoidose (mangelnde Erforderlichkeit bei staatlich vorgesehenem Verfahren); **BGH NJW 1979, 2053** – Spanner (Dauergefahr)

Kapitel 10: Einwilligung

I. Überblick

Im folgenden Abschnitt werden diejenigen Rechtfertigungsgründe behandelt, die eine Rechtswidrigkeit der Tat deswegen entfallen lassen, weil das Tatopfer in irgendeiner Weise mit der Tatbegehung einverstanden ist. Dabei sind die Rechtsfiguren des **Einverständnisses**, der **Einwilligung**, der **mutmaßlichen Einwilligung** und der **hypothetischen Einwilligung** sauber voneinander zu trennen. Während das Einverständnis, wie gleich zu zeigen sein wird, auf Tatbestandsebene zu berücksichtigen ist (also bereits die Tatbestandsmäßigkeit des Handelns ausschließt), handelt es sich bei den anderen Rechtsfiguren allesamt um gewohnheitsrechtlich anerkannte Rechtfertigungsgründe, also solche, die gesetzlich nicht fixiert sind.

Da Rechtfertigungsgründe regelmäßig zugunsten des Täters wirken, ist eine solche gewohnheitsrechtliche Begründung zulässig. Dass aber auch der Gesetzgeber davon ausging, dass die Einwilligung in irgendeiner Form zulässig sein muss, ergibt sich daraus, dass er an manchen Stellen ausdrücklich festgelegt hat, dass eine Einwilligung die Strafbarkeit in den genannten Ausnahmefällen gerade **nicht** ausschließt. So ergibt sich dies z. B. im Wege eines Umkehrschlusses aus der Strafvorschrift der Tötung auf Verlangen, **§ 216 StGB**. Denn das hier erforderliche „ausdrückliche und ernsthafte Verlangen", an welches noch höhere Anforderungen zu stellen sind als an die normale Einwilligung, führt lediglich zu einer Privilegierung des Täters, nicht jedoch zu einem Strafausschluss.

---

132 Vgl. hierzu näher unten Rn. 397.

Hieraus folgt, dass die Einwilligung in eine Tötung die Tat – im Gegensatz zu anderen Tatbeständen des StGB – nicht rechtfertigen kann. Ein weiteres Beispiel ist § **228 StGB**. Nach dieser Vorschrift führt eine Einwilligung in eine Körperverletzung dann nicht zur Rechtfertigung, wenn „die Tat trotz der Einwilligung gegen die guten Sitten verstößt". Daraus folgt aber im Umkehrschluss, dass eine Einwilligung in den übrigen Fällen die Rechtswidrigkeit ausschließt.

II. Das Einverständnis

1. Abgrenzung von Einverständnis und Einwilligung

296 Wenn das Tatopfer mit der Tatbegehung einverstanden ist, führt dies in der Regel dazu, dass sich der Täter nicht strafbar macht. Im Regelfall liegt in diesen Fällen entweder eine Einwilligung oder eine mutmaßliche Einwilligung vor.[133] Hierbei handelt es sich um klassische Rechtfertigungsgründe, die auf Rechtswidrigkeitsebene zu prüfen sind. In manchen Fällen führt aber das Einverstandensein des Opfers auch dazu, dass bereits der Tatbestand des entsprechenden Delikts entfällt. In diesen (wenigen) Fällen, die von den Studierenden „gelernt" werden müssen, spricht man statt von einer Einwilligung von einem (tatbestandsausschließenden) Einverständnis. Die Differenzierung ist wichtig, da das Einverständnis teilweise andere Voraussetzungen hat als die Einwilligung.

297 Während sich die Einwilligung zumeist auf die Tat als solche bezieht, knüpft das Einverständnis an einzelne Tatbestandsmerkmale an, die so gestaltet sind, dass sie bereits begrifflich nicht erfüllt sein können, wenn ein entgegenstehender Wille des Rechtsgutsträgers fehlt.

> **Bsp. (Einwilligung):** Wird eine fremde Sache zerstört, so ändert sich am Merkmal der „Zerstörung" nichts, ob der Eigentümer nun zustimmt oder nicht. Eine „Zerstörung" kann also begrifflich auch dann vorliegen, wenn der Eigentümer mit dieser einverstanden ist. Wer eine fremde Vase auf Wunsch des Eigentümers zerschlägt, begeht also tatbestandlich eine Sachbeschädigung, die aber durch Einwilligung gerechtfertigt ist.

> **Bsp. (Einverständnis):** Wer auf Wunsch seines Freundes dessen Haus betritt, der dringt bereits begrifflich nicht in dessen Haus ein, begeht also bereits tatbestandlich keinen Hausfriedensbruch, § 123 StGB. Das Tatbestandsmerkmal „Eindringen" setzt also bereits begrifflich ein Handeln gegen oder ohne den Willen des Hausrechtsinhabers voraus. Stimmt dieser dem Betreten zu, ist bereits der objektive Tatbestand des Hausfriedensbruches nicht erfüllt, auf eine Einwilligung auf Rechtfertigungsebene kommt es daher gar nicht mehr an. – Gleiches gilt für das Tatbestandsmerkmal der „Wegnahme" beim Diebstahl. Diese setzt einen „Bruch" fremden Gewahrsams voraus, der aber nur dann vorliegen kann, wenn der bisherige Gewahrsamsinhaber den Gewahrsam gerade nicht aufgeben möchte. Man liest also bereits in das Tatbestandsmerkmal „wegnehmen" ein Handeln gegen den Willen des Gewahrsamsinhabers hinein. Ist dieser damit einverstanden, dass ein anderer eine Sache an sich nimmt, ist bereits der objektive Tatbestand des Diebstahls nicht erfüllt.

---

133 Vgl. zur Einwilligung noch näher unten Rn. 302 ff., zur mutmaßlichen Einwilligung Rn. 314 ff.

Schließlich gibt es auch Tatbestände, die ein Handeln „gegen den Willen" des Rechtsgutsträgers bereits ausdrücklich als Tatbestandsmerkmal normieren (vgl. § 248b StGB, unbefugter Gebrauch eines Fahrzeugs). Handelt der Betreffende hier „mit Willen" des Berechtigten, liegt ebenfalls ein Einverständnis vor, welches auf Tatbestandsebene zu berücksichtigen ist.

2. Voraussetzungen für das Vorliegen eines Einverständnisses

Die Voraussetzungen, unter denen ein wirksames Einverständnis angenommen werden kann, weichen von denen der Einwilligung teilweise ab. Es ergibt sich folgendes Schema:

Prüfungsschema
1. Vorliegen eines Tatbestandsmerkmals, welches bereits begrifflich einen entgegenstehen Willen des Betroffenen voraussetzt
2. Natürliche Willensfähigkeit des Betroffenen
3. Innere Zustimmung (eine Erklärung ist nicht erforderlich)
4. Einverständnis muss zum Zeitpunkt der Tat vorliegen

Ausreichend für ein tatbestandsausschließendes Einverständnis ist also die natürliche Willensfähigkeit des Betroffenen. Eine besondere Einsichtsfähigkeit oder Verstandesreife (wie sie bei der Einwilligung zu fordern ist[134]) ist nicht notwendig. Verlangt wird allerdings eine bewusste innere Zustimmung, eine bloße Duldung des Geschehens oder eine Zustimmung unter Zwang reicht nicht aus. Allerdings muss die innere Zustimmung nicht ausdrücklich erklärt werden, es reicht aus, dass sie vorliegt. Im Gegensatz zur Einwilligung spielt es zudem keine Rolle, ob diese Zustimmung durch eine Täuschung erschlichen wurde.

> **Bsp.:** Anton überredet die vierjährige Anna, ihm gegen ein Bonbon ihren neuen teuren Roller zu geben. Da Anna im Moment mehr Lust auf Bonbons und weniger Lust auf Rollerfahren hat, geht sie auf diesen Tausch ein. – Hier hat Anton der Anna den Roller nicht „weggenommen", da Anna als Gewahrsamsinhaberin mit dem Tausch einverstanden war. Während man im Rahmen der Einwilligung die Tatsache berücksichtigen müsste, dass sich Anna der Tragweite ihrer Entscheidung infolge ihres jugendlichen Alters nicht bewusst war (und eine entsprechende Einwilligung daher unwirksam wäre), reicht der natürliche Wille Annas, den Roller weggeben zu wollen, für ein Einverständnis aus. Ein solches läge selbst dann vor, wenn Anton nie vorhatte, ihr als „Gegenleistung" tatsächlich ein Bonbon zu geben (= Täuschung). Nicht ausreichend wäre es hingegen gewesen, wenn Anna die Mitnahme des Rollers nur duldet, weil sie Angst vor Anton hat oder dieser sie etwa unter Androhung von Schlägen dazu bewogen hat, ihm den Roller zu geben.

Liegt ein Einverständnis vor, ist bereits der objektive Tatbestand nicht erfüllt. Dies hat insbesondere Konsequenzen bei eventuellen Irrtumsfragen. Glaubt der Täter nämlich irrtümlich an das Vorliegen eines Einverständnisses, handelt er im Hinblick auf die Verwirklichung des Tatbestandes ohne Vorsatz. Er unterliegt einem Tatbestandsirrtum, § 16 StGB, der den subjektiven Tatbestand entfallen

---
134 Vgl. zu den Voraussetzungen der Einwilligung noch näher unten Rn. 303 ff.

lässt.[135] Liegt andererseits ein Einverständnis tatsächlich vor, von dem der Täter jedoch nichts weiß, entfällt bereits der objektive Tatbestand. Es kommt in diesem Fall lediglich ein Versuch in Betracht.

> **Bsp.:** Wenn Anton die Wohnung seines Bekannten Bruno betritt, weil er glaubt, Bruno habe ihn für diesen Abend zu einem Fest eingeladen (obwohl das Fest tatsächlich erst eine Woche später stattfindet), handelt Anton ohne Vorsatz hinsichtlich des Tatbestandsmerkmals „Eindringen", da er irrtümlich von einem Einverständnis ausgeht. – Betritt Anton hingegen Brunos Wohnung in der Absicht zu stehlen, hat ihn Bruno aber genau an diesem Abend zu einem Fest eingeladen, was Anton aber vergessen hatte, liegt objektiv ein Einverständnis vor, welches den Tatbestand des § 123 StGB entfallen lässt. In Frage käme lediglich ein Versuch, der aber beim Hausfriedensbruch, § 123 StGB, nicht strafbar ist.

III. Die Einwilligung

1. Grundlagen

302 Die Einwilligung stellt einen (ungeschriebenen) Rechtfertigungsgrund dar. Dabei ist zu prüfen, ob der Rechtsgutsträger mit der Verletzung des Rechtsguts einverstanden war. Ist dies der Fall, dann ist zwar der gesetzliche Tatbestand verwirklicht, es entfällt jedoch die Rechtswidrigkeit. Grund für die Rechtfertigung ist der allgemeine Rechtsgrundsatz **„volenti non fit iniuria"** (dem, der es so haben will, geschieht kein Unrecht).

2. Voraussetzungen für das Vorliegen einer Einwilligung

> **Prüfungsschema**
> 1. Vorliegen eines disponiblen Rechtsguts
> 2. Einwilligungsfähigkeit des Betroffenen
> 3. Ausdrückliche oder konkludente Erklärung
> 4. Einwilligung muss durch den Rechtsgutsträger erfolgen
> 5. Einwilligung muss vor der Tatbegehung erklärt werden
> 6. Einwilligung muss zum Zeitpunkt der Tat noch vorliegen
> 7. Freiheit von Willensmängeln
> 8. Subjektives Rechtfertigungsmerkmal

303 a) Eine Einwilligung ist nur möglich, wenn ein **disponibles Rechtsgut** vorliegt, d. h. über das Rechtsgut muss „verfügt" werden können. Eine solche Disponibilität scheidet z. B. bei Allgemeinrechtsgütern (z. B. der Umwelt, der staatlichen Rechtspflege) stets aus. Bei individuellen Rechtsgütern ist die Disponibilität in aller Regel gegeben, kann aber im Einzelfall ausscheiden, wenn das Gesetz etwas anderes vorsieht, wie z. B. bei den Rechtsgütern Leben und körperliche Unversehrtheit, §§ 216, 228 StGB. Werden durch eine Vorschrift mehrere Rechtsgüter geschützt, muss jedes einzelne Rechtsgut disponibel sein.

---

135 Vgl. zum Tatbestandsirrtum noch unten Rn. 704 ff.

Bsp.: Anton beauftragt seinen Freund Bruno, ihn bei der Polizei zu verdächtigen, einen Mord begangen zu haben. Dabei hofft er, hierdurch seine Verhaftung zu bewirken und einige Tage in den „warmen" Räumen der Justizvollzugsanstalt nächtigen zu können. So geschieht es dann auch. – Bruno hat den Tatbestand der falschen Verdächtigung, § 164 StGB, verwirklicht. Geht man davon aus, § 164 StGB schütze lediglich die Rechtsgüter desjenigen, der falsch verdächtigt wird (= Individualrechtsgüter), so würde eine Strafbarkeit hier entfallen. Man ist sich aber weitgehend einig, dass § 164 StGB über den Schutz des Einzelnen hinaus auch die staatliche Rechtspflege als Allgemeinrechtsgut schützt. Diesbezüglich ist eine Einwilligung nicht möglich, sodass eine Rechtfertigung im vorliegenden Fall ausscheidet.

304 b) Der Berechtigte muss ferner **einwilligungsfähig** sein. Dies setzt nach h. M. voraus, dass er infolge seiner geistigen und sittlichen Reife imstande ist, die Bedeutung und Tragweite des Eingriffs in das jeweilige Rechtsgut zu erkennen. Darüber hinaus muss er wissen, dass er durch sein Verhalten auf den Schutz des Rechtsguts verzichtet, und schließlich muss er auch die Sachlage sachgerecht beurteilen. Wann dies vorliegt, ist eine Sache des Einzelfalles. Die Einwilligungsfähigkeit scheidet jedenfalls dann aus, wenn der Betreffende zum Zeitpunkt der „Einwilligung" schuldunfähig ist.

305 Fraglich ist, ob jedenfalls im Hinblick auf Eigentums- und Vermögensdelikte das **Alter eines Minderjährigen** als abstraktes Kriterium herangezogen werden kann, um die Einwilligungsfähigkeit zu bestimmen.[136] Dies wird von manchen Stimmen[137] mit dem Argument der Rechtseinheit zwischen Zivil- und Strafrecht angenommen: Wer zivilrechtlich über eine Sache nicht verfügen könne, der könne dies auch strafrechtlich nicht tun, also z. B. nicht strafrechtlich wirksam in die Vernichtung seines Eigentums einwilligen. Die Regelungen der zivilrechtlichen Geschäftsfähigkeit, §§ 104 ff. BGB, seien hier also analog heranzuziehen. Dem widerspricht jedoch die h. M. zu Recht,[138] denn dies hätte zur Konsequenz, dass ein Minderjähriger zwar in schwerste Verletzungen seines Körpers, nicht jedoch in Beeinträchtigungen seines Eigentums einwilligen könnte. Strafrechtlich kommt es daher im Hinblick auf alle Delikte in gleicher Weise lediglich darauf an, ob der Minderjährige nach seiner geistigen und sittlichen Reife imstande ist, Wesen, Bedeutung und Tragweite des gegen ihn gerichteten Eingriffs und des Verzichts auf den Schutz des Rechtsguts zu erkennen und sachgerecht zu beurteilen. Feste Altersgrenzen können hierfür kein taugliches Kriterium sein.

306 c) Die Einwilligung muss ausdrücklich oder konkludent **erklärt** werden. Im Gegensatz zum tatbestandsausschließenden Einverständnis ist dabei eine Kundgabe nach außen erforderlich, die jedoch nicht zwingend gegenüber dem Täter erfolgen muss.

307 d) Die Einwilligung muss gerade durch den **Inhaber des betroffenen Rechtsguts** (oder den anderweitig zur Disposition über dieses Rechtsgut Befugten) erklärt werden. Dabei ist eine Stellvertretung grundsätzlich zulässig. Bedenken sind allerdings dann angebracht, wenn es sich um höchstpersönliche Rechtsgüter handelt.

---
136 Vgl. hierzu ausführlich *Heinrich*, AT, Problemschwerpunkt 7, Rn. 465 ff.
137 Vgl. MüKo-*Schlehofer*, 4. Aufl., Vor § 32 Rn. 179.
138 Vgl. BGHSt 12, 379 (382); *Roxin/Greco*, AT I, § 13 Rn. 84.

Bei juristischen Personen ist besonders sorgfältig zu prüfen, wer im Einzelfall eine wirksame Einwilligung erteilen kann.

308 e) Die Einwilligung muss **vor der Tatbegehung** erklärt werden und zum Zeitpunkt der Tat **noch vorliegen** (wobei eine einmal erklärte Einwilligung stets widerrufbar ist). Eine nachträgliche Genehmigung ist bedeutungslos. Der Rechtsgutsträger kann also nicht nachträglich ein vorausgegangenes strafbares Verhalten eines anderen „legitimieren" und dadurch dessen Strafbarkeit beseitigen.

> **Bsp.:** Anton überfällt eines Nachts auf der Straße die Berta, schlägt sie nieder und entwendet ihre teure Halskette. Wenig später lernen sich die beiden auf einer Party kennen und werden ein Paar. Als Berta erkennt, dass es Anton war, der sie kurz zuvor überfallen hat, „verzeiht" sie ihm und meint, es sei ihr ohnehin ganz recht gewesen, dass diese alte Halskette „endlich weg" sei. – Trotz dieser nachträglichen „Zustimmung" Bertas hinsichtlich des zuvor von Anton ihr gegenüber begangenen Raubes, § 249 StGB, kann dies die Strafbarkeit nicht nachträglich wieder entfallen lassen, da zum Zeitpunkt der Wegnahme eben gerade keine Einwilligung Bertas vorlag.

309 f) Die Einwilligung muss – im Gegensatz zum tatbestandsausschließenden Einverständnis[139] – zudem **frei von Willensmängeln** sein. Eine auf einem Irrtum beruhende Einwilligung ist ebenso unwirksam wie eine Einwilligung, die durch Täuschung, Drohung oder Gewaltanwendung erreicht wurde. Fraglich ist dabei aber, ob jede Täuschung, also auch eine solche, die lediglich die Motivation für die Preisgabe des Rechtsguts betrifft, zur Unwirksamkeit der Einwilligung führt.[140]

> **Bsp.:** Anton geht das Gekläffe des Hundes seines Nachbarn Norbert auf die Nerven. Er begibt sich daher zu Norbert und bietet ihm an, ihm 1000 Euro zu zahlen, wenn er seinen Hund auf der Stelle erschießen dürfe. Norbert willigt spontan ein, worauf Anton sein mitgebrachtes Jagdgewehr zieht und den Hund erschießt. Als Norbert anschließend die 1000 Euro haben möchte, meint Anton, er habe zu keiner Zeit vorgehabt, Norbert für ein derart sittenwidriges Geschäft Geld zu bezahlen. Fraglich ist, ob die Sachbeschädigung an Norberts Hund, § 303 StGB, hier von einer wirksamen Einwilligung gedeckt war.

310 Nach der **allgemeinen Unwirksamkeitstheorie** ist eine durch Täuschung bewirkte Einwilligung strafrechtlich stets unwirksam.[141] Zutreffend wird hier davon ausgegangen, dass jede täuschungsbedingte Einwilligung die Entscheidungsfreiheit des Einwilligenden aufhebt, die Einwilligung also nicht mehr seinem wahren Willen entspricht. Wer diesen Umstand aber bewusst herbeiführt oder ausnutzt, kann sich nicht mehr auf eine wirksame „Einwilligung" berufen. Diesem Ergebnis wird von der **rechtsgutsbezogenen Unwirksamkeitstheorie** widersprochen.[142] Nach dieser Ansicht ist eine durch Täuschung bewirkte Einwilligung nur dann strafrechtlich unwirksam, wenn die Täuschung eine „rechtsgutsbezogene Fehlvorstellung" bewirke, das Opfer also aufgrund der Täuschung gar nicht wisse, dass es durch seine Einwilligung das Rechtsgut aufgebe. Nur dies führe zur Unkenntnis

---

139 Vgl. hierzu oben Rn. 296 ff.
140 Vgl. hierzu ausführlich *Heinrich*, AT, Problemschwerpunkt 8, Rn. 468 ff.
141 *Baumann/Weber/Mitsch/Eisele-Mitsch*, § 15 Rn. 140 ff.
142 *Kühl*, § 9 Rn. 37 ff.

III. Die Einwilligung

über die Bedeutung, Tragweite und Auswirkung des Rechtsgutsverzichts. Werde hingegen nur über eine der bewussten Aufgabe des Rechtsguts zugrunde liegende Motivation getäuscht (hier: für die Tötung des Hundes als Gegenleistung 1000 Euro zu erhalten), dann müsse die Einwilligung wirksam sein, da ansonsten über Umwege lediglich die Dispositionsfreiheit des Einzelnen geschützt würde und somit bloße Vertragsverletzungen bestraft würden. Schließlich geht die **normative Autonomietheorie** davon aus, dass eine durch Täuschung bewirkte Einwilligung nur dann als strafrechtlich unwirksam anzusehen ist, wenn hierdurch eine selbstbestimmte Entscheidung des Rechtsgutsträgers ausgeschlossen wird.[143] Denn nicht jede Täuschung verhindere die Möglichkeit der autonomen Selbstverwirklichung. Insoweit sei stets eine Einzelfallbetrachtung entscheidend, was aber letztlich zu einer gewissen Rechtsunsicherheit und mangelnden Vorhersehbarkeit der Strafbarkeit führt.

In diesem Zusammenhang sind auch die Fragen der Wirksamkeit der Einwilligung in eine ärztliche Behandlung und der Umfang der **medizinischen Aufklärungspflicht** bei Heilbehandlungen und Operationen einzuordnen. Geht man von der zutreffenden Ansicht aus, dass jeder ärztliche Eingriff in den Körper des Patienten tatbestandlich eine Körperverletzung darstellt, die im Regelfall von einer Einwilligung gedeckt ist,[144] so ist stets zu prüfen, ob diese Einwilligung wirksam ist. Dies wird vor allem dann relevant, wenn der Arzt den Patienten nicht über sämtliche Risiken und Nebenwirkungen aufgeklärt hat. Denn es ist allein Sache des Patienten, das Für und Wider eines ärztlichen Eingriffs zu beurteilen und abzuwägen. Hierzu ist aber eine umfassende Information seitens des behandelnden Arztes erforderlich. Konstruktiv lässt sich die mangelnde Aufklärung auch als Täuschung durch Unterlassen einordnen, wobei dem Arzt aufgrund des Behandlungsvertrages die Pflicht zur umfassenden Aufklärung obliegt.

311

g) Schließlich muss der Täter **in Kenntnis** der Einwilligung und gerade aufgrund der vorliegenden Einwilligung handeln (subjektives Rechtfertigungselement). Fehlt diese Kenntnis oder nimmt der Täter irrtümlich das Vorliegen einer Einwilligung an, führt dies zu folgenden Konsequenzen: Glaubt der Täter irrtümlich an das Vorliegen einer Einwilligung (glaubt also z. B. der Arzt irrtümlich, der Patient hätte in die Operation eingewilligt), liegt objektiv keine wirksame Einwilligung vor. Der Betreffende irrt sich über das Vorliegen von Voraussetzungen, die einen anerkannten Rechtfertigungsgrund darstellen würden (= Erlaubnistatbestandsirrtum[145]) und handelt nach der hier vertretenen Konzeption rechtswidrig. Es entfällt lediglich die Schuld. Liegt hingegen eine Einwilligung vor, von der der Täter jedoch nichts weiß (aus Wut über das ständig auf sein Grundstück fallende Laub fällt Anton den Baum seines Nachbarn, dieser hatte kurz zuvor Antons Ehefrau gebeten, Anton zu fragen, ob dieser eben dies für ihn tun könne, Anton weiß davon aber noch nichts), kommt – je nach Einschätzung der subjektiven Rechtfertigungsmerkmale[146] – Vollendung oder Versuch in Betracht (hier also: eine vollendete oder versuchte Sachbeschädigung).

312

---

143 *Roxin/Greco*, AT I, § 13 Rn. 99.
144 BGHSt 11, 111 (112).
145 Vgl. zum Erlaubnistatbestandsirrtum noch ausführlich unten Rn. 733 ff.
146 Vgl. hierzu oben Rn. 264.

3. Einwilligung bei Fahrlässigkeitsdelikten

313 Die gerade geschilderten Grundsätze über die Einwilligung sind in erster Linie auf Vorsatzdelikte zugeschnitten. Nur hier kann der Täter auch subjektiv „aufgrund der Einwilligung" handeln. Doch auch bei Fahrlässigkeitsdelikten ist eine Einwilligung prinzipiell denkbar. Diese kann in Form der „Einwilligung in die Gefährdung" (= Risikoeinwilligung) vorliegen. Eine solche ist – nach allerdings umstrittener Ansicht – selbst in eine möglicherweise lebensgefährliche Verletzung zulässig, obwohl es sich beim menschlichen Leben nicht um ein disponibles Rechtsgut handelt. Denn das spätere Opfer willigt hier letztlich nicht in die Herbeiführung des tatbestandlichen Erfolges (= Tod), sondern in die sorgfaltspflichtwidrige Handlung (= Lebensgefährdung) ein. Eine Grenze wird allerdings dort zu ziehen sein, wo sich die Lebensgefährlichkeit des Verhaltens geradezu aufdrängt.

> **Bsp.:** Bruno bittet den erkennbar angetrunkenen Anton, ihn nach Hause zu fahren. Anton verursacht einen Unfall, bei dem Bruno schwer verletzt wird. – Anton hat hier tatbestandlich eine fahrlässige Straßenverkehrsgefährdung, § 315c Abs. 3 Nr. 1 StGB, und eine fahrlässige Körperverletzung, § 229 StGB, begangen. § 315c StGB schützt mit der Sicherheit des Straßenverkehrs (auch) ein Allgemeinrechtsgut, eine Einwilligung ist nach herrschender Auffassung also nicht denkbar. Durch das Einsteigen in den PKW hat Bruno aber in voller Kenntnis der Tragweite seiner Entscheidung in die Gefährdung seiner körperlichen Integrität eingewilligt, wobei sich allerdings ein möglicher tödlicher Ausgang der Fahrt nicht aufdrängte. Daher lag eine wirksame Einwilligung in die fahrlässige Körperverletzung vor.

IV. Die mutmaßliche Einwilligung

1. Grundlagen

314 Auch die mutmaßliche Einwilligung stellt einen (ungeschriebenen) gewohnheitsrechtlich anerkannten Rechtfertigungsgrund dar, der in zwei verschiedenen Konstellationen denkbar ist: a) der Täter handelt objektiv gesehen im materiellen Interesse des Betroffenen (also im Interesse des jeweiligen Rechtsgutsträgers) oder b) der Täter handelt zwar aus anderen Motiven, verletzt dabei aber kein schutzwürdiges Interesse des Rechtsgutsträgers.

2. Voraussetzungen für das Vorliegen einer mutmaßlichen Einwilligung

315 **Prüfungsschema**

1. Vorliegen eines disponiblen Rechtsguts
2. Kein Vorliegen einer Einwilligung
3. Kein erkennbares Entgegenstehen des Willens des Rechtsgutsträgers
4. Einwilligungsfähigkeit des Betroffenen
5. Fallgruppen:
   a) Handeln im materiellen Interesse des Betroffenen oder
   b) Handeln, ohne dass schutzwürdige Interessen des Betroffenen berührt sind
6. Subjektives Rechtfertigungsmerkmal

In beiden Fallgruppen kann eine mutmaßliche Einwilligung nur dann in Frage kommen, wenn eine ausdrückliche Einwilligung weder erteilt noch eine solche ausdrücklich abgelehnt wurde. Zudem muss der Berechtigte grundsätzlich einwilligungsfähig sein und es muss sich um ein disponibles Rechtsgut handeln. Dabei sind die gleichen Grundsätze anwendbar wie bei der Einwilligung[147] – mit dem Unterschied, dass eine ausdrückliche Einwilligungserklärung eben gerade nicht vorliegt. Dies bezieht auch das subjektive Rechtfertigungselement mit ein. Eine mutmaßliche Einwilligung scheidet zudem auch dann aus, wenn eine Einwilligung zwar nicht ausdrücklich abgelehnt wurde, der Wille des Berechtigten der Rechtsgutsverletzung aber erkennbar entgegensteht. Dies gilt selbst dann, wenn dies vom Standpunkt des objektiven Betrachters aus „unvernünftig" scheint, wie z. B. bei der Verweigerung einer lebensrettenden Operation.

a) Besonderheiten im Rahmen der Fallgruppe 1: Handeln im materiellen Interesse des Betroffenen. In dieser Fallgruppe ist zu beachten, dass es hier nicht um eine an objektive Kriterien gebundene Güterabwägung zwischen dem beeinträchtigten und dem geschützten Rechtsgut geht, sondern um eine Wahrscheinlichkeitsprognose hinsichtlich des **wahren Willens des Berechtigten** zum Zeitpunkt der Tat. Es muss ermittelt werden, was der Betreffende gewollt hätte, wenn man ihn zuvor hätte fragen können. Hierbei sind frühere schriftliche und mündliche Äußerungen ebenso zu berücksichtigen wie persönliche Wertvorstellungen oder – insbesondere bei der Sterbehilfe – religiöse Überzeugungen. Nur dann, wenn diesbezüglich keine Anhaltspunkte vorliegen, ist davon auszugehen, dass sein hypothetischer Wille mit dem übereinstimmt, was üblicherweise als normal und vernünftig angesehen wird. Lässt sich hingegen – im Wege der Prognose – feststellen, was der Betroffene voraussichtlich gewollt hätte, so muss dem entsprochen werden, auch wenn es sich objektiv gesehen als unvernünftig darstellt.

> **Bsp.:** Anton sieht, dass im Hause seines Nachbarn, der sich zurzeit im Urlaub befindet, ein Feuer ausgebrochen ist. Er schlägt die Wohnungstüre ein und löscht den Brand (typischer Fall der Geschäftsführung ohne Auftrag, §§ 677 ff. BGB). – Hier hat Anton eine Sachbeschädigung, § 303 StGB, an der Haustüre und einen Hausfriedensbruch, § 123 StGB, begangen. Er handelte aber allein im Interesse des Nachbarn, dessen mutmaßliche Einwilligung hier zu unterstellen ist.

Subjektiv ist es notwendig, dass der Täter gerade im materiellen Interesse des Berechtigten handeln will. Dabei muss er das Vorliegen der objektiven Voraussetzungen einer gewissenhaften Prüfung unterziehen. Er muss sämtliche für den hypothetischen Willen bedeutsame Umstände in seine Überlegung mit einbeziehen. Ist diese Voraussetzung erfüllt, bleibt die Tat auch dann rechtmäßig, wenn sich später herausstellt, dass der wirkliche Wille des Rechtsgutsträgers ein anderer war. Ausreichend ist also, dass der Handelnde lediglich aufgrund der ihm bekannten sowie der sonstigen äußeren Umstände eine nachvollziehbare Prognose hinsichtlich des wirklichen Willens trifft (Beurteilung ex-ante).

b) Besonderheiten im Rahmen der Fallgruppe 2: Handlung, die kein schutzwürdiges Interesse des Rechtsgutsträgers berührt. Im Rahmen dieser Fall-

---

147 Vgl. zur Einwilligung oben Rn. 302 ff.

gruppe liegt die Handlung zwar ausschließlich im Interesse des Täters, sie beeinträchtigt aber kein schutzwürdiges Interesse des Rechtsgutsträgers, weshalb auch hier eine Rechtfertigung anzunehmen ist. In diesen Fällen spielt es auch keine Rolle, wenn eine Einwilligung zuvor einholbar wäre, der Täter diese Nachfrage jedoch unterlässt. Subjektiv muss der Täter Kenntnis davon haben, dass sein Handeln dem Interesse des Rechtsgutsträgers nicht widerspricht.

> **Bsp.:** Die Kassiererin Berta sammelt ausländische Euro-Münzen. Immer dann, wenn sie von einem Kunden eine solche Münze bekommt, nimmt sie diese an sich und legt stattdessen eine andere Münze in die Kasse. – Tatbestandlich (Wegnahme einer fremden beweglichen Sache) hat Berta hier einen Diebstahl, § 242 StGB, begangen, da die Münzen im (übergeordneten) Gewahrsam des Geschäftsinhabers standen. Eine Einwilligung lag nicht vor, obwohl Berta diese hätte einholen können. Das Handeln entsprach auch nicht in erster Linie dem mutmaßlichen Willen des Geschäftsinhabers. Er hatte hinsichtlich der Entnahme der Münzen jedoch kein schutzwürdiges Erhaltungsinteresse. Daher lag hier eine mutmaßliche Einwilligung vor.

V. Die hypothetische Einwilligung

319 Im Anschluss an die im Zivilrecht anerkannte Rechtsfigur der hypothetischen Einwilligung wird die Frage diskutiert, ob auch im Strafrecht bei fehlender ausdrücklicher Einwilligung trotz der Möglichkeit, diese vorher einzuholen, eine Rechtfertigung anzunehmen ist, wenn feststeht, dass das Opfer eingewilligt hätte, wenn es zuvor gefragt worden wäre.

> **Bsp.:**[148] Arzt Armin operiert im Rahmen einer Bandscheibenoperation bei der Patientin Paula am falschen Rückenwirbel und vergisst zudem, eine Schraube aus der Wunde zu entfernen. Um seinen guten Ruf nicht zu verlieren, täuscht er ihr später unvorhergesehene Komplikationen vor, ohne sie über den wirklichen Sachverhalt zu informieren. Paula stimmt einer erneuten Operation zu. Sie hätte allerdings auch eingewilligt, wenn Armin ihr den wahren Sachverhalt geschildert hätte. – Infolge der Täuschung lag hier keine wirksame Einwilligung vor, sodass Armin an sich wegen Körperverletzung, § 223 StGB, zu bestrafen wäre. Eine im Vordringen befindliche Ansicht nimmt hier jedoch entweder eine Rechtfertigung aufgrund einer hypothetischen Einwilligung an oder verneint bereits die objektive Zurechnung der fehlerhaften Aufklärung im Hinblick auf den tatbestandlichen Erfolg.

320 Die Rechtsfigur der hypothetischen Einwilligung ist im Strafrecht aber abzulehnen, da sie den Betreffenden geradezu ermutigen würde, auf eine ordnungsgemäße Aufklärung und die Einholung einer wirksamen Einwilligung zu verzichten.

> **Literaturhinweise**
> **Einführende Aufsätze:** *Bergmann*, Einwilligung und Einverständnis im Strafrecht, JuS 1989, L 65 (verständlicher Überblick); *Otto*, Einwilligung, mutmaßliche, gemutmaßte und hypothetische Einwilligung, JURA 2004, 679 (Einführung mit Fallbeispielen); *Rönnau*, Grundwissen – Strafrecht: Einwilligung und Einverständnis, JuS 2007, 18 (prägnante, studierendengerechte Einführung); *Rönnau/Meier*, Grundwissen –

---

148 Fall nach BGH JZ 2004, 799.

Strafrecht: Mutmaßliche Einwilligung, JuS 2018, 851 (prägnante, studierendengerechte Einführung)

Rechtsprechung: BGHSt 4, 88 – Fausthieb (Umfang einer Einwilligung); **BGHSt 11, 111** – Myom (Reichweite der Einwilligung); **BGHSt 12, 379** – Wurmfortsatz (Einwilligung bei ärztlichem Heileingriff); **BGHSt 35, 246** – Sterilisation (Irrtum über die mutmaßliche Einwilligung); **BGHSt 49, 166** – Sadomaso (sittenwidrige Einwilligung in eine Körperverletzung)

Kapitel 11: Sonstige Rechtfertigungsgründe

I. Zivilrechtliche Rechtfertigungsgründe

Der Grundsatz der Einheit der Rechtsordnung erfordert, dass ein Verhalten, welches aufgrund zivilrechtlicher Vorschriften erlaubt ist, nicht als strafrechtlich verboten angesehen wird. Wenn also das Zivilrecht ein Verhalten ausdrücklich gestattet, muss dies dazu führen, dass das Handeln auch strafrechtlich gerechtfertigt ist. Das BGB enthält an mehreren Stellen Rechtfertigungsnormen, von denen die wichtigsten im Folgenden genannt werden sollen.

Mit Ausnahme der strafrechtlich irrelevanten Vorschrift der (zivilrechtlichen) Notwehr in § 227 BGB sind die zivilrechtlichen Rechtfertigungsgründe allesamt durch folgende Grundsätze gekennzeichnet: a) Sie stellen keine Reaktion auf einen menschlichen Angriff dar, denn hier ist die Notwehr als abschließende Spezialregelung anzusehen; b) sie rechtfertigen in der Regel nur Eingriffe in das Rechtsgut Eigentum, d. h. eine Zerstörung bzw. Beschädigung oder Wegnahme von Sachen; c) sie beruhen – in unterschiedlicher Ausprägung – allesamt auf dem Prinzip der Güter- und Interessenabwägung, die im Gesetz in den meisten Fällen auch konkret umschrieben wird.

1. Zivilrechtliche Notwehr, § 227 BGB

In § 227 BGB findet sich eine Regelung über die zivilrechtliche Notwehr, die annähernd dem Wortlaut des § 32 StGB entspricht und sich inhaltlich vollständig mit dieser Vorschrift deckt. Insofern stellt sie keinen zusätzlichen Rechtfertigungsgrund dar und kann daher in strafrechtlichen Arbeiten vernachlässigt werden. § 32 StGB ist als speziellere strafrechtliche Vorschrift stets vorrangig.

2. Defensivnotstand, § 228 BGB

a) **Grundlagen.** Der Defensivnotstand ist in § 228 BGB geregelt.

> **Gesetzestext**
>
> *Wer eine fremde Sache beschädigt oder zerstört, um eine durch sie drohende Gefahr von sich oder einem anderen abzuwenden, handelt nicht widerrechtlich, wenn die Beschädigung oder Zerstörung zur Abwendung der Gefahr erforderlich ist und der Schaden nicht außer Verhältnis zur Gefahr steht.*

325 Die Norm stellt einen speziellen Rechtfertigungsgrund für eine **Sachbeschädigung**, § 303 StGB, dar und kann insoweit als Spezialfall des in § 34 StGB geregelten allgemeinen rechtfertigenden Notstandes angesehen werden.

> **Bsp.:** Anton geht im Wald spazieren, als ihm plötzlich Norberts Schäferhund, der ausgerissen ist, zähnefletschend und hungrig gegenübersteht. Als der Hund sich dann anschickt, Anton anzuspringen und ihn in den Hals zu beißen, kann dieser sich nur noch dadurch helfen, dass er sein Fahrtenmesser zieht und dem Hund eine tödliche Verletzung zufügt. – Da die Schutzinteressen des Bedrohten (Leben bzw. körperliche Unversehrtheit Antons) hier höher zu bewerten sind als die Interessen des Eigentümers am Erhalt der Sache, ist die Sachbeschädigung am Hund, § 303 StGB, nach § 228 BGB gerechtfertigt.

b) Prüfungsschema

326 Prüfungsschema
1. Vorliegen einer drohenden Gefahr für den Betroffenen oder einen Dritten
2. Handeln richtet sich gegen eine Sache
3. Gefahr geht von dieser Sache aus
4. Erforderlichkeit (die Gefahr darf nicht anders abwendbar sein)
5. Güterabwägung (Schaden darf nicht außer Verhältnis stehen)
6. Subjektives Rechtfertigungsmerkmal

Vom sogleich noch zu behandelnden § 904 BGB[149] unterscheidet sich § 228 BGB dadurch, dass es sich hier um eine Gefahr handeln muss, die gerade **von** der später beschädigten oder zerstörten Sache selbst ausgeht. Bei **Tierangriffen** ist zu unterscheiden: Wird das Tier von einem Menschen gehetzt, liegt ein durch das Tier vermittelter menschlicher Angriff vor, sodass § 32 StGB einschlägig ist, wenn es sich dabei um den Eigentümer des Tieres handelt. Handelt das Tier aus eigenem Antrieb oder wird das Tier von einem Dritten gehetzt, greift hingegen § 228 BGB ein. Die Beschädigung oder Zerstörung der Sache ist zur Abwehr der Gefahr dann **erforderlich**, wenn die Gefahr nicht anders abgewendet werden kann. Im Gegensatz zu § 32 StGB ist dem Handelnden im Hinblick auf gegebenenfalls vorliegende Ausweich- und Fluchtmöglichkeiten hierbei allerdings mehr zuzumuten.

327 Im Rahmen der **Güterabwägung** erfordert § 228 BGB allerdings – im Gegensatz zu § 34 StGB und § 904 BGB – kein (wesentliches) Überwiegen des zu schützenden Interesses. Der Schaden am beeinträchtigten (= durch die Tat verletzten) Rechtsgut darf nur nicht „außer Verhältnis" zum geschützten Rechtsgut stehen, d. h. der durch die Beschädigung oder Zerstörung angerichtete Schaden darf nicht wesentlich größer sein als der Schaden, der durch diese Sache droht. Dabei wird man davon ausgehen können, dass zur Verteidigung der Rechtsgüter „körperliche Integrität" und „Leben" Eingriffe in Sachwerte in aller Regel gerechtfertigt sind. Stehen sich nur Sachgüter gegenüber, muss beachtet werden, dass bei der Abwägung nicht ausschließlich der Wert der betroffenen Gegenstände zu betrachten ist. Auch andere Umstände sind hier im Rahmen einer Gesamtabwägung zu berücksichtigen (z. B. ein Mitverschulden des Geschädigten).

---

149 Vgl. hierzu unten Rn. 329 ff.

Auch bei § 228 BGB ist ein **subjektives Rechtfertigungselement** erforderlich: **328**
Der Täter muss die Notstandslage kennen und gerade aus der Motivation heraus
handeln, die Gefahr abzuwenden. Dies ergibt sich bereits aus dem Wortlaut des
§ 228 BGB („*um [...] abzuwenden*").

3. Aggressivnotstand, § 904 BGB

a) **Grundlagen.** Aggressivnotstand ist in § 904 BGB geregelt. **329**

> **Gesetzestext**
>
> *Der Eigentümer einer Sache ist nicht berechtigt, die Einwirkung eines anderen auf die Sache zu verbieten, wenn die Einwirkung zur Abwendung einer gegenwärtigen Gefahr notwendig und der drohende Schaden gegenüber dem aus der Einwirkung dem Eigentümer entstehenden Schaden unverhältnismäßig groß ist.*

Insoweit kann also auch durch § 904 BGB in der Regel (nur) eine **Sachbeschädi- 330
gung** gerechtfertigt werden. Wie schon § 228 BGB, stellt auch § 904 BGB einen
Spezialfall des in § 34 StGB geregelten allgemeinen rechtfertigenden Notstandes
dar und ist daher vorrangig zu prüfen. Im Kern geht es darum, dass ausnahmsweise auch eine völlig unbeteiligte Sache beschädigt oder zerstört werden darf,
wenn dadurch ein größerer Schaden verhindert wird.

> **Bsp.:** Auf einer Party des Bruno greift dessen Gast Anton die ebenfalls anwe-
> sende Petra körperlich an. Diese kann den Angriff nur dadurch abwehren, dass
> sie eine herumstehende Vase ergreift und diese auf Antons Kopf zertrümmert.
> – Hinsichtlich der an Anton begangenen gefährlichen Körperverletzung,
> §§ 223, 224 Abs. 1 Nr. 2 und Nr. 5 StGB, ist Petra durch Notwehr gerechtfer-
> tigt, § 32 StGB. Da es sich bei der durch eine Sachbeschädigung, § 303 BGB,
> zerstörten Vase nicht um eine solche des Angreifers Anton handelte, ist diesbe-
> züglich § 904 BGB einschlägig.

b) **Prüfungsschema**

> **Prüfungsschema** **331**
> 1. Vorliegen einer gegenwärtigen Gefahr für den Betroffenen oder einen Dritten
> 2. Handeln richtet sich gegen eine Sache
> 3. Gefahr geht nicht von der betroffenen Sache aus
> 4. Notwendigkeit (die Gefahr darf nicht anders abwendbar sein)
> 5. Güterabwägung (wesentliches Überwiegen des geschützten Interesses)
> 6. Subjektives Rechtfertigungsmerkmal

Wie schon bei § 228 BGB („drohende Gefahr") ist auch im Rahmen des § 904
BGB der Begriff der „gegenwärtigen" Gefahr weiter als der Begriff des „gegenwärtigen" Angriffs in § 32 StGB. Es muss sich aber um eine Gefahr handeln,
die gerade **nicht** von der betreffenden Sache ausgeht. Hierdurch unterscheidet
sich § 904 BGB von § 228 BGB. Dies hat zur Folge, dass einer Rechtfertigung
nach § 904 BGB auch ein menschlicher Angriff zugrunde liegen kann, der nur
dadurch abgewehrt werden kann, dass der Angegriffene Sachen **eines Dritten**

beeinträchtigt. In aller Regel wird die Gefahr allerdings einen anderen Ursprung haben. Zu denken ist z. B. an Tierangriffe (um einem drohenden Hundebiss zu entgehen, reißt der Täter eine Zaunlatte aus dem Zaun seines Nachbarn, um sich damit gegen den Hund zu verteidigen) oder sonstige Gefahren (um einen Wohnungsbrand zu melden, schnappt sich der Täter das Fahrrad seines Nachbarn, um damit zur Telefonzelle zu radeln; seine Tat nach § 248b StGB ist hier durch § 904 BGB gerechtfertigt).

332 Die Einwirkung auf die Sache muss auch hier zur Abwendung der Gefahr „notwendig" sein, d. h. die Gefahr darf nicht anders als gerade durch die Beeinträchtigung der fremden Sache abwendbar sein. Die „Notwendigkeit" entspricht hierbei der „Erforderlichkeit" i. S. des § 34 StGB. Im Rahmen der **Güterabwägung** ist zu beachten, dass – im Gegensatz zu § 228 BGB aber im Gleichklang mit § 34 StGB – das geschützte Interesse (d. h. das Rechtsgut, welches verteidigt wird) das beeinträchtigte Interesse (d. h. die Sache, auf die eingewirkt wird) wesentlich überwiegen muss. Der durch die Einwirkung auf die Sache angerichtete Schaden darf somit keinesfalls größer, ja nicht einmal in etwa gleich groß sein als der Schaden, der dem Handelnden droht. Auch bei § 904 BGB ist allerdings davon auszugehen, dass drohende Beeinträchtigungen der körperlichen Integrität stets zu einer Rechtfertigung im Hinblick auf die Beschädigung oder Zerstörung einer Sache führen. Wie bei allen Rechtfertigungsgründen, so ist auch hier ein **subjektives Rechtfertigungselement** erforderlich: Der Täter muss die Notstandslage kennen und gerade aus der Motivation heraus handeln, die Gefahr abzuwenden.

4. Allgemeines Selbsthilferecht, § 229 BGB

333 a) **Grundlagen.** Das Selbsthilferecht ist in § 229 BGB geregelt.

§ Gesetzestext

Wer zum Zwecke der Selbsthilfe eine Sache wegnimmt, zerstört oder beschädigt oder wer zum Zwecke der Selbsthilfe einen Verpflichteten, welcher der Flucht verdächtig ist, festnimmt oder den Widerstand des Verpflichteten gegen eine Handlung, die dieser zu dulden verpflichtet ist, beseitigt, handelt nicht widerrechtlich, wenn obrigkeitliche Hilfe nicht rechtzeitig zu erlangen ist und ohne sofortiges Eingreifen die Gefahr besteht, dass die Verwirklichung des Anspruchs vereitelt oder wesentlich erschwert werde.

334 Die Norm soll die Rechte eines Gläubigers schützen, der einen zivilrechtlichen Anspruch sichern will, aber aufgrund der gegebenen Umstände keine gerichtliche Hilfe in Anspruch nehmen kann. Dabei darf der Anspruch über § 229 BGB nicht befriedigt, sondern nur gesichert werden. Durchgesetzt werden muss er weiterhin vor einem Zivilgericht. Auf den ersten Blick enthält § 229 BGB keine Verhältnismäßigkeitsabwägung, da der Wortlaut allein auf die Eilbedürftigkeit abstellt. Eine Einschränkung enthält jedoch § 230 BGB, wonach die Selbsthilfe nicht weiter gehen darf, als dies zur Abwendung der Gefahr erforderlich ist. Für das in § 229 BGB ebenfalls enthaltene Festnahmerecht gelten dieselben Grundsätze wie für das Festnahmerecht nach § 127 StPO.[150]

---

150 Vgl. hierzu unten Rn. 338 ff.

b) Prüfungsschema

> **Prüfungsschema**
> 1. Bestehen eines zivilrechtlichen Anspruchs
> 2. Der Anspruch muss einredefrei, einklagbar und vollstreckbar sein
> 3. Eilbedürftigkeit: Es muss die Gefahr bestehen, dass ohne sofortiges Eingreifen die Verwirklichung des Anspruchs vereitelt oder wesentlich erschwert wird
> 4. Obrigkeitliche Hilfe ist nicht rechtzeitig zu erlangen, auch nicht im Wege der einstweiligen Verfügung oder des Arrests
> 5. Erforderlichkeit, § 230 Abs. 1 BGB
> 6. Subjektives Rechtfertigungselement: Handeln, um den Anspruch zu sichern

335

5. Weitere Selbsthilferechte

Das BGB kennt an mehreren Stellen verstreut noch weitere Selbsthilferechte, z. B. die in Prüfungsarbeiten ab und zu einmal anzusprechende Vorschrift des § 859 Abs. 2 BGB (Besitzkehr).

336

> **Gesetzestext**
> *Wird eine bewegliche Sache dem Besitzer mittels verbotener Eigenmacht weggenommen, so darf er sie dem auf frischer Tat betroffenen oder verfolgten Täter mit Gewalt wieder abnehmen.*

Da die Besitzkehr aber nur selten einmal neben der Notwehr, § 32 StGB, ein eigenständiges Gewicht besitzen wird – in aller Regel wird in diesen Fällen gerade ein gegenwärtiger rechtswidriger Angriff desjenigen vorliegen, der die Sache dem Besitzer weggenommen hat – bedarf sie an dieser Stelle keiner intensiven Betrachtung. Als weitere – sehr spezielle und in juristischen Klausuren kaum einmal relevante – Selbsthilferechte sind noch zu nennen: das Selbsthilferecht des Vermieters, die Entfernung von Sachen zu verhindern, die seinem Pfandrecht unterliegen (§ 562b BGB); das Selbsthilferecht des Verpächters (§ 581 Abs. 2, § 592 Satz 4 i. V. m. § 562b BGB); das Selbsthilferecht des Gastwirts (§ 704 Satz 2 i. V. m. § 562b BGB); die Rechte des Grundstückseigentümers bei Überhang (§ 910 BGB) und das Verfolgungsrecht des Eigentümers eines Bienenschwarms (§ 962 BGB).

337

> **Literaturhinweise**
> **Einführende Aufsätze:** *Pawlik*, Der rechtfertigende Defensivnotstand, JURA 2002, 26 (vertiefende Darstellung des Defensivnotstandes); *Schreiber*, Die Rechtfertigungsgründe des BGB, JURA 1997, 29 (studierendengerechte Einführung anhand von Beispielen)
>
> **Übungsfall:** *Seier*, Der Briefträger mit der Spraydose, JuS 1982, 521 (Anfängerklausur mit Bezügen zu § 228 BGB)
>
> **Rechtsprechung: BGHSt 17, 87** – „Moos-raus-Fall" (gewaltsame Eintreibung von Geldschulden kein Fall des § 229 StGB); **BGH JR 1985, 283** – Motorradfahrer (subjektives Rechtfertigungselement im Rahmen des § 904 BGB); **BayObLG NStZ 1991, 133** – Gänsebrust (zu § 229 BGB); **OLG Frankfurt NJW 1994, 946** – Hausverbot (zu §§ 227, 229 BGB)

II. Öffentlich-rechtliche Rechtfertigungsgründe

1. Allgemeines Festnahmerecht, § 127 Abs. 1 StPO

338 a) **Grundlagen.** Aus dem Bereich der öffentlich-rechtlichen Rechtfertigungsgründe spielt in juristischen Klausuren ausschließlich das allgemeine Festnahmerecht, § 127 StPO, eine gewisse Rolle. Dabei enthält § 127 Abs. 1 StPO das **jedermann**, d. h. jeder Privatperson zustehende Festnahmerecht, während § 127 Abs. 2 StPO ein spezielles Festnahmerecht für Polizeibeamte enthält (welches in juristischen Klausuren kaum einmal eine Rolle spielt).

> **Gesetzestext**
>
> Wird jemand auf frischer Tat betroffen oder verfolgt, so ist, wenn er der Flucht verdächtig ist oder seine Identität nicht sofort festgestellt werden kann, jedermann befugt, ihn auch ohne richterliche Anordnung vorläufig festzunehmen.

339 b) **Prüfungsschema.** Das Prüfungsschema des § 127 Abs. 1 StPO entspricht in seinem Aufbau demjenigen des § 32 StGB.

> **Prüfungsschema**
>
> 1. Vorliegen einer Festnahmelage
>   a) Vorliegen einer frischen Tat
>   b) Täter muss betroffen oder verfolgt sein
>   c) Täter muss der Flucht verdächtig sein oder seine Identität kann nicht sofort festgestellt werden
> 2. Rechtmäßigkeit der Festnahmehandlung
>   a) Geeignetheit
>   b) Erforderlichkeit
>   c) Mittel müssen ausschließlich auf eine Festnahme gerichtet sein
> 3. Festnahmewille (Subjektives Rechtfertigungsmerkmal)
>   a) Kenntnis der Festnahmelage
>   b) Wissen, dass die Handlung der Festnahme dient
>   c) Handeln, um den Betreffenden festzunehmen (Motivation)

340 aa) **Festnahmelage.** Die Festnahmelage setzt voraus, dass der Verdächtige **auf frischer Tat betroffen oder verfolgt** wird. Dabei wird unter dem Begriff der „Tat" nur ein strafbares Verhalten erfasst. Bloße Ordnungswidrigkeiten oder rein zivilrechtlich rechtswidriges Verhalten fallen nicht darunter. Eine „frische Tat" liegt solange vor, wie noch ein unmittelbarer zeitlicher und räumlicher Zusammenhang mit der tatbestandlichen Ausführungshandlung vorliegt. Schließlich muss der Betreffende entweder der Flucht verdächtig sein oder seine Identität darf nicht sofort festgestellt werden können. Letzteres ist beispielsweise dann der Fall, wenn der Verdächtige nach einem Verkehrsunfall mit seinem Pkw flieht, das Unfallopfer zwar das Nummernschild erkennt, sich aber nicht sicher ist, ob der Fliehende tatsächlich der Halter des Fahrzeugs ist.

341 Fraglich ist in diesem Zusammenhang insbesondere, ob die der Festnahme zugrunde liegende Tat tatsächlich begangen worden sein muss oder ob ein dringen-

II. Öffentlich-rechtliche Rechtfertigungsgründe

der Tatverdacht ausreicht.[151] Nach der **strengen Tatlösung** ist eine Rechtfertigung nach § 127 StPO nur bei einer tatsächlich begangenen rechtswidrigen und schuldhaften Straftat möglich.[152] Gestützt wird diese Ansicht auf den Gesetzeswortlaut, der in Abs. 1 eine „frische Tat" fordert, während in Abs. 2 (über § 112 Abs. 1 Satz 1 StPO) ein „dringender Tatverdacht" ausreicht. Die vorläufige Festnahme durch Privatpersonen sei zudem als Ausnahmetatbestand eng auszulegen, sodass ein bloßer Tatverdacht nicht ausreiche. Bestünden Zweifel, so sollten Eingriffe den staatlichen Behörden vorbehalten bleiben. Dagegen wendet sich jedoch zutreffend die von der Rechtsprechung,[153] aber auch von weiten Teilen der Literatur[154] vertretene **Verdachtslösung**. Hiernach reicht ein dringender Tatverdacht zur Rechtfertigung gemäß § 127 Abs. 1 StPO aus, wenn der Festnehmende einen solchen Verdacht nach pflichtgemäßer Prüfung hegen durfte. Denn § 127 StPO ist eine Norm des Prozessrechts. Die vorläufige Festnahme steht am Anfang der strafprozessualen Maßnahmen. Zu Beginn der Ermittlungen ist jedoch stets ein dringender Tatverdacht ausreichend (vgl. insofern auch § 112 StPO, der für die Anordnung von Untersuchungshaft – in der Chronologie also gleichsam den „nächsten Schritt" – das Erfordernis eines dringenden Tatverdachts ausdrücklich anordnet). Auch die Privatperson, die gemäß § 127 Abs. 1 StPO einen anderen festnimmt, handelt in öffentlich-rechtlicher Funktion. Die dort bestehenden Regeln müssen insoweit auch für die Privatperson gelten. Auch ist zu beachten, dass der Festnehmende meist in Bruchteilen von Sekunden entscheiden muss, ob er tätig wird oder nicht. Bleiben Restzweifel, führt dies dazu, dass er eher untätig bleiben wird, da er sich bei einer rechtswidrigen Festnahme dem uneingeschränkten Notwehrrecht des Festgenommenen ausgesetzt sieht. Neben diesen beiden Hauptströmungen existieren noch einige vermittelnde Ansichten, die sich aber nicht durchsetzen konnten. So verlangen einige Stimmen zwar keine strafbare, jedenfalls aber das Vorliegen einer **rechtswidrigen Tat**, damit § 127 Abs. 1 StPO eingreifen kann.[155] Auf ein schuldhaftes Handeln könne es nach dieser Ansicht nicht ankommen. Von anderen Autoren wird auch auf die Rechtswidrigkeit verzichtet und lediglich ein **objektiv tatbestandsmäßiges Handeln** vorausgesetzt.[156] Hinsichtlich der übrigen Merkmale (Vorsatz, Rechtswidrigkeit, Schuld) genüge nach dieser Ansicht ein dringender Tatverdacht.

> Bsp.: Anton bemerkt beim Betreten seines Hauses, dass die Fensterscheibe eingeschlagen, die Wohnung durchwühlt und Wertgegenstände entwendet wurden. Beim Blick durchs Fenster sieht er Otto mit einem größeren Koffer wegrennen. Dieser hat es so eilig, weil er seinen Zug nicht verpassen will. Er hat aber mit dem Einbruch nichts zu tun. Anton hält ihn jedoch für den Einbrecher und folgt ihm. Nachdem Otto auf mehrere Zurufe Antons nicht reagiert, fasst dieser ihn am Arm und hält ihn mit einem schmerzhaften Griff fest. Otto wiederum, der Anton für einen Räuber hält, wehrt sich dagegen, indem er Anton niederschlägt und flieht. – Nach der **strengen Tatlösung** hatte Anton mangels einer von Otto begangenen Tat kein Recht, diesen festzunehmen. Ottos Verteidigung war daher nach § 32 StGB gerechtfertigt. Anton

---

151 Vgl. hierzu ausführlich *Heinrich*, AT, Problemschwerpunkt 9, Rn. 505 ff.
152 *Baumann/Weber/Mitsch/Eisele-Mitsch*, § 15 Rn. 174 f.
153 BGH NJW 1981, 745.
154 *Rönnau*, in: LK, 13. Aufl., Vor §§ 32 ff. Rn. 268.
155 *Jescheck/Weigend*, § 35 IV 2.
156 *Blei*, JA 1972, 792.

selbst befand sich bei der Festnahmehandlung in einem Erlaubnistatbestandsirrtum, der (lediglich) seine Schuld ausschließt. Folgt man hingegen der **Verdachtslösung**, war Antons Zupacken nach § 127 StPO gerechtfertigt. Otto durfte sich dagegen nicht wehren. Da er dies bei seiner „Verteidigung" verkannte, liegt nach dieser Ansicht bei Otto – und nicht, wie nach der strengen Tatlösung bei Anton – ein Erlaubnistatbestandsirrtum vor.

342 bb) **Rechtmäßigkeit der Festnahmehandlung.** Liegt eine Festnahmelage vor, darf der Betreffende festgenommen werden. Dabei müssen jedoch bestimmte Voraussetzungen beachtet werden. Insbesondere ist es entscheidend, dass § 127 StPO nur die Festnahme und die damit notwendigerweise einhergehenden Beeinträchtigungen gestattet. Damit rechtfertigt § 127 StPO lediglich die Beeinträchtigung der körperlichen Bewegungsfreiheit sowie geringfügige Körperverletzungen (z. B. einen Bluterguss infolge harten Zupackens), wobei hinsichtlich der Schwere der zulässigen Beeinträchtigung auch die Schwere der zugrunde liegenden Straftat zu berücksichtigen ist. Schwerwiegende Körperverletzungen oder gar Tötungen können durch § 127 StPO niemals gerechtfertigt sein. Auch ein Schusswaffengebrauch wird im Rahmen des § 127 StPO nur ausnahmsweise zulässig sein, wenn der Festnehmende z. B. einen Warnschuss abgibt, um den Flüchtenden einzuschüchtern. Ein gezielter Schuss ist niemals zulässig. Neben der Festnahme sind allerdings auch weniger einschneidende Maßnahmen wie z. B. die Wegnahme des Personalausweises oder des Zündschlüssels zulässig, um den Verdächtigen an der Flucht mit dem Auto zu hindern. Wehrt sich der Festgenommene gegen eine zulässige Festnahme, kommt für den Festnehmenden allerdings eine Verteidigung in Notwehr, § 32 StGB, in Betracht.

343 cc) **Subjektives Rechtfertigungselement (Festnahmewille)**. Im Rahmen des subjektiven Rechtfertigungstatbestandes muss der Täter die Festnahmelage kennen und darüber hinaus wissen, dass seine Handlung der Festnahme dient. Ferner muss er auch mit Festnahmewillen handeln. Die Festnahme muss überdies dazu dienen, den Betreffenden der Strafverfolgung zuzuführen. Nicht ausreichend ist die Motivation, durch die Festnahme weitere Straftaten zu verhindern oder Beweise zu sichern.

2. Sonstige öffentlich-rechtliche Rechtfertigungsgründe

344 Neben § 127 StPO spielen weitere öffentlich-rechtliche Rechtfertigungsgründe in juristischen Klausuren kaum eine Rolle. Es soll daher an dieser Stelle der Hinweis genügen, dass eine Vielzahl von Ermächtigungsnormen des öffentlichen Rechts sowie andere Handlungsformen der Exekutive den Eingriff in Freiheitsrechte des Bürgers gestatten. Zwar kann in diesen Fällen ein gesetzlicher Tatbestand verwirklicht sein (z. B. Freiheitsberaubung, Hausfriedensbruch), die entsprechende Ermächtigungsvorschrift stellt dann aber einen Rechtfertigungsgrund dar.

345 Fraglich ist, ob daneben auch Rechtfertigungsgründe direkt **aus der Verfassung** abgeleitet werden können. Dies wird überwiegend abgelehnt, da die Wertungen der Verfassung bereits bei der Auslegung der objektiven Tatbestandsmerkmale oder sonstiger Rechtfertigungsgründe ausreichend berücksichtigt werden können. Ist dies aber im konkreten Fall nicht möglich, kann ausnahmsweise auch einmal ein Rechtfertigungsgrund direkt aus einzelnen Grundrechten abgeleitet werden.

Die **rechtswidrige Anordnung** bzw. der **rechtswidrige Befehl** eines Vorgesetzten 346
stellt dagegen keinen Rechtfertigungsgrund für den untergebenen Beamten bzw.
den Soldaten dar, sondern ist, wenn überhaupt, lediglich auf Schuldebene zu beachten. Dies folgt daraus, dass eine rechtswidrige Anordnung, die dazu führen
würde, dass ein Untergebener eine Straftat begeht, regelmäßig unverbindlich ist
und daher nicht befolgt werden muss, sofern der Untergebene die Rechtswidrigkeit der Anordnung erkennt (vgl. u. a. § 63 Abs. 2 Satz 4 BBG, § 5 Abs. 1 WStG,
§ 11 Abs. 2 SoldG). Diese Einordnung wird dadurch gestützt, dass auch der Gesetzgeber in § 3 VStGB bei einem Handeln auf Befehl lediglich (und das auch nur
unter besonderen Umständen) ein Handeln ohne Schuld annimmt.

> **Literaturhinweise**
> **Einführende Aufsätze:** *Otto*, Probleme der vorläufigen Festnahme, § 127 StPO,
> JURA 2003, 685 (kurzer Problemüberblick); *Satzger*, Das Jedermann-Festnahmerecht
> nach § 127 I 1 StPO als Rechtfertigungsgrund, JURA 2009, 107 (studierendengerechte Einführung anhand von Fällen); *Wagner*, Das allgemeine Festnahmerecht gem.
> § 127 Abs. 1 S. 1 StPO als Rechtfertigungsgrund, ZJS 2011, 465 (ausführlicher Überblick)
>
> **Rechtsprechung: BGHSt 45, 378** – Ladendetektiv (Umfang des Festnahmerechts
> bei Tötung des Opfers); **BayObLG NStZ 1988, 518** – Motorradfahrer (Umfang des
> Festnahmerechts des § 127 Abs. 2 StGB)

III. Weitere Rechtfertigungsgründe

Neben den genannten Rechtfertigungsgründen finden sich noch weitere straf- 347
rechtliche Rechtfertigungsgründe, die nicht eindeutig einer der vorgenannten Kategorien zuzuordnen sind. Sie zeichnen sich allesamt dadurch aus, dass sie gesetzlich nicht normiert sind und ihre rechtliche Einordnung zudem lebhaft umstritten
ist. Teilweise werden sie als Rechtfertigungsgründe, teilweise als Entschuldigungsgründe, teilweise auch als Strafausschließungsgründe jenseits von Unrecht und
Schuld angesehen. Mitunter wird auch bereits die Tatbestandsmäßigkeit des Verhaltens im Wege einer teleologischen Reduktion verneint.

1. Rechtfertigende Pflichtenkollision

Die sog. rechtfertigende Pflichtenkollision ist ein spezieller Rechtfertigungs- 348
grund, der im Rahmen der Unterlassungsdelikte entwickelt wurde. Ausgangspunkt hierfür ist, dass eine Person in einer konkreten Situation mehreren rechtlich begründeten Handlungspflichten ausgesetzt ist, wobei sie objektiv nur eine
der Handlungen auf Kosten der anderen vornehmen kann. In diesen Fällen kann
das Unterlassen der anderen Handlung nicht strafbar sein, da die Rechtsordnung
vom Einzelnen nichts Unmögliches verlangen kann („impossibilium nulla obligatio est"). Besondere Beachtung hat die rechtfertigende Pflichtenkollision im
Zuge der Corona-Pandemie auch im Hinblick auf die sogenannte **Triage** erlangt.
Hierunter versteht man – im medizinischen Bereich – Notlagen, in denen Ärzte
keine ausreichenden Apparaturen (Beatmungsgeräte) zur Verfügung haben, um
diese allen Hilfsbedürftigen zur Verfügung zu stellen.

> **Bsp.:** Anton hat ein Tretboot gemietet und fährt damit weit auf einen See
> hinaus. Mit an Bord befinden sich seine beiden Söhne Fritz und Franz sowie

deren Freund Rudi, die alle nicht schwimmen können. Das Tretboot kentert und die Kinder drohen zu ertrinken. Anton selbst ist zwar ein guter Schwimmer, kann aber infolge seiner körperlichen Konstitution nur eines der Kinder retten. Er entscheidet sich für Fritz. Franz und Rudi ertrinken. – Betrachtet man hier isoliert das Verhalten Antons gegenüber Franz und Rudi, liegt jeweils ein Totschlag durch Unterlassen, §§ 212, 13 StGB vor: Als Garant (aus persönlicher Verbundenheit bzw. freiwilliger Übernahme) war er zur Rettung verpflichtet. Diese war ihm auch – bei isolierter Bertachtung – jeweils möglich. Stellt man jedoch auf das Gesamtgeschehen ab, so konnte Anton nur eines der Kinder, nicht aber alle drei retten. Insofern kann die Tötung der beiden anderen Kinder durch Unterlassen kein Unrecht darstellen. Ungeachtet dessen bleibt in dieser Konstellation eine Strafbarkeit aus einem Fahrlässigkeitsdelikt freilich weiterhin denkbar, wenn etwa bereits die Belegung des Tretboots mit vier Personen sorgfaltspflichtwidrig war.

349 Wesentlich ist es, in diesen Fällen zwischen den verschiedenen Verhaltenspflichten zu differenzieren. Der Rechtfertigungsgrund der Pflichtenkollision kann nämlich nur dann eingreifen, wenn es zu einer **Kollision gleichrangiger Verhaltenspflichten** kommt. Bei der **Kollision ungleicher Verhaltenspflichten** hingegen muss der Täter die höherwertige Pflicht erfüllen.

Bsp.: Geht man davon aus, dass die Garantenpflicht aus natürlicher Verbundenheit im Vergleich zur Garantenpflicht aus freiwilliger Übernahme höherwertiger ist, kollidieren im genannten Fall sowohl zwei gleichwertige (Fritz und Franz) als auch zwei ungleichwertige (Fritz und Franz auf der einen, Rudi auf der anderen Seite) Handlungspflichten. Rettet Anton den Fritz, liegt hinsichtlich der Tötung des Franz der Rechtfertigungsgrund der Pflichtenkollision vor. Hinsichtlich der Tötung des Rudi scheidet dagegen bereits das tatbestandsmäßige Verhalten aus, da es an der Zumutbarkeit fehlt (sofern man die Zumutbarkeit zutreffend als Tatbestandselement ansieht). Rettet Anton hingegen den Rudi und lässt seine beiden Söhne ertrinken, macht er sich wegen einer Tötung durch Unterlassen strafbar.

2. Wahrnehmung berechtigter Interessen, § 193 StGB

350 Die Wahrnehmung berechtigter Interessen, gesetzlich geregelt in § 193 StGB, stellt nach zutreffender Ansicht lediglich einen speziellen Rechtfertigungsgrund für die Beleidigungsdelikte dar.[157] Es ist hier kein allgemeiner Rechtsgrundsatz verankert, der auf andere Tatbestände analog anzuwenden wäre.

3. Erlaubtes Risiko

351 Unter dem Begriff „erlaubtes Risiko" versteht man Rechtsgutsverletzungen, die auf sozial normalen, aber gefährlichen Verhaltensweisen beruhen (z. B. die Teilnahme am Straßenverkehr, der Vertrieb gefährlicher Produkte). Diese können strafrechtlich kein Unrecht darstellen, sofern die erforderlichen Sicherungsmaßnahmen und Kunstregeln eingehalten werden. Teilweise wird daher ein Handeln im Rahmen des erlaubten Risikos als Rechtfertigungsgrund angesehen. Wie bei der Erörterung der objektiven Zurechnung gezeigt wurde,[158] ist hier jedoch be-

---

157 *Roxin/Greco*, AT I, § 18 Rn. 39.
158 Vgl. oben Rn. 158.

reits der objektive Tatbestand nicht erfüllt. Es fehlt an der objektiven Zurechnung des Erfolges.

4. Sozialadäquanz

Unter dem Stichwort der „Sozialadäquanz" fasst man oft Handlungen zusammen, die zwar vom Wortlaut einer Strafbestimmung an sich erfasst sind, sich aber völlig im Rahmen der normalen, geschichtlich gewachsenen sozialen Ordnung des Lebens bewegen und daher kein Unrecht darstellen. In diesen Fällen ist (aus unterschiedlichen Gründen) ebenfalls bereits der objektive Tatbestand des jeweiligen Delikts nicht erfüllt, sodass für einen eventuellen Rechtfertigungsgrund kein Raum mehr bleibt.

> **Bsp.:** Gastwirt Gerd schenkt dem Gast Anton Alkohol aus, bis dieser volltrunken ist. Obwohl Gerd mit der Möglichkeit rechnet, dass Anton auf dem Weg nach Hause etwas zustößt, hindert er ihn nicht daran, alleine die Gaststätte zu verlassen. Anton torkelt vor ein fahrendes Auto und erleidet tödliche Verletzungen. – Eine Strafbarkeit Gerds wegen Totschlags durch Unterlassen, §§ 212, 13 StGB, oder jedenfalls wegen einer fahrlässigen Tötung, § 222 StGB, durch aktives Tun (Ausschenken von Alkohol) scheitert hier daran, dass das Ausschenken von Alkohol solange als „sozialadäquat" anzusehen ist, bis der Gast erkennbar betrunken ist. Insofern fehlt es hier jedoch bereits auf Tatbestandsebene an einer Garantenpflicht bzw. einer Sorgfaltspflichtwidrigkeit.

5. Züchtigungsrecht

Das Züchtigungsrecht (d. h. die „Erziehung" von Kindern mittels körperlicher Gewalt) wurde lange Zeit gewohnheitsrechtlich als Rechtfertigungsgrund für Eltern oder gar für Lehrer oder sonstige Aufsichtspersonen angesehen. Hergeleitet wurde es aus dem elterlichen Sorge- und Erziehungsrecht, §§ 1626, 1631 BGB. Hiernach sollte jedenfalls eine „leichte" Züchtigung (der „Klaps auf den Po") zumindest als ultima ratio zulässig sein, wenn a) die Maßnahme bei hinreichendem Züchtigungsanlass objektiv zur Erreichung des Erziehungszwecks geboten war, b) subjektiv vom Erziehungsgedanken beherrscht wurde und c) nach Art und Maß der Züchtigung in einem angemessenen Verhältnis zur Verfehlung und dem Lebensalter des Kindes stand.

Nachdem der Gesetzgeber nunmehr jedoch in § 1631 Abs. 2 BGB geregelt hat, dass „Kinder […] ein Recht auf gewaltfreie Erziehung" haben und „körperliche Bestrafungen, seelische Verletzungen und andere entwürdigende Maßnahmen […] unzulässig" sind, ist diese Ansicht inzwischen mit dem Gesetz nicht mehr vereinbar.[159]

> **Literaturhinweise**
>
> **Einführende Aufsätze:** *Otto*, Rechtfertigung einer Körperverletzung durch das elterliche Züchtigungsrecht, JURA 2001, 670 (knappe Einführung in die Problematik des Züchtigungsrechts); *Roxin*, Die strafrechtliche Beurteilung der elterlichen Züchtigung, JuS 2004, 177 (prägnante Einführung in das Problem); *Satzger*, Die rechtfertigende Pflichtenkollision, JURA 2010, 753 (studierendengerechter Überblick mit Fällen)

---

159 *Roxin/Greco*, AT I, § 17 Rn. 39.

Übungsfall: *Bohnert,* Die Eltern und ihr Sohn, JURA 1999, 533 (Klausur für Fortgeschrittene mit Schwerpunkt auf dem elterlichen Züchtigungsrecht)

Rechtsprechung: BGHSt 3, 105 – Landheim (Irrtum über das Züchtigungsrecht bei Erziehern); **BGHSt 11, 241** – Volksschullehrer (Züchtigungsrecht von Lehrern); **BGHSt 12, 62** – Berufsschuldirektor (Züchtigungsrecht von Berufsschullehrern)

Teil 4: **Schuld**

Kapitel 12: Schuld – Einführung und Systematik

I. Grundlagen

> **Prüfungsschema**
> I. Tatbestand
>   1. Objektiver Tatbestand
>   a) Handlung (z. B. Messerstich)
>   b) Erfolg (z. B. Tod eines Menschen)
>   c) Kausalität
>   d) Objektive Zurechnung
>   2. Subjektiver Tatbestand
> II. Rechtswidrigkeit
> III. Schuld

355

Voraussetzung einer strafrechtlichen Verantwortlichkeit ist die (individuelle) Schuld des Täters. Während die bisher behandelten Prüfungsstufen der Tatbestandsmäßigkeit und der Rechtswidrigkeit das (objektive) Unrecht der Tat kennzeichnen, betrifft die **dritte Gliederungsebene** des Straftataufbaus die **individuelle Vorwerfbarkeit**.

> **Hinweis**
> Bei der Bewertung eines Verhaltens als Unrecht ist zu prüfen, ob ein bestimmtes Verhalten objektiv der Rechtsordnung widerspricht. Dieses Unwerturteil hat weitreichende Konsequenzen: Liegt ein tatbestandsmäßiges und rechtswidriges Verhalten vor, darf dagegen Notwehr geübt werden. Auch Anstiftung und Beihilfe hierzu sind möglich. Schuld hingegen ist die persönliche Vorwerfbarkeit. Hier rückt der individuelle Täter – und nicht die Tat – in den Mittelpunkt der Betrachtung.

Das **Schuldprinzip** stellt heute einen Grundpfeiler unseres Strafrechts dar. Die Schuld gilt dabei als ein unantastbarer Grundsatz und zwingende Voraussetzung für die Legitimität allen staatlichen Strafens („nulla poena sine culpa") und genießt insoweit Verfassungsrang. Eine entsprechende Regelung findet sich im Grundgesetz zwar nicht ausdrücklich, folgt jedoch inzident aus dem Menschenbild des Grundgesetzes (Art. 1 Abs. 1 GG) sowie aus dem Rechtsstaatsprinzip (Art. 20 Abs. 3 GG). Dabei geht das Menschenbild des Grundgesetzes von der

356

Willensfreiheit eines jeden Menschen aus. Jeder Mensch könne frei wählen, ob er sich für das Recht oder für das Unrecht entscheide. Entscheidet er sich für das Unrecht, kann ihm dies persönlich zum Vorwurf gemacht werden. Insofern ist **Schuld nichts anderes als Vorwerfbarkeit.** Sie scheidet dann aus, wenn im Einzelfall eine freie Entscheidung nicht möglich ist, z. B. bei Geisteskranken, Kindern und sinnlos Betrunkenen – oder bei Handeln in einem unvermeidbaren Verbotsirrtum (§ 17 StGB).

357 Das Schuldprinzip findet sich in unserem Rechtssystem in drei verschiedenen Ausprägungen wieder: 1) Kriminalstrafe darf nur darauf gegründet werden, dass dem Täter seine Tat persönlich zum Vorwurf gemacht werden kann (Strafbegründungsschuld); 2) Notwendig ist eine Kongruenz zwischen Unrecht und Schuld, die Schuld muss also sämtliche Elemente des konkreten Unrechts umfassen (Schuld-Unrechts-Kongruenz) und 3) Die vom Gericht verhängte Strafe darf in ihrer Höhe das Maß der Schuld nicht übersteigen. Dies gilt selbst dann, wenn Behandlungs-, Sicherungs- oder Abschreckungsinteressen eine längere Inhaftierung wünschenswert erscheinen lassen (Strafmaßschuld). Dies ergibt sich auch aus § 46 Abs. 1 StGB.

358 Gegenstand des Schuldvorwurfs ist nicht eine allgemeine rechtsfeindliche **Gesinnung**, sondern immer nur die konkrete **Einzeltatschuld**. Zwar kann eine rechtsfeindliche Gesinnung in der jeweiligen Tat zum Ausdruck kommen, weswegen eine solche – wie auch das **Vorleben des Täters** – bei der Strafzumessung berücksichtigt werden kann. Anknüpfungspunkt für die Schuldbeurteilung ist aber stets die konkrete Tat, d. h. das tatbestandsmäßig und rechtswidrig begangene Unrecht. Auch wer sich vorwerfbar bis zur Schuldunfähigkeit betrinkt und dann in diesem Zustand eine Straftat begeht, kann also nicht wegen dieser Tat bestraft werden, da er zum Tatzeitpunkt schuldunfähig war.[160]

II. Prüfungsaufbau und Prüfungsumfang

359 Auch im Rahmen der Schuld sind verschiedene Prüfungspunkte zu beachten, die sich nur teilweise aus dem Gesetz ergeben. Das folgende Prüfungsschema empfiehlt sich im Rahmen des Studiums:

> **Prüfungsschema**
> I. Tatbestand
> II. Rechtswidrigkeit
> III. Schuld
>   1. Schuldfähigkeit
>   2. Spezielle Schuldmerkmale
>   3. Unrechtsbewusstsein
>   4. Schuldform
>   5. Fehlen von Entschuldigungsgründen

> **Klausurtipp**
> Zwar ist die Tatsache, dass der Täter **schuldhaft gehandelt** hat, stets bei jedem Delikt gesondert festzustellen. Liegen aber keine Anhaltpunkte vor, dass ein

---

160 Vgl. aber auch die Rechtsfigur der „actio libera in causa"; unten Rn. 408 ff.

Prüfungspunkt auf Schuldebene problematisch sein könnte, sind nähere Erörterungen – wie schon bei der Feststellung der Rechtswidrigkeit – überflüssig. In der Klausur reicht dann jeweils die Feststellung: **Der Täter handelte auch schuldhaft.**

1. Schuldfähigkeit

Grundsätzlich wird davon ausgegangen, dass jeder Mensch in vollem Umfang **schuldfähig**, d. h. für seine Taten voll verantwortlich ist. Einschränkungen dieses Grundsatzes finden sich in §§ 19, 20 und 21 StGB.

a) § 19 StGB. Diese Vorschrift setzt eine fixe Altersgrenze. Kinder unter **14 Jahren** sind prinzipiell schuldunfähig. Gegen sie darf weder ein Strafverfahren durchgeführt, noch darf eine **Strafe** verhängt werden. Es können jedoch besondere Schutz- und Erziehungsmaßnahmen durch das **Vormundschaftsgericht** bzw. durch das **Jugendamt** getroffen werden. Hierbei handelt es sich jedoch um zivilrechtlich bzw. öffentlich-rechtlich geprägte Sanktionen.

> **Bsp.:** Der 13-jährige Manfred hat sich mit einigen gleichaltrigen Kumpeln zu einer Bande zusammengeschlossen, um nachmittags nach der Schule systematisch in Kaufhäuser einzudringen und anschließend mit den teilweise gewaltsam erbeuteten Waren Handel zu treiben. – Auch wenn es sich bei Manfred um ein für sein Alter bereits weit entwickeltes Kind handelt, kann hier keine Bestrafung erfolgen.

Das deutsche Strafrecht kennt mehrere Altersstufen, an die sich unterschiedliche Regelungen anknüpfen: Dabei sind **Personen unter 14 Jahren** (Kinder) ohne Ausnahme schuldunfähig (vgl. § 19 StGB). **Personen zwischen 14 und 17 Jahren** (Jugendliche; vgl. § 1 Abs. 2 JGG) sind bedingt schuldfähig. Für sie gilt das im JGG geregelte Jugendstrafrecht. Nach § 3 JGG muss dabei im Einzelfall unter Berücksichtigung der Tat und der persönlichen Entwicklungsreife des Jugendlichen festgestellt werden, ob eine Schuldfähigkeit gegeben ist oder nicht. **Personen zwischen 18 und 20 Jahren** (Heranwachsende) sind grundsätzlich in vollem Umfang schuldfähig. Es ist nach § 105 Abs. 1 Nr. 1 und Nr. 2 JGG allerdings zu prüfen, ob eine „Reifeverzögerung" vorliegt oder es sich bei dem Delikt um eine typische Jugendverfehlung handelt (Schlägerei in der Disko, Fahren ohne Fahrerlaubnis etc.), was zur Folge hat, dass hinsichtlich des Verfahrens und der Rechtsfolgen (nicht aber im Hinblick auf die grundsätzliche strafrechtliche Verantwortlichkeit) Jugendstrafrecht anwendbar ist. **Personen über 21 Jahren** sind im Regelfall voll schuldfähig, außer die Schuldfähigkeit ist nach § 20 StGB ausgeschlossen.

b) § 20 StGB. In § 20 StGB wird geregelt, wann ein Täter **schuldunfähig** ist. Liegen die hier genannten Voraussetzungen vor (der Täter muss wegen einer krankhaften seelischen Störung, wegen einer tief greifenden Bewusstseinsstörung oder wegen einer Intelligenzminderung oder einer schweren anderen seelischen Störung unfähig sein, das Unrecht der Tat einzusehen oder nach dieser Einsicht zu handeln), kann der Täter nicht bestraft werden. Möglich bleibt jedoch, da auch weiterhin eine rechtswidrige Tat vorliegt, eine Unterbringung in einem psychiatrischen Krankenhaus oder einer Entziehungsanstalt (§§ 63, 64 StGB). Auch ist daran zu denken, dass dann, wenn eine Schuldunfähigkeit wegen Vollrausches vorliegt, stets eine Bestrafung nach § 323a StGB zu prüfen ist.

364 Die Beurteilung der Schuldfähigkeit nach § 20 StGB ist in der Praxis auch für den Richter eine schwierige Aufgabe, die oft nur durch Unterstützung seitens eines medizinischen, psychologischen oder psychiatrischen Sachverständigen geleistet werden kann. Eine solche Begutachtung wird in einer juristischen Klausur im Rahmen der universitären Ausbildung nicht gefordert, weshalb die folgenden Ausführungen bewusst knapp gehalten sind.

> **Klausurtipp**
> Als „Obersatz" kann man sich merken, dass von § 20 StGB in erster Linie Geisteskranke und Rauschtäter erfasst sind, wobei der Sachverhalt stets eindeutige Angaben enthalten muss (z. B.: „Anton tötet im Vollrausch den Bruno"; „Der geisteskranke Rudolf überfällt die Witwe Wilma"; „Viktor tötet im Zustand der Schuldunfähigkeit seine Geliebte"). Fehlen entsprechende Informationen, so ist von der vollen Schuldfähigkeit des Täters auszugehen.

365 Schuldunfähig handelt, wer aus den in § 20 StGB genannten Gründen entweder (1) unfähig ist, das Unrecht der von ihm begangenen Tat einzusehen (= fehlende Einsichtsfähigkeit) oder (2) das Unrecht der Tat zwar einsieht, aber unfähig ist, nach dieser Einsicht zu handeln (= fehlende Steuerungsfähigkeit).

> **Bsp.:** Der krankhafte Triebtäter Toni kann also entweder bereits nicht einsehen, dass eine Vergewaltigung, § 177 Abs. 2 StGB, überhaupt Unrecht ist, weil er denkt, dass sein Verhalten doch in Ordnung sei, oder aber er weiß zwar, dass er das, was er tut, eigentlich nicht tun darf, er kann aber infolge seines Triebes nicht anders handeln, verhält sich also ausschließlich trieb- und nicht willensgesteuert.

366 Die Unfähigkeit, das Unrecht einzusehen oder nach dieser Einsicht zu handeln, muss auf einer der in § 20 StGB genannten Ursachen beruhen. Es kann entweder eine **krankhafte seelische Störung** (z. B. Schizophrenie, Psychosen, Epilepsie, Alzheimer), eine **tief greifende Bewusstseinsstörung** (z. B. Vollrausch, totale Übermüdung, Hypnose), eine **Intelligenzminderung** (z. B. angeborene Intelligenzschwäche, geistige Behinderung, veraltet auch Debilität) oder **eine andere seelische Störung** (z. B. Neurosen oder Triebstörungen, bei denen keine organischen Ursachen feststellbar sind, Spielsucht) vorliegen. Eine dieser vier Voraussetzungen muss dabei kumulativ zu den oben genannten Voraussetzungen gegeben sein. Die Unfähigkeit, das Unrecht der Tat einzusehen oder nach dieser Einsicht zu handeln, muss also auf einer dieser vier Ursachen beruhen.

367 In der Praxis (und auch in juristischen Klausuren) wird man es besonders häufig mit dem **Alkoholrausch** zu tun haben. Wesentlich ist dabei, dass bei der Frage, ob ein alkoholbedingter Rausch vorliegt, der die Schuldfähigkeit ausschließt oder zu verminderter Schuldfähigkeit führt, **keine festen Grenzwerte existieren**, wie dies z. B. bei der alkoholbedingten Fahruntauglichkeit der Fall ist. So kann ein Täter auch bei einer Blutalkoholkonzentration von mehr als 3,0 Promille noch voll schuldfähig sein, während ein anderer die Grenze der Schuldunfähigkeit schon bei einem Wert von 1,5 Promille erreicht hat. Es ist also stets eine Einzelfallprüfung erforderlich.

368 c) **§ 21 StGB.** Diese Vorschrift regelt die **verminderte Schuldfähigkeit**. Kennzeichnend hierfür ist, dass in diesen Fällen die Schuld nicht ausscheidet, sondern aufgrund der genannten Umstände lediglich eine Strafmilderung möglich ist. Die Strafe **kann** nach § 21 StGB gemildert werden, eine Milderung muss aber nicht erfolgen. Insoweit ist stets eine Einzelfallentscheidung erforderlich, weshalb § 21 StGB in juristischen Klausuren selten eine Rolle spielt.

2. Spezielle Schuldmerkmale

Wie schon auf der Ebene des **Tatbestandes** und der **Rechtswidrigkeit**, so gibt es auch im Rahmen der Schuld vereinzelt Fälle, in denen eine gesetzliche Vorschrift die Strafbarkeit ausdrücklich an das Vorliegen zusätzlicher besonderer (Schuld-)Merkmale (nach anderer Terminologie: Gesinnungsmerkmale) knüpft. Da es sich hierbei regelmäßig um subjektive Merkmale handelt, ist vielfach umstritten, ob ein Merkmal als subjektives Tatbestandsmerkmal oder als Schuldmerkmal anzusehen ist. Dies gilt insbesondere für die – nach zutreffender Ansicht allerdings als subjektive Tatbestandsmerkmale einzuordnenden – Mordmerkmale der 1. und 3. Gruppe des § 211 Abs. 2 StGB. **369**

> **Bsp.:** Als spezielle Schuldmerkmale weitgehend anerkannt sind: das „böswillige" Verächtlichmachen in § 90a Abs. 1 Nr. 1 StGB (Verunglimpfung des Staates und seiner Symbole), die „böswillige" Vernachlässigung in § 225 StGB (Misshandlung von Schutzbefohlenen), die „Rücksichtslosigkeit" in § 315c StGB (Gefährdung des Straßenverkehrs).

3. Unrechtsbewusstsein

a) **Grundlagen.** Das Unrechtsbewusstsein ist der **Kern** des strafrechtlichen Schuldvorwurfs. Man versteht hierunter *„die Einsicht des Täters, Unrecht zu tun"* (vgl. § 17 Satz 1 StGB). Fehlt diese Einsicht, dann liegt ein Verbotsirrtum vor, der bei Unvermeidbarkeit des Irrtums die Schuld ausschließt. Dies wird jedoch nur selten der Fall sein. Denn derjenige, der vorsätzlich einen gesetzlichen Tatbestand verwirklicht und der auch weiß, dass keine Rechtfertigungssituation vorliegt, der weiß in aller Regel auch, dass er **Unrecht** tut. Er kann sich dann nicht damit herausreden, er wisse nicht, dass sein Verhalten strafbar ist. **370**

In diesem Zusammenhang ist es nicht erforderlich, dass der Täter die verletzte Strafnorm als solche kennt. Es reicht aus, dass er entweder positiv weiß oder aber jedenfalls vermutet, dass sein Verhalten **rechtlich verboten** ist. Dabei genügt eine Vermutung, dass das Verhalten gegen irgendwelche rechtlichen Regelungen verstößt. Nicht ausreichend ist es hingegen, wenn der Täter sein Verhalten lediglich für moralisch bedenklich hält. **371**

> **Bsp.:** Anton fährt betrunken Auto. Zwar weiß er nicht, dass er dadurch eine Straftat begeht, ihm ist jedoch bekannt, dass ihm deswegen der „Führerschein abgenommen" werden kann. Dieses Wissen, dass das eigene Verhalten „irgendwie" gegen rechtliche Vorschriften verstößt, reicht für das Vorliegen des Unrechtsbewusstseins aus.

Im Regelfall liegt das Unrechtsbewusstsein zumindest bei Strafnormen des sog. **Kernstrafrechts**, d.h. den in das StGB aufgenommenen Strafvorschriften, vor. Dagegen kann es im Bereich des (teilweise sehr abgelegenen) **Nebenstrafrechts** durchaus einmal vorkommen, dass der Handelnde die entsprechende Verbotsnorm nicht kennt. Relevant werden kann ein Verbotsirrtum (als sog. „Erlaubnisirr- **372** tum"[161]) auch auf der Ebene der Rechtswidrigkeit, wenn sich der Täter über die Reichweite eines Rechtfertigungsgrundes irrt.

> **Bsp.:** Anton nimmt Bruno eine Schachtel Zigaretten weg. Dieser zieht sofort eine Pistole, tötet den Anton und glaubt dabei, in berechtigter Notwehr zu handeln. – Hier überdehnt Bruno den Rechtfertigungsgrund der Notwehr, § 32 StGB, da es trotz vorliegender Notwehrlage nicht zulässig ist, zur Verteidigung einer Schachtel Zigaretten den Angreifer zu töten. Irrt sich Bruno hierüber, liegt ein (vermeidbarer) Verbotsirrtum in Gestalt des Erlaubnisirrtums vor.

373 **b) Unrechtsbewusstsein als selbstständiges Schuldelement.** Nach der geltenden Gesetzeslage bildet das Unrechtsbewusstsein ein **selbstständiges Schuldelement**, welches vom (Tatbestands-)Vorsatz zu unterscheiden ist. Dies war nicht immer so. Vielmehr war das Verhältnis von Unrechtsbewusstsein und Vorsatz lange Zeit Gegenstand heftiger Auseinandersetzungen zwischen der sog. **Vorsatztheorie** (die das Unrechtsbewusstsein als Bestandteil des Vorsatzes ansieht) und der sog. **Schuldtheorie** (die das Unrechtsbewusstsein als selbstständiges Schuldelement betrachtet). Nachdem der BGH sich im Jahre 1952 der Schuldtheorie angeschlossen hat, wurde diese 1975 in § 17 StGB auch gesetzlich verankert. Da die Diskussion allerdings auch heute noch geführt wird und in gewissem Umfang insbesondere bei der Behandlung des sog. Erlaubnistatbestandsirrtums[162] zu unterschiedlichen Ergebnissen führen kann, besitzt der Streit auch heute noch eine gewisse Relevanz.[163]

374 **c) Aktuelles und potentielles Unrechtsbewusstsein.** In aller Regel wird dem Täter das Unrecht seiner Tat bewusst sein. Man spricht dann vom **aktuellen Unrechtsbewusstsein**. Aus der Regelung des § 17 StGB, nach der bei einem Verbotsirrtum die Schuld nur dann entfällt, wenn der Täter den Irrtum „nicht vermeiden" konnte, ist allerdings zu folgern, dass der Täter nicht notwendigerweise eine aktuelle Unrechtskenntnis haben muss. Vielmehr reicht es aus, wenn er bei einem für ihn zumutbaren Einsatz seiner Erkenntniskräfte und Wertvorstellungen das Unrecht der Tat hätte einsehen können, insoweit also Einsicht in das Unrecht hätte gewinnen können. Man spricht in diesen Fällen von einem **potentiellen Unrechtsbewusstsein**.

> **Bsp.:** Insoweit handelt es sich bei einem (vermeidbaren) Verbotsirrtum um einen Irrtum des Täters über die Wertvorstellungen der Gesellschaft. Er hält sein Verhalten für erlaubt, obwohl er bei näherem Nachdenken hätte darauf kommen können, dass sein Verhalten verboten war.

375 **d) Tatbestandsbezogenheit des Unrechtsbewusstseins.** Darauf hinzuweisen ist noch, dass das Unrechtsbewusstsein **tatbestandsbezogen und teilbar** ist. Dies bedeutet, dass der Täter jeweils den spezifischen Unrechtsgehalt der konkreten Tat (und insoweit auch des konkret verwirklichten Tatbestandes) erfassen muss. Sind mehrere Strafvorschriften betroffen, reicht es also nicht aus, dass der Täter sein Verhalten insgesamt für rechtswidrig hält. Es kann insoweit also durchaus vorkom-

---

161 Vgl. hierzu noch ausführlich unten Rn. 742 f.
162 Vgl. hierzu noch ausführlich unten Rn. 733 ff.
163 Vgl. hierzu den kurzen Überblick bei *Heinrich*, AT, Rn. 550 f.

men, dass der Täter, wenn er gleichzeitig zwei verschiedene Tatbestände verwirklicht, nur bezüglich des einen Unrechtsbewusstsein besitzt.

4. Schuldform

Unter dem Begriff der Schuldform erörterte man früher die Abgrenzung von Vorsatz und Fahrlässigkeit. Hiernach waren Vorsatz und Fahrlässigkeit keine Bestandteile des (subjektiven bzw. objektiven) Tatbestandes und daher des Unrechts einer Tat, sondern sie waren als subjektive Merkmale vollständig der Schuld zuzuordnen. Da jedoch das Unrecht z. B. einer vorsätzlichen Tötung wesentlich höher ist als das Unrecht einer fahrlässigen Tötung oder gar einer Tötung, die der Täter zwar kausal verursacht hat, hinsichtlich derer man ihm aber keinen Vorwurf machen kann, sieht die heute herrschende Lehre zurecht den (Tatbestands) Vorsatz als Merkmal des subjektiven Tatbestandes[164] und die Verletzung der objektiv erforderlichen Sorgfalt beim Fahrlässigkeitsdelikt als Element des objektiven Tatbestandes an. Insofern sind sie auf Schuldebene nicht erneut zu berücksichtigen.

Diese Einordnung führt jedoch nicht dazu, dass dieser Prüfungspunkt auf Schuldebene vollständig entfällt. Denn nach h. M. werden lediglich der Vorsatz im Hinblick auf das Vorliegen der objektiven Tatbestandsmerkmale (= Tatbestandsvorsatz) sowie die objektiven Fahrlässigkeitselemente in den Tatbestand vorverlagert. Dagegen verbleiben der Vorsatz im Hinblick auf das Vorliegen der tatsächlichen Voraussetzungen einer Rechtfertigungslage (= Rechtfertigungsvorsatz; vgl. hierzu die Ausführungen beim Erlaubnistatbestandsirrtum[165]) und die subjektiven Fahrlässigkeitselemente (individuelle Vorhersehbarkeit und Vermeidbarkeit[166]) als Prüfungspunkte im Rahmen der Schuld.

5. Fehlen von Entschuldigungsgründen

Während das Vorliegen von Rechtfertigungsgründen die Rechtswidrigkeit eines Verhaltens ausschließt, führt das Vorliegen von Entschuldigungsgründen dazu, dass im Einzelfall die Schuld des Täters entfällt. Hierzu soll im folgenden Kapitel Stellung genommen werden.

Literaturhinweise

Einführende Aufsätze: *Blau/Franke*, Prolegomena zur strafrechtlichen Schuldfähigkeit, JURA 1982, 393 (vertiefender Aufsatz); *Keiser*, Schuldfähigkeit als Voraussetzung der Strafe, JURA 2001, 376 (verständliche Einführung); *Wolfslast*, Die Regelung der Schuldfähigkeit im StGB, JA 1981, 464 (klarer Überblick)

Rechtsprechung: BGHSt 2, 194 – Anwaltsnötigung (Grundlagen der strafrechtlichen Irrtumslehre); **BGHSt 43, 66** – Alkoholkonsum (kein gesicherter Rückschluss von Alkoholkonzentration auf Steuerungsunfähigkeit); **BGH NJW 1953, 513** – Euthanasie (übergesetzlicher Entschuldigungsgrund)

---

164 Vgl. hierzu bereits oben Rn. 72.
165 Vgl. hierzu noch ausführlich unten Rn. 733 ff.
166 Vgl. hierzu noch ausführlich unten Rn. 669 f.

Kapitel 13: Entschuldigungsgründe

I. Grundlagen

379 In gleicher Weise, wie das Vorliegen eines Rechtfertigungsgrundes die Rechtswidrigkeit der Tat beseitigt, lässt die Annahme eines Entschuldigungsgrundes die Schuld des Täters entfallen. Begrifflich sind die **Entschuldigungsgründe** dabei abzugrenzen von den **Schuldausschließungsgründen**. Unter den letzteren versteht man diejenigen Faktoren, die die Schuld als solches ausschließen, da es an einem konstitutiven Merkmal der Schuld fehlt (z.B. die Schuldunfähigkeit, § 20 StGB oder das Unrechtsbewusstsein).

380 Demgegenüber wird bei den Entschuldigungsgründen infolge einer bestehenden Konfliktlage lediglich der Unrechts- und Schuldgehalt der Tat so weit herabgesetzt, dass der Gesetzgeber von der Erhebung eines Schuldvorwurfes absieht. Kennzeichnend für die Entschuldigungsgründe ist, dass der Täter sich in einer außergewöhnlichen Situation einem so großen Druck ausgesetzt sieht, dass ihm die Einhaltung der Gebote und Verbote des geltenden Rechts kaum mehr möglich oder zumutbar ist. Das StGB kennt mit dem entschuldigenden Notstand, § 35 StGB, und dem Notwehrexzess, § 33 StGB, zwei geschriebene Entschuldigungsgründe. Wie schon bei den Rechtfertigungsgründen so ist auch hier der Katalog nicht abschließend, auch wenn sich bis heute nur wenige allgemein anerkannte ungeschriebene Entschuldigungsgründe entwickelt haben.

II. Entschuldigender Notstand, § 35 StGB

381 Der entschuldigende Notstand, § 35 StGB, entspricht in seiner Struktur dem rechtfertigenden Notstand, § 34 StGB. Auch hier ist zwischen der Notstandslage und der Zulässigkeit der Notstandshandlung zu unterscheiden. Zudem muss der Täter auch subjektiv aufgrund des vorliegenden besonderen Motivationsdruckes (seelische Zwangslage) handeln. Daraus ergibt sich bei § 35 StGB folgendes

Prüfungsschema
1. **Vorliegen einer Notstandslage**
   a) Gefahr für ein bestimmtes Rechtsgut (Leib, Leben, Freiheit)
   b) Gefahr für eine bestimmte Person
   c) Gegenwärtigkeit der Gefahr
2. **Rechtmäßigkeit der Notstandshandlung**
   a) Geeignetheit
   b) Erforderlichkeit (die Gefahr darf nicht anders abwendbar sein)
   c) Verhältnismäßigkeit
   d) Besondere Hinnahmepflichten, § 35 Abs. 1 Satz 2 StGB
      aa) Selbstverursachung der Gefahr
      bb) Bestehen eines besonderen Rechtsverhältnisses
      cc) Gesetzliche Duldungspflichten
3. **Handeln aufgrund eines besonderen Motivationsdruckes (subjektives Element)**
   a) Kenntnis der Notstandslage

> b) Wissen, dass die Handlung zur Gefahrabwendung dient
> c) Handeln, um die Gefahr abzuwenden (Motivation)

1. **Vorliegen einer Notstandslage**

a) **Gefahr für ein bestimmtes Rechtsgut.** Im Hinblick auf das Vorliegen einer **Gefahr** gelten dieselben Erwägungen wie beim rechtfertigenden Notstand.[167] Man versteht hierunter einen Zustand, bei dem aufgrund tatsächlicher Umstände die Wahrscheinlichkeit des Eintritts eines schädigenden Ereignisses besteht. Welchen Ursprung die Gefahr hat, ist gleichgültig. Sie kann also durch Naturereignisse, Unglücksfälle, den gefährlichen Zustand von Sachen, aber auch durch menschliche Angriffe verursacht werden. Im letzteren Fall wird aber – mit Ausnahme des sogleich noch zu behandelnden Nötigungsnotstandes – zumeist schon ein Rechtfertigungsgrund vorliegen.

Anders als beim rechtfertigenden Notstand, bei dem eine Gefahr für ein beliebiges Rechtsgut ausreicht, ist es im Rahmen des § 35 StGB erforderlich, dass sich die Gefahr gerade gegen die Rechtsgüter **Leib, Leben oder Freiheit** richtet. Die Begriffe sind eng auszulegen. So versteht man unter Freiheit nur die Fortbewegungsfreiheit, nicht hingegen die allgemeine Handlungsfreiheit. Auch müssen Bagatellfälle ausgeschlossen werden. Nicht erfasst sind im Rahmen des § 35 StGB somit die Rechtsgüter Eigentum, Vermögen und Ehre sowie sämtliche überindividuellen Rechtsgüter. Die Aufzählung in § 35 StGB ist abschließend, eine analoge Anwendung auf andere Rechtsgüter ist ausgeschlossen.

b) **Gefahr für eine bestimmte Person.** Im Gegensatz zu § 34 StGB muss sich die Gefahr im Rahmen des § 35 StGB gegen eine ganz bestimmte Person richten. Erfasst sind neben dem **Täter selbst** nur **Angehörige** (vgl. die Definition in § 11 Abs. 1 Nr. 1 StGB) und andere, dem Täter „**nahestehende**" **Personen**. Grund hierfür ist, dass nur bei diesen Personen der psychische Motivationsdruck, Hilfe zu leisten, in einer Weise gegeben ist, dass es dem Täter „nachgesehen" wird, sich unrechtmäßig zu verhalten. Eine Person steht dem Täter dann „nahe", wenn er sich im Hinblick auf diese Person in einer vergleichbaren Motivationslage befindet, wie dies bei einem Angehörigen der Fall ist. Erfasst sind also der Lebensgefährte und enge Freunde, nicht aber Nachbarn oder Arbeitskollegen.

c) **Gegenwärtigkeit der Gefahr.** Auch im Hinblick auf die Gegenwärtigkeit gelten dieselben Voraussetzungen wie beim rechtfertigenden Notstand, § 34 StGB.[168] Die Grenzen sind also nicht so eng wie bei der Gegenwärtigkeit des Angriffs im Rahmen des § 32 StGB. Auch im Rahmen des § 35 StGB ist somit die Dauergefahr erfasst, was insbesondere in den Haustyrannenfällen und den Fällen des sich im Nötigungsnotstand befindenden Täters eine gewisse Rolle spielt.

2. **Rechtmäßigkeit der Notstandshandlung**

a) **Geeignetheit.** Die Handlung muss zur Abwendung der Gefahr **geeignet** sein. Auch hier gelten die gleichen Voraussetzungen wie bei der Notwehr oder dem

---
167 Vgl. hierzu oben Rn. 272 ff.
168 Vgl. hierzu oben Rn. 278 f.

rechtfertigenden Notstand.[169] Insoweit ist eine Handlung schon dann zur Abwendung der Gefahr geeignet, wenn die Erhaltung des gefährdeten Rechtsguts nicht ganz unwahrscheinlich ist.

387 **b) Erforderlichkeit: Die Gefahr darf nicht anders abwendbar sein.** Die Notstandshandlung muss auch hier – wie im Rahmen des § 34 StGB[170] – als ultima ratio den letzten Ausweg aus der Notlage bieten. Dabei ist ein objektiver Maßstab anzulegen. Hat der Täter mehrere Möglichkeiten zur Gefahrabwendung, ist stets das mildeste Mittel zu wählen. Die Zumutbarkeitsschwelle bei riskanten Gefahrabwendungen im Rahmen des § 35 StGB ist dabei etwas höher anzusiedeln als bei § 34 StGB. Insbesondere bei den „Haustyrannenfällen" wird die Inanspruchnahme staatlicher Schutzmaßnahmen in aller Regel zur Abwendung der Gefahr führen, sodass die Tötung des „Tyrannen" nicht nach § 35 StGB entschuldigt ist.

388 **c) Verhältnismäßigkeit.** Obwohl in § 35 StGB nicht ausdrücklich genannt, ist auch beim entschuldigenden Notstand der Grundsatz der Verhältnismäßigkeit zu beachten. Es darf kein krasses Missverhältnis zwischen angerichtetem Schaden und der befürchteten Gefahr vorliegen. Im Gegensatz zu § 34 StGB ist hier jedoch keine allgemeine Güter- und Interessenabwägung vorzunehmen. Eine Rechtsverletzung kann auch dann entschuldigt sein, wenn das geschützte Interesse das beeinträchtigte nicht wesentlich überwiegt. Im Gegensatz zum rechtfertigenden Notstand kann somit in Extremfällen auch einmal die Tötung eines anderen Menschen als entschuldigt angesehen werden, wenn dadurch das eigene Leben gerettet werden kann.

389 **d) Besondere Hinnahmepflichten, § 35 Abs. 1 Satz 2 StGB.** § 35 Abs. 1 Satz 2 StGB enthält eine Ausnahmeregelung bzw. eine Einschränkung des Anwendungsbereiches des entschuldigenden Notstandes. Eine Entschuldigung scheidet aus, wenn dem Täter aufgrund besonderer Umstände zugemutet werden kann, die Gefahr hinzunehmen (es besteht lediglich die Möglichkeit einer Strafmilderung). Das Gesetz nennt für die Zumutbarkeit der Gefahr zwei **nicht abschließende** („namentlich") Beispiele: Die Selbstverursachung der Gefahr und den Umstand, dass der Täter in einem besonderen Rechtsverhältnis stand. Darüber hinaus bestehen im Einzelfall noch besondere gesetzlich normierte Duldungspflichten. Nicht ausdrücklich genannt, im Rahmen der Zumutbarkeit aber ebenfalls zu berücksichtigen, sind die jeweils beeinträchtigten Rechtsgüter sowie der Grad der ihnen drohenden Gefahr. Drohen dem Täter nur (geringfügige) Gefahren für seine körperliche Integrität oder seine Freiheit, ist ihm die Hinnahme der Gefahr eher zuzumuten, als wenn sein Leben gefährdet ist. Dies gilt umso mehr, je intensiver er selbst Rechtsgüter anderer gefährdet.

390 **aa) Selbstverursachung der Gefahr.** Wer die Gefahr selbst verursacht hat, darf sich nicht auf § 35 StGB berufen. Fraglich ist jedoch, welche „Qualität" die Gefahrverursachung aufweisen muss. Einig ist man sich, dass eine rein kausale Verursachung der Gefahr nicht ausreichen kann. Streitig ist aber, ob ein objektiv pflichtwidriges Vorverhalten ausreicht, ob ein schuldhaftes Vorverhalten, d. h. eine

---

169 Vgl. hierzu oben Rn. 237, 282.
170 Vgl. hierzu oben Rn. 283 f.

schuldhafte Verursachung der Gefahr notwendig ist, oder ob es insoweit bereits ausreichen soll, dass sich der Täter ohne Grund in eine Gefahr begeben hat, die in vorhersehbarere Weise zu einer Notstandslage führen konnte.

> **Bsp.:** Anton und Bruno veranstalten gemeinsam eine Segelpartie. Aus Nachlässigkeit vergisst Anton seine Schwimmweste zu Hause. Als das Boot infolge eines Sturmes kentert, kann er sich nur noch dadurch retten, dass er Brunos Schwimmweste an sich nimmt und für sich benutzt. Bruno ertrinkt. – Hier liegen die Voraussetzungen des § 35 Abs. 1 Satz 2 StGB vor: Anton konnte sein Leben nur durch die Vernichtung von Brunos Leben retten. Da er seine Lebensgefahr aber durch das zumindest fahrlässige „Vergessen" der eigenen Schwimmweste selbst verursacht hat, scheidet eine Entschuldigung im vorliegenden Fall aus.

Besonders problematisch ist in diesem Zusammenhang die Frage, auf welches Verschulden abzustellen ist, wenn der Täter als „Notstandshelfer" zugunsten eines Dritten handelt. Nach dem eindeutigen Wortlaut des Gesetzes ist auch hier (allein) auf das Verschulden des Täters und nicht auf die schuldhafte Gefahrverursachung des in Not Geratenen abzustellen – ein nicht sehr geglücktes Ergebnis, denn eine besondere Konfliktsituation wird doch gerade dann bestehen, wenn man selbst eine Gefahr für einen nahen Angehörigen verursacht hat.

> **Bsp.:** Viktor ist mit seiner Tochter und deren Freundin mit dem Schlauchboot unterwegs. Aus Unachtsamkeit hat er lediglich eine Schwimmweste für die beiden Kinder mitgenommen. Das Boot kentert und sinkt. Viktor entreißt der Freundin die Schwimmweste, die die gerade anziehen will und übergibt sie seiner Tochter. Die Freundin ertrinkt. – Hier ist Viktor wegen einer vorsätzlichen Tötung der Freundin zu bestrafen, § 212 StGB. § 35 StGB greift nicht, weil er durch seine Unachtsamkeit die Gefahr für seine Tochter selbst verursacht hat.

bb) Bestehen eines besonderen Rechtsverhältnisses. Die Duldungspflicht auf der Basis eines **besonderen Rechtsverhältnisses** besteht im Rahmen der Ausübung von Berufen, die typischerweise Gefahren für Leib, Leben und Gesundheit mit sich bringen (Bsp.: Polizist, Feuerwehrmann, Soldat). Allerdings gilt die besondere Gefahrtragungspflicht nur für **berufstypische Gefahren**.

> **Bsp.:** Der Feuerwehrmann Fritz dringt in ein brennendes Haus ein, um dieses zu löschen. Hier gerät er in Lebensgefahr, da einstürzende Gebäudeteile ihm den Ausgang versperren und seine Atemschutzmaske defekt ist. Daraufhin entreißt er seinem Kollegen dessen Maske. Fritz überlebt, der Kollege stirbt. – Hier rettete sich Fritz auf Kosten des Lebens seines Kollegen. Hinsichtlich der von ihm bedingt vorsätzlich verwirklichten Tötung kann er sich nicht auf § 35 StGB berufen, da er als Feuerwehrmann zur Hinnahme der Gefahr verpflichtet war.

Das besondere Rechtsverhältnis muss gegenüber der Allgemeinheit bestehen. Besondere Schutzpflichten gegenüber einzelnen Personen, insbesondere Garantenpflicht aus einem besonderen Näheverhältnis, reichen nicht aus. So darf ein Vater, der mit seinem Sohn auf einer Segelyacht kentert, sich durchaus auch auf dessen Kosten retten. Auch stellt die Ehe kein Rechtsverhältnis dar, welches zur Duldung häuslicher Gewalt verpflichtet.

394 Fraglich ist auch hier, ob der in einem besonderen Rechtsverhältnis stehende die Gefahren nur dann hinzunehmen hat, wenn sie ihm selbst drohen, oder ob dies auch dann gilt, wenn er die Gefahr von einem nahen Angehörigen abwendet, der selbst nicht in einem besonderen Rechtsverhältnis steht (Bsp.: ein Richter begeht eine Rechtsbeugung, § 339 StGB, weil ihm die hinter dem Angeklagten stehende Organisation damit droht, bei einer Verurteilung desselben seine Kinder zu töten). Auch hier stellt allerdings das Gesetz ausdrücklich darauf ab, ob sich der Täter selbst in dieser Pflichtenstellung befindet.

395 cc) **Gesetzliche Duldungspflichten.** Besondere **gesetzliche Duldungspflichten** zur Hinnahme einer Gefahr liegen z. B. vor bei der Pflicht zur Duldung von körperlichen Eingriffen (insbesondere Blutentnahmen) in einem Strafverfahren, § 81a StPO, oder zur Duldung einer Freiheitsentziehung aufgrund eines rechtskräftigen Urteils, selbst wenn dieses im Einzelfall falsch sein sollte. Insoweit darf auch ein Zeuge in einem Prozess gegen einen Angehörigen nicht die Unwahrheit sagen (strafbar nach §§ 153, 154 StGB), um dadurch ein materiell richtiges Urteil herbeizuführen.

3. Handeln aufgrund eines besonderen Motivationsdrucks (subjektives Element)

396 Wie schon beim rechtfertigenden Notstand ausgeführt,[171] muss der Täter auch im Rahmen des § 35 StGB die Gefahrenlage kennen (sonst befindet er sich nicht in der vom Gesetz vorausgesetzten Zwangslage), und er muss auch wissen, dass seine Handlung zur Gefahrabwendung dient. Darüber hinaus muss er auch gerade aus der Motivation heraus handeln, die Gefahr abzuwenden, da § 35 StGB ausdrücklich verlangt, der Täter müsse handeln, *„um die Gefahr […] abzuwenden"*. Überwiegen andere Gründe, so kann er sich nicht auf § 35 StGB berufen.

4. Sonderfall: Nötigungsnotstand

397 Einen Spezialfall des entschuldigenden Notstandes stellt der Nötigungsnotstand dar, der, wie bereits gesehen, nicht schon nach § 34 StGB rechtfertigend wirkt.[172] Hierunter versteht man eine Situation, in welcher der Täter von einem anderen durch Gewalt oder Drohung mit einer gegenwärtigen, nicht anders abwendbaren Gefahr für Leib, Leben oder Freiheit zu einer rechtswidrigen Tat genötigt wird. Der „Täter" ist hier also selbst Opfer einer Nötigung, § 240 StGB, durch einen Dritten.

> **Bsp.:** Anton bedroht auf offener Straße den Bruno mit einer Waffe und droht ihm, ihn umzubringen, wenn er nicht das auf einem Parkplatz abgestellte Auto seines Nachbarn Norbert mit seinem Schlüssel zerkratzt. Bruno tut dies, weil er berechtigterweise um sein Leben fürchtet. – Bruno ist hier nicht nach § 34 StGB gerechtfertigt, obwohl sein Leben bei weitem das Eigentum Norberts überwiegt. Denn der im Nötigungsnotstand Handelnde stellt sich (wenn auch gezwungenermaßen) auf die Seite des Unrechts. Würde man hier § 34 StGB anwenden, dann könnte sich nämlich Norbert nicht seinerseits im Rahmen der Notwehr, § 32 StGB, gegen die Beschädigung seines Autos wehren, was nicht sachgerecht ist. Daher greift für Bruno lediglich § 35 StGB ein, wenn

---

171 Vgl. hierzu oben Rn. 291.
172 Vgl. hierzu oben Rn. 293.

die Voraussetzungen des entschuldigenden Notstandes vorlagen. Dies ist hier der Fall. Eine Bestrafung wegen Sachbeschädigung, § 303 StGB, scheidet daher aus.

III. Notwehrexzess, § 33 StGB

1. Anwendungsbereich

In Fällen der Notwehr kommt es häufig zu Situationen, in denen das Notwehrrecht überdehnt wird, sei es, dass der Täter sich zu intensiv verteidigt (intensiver Notwehrexzess), sei es, dass er sich verteidigt, obwohl der Angriff noch nicht oder nicht mehr gegenwärtig ist (vorzeitiger und nachzeitiger extensiver Notwehrexzess). Diese Formen sind grundsätzlich auseinander zu halten.

> **Bsp. (intensiver Exzess):** Anton wird von dem angetrunkenen Bruno auf der Straße angepöbelt und geschubst. Als Bruno von ihm eine Zigarette verlangt und beginnt, ihn kräftig zu ohrfeigen, bekommt es Anton mit der Angst zu tun. Ohne weitere Vorwarnung zieht er ein Messer und sticht auf Bruno ein, sodass dieser tödliche Verletzungen erleidet. – Hier lag ein gegenwärtiger Angriff auf die körperliche Unversehrtheit, die Freiheit und das Eigentum Antons vor, sodass eine Notwehrlage gegeben war. Allerdings war Antons Notwehrrecht hier infolge mangelnder Gebotenheit der konkreten Verteidigungshandlung eingeschränkt. Bruno war erkennbar betrunken und ein sofortiger Waffeneinsatz (ohne vorherige Androhung) ist nur in Ausnahmefällen erlaubt. Insofern hat Anton hier trotz Bestehens einer Notwehrlage sein Notwehrrecht überschritten.

> **Bsp. (extensiver Exzess):** Rudi wird auf der Straße von dem aggressiven Karl angegriffen. Obwohl Karl stärker ist, gelingt es Rudi, Karl mit einem gezielten Schlag niederzustrecken. Karl hat daraufhin erkennbar genug, dreht sich um und tritt den Rückzug an. Obwohl Rudi dies erkennt, wirft er ihm aus Angst und Verwirrung noch einen Pflasterstein an den Kopf, woraufhin Karl verstirbt. – Hier lag zwar ein Angriff durch Karl und insoweit eine Notwehrlage vor. Der Angriff war jedoch, was Rudi auch erkannte, spätestens dann beendet, als Karl den Rückzug antrat. Insofern bestand zum Zeitpunkt des Wurfes des Pflastersteins keine Notwehrlage mehr. Es lag also ein nachzeitiger extensiver Notwehrexzess vor.

Während der intensive Notwehrexzess unstreitig dem Anwendungsbereich des § 33 StGB unterfällt, ist dies beim extensiven Notwehrexzess umstritten. Dabei geht es im Wesentlichen um die Frage, ob man die „Grenzen der Notwehr" nicht nur im Hinblick auf das erforderliche Maß der Verteidigung, sondern auch zeitlich „überschreiten" kann. Drei Meinungen stehen sich hier gegenüber:[173] Nach der von der Rechtsprechung und der h. M. in der Literatur vertretenen **restriktiven Theorie**[174] umfasst § 33 StGB nur den intensiven, nicht aber den extensiven Notwehrexzess. Denn wer die Grenzen des Notwehrrechts überschreiten will, dem müsse dieses Recht zum Zeitpunkt der Tat auch zustehen. Ein nicht bestehendes Recht könne auch nicht überschritten werden. Dagegen

---

173 Vgl. hierzu ausführlich *Heinrich*, AT, Problemschwerpunkt 10, Rn. 584 ff.
174 Vgl. BGH NStZ 2002, 141; *Fischer*, § 33 Rn. 2, 5.

geht die **extensive Theorie**[175] davon aus, dass § 33 StGB sowohl den intensiven als auch den extensiven Notwehrexzess umfasst. Die „Grenzen des Notwehrrechts" könne auch derjenige überschreiten, der die zeitlichen Grenzen überdehne. Denn für die Schuld des Täters könne es keinen Unterschied machen, ob er die Grenzen rechtmäßiger Verteidigung in Intensität oder zeitlicher Hinsicht überschreite. Schließlich unterscheidet die – im Ergebnis zutreffende – **differenzierende Theorie**[176] zwischen dem vorzeitigen und dem nachzeitigen extensiven Notwehrexzess. § 33 StGB umfasse neben dem intensiven auch den nachzeitigen, nicht jedoch den vorzeitigen extensiven Notwehrexzess. Entscheidend kommt es darauf an, dass sich der Täter im Umfeld einer Notwehrlage in einer besonderen psychischen Ausnahmesituation befindet, sodass an sich nicht zwischen intensivem und extensivem Exzess differenziert werden sollte. Um die Notwehr allerdings überschreiten zu können, muss der Täter jedenfalls zu irgendeinem Zeitpunkt ein Notwehrrecht besitzen. Derjenige, der sich zu früh wehrt, war aber zu keiner Zeit einem Angriff tatsächlich ausgesetzt, weshalb § 33 StGB für ihn nicht greifen kann. Anders ist es hingegen für denjenigen, der sich lediglich „zu spät" wehrt.

400 Hinzuweisen ist allerdings darauf, dass man zur Problematik des extensiven Notwehrexzesses nur dann gelangt, wenn der Täter wusste, dass entweder der Angriff noch nicht vorlag (vorzeitiger Exzess) oder der Angriff bereits abgeschlossen war (nachzeitiger Exzess). Ging der Täter hingegen davon aus, dass ein gegenwärtiger Angriff schon oder noch vorlag, obwohl dieser noch nicht begonnen hatte oder bereits beendet war, befand er sich in einem (die Schuld ausschließenden) Erlaubnistatbestandsirrtum.[177]

2. Rechtliche Einordnung

401 Liegt nun ein intensiver oder ein (jedenfalls nach der hier vertretenen Ansicht) nachzeitiger extensiver Notwehrexzess vor, kann dies bei Vorliegen der in § 33 StGB genannten Gründe (Täter handelt aus Verwirrung, Furcht oder Schrecken; sog. **„asthenische Affekte"**) dazu führen, dass der Täter „nicht bestraft" wird. Obwohl sich das Gesetz nicht ausdrücklich dazu äußert, ist man sich darüber einig, dass ein solcher Notwehrexzess keinen Rechtfertigungsgrund, sondern (lediglich) einen Entschuldigungsgrund darstellt.

3. Vorliegen eines asthenischen Affektes: Verwirrung, Furcht oder Schrecken

402 Im Gesetz sind die „psychischen" Notlagen, die den Täter entschuldigen, abschließend aufgezählt: Er muss aus „Verwirrung, Furcht oder Schrecken" handeln (sog. **„asthenische Affekte"**). Diese sind (was im Einzelfall nicht immer ganz einfach ist) abzugrenzen von den sog. **„sthenischen Affekten"**, worunter man „aggressive" Gemütsregungen, wie insbesondere Hass, Wut, Empörung, Rachsucht und Zorn versteht. Diese können zwar mit hinzutreten, es ist aber entscheidend, dass der Täter aus einem der genannten asthenischen Affekte heraus handelt.

---

175 Vgl. *Roxin/Greco*, AT I, § 22 Rn. 88.
176 Vgl. *Kühl*, § 12 Rn. 141, 144.
177 Vgl. hierzu noch ausführlich unten Rn. 733 ff.

4. Kein Erfordernis eines zusätzlichen subjektiven Merkmals

Im Gegensatz zu den Rechtfertigungsgründen und auch im Gegensatz zum entschuldigenden Notstand nach § 35 StGB ist es bei der Notwehrüberschreitung nicht erforderlich, dass der Täter ein zusätzliches subjektives Merkmal aufweist. Erforderlich ist lediglich, dass er sich darüber bewusst ist, zum Zwecke der Verteidigung zu handeln (also einen Verteidigungswillen hat). Darüber hinaus ist es auch unschädlich, ob er die Grenzen der Notwehr bewusst oder unbewusst überschreitet.

5. Einschränkungen

In einigen neueren Entscheidungen hat der BGH auch bei Vorliegen der Voraussetzungen des § 33 StGB eine Entschuldigung aufgrund einer Notwehrüberschreitung allerdings dann abgelehnt, wenn der Täter sich planmäßig in eine Auseinandersetzung hineinbegeben hat, die Notwehrsituation also mitverursacht bzw. sogar bewusst provoziert hat.[178]

> **Bsp.:** Dem Toni ist bekannt, dass einige Jugendliche am Abend seine Gaststätte überfallen wollen. Statt die Polizei zu verständigen, will er die Sache jedoch „selbst regeln". Mit einer Pistole bewaffnet, die er allerdings nur „zur Drohung" einsetzen will, tritt er, als sich die Jugendlichen seiner Gaststätte nähern, ihnen in aggressiver Haltung entgegen und fordert sie auf, zu verschwinden. Für ihn völlig unerwartet tritt ihm der Anführer der Jugendlichen entgegen und brüllt ihn an „jetzt machen wir Dich platt". Von der Wendung des Geschehens völlig überrascht, gerät Toni in Panik, zieht die Waffe und erschießt ohne weitere Vorwarnung seinen Kontrahenten. – Hier hat Toni sein Notwehrrecht überschritten, denn er hätte zuerst mit der Waffe drohen und einen Warnschuss abgeben müssen; § 32 StGB greift also nicht. Da Toni aus Furcht handelte, wäre an sich § 33 StGB anwendbar. Der BGH lehnt dies jedoch ab, da ein entschuldigtes Überschreiten der Notwehr dann nicht in Betracht komme, wenn der Täter sich planmäßig in eine tätliche Auseinandersetzung mit seinem Gegner eingelassen habe, um unter Ausschaltung der an sich erreichbaren Polizei einen ihm angekündigten Angriff mit eigenen Mitteln abzuwehren und die Oberhand über seine Gegner zu gewinnen.

6. Putativnotwehrexzess

Eine analoge Anwendung des § 33 StGB wird in denjenigen Fällen diskutiert (aber von der h. M. zutreffend abgelehnt), in denen der Täter irrtümlich eine Notwehrlage annimmt und dabei zudem das (ihm in Wirklichkeit gar nicht zustehende) Notwehrrecht überschreitet (Putativnotwehrexzess).

> **Bsp.:** Bruno wird nachts auf der Straße von Toni in einer ihm nicht verständlichen Sprache angesprochen. Er glaubt irrtümlich, dass Toni ihn ausrauben will, und zieht aus Furcht und Verwirrung sofort seine mitgeführte Pistole und erschießt Toni. – Hier irrte sich Bruno einerseits über die tatsächlichen Voraussetzungen einer Notwehrlage und befand sich somit in einem Erlaubnistatbestandsirrtum.[179] Zudem verteidigte er sich zu intensiv, da ein tödlicher Schuss ohne Vorandrohung hier auch bei einer tatsächlich vorliegenden Notwehrlage nicht gerechtfertigt gewesen wäre.

---

178 BGHSt 39, 133.
179 Zum Erlaubnistatbestandsirrtum vgl. noch ausführlich unten Rn. 733 ff.

IV. Handeln aufgrund eines für verbindlich gehaltenen dienstlichen Befehls

406 Wie bereits gesehen, stellt die **rechtswidrige Anordnung** bzw. der **rechtswidrige Befehl** eines Vorgesetzten keinen Rechtfertigungsgrund für den untergebenen Beamten bzw. den Soldaten dar.[180] Zwar kann sich in diesen Fällen der Vorgesetze durch die rechtswidrige Anordnung strafbar machen, aber auch der ausführende Beamte oder Soldat unterliegt bei der Ausführung an sich der vollen strafrechtlichen Haftung. Denn eine rechtswidrige Anordnung, die dazu führen würde, dass der Untergebene eine Straftat begeht, ist regelmäßig unverbindlich und muss (bzw. darf!) daher nicht befolgt werden, sofern der Untergebene die Rechtswidrigkeit der Anordnung erkennt oder dies nach den ihm bekannten Umständen offensichtlich ist (vgl. u. a. § 62 Abs. 2 Satz 4 BBG, § 5 Abs. 1 WStG, § 11 Abs. 2 SoldG). Weil aber für einen Untergebenen die Verbindlichkeit des Befehls nicht immer klar erkennbar ist, ist mit Rücksicht auf das vorliegende Über- und Unterordnungsverhältnis jedenfalls dann ein schuldloses Handeln anzunehmen, wenn der Untergebene die Unverbindlichkeit des Befehls nicht kennt und auch nicht hätte erkennen können (vgl. z. B. § 3 VStGB, § 5 Abs. 1 WStG). Konstruktiv handelt es sich hierbei allerdings um einen (unvermeidbaren) Verbotsirrtum und nicht um einen Entschuldigungsgrund.

V. Übergesetzliche Entschuldigungsgründe

407 Fraglich ist, ob neben den gesetzlich normierten Entschuldigungsgründen jedenfalls in Ausnahmefällen auch ein übergesetzlicher Entschuldigungsgrund bzw. ein ungeschriebener Entschuldigungsgrund der „Unzumutbarkeit normgemäßen Verhaltens" anzuerkennen ist. Da es in der Tat einige (wenige) Fälle gibt, in denen vom Handelnden ein normgemäßes Verhalten nicht erwartet werden kann, ohne dass das Verhalten jedoch einem geschriebenen Entschuldigungsgrund unterfällt, ist im Einzelfall ein Schuldausschluss anzuerkennen. Diskutiert wurde dies insbesondere in den „Euthanasie-Fällen"[181], in denen für das NS-Regime tätige Ärzte damit beauftragt waren, eine Vielzahl von Menschen in einer größeren Euthanasieaktion zu töten und sie sich – entgegen der Anordnung – auf die Tötung weniger Personen beschränkten, eben um dadurch zu verhindern, dass andere Ärzte mit der Durchführung dieser Aktion betraut wurden, die diese Aktion dann vollumfänglich ausgeführt hätten. Als weiteres Beispiel kann der „Weichenstellerfall" diskutiert werden: Ein Weichensteller hätte die Möglichkeit, durch Umlenken eines vollbesetzten ICE-Zuges diesen vor dem Entgleisen zu bewahren (das Entgleisen hätte zur Folge, dass eine Vielzahl von Reisenden den Tod finden würden). Er müsste den Zug aber auf ein Gleis umlenken, auf dem ein Bahnarbeiter gerade die Schienen prüft, wobei der Bahnarbeiter durch das Umleiten getötet würde.

> **Literaturhinweise**
> **Einführende Aufsätze:** *Hörnle*, Der entschuldigende Notstand (§ 35 StGB), JuS 2009, 873 (ausführlicher Überblick mit Hinweisen zur Fallbearbeitung); *Müller-Christmann*, Der Notwehrexzess, JuS 1993, L 41 (prägnante Einführung in die Thema-

---
180 Vgl. hierzu oben Rn. 346.
181 Vgl. BGH NJW 1953, 513.

tik des Notwehrexzesses); *Rönnau,* Grundwissen – Strafrecht: Entschuldigender Notstand (§ 35 StGB), JuS 2016, 786 (prägnante, studierendengerechte Einführung); *ders.,* Grundwissen – Strafrecht: Übergesetzlicher entschuldigender Notstand (analog § 35 StGB), JuS 2017, 113 (prägnante, studierendengerechte Einführung); *Roxin,* Der entschuldigende Notstand nach § 35 StGB, JA 1990, 97, 137 (umfassender, studierendengerechter Überblick); *Timpe,* Grundfälle zum entschuldigenden Notstand (§ 35 I StGB) und zum Notwehrexzess (§ 33 StGB), JuS 1984, 859; JuS 1985, 35, 117 (ausführliche Darstellung mit vielen Beispielsfällen)

Übungsfälle: *Vormbaum,* Die hilfreiche Schwester, JuS 1980, 367 (anspruchsvoller Fall mit Schwerpunkt auf § 35 StGB); *Weber,* Das Urteil, JURA 1984, 367 (anspruchsvolle Examensklausur mit Bezügen zu § 35 StGB)

Rechtsprechung: RGSt 66, 397 – Meineid (Nötigungsnotstand); **RGSt 72, 246** – Wettermann (besondere Gefahrtragungspflicht); **BGHSt 5, 371** – Meineid (Nötigungsnotstand); **BGHSt 18, 311** – KZ-Wachmann (Prüfungspflicht); **BGHSt 39, 1** – Mauerschützen (rechtswidriger Befehl); **BGHSt 39, 133** – Bordellbesitzer (Notwehrüberschreitung bei planmäßiger Einmischung)

Kapitel 14: Actio libera in causa

I. Einführung in die Problematik

Wie bereits im Rahmen der Behandlung der Schuld festgestellt, muss die Schuldfähigkeit zum Zeitpunkt der Tatbegehung, d.h. zum Zeitpunkt der Vornahme bzw. Nichtvornahme der tatbestandsmäßigen Handlung vorliegen (sog. Koinzidenzprinzip, § 8 StGB). Ist der Täter zu diesem Zeitpunkt (z.B. infolge eines Alkoholrausches) schuldunfähig, so scheidet eine Strafbarkeit aus, § 20 StGB. Allerdings kommt in den Fällen, in denen die Schuldunfähigkeit auf einem fahrlässig oder vorsätzlich herbeigeführten Rauschzustand beruht, eine Strafbarkeit wegen Vollrausches, § 323a StGB, in Frage. Die Bestrafung „lediglich" wegen Vollrausches (Strafandrohung: Freiheitsstrafe bis zu fünf Jahren oder Geldstrafe) wird von vielen jedoch dann als ist problematisch angesehen, wenn der Täter sich vorsätzlich betrinkt, um in diesem Zustand vorsätzlich eine schwere Straftat zu begehen, für die „an sich" eine höhere Strafandrohung (bis hin zu einer lebenslangen Freiheitsstrafe wegen Mordes) vorgesehen ist.

> **Bsp.:** Toni will seinen Nachbarn Norbert töten, hat aber Bedenken, ob er im entscheidenden Moment den Mut dazu aufbringen würde. Daher will er sich „Mut antrinken", weil er weiß, dass er im Rauschzustand in besonderer Weise zu Aggressionen neigt. Weil er bemerkt, dass sein Nachbar im Garten arbeitet, steckt er eine geladene Pistole ein und trinkt zwei Flaschen Schnaps „auf ex". In schuldunfähigem Zustand erschießt er daraufhin den Norbert. – Da eine Strafbarkeit wegen Mordes oder Totschlags an § 20 StGB scheitert, käme „an sich" hier nur eine Bestrafung wegen Vollrausches, § 323a StGB, mit einer Höchststrafe von 5 Jahren Freiheitsstrafe in Frage.

In diesen Fällen wird diskutiert, ob und inwieweit man die Strafbarkeit hier „vorverlagern" kann. Hierzu diente lange Zeit weitgehend unangefochten die – gewohnheitsrechtlich entwickelte – Rechtsfigur der sog. **actio libera in causa**, die in zwei Formen denkbar ist: Handelt der Täter zum Zeitpunkt des Trinkbeginns sowohl hinsichtlich der Herbeiführung des Rausches als auch hinsichtlich der im Rausch begangenen Tat vorsätzlich, liegt eine **„vorsätzliche actio libera in causa"** vor (der Täter ist in diesen Fällen also z. B. wegen eines vorsätzlichen Totschlags zu bestrafen). Handelt der Täter hingegen in Bezug auf eines oder hinsichtlich beider dieser Merkmale (Verursachung des Rausches, Begehung der Rauschtat) zum Zeitpunkt des Trinkbeginns lediglich fahrlässig, kommt eine **„fahrlässige actio libera in causa"** (also z. B. eine Bestrafung wegen fahrlässiger Tötung) in Betracht. Infolge der Besonderheiten des Fahrlässigkeitsdeliktes[182], welches an die Verletzung einer Sorgfaltspflicht anknüpft, die auch schon weit vor der eigentlichen Tat liegen kann, ist eine vergleichbare rechtliche Konstruktion einer „fahrlässigen actio libera in causa" an sich zwar denkbar, aber nicht erforderlich, da das Fahrlässigkeitsdelikt in diesen Fällen direkt greift (es ist sorgfaltspflichtwidrig, sich zu betrinken, wenn damit zu rechnen ist, dass man in betrunkenem Zustand eine Straftat begehen wird).

II. Begründungsansätze für die vorsätzliche actio libera in causa

410 Im Hinblick auf die **vorsätzliche actio libera in causa** haben sich nun mehrere Theorien entwickelt, mit Hilfe derer versucht wird, eine Strafbarkeit zu begründen. Einige dieser Theorien sollen hier im Überblick kurz dargestellt werden:[183] Am konsequentesten ist sicherlich die **Unvereinbarkeitstheorie**, welche die Rechtsfigur der actio libera in causa insbesondere infolge verfassungsrechtlicher Bedenken ablehnt.[184] Es sei strikt an dem Grundsatz festzuhalten, dass ein Täter nur dann bestraft werden könne, wenn er zum Tatzeitpunkt schuldhaft handle (§ 20 StGB). Eine Ausdehnung der Strafbarkeit über den Wortlaut des § 20 StGB hinaus sei nicht möglich. § 323a StGB reiche zudem für eine adäquate Bestrafung aus. Auf der anderen Seite steht die insbesondere von der Rechtsprechung, aber auch von der wohl h. M. in der Literatur lange Zeit uneingeschränkt vertretene **Vorverlagerungstheorie**.[185] Hiernach wird der Tatvorwurf nicht auf die konkret im Rausch begangene Tat konzentriert, sondern es findet eine Vorverlagerung auf den Zeitpunkt statt, in dem der Täter sich vorsätzlich betrinkt, um später in schuldunfähigem Zustand eine Tat zu begehen. Tathandlung sei also das Trinken, welches kausal den späteren Erfolg verursache. Bereits durch das Trinken setze der Täter eine Ursache für sein späteres Tun und sei daher für die Tat verantwortlich. Zu diesem Zeitpunkt – dem Beginn des Trinkens – sei er auch noch schuldfähig, sodass eine Kongruenz von Tathandlung und Schuld gegeben sei. Dies entspreche letztlich auch dem Gedanken der Rechtsfigur der mittelbaren Täterschaft:[186] Der Täter benutze sich selbst als (schuldunfähiges) Werkzeug, um die jeweilige Tat zu begehen. Da die Rechtsfigur der mittelbaren Täterschaft aber insbesondere bei eigenhändigen Delikten (wie z. B. dem Fahren in fahruntauglichem Zustand) oder bei den schlichten Tätigkeitsdelikten versagt, vertritt die Rechtsprechung inzwischen aber zutreffender Weise eine **eingeschränkte Vorverlagerungstheorie**: Die Rechtsfigur der actio libera in causa wird zwar grundsätzlich anerkannt, aber auf

---

182 Vgl. hierzu noch ausführlich unten Rn. 636 ff.
183 Vgl. hierzu ausführlich *Heinrich*, AT, Problemschwerpunkt 11, Rn. 601 ff.
184 *Paeffgen*, in: NK, Vor § 323a Rn. 21 ff.
185 BGHSt 21, 381 (381 f.); *Rengier*, § 25 Rn. 12, 15.
186 Vgl. zur mittelbaren Täterschaft noch ausführlich unten Rn. 805 ff.

die klassischen Erfolgsdelikte beschränkt.[187] Neben den genannten verfassungsrechtlichen Bedenken wird hiergegen allerdings eingewandt, die Strafbarkeit werde auf eine reine Vorbereitungshandlung (das Sich-Betrinken) ausgedehnt und würde auch im Hinblick auf den Versuch zu untragbaren Ergebnissen führen:

> **Bsp.:** Toni möchte (wie im oben genannten Beispiel) seinen Nachbarn Norbert töten, will sich hierzu aber erst „Mut antrinken" und leert die zwei Flaschen Schnaps „auf ex". Danach schläft er allerdings, statt die Tat zu begehen, ein. – Sieht man als Tathandlung nicht die Rauschtat, d. h. den beabsichtigten Mord, sondern im Wege der Vorverlagerung bereits den Beginn des Trinkens an, hat Toni hierzu bereits unmittelbar angesetzt. Nach den allgemeinen Versuchsgrundsätzen wäre er daher wegen eines versuchten Mordes, §§ 211, 22 StGB, zu bestrafen.

411 Um dieses Ergebnis zu vermeiden, haben sich weitere Theorien gebildet, die hier nur kurz angesprochen werden sollen, da sie sich in Theorie und Praxis nicht durchsetzen konnten. Nach der **Ausdehnungstheorie**[188] wird sowohl das Sich-Betrinken als auch die später vorgenommene Rauschtat als eine zusammenhängende „Tat" angesehen. Da der Täter nur dann nach § 20 StGB „ohne Schuld" handle, wenn er bei Begehung der „gesamten" Tat schuldunfähig sei, stehe der spätere Rausch einer Bestrafung nicht entgegen. Im Gegensatz zur „Tat", sei es für den Versuchsbeginn nach § 22 StGB aber erforderlich, dass der Täter „zur Verwirklichung des Tatbestandes" unmittelbar ansetze. Der „Tatbestand" würde aber (anders als die „Tat") erst mit der Begehung der späteren Rauschtat verwirklicht. Einen ganz anderen Ansatz vertritt hingegen die **Ausnahmetheorie**.[189] Für sie bleibt die im Rausch begangene Tat die eigentliche Tathandlung, eine Vorverlagerung der Strafbarkeit findet hier also ebenso wenig statt wie die Vorverlagerung der Versuchsstrafbarkeit. Dabei wird davon ausgegangen, die actio libera in causa stelle eine (gewohnheitsrechtlich anerkannte) Ausnahme von der Norm des § 20 StGB dar. Diese Norm müsse teleologisch reduziert werden. Derjenige, der sich schuldhaft um seine Schuldfähigkeit bringe, könne sich – aus dem allgemeinen Gedanken des Rechtsmissbrauchs heraus – nicht auf § 20 StGB berufen. Hiergegen ist allerdings einzuwenden, dass die Annahme einer ungeschriebenen Ausnahme zu § 20 StGB zu Lasten des Täters verfassungsrechtlich bedenklich und mit dem Wortlaut des Art. 103 Abs. 2 GG unvereinbar ist.

III. Folgerungen auf der Grundlage der eingeschränkten Vorverlagerungstheorie

412 Folgt man der eingeschränkten Vorverlagerungstheorie ergeben sich für die Rechtsfigur der actio libera in causa folgende Konsequenzen: Entscheidend ist, dass es sich in den Fällen des vorsätzlichen Sich-Betrinkens, um im Anschluss eine bestimmte Tat zu begehen, um ein **zweiaktiges Geschehen** handelt: Tathandlung selbst ist das Sich-Betrinken bzw. das Sich-Versetzen in einen Rauschzustand. Daran schließt sich die im Rausch begangene Straftat (Rauschtat) an. Bei der Beurteilung, ob ein vorsätzliches und schuldhaftes Verhalten vorliegt, ist (wie auch sonst)

---

187 BGHSt 42, 235; zustimmend *Baumann/Weber/Mitsch/Eisele-Eisele*, § 17 Rn. 37, 40 f.
188 *Streng*, in: MüKo, 4. Aufl., § 20 Rn. 128 ff.
189 *Kühl*, § 11 Rn. 9 f., 18.

allein der Zeitpunkt der Tathandlung, d. h. das Sich-Betrinken, entscheidend. Zu diesem Zeitpunkt muss der Täter sowohl im Hinblick auf die Tathandlung selbst als auch im Hinblick auf die spätere Rauschtat vorsätzlich handeln (was z. B. dann ausscheidet, wenn der auf das Opfer wartende Täter sich lediglich aus Unachtsamkeit in einen Rausch versetzt oder wenn er sich zwar vorsätzlich betrinkt, zu diesem Zeitpunkt aber noch gar nicht damit rechnet, dass er später eine Straftat begehen könnte). Setzt der Täter zum Trinken unmittelbar an (§ 22 StGB), liegt hierin bereits der Versuch der für später in Aussicht genommenen Tat. Geht man davon aus, dass es sich bei der actio libera in causa um eine Form der mittelbaren Täterschaft, § 25 Abs. 1 Alt. 2 StGB, handelt (der Täter benutzt sich durch die Berauschung selbst als schuldunfähiges Werkzeug), ist dies aber durchaus konsequent, weil auch der Versuch der mittelbaren Täterschaft dann beginnt, wenn der mittelbare Täter das Geschehen „aus der Hand" gibt.[190] Ab diesem Zeitpunkt ist dann aber auch ein Rücktritt vom Versuch möglich, wenn der Täter freiwillig die weitere Tatausführung aufgibt.

413 Im Hinblick auf die Berauschung und die spätere Rauschtat reicht jeweils **bedingter Vorsatz** aus. Der Vorsatz hinsichtlich der Rauschtat muss sich dabei allerdings immer auf eine konkrete Tat beziehen, insoweit also „bestimmt" sein. Es reicht somit nicht aus, wenn sich der Täter betrinkt, weil er beabsichtigt, im Rausch **irgendeine Tat** zu begehen. Allerdings ist ein später im Rausch begangener **Irrtum** beachtlich. Im Hinblick auf das Vorliegen des Vorsatzes ist es ausreichend, wenn der Täter sich vornimmt, ein bestimmtes Delikt zu begehen, das Opfer jedoch noch nicht ausgewählt hat.

> **Literaturhinweise**
> **Einführende Aufsätze:** *Rath,* Zur actio libera in causa bei Schuldunfähigkeit des Täters, JuS 1995, 405 (vertiefender Überblick); *Rönnau,* Grundwissen – Strafrecht: Actio libera in causa, JuS 2010, 300 (kurze Einführung mit Hinweisen zur Fallbearbeitung); *Satzger,* Dreimal „in causa" – actio libera in causa, omissio libera in causa und actio illicita in causa, JURA 2006, 513 (studierendengerechte Darstellung mehrerer verwandter Rechtsformen)
>
> **Übungsfälle:** *Kaspar,* Von Niederlagen und Niederschlägen, JURA 2007, 69 (studierendengerechte Fallbearbeitung); *Kunz,* Eine Schlägerei mit üblen Folgen, JuS 1996, 39 (kompakte Darstellung des Meinungsstreites); *Rönnau,* Der volltrunkene Macho, JuS 2000, L 28 (ausführliche Behandlung der actio libera in causa in einem Klausurfall)
>
> **Rechtsprechung: BGHSt 2, 14** – Rauschtat (fahrlässige actio libera in causa); **BGHSt 17, 259** – Rauschtat (vorsätzliche actio libera in causa); **BGHSt 42, 235** – Grenzkontrollstelle (zur Einschränkung der actio libera in causa)

---

190 Vgl. hierzu noch ausführlich unten Rn. 498 f.

Teil 5: Sonstige Strafbarkeitsvoraussetzungen

Kapitel 15: Sonstige Strafbarkeitsvoraussetzungen

I. Grundlagen

Unter den Begriff der „sonstigen Strafbarkeitsvoraussetzungen" fallen diejenigen Merkmale, die über die Erfüllung der bisherigen Prüfungstrias (Tatbestandsmäßigkeit, Rechtswidrigkeit, Schuld) hinaus vorliegen müssen, damit der Täter wegen einer von ihm begangenen Tat bestraft werden kann. Dabei handelt es sich um dogmatisch völlig unterschiedliche Problembereiche, die keine gemeinsame Systematik aufweisen. Dennoch wird mitunter von einer sog. **„Vierten Ebene der Strafbarkeit"** gesprochen, die letztlich auf die Frage der Strafwürdigkeit eines (an sich strafbaren) Verhaltens abzielt. 414

> **Klausurtipp**
>
> Die genannten Strafbarkeitskorrekturen, die jenseits von Unrecht und Schuld anzusiedeln sind, sind in einer Klausur als vierter Prüfungspunkt nach der Schuld nur dann anzusprechen, wenn hierfür bestimmte Anhaltspunkte vorliegen. Dies wird selten einmal der Fall sein. Lediglich der „Rücktritt vom Versuch"[191] hat in strafrechtlichen Klausuren mitunter Relevanz.

II. Persönliche Strafausschließungs- und Strafaufhebungsgründe

Die persönlichen Strafausschließungs- und Strafaufhebungsgründe stellen Elemente des materiellen Strafrechts dar. Es handelt sich um **streng personenbezogene Gründe**, die jenseits von Unrecht und Schuld stehen und kraft einer gesetzlichen Sonderregelung eine Strafbarkeit des Täters ausschließen. 415

1. Persönliche Strafausschließungsgründe

Unter persönlichen Strafausschließungsgründen versteht man gesetzlich normierte Umstände, die an persönliche Gründe anknüpfen und bei deren Vorliegen die Strafbarkeit von vornherein entfällt. Die Gründe müssen dabei bereits zum Zeitpunkt der Begehung der Tat vorgelegen haben. Klassisches Beispiel eines persönlichen Strafausschlussgrundes ist § 258 Abs. 6 StGB: Wegen einer Strafvereitelung wird nicht bestraft, wer „die Tat zugunsten eines Angehörigen begeht". Weitere Beispiele sind: § 218 Abs. 4 Satz 2 StGB (Nichtbestrafung der Schwangeren 416

---

191 Vgl. hierzu noch ausführlich unten Rn. 502 ff.

beim Versuch des Schwangerschaftsabbruchs); § 257 Abs. 3 StGB (Beteiligung an der Vortat bei der Begünstigung); § 258 Abs. 5 StGB (Beteiligung an der Vortat bei der Strafvereitelung). Auch § 36 StGB (strafrechtliche Indemnität von Abgeordneten) gehört in diesen Bereich.

417 Der Grund, warum hier ein Strafbarkeitsausschluss stattfindet, ist nicht einheitlich zu beurteilen. Teilweise knüpfen die Strafausschließungsgründe an **kriminalpolitische Zwecküberlegungen** an (wie bei der Indemnität der Abgeordneten, § 36 StGB), teilweise nehmen sie Rücksicht auf **notstandsähnliche Konfliktsituationen** (wie bei der Strafvereitelung zugunsten eines Angehörigen, § 258 Abs. 6 StGB). Dabei ist jeweils die Vorschrift des § 28 Abs. 2 StGB anwendbar: Persönliche Strafausschließungsgründe stellen sog. **besondere persönliche Merkmale dar**. Dies hat zur Folge, dass sie – bei mehreren Beteiligten – nur für denjenigen einschlägig sind, bei dem sie tatsächlich vorliegen.

2. Persönliche Strafaufhebungsgründe

418 Unter persönlichen Strafaufhebungsgründen versteht man solche gesetzlich normierten Umstände, die **nach der Begehung** einer Straftat die eigentlich bereits begründete Strafbarkeit rückwirkend wieder beseitigen. Klassisches Beispiel ist hier der Rücktritt vom Versuch (§ 24 StGB).[192] Weitere Beispiele persönlicher Strafaufhebungsgründe sind: § 31 StGB (Rücktritt vom Versuch der Verbrechensbeteiligung); § 163 Abs. 2 StGB (Berichtigung einer falschen Aussage beim fahrlässigen Falscheid). Hiervon erfasst sind auch sämtliche Vorschriften über die tätige Reue beim vollendeten Delikt (§ 98 Abs. 2, § 149 Abs. 2, § 264 Abs. 5, § 306e Abs. 2, § 314a Abs. 3, § 320 Abs. 3, § 330b Abs. 1 Satz 2 StGB). Wiederum gilt auch in diesem Bereich die Vorschrift des § 28 Abs. 2 StGB. Die persönlichen Strafaufhebungsgründe gelten also bei mehreren Beteiligten einer Straftat nur für denjenigen, bei dem sie tatsächlich vorliegen.

III. Strafverfolgungsvoraussetzungen und Strafverfolgungshindernisse

419 Die Strafverfolgungsvoraussetzungen und Strafverfolgungshindernisse sind konstruktiv dem Strafprozessrecht zuzuordnen und daher als Prozessvoraussetzungen zu prüfen. Sie betreffen nicht die Strafbarkeit an sich, sondern lediglich die Zulässigkeit der Strafverfolgung, nachdem festgestellt wurde, dass ein strafbares Verhalten an sich vorliegt.

1. Strafverfolgungsvoraussetzungen

420 Bei den Strafverfolgungsvoraussetzungen handelt es sich um strafprozessuale Voraussetzungen, die vorliegen müssen, damit eine Strafverfolgung bei an sich gegebener Strafbarkeit überhaupt in Gang kommen kann. Klassisches Beispiel hierfür ist das Erfordernis eines **Strafantrages**: Bei manchen (weniger schwerwiegenden) Delikten wird die Tat nur dann verfolgt, wenn der Verletzte einen Strafantrag nach §§ 77 ff. StGB stellt. Sieht er davon ab, so darf die Tat entweder gar nicht (= **absolutes Antragsdelikt**, wie z.B. beim Hausfriedensbruch, § 123 Abs. 2 StGB) oder aber nur dann verfolgt werden, wenn die Staatsanwaltschaft ein besonderes öffentliches Interesse an der Strafverfolgung bejaht (= **relatives Antragsdelikt**, wie z.B.

---

192 Vgl. hierzu noch ausführlich unten Rn. 502 ff.

bei der einfachen Körperverletzung, § 230 StGB). Weitere Strafverfolgungsvoraussetzungen sind die mitunter vorgesehenen Ermächtigungen (vgl. u. a. § 77e, § 90 Abs. 4, § 194 Abs. 4 StGB) und die Genehmigung des Bundestages nach Art. 46 Abs. 2 GG.

2. Strafverfolgungshindernisse

Strafverfolgungshindernisse sind gesetzlich normierte Umstände, die im Einzelfall einer Strafverfolgung entgegenstehen, obwohl sich der Täter an sich strafbar gemacht hat. Klassisches Beispiel hierfür ist die Verjährung, geregelt in §§ 78 ff. StGB. Weitere Strafverfolgungshindernisse stellen der Strafklageverbrauch (ne bis in idem, Art. 103 Abs. 3 GG), die Immunität von Abgeordneten (Art. 46 Abs. 2 GG) und die sog. Exterritorialität von Diplomaten (§§ 18, 19 GVG) dar.

3. Absehen von Strafe

Ebenfalls von Strafwürdigkeitserwägungen getragen sind etliche weitere Vorschriften, die im Einzelfall bestimmen, dass der Richter im Wege einer Ermessensentscheidung im konkreten Fall von Strafe absehen **kann**, wenn bestimmte Voraussetzungen vorliegen (z. B. § 142 Abs. 4, § 60 StGB). Hier wird der Täter allerdings **nicht freigesprochen**. Er ist schuldig und trägt die Kosten des Verfahrens. Lediglich die Strafe selbst entfällt.

> **Literaturhinweise**
> **Einführende Aufsätze:** *Bloy,* Die Rolle der Strafausschließungs- und Strafaufhebungsgründe in der Dogmatik und im Gutachten, JuS 1993, L 33 (umfassende Darstellung, insbesondere im Hinblick auf die Fallbearbeitung); *Roxin,* Rechtfertigungs- und Entschuldigungsgründe in Abgrenzung von sonstigen Strafausschließungsgründen, JuS 1988, 425 (Abgrenzung der verschiedenen Deliktsebenen)

Teil 6: **Das Versuchsdelikt**

Kapitel 16: Das Versuchsdelikt – Übersicht und Deliktsaufbau

I. Grundsätzlicher Überblick zum Einstieg

423 Das **Versuchsdelikt** ist – zumindest in der juristischen Ausbildung sowie in den strafrechtlichen Klausuren – mindestens ebenso häufig anzutreffen wie das **Vollendungsdelikt**. Da es im Aufbau an einigen Stellen vom Vollendungsdelikt abweicht, kann die Prüfung, insbesondere wenn der Versuch mit anderen Deliktsarten (wie etwa dem Unterlassungsdelikt) kombiniert wird, durchaus anspruchsvoll sein. Der Aufbau sollte deshalb gut beherrscht werden. Die gesetzliche Regelung des Versuchsdelikts findet sich in §§ 22–24 StGB.

1. Strafgrund des Versuchs

424 Als erstes sollte man sich grundsätzlich Gedanken darüber machen, warum der Versuch überhaupt strafbar ist, auch wenn dies in juristischen Klausuren kaum einmal „abgefragt" werden wird. Drei verschiedene Ansätze stehen sich hierbei gegenüber.

425 Nach der **subjektiven Versuchstheorie** soll der Strafgrund des Versuchs allein in dem geäußerten rechtsfeindlichen Willen des Täters liegen. Der Täter wolle etwas „Böses" tun und müsse allein deswegen bestraft werden. Daher sei auch ein Versuch, der objektiv völlig untauglich ist, in vollem Umfang strafbar, da sich (auch) hierin die rechtsfeindliche Gesinnung des Täters zeige (zum Beispiel, wenn der Täter seinen Kontrahenten mit einem bösen Fluch überzieht und davon ausgeht, dieser würde dadurch zu Tode kommen). Gerade hieran entzündet sich auch die Kritik an der subjektiven Theorie, da sich unser heutiges Strafrecht durch ein Tatstrafrecht und gerade nicht durch ein Gesinnungsstrafrecht auszeichnet.

426 Daher sieht die **objektive Versuchstheorie** den Strafgrund des Versuchs ausschließlich in der konkreten Rechtsgutsgefährdung verankert, die sich zudem auch und gerade in dem negativen Eindruck niederschlagen müsse, den das Verhalten des Täters nach außen macht. Dieses Verhalten könne schließlich auch das Rechtsbewusstsein der übrigen Bevölkerung beeinträchtigen. Der Versuch wird insoweit von manchen als „abstraktes Gefährdungsdelikt" angesehen.[193] Problematisch wäre hiernach allerdings die Bestrafung eines objektiv untauglichen Versuchs (z.B. wenn der Täter mit einer versehentlich nicht geladenen Pistole auf sein Opfer

---

193 So ausdrücklich *Zimmermann*, JR 2018, 22.

I. Grundsätzlicher Überblick zum Einstieg

„schießt"), da hier eine Rechtsgutsgefährdung gerade nicht vorliegt, was aber der gesetzlichen Regelung in § 23 Abs. 3 StGB widerspricht.

427 Infolge der aufgezeigten Schwächen der zuvor genannten Theorien hat sich der Gesetzgeber in § 22 StGB nunmehr für die **gemischt subjektiv-objektive Versuchstheorie** entschieden, welche beide Elemente verbindet und für die Strafbarkeit des Versuchs eine rechtsfeindliche Gesinnung des Täters fordert. Diese muss sich jedoch in irgendeiner Weise nach außen manifestiert haben bzw. einen rechtserschütternden Eindruck hinterlassen haben, der geeignet ist, das Rechtsbewusstsein der Bevölkerung zu beeinträchtigen und den Rechtsfrieden zu gefährden. Bestraft wird nach § 22 StGB nunmehr, *„wer nach seiner Vorstellung von der Tat* [subjektives Element] *zur Verwirklichung des Tatbestandes unmittelbar ansetzt* [objektives Element]". In den Begriff des „unmittelbaren Ansetzens" wird dabei eine Betätigung des Willens nach außen sowie eine gewisse Rechtsgutsgefährdung hineingelesen.

2. Strafbarkeit des Versuchs

428 Der Gesetzgeber stellt den Versuch jedoch nicht bei jedem Delikt unter Strafe. Vielmehr folgt aus § 23 Abs. 1 StGB, dass nur dann, wenn ein **Verbrechen** vorliegt, der Versuch stets strafbar ist. Handelt es sich hingegen um ein **Vergehen**, ist der Versuch nur dann strafbar, „wenn das Gesetz es ausdrücklich bestimmt", d. h. wenn die Versuchsstrafbarkeit in der jeweiligen Strafvorschrift des Besonderen Teils ausdrücklich normiert ist (vgl. z. B. § 242 Abs. 2 StGB hinsichtlich des einfachen Diebstahls: *„Der Versuch ist strafbar"*).

> **Definition**
> Unter einem **Verbrechen** versteht man eine rechtswidrige Tat, die im Mindestmaß mit Freiheitsstrafe von einem Jahr bedroht ist (§ 12 Abs. 1 StGB).

> **Definition**
> Unter einem **Vergehen** versteht man eine rechtswidrige Tat, die im Mindestmaß mit einer geringeren Freiheitsstrafe als einem Jahr oder mit Geldstrafe bedroht ist (§ 12 Abs. 2 StGB).

429 Diese Definitionen erfassen abschließend sämtliche Delikte des Strafrechts. Eine rechtswidrige Tat ist also entweder ein Verbrechen oder ein Vergehen. Eine dritte Kategorie gibt es nicht. Ferner ergibt sich aus der jeweiligen Definition, dass es entscheidend auf das **Mindestmaß** der durch die entsprechende Vorschrift angedrohten Strafe ankommt. Entscheidend ist dabei die **abstrakte** Strafandrohung im Gesetz.

> **Bsp.:** Der (einfache) Diebstahl, § 242 Abs. 1 StGB, sieht als Rechtsfolge Freiheitsstrafe bis zu fünf Jahren oder Geldstrafe vor. Es handelt sich also um ein Vergehen, selbst wenn der Richter im Einzelfall eine Freiheitsstrafe von zwei Jahren verhängt, da es zur rechtlichen Einordnung ausschließlich auf das Mindestmaß ankommt. Die Strafbarkeit wegen Versuchs musste also in § 242 Abs. 2 StGB eigenständig angeordnet werden. Gleiches gilt für den Diebstahl mit Waffen etc., § 244 Abs. 1 StGB (Freiheitsstrafe von sechs Monaten bis zu zehn Jahren). Dagegen sind der Wohnungseinbruchsdiebstahl in eine dauer-

haft genutzte Privatwohnung, § 244 Abs. 4 StGB, sowie der schwere Bandendiebstahl, § 244a StGB, Verbrechen (Freiheitsstrafe von einem bis zu zehn Jahren). Hier musste der Gesetzgeber die Versuchsstrafbarkeit nicht eigenständig normieren, weil diese unmittelbar aus § 23 Abs. 1 i. V. m. § 12 Abs. 1 StGB folgt.

430 Klassische Beispiele für **Verbrechen** sind Mord (§ 211 StGB), Totschlag (§ 212 StGB), Geiselnahme (§ 239b StGB), Raub (§ 249 StGB), Brandstiftung (§ 306 StGB), aber z. B. auch Meineid (§ 154 StGB) und Rechtsbeugung (§ 339 StGB). Beispiele für **Vergehen** sind Beleidigung (§ 185), Freiheitsberaubung (§ 239 StGB), Diebstahl (§ 242 StGB) und Betrug (§ 263 StGB).

> **Klausurtipp**
>
> In aller Regel hat sich der Gesetzgeber auch bei den im StGB enthaltenen Vergehen für die Anordnung einer Versuchsstrafbarkeit entschieden. Straflos ist der Versuch aber z. B. beim Hausfriedensbruch (§ 123 StGB), der Falschen uneidlichen Aussage (§ 153 StGB), den Beleidigungsdelikten (§§ 185 ff. StGB), der Aussetzung (§ 221 StGB), der Untreue (§ 266 StGB), der Begünstigung (§ 257 StGB), der unterlassenen Hilfeleistung (§ 323c StGB), der Trunkenheit im Verkehr (§ 316 StGB) und den Bestechungsdelikten (§§ 331 ff. StGB), die sich aber oft gerade auch dadurch auszeichnen, dass die Tathandlung so weit vorverlagert wurde, dass ohnehin ein Versuch kaum denkbar ist.

431 Die Einteilung in Verbrechen und Vergehen ist relativ unproblematisch, sofern es sich um die „klassischen" **Grunddelikte** (z. B. § 242 StGB) handelt, da sich die Strafdrohung hier eindeutig aus dem Gesetz ergibt. Unproblematisch sind auch die **Qualifikationen** (z. B. §§ 244, 244a StGB) und **Privilegierungen** (z. B. § 216 StGB), da diese hinsichtlich der Strafdrohung eigenständig zu berücksichtigen sind. Problematisch wird die Einordnung aber dann, wenn es sich um sonstige **unselbstständige Strafschärfungen oder Strafmilderungen** handelt (diese liegen in der Regel dann vor, wenn das Gesetz von „besonders schweren" oder „minder schweren" Fällen spricht, z. B. bei § 243 StGB). Hier gilt **§ 12 Abs. 3 StGB**: Schärfungen oder Milderungen, die entweder nach den Vorschriften des Allgemeinen Teils (vgl. z. B. beim Versuch, § 23 Abs. 2 StGB) oder für besonders schwere oder minder schwere Fälle (vgl. den bereits genannten § 243 StGB) vorgesehen sind, bleiben für die Einteilung als Verbrechen oder Vergehen außer Betracht. Es ist also allein die Strafdrohung des Grunddelikts maßgebend.

3. Rechtsfolgen

432 Ist der Versuch strafbar, so gilt der Strafrahmen des jeweiligen Delikts in gleicher Weise für das vollendete wie für das versuchte Delikt. § 23 Abs. 2 StGB sieht jedoch eine fakultative Strafmilderung vor: Der Versuch **kann** milder bestraft werden als die vollendete Tat. Es kann also eine Strafrahmenverschiebung nach § 49 Abs. 1 StGB erfolgen. Dies muss aber nicht geschehen.

4. Grundlagen des Versuchsaufbaus

433 Was den Aufbau des Versuchsdelikts angeht, sollte man sich merken, dass dieser im Vergleich zum Vollendungsdelikt einige wesentliche Änderungen erfährt. Der Grund ist darin zu sehen, dass beim Versuchsdelikt schlecht damit begonnen werden kann, den **objektiven Tatbestand** zu prüfen, da der Versuch sich ja gerade dadurch auszeichnet, dass „nichts passiert" ist. Kernstück des Versuchs kann somit nur das sein, was der Täter **wollte**, nicht hingegen das, was er tatsächlich erreicht hat. Im Mittelpunkt (und am Beginn der Prüfung!) steht also die Vorstellung des Täters von der Tat (vgl. § 22 StGB), d. h. der Entschluss des Täters, einen bestimmten Tatbestand zu verwirklichen (= **Tatentschluss**). Als „objektives" Merkmal (vgl. wiederum § 22 StGB) kommt lediglich das „unmittelbare Ansetzen zur Tatbestandsverwirklichung" in Frage, weil dies das Einzige ist, was tatsächlich nach außen tritt, d. h. von Außenstehenden wahrgenommen werden kann. Dabei ist das unmittelbare Ansetzen zur Tatbestandsverwirklichung das **einzige** – und für alle Versuchsformen gleiche – objektive Tatbestandsmerkmal des Versuchs. Ob der Täter einen versuchten Mord oder eine versuchte Sachbeschädigung begeht, entscheidet sich somit nicht – wie beim Vollendungsdelikt – im objektiven Tatbestand, sondern allein danach, was der Täter wollte.

> **Bsp.:** Anton trifft auf der Straße die Berta. Drohend erhebt er eine Eisenstange und bewegt diese auf Berta zu. Bevor jedoch weiteres passiert, wird er von einem Dritten überwältigt. – Antons Verhalten kann nun sowohl ein unmittelbares Ansetzen zum Totschlag oder Mord, §§ 212, 211 StGB, zur Körperverletzung, §§ 223 ff. StGB, zur Nötigung, § 240 StGB, oder auch zu einer sexuellen Nötigung, § 177 StGB, darstellen, je nachdem, was Anton wollte. Möglich ist auch, dass er Berta nur erschrecken und daher gar keinen Straftatbestand verwirklichen wollte. Allein das subjektive „Wollen" des Täters kann daher Aufschluss darüber geben, ob er ein – und wenn ja, welches – Versuchsdelikt begangen hat.

Da sich insoweit – anders als beim Vollendungsdelikt – der subjektive Tatbestand nicht auf die tatsächlich verwirklichten objektiven Tatbestandsmerkmale beziehen kann (nochmals: einziges objektives Tatbestandsmerkmal ist beim Versuchsdelikt das unmittelbare Ansetzen zur Tatbestandsverwirklichung), ergibt sich für den Aufbau des Versuchsdelikts zwingend, dass **der subjektive Tatbestand vor dem objektiven Tatbestand geprüft werden muss.** Der Prüfungsaufbau ist im Rahmen des Tatbestandes also umzudrehen. Nur wenn man weiß, was der Täter eigentlich wollte, kann in einem weiteren Schritt festgestellt werden, dass er genau dazu auch unmittelbar angesetzt hat. Nur diese Prüfungsreihenfolge entspricht der Logik des Versuchsaufbaus.

434

II. Der Aufbau des Versuchsdelikts im Einzelnen

Nachfolgend soll ein Überblick über den Aufbau des Versuchsdelikts gegeben werden, wobei Prüfungsgegenstand das versuchte vorsätzliche **Begehungsdelikt** ist. Hinsichtlich des versuchten Unterlassungsdelikts gelten einige (kleinere) Besonderheiten, auf die später eingegangen werden soll.[194] Fahrlässigkeitsdelikte können nicht versucht werden (da es hier an einem „Tatentschluss", der regelmäßig vorsätzliches Verhalten erfordert, gerade mangelt).[195]

435

---

194 Vgl. hierzu noch ausführlich unten Rn. 500 f., 540 f.
195 Vgl. hierzu unten Rn. 647.

Prüfungsschema
Vorprüfung
1. Nichtvollendung der Tat
2. Strafbarkeit des Versuchs (vgl. § 23 Abs. 1 StGB)

I. Tatbestandsmäßigkeit
1. Subjektiver Tatbestand (= Tatentschluss)
   a) Vorsatz bzgl. sämtlicher geschriebener oder ungeschriebener objektiver Tatbestandsmerkmale des jeweiligen Delikts
   b) Tatbestandsspezifische subjektive Merkmale (z. B. Zueignungsabsicht beim Diebstahl)
2. Objektiver Tatbestand (= unmittelbares Ansetzen zur Tatbestandsverwirklichung, § 22 StGB)

II. Rechtswidrigkeit (hier gelten keine Besonderheiten)
III. Schuld (hier gelten ebenfalls keine Besonderheiten)
IV. Möglichkeit des Rücktritts vom Versuch (§ 24 StGB)

1. Vorprüfung

436 Bevor man mit der eigentlichen Prüfung des Tatbestandes beginnt, müssen im Rahmen einer Vorprüfung zwei Dinge festgestellt werden. Es muss klargestellt werden, dass die Tat **nicht vollendet** wurde und dass **der Versuch des jeweiligen Deliktes strafbar ist.**

437 Nichtvollendung der Tat heißt, dass der objektive Tatbestand des jeweiligen Deliktes nicht oder zumindest nicht vollständig verwirklicht worden sein darf. Es muss also zumindest ein (geschriebenes oder ungeschriebenes) Tatbestandsmerkmal unerfüllt bleiben.

Klausurtipp
In eindeutigen Fällen ist in einer Klausur sofort mit dem Versuch eines Delikts zu beginnen. In schwierigeren Fällen bietet es sich an, zuerst die Strafbarkeit wegen des Vollendungsdelikts (umfangreich) zu prüfen. Kommt man zu dem Ergebnis, dass es hinsichtlich des Vollendungsdelikts an der Verwirklichung eines objektiven Tatbestandsmerkmals fehlt, ist die Vollendungsstrafbarkeit abzulehnen und (unter einer neuen Überschrift!) der Versuch zu erörtern. Innerhalb dieser Prüfung reicht es dann, im Rahmen der Erörterung der Nichtvollendung der Tat festzustellen: „Wie oben gesehen, ist die Tat nicht vollendet".

438 Im Hinblick auf die **Strafbarkeit des Versuchs** sollte kurz festgestellt werden, dass es sich bei dem geprüften Delikt entweder um ein Verbrechen (vgl. § 12 Abs. 1 StGB) handelt, bei dem der Versuch stets strafbar ist oder dass bei einem Vergehen (vgl. § 12 Abs. 2 StGB) die Versuchsstrafbarkeit im Gesetz ausdrücklich bestimmt wurde (§ 23 Abs. 1 StGB).

Klausurtipp
Regelmäßig genügen in einer Klausur im Rahmen der Vorprüfung wenige Sätze. Entreißt z. B. Anton der Wilma gewaltsam die Handtasche und muss dann enttäuscht feststellen, dass diese leer ist, reicht es, zu schreiben: „Anton könnte sich dadurch, dass er der Wilma unter Schlägen den Inhalt ihrer Handtasche entwenden

wollte, wegen eines versuchten Raubes, §§ 249 Abs. 1, 22, 23 Abs. 1 StGB, strafbar gemacht haben. Die Tasche war leer, Anton konnte daher nichts wegnehmen, die Tat wurde folglich nicht vollendet. Es handelt sich beim Raub um ein Verbrechen, mithin ist der Versuch des Raubes strafbar (§§ 23 Abs. 1, 12 Abs. 1 StGB)".

2. Tatentschluss

Kernstück der Versuchsprüfung ist der Tatentschluss, der, wie erwähnt, als subjektives Element vor dem objektiven Tatbestand („unmittelbares Ansetzen") zu prüfen ist. Hier ist festzustellen, dass der Täter mit **Tatentschluss bzgl. sämtlicher objektiver Merkmale des betreffenden Tatbestandes** gehandelt hat (da ein solcher Tatentschluss beim Fahrlässigkeitsdelikt gerade nicht vorliegt, wird hier auch deutlich, dass und warum ein Fahrlässigkeitsdelikt niemals versucht werden kann!).

439

> **Klausurtipp**
>
> In einer Klausur bietet sich hier die Überschrift „Tatentschluss" an, wobei auch die Erörterung unter der Überschrift „subjektiver Tatbestand" zulässig ist. Etwas ungenau ist hingegen die Verwendung des Begriffs „Vorsatz" als Überschrift, da beim Tatentschluss neben dem Vorsatz auch die sonstigen subjektiven Tatbestandsmerkmale zu prüfen sind.

Im Rahmen des Tatentschlusses sind zwei Dinge sauber voneinander zu trennen: Als erstes muss festgestellt werden, **was der Täter wollte**. Anschließend muss dann fiktiv geprüft werden, ob das, was der Täter wollte, hätte er es tatsächlich verwirklicht, auch **den (objektiven) Tatbestand eines Delikts erfüllt hätte** (= Subsumtion).

440

Im Rahmen der Feststellung, **was der Täter wollte**, ist zu beachten, dass hier diejenige Vorsatzform ausreichend ist, die auch für das Vollendungsdelikt notwendig gewesen wäre. Da es für die Mehrzahl der (Vollendungs-)Delikte genügt, wenn der Täter mit **bedingtem Vorsatz** handelt, ist dieser auch bei den meisten Versuchsdelikten ausreichend. Man muss also gegebenenfalls feststellen, was der Täter für möglich hielt und billigend in Kauf nahm (inwieweit er also bedingten Vorsatz hatte).

441

> **Bsp.:** Um Wilma die Handtasche wegzunehmen, schlägt Anton ihr mit einer Eisenstange auf den Kopf, wobei er sie zwar betäuben, nicht aber töten will. Er rechnet aber durchaus auch mit einem tödlichen Ausgang und nimmt diesen billigend in Kauf. Anschließend stellt er enttäuscht fest, dass die Handtasche leer ist und flieht ohne Beute. Wilma überlebt. – In der Klausur müsste im Hinblick auf die Prüfung des Tatentschlusses zu §§ 212, 22 StGB (ebenso wie im Hinblick auf den tödlichen Erfolg bei § 251 StGB) ausgeführt werden: „Anton wollte dadurch, dass er Wilma mit der Eisenstange auf den Kopf schlug, erreichen, dass er ihr die Tasche wegnehmen konnte. Dabei rechnete er auch damit, dass Wilma tödlich verletzt werden könnte. Dies nahm er auch billigend in Kauf und handelte insoweit mit bedingtem Vorsatz. Ein Tatentschluss zu §§ 212, 22 (bzw. 251, 22) StGB liegt also vor". Im Hinblick auf den Raub (mit Todesfolge) muss neben dem (vorliegenden) Vorsatz hinsichtlich der Wegnahme einer fremden beweglichen Sache durch Gewaltanwendung im Rahmen des Tatentschlusses noch festgestellt werden, dass Anton auch mit Zueignungsabsicht handelte. Nur dann hatte er auch einen Tatentschluss im Hinblick auf den Raub.

442 Für die weitere Prüfung muss nun unterstellt werden, dass das, was der Täter zumindest bedingt vorsätzlich in Kauf nahm, auch tatsächlich eingetreten ist. Insoweit dient das vom Täter Gewollte nun als Grundlage für die weitere Subsumtion unter den gesetzlichen Tatbestand. Stellt man hierbei z. B. fest, dass die Vorstellungen des Täters auf die Verwirklichung einer (vermeintlichen) Tat gerichtet waren, welche die Rechtsordnung gar nicht unter Strafe stellt, so liegt lediglich ein **Wahndelikt** vor, welches zur Straflosigkeit des Täters führt.[196] Dieser Teil der Prüfung des Tatentschlusses ist identisch mit der üblicherweise im objektiven Tatbestand stattfindenden Subsumtion und erfolgt nach den gleichen Regeln. Einziger Unterschied ist hier, dass die Tat eben nur in der Vorstellung des Täters so vor sich gehen sollte, aber tatsächlich nicht in dieser Form stattfand (sonst würde ein vollendetes Delikt vorliegen), weshalb diese „Prüfung des objektiven Tatbestandes" hier systematisch im subjektiven Tatbestand vorzunehmen ist.

> **Bsp.:** Bei einer Weihnachtsfeier beschließt Anton, mit seiner Sekretärin Petra Zärtlichkeiten auszutauschen, auch wenn diese dazu keine Lust haben sollte. Notfalls will er Gewalt anwenden. Dass er selbst verheiratet ist, stört ihn dabei wenig, obwohl er davon überzeugt ist, dass er sich bei dieser Gelegenheit „wegen Untreue" strafbar machen wird. Das Ganze scheitert daran, dass Petra nach den ersten Zudringlichkeiten den Anton mit einem Faustschlag niederschlägt. – Hätte Anton mit Petra tatsächlich gegen deren Willen unter Gewaltanwendung Zärtlichkeiten ausgetauscht, läge eine sexuelle Nötigung, § 177 StGB, vor. Das von Anton jedenfalls mit bedingtem Vorsatz „Gewollte" hätte also den Tatbestand des § 177 StGB erfüllt, ein Tatentschluss liegt daher vor. Dagegen scheidet eine Strafbarkeit wegen versuchter Untreue, § 266 StGB, aus. Unabhängig davon, dass der Versuch bei der Untreue (Vergehen!) nicht strafbar ist, hätte Anton, selbst dann, wenn er das von ihm Gewollte umgesetzt hätte, keine Untreue begangen. Denn der als Vermögensdelikt ausgestaltete § 266 StGB hat mit dem, was gemeinhin unter „Untreue" im privaten Bereich verstanden wird, nichts zu tun. Es lag daher lediglich ein sog. Wahndelikt vor.

443 Bei der Prüfung des subjektiven Tatbestandes muss schließlich noch berücksichtigt werden, ob der Täter über den normalen Vorsatz hinaus auch die weiteren, bei einigen Tatbeständen zusätzlich geforderten **subjektiven Komponenten** erfüllt, wie z. B. die Zueignungs**absicht** beim Diebstahl, § 242 StGB, oder die Bereicherungs**absicht** beim Betrug, § 263 StGB.

3. Anforderungen an den Tatentschluss

444 Zu beachten ist allerdings, dass der Tatentschluss des Täters stets **endgültig** gefasst sein muss. Behält der Täter sich vor, in einer bestimmten Situation zu entscheiden, ob er ein Delikt verwirklichen möchte, oder nicht, fehlt es an dieser Endgültigkeit (man spricht in diesen Fällen von einer bloßen „**Tatgeneigtheit**").

> **Bsp.:** Anton will in die Villa der Witwe Wilma einbrechen und deren Schmuck entwenden. Dabei geht er davon aus, dass Wilma zu Hause sein wird und den Schmuck nicht freiwillig hergibt, sodass er gegenüber ihr körperliche Gewalt anwenden muss. – Hier liegt ein endgültiger Tatentschluss bzgl. eines versuchten Raubes, §§ 249, 22 StGB, vor. Anders wäre der Fall zu beurteilen, wenn sich

---

196 Vgl. zum Wahndelikt unten Rn. 457 ff.

Anton zuvor noch keine weiteren Gedanken gemacht hat und vielmehr davon ausgeht, dass Wilma sein Einbrechen nicht bemerken würde. Wenn er sich dann vornimmt, seine weitere Reaktion von den jeweiligen Umständen abhängig zu machen und spontan zu entscheiden, ob er Gewalt anwenden oder unverrichteter Dinge das Weite suchen soll, ist hierin (noch) kein endgültiger Tatentschluss im Hinblick auf einen versuchten Raub, §§ 249, 22 StGB, zu erblicken (ein solcher hinsichtlich eines versuchten Wohnungseinbruchsdiebstahls, §§ 242, 244 Abs. 1 Nr. 3, Abs. 4 StGB, aber schon!).

Eine Endgültigkeit des Tatentschlusses liegt allerdings dann vor, wenn der Täter die Verwirklichung des Tatbestandes von einer Bedingung abhängig macht, auf die er selbst keinen Einfluss besitzt (**bedingter Tatentschluss**).

Bsp.: Anton klingelt mit gezogener Waffe an der Haustür seiner ehemaligen Freundin und ist fest dazu entschlossen, diese sofort und ohne Vorwarnung zu töten, wenn sie die Haustüre öffnet und dabei nicht ihr Kind auf dem Arm hat. Sollte sie ihr Kind auf dem Arm haben oder sollte eine andere Person die Türe öffnen, möchte er nicht schießen. – Hier hat Anton einen endgültigen Tatentschluss gefasst, der lediglich von einer Bedingung abhängig war (= alleiniges Erscheinen seiner ehemaligen Freundin), auf die er selbst aber keinen Einfluss hatte.

4. Häufige Fehler bei der Prüfung des Tatentschlusses

Der genannte Prüfungsaufbau – subjektiver Tatbestand vor objektivem Tatbestand – klingt auf den ersten Blick nicht sonderlich problematisch. Dennoch werden in juristischen Klausuren oftmals (entscheidende!) Aufbaufehler gemacht, insbesondere dann, wenn ein Täter einzelne Tatbestandsmerkmale bereits erfüllt, andere aber nicht verwirklicht, sondern nur geplant hat.

> **Klausurtipp**
> Auch wenn der der Täter bereits einzelne Tatbestandsmerkmale eines Delikts verwirklicht hat (z. B. die Gewaltanwendung bei einem Raub) oder bestimmte sonstige Voraussetzungen eines Deliktes objektiv erfüllt (z. B. die Garantenstellung bei einem Unterlassungsdelikt), sind diese Merkmale bei der Versuchsprüfung stets im subjektiven Tatbestand (= Tatentschluss) zu prüfen. Einziges objektives Tatbestandsmerkmal beim Versuchsdelikt ist und bleibt das unmittelbare Ansetzen zur Tatbestandsverwirklichung!

5. Unmittelbares Ansetzen zur Tatbestandsverwirklichung

Auf das unmittelbare Ansetzen zur Tatbestandsverwirklichung als einziges Merkmal im Rahmen des objektiven Tatbestandes des Versuchsdelikts wird später noch ausführlich eingegangen werden.[197]

> **Literaturhinweise**
> **Einführende Aufsätze:** *Hardtung*, Gegen die Vorprüfung beim Versuch, JURA 1996, 293 (vertiefend zum Versuchsaufbau); *Kudlich*, Der Versuch des unechten Unterlassungsdelikts, JA 2008, 601 (klar strukturierter Überblick); *Kühl*, Grundfälle zu Vorbe-

---

[197] Vgl. hierzu noch unten Rn. 469 ff.

reitung, Versuch, Vollendung und Beendigung, JuS 1979, 718, 874; JuS 1980, 120, 2073 (umfassende Darstellung der Versuchsproblematik mit vielen kleinen Fällen); *Putzke*, Der strafbare Versuch, JuS 2009, 894, 985 (studierendengerechter verständlicher Überblick zum strafbaren Versuch in drei Teilen); *Rath*, Grundfälle zum Unrecht des Versuchs, JuS 1998, 1006, 1106; JuS 1999, 32, 140 (umfassende Darstellung der Versuchsproblematik mit vielen Beispielsfällen)

Übungsfälle: *Dessecker*, Zwei Tötungsversuche mit glimpflichem Ausgang, JURA 2000, 592 (klar strukturierte Anfängerklausur); *Kinzig/Luczak*, Verscherbeln, Abzocken und andere Geschäfte, JURA 2002, 493 (anspruchsvoller Fall, der sich u. a. mit den Voraussetzungen des Rücktritts und den Anforderungen an das unmittelbare Ansetzen beschäftigt)

Rechtsprechung: BGHSt 12, 306 – Ausbruch (bedingter Tatentschluss)

Kapitel 17: Formen des Versuchs

I. Der untaugliche Versuch

448 An sich zeichnet sich ein Versuch eben dadurch aus, dass er gerade nicht zum Erfolg führt, insoweit also zur Erfolgsherbeiführung „untauglich" ist. Dennoch fasst man unter den Begriff des „untauglichen Versuchs" lediglich diejenigen Fälle, in denen diese Untauglichkeit objektiv von vornherein, das heißt bereits zum Zeitpunkt des Versuchsbeginns („ex ante"), feststeht, der Täter dies jedoch nicht erkennt.

Definition

Unter einem **untauglichen Versuch** versteht man einen Versuch, der unter den gegebenen Umständen entgegen den Vorstellungen des Täters entweder aus tatsächlichen oder aus rechtlichen Gründen nicht zur Verwirklichung des Tatbestandes führen konnte.

449 Wesentliches Merkmal des untauglichen Versuchs ist es also, dass höchstens eine abstrakte (oder gar keine) Gefahr für das geschützte Rechtsgut eingetreten ist. Wird das Rechtsgut hingegen konkret gefährdet, liegt ein an sich tauglicher Versuch vor.

> **Bsp.:** Anton zielt mit seiner Pistole in Tötungsabsicht auf Bruno und drückt ab. Er hatte aber versehentlich keine Kugel im Lauf. – Hier konnte der Versuch aus tatsächlichen Gründen (keine Kugel im Lauf) nicht zum Erfolg führen. Er war also von vornherein untauglich. Anders hingegen, wenn Anton auf Bruno schießt, aber als schlechter Schütze kaum eine Chance hatte, diesen zu treffen und daher auch, wie erwartet, vorbeischießt. Infolge der trotz allem eingetretenen konkreten Gefährdung lag hier ein an sich tauglicher Versuch vor.

450 Diese Untauglichkeit kann auf mehreren Ursachen beruhen (die rechtlich allerdings gleichbehandelt werden). Einen Anhaltspunkt bietet § 23 Abs. 3 StGB, der darauf abstellt, dass der Versuch „*nach der Art des Gegenstandes, an dem, oder des Mittels, mit dem die Tat begangen werden sollte, überhaupt nicht zur Vollendung füh-*

ren" konnte. Ausdrücklich geregelt sind also die Untauglichkeit des **Tatobjektes** („Art des Gegenstandes") sowie die Untauglichkeit des **Tatmittels**. Darüber hinaus ist aber auch die Untauglichkeit des **Tatsubjektes** erfasst, d. h. Fälle, in denen der Täter davon ausgeht, er weise eine besondere Täterqualität (z. B. eine Amtsträgereigenschaft oder eine Garantenstellung) auf, die in Wirklichkeit jedoch nicht vorliegt.

> **Bsp.:** Anton will seinen Nachbarn Norbert töten. Er vermutet, dass dieser in seinem Gartenstuhl sitzt, schnappt sich seine Pistole und schießt. – Wenn Norbert auf dem Gartenstuhl nur einen Berg Wäsche abgelegt hatte, liegt eine Untauglichkeit des Tatobjektes vor: An einem Wäscheberg kann man keinen Totschlag (sondern höchstens eine Sachbeschädigung) begehen. – Sitzt Norbert tatsächlich im Gartenstuhl, hat Anton aber vergessen, die Pistole zu laden, liegt eine Untauglichkeit des Tatmittels vor: Mit einer ungeladenen Pistole kann man niemanden erschießen. – Wenn Bruno am Strand sitzt und sieht, wie ein Kind im Meer auf seiner Luftmatratze kentert und zu ertrinken droht und wenn er dabei irrtümlich glaubt, es handele sich um seinen eigenen Sohn, begeht er, wenn er nicht hilft und den Tod des Kindes dabei billigend in Kauf nimmt, eine versuchte Tötung durch Unterlassen, wenn das Kind anderweitig gerettet wird, §§ 212, 13, 22 StGB. Es liegt hier ein untauglicher Versuch in der Form der Untauglichkeit des Tatsubjektes vor: Als Nichtgarant kann Bruno gegenüber dem fremden Kind keinen Totschlag durch Unterlassen begehen.[198]

451 Der untaugliche Versuch ist in gleicher Weise strafbar wie der an sich taugliche Versuch. Dies ergibt sich bereits aus der Regelung des **§ 23 Abs. 3 StGB**. Denn diese Norm bestimmt, dass in denjenigen Fällen, in denen der Täter aus **grobem Unverstand** verkennt, dass sein Handeln völlig ungeeignet ist, eine Tatvollendung herbeizuführen (und somit ein untauglicher Versuch vorliegt!), eine Strafmilderung in größerem Umfange möglich ist als bei an sich tauglichen Versuchskonstellationen. Handelt der Täter hingegen bei der Begehung eines untauglichen Versuchs nicht grob unverständig, bleibt ihm – klassischer Umkehrschluss – eine solche Strafmilderungsmöglichkeit versagt. Daraus folgt, dass der Gesetzgeber von der grundsätzlichen Strafbarkeit (auch) des untauglichen Versuchs ausgeht. Dieses Ergebnis wird ferner durch § 22 StGB bestätigt. Hiernach begeht derjenige einen Versuch, der **nach seiner Vorstellung von der Tat** (und das heißt eben nicht: nach einer rein objektiven Betrachtungsweise, die auch die objektive Tauglichkeit der Versuchshandlung mit einschließt) zur Verwirklichung des Tatbestandes unmittelbar ansetzt.

II. Der grob unverständige Versuch, § 23 Abs. 3 StGB

452
> **Definition**
> Unter dem **grob unverständigen Versuch** versteht man einen Versuch, der objektiv untauglich ist und bei dem der Täter zudem (subjektiv) diese Untauglichkeit aus grobem Unverstand verkennt (§ 23 Abs. 3 StGB). Grober Unverstand liegt dann vor, wenn der Täter völlig abwegige Vorstellungen von gemein-

---
[198] Zur Garantenstellung und den sich daraus ergebenden Garantenpflichten als Voraussetzung eines (unechten) Unterlassungsdeliktes vgl. unten Rn. 594 ff.

hin bekannten Ursachenzusammenhängen besitzt, er also naturgesetzliche Kausalzusammenhänge völlig verkennt.

453 Die Beurteilung, wann ein solcher grober Unverstand vorliegt, ist nicht immer einfach. Wer glaubt, mit einer kleinen Steinschleuder ein Flugzeug abschießen zu können, welches sich in 10.000 Metern Höhe befindet, handelt sicherlich ebenso unverständig wie derjenige, der glaubt, den Hund seines Nachbarn dadurch töten zu können, dass er ihn böse anschaut. – Problematisch wird dies jedoch schon dann, wenn der Täter ein grundsätzlich taugliches Mittel verwendet, dies aber viel zu **gering dosiert** (z. B. Verwendung von einem Gramm eines bestimmten Giftes zur Tötung eines Menschen, wobei das Gift erst ab 100 Gramm überhaupt geeignet ist, körperliche Reaktionen zu bewirken).[199] Unbeachtlich ist eine **grob unverständige Motivation** des Täters (Bsp.: Anton glaubt, seine Ehefrau Erna sei vom Teufel besessen, weil sie infolge eines Schüttelfrostes zu zittern beginnt und will sie daher zur Seelenrettung töten) oder eine **grob unverständige Verkennung von tatsächlichen Umständen** (Bsp.: Bruno hält eine billig aussehende Plastik-Spielzeugpistole für eine scharfe Waffe und versucht, damit auf seinen Gegner zu schießen).

454 Auch der grob unverständige Versuch ist als Unterfall des untauglichen Versuchs strafbar; es erfolgt allerdings eine **fakultative Strafmilderung** nach § 23 Abs. 3 StGB. Für den hier nicht geregelten Fall der Untauglichkeit des Tatsubjekts ist die Milderungsvorschrift des § 23 Abs. 3 StGB analog heranzuziehen.

III. Der abergläubische Versuch

455 **Definition**

Unter einem **abergläubischen** (oder auch „irrealen") **Versuch** versteht man einen Versuch, bei dem der Täter auf die Wirksamkeit nicht existierender oder nach dem Stand der wissenschaftlichen Erkenntnis jedenfalls nicht nachweisbarer magischer Kräfte vertraut (Zauberei, Teufelsanbetung, Verhexen, Totbeten etc.).

Die Fälle des abergläubischen Versuchs zeichnen sich dadurch aus, dass der Täter auf übersinnliche Kräfte vertraut, die schon ihrer Art nach niemals einen tatbestandlichen Erfolg herbeiführen können (Bsp.: Anton zerreißt zu Hause bei Kerzenschein unter Verwendung von Zaubersprüchen ein Foto mit dem Bild seines Nachbarn und ist davon überzeugt, dass dieser dabei zu Tode kommt). Selbst wenn der Erfolg in diesen Fällen tatsächlich einträte, würde man dem Täter diesen Erfolg nach den heutigen wissenschaftlichen Erkenntnissen niemals als sein Werk zurechnen. Man würde sein Verhalten nicht einmal als kausal für den Eintritt des Erfolges ansehen (wenn also im vorgenannten Beispiel der Nachbar am nächsten Morgen tatsächlich tot in seinem Bett gefunden wird, käme niemand auf die Idee, Anton wegen Totschlags zu verurteilen). Es ist daher nur konsequent, auch einen Versuch zu verneinen, wenn das Verhalten des Täters (was anzunehmen ist) keine Wirkung zeigt.

---

199 Vgl. hierzu BGHSt 41, 94.

Daher geht die h. M. davon aus, der abergläubische Versuch sei bereits vom Grundsatz her straflos und unterfalle daher nicht den Versuchsregeln.[200] Überzeugender ist es jedoch, hier stets von einem grob unverständigen Versuch auszugehen, der aber obligatorisch nach § 23 Abs. 3 StGB zum Absehen von Strafe führen muss.[201] Denn eine saubere Grenze zwischen „grobem Unverstand" und „Aberglaube" ist kaum zu ziehen.

456

IV. Das Wahndelikt

> **Definition**
> Unter einem **Wahndelikt** – welches oftmals vom untauglichen Versuch abzugrenzen ist – versteht man die irrige Annahme des Täters, sein in tatsächlicher Hinsicht vollständig und richtig erkanntes Verhalten würde einen Straftatbestand erfüllen, sofern dieser Tatbestand a) entweder nur in seiner Einbildung existiert oder b) zwar existiert, der Täter ihn aber infolge einer falschen rechtlichen Wertung in seinem Anwendungsbereich überdehnt.

457

Das Wahndelikt zeichnet sich also dadurch aus, dass der Täter glaubt, sich strafbar gemacht zu haben, obwohl die Rechtsordnung sein Verhalten nicht als strafbar ansieht. Im Gegensatz zum untauglichen Versuch verkennt der Handelnde hier aber keine tatsächlichen Umstände (er hält also nicht irrtümlich einen Wäschehaufen für einen Menschen oder glaubt, seine Pistole sei geladen), sondern er glaubt vielmehr an eine Strafnorm, die nicht existiert.

458

> **Bsp. (1):** Ehemann Emil betrügt seine Frau Erna mit seiner Sekretärin Sigrid und geht dabei irrig davon aus, Ehebruch sei nach deutschem Recht ein Straftatbestand. – Hier nahm Emil die Verwirklichung eines Straftatbestandes an, den die (deutsche) Rechtsordnung nicht (mehr) kennt.
>
> **Bsp. (2):** Bruno zerreißt ein Foto seines Nachbarn Norbert und glaubt dabei, er hätte durch dieses Verhalten eine Körperverletzung begangen. – Hier existiert zwar ein entsprechender Straftatbestand (§ 223 StGB), dieser erfasst jedoch Brunos Verhalten nicht. Nimmt Bruno hingegen an, Norbert würde durch das Zerreißen des Fotos körperliche Schmerzen erleiden, liegt ein abergläubischer Versuch vor.[202]

Das Wahndelikt ist – wiederum im Gegensatz zum untauglichen Versuch – **straflos**, da entweder bereits keine Strafnorm existiert, unter die man subsumieren könnte oder aber die entsprechende Strafnorm das Verhalten gerade nicht erfasst. Bei der Abgrenzung zum strafbaren untauglichen Versuch hat man sich dabei an der auch später für die rechtliche Behandlung des Irrtums[203] wesentlichen Unterscheidung zwischen einem Irrtum über das Vorliegen tatsächlicher Umstände und dem Irrtum über die rechtliche Bewertung eines vom Tatsächlichen her zutreffend erkannten Sachverhalts zu orientieren. Wichtig zu wissen ist noch, dass ein Wahndelikt auf sämtlichen Ebenen der Strafbarkeit vorkommen kann.

459

---

200 *Eser/Bosch*, in: Schönke/Schröder, § 23 Rn. 13a.
201 *Heinrich*, JURA 1995, 393 (398).
202 Vgl. hierzu oben Rn. 455 f.
203 Vgl. zu dieser Unterscheidung im Rahmen des Irrtums unten Rn. 697 ff.

Bsp.: Anton ist der Ansicht, Notwehr dürfe nur zur Rettung des eigenen Lebens geleistet werden. Dennoch verletzt er Bruno, der gerade dabei ist, Antons Auto aufzubrechen, um dieses zu entwenden. Dabei handelt er in der Absicht, sein Eigentum zu verteidigen. – Auch hier begeht Anton ein strafloses Wahndelikt: Nach den Wertungen unserer Rechtsordnung durfte er hier im Rahmen der zulässigen Notwehr, § 32 StGB, sein Eigentum verteidigen. Dass er sein Verhalten dennoch irrtümlich für strafbar hielt, weil er die Grenzen des Notwehrrechts verkannte, ist unbeachtlich.

V. Der erfolgsqualifizierte Versuch

1. Grundlagen

460 Im Rahmen der Behandlung des erfolgsqualifizierten Versuchs ist zuerst eine begriffliche Klärung vorzunehmen. Es sind hier nämlich zwei grundsätzlich unterschiedliche Konstellationen auseinander zu halten, die aber ähnlich klingen: der **erfolgsqualifizierte Versuch** und der **Versuch einer Erfolgsqualifikation**.

461 Um diese Unterscheidung verstehen zu können, muss man sich die Definition des **erfolgsqualifizierten Delikts** erneut klar machen.[204] Hierunter versteht man ein Delikt, bei dem sich an ein **vorsätzlich verwirklichtes Grunddelikt** (z. B. eine Körperverletzung, § 223 StGB) eine schwere Folge anschließt (z. B. ein tödlicher Erfolg, wie bei der Körperverletzung mit Todesfolge, § 227 StGB). Bezüglich dieser schweren Folge ist nun nicht – wie bei einer normalen Qualifikation – Vorsatz erforderlich. Vielmehr genügt nach § 18 StGB in diesen Fällen ein fahrlässiges Verhalten.

2. Versuch einer Erfolgsqualifikation

462 **Definition**
Unter dem **Versuch einer Erfolgsqualifikation** versteht man einen Versuch, bei dem neben dem (vorsätzlich verwirklichten oder versuchten) Grunddelikt auch die schwere Folge vom Vorsatz des Täters voll umfasst war, jedoch nicht eingetreten ist.

463 Zwar würde, wie gezeigt, bei einem erfolgsqualifizierten Delikt hinsichtlich des Eintritts der schweren Folge Fahrlässigkeit (oder, je nach tatbestandlicher Fassung: Leichtfertigkeit) ausreichen. In diesem Fall würde ein Versuch ausscheiden, wenn die schwere Folge nicht eintritt, da man Fahrlässigkeitsdelikte nicht versuchen kann.[205] Es ist jedoch auch denkbar, dass der Täter hinsichtlich der schweren Folge vorsätzlich handelt (in § 18 StGB ist ausdrücklich davon die Rede, dass dem Täter „wenigstens" Fahrlässigkeit zur Last gelegt werden muss, damit ist dann aber auch vorsätzliches Verhalten erfasst). In diesem Fall ist dann aber ein Versuch denkbar, z. B. wenn ein Täter seinen Kontrahenten zwar in erster Linie verletzen will (§ 223

---
204 Vgl. hierzu bereits oben Rn. 116.
205 Vgl. hierzu bereits oben Rn. 435 sowie unten Rn. 646.

StGB), er aber auch mit der Möglichkeit rechnet, dass die Verletzung zum Tode führt und er dies billigt.

Begrifflich fallen unter den Versuch einer Erfolgsqualifikation dabei sowohl diejenigen Fälle, in denen der Täter das Grunddelikt zwar verwirklicht, die vom Vorsatz ebenso erfasste schwere Folge aber ausbleibt (der Täter verletzt das Opfer zwar, ein tödlicher Erfolg bleibt aber aus) als auch diejenigen Fälle, in denen weder das Grunddelikt noch die schwere Folge verwirklicht werden, der Täter aber beides jedenfalls billigend in Kauf genommen hat (der Täter schlägt vorbei).

In beiden Konstellationen hat sich der Täter wegen eines Versuchs der Erfolgsqualifikation strafbar gemacht (hier: Versuch des § 227 StGB). Daneben ist regelmäßig auch der vorsätzlich begangene Versuch der schweren Folge (d. h. hier: die Tötung) selbst strafbar und (zumeist) mit höherer Strafe bedroht. Dann ist im Einzelfall das Konkurrenzverhältnis der beiden Versuchsdelikte zu klären. Dabei tritt die versuchte Körperverletzung mit Todesfolge regelmäßig hinter einen versuchten Totschlag oder versuchten Mord zurück. Eigenständige Bedeutung bekommt der Versuch der Erfolgsqualifikation aber z. B. bei § 239 Abs. 3 Nr. 1 StGB (versuchte Freiheitsberaubung über eine Woche) oder § 226 StGB (versuchte schwere Körperverletzung), da hier die versuchte Herbeiführung der schweren Folge isoliert keiner eigenen Strafnorm unterfällt.

3. Erfolgsqualifizierter Versuch

> **Definition**
> Unter einem **erfolgsqualifizierten Versuch** versteht man eine Versuchskonstellation, in der bereits durch den Versuch des Grunddelikts die schwere Folge herbeigeführt wird, die der Täter auch hätte vorhersehen können, ohne dass ihm diesbezüglich jedoch ein (zumindest bedingt) vorsätzliches Verhalten zur Last gelegt werden könnte. Das Grunddelikt bleibt also im Versuch „stecken", während die schwere Folge eintritt.

Bsp.:[206] Anton verfolgt Bruno, um ihn kräftig durchzuprügeln. Nach einer wilden Verfolgungsjagd will sich Bruno in Todesangst mittels eines Sprunges durch eine Glasscheibe in ein Wohnhaus retten. Er zieht sich dabei eine Schnittwunde zu, an der er verblutet. Anton findet Bruno nicht mehr und verschwindet. – Die Verfolgungsjagd stellte bereits ein unmittelbares Ansetzen zur Körperverletzung, § 223 StGB, dar. Auch war ein solches Panikverhalten des Opfers (Sprung durch die Glasscheibe) vorhersehbar und lag nicht außerhalb jeglicher Lebenserfahrung, sodass die Verletzung dem Anton auch als „sein Werk" objektiv zuzurechnen ist (kein Ausschluss der objektiven Zurechnung durch eine freiverantwortliche Selbstgefährdung des Opfers). Insoweit ist hier eine versuchte Körperverletzung mit Todesfolge, §§ 227, 22 StGB, zu prüfen.

Die Frage, ob der erfolgsqualifizierte Versuch eines Delikts strafbar ist, ist im Einzelnen umstritten. Dabei haben sich im Wesentlichen drei Ansichten herausgebil-

---
206 Der Fall ist der Entscheidung BGHSt 48, 34 nachgebildet.

det:[207] Nach der **Theorie der Erfolgsgefährlichkeit** setzt die Anwendung eines erfolgsqualifizierten Tatbestandes grundsätzlich die Vollendung des Grunddelikts voraus.[208] Denn bei den erfolgsqualifizierten Delikten schlage sich in der schweren Folge gerade die dem Grunddelikt zugrunde liegende besondere Gefährlichkeit nieder. Da es aber beim Versuch des Grunddelikts noch nicht zum Erfolg desselben gekommen sei, fehle es an diesem erforderlichen „Zwischenerfolg". Auch sei das erfolgsqualifizierte Delikt gerade durch die fahrlässig herbeigeführte Folge gekennzeichnet, insoweit dominiere hier das Fahrlässigkeitselement, welches nicht versucht werden könne. Nach der **Theorie der Handlungsgefährlichkeit** ist die Anwendung eines erfolgsqualifizierten Tatbestandes grundsätzlich auch dann möglich, wenn der Versuch des Grunddelikts fehlschlägt, durch diesen Versuch jedoch die schwere Folge herbeigeführt wird.[209] Begründet wird dies damit, dass sich gerade in der schweren Folge die bereits typischerweise in der Handlung angelegte Gefahr verwirkliche. Dann aber könne es nicht mehr darauf ankommen, ob das Grunddelikt nun vollendet werde oder nicht. Dagegen ist nach der (in Rechtsprechung und Literatur herrschenden) **differenzierenden Theorie** danach zu unterscheiden, wie das erfolgsqualifizierte Delikt im Einzelfall ausgestaltet ist und ob – was durch Auslegung zu ermitteln sei – der erhöhte Strafrahmen dadurch zu rechtfertigen ist, dass sich bereits das Grunddelikt durch eine erhöhte Handlungsgefährlichkeit auszeichnet.[210] Knüpfe die schwere Folge gerade an die Gefährlichkeit der tatbestandsmäßigen Handlung an, sei ein Versuch möglich (z. B. bei §§ 178, 251 StGB). Knüpfe die schwere Folge hingegen an den durch das Grunddelikt herbeigeführten Erfolg an, scheide ein Versuch aus (z. B. bei §§ 226 Abs. 1, 306c StGB). Die besseren Gründe sprechen hier für die Theorie der Handlungsgefährlichkeit: Tritt nämlich die unerwünschte schwere Folge ein, so hat sich dadurch gerade gezeigt, dass bereits der zugrunde liegenden (Versuchs-)Handlung eine entsprechende Gefährlichkeit innewohnte. Auf die tatsächliche Verwirklichung des Grunddelikts kann es dann aber nicht mehr ankommen. Allerdings kann dies nur dann gelten, wenn der Versuch des Grunddelikts an sich strafbar ist (was z. B. bei § 221 StGB ausscheidet), da sonst der fahrlässig herbeigeführten Folge insoweit eine strafbegründende und nicht nur eine strafschärfende Wirkung zukäme.

468 Der Streit entzündete sich in letzter Zeit insbesondere bei der Beurteilung der Strafbarkeit einer versuchten Körperverletzung mit Todesfolge, §§ 227, 22 StGB. Denn auch innerhalb der differenzierenden Theorie ist es umstritten, ob bei § 227 StGB die normierte schwere Folge gerade an die Erfolgsgefährlichkeit des Grunddelikts (dann würde ein entsprechender Versuch ausscheiden) oder an die Handlungsgefährlichkeit anknüpft (dann wäre ein solcher Versuch möglich). Während in der Literatur eine Strafbarkeit des erfolgsqualifizierten Versuchs bei § 227 StGB überwiegend abgelehnt wird, da man eine Erfolgsgefährlichkeit verlangen müsste,[211] hat der BGH – im Ergebnis zu Recht – die Möglichkeit eines erfolgsqualifizierten Versuchs hier angenommen, wobei er zwar einen spezifischen Gefahrzusammenhang bei § 227 StGB forderte, diesen aber bereits durch die gefährliche Handlung als solche als verwirklicht angesehen hat.[212]

---

207 Vgl. hierzu ausführlich *Heinrich*, AT, Problemschwerpunkt 12, Rn. 694 ff.
208 Vgl. *Maurach/Gössel/Zipf*, AT 2, § 43 Rn. 117.
209 Vgl. *Vogel/Bülte*, in: LK, 13. Aufl., § 18 Rn. 79.
210 BGHSt 42, 158; *Sternberg-Lieben/Schuster*, in: Schönke/Schröder, § 18 Rn. 9.
211 Vgl. *Roxin/Greco*, AT I, § 10 Rn. 115.
212 BGHSt 48, 34 (37 f.).

Literaturhinweise

Einführende Aufsätze: *B. Heinrich*, Die Abgrenzung von untauglichem, grob unverständigem und abergläubischem Versuch, JURA 1998, 393 (klar strukturierte Darstellung mit Beispielsfällen); *Kühl*, Grundfälle zu Vorbereitung, Versuch, Vollendung und Beendigung, JuS 1981, 193 (kürzere Darstellung mit Beispielen); *ders.*, Das erfolgsqualifizierte Delikt (Teil II): Versuch des erfolgsqualifizierten Delikts und Rücktritt, JURA 2003, 19 (studiengerechte verständliche Zusammenfassung im Rahmen zweier Fallgestaltungen); *Valerius*, Untauglicher Versuch und Wahndelikt, JA 2010, 113 (verständlicher Überblick mit Beispielsfällen).

Übungsfälle: *Kudlich*, Nie gefreit – nie bereut, JuS 1997, L 69 (Probleme der Versuchsstrafbarkeit, insbesondere Anwendbarkeit des § 23 III StGB und Rücktritt vom Versuch); *Meurer/Dietmeier*, Das Ehepaar, der Liebhaber und die Fleischgabel, JuS 2001, L 36 (anschaulicher Fall, der sich insbesondere mit dem untauglichen Versuch beschäftigt).

Rechtsprechung: BGHSt 41, 94 – Detmol (untauglicher Versuch aus grobem Unverstand); BGHSt 42, 268 – Urologe (Abgrenzung von Versuch und Wahndelikt); BGHSt 48, 34 – Verfolgungsjagd (erfolgsqualifizierter Versuch)

Kapitel 18: Unmittelbares Ansetzen

I. Zeitliche Stufen der Deliktsbegehung

Jede vorsätzliche Straftat durchläuft vor ihrem endgültigen Abschluss mehrere Stufen der Willens- und Deliktsverwirklichung. Diese sind im Hinblick auf ihre strafrechtliche Bedeutung unterschiedlich zu bewerten. In den Tatbeständen des Besonderen Teils des StGB ist regelmäßig die **Vollendung** des Delikts als Anknüpfungspunkt gewählt. Jedoch gibt es eine Vielzahl von Handlungen, die vor oder nach diesem Zeitpunkt stattfinden (können) und sich auf das jeweilige Delikt beziehen. Diese sollen im Folgenden in zeitlicher Folge dargestellt werden.

1. (Innerer) Tatentschluss

Die erste Stufe der Straftatverwirklichung ist der bloße, nach außen nicht erkennbare **Entschluss des Täters**, eine Straftat begehen zu wollen (Bsp.: Anton beschließt, zu Hause auf seiner Couch sitzend, am kommenden Samstag seinen Widersacher Bruno mit einem Messer zu verletzen). Dieser Entschluss bleibt als rein innerer Vorgang stets **straflos**. Wäre dem nicht so, läge eine reine Gesinnungsbestrafung vor. Diese ist unserem Strafrecht jedoch fremd.

2. Vorbereitungshandlungen

Als zweiter Schritt der Straftatverwirklichung sind bloße **Vorbereitungshandlungen** zu nennen. Der Täter bereitet hier die Deliktsbegehung vor, ohne dass die Tat im unmittelbaren Anschluss daran verwirklicht werden soll (Bsp.: Anton kauft sich ein Messer, mit dem er am kommenden Samstag seinen Widersacher Bruno verletzen will). Diese Vorbereitungshandlungen, die der eigentlichen Straftatbegehung zeitlich vorausgehen, sind beim Alleintäter regelmäßig straflos, da eine Rechtsgutsgefährdung zu dieser Zeit noch nicht vorliegt. Strafbar sind sie nur in

Ausnahmefällen, wenn der Gesetzgeber hierfür einen **eigenen Vorfeldtatbestand** geschaffen hat.

> **Bsp.:** § 80 StGB (Vorbereitung eines Angriffskrieges); § 83 StGB (Vorbereitung eines hochverräterischen Unternehmens); § 149 StGB (Vorbereitung der Fälschung von Geld oder Wertpapieren); § 234a Abs. 3 StGB (Vorbereitung einer Verschleppung).

472 Um kriminellen Machenschaften bereits früh entgegenzutreten, hat der Gesetzgeber allerdings dann, wenn mehrere Täter gemeinsam die Begehung eines Verbrechens planen, bereits diese Verabredung unter Strafe gestellt. Nach **§ 30 Abs. 2 StGB** ist wegen **Verbrechensverabredung** strafbar, wer sich – ernsthaft – bereit erklärt, das Erbieten eines anderen annimmt oder mit einem anderen verabredet, ein Verbrechen zu begehen.[213] Zwar ist diese Verabredung an sich ebenfalls eine bloße Vorbereitungshandlung, der Gesetzgeber sah sie jedoch als so gefährlich an, dass er sie – jedenfalls bei geplanten Verbrechen (§ 12 Abs. 1 StGB) – eigenständig unter Strafe stellte.

3. Unmittelbares Ansetzen zur Tatbestandsverwirklichung

473 Als dritter möglicher Zeitpunkt nach dem rein innerlichen Entschluss des Täters und den bloßen Vorbereitungshandlungen folgt **das unmittelbare Ansetzen zur Tatbestandsverwirklichung**, d. h. der **Versuchsbeginn** (Bsp.: Anton läuft mit dem gezückten Messer auf Bruno zu und holt aus, um diesen zu verletzen). Hier verläuft in den meisten Fällen die Schnittstelle zwischen der Straflosigkeit und der Strafbarkeit, weswegen gerade bei der Bestimmung dieses Zeitpunktes besondere Sorgfalt geboten ist. Dabei ist der Zeitpunkt des unmittelbaren Ansetzens im Einzelfall sehr schwierig zu bestimmen, wie folgender Fall zeigt:

> **Bsp.:** Anton will Bruno töten und lädt zu diesem Zweck zu Hause sein Gewehr. Dann begibt er sich in Brunos Vorgarten, versteckt sich mit dem schussbereiten Gewehr hinter einer Hecke und wartet. Als er Bruno die Straße entlangkommen sieht, legt er an. Nachdem dieser das Gartentor durchschritten hat, drückt Anton ab, sein Schuss verfehlt jedoch knapp das Ziel. – Am Ende hat Anton (spätestens durch den Schuss) unstreitig unmittelbar angesetzt und ist daher wegen eines versuchten Totschlags zu bestrafen. Fraglich ist jedoch, ob das unmittelbare Ansetzen nicht bereits früher stattfand, möglicherweise bereits a) als Anton zu Hause das Gewehr lud, b) als er den Garten des Bruno betrat, c) als er sich dort auf die Lauer legte, d) als er Bruno das erste Mal sah, e) als Bruno sich bis auf Schussweite genähert hatte, f) als Anton sein Gewehr anlegte, g) als er seinen Finger an den Abzug legte oder h) als er damit begann, den Finger am Abzug zu bewegen.

474 Die Frage, wann der Täter die Versuchsschwelle überschreitet, hat neben der Strafbarkeit wegen Versuchs an sich durchaus auch noch **weitergehende Bedeutung**. Denn hat der Täter noch nicht unmittelbar angesetzt, fällt es z. B. schwer, hierin bereits einen gegenwärtigen Angriff zu sehen, gegen den sich das Opfer oder ein Dritter nach § 32 StGB verteidigen darf (so müsste gefragt werden, ob ein Dritter im vorigen Beispiel gegen den mit einem Gewehr im Gebüsch sitzenden Täter bereits in Nothilfe einschreiten darf, auch wenn sich das Opfer noch gar nicht genähert hat).

---

213 Vgl. hierzu noch unten Rn. 894 ff.

4. Vollendung

a) Vollendung. Als nächster strafrechtlich relevanter Zeitpunkt ist die **Vollendung des jeweiligen Delikts** zu nennen. Hierunter versteht man denjenigen Zeitpunkt, in dem der gesetzliche Tatbestand formell verwirklicht wird. Dieser Zeitpunkt ist deswegen für die Strafbarkeit entscheidend, weil manche Tatbestände keine Versuchsstrafbarkeit kennen, der Versuch nach § 23 Abs. 3 StGB milder bestraft werden kann und gem. § 24 StGB zwar vom Versuch, nicht aber von der Vollendung zurückgetreten werden kann.

> **Bsp.:** Anton lässt in einem Selbstbedienungsladen eine Wurstdose in seiner Manteltasche verschwinden, wobei er vorhat, diese an der Kasse nicht zu bezahlen. Dabei wird er vom Hausdetektiv Hans beobachtet. – Der Diebstahl, § 242 StGB, verlangt tatbestandlich die Wegnahme einer fremden beweglichen Sache in Zueignungsabsicht. Eine Wegnahme liegt dann vor, wenn fremder Gewahrsam gebrochen und neuer Gewahrsam begründet wird. Dies ist nach h. M. bei einem Diebstahl in einem Selbstbedienungsladen bereits dann der Fall, wenn der Täter kleinere Sachen (z. B. die genannte Wurstdose) aus dem Regal nimmt und in seiner Mantel- oder Einkaufstasche verschwinden lässt. Im vorliegenden Fall ist daher bereits zu diesem Zeitpunkt der Diebstahl vollendet, weil Anton sämtliche Tatbestandsmerkmale verwirklicht hat. Dies gilt auch dann, wenn er bei seiner Handlung beobachtet wurde und daher keine Chance hatte, mit der Beute zu entkommen. Ein solches „Sichern der Beute" verlangt § 242 StGB nicht. Dies hat auch zur Konsequenz, dass Anton, selbst wenn er vor Erreichen der Kasse die Wurstdose wieder zurückstellt, nicht mehr nach § 24 StGB vom Diebstahl zurücktreten kann.

b) Exkurs: Tätige Reue. Wenn eben ausgeführt wurde, dass der Rücktritt nach § 24 StGB nur beim Versuch, nicht aber beim vollendeten Delikt möglich ist, gilt dies nur für den Regelfall. Zuweilen hat der Gesetzgeber nämlich auch die Möglichkeit geschaffen, beim vollendeten Delikt strafbefreiend „zurückzutreten". Man nennt dies rechtstechnisch jedoch nicht mehr **Rücktritt**, sondern **Tätige Reue**. Diese ist nur dann möglich, wenn sie in Bezug auf ein bestimmtes Delikt ausdrücklich gesetzlich angeordnet ist. Zumeist ist dies bei Delikten der Fall, die als Vorfeldtatbestände nicht erst die Verletzung eines bestimmten Rechtsguts, sondern bereits dessen Gefährdung unter Strafe stellen (**abstrakte oder konkrete Gefährdungsdelikte**). Verhindert der Täter trotz ursprünglicher Gefährdung am Ende den Eintritt des an sich zur Tatbestandserfüllung gar nicht mehr notwendigen Erfolges, sieht der Gesetzgeber an manchen Stellen eine (fakultative oder obligatorische) Strafmilderung oder gar ein Absehen von Strafe im Wege der tätigen Reue vor. Beispiele hierfür sind die Brandstiftungsdelikte, § 306e StGB, und die Umweltdelikte, § 330b StGB.

c) Exkurs: Unternehmensdelikte. In manchen Fällen hat der Gesetzgeber ausdrücklich angeordnet, dass Versuch und Vollendung gleich zu behandeln sind, dass also der Täter ein Delikt bereits in vollem Umfang verwirklicht, wenn er (lediglich) ins Versuchsstadium eintritt (vgl. § 11 Abs. 1 Nr. 6 StGB). Man spricht hier von **Unternehmensdelikten**. Diese kann man daran erkennen, dass der Gesetzgeber den Terminus verwendet: *„Wer es unternimmt [...]"*. Als Beispiel ist die

Vorschrift über den Hochverrat in § 81 StGB zu nennen. Weitere Beispiele finden sich in § 184 Abs. 1 Nr. 4, 8, 9, §§ 307, 309, 316c Abs. 1 Satz 1 Nr. 2, § 357 StGB. Dies hat zur Folge, dass weder die fakultative Strafmilderung nach § 23 Abs. 2 StGB greift noch ein Rücktritt nach § 24 StGB möglich ist.

5. Beendigung

478 Letzter relevanter Zeitpunkt ist schließlich die **Beendigung** des jeweiligen Delikts. Hierunter versteht man denjenigen Zeitpunkt, zu dem die Rechtsgutsverletzung materiell abgeschlossen ist, zu dem also, bildlich gesprochen, „die Beute gesichert ist". Diese materielle Beendigung folgt oftmals zeitlich der rein formellen Vollendung der Tat nach und ist bei den verschiedenen Delikten unterschiedlich zu beurteilen. Besonders deutlich ist die Differenzierung bei den **Dauerdelikten**: So ist das Delikt der Freiheitsberaubung, § 239 StGB, dann vollendet, wenn der Täter das Opfer eingesperrt hat. Beendet ist das Delikt aber erst dann, wenn das Opfer wieder frei kommt. Aber auch bei den **Zustandsdelikten** kann eine entsprechende Differenzierung relevant werden.

> **Bsp.:** Wurde im oben genannten Beispielsfall (Diebstahl einer Wurstdose im Selbstbedienungsladen) die Vollendung des Delikts bereits mit dem Einstecken der Wurstdose angenommen, so ist noch nichts darüber gesagt, ob der Täter die gestohlene Ware auch sicher nach Hause bringen und dort verzehren kann. Denn der Diebstahl kann immer noch an der Kasse entdeckt werden. Auch ist ein Ergreifen des Täters durch den ihn beobachtenden Hausdetektiv noch nach dem Verlassen des Gebäudes möglich, sodass bis zur Beendigung der Tat durchaus einige Zeit vergehen kann.

479 Für die Deliktsverwirklichung selbst spielt die Beendigung keine wesentliche Rolle mehr, da die Strafbarkeit bereits in vollem Umfang begründet ist, wenn die Tat **vollendet** ist. Relevanz kann der Beendigungszeitpunkt allerdings für die Verjährung erlangen, da diese nach § 78a StGB erst dann beginnt „sobald die Tat beendet ist". Zudem kann der Beendigungszeitpunkt dann wesentlich sein, wenn man, wie es jedenfalls die Rechtsprechung tut,[214] davon ausgeht, dass auch bei Zustandsdelikten qualifizierende Umstände, die zwischen Vollendung und Beendigung eintreten, die bereits vollendete Tat noch zu einer qualifizierten Tat machen könnten (Bsp.: Der Täter eines einfachen Raubes, § 249 StGB, nimmt nach Vollendung der Tat auf der Flucht eine zuvor im Auto zurückgelassene Pistole an sich und könnte insoweit dann auch wegen eines schweren Raubes, § 250 Abs. 1 Nr. 1a StGB, bestraft werden).

480 Der Zeitpunkt der Beendigung einer Straftat ist aber auch für weitere Beteiligte relevant, die erst in der Phase zwischen Vollendung und Beendigung hinzutreten (sukzessive Beteiligung). Denn hier muss oft abgegrenzt werden, inwieweit in dieser Phase noch (**sukzessive**) **Beihilfe** nach § 27 StGB oder gar (**sukzessive**) **Mittäterschaft** nach § 25 Abs. 2 StGB oder schon **Begünstigung** nach § 257 StGB vorliegt (Bsp.: Nachdem Anton nach einem Einbruchsdiebstahl schwer beladen auf der Flucht ist, trifft er zufällig seinen Freund Bruno, der ihm in Kenntnis der Sachlage beim Abtransport der Beute behilflich ist).[215]

---

214 BGHSt 20, 194 (197); zur Ablehnung dieser Ansicht vgl. *Heinrich*, AT, Rn. 715.
215 Vgl. hierzu noch unten Rn. 796 ff., 863.

II. Unmittelbares Ansetzen zur Tatbestandsverwirklichung

Wie bereits mehrfach festgestellt, markiert das unmittelbare Ansetzen zur Tatbestandsverwirklichung den Zeitpunkt des Versuchsbeginns (und damit auch meist den Beginn strafbaren Verhaltens). Nach der Feststellung des (subjektiven) Tatentschlusses des Täters stellt das unmittelbare Ansetzen zur Tatbestandsverwirklichung dabei das **einzige objektive Tatbestandsmerkmal** des Versuchsdelikts dar.[216]

> **Hinweis**
> Im objektiven Tatbestand des Versuchsdelikts sind **ausschließlich** Ausführungen zum unmittelbaren Ansetzen zur Tatbestandsverwirklichung zu machen – weitere Erwägungen haben hier nichts zu suchen.

1. Unmittelbares Ansetzen des Alleintäters

Nach der gemischt subjektiv-objektiven Versuchstheorie (vgl. § 22 StGB) sind für den Versuchsbeginn jedenfalls ein subjektives und ein objektives Merkmal erforderlich. Der Täter muss „nach seiner Vorstellung von der Tat" (subjektives Element) „zur Verwirklichung des Tatbestandes unmittelbar ansetzen" (objektives Element).

a) Subjektives Element. Der Täter muss nicht nur (subjektiv) zur Tat entschlossen sein (dieser „Tatentschluss" stellt den bereits erörterten subjektiven Tatbestand des Versuchsdelikts dar), sondern er muss auch subjektiv davon ausgehen, dass er auf der Grundlage seines Tatplans „jetzt" zur Tatbestandsverwirklichung ansetzt. Entscheidend ist hier also allein die Vorstellung des Täters.

> **Bsp.:**[217] Anton will seine Frau Berta mit dem Auto in den Wald fahren und dort erschießen. Da sich Berta weigert, in das Auto einzusteigen, fesselt und knebelt er sie, sperrt sie in den Kofferraum und fährt los. Im Wald angekommen bemerkt Anton, dass Berta im Kofferraum erstickt ist. Damit hatte Anton nicht gerechnet. – Hier ist ein unmittelbares Ansetzen zum Totschlagsversuch abzulehnen, da es am subjektiven Ansetzen zur Tatbestandsverwirklichung fehlte. Anton ist also (nur) wegen fahrlässiger Tötung, § 222 StGB, in Tateinheit mit Freiheitsberaubung, § 239 StGB, und gefährlicher Körperverletzung, §§ 223, 224 Abs. 1 Nr. 2 und Nr. 5 StGB, zu bestrafen.

Der Täter muss sich also – nach einer öfters gebrauchten Formulierung des BGH – sagen: **„Jetzt geht es los".**[218] Noch einprägsamer könnte man formulieren: In dem Moment, in dem ein Durchschnittsbürger in einer vergleichbaren Situation „ins Schwitzen kommt", dann, wenn sein Herz „etwas schneller zu schlagen" beginnt, weil die Möglichkeit, „erwischt" zu werden, steigt und er davon ausgeht, das eigene Verhalten anderen gegenüber nicht mehr glaubhaft erklären zu können, ist subjektiv der Versuchsbeginn erreicht.

b) Objektives Element. Der Täter muss ferner auch (objektiv) zur Verwirklichung des Tatbestandes unmittelbar ansetzen. Dieser Zeitpunkt wird oftmals mit dem

---
216 Vgl. hierzu bereits oben Rn. 433.
217 Fall nach BGH NStZ 2002, 309.
218 Vgl. BGHSt 26, 201 (203).

subjektiven „Jetzt geht es los" des Täters zusammenfallen, kann aber im Einzelfall auch einmal davon abweichen.

> **Formulierung**
>
> Ein unmittelbares Ansetzen liegt dann vor, wenn der Täter eine Handlung vornimmt, die in ungestörtem Fortgang ohne wesentliche Zwischenakte unmittelbar zur Tatbestandsverwirklichung führen soll oder in unmittelbarem räumlichen und zeitlichen Zusammenhang mit ihr steht (sog. „Teilakts- oder Zwischenaktstheorie").[219]

486 Nicht erforderlich ist dabei, dass der Täter bereits ein Tatbestandsmerkmal verwirklicht hat. Vielmehr genügt es, wenn er Handlungen vornimmt, an die sich der Taterfolg unmittelbar anschließen soll. **Indizien** hierfür sind eine konkrete Rechtsgutgefährdung (die aber, wie beim untauglichen Versuch, auch völlig ausbleiben kann), ein gewisser Handlungsbezug zur Opfersphäre (insbesondere bei Körperverletzungs- oder Tötungsdelikten muss das Opfer in den „Wirkungskreis" des Täters gelangt sein), ein enger zeitlicher und räumlicher Zusammenhang zwischen der Handlung und dem erwarteten Erfolgseintritt sowie die Frage, ob der Handelnde die Geschehensherrschaft aufgegeben hat oder nicht. Dabei ist nicht jeder gedanklich konstruierbare weitere Zwischenakt geeignet, eine Zäsur zu bewirken, die ein unmittelbares Ansetzen ausschließt. Entscheidend ist, dass es sich im Rahmen einer normativen Wertung um wesentliche Zwischenakte handelt. Unter Beachtung der genannten Indizien ist daher stets eine **Einzelfallbetrachtung** erforderlich. Hier ist dann – insbesondere in einer juristischen Klausur – auch eine entsprechende Argumentation notwendig.

487 c) **Einzelfälle. – aa) Mehrere Delikte.** Im Rahmen des unmittelbaren Ansetzens ist stets der Bezug zum jeweiligen Tatbestand zu beachten, da der Versuchsbeginn – sofern der Täter Tatentschluss zur Begehung mehrerer Delikte hat – durchaus auch zu unterschiedlichen Zeitpunkten stattfinden kann. Wer morgens dem Wachhund eine vergiftete Wurst zuwirft, um mittags in Ruhe die Villa inspizieren zu können, in der er abends den Safe knacken will, der setzt morgens zur Sachbeschädigung am Hund, § 303 StGB, aber erst mittags zum Hausfriedensbruch, § 123 StGB, an. Beides stellt aber noch kein unmittelbares Ansetzen zum Wohnungseinbruchsdiebstahl, §§ 242, 244 Abs. 1 Nr. 3, Abs. 4 StGB, dar, der erst mit dem Betreten der Villa am Abend beginnt.

488 bb) **Zusammengesetzte Delikte.** Weitere Besonderheiten sind bei zusammengesetzten Delikten zu beachten. Hier stellt nämlich regelmäßig die Verwirklichung des zeitlich ersten Teilaktes bereits ein unmittelbares Ansetzen zum Gesamtdelikt dar. Wesentlich ist jedoch die jeweilige Deliktsstruktur. Wer in ein Haus einbricht, um unter gewaltsamer Ausschaltung des Eigentümers den Safe zu knacken und Dinge wegzunehmen, der setzt zum Raub, § 249 StGB, dann unmittelbar an, wenn er damit beginnt, den Hauseigentümer zu überwältigen (= Gewalt anzuwenden), selbst wenn er zum Knacken des Safes erst noch ein weiteres Zimmer betreten muss. Demgegenüber stellen aber die ersten Öffnungsversuche am Safe noch

---

219 BGHSt 48, 34 (36); vgl. zu abweichenden Theorien den knappen Überblick bei *Heinrich*, AT, Rn. 728.

kein unmittelbares Ansetzen zum Raub dar, wenn mit der Gewaltanwendung erst dann begonnen werden soll, wenn der Eigentümer das Zimmer betritt.

cc) Ansetzen zu einer Qualifikation. Eine Besonderheit gilt dann, wenn der Täter, bevor er mit der eigentlichen Tatbestandsverwirklichung beginnt, bereits Merkmale eines Qualifikationstatbestandes erfüllt. Ist dies der Fall, dann kann hierin jedenfalls dann zugleich ein unmittelbares Ansetzen zur Tatbestandsverwirklichung des Grunddelikts liegen, wenn dieses nach dem Vorstellungsbild des Täters in unmittelbarem Anschluss (d. h. ohne zeitliche Zäsur) verwirklicht werden soll. Wer die Wohnungstüre aufbricht, um in der Wohnung sogleich im Anschluss Schmuck zu entwenden, der erfüllt mit dem Aufbrechen bereits das qualifizierende Merkmal des § 244 Abs. 1 Nr. 3, Abs. 4 StGB (Einbrechen in eine Wohnung). Dagegen liegt im Aufbrechen der Türe noch kein unmittelbares Ansetzen zum Wohnungseinbruchsdiebstahl, wenn sich der Täter in der Wohnung erst den Safetyp anschauen möchte, um dann tags darauf mit dem richtigen Werkzeug wiederzukommen.

Dennoch ist auch in diesen Fällen eine Einzelfallbetrachtung erforderlich. So stellt es z. B. noch kein unmittelbares Ansetzen zu einem Diebstahl mit Waffen, § 244 Abs. 1 Nr. 1a StGB, dar, wenn der Täter zu Hause eine Waffe einsteckt und sich auf den Weg macht, um am anderen Ende der Stadt in ein fremdes Wohnhaus einzubrechen und Wertgegenstände zu entwenden. Auch hier ist es also entscheidend, dass das Grunddelikt in unmittelbarem zeitlichen Abstand und ohne wesentliche Zwischenakte verwirklicht werden soll, was im konkreten Fall frühestens dann gegeben ist, wenn der Täter damit beginnt, das fremde Grundstück zu betreten.

dd) Versuch eines besonders schweren Falles. Besonders umstritten ist die Frage, ob und wann sich der Täter wegen eines Versuchs eines besonders schweren Falles, insbesondere in Form des Versuchs eines Regelbeispiels, strafbar machen kann (z. B. bei § 243 StGB). Dies ist deswegen problematisch, weil es sich bei Regelbeispielen nach überwiegender Ansicht gerade nicht um Qualifikationstatbestände, sondern um bloße Strafzumessungsregeln handelt. Während eine Ansicht den Versuch von Regelbeispielen stets ablehnt,[220] wird dieser von anderen unbeschränkt für zulässig erachtet, jedenfalls insoweit, als der Versuch des Regelbeispiels zugleich ein unmittelbares Ansetzen zum Grunddelikt darstellt.[221] Im Ergebnis ist hier zwischen verschiedenen Fallgruppen zu differenzieren, wobei entscheidend darauf abzustellen ist, ob das Regelbeispiel verwirklicht wurde oder nicht:[222] (1) Sofern das **Grunddelikt vollendet, das Regelbeispiel jedoch nur versucht** ist (Bsp.: Der Täter will den Schmuck entwenden, indem er den Safe „knackt", dieser steht aber wider Erwarten offen), bleibt es bei einer Strafbarkeit wegen des vollendeten Grunddelikts, eine hierzu in Idealkonkurrenz stehende Strafbarkeit wegen eines Versuchs des besonders schweren Falles scheidet aus, weil das Regelbeispiel nur dann seine Indizfunktion für das Vorliegen eines besonders schweren Falles entfalten kann, wenn es voll verwirklicht ist. (2) Ist hingegen das **Regelbeispiel verwirklicht, das Grunddelikt aber nur versucht** (Bsp.: Der Täter knackt den Safe, um den Schmuck zu entwenden, wider Erwarten ist der Safe jedoch leer),

---

220 *Arzt*, JuS 1972, 515 (517 f.).
221 *Krey/Esser*, Rn. 1234.
222 Vgl. hierzu im Einzelnen *Heinrich*, AT, Rn. 733a.

ist die Indizwirkung des Regelbeispiels erfüllt und es ist daher eine Strafbarkeit wegen eines Versuchs des Grunddelikts in einem besonders schweren Fall gegeben. (3) Ist **weder das Regelbeispiel noch das Grunddelikt vollendet**, hat der Täter aber zu beidem unmittelbar angesetzt (Bsp.: Der Täter will den Safe knacken, der aber offen steht und leer ist), bleibt es beim Versuch des Grunddelikts, da auch hier die Indizwirkung des Regelbeispiels entfällt.

492 ee) **Indizwirkung des beendeten Versuchs.** Liegt ein **beendeter Versuch** vor, so wird in aller Regel davon auszugehen sein, dass der Täter zum Versuch unmittelbar angesetzt hat. Ist hingegen der Versuch noch **unbeendet**, so muss auf der Grundlage der genannten Abgrenzungskriterien jeweils eine Einzelfallbetrachtung vorgenommen werden.

> **Definition**
> Unter einem **beendeten Versuch** versteht man einen Versuch, bei dem der Täter davon ausgeht, bereits alles getan zu haben, was nach seiner Vorstellung zur Herbeiführung des tatbestandsmäßigen Erfolges erforderlich ist.

> **Definition**
> Unter einem **unbeendeten Versuch** versteht man einen Versuch, bei dem der Täter davon ausgeht, noch nicht alles getan zu haben, was nach seiner Vorstellung zur Herbeiführung des tatbestandsmäßigen Erfolges erforderlich ist.

493 Während also der Täter beim **beendeten Versuch** davon ausgeht, nur noch abwarten zu müssen, bis der tatbestandsmäßige Erfolg ohne sein weiteres Zutun eintritt (Bsp.: Der Täter hat eine Zeitbombe in der Fußgängerzone deponiert und den Explosionszeitpunkt auf 17 Uhr eingestellt), weiß er, dass er beim **unbeendeten Versuch** noch etwas tun muss, bevor der tatbestandsmäßige Erfolg eintreten kann. Aus dieser Differenzierung wird deutlich, dass beim beendeten Versuch das unmittelbare Ansetzen zur Tatbestandsverwirklichung in aller Regel gegeben sein dürfte. Aber auch hier sind im Einzelfall Ausnahmen zu machen. Dies gilt insbesondere dann, wenn der Täter den Geschehensverlauf noch vollständig in der Hand hält und der tatbestandsmäßige Erfolg erst eine gewisse Zeit später eintreten soll.

> **Bsp.:** Anton hat in eine in der Küche stehende Limonadenflasche eine tödliche Menge Gift geschüttet, mittels derer er seine Frau Berta töten will. Er weiß, dass diese immer dann, wenn sie nach Hause kommt, einen Schluck Limonade zu trinken pflegt. – Hier liegt ein beendeter Versuch vor, da Anton alles getan hat, was er glaubte tun zu müssen, um den Tatbestand (Tötung der Berta) zu verwirklichen. Er muss jetzt nur noch warten, bis Berta heimkommt und trinkt. Dennoch ist hier ein unmittelbares Ansetzen erst dann anzunehmen, wenn sich Anton entweder aus dem Haus entfernt (Kriterium: Aufgabe der Geschehensherrschaft) oder wenn Berta nach Hause kommt und die Küche betritt (Kriterien: Opfer tritt in den Wirkungskreis der Gefahr; Eintritt einer konkreten Rechtsgutsgefährdung).[223]

---

223 Vgl. zu diesen Kriterien oben Rn. 486.

2. Unmittelbares Ansetzen bei Mittäterschaft

Sind mehrere Personen an einer Tat mittäterschaftlich beteiligt (§ 25 Abs. 2 StGB), ist es fraglich, ob alle Beteiligte gleichzeitig unmittelbar zur Tatbestandsverwirklichung ansetzen, oder ob für die jeweils Beteiligten unterschiedliche Zeitpunkte zu bestimmen sind.[224]

494

> **Bsp.:** Anton, Bruno und Rudi wollen gemeinsam in die Villa der zu jener Zeit im Urlaub weilenden Witwe Wilma einbrechen und deren Schmuck entwenden. Rudi, der Kopf der Bande, hat alles im Detail genau geplant und übergibt den anderen das erforderliche Werkzeug. Anton soll damit abends gegen 22 Uhr in die Villa eindringen und die Wertsachen in zwei mitgebrachte Taschen packen, Bruno soll in einer Kneipe um die Ecke warten, sich um 22.30 Uhr ins Auto setzen und vorfahren, damit Anton mit den Wertsachen schnell einsteigen kann und die beiden anschließend flüchten können. Um 22.15 Uhr wird Anton beim Zusammenpacken der Sachen von der Polizei gestellt. Bruno bemerkt das Polizeiaufgebot und schreitet daher nicht ein.

Nach der von der h. M. und der Rechtsprechung zutreffend vertretenen **Gesamtlösung** beginnt der Versuch für alle Mittäter dann, wenn einer von ihnen in Vollzug des gemeinsamen Tatplans zur Tatbestandsverwirklichung ansetzt.[225] Denn die Mittäterschaft zeichnet sich gerade dadurch aus, dass über § 25 Abs. 2 StGB das Verhalten eines Mittäters den anderen zugerechnet werden kann und muss. Der Versuch beginnt insoweit für alle Mittäter zu dem Zeitpunkt, zu dem der erste Mittäter unmittelbar ansetzt. Im vorliegenden Fall hätten also sowohl Anton als auch Bruno und Rudi in dem Moment unmittelbar zum Versuch angesetzt, in dem Anton in die Villa der Wilma einbrach. Dagegen soll nach der **strengen Einzellösung** der Versuch für jeden Mittäter getrennt danach beginnen, wann er zur Verwirklichung seines die Mittäterschaft begründenden Tatbeitrages unmittelbar ansetzt.[226] Als Argument wird dabei angeführt, dass eine (der Täterschaft zugrunde liegende) Tatherrschaft nur ab dem Zeitpunkt möglich sei, zu dem der Mittäter selbst tätig werde. Rudi hätte also bereits zu dem Zeitpunkt unmittelbar angesetzt, als er Anton und Bruno losschickte (Aufgabe der Geschehensherrschaft), also an sich bereits im Vorbereitungsstadium. Anton hätte dann unmittelbar angesetzt, als er in die Villa einbrach und Bruno hätte noch gar nicht unmittelbar angesetzt, da er mit seinem Tatbeitrag noch nicht begonnen hatte. Zumindest die Ausdehnung der Versuchsstrafbarkeit auf bloße Vorbereitungshandlungen (hier: bei Rudi) wird nach der **modifizierten Einzellösung** vermieden.[227] Hiernach soll der Versuch zwar auch für jeden Mittäter getrennt danach beginnen, wann er zur Verwirklichung seines die Mittäterschaft begründenden Tatbeitrages unmittelbar ansetzt. Allerdings müsse die „Gesamthandlung" aller Mittäter bereits das Versuchsstadium erreicht haben, was im vorliegenden Fall (erst) zu dem Zeitpunkt der Fall war, als Anton in die Villa einbrach. Auch nach dieser Ansicht könnte aber Bruno, da er noch gar nicht tätig wurde, nicht wegen Versuchs bestraft werden, was kaum zu rechtfertigen ist.

495

---

224 Vgl. hierzu ausführlich *Heinrich*, AT, Problemschwerpunkt 13, Rn. 739 ff.
225 BGHSt 39, 236 (237 f.); *Eser/Bosch*, in: Schönke/Schröder, § 22 Rn. 55.
226 *Valdágua*, ZStW 98 (1986), 829 (870 ff.).
227 *Rudolphi*, FS Bockelmann, 1979, S. 369 (383 ff.).

3. Unmittelbares Ansetzen bei vermeintlicher Mittäterschaft

496 Probleme ergeben sich bei der Mittäterschaft aber dann, wenn derjenige, der unmittelbar zur Tat ansetzt, gar kein wirklicher „Mittäter" ist, sondern von den anderen nur für einen solchen gehalten wird.[228]

> **Bsp.:** Anton und Bruno planen gemeinsam einen Banküberfall und versuchen hierfür einen Komplizen zu gewinnen. Rolf, ein V-Mann der Polizei, erklärt sich auf Anfrage zum Schein hierzu bereit. Dem gemeinsamen Tatplan entsprechend fahren die drei zu einer Sparkasse. Anton wartet im PKW, um eine schnelle Flucht zu ermöglichen, Bruno bleibt an der Eingangstüre zurück, um „Schmiere" zu stehen, Rolf begibt sich in den Kassenraum der Bank. In dem Moment, in dem Rolf seine Waffe zückt, um den (in alles eingeweihten) Kassierer zur Herausgabe des Geldes zu bewegen, greift, wie zuvor abgesprochen, eine Spezialeinheit der Polizei ein und verhaftet die drei Täter. – „Objektiv" stellt Rolfs Handeln hier ein unmittelbares Ansetzen zur Tatbestandsverwirklichung dar, „subjektiv" handelt er jedoch nicht, um eine Tat in Mittäterschaft zu begehen, sondern um die beiden anderen Mittäter zu überführen. Fraglich ist daher, ob den beiden „echten Ganoven" Rolfs Handeln über § 25 Abs. 2 StGB zuzurechnen ist.

497 Nach der **weiten Gesamtlösung** beginnt der Versuch hier dennoch für alle Mittäter zu dem Zeitpunkt, zu dem ein Mittäter in Vollzug des gemeinsamen Tatplans objektiv zur Tatbestandsverwirklichung ansetzt.[229] Das Vorliegen der objektiven Komponente müsse dabei für die Zurechnung nach § 25 Abs. 2 StGB ausreichen. Zudem zeige auch der Wortlaut des § 22 StGB („nach seiner Vorstellung"), dass es in erster Linie auf die subjektive Sichtweise des sich im Hintergrund befindenden Mittäters ankommen müsse. Diese – im Ergebnis zutreffende – Ansicht hat im vorliegenden Fall zur Konsequenz, dass Anton und Bruno das (objektive) unmittelbare Ansetzen Rolfs zugerechnet werden kann. Dagegen führt nach der **engen Gesamtlösung** das Ansetzen des nur vermeintlichen Mittäters nicht dazu, dass eine Zurechnung über § 25 Abs. 2 StGB erfolgen kann.[230] Denn mangels subjektiver Komponente setze der vermeintliche Mittäter selbst gerade nicht unmittelbar an und handle daher selbst auch nicht tatbestandsmäßig. Eine Zurechnung über § 25 Abs. 2 StGB scheide daher aus. Der bloße Glaube an die Mittäterschaft des anderen könne dessen unmittelbares Ansetzen nicht ersetzen. Es käme daher für Anton und Bruno nur eine Strafbarkeit nach § 30 Abs. 2 StGB wegen Verbrechensverabredung, nicht aber wegen eines Versuchsdelikts in Frage. Keine Schwierigkeiten mit dieser Konstellation haben im Übrigen sowohl die **strenge Einzellösung** als auch die **modifizierte Einzellösung**, die jedoch aus anderen Gründen abzulehnen sind.

4. Unmittelbares Ansetzen bei mittelbarer Täterschaft

498 Im Gegensatz zur Mittäterschaft zeichnet sich die mittelbare Täterschaft, § 25 Abs. 1 Alt. 2 StGB, gerade dadurch aus, dass ein dominanter Hintermann die Tatherrschaft über ein menschliches Werkzeug ausübt, welches die Tat unmittelbar verwirklicht bzw. verwirklichen soll. Fraglich ist hierbei, wann für den Hintermann ein unmittelbares Ansetzen zum Versuch anzunehmen ist.[231]

---

[228] Vgl. hierzu ausführlich *Heinrich*, AT, Problemschwerpunkt 14, Rn. 743 ff.
[229] BGHSt 40, 299 (302 f.).
[230] BGHSt 39, 236 (238).
[231] Vgl. hierzu ausführlich *Heinrich*, AT, Problemschwerpunkt 15, Rn. 747 ff.

II. Unmittelbares Ansetzen zur Tatbestandsverwirklichung

Bsp.: Anton überredet den schwachsinnigen und ihm hörigen Bruno (der nach § 20 StGB schuldunfähig und dementsprechend für seine Taten nicht verantwortlich ist), am nächsten Morgen Rudi in der Badewanne zu erschießen. Er übergibt ihm eine geladene Pistole sowie Rudis Adresse und weitere Instruktionen. Bruno geht nach Hause, verliert aber Rudis Adresse und tut daher nichts, setzt also insoweit auch noch nicht unmittelbar zur Tatbestandsverwirklichung an.

Nach der strengen **Akzessorietätstheorie** beginnt das Versuchsstadium auch für den mittelbaren Täter erst in dem Moment, in dem der Tatmittler unmittelbar zur Tatbestandsverwirklichung ansetzt.[232] Denn der mittelbare Täter handle gerade „durch" den Tatmittler und somit nicht früher als dieser. Die bei der Mittäterschaft entwickelte „Gesamtlösung" müsse daher auf die mittelbare Täterschaft übertragen werden. Dies hätte zur Konsequenz, dass Vorbereitungsstadium und Versuch für den mittelbaren Täter und den Tatmittler zur gleichen Zeit beginnen und enden. Dies kann jedoch nicht richtig sein, denn diejenige Handlung, die dem mittelbaren Täter vorzuwerfen ist, ist das Einwirken auf den Tatmittler. Dessen spätere Tat ist lediglich der Erfolg dieser Handlung, vergleichbar mit dem Ingangsetzen eines mechanischen Werkzeugs. Daher stellt dagegen die **Einwirkungstheorie** allein auf das Verhalten des mittelbaren Täters ab. Hiernach beginnt das Versuchsstadium für den mittelbaren Täter bereits dann, wenn er auf den Tatmittler einzuwirken beginnt (enge Auslegung) bzw. wenn diese Einwirkung abgeschlossen ist (weite Auslegung).[233] Durch dieses Einwirken werde eine Kausalkette in Gang gesetzt, die ein gewisses Risiko hervorrufe und bei der damit zu rechnen sei, dass der Erfolg nur noch dann abgewendet werden könne, wenn der mittelbare Täter erneut auf den Tatmittler einwirke, um das Geschehen aufzuhalten. Diese an sich zutreffende Argumentation verlagert allerdings den Versuchsbeginn sehr weit ins Vorbereitungsstadium. Zu Recht stellt daher die herrschende **Rechtsgutsgefährdungstheorie** auf die konkrete Rechtsgutsgefährdung ab und geht davon aus, dass das Versuchsstadium für den mittelbaren Täter erst dann beginne, wenn das betroffene Rechtsgut unmittelbar gefährdet wird.[234] Dies ist spätestens dann der Fall, wenn das Werkzeug unmittelbar zur Tatbestandsverwirklichung ansetzt, kann aber auch bereits dann vorliegen, wenn der mittelbare Täter das Geschehen aus der Hand gibt und ohne weitere Einflussmöglichkeiten auf den Tatmittler überträgt (was im vorliegenden Fall dann gegeben ist, wenn Anton den Bruno losschickt). Einen ganz eigenen Weg geht hingegen die **differenzierende Theorie,** die danach unterscheidet, ob das Werkzeug gutgläubig ist (also hinsichtlich der Tatbestandsverwirklichung durch den mittelbaren Täter getäuscht wurde) oder ob es bösgläubig ist (also genau weiß, dass ein Straftatbestand verwirklicht werden soll, jedoch aus anderen Gründen, etwa – wie im vorliegenden Fall – wegen Schuldunfähigkeit, nicht bestraft werden kann).[235] Ist das Werkzeug gutgläubig, soll der Versuch für den mittelbaren Täter bereits mit dem Einwirken auf den Tatmittler beginnen, bei Bösgläubigkeit hingegen setze auch der mittelbare Täter erst zu dem Zeitpunkt unmittelbar an, zu dem der Tatmittler unmittelbar ins Versuchsstadium eintritt.

499

---

232 *Kühl*, § 20 Rn. 91.
233 *Saliger*, JuS 1995, 1004 (1008 f.).
234 BGHSt 40, 257 (268 f.); *Eser/Bosch*, in: Schönke/Schröder, § 22 Rn. 54 f.
235 *Blei*, AT, § 72 II 4.

5. Unmittelbares Ansetzen beim Unterlassungsdelikt

500 Probleme ergeben sich schließlich auch dann, wenn dem Täter kein aktives Tun, sondern ein Unterlassen vorgeworfen wird.[236]

> **Bsp.:** Anton geht mit seiner Ehefrau Berta spazieren. Als sie auf einem einsamen Feldweg eine Bahnlinie überqueren, es ist gerade 16 Uhr, stolpert Berta so unglücklich, dass sie mit dem Kopf auf die Schienen fällt und bewusstlos liegen bleibt. Anton geht davon aus, dass zwar die Bewusstlosigkeit nicht zum Tode führen würde, er weiß aber, dass auf dieser Bahnlinie täglich um 17 Uhr der (einzige) Zug verkehrt und infolge der Streckenführung der Fahrer Berta zu spät bemerken und überfahren würde. Da ihm Bertas Tod gerade recht kommt, lässt er sie liegen und geht in die nächste Kneipe, um ein Bier zu trinken. Dort trifft er seinen Kollegen Fritz, dem er die Geschichte erzählt. Dieser ist entrüstet und zwingt Anton unter Androhung von Schlägen und einer Anzeige, Berta sofort von den Schienen zu holen. Anton beugt sich diesem Druck, eilt zurück und bringt die Berta gegen 16.50 Uhr in Sicherheit. – Da Anton hier Garant für das Leben seiner Frau ist und ein möglicher Rücktritt nach § 24 StGB infolge der Androhung durch Fritz unfreiwillig wäre, kommt es für die Strafbarkeit Antons darauf an, ob er zur Tatbestandsverwirklichung unmittelbar angesetzt hat.

501 Nach der **Theorie des letztmöglichen Eingriffs** liegt beim Unterlassungsdelikt ein unmittelbares Ansetzen zur Tatbestandsverwirklichung (erst) dann vor, wenn der Garant die nach seiner Vorstellung letzte Rettungsmöglichkeit verstreichen lässt.[237] Denn die Rechtsordnung verlange nur, dass der tatbestandsmäßige Erfolg abgewendet werde, nicht hingegen, dass dies möglichst rasch geschehe. Beginn und Ende des Versuchs würden dann notwendigerweise zusammenfallen (sonst wäre es nicht die „letztmögliche" Rettungsmöglichkeit), einen Rücktritt vom Versuch könne es nie geben. Im vorliegenden Fall hätte Anton also noch nicht unmittelbar angesetzt, da er sogar noch zehn Minuten länger die Möglichkeit gehabt hätte, Berta zu retten. Dagegen liegt nach der **Theorie des erstmöglichen Eingriffs** ein unmittelbares Ansetzen zur Tatbestandsverwirklichung beim Unterlassungsdelikt bereits in dem Zeitpunkt vor, in dem der Garant die nach seiner Vorstellung erste Rettungsmöglichkeit verstreichen lässt.[238] Denn im Interesse des gefährdeten Rechtsguts müsse ein möglichst rasches Einschreiten gefordert werden. Schreite der Täter erst zu einem späteren Zeitpunkt zur Rettung, käme ihm zudem § 24 StGB zugute. Da die zuerst genannte Ansicht den Zeitpunkt des unmittelbaren Ansetzens zu früh, die zuletzt genannte Ansicht hingegen zu spät ansetzt, stellt die herrschende **Theorie der unmittelbaren Rechtsgutsgefährdung** zutreffend darauf ab, dass ein unmittelbares Ansetzen zur Tatbestandsverwirklichung beim Unterlassungsdelikt in dem Zeitpunkt vorliegt, in dem der Garant nach seiner Vorstellung entweder durch eine weitere Verzögerung der Rettungshandlung eine unmittelbare Gefahr für das Rechtsgut schafft oder aber – vergleichbar mit dem mittelbaren Täter – den Kausalverlauf (wie im vorliegenden Fall) aus der Hand gibt.[239] Denn Sinn und Zweck der Handlungspflicht ist es, dass das betroffene Rechtsgut nicht gefährdet wird. Nur eine solche Gefähr-

---
[236] Vgl. hierzu ausführlich *Heinrich*, AT, Problemschwerpunkt 16, Rn. 752 ff.
[237] *Seelmann*, in: AK, § 13 Rn. 84.
[238] *Herzberg*, MDR 1973, 89 (96).
[239] *Baumann/Weber/Mitsch/Eisele-Mitsch*, § 22 Rn. 76.

dung kann pflichtwidrig sein. Vor diesem Zeitpunkt ist eine Rettungshandlung weder erforderlich noch geboten.

> **Literaturhinweise**
> **Einführende Aufsätze:** *Bosch*, Unmittelbares Ansetzen zum Versuch, JURA 2011, 909 (prägnante Übersicht über die Problematik mit vielen Einzelfällen); *Krack*, Jetzt geht's los – typische Klausurfehler im Rahmen der Versuchsprüfung, JA 2015, 905 (klausurrelevante Darstellung verschiedener Versuchsprobleme); *Putzke*, Der strafbare Versuch, JuS 2009, 985 (studierendengerechte Darstellung des „unmittelbaren Ansetzens" mit Grundfällen und einer Übersicht zu speziellen Problemkonstellationen); *Reichenbach*, Über den Versuch des Regelbeispiels, JURA 2004, 260 (ausführliche Zusammenfassung der Diskussion)
>
> **Übungsfälle:** *Rackow*, E-mail für die B, JA 2003, 218 (Fortgeschrittenenklausur zur Problematik des Versuchsbeginns bei mittelbarer Täterschaft und Suizidbeteiligung); *Rosenau/Klöhn*, Der Apotheker, der Dieb und der Bayerwald Bärwurz: Einbruch mit fast tödlichem Ausgang, JURA 2000, 427 (Klausur aus einer Anfängerübung, die u. a. den Fall des unmittelbaren Ansetzens beim Aufstellen einer Selbstschädigungsfalle diskutiert)
>
> **Rechtsprechung: BGHSt 33, 370** – Butzenscheiben (unmittelbares Ansetzen zur Verwirklichung eines Regelbeispiels); **BGHSt 40, 299** – Münzhändler (unmittelbares Ansetzen bei vermeintlicher Mittäterschaft); **BGHSt 43, 177** – Giftfalle (unmittelbares Ansetzen bei notwendiger Mitwirkung des Opfers)

Kapitel 19: Rücktritt vom Versuch

I. Grundlagen und rechtsdogmatische Einordnung

Der Rücktritt vom Versuch ist in § 24 StGB gesetzlich geregelt. Er soll dem Täter die Möglichkeit eröffnen, in denjenigen Fällen, in denen er die Versuchsschwelle eines Deliktes bereits überschritten hat, in denen aber letztlich noch „nichts passiert" ist, mit strafbefreiender Wirkung von der weiteren Deliktsverwirklichung abzusehen. Dem Täter soll dadurch eine „goldene Brücke" gebaut werden, um zum Recht zurückkehren zu können. Denn da er sich zumeist schon durch den Versuchsbeginn strafbar gemacht hat, würde sich ein Rücktritt für ihn sonst kaum mehr lohnen. Dadurch soll aber wiederum auch ein gewisser Opferschutz erreicht werden.[240] Während manche den Rücktritt vom Versuch als Entschuldigungsgrund einordnen, geht die h. M. zutreffend davon aus, dass es sich beim Rücktritt vom Versuch um einen **persönlichen Strafaufhebungsgrund** handelt, der nach der Schuld in einem vierten Prüfungspunkt anzusprechen ist.[241]

> **Klausurtipp**
> Am Ende jeder Versuchsprüfung ist – nach der Annahme von Tatbestandsmäßigkeit, Rechtswidrigkeit und Schuld – stets an die Möglichkeiten eines Rücktritts zu denken. Dabei ist zu überlegen, „warum" es nicht zur Tatvollendung

---

240 Vgl. zu den verschiedenen Begründungsansätzen auch den Überblick bei *Heinrich*, AT, Rn. 759 ff.
241 Vgl. zu den persönlichen Strafaufhebungsgründen oben Rn. 418.

kam. Selbst wenn ein Rücktritt auf den ersten Blick fernliegend erscheint, so sind hier doch vielfach Probleme angesiedelt, die in einer Klausur nicht vernachlässigt werden dürfen. Lediglich dann, wenn die Möglichkeit eines Rücktritts im konkreten Fall völlig abwegig ist, muss dazu nicht Stellung genommen werden.

II. Verschiedene Versuchsformen und ihre Relevanz für einen Rücktritt

503 Der Rücktritt vom Versuch ist in verschiedenen, in § 24 StGB detailliert geregelten Varianten möglich. Bevor diese im Einzelnen dargelegt werden, sollte jedoch zuerst überlegt werden, in welchen Situationen der Täter **nicht** zurücktreten kann, bzw. wann die Rechtsordnung Rücktrittsversuche nicht als strafbefreiend ansieht. Dies ist beim sog. **„misslungenen Rücktritt"** sowie beim **„fehlgeschlagenen Versuch"** der Fall.

1. Misslungener Rücktritt

504 Definition

Unter einem **misslungenen Rücktritt** versteht man Rücktrittsbemühungen des Täters, die eine Vollendung der Tat letztlich nicht mehr verhindern können.

> **Bsp.:** Anton schüttet seiner Ehefrau Berta ein schnell wirkendes Gift ins Glas. Nachdem Berta das Glas ausgetrunken hat, überkommt Anton die Reue und er möchte sie umgehend ins Krankenhaus fahren, damit sie dort gerettet wird. Da er auf der Fahrt jedoch in den Feierabendstau kommt, kann auch die von ihm nebenbei alarmierte Polizei sowie ein herbeigerufener Krankenwagen nicht mehr helfen. – Berta verstirbt neben dem verzweifelten Anton im Auto.

505 Ein solcher misslungener Rücktritt hilft dem Täter grundsätzlich nichts und kann daher nicht zu einer Strafbefreiung führen. Denn einerseits ist die Tat, wenn der Rücktritt fehlschlägt, in aller Regel **vollendet** – insofern handelt es sich auch nicht mehr um einen Versuch, sondern um ein vollendetes Delikt, von dem nicht zurückgetreten werden kann –, andererseits hat der Täter durch sein ursprüngliches Verhalten ein Geschehen in Gang gesetzt, welches letztlich zu einem strafrechtlich unerwünschten Erfolg führt. Hierfür ist der Täter strafrechtlich zur Verantwortung zu ziehen, selbst wenn er im Zeitpunkt des Erfolgseintritts diesen Erfolg gar nicht mehr will. Er trägt insoweit das Risiko seines vorangegangenen (Fehl-)Verhaltens. Auch derjenige, der sein Opfer im Zorn mit Tötungsvorsatz niederschlägt, ist letztlich für dessen Tod verantwortlich, selbst wenn das Opfer erst Wochen später im Krankenhaus verstirbt und der Täter zu diesem Zeitpunkt den Tod gar nicht mehr will.

506 Ein misslungener Rücktritt liegt auch dann vor, wenn der Täter nach Versuchsbeginn zurücktreten will, er daraufhin von der Tat ablässt oder sogar Rücktrittshandlungen vornimmt, sich aber letztlich darüber **irrt**, dass seine Rücktrittsbemühungen Erfolg hatten. Tritt der tatbestandsmäßige Erfolg dennoch ein, ist er in vollem Umfang strafbar.

> **Bsp.:** Anton schießt auf Bruno und glaubt, er habe vorbeigeschossen. Obwohl er noch mehrere Kugeln im Lauf hat, überkommt ihn jedoch die Reue und er beschließt, keine weiteren Schüsse mehr abzufeuern. Kurz nachdem er sich entfernt hat, bricht Bruno, den der Schuss wider Erwarten doch getroffen hat, zusammen und stirbt. – Anton ist wegen Totschlags strafbar, der Irrtum über seinen „Rücktritt" ist unbeachtlich.

2. Fehlgeschlagener Versuch

Definition
Unter einem **fehlgeschlagenen Versuch** versteht man einen Versuch, bei dem der Täter davon ausgeht, dass er mit den ihm zur Verfügung stehenden Mitteln den tatbestandsmäßigen Erfolg entweder gar nicht mehr oder zumindest nicht mehr ohne zeitlich relevante Zäsur herbeiführen kann.

> **Bsp.:** Ludwig bricht in die Villa der Witwe Wilma ein, um deren Schmuck aus dem Safe zu entwenden. Nach der Öffnung des Safes muss er jedoch feststellen, dass dieser leer ist.

Liegt ein fehlgeschlagener Versuch vor, ist ein Rücktritt **nicht mehr möglich**. Dabei ist es für die Beurteilung wichtig, dass hier – wie im Übrigen grundsätzlich für die Frage des Rücktritts vom Versuch – ein rein subjektiver Maßstab anzulegen ist. Es kommt allein darauf an, was der Täter dachte. Ob die Tat objektiv fehlgeschlagen ist oder nicht, ist nicht entscheidend.

> **Bsp.:** Wenn Ludwig im eben genannten Fall schlicht übersehen hat, dass sich in einem Seitenfach des Safes noch Wertsachen befinden, die er hätte mitnehmen können, ändert dies am Vorliegen eines fehlgeschlagenen Versuchs nichts.

Die rechtsdogmatische Begründung der Unbeachtlichkeit eines fehlgeschlagenen Versuchs ist dabei vielschichtig. So wird teilweise davon ausgegangen, der fehlgeschlagene Versuch falle überhaupt nicht in den Anwendungsbereich des § 24 StGB. Denn diese Vorschrift erfasse ausdrücklich nur den unbeendeten („die weitere Ausführung der Tat aufgibt") und den beendeten („deren Vollendung verhindert") Versuch. Da das Gesetz für den fehlgeschlagenen Versuch somit keine Rücktrittsmöglichkeit vorsehe, bleibe es bei der Strafbarkeit. Eine zweite Ansicht geht davon aus, der fehlgeschlagene Versuch falle zwar unter den Anwendungsbereich des § 24 StGB, der Täter könne aber, da die Vollendung des Tatbestandes mit den vorgesehenen Mitteln für den Täter aber nicht mehr möglich sei, die Tat nicht mehr **aufgeben**. Da die Tataufgabe aber stets Voraussetzung für einen Rücktritt sei, greife § 24 StGB nicht ein. Eine dritte Meinung schließlich geht davon aus, dass der Täter beim fehlgeschlagenen Versuch die Tat zwar durchaus aufgeben könne, dass diese Tataufgabe aber niemals **freiwillig** erfolge. Denn eine solche Freiwilligkeit sei dann nicht denkbar, wenn der Versuch für den Täter erkennbar fehlgeschlagen ist.

Welchem dieser Ansätze man folgt, muss in einer Klausur nicht begründet werden. Bei Vorliegen eines fehlgeschlagenen Versuchs reicht es festzustellen, dass ein Rücktritt hiervon nicht möglich ist. Liegt kein fehlgeschlagener Versuch vor, kann sich die Prüfung dagegen wie folgt gestalten:

Formulierung
„Fraglich ist, ob der Täter vom Versuch zurückgetreten ist. Erste Voraussetzung hierfür ist, dass kein fehlgeschlagener Versuch vorliegt. Unter einem fehlgeschlagenen Versuch versteht man [...]. Im vorliegenden Fall hätte der Täter, was er auch wusste, den ursprünglich angestrebten Erfolg, nämlich [...], mit den vorhandenen Mitteln, nämlich [...], noch erreichen können. Denn er hätte problemlos [...]. Daher liegt kein fehlgeschlagener Versuch vor. [...]."

510 Die Tatbestandserfüllung kann sowohl aus tatsächlichen als auch aus rechtlichen Gründen unmöglich geworden sein. Letzteres liegt z. B. dann vor, wenn der Täter zu einer Vergewaltigung unmittelbar ansetzt, das Opfer ihm aber – um weitere Misshandlungen zu vermeiden – vorspielt, es sei mit dem Vollzug des Geschlechtsverkehrs einverstanden (was dazu führt, dass beim Täter der Vorsatz entfällt, gegen den Willen des Opfers zu handeln). Fraglich ist aber, ob ein fehlgeschlagener Versuch auch dann vorliegt, wenn das Weiterhandeln für den Täter **sinnlos** geworden ist:

> **Bsp.:** Anton will Bruno von hinten erschlagen. Er nähert sich ihm und schlägt zu, wobei er ihn aber lediglich verletzt. Nun aber erkennt er, dass es sich bei dem Opfer nicht um Bruno, sondern um Rudi handelt. Daraufhin unterlässt er weitere (ihm durchaus noch mögliche) Schläge. – Hier hat Anton neben einer vollendeten gefährlichen Körperverletzung auch einen Totschlagsversuch begangen. Zwar irrte er sich über die Identität seines Opfers, dieser Irrtum war als sog. error in persona jedoch unbeachtlich.[242] Nach Erkennen seines Irrtums machte aber ein Weiterhandeln für Anton keinen Sinn mehr (er wollte schließlich Bruno und nicht Rudi töten). Hier will die h. M. ebenfalls einen fehlgeschlagenen Versuch annehmen,[243] während die zutreffende Gegenansicht dem Täter auch weiterhin die Rücktrittsmöglichkeit zugesteht.[244] Denn geht man davon aus, dass sich der Vorsatz in diesen Fällen gerade auf diejenige Person konkretisiert hat, die der Täter anvisiert, so muss es hinsichtlich eines möglichen Rücktritts ebenfalls auf diese Person (also hier auf Rudi) ankommen. Dann aber wäre eine Fortsetzung der Tat für den Täter aber weiterhin möglich.

511 Ein fehlgeschlagener Versuch liegt aber dann nicht vor, wenn der ursprünglich geplante Verwirklichungsakt zwar nicht zum Ziel geführt hat, der Täter aber glaubt, dieses Ziel in unmittelbarem zeitlichem Anschluss noch auf andere Weise (entweder durch das bereits eingesetzte oder durch andere bereitstehende Mittel) erreichen zu können. Ein Fehlschlag liegt erst dann vor, wenn der Täter davon ausgeht, dass es zur Herbeiführung des Erfolges eines erneuten Ansetzens, verbunden mit einer deutlichen zeitlichen Zäsur bedarf.

> **Bsp.:** Anton plant, Berta in ihrer Villa umzubringen, um danach in Ruhe ihren Safe ausräumen zu können. Er hat vor, sie mit der mitgebrachten Pistole zu erschießen, aber sämtliche acht Schüsse im Magazin gehen fehl. Deshalb nimmt er den auf dem Tisch liegenden Aschenbecher und will sie damit er-

---
242 Zum „error in persona" vgl. noch ausführlich unten Rn. 719 ff.
243 *Roxin*, AT II, § 30 Rn. 94.
244 *Frister*, 24. Kap. Rn. 21.

schlagen. Im letzten Moment überkommt ihn aber die Reue und er schlägt nicht zu. – Obwohl die geplanten Tötungsakte (durch Erschießen) fehlgeschlagen sind, hätte Anton sein ursprüngliches Ziel (die Tötung Bertas) noch problemlos (durch Erschlagen) erreichen können. Daher scheidet ein fehlgeschlagener Versuch aus.

3. Unbeendeter Versuch

Liegt kein fehlgeschlagener Versuch vor, so kann es sich entweder um einen **unbeendeten** oder um einen **beendeten Versuch** handeln. Diese Unterscheidung spielt für die verschiedenen Rücktrittsvarianten des § 24 StGB eine große Rolle, da an den Rücktritt jeweils unterschiedliche Anforderungen gestellt werden. Liegt ein unbeendeter Versuch nach § 24 Abs. 1 Satz 1, 1. Alt. StGB vor („die weitere Ausführung der Tat aufgibt"), reicht es aus, wenn der Täter schlicht aufhört, weiter zu handeln. Liegt hingegen ein beendeter Versuch nach § 24 Abs. 1 Satz 1, 2. Alt. StGB vor („deren Vollendung verhindert"), muss der Täter konkrete Schritte unternehmen, um die bereits eingeleitete Tatbestandsverwirklichung zu verhindern.

> **Definition**
> Unter einem **unbeendeten Versuch** versteht man einen Versuch, bei dem der Täter davon ausgeht, noch nicht alles getan zu haben, was nach seiner Vorstellung zur Herbeiführung des tatbestandsmäßigen Erfolges erforderlich ist.

> **Bsp.:** Anton lauert Bruno auf, um ihn mit seinem Gewehr zu erschießen. Er sieht Bruno des Weges kommen und legt an. – Zu diesem Zeitpunkt lag lediglich ein unbeendeter Versuch vor, weil Anton noch nicht alles getan hatte, was nach seiner Vorstellung erforderlich war, um den tatbestandsmäßigen Erfolg (= Brunos Tod) herbeizuführen. Denn er musste ja zumindest noch schießen. Durch das Anlegen des Gewehrs hat er allerdings bereits unmittelbar zur Tatbestandsverwirklichung angesetzt.

Wie im gesamten Versuchsstrafrecht ist hierbei ausschließlich ein **subjektiver Maßstab** anzulegen. Entscheidend ist also nicht, ob der Täter objektiv bereits alles getan hat, was zur Tatbestandsverwirklichung erforderlich ist, sondern ob er subjektiv davon ausgeht, noch weitere Schritte unternehmen zu müssen. Dabei gilt – wie auch sonst im Strafrecht – dass bei Unaufklärbarkeit der Umstände nach dem Grundsatz „in dubio pro reo" die für den Täter günstigere Situation zu unterstellen ist (dies ist in der Regel der unbeendete Versuch, da der Täter von diesem durch bloßes Aufhören zurücktreten kann).

4. Beendeter Versuch

> **Definition**
> Unter einem **beendeten Versuch** versteht man einen Versuch, bei dem der Täter davon ausgeht, bereits alles getan zu haben, was nach seiner Vorstellung zur Herbeiführung des tatbestandsmäßigen Erfolges erforderlich ist.

> **Bsp.:** Anton hat eine mit einem Zeitzünder versehene Bombe gelegt und eingestellt. – Hier liegt ein beendeter Versuch vor. Anton muss jetzt nur noch abwarten, bis die Bombe hochgeht. Die Tatbestandsverwirklichung würde sich

also völlig unabhängig von einem weiteren Tatbeitrag vollziehen. Anton hat bereits alles getan, was er glaubte, tun zu müssen, um den tatbestandsmäßigen Erfolg herbeizuführen.

Wiederum sind auch hier für die Beurteilung ausschließlich **subjektive Kriterien** entscheidend. Nicht das, was objektiv vorliegt, sondern das, was der Täter subjektiv glaubt, ist ausschlaggebend. Es kommt damit ausschließlich auf das **Vorstellungsbild des Täters** an.

Bsp.: Anton schießt im Wald in Tötungsabsicht auf Bruno. Dieser bricht getroffen zusammen und ruft um Hilfe. Anton verlässt den Tatort. – Wenn Anton nun glaubt, Bruno würde ohne weitere Hilfe alsbald an der Schussverletzung sterben, liegt ein beendeter Versuch vor, denn Anton sieht sein bisheriges Verhalten für die Herbeiführung des Todes als ausreichend an. Er könnte daher nur zurücktreten, wenn er einen aktiven Gegenakt vollzieht, also z. B. Bruno ins Krankenhaus fährt. Dabei ist es völlig gleichgültig, ob Bruno tatsächlich getroffen wurde oder nicht, da es nur auf das subjektive Vorstellungsbild Antons ankommt. – Dies gilt auch für den umgekehrten Fall: Nimmt Anton an, Bruno habe lediglich einen (ungefährlichen) Streifschuss erlitten und könne sich selbst problemlos nach Hause schleppen, liegt ein unbeendeter Versuch vor. Anton kann durch bloßes Aufhören zurücktreten. Ein wirksamer Rücktritt liegt hier also dann vor, wenn Anton schlicht nach Hause geht und Bruno überlebt, weil er zufällig von einem Spaziergänger gefunden wird.

III. Die verschiedenen Rücktrittsvarianten des § 24 StGB

515 § 24 StGB enthält insgesamt sechs verschiedene Rücktrittsvarianten, jeweils drei in Absatz 1 und in Absatz 2. Dabei ist – als erster Prüfungsschritt – festzustellen, ob der Täter als **Alleintäter** handelte (dann gilt Absatz 1) oder ob **mehrere** an der Tat beteiligt waren (dann gilt Absatz 2). Diese Unterscheidung ist wichtig, denn die Rücktrittsregelungen des Absatzes 2 sind strenger. Dies rührt daher, dass es bei mehreren Beteiligten (= Täter, Anstifter und Gehilfen; vgl. die Definitionen in § 28 StGB) vorkommen kann, dass ein Beteiligter zurücktreten will, während die anderen noch weiterhandeln wollen bzw. tatsächlich weiterhandeln. Hier kann es für den Zurücktretenden (der möglicherweise bereits entscheidende Vorarbeiten geleistet hat) aber nicht ausreichen, einfach auszusteigen und die anderen weiterhandeln zu lassen. Er muss stets versuchen, die weitere Tatdurchführung aktiv zu verhindern.

> **Klausurtipp**
>
> In einer Klausur bietet sich daher für die Rücktrittsproblematik folgende Prüfungsreihenfolge an:
> a) Liegt ein fehlgeschlagener Versuch vor (dann scheidet ein Rücktritt stets aus)?
> b) Ist nur eine oder sind mehrere Personen an der Tat beteiligt (d. h. ist § 24 Abs. 1 oder § 24 Abs. 2 StGB anwendbar)?
> c) Welche Variante des jeweiligen Absatzes liegt vor (bei § 24 Abs. 1 Satz 1 StGB insbesondere: Ist ein unbeendeter oder ein beendeter Versuch gegeben)?

III. Die verschiedenen Rücktrittsvarianten des § 24 StGB

d) Sind die Voraussetzungen der jeweiligen Variante erfüllt (wurde die Tat aufgegeben, wurde die Vollendung verhindert, hat der Täter sich ernsthaft bemüht etc.)?
e) Handelte der Zurücktretende freiwillig (diese Voraussetzung gilt für sämtliche sechs Rücktrittsvarianten)?

Dabei ist der Rücktritt stets Sache des einzelnen Täters. Wie bereits gesehen, stellt er einen **persönlichen Strafaufhebungsgrund** dar. Jeder Einzelne kann also nur für sich selbst zurücktreten, der Rücktritt des einen wird den übrigen Beteiligten nicht „zugerechnet". Es liegt somit eine individuelle Strafbefreiung vor, wobei ausschließlich das Verhalten des jeweils Zurücktretenden zu berücksichtigen ist.

1. Rücktritt des Alleintäters, § 24 Abs. 1 StGB

§ 24 Abs. 1 StGB enthält drei verschiedene Varianten, die auseinander zu halten sind, da sie an einen strafbefreienden Rücktritt jeweils unterschiedliche Anforderungen stellen. Voraussetzung für die Anwendung ist jeweils, dass das Versuchsstadium der Tat erreicht ist – sonst wäre der Bereich des strafbaren Verhaltens noch gar nicht eröffnet – und dass die Tat (noch) nicht vollendet wurde – denn in diesem Falle wäre ein Rücktritt nicht mehr möglich. Weitere Voraussetzung in allen drei Varianten ist, dass der Täter glaubt, noch weitermachen bzw. die Vollendung der Tat noch verhindern zu können – andernfalls läge ein fehlgeschlagener Versuch vor, von dem ein Rücktritt auch nicht mehr möglich ist. Schließlich muss der Rücktritt in allen Fällen freiwillig erfolgen.

a) **Rücktritt vom unbeendeten Versuch, § 24 Abs. 1 Satz 1, 1. Alt. StGB.** Die erste Variante des § 24 Abs. 1 Satz 1 StGB („*Wegen Versuchs wird nicht bestraft, wer freiwillig die weitere Ausführung der Tat aufgibt*") regelt den Rücktritt vom unbeendeten Versuch. Da der Täter hier nach seiner Vorstellung von der Tat (subjektiver Maßstab!) **noch nicht alles getan hat**, was nach seiner Vorstellung zur Erfüllung des Tatbestandes erforderlich ist, kann eine Rechtsgutsverletzung **durch bloßes Aufhören** verhindert werden. Dabei ist es unbeachtlich, ob der Täter zuvor mit direktem oder nur mit bedingtem Vorsatz gehandelt hat.

Der Täter muss die weitere Ausführung der Tat **aufgeben**. Hierzu ist ein endgültiger und unbedingter (**Gegen**)**Entschluss** erforderlich, die Tat nun nicht mehr begehen zu wollen, obwohl der Täter glaubt, sie noch begehen zu können. Grundsätzlich muss der Täter dabei **endgültig** und **vollständig** von der Tat Abstand nehmen. Nimmt er nur vorübergehend von der Tatbegehung Abstand, so ist fraglich, ob dies für einen wirksamen Rücktritt ausreicht.[245]

> **Bsp.:** Anton ist bei der sich im Urlaub befindenden Wilma eingebrochen. Er will deren Schmuck entwenden, der sich in ihrem Safe befindet. Als er sich am Safe zu schaffen macht, merkt er, dass er die falschen Werkzeuge mitgebracht hat. Zwar könnte er mit diesen Werkzeugen den Safe öffnen, dies würde jedoch wesentlich mehr Zeit in Anspruch nehmen als mit dem richtigen Werkzeug. Anton packt seine Sachen zusammen und beschließt, mit dem passenden Werkzeug irgendwann in den nächsten Tagen wiederzukommen. Hierzu

---
245 Vgl. hierzu ausführlich *Heinrich*, AT, Problemschwerpunkt 19, Rn. 840 ff.

kommt es jedoch nicht, da er zuvor verhaftet wird. – Da Anton zum versuchten Wohnungseinbruchsdiebstahl gemäß §§ 242, 244 Abs. 1 Nr. 3, Abs. 4, 22 StGB bereits unmittelbar angesetzt hat, kommt es für seine Strafbarkeit entscheidend darauf an, ob er wirksam vom Versuch zurückgetreten ist. Ein solcher Rücktritt war hier möglich, da es sich nicht um einen fehlgeschlagenen Versuch handelte (er hätte den Safe mit dem vorhandenen Werkzeug noch öffnen können) und Anton am besagten Tag die konkrete Tat auch freiwillig – zumindest vorübergehend – aufgegeben hat. Er nahm jedoch nicht endgültig von der Tat Abstand. Fraglich ist daher, ob ein „Verschieben" der Tat als Tataufgabe i. S. des § 24 StGB angesehen werden kann.

520 Nach der **weiten Tattheorie** ist ein Rücktritt vom Versuch nur dann möglich, wenn der Täter von seinem gesamten Tatplan „im Ganzen und endgültig" Abstand nimmt. Ein vorübergehendes Aufschieben genüge nicht.[246] Da die Strafaufhebung ein besonderes Privileg für denjenigen darstelle, der von der Tat Abstand nehme, könne sie nicht für denjenigen greifen, der die Tatausführung lediglich auf einen günstigeren Zeitpunkt verschiebe. Dagegen ist nach der **Theorie des eingeschränkten Tatbegriffs** ein Rücktritt vom Versuch bereits dann möglich, wenn der Täter von der konkreten Tat (d. h. von der Tat im materiell-rechtlichen Sinne) freiwillig Abstand nimmt. Aus welchen Motiven er dabei handle, sei gleichgültig. Einschränkend sei jedoch zu fordern, dass der Täter nicht bereits konkrete Pläne zur Fortsetzung seiner Tat gefasst habe (also etwa plane, am nächsten Tag mit besserem Werkzeug wiederzukommen).[247] Der Vorbehalt, die Tat „irgendwann" einmal erneut zu versuchen, schade demgegenüber nicht. Dagegen orientiert sich die **enge Tattheorie** strikt am Wortlaut des § 24 StGB und am dort genannten Begriff der Tat:[248] Ein Rücktritt vom Versuch sei immer dann möglich, wenn der Täter die konkrete Form der Tatausführung aufgebe. Dabei sei es unbeachtlich, ob er die Tat später erneut versuchen wolle und hierfür möglicherweise sogar schon konkrete Pläne habe. Die Folgetat dürfe lediglich zu dem bereits begangenen Versuch nicht in natürlicher Handlungseinheit stehen (letzteres läge im genannten Fall z. B. dann vor, wenn Anton das Haus verlassen hätte, um sich geeignetes Werkzeug aus dem vor dem Haus geparkten Auto zu holen). Dies ist zutreffend, da das Gesetz lediglich die „Aufgabe der weiteren Tatausführung", nicht aber die „Aufgabe der auf die Tatausführung gerichteten Absicht" fordert. Einen etwas anderen Ansatz vertritt schließlich die **kriminalpolitische Theorie**, die schlicht danach differenziert, ob der Täter sich durch das Aufgeben der konkreten Tatausführung als ungefährlich erwiesen habe oder nicht.[249] Dabei wird allein auf die ratio des § 24 StGB abgestellt. Derjenige Täter, der sich durch die Aufgabe der Tatausführung als für die Rechtsordnung ungefährlich erwiesen habe, solle straffrei bleiben. Es komme also entscheidend auf die Motive des Täters an, der durch die Tataufgabe in die „Legalität zurückkehren" müsse.

521 Im Rahmen des unbeendeten Versuchs muss der Täter für einen wirksamen Rücktritt **keine aktiven Gegenmaßnahmen** oder gar Rettungsversuche durchführen. Ein schlichtes „Aufhören" mit der Tatfortsetzung genügt. Insoweit kann der Täter auch vom **objektiv untauglichen Versuch** zurücktreten, solange er die Untaug-

---

246 So noch BGHSt 21, 319 (321).
247 *Eser/Bosch*, in: Schönke/Schröder, § 24 Rn. 39 f.
248 BGHSt 33, 142 (144 f.); *Fischer*, § 24 Rn. 26a.
249 *Roxin*, ZStW 77 (1965), 60 (99).

lichkeit des Versuchs nicht erkennt (es ist allein sein Vorstellungsbild entscheidend!). – Erkennt er aber die Untauglichkeit, liegt ein (nunmehr auch subjektiv) fehlgeschlagener Versuch vor. Ein Rücktritt ist in diesem Falle ausgeschlossen.

Bsp.: Anton richtet seine Waffe auf Bruno, um ihn zu erschießen. Weil ihn aber die Reue überkommt, lässt er die Waffe wieder sinken und läuft davon. – Stellt sich nachher heraus, dass die Waffe versehentlich ungeladen war, ändert dies an einem wirksamen Rücktritt vom Versuch des Tötungsdelikts nichts. Erkennt Anton hingegen beim Zielen auf Bruno, dass die Waffe nicht geladen ist, liegt ein fehlgeschlagener Versuch vor, von dem ein Rücktritt nicht mehr möglich ist.

b) **Rücktritt vom beendeten Versuch, § 24 Abs. 1 Satz 1, 2. Alt. StGB.** Die zweite Variante des § 24 Abs. 1 Satz 1 StGB (*„Wegen Versuchs wird nicht bestraft, wer freiwillig die [...] Vollendung verhindert"*) regelt den Rücktritt vom beendeten Versuch. Da der Täter hier nach seiner Vorstellung von der Tat (subjektiver Maßstab!) **bereits alles getan zu haben glaubt,** was zur Erfüllung des Tatbestandes erforderlich ist, kann ein reiner Gegenentschluss, ein **bloßes Aufhören**, hier nicht ausreichen. Denn dies würde ja (zumindest nach der Vorstellung des Täters) nicht verhindern, dass das Geschehen in ungestörtem Fortgang in die Tatbestandserfüllung mündet.

Notwendig ist also ein **aktiver Gegenakt**, ein bewusstes Gegensteuern. Der Täter muss also durch Rettungshandlungen verhindern, dass der tatbestandsmäßige Erfolg eintritt. Dabei reicht es an sich aus, wenn er eine neue Kausalreihe in Gang setzt, die für das Ausbleiben der Vollendung wenigstens mitursächlich wird. Höchst umstritten ist allerdings, ob er, um in die „Legalität zurückzukehren", darüber hinaus das „Bestmögliche" tun, also eine optimale Rücktrittsleistung erbringen muss.[250]

Bsp.:[251] Anton schlägt seine Ehefrau Berta mit bedingtem Tötungsvorsatz nieder und fügt ihr dabei lebensgefährliche Verletzungen zu. Zutreffend geht er davon aus, dass Berta sterben wird, wenn nicht alsbald Rettungsmaßnahmen eingeleitet werden. Aus einem plötzlichen Gefühl von Mitleid heraus beschließt er, Berta zu retten. Mit seinem PKW fährt er sie zu einem Krankenhaus, legt sie dort aber etwa hundert Meter von einem Nebeneingang entfernt in einem Gebüsch ab, weil er nicht entdeckt werden möchte. Er hofft, dass sie sich aus eigener Kraft ins Krankenhaus schleppen könne oder von Passanten entdeckt würde, was auch geschieht. Berta überlebt. Fraglich ist, ob Anton hier mit strafbefreiender Wirkung vom (beendeten) Totschlagsversuch zurückgetreten ist. Zwar hat er einen kausalen Beitrag zu Bertas Rettung geleistet, er hätte aber wesentlich mehr tun müssen, um eine „sichere" Rettung herbeizuführen.

Nach der **Chanceneröffnungstheorie** ist eine Verhinderung der Vollendung bereits dann gegeben, wenn der Täter eine neue Kausalreihe in Gang setzt, die für die Nichtvollendung der Tat wenigstens mitursächlich wird.[252] Denn § 24 StGB verlange nur, dass der Täter (kausal) den Erfolg verhindere, nicht aber, dass er

---
250 Vgl. hierzu ausführlich *Heinrich*, AT, Problemschwerpunkt 21, Rn. 848 ff.
251 Fall in Anlehnung an BGHSt 31, 46.
252 BGHSt 33, 142 (144 f.); *Eser/Bosch*, in: Schönke/Schröder, § 24 Rn. 59c.

dies auf die bestmögliche Weise tun müsse. Auch aus Opferschutzgesichtspunkten heraus sei es günstiger, wenn der Täter wenigstens teilweise Rettungsmaßnahmen einleite. Dagegen geht die **Bestleistungstheorie** davon aus, dass eine Verhinderung der Vollendung nur dann vorliegt, wenn der Täter objektiv oder zumindest aus seiner Sicht die bestmöglichen Rettungsmaßnahmen ergreift und dadurch den Erfolg verhindert.[253] Eine „Rückkehr in die Legalität" läge nämlich dann nicht vor, wenn der Täter sich mit Maßnahmen begnüge, die, wie er erkenne, (möglicherweise) unzureichend seien, sofern ihm bessere Verhinderungsmöglichkeiten zur Verfügung stehen. Wer lediglich unsichere Rettungschancen ergreife, rechne weiterhin mit der Möglichkeit des Erfolgseintritts und nehme diesen billigend in Kauf. Man könne aber nicht gleichzeitig mit bedingtem Vorsatz hinsichtlich der Tatvollendung handeln und zurücktreten. Schließlich spreche auch § 24 Abs. 2 Satz 2 StGB von der Notwendigkeit, dass sich der Zurücktretende „ernsthaft" bemühen muss. Eine Zwischenposition nimmt die in verschiedenen Varianten vertretene **Differenzierungstheorie** ein, wonach es bei einer eigenhändigen Erfolgsverhinderung ausreicht, wenn der Täter irgendwelche für die Rettung kausalen Maßnahmen ergreift. Dagegen müsse bei einer fremdhändigen Erfolgsverhinderung gefordert werden, dass der Täter die optimale Leistung erbringe.[254] In der Tat beseitigt nun aber derjenige, der den tatbestandsmäßigen Erfolg letztendlich eigenhändig verhindert, die Rechtsgutsverletzung vollständig selbst. Ob er es dies noch besser oder gefahrloser hätte verwirklichen können, darf dabei keine Rolle spielen, denn letztlich „gibt ihm der Erfolg recht". Mehr aber fordert der Gesetzeswortlaut nicht. Dagegen verlässt sich der Täter bei der fremdhändigen Erfolgsverhinderung darauf, dass ein anderer tätig wird und den Erfolg verhindert. Das bloße – zudem noch recht unsichere – „Anstoßen" dieses Prozesses kann allein aber für einen wirksamen Rücktritt nicht ausreichen.

525 c) **Rücktritt vom (unerkannt) untauglichen oder fehlgeschlagenen Versuch, § 24 Abs. 1 Satz 2 StGB.** Die Vorschrift („Wird die Tat ohne Zutun des Zurücktretenden nicht vollendet, so wird er straflos, wenn er sich […] bemüht, die Vollendung zu verhindern") ist auf den ersten Blick schwer zu verstehen. Vom Anwendungsbereich erfasst sind Taten, die „ohne Zutun des Täters" nicht vollendet werden. Es kann sich dabei entweder um einen von vornherein **untauglichen** oder um einen an sich zwar tauglichen, aber im konkreten Fall (objektiv) **fehlgeschlagenen** Versuch handeln. Der Täter eines solchen Versuches kann dann nach § 24 Abs. 1 Satz 2 StGB straffrei zurücktreten, wenn er einerseits nicht erkennt, dass es sich um einen untauglichen oder fehlgeschlagenen Versuch handelt (er den Versuch also für tauglich hält) und er sich andererseits nach Versuchsbeginn freiwillig und ernsthaft darum bemüht, die Vollendung zu verhindern.

> **Bsp.:** Anton fährt Bruno mit seinem PKW an und lässt diesen dann schwer verletzt im Straßengraben liegen. Nach wenigen Minuten überkommt ihn die Reue. Er kehrt zum Unfallort zurück und will Bruno retten. Dieser wurde aber bereits von einem Passanten entdeckt und ins Krankenhaus gefahren. – Hier lag zu Beginn ein (tauglicher) Totschlagsversuch durch Unterlassen, §§ 212, 13, 22 StGB, vor. In dem Moment, in dem Bruno aber ins Krankenhaus gefahren und gerettet wurde, war dieser Versuch (für Anton zuerst unerkannt) fehlge-

---

253 BGHSt 31, 46 (49); *Baumann/Weber/Mitsch/Eisele-Mitsch*, § 23 Rn. 40.
254 *Roxin*, AT II, § 30 Rn. 243 ff.

schlagen. Da er sich jedoch freiwillig und ernsthaft bemühte, Bruno zu retten, ist er nach § 24 Abs. 1 Satz 2 StGB zurückgetreten.

Nimmt der Täter dabei einen **unbeendeten Versuch** an, kann er nach § 24 Abs. 1 Satz 1, 1. Alt. StGB durch bloßes Aufhören zurücktreten (hier gelten insoweit also keine Sonderregeln!). Geht er jedoch von einem **beendeten Versuch** aus, so müsste er nach dem Wortlaut des § 24 Abs. 1 Satz 1, 2. Alt. StGB dessen **Vollendung verhindern**. Dies kann er objektiv jedoch nicht mehr, da der Versuch ja objektiv untauglich bzw. fehlgeschlagen ist. Daher ist für diese Konstellationen die Regelung des § 24 Abs. 1 Satz 2 StGB erforderlich. **526**

Erforderlich für einen Rücktritt nach § 24 Abs. 1 Satz 2 StGB ist jedoch neben der Freiwilligkeit auch ein **ernsthaftes** Bemühen. Der Täter muss hier alles tun, was in seinen Kräften steht und was nach seiner Überzeugung zur Erfolgsabwendung erforderlich ist. Dabei kann er auch die Hilfe Dritter in Anspruch nehmen, muss sich dann aber vergewissern, dass die Hilfsperson das (seiner Ansicht nach) Notwendige und Erforderliche getan hat. Insofern kommt hier – im Gegensatz zu § 24 Abs. 1 Satz 1, 2. Alt. StGB[255] – der Gedanke der „Bestleistung" zum Tragen. **527**

2. Rücktritt bei mehreren Beteiligten, § 24 Abs. 2 StGB

Die Vorschrift regelt den Rücktritt für den Fall, dass mehrere Personen an der Tat beteiligt sind. Dabei ist es gleichgültig, ob es sich bei den Beteiligten um Täter oder Teilnehmer handelt. Wie bereits ausgeführt, sind in § 24 Abs. 2 StGB strengere Voraussetzungen für einen Rücktritt aufgestellt. Der Täter kann nicht – wie beim unbeendeten Versuch des Alleintäters – durch schlichtes Aufhören zurücktreten. Erforderlich ist stets ein aktiver Gegenakt. Insofern spielt die Unterscheidung von unbeendetem und beendetem Versuch hier keine Rolle. Es muss stets aktiv gegengesteuert werden. **528**

Auch § 24 Abs. 2 StGB enthält drei verschiedene Varianten. Voraussetzung ist jeweils, dass die Tat bereits das Versuchsstadium erreicht hat und – zumindest in den ersten beiden Varianten – nicht vollendet wurde. Lediglich in der dritten Variante ist eine Vollendung unschädlich. Insoweit kommt es also ausschließlich auf das Versuchsstadium der Tat an. Ob und inwieweit der Beteiligte seinen Tatbeitrag bereits geleistet hat, ist irrelevant. Ferner muss der Täter auch im Rahmen des § 24 Abs. 2 StGB glauben, noch weiterhandeln bzw. die Vollendung der Tat noch verhindern zu können. Schließlich muss der Rücktritt in allen drei Varianten freiwillig erfolgen. **529**

a) Verhinderung der Tatvollendung, § 24 Abs. 2 Satz 1 StGB. Nach § 24 Abs. 2 Satz 1 StGB kann derjenige vom Versuch zurücktreten, der *„freiwillig die Vollendung verhindert"*. Voraussetzungen sind also die Nichtvollendung des Delikts und das (freiwillige) Verhindern der Vollendung gerade durch den Zurücktretenden (aktiver Gegenakt!). Dies stellt eine Verschärfung zu Abs. 1 dar, da der Beteiligte dort beim unbeendeten Versuch durch bloßes Aufhören „aussteigen" kann. **530**

> **Bsp.:** Eine mehrköpfige Bande dringt nachts in Erwins Villa ein, um diesen zu berauben. Als sie Erwin gegenüberstehen und einer der Bandenmitglieder absprachegemäß damit beginnt, ihn mit Schlägen zu traktieren, bekommt

---
255 Vgl. hierzu oben Rn. 524.

Bandenmitglied Bruno plötzlich Mitleid. Er will aufhören. – Hier reicht es im Gegensatz zur Alleintäterschaft nicht aus, dass er unverrichteter Dinge flieht. Er muss vielmehr, obwohl zu diesem Zeitpunkt lediglich ein unbeendeter Versuch vorliegt, die anderen Bandenmitglieder von der Fortsetzung der Tat abhalten.

531 Grund für diese Verschärfung ist, dass der Gesetzgeber den Versuch mehrerer als wesentlich gefährlicher angesehen hat als den Versuch des Alleintäters. Ein wirksamer Rücktritt durch das bloße Unterlassen weiterer Mitarbeit ist allerdings dann möglich, wenn der Beteiligte zutreffend davon ausgeht, dass seine (weitere) Mitwirkung zwingende Voraussetzung für die Vollendung der Tat ist (Bsp.: Während eines Einbruchsdiebstahls entfernt sich gerade derjenige Beteiligte, der als einziger die Tresorkombination kennt). Auch kann es bei einer von mehreren Tätern begangenen Tat für einen Rücktritt aller ausreichen, wenn lediglich ein Beteiligter absprachegemäß die Tatvollendung verhindert.

> **Bsp.:** Anton, Bruno und Rudi wollen gemeinsam Norberts Wohnhaus in Brand setzen. Nachdem Anton einen benzingetränkten Stofflappen im Keller entzündet hat, kommen ihnen jedoch Bedenken. Absprachegemäß dringt Bruno nochmals in den Keller ein und löscht das Feuer, noch bevor das Haus in Brand gesetzt wurde. – Hier sind alle drei Beteiligten nach § 24 Abs. 2 Satz 1 StGB zurückgetreten, auch wenn nur Bruno „aktiv" das Feuer gelöscht hat.

532 **b) Verhinderungsbemühungen bei Nichtvollendung, § 24 Abs. 2 Satz 2, 1. Alt. StGB.** Wird die Tat ohne Zutun des Zurücktretenden nicht vollendet, so reicht *„sein freiwilliges und ernsthaftes Bemühen, die Vollendung der Tat zu verhindern"*, aus. Voraussetzung ist hier also, dass das im Versuchsstadium befindliche Delikt nicht vollendet wird, diese Nichtvollendung jedoch gerade nicht auf einem Verhalten des Zurücktretenden beruht. Das Delikt muss vielmehr aus anderen Gründen nicht vollendet worden sein. Allerdings muss der Zurücktretende sich freiwillig und ernsthaft bemüht haben, die Vollendung des Delikts zu verhindern.

> **Bsp.:** Mehrere Mittäter dringen in Erwins Villa ein, um diesen zu berauben. Nachdem es zu Handgreiflichkeiten mit Erwin kommt, will Bruno aussteigen, kann die anderen aber nicht davon überzeugen, ebenfalls aufzuhören. Er verlässt die Villa und eilt zur nächsten Telefonzelle, um dort die Polizei zu verständigen. Als er mit der Polizeiwache verbunden wird, erfährt er, dass diese bereits von einem Nachbarn alarmiert wurde und die Beamten gerade dabei sind, das Haus zu umstellen. – Hier hatte nicht Brunos Handeln die Vollendung der Tat verhindert, sondern der Anruf des Nachbarn. Bruno hatte sich jedoch freiwillig und ernsthaft um die Verhinderung bemüht. Das reicht für einen Rücktritt aus.

533 **c) Beseitigung des eigenen Tatbeitrages, § 24 Abs. 2 Satz 2, 2. Alt. StGB.** Bei dieser Variante ist ein Rücktritt möglich, obwohl die Tat vollendet wurde und die Rechtsgutsverletzung demnach eingetreten ist. Der Täter ist dennoch straflos, wenn er sich (nach Eintritt ins Versuchsstadium) freiwillig und ernsthaft bemüht, die Vollendung der Tat zu verhindern und diese dennoch – aber **unabhängig von seinem früheren Tatbeitrag** – von seinen Komplizen begangen wird. Entscheidend ist also, dass der Täter die Kausalität seines eigenen Tatbeitrages für den eingetretenen tatbestandsmäßigen Erfolg **vollständig beseitigt**. Zwar könnte er dann ohnehin (mangels Kausalität) nicht wegen des vollendeten Delikts bestraft werden, eine Bestrafung wegen Versuchs wäre jedoch möglich, da keine der anderen Rücktrittsalternativen greift. Wiederum muss sich der Zurücktretende jedoch freiwillig und ernsthaft bemühen, die Vollendung der Tat zu verhindern, ein bloßes „Aussteigen" genügt also nicht.

> **Bsp.:** Mehrere Mittäter dringen in Erwins Villa ein, um dort den Safe zu öffnen und Wertgegenstände zu entwenden. Anton hat die Tresorkombination besorgt und auf einem Zettel notiert. Vor dem Safe stehend beschließt Anton „auszusteigen". Er zerreißt den Zettel und flieht. Die übrigen Mittäter vollenden entgegen ihrem ursprünglichen Plan die Tat, indem sie den Safe mittels einer in der Wohnung aufgefundenen Eisenstange aufbrechen. – Hier ist Anton trotz Tatvollendung dann wirksam zurückgetreten, wenn er sich ernsthaft bemühte, die Vollendung der Tat zu verhindern, also z. B. sofort die Polizei verständigte, die dann aber zu spät eintraf.

Problematisch wird es in diesen Fällen oft sein, ob es dem Zurücktretenden tatsächlich gelingt, die Kausalität seines Beitrages restlos zu beseitigen. Hat z. B. im genannten Fall einer der Mittäter die Tresorkombination zuvor gesehen und sich gemerkt und können die anderen daher den Tresor öffnen, ist ein Rücktritt nicht möglich. Doch selbst wenn die Mittäter zu anderen Mitteln greifen müssen als geplant, kann eine Kausalität (und zwar in Form der psychischen Beihilfe) weiterhin existent sein. Wenn nämlich die Bandenmitglieder den Einbruch nur deswegen durchgeführt haben, weil sie im Besitz der Kombination waren (und sich sonst eben nicht getraut hätten), reicht die Wegnahme des Zettels nicht aus, da Antons Verhalten als Ganzes nicht hinweggedacht werden kann, ohne dass der strafrechtlich unerwünschte Erfolg entfiele. Um den Anwendungsbereich des § 24 Abs. 2 Satz 2, 2. Alt. StGB nicht zu sehr zu beschränken, ist hier allerdings eine restriktive Auslegung der Beihilferegeln angebracht.

3. Gemeinsame Voraussetzung aller Rücktrittsvarianten: Freiwilligkeit

Alle sechs Rücktrittsvarianten des § 24 StGB setzen voraus, dass der Täter **freiwillig** handelt.

> **Definition**
> Unter **Freiwilligkeit** versteht man ein Handeln, welches nicht durch zwingende (= heteronome) Gründe veranlasst wird, sondern der autonomen Entscheidung des Täters entspringt (psychologischer Ansatz).

Der Täter muss sich also denken: „Ich will die Tat nicht mehr ausführen, obwohl ich das Delikt noch vollenden könnte". Dagegen liegt Unfreiwilligkeit vor, wenn er denkt: „Ich kann das Delikt nicht mehr vollenden, selbst wenn ich es wollte" (sog. **„Frank'sche Formel"**[256]). Beispiele für solche autonomen, selbstgesetzten Motive sind Angst, Scham, Reue, Mitleid mit dem Opfer, Gewissensbisse, aber auch die plötzliche Angst vor Strafe.

Der Täter wird allerdings kaum einmal seine Entscheidung völlig unabhängig von äußeren Einflüssen treffen. Hier gilt: Zwar dürfen die Motive von außen

---

256 *Frank*, Strafgesetzbuch, 18. Aufl. 1931, § 46 Anh. II.

beeinflusst sein, diese äußeren Einflüsse dürfen jedoch für den Täter keinen **zwingenden Charakter** annehmen. Entscheidend ist, dass der Täter letztlich eine freie autonome Entscheidung treffen kann. Er muss „Herr seiner Entschlüsse" bleiben, darf also weder durch eine unüberwindliche innere noch durch eine unüberwindliche äußere Zwangslage zum Aufhören bzw. zur Verhinderung des Taterfolges bestimmt werden („psychologische Betrachtungsweise").

> **Bsp.:** Anton will Berta mit dem Beil erschlagen und holt aus. Als ihn Berta jedoch anfleht, sie zu verschonen, bekommt Anton Mitleid und lässt das Beil sinken. – Hier liegt das Merkmal der Freiwilligkeit vor, da Anton letztlich aus autonomen Gründen aufhörte, obwohl er wusste, dass er noch hätte weiterhandeln können. Anders wäre es hingegen, wenn er aufgrund des jämmerlichen Flehens psychisch gar nicht mehr imstande gewesen wäre zuzuschlagen.[257]

538 Schwierig wird die Einschätzung der Freiwilligkeit in den Fällen, in denen der Täter aufhört, weil er (auch) eine Entdeckung der Tat befürchtet. Hier wird öfters ein normativer Ansatz (statt eines psychologischen Ansatzes) gewählt und auf das Kriterium der sog. **„Verbrechervernunft"** abgestellt: Freiwilligkeit liege dann nicht mehr vor, wenn es der normalen Verbrechervernunft entspräche, die Tat abzubrechen. Dagegen sei ein Rücktritt freiwillig, wenn ein Aufhören aus der Sicht eines sorgfältig abwägenden Verbrechers unvernünftig wäre, weil sich die Tat noch problemlos fortsetzen ließe.

> **Bsp.:** Anton ist in Erwins Villa eingebrochen und macht sich dort am Safe zu schaffen. Da erfährt er über eine Lautsprecherdurchsage, dass das Haus von einer Polizeieinheit umstellt ist. Zwar könnte er noch weiterhandeln und die im Safe gelagerten Wertsachen in seine Tasche packen (= Vollendung des Diebstahls), es wäre ihm jedoch nicht möglich, mit der Beute zu fliehen. – Gibt Anton hier die Tat auf, liegt kein freiwilliger Rücktritt vor, da es für Anton völlig unvernünftig wäre, die Tat fortzusetzen.

539 Wird ausschließlich auf eine „autonome Entscheidung des Täters" abgestellt, liegt Freiwilligkeit auch dann vor, wenn der Täter nicht aus sittlich billigenswerten Motiven, sondern deswegen zurücktritt, weil ihm andere (möglicherweise ebenfalls deliktische) Ziele vorrangig erscheinen.

> **Bsp.:**[258] Fritz will seine Ex-Freundin Beate und deren neuen Freund Gerd töten. Er lauert beiden an einer einsamen Stelle auf. Zuerst erscheint Gerd, den Fritz mit einigen Messerstichen in Tötungsabsicht niedersticht. Obwohl er erkennt, dass diese noch nicht ausreichen, um Gerd tödliche Verletzungen zuzufügen, wendet er sich von diesem ab, um zunächst Beate zu töten, die inzwischen ebenfalls aufgetaucht und im Begriff ist, zu fliehen. Anschließend will er sich weiter um den verletzt am Boden kauernden Gerd „kümmern". Hierzu kommt es aber nicht mehr, weil inzwischen die Polizei eingetroffen ist. – Der BGH nahm einen Rücktritt vom Tötungsversuch (bzgl. Gerd) an, da Fritz, wenigstens vorübergehend, aus autonomen Motiven von ihm abließ, um (zuerst) Beate zu töten.

---

257 Vgl. hierzu z. B. den Fall bei BGH NStZ 1994, 428.
258 Fall nach BGHSt 35, 184.

IV. Rücktritt vom Versuch des Unterlassungsdelikts

Die bisher behandelten Fälle beziehen sich durchweg auf den Rücktritt vom Versuch eines Begehungsdelikts. Aber auch beim Unterlassungsdelikt sind Konstellationen denkbar, in denen der Täter, nachdem er zur Tatbestandsverwirklichung unmittelbar angesetzt hat, sich eines Besseren besinnt und doch noch tätig wird. Dabei ist es auch hier gleichgültig, ob es sich um einen tauglichen oder einen untauglichen Versuch handelt.

> **Bsp.:** Viktor sieht, dass sein Sohn Sascha im Meer mit seinem Schlauchboot kentert und zu ertrinken droht. Dennoch unternimmt er nichts, weil ihm ein möglicher Tod seines Sohnes nicht unlieb wäre. Erst eine halbe Stunde später, Sascha wird immer schwächer, hat bereits Wasser in die Lungen bekommen und taucht kaum mehr auf, bekommt Viktor Mitleid, springt ins Wasser und rettet Sascha gerade noch rechtzeitig. – Hier ist Viktor wirksam vom versuchten Totschlag durch Unterlassen, §§ 212, 13, 12 StGB zurückgetreten.[259] Gleiches würde auch gelten, wenn Sascha seinem Vater durch die ganze Aktion nur einen Streich spielen wollte und nie ernsthaft gefährdet war, Viktor aber von einer solchen Gefährdung ausging (untauglicher Versuch).

Zwar kann gedanklich auch beim Unterlassungsdelikt eine Unterscheidung zwischen einem unbeendeten und einem beendeten Versuch vorgenommen werden (dabei ist danach zu fragen, ob der Täter davon ausgeht, dass er den Eintritt des tatbestandsmäßigen Erfolges noch durch die Nachholung der ursprünglich gebotenen Handlung abwenden kann – dann unbeendeter Versuch – oder ob es zusätzlicher, weiterer Maßnahmen bedarf, die ursprünglich nicht erforderlich waren – dann beendeter Versuch), die Unterscheidung hat hier jedoch rechtlich keine Bedeutung, da der Täter ohnehin aktiv tätig werden muss, um den tatbestandlichen Erfolg abzuwenden. Er kann also nicht, wie beim Delikt durch aktives Tun, durch bloßes Aufhören zurücktreten.

V. Spezielle Abgrenzungsprobleme zwischen dem unbeendeten, dem beendeten und dem fehlgeschlagenen Versuch

Nach diesen allgemeinen Erörterungen soll im Folgenden vertieft auf die Abgrenzung zwischen dem beendeten, dem unbeendeten und dem fehlgeschlagenen Versuch in einigen speziellen Konstellationen eingegangen werden. Diese Abgrenzung kann oftmals über die Strafbarkeit des Handelnden entscheiden, denn:

> **Hinweis**
> Beim **unbeendeten Versuch** ist Rücktritt durch bloßes Aufhören möglich, beim **beendeten Versuch** erfordert der Rücktritt einen aktiven Gegenakt und beim **fehlgeschlagenen Versuch** ist der Rücktritt gar nicht mehr möglich.

1. Rücktritt bei mehraktigem Geschehen

Hat der Täter bereits durch einen an sich erfolgstauglichen Akt, der aber zur Tatbestandserfüllung entgegen seiner ursprünglichen Absicht nicht ausreichte, un-

---

[259] Zur Frage, wann der Täter zum Versuch eines Unterlassungsdeliktes unmittelbar ansetzt, vgl. oben Rn. 500 f.

mittelbar angesetzt, ist fraglich, ob er durch bloßes Aufhören noch vom Versuch zurücktreten kann oder ob der Versuch fehlgeschlagen ist.[260]

> **Bsp.:** Anton hat acht Patronen in seinem Revolver. Er will Bruno töten, wobei er davon ausgeht, als sicherer Schütze treffe er beim ersten Mal. Wider Erwarten schießt er jedoch vorbei. Zwar hat er nun noch weitere sieben Patronen im Magazin und er geht auch weiterhin davon aus, dass einer der nächsten Schüsse treffen würde, er nimmt nun jedoch freiwillig Abstand von der weiteren Tatausführung und macht sich auf den Heimweg. – Stellt man hier auf das Gesamtgeschehen ab, wäre ein Rücktritt vom Versuch durch bloßes Aufhören möglich (unbeendeter Versuch). Stellt man hingegen auf den einzelnen Tötungsakt (= Schuss) ab, ist ein Rücktritt ausgeschlossen, da dieser konkrete Akt fehlgeschlagen ist (fehlgeschlagener Versuch).

544 Nach der **Einzelaktstheorie** muss jede einzelne, auf einen Erfolg gerichtete Tätigkeit, die der Täter als zur Erfolgsherbeiführung geeignet ansieht, als selbstständiger Versuch angesehen werden.[261] Schlage dieser fehl, so sei ein Rücktritt nicht mehr möglich – und zwar unabhängig davon, ob der Täter bereits auf der Grundlage seines Tatplans mit der Möglichkeit rechnete, mehrmals anzusetzen oder nicht. Gebe der Täter also acht Schüsse auf das Opfer ab, von denen erst der achte Schuss treffe, so habe er zuvor sieben Mal einen fehlgeschlagenen Versuch begangen. Denn es könne nicht sein, dass jede weitere ausgelassene Handlungsmöglichkeit des Täters als Rücktritt zu honorieren sei, zumal wenn er mit einer solchen Möglichkeit vorher noch gar nicht gerechnet habe. Da hierdurch jedoch oftmals einheitliche Handlungsvorgänge auseinandergerissen werden und ein Täter, der beim ersten Schuss „vorbeischießt", schlechter stehen würde als derjenige, der sein Opfer trifft (beendeter Versuch) und danach rettet (in diesem Fall würde ein Rücktritt nach § 24 Abs. 1, 2. Alt. StGB greifen), vertritt die h. M. heute zutreffend die **Lehre von der Gesamtbetrachtung**.[262] Hiernach muss ein Rücktritt solange zulässig sein, wie es dem Täter (aus seiner Sicht) mit den ihm zur Verfügung stehenden Mitteln noch möglich ist, den tatbestandsmäßigen Erfolg in unmittelbarem und räumlichem Zusammenhang zu erreichen. Dies dient auch dem Opferschutz, liegt es doch im Interesse des Opfers, dem Täter selbst dann, wenn ein Einzelakt fehlgeschlagen ist, noch Anreize zu geben, von der Tat zurückzutreten.

545 Auf der Grundlage der Gesamtbetrachtungslehre ist aber weiter fraglich, auf welchen **Zeitpunkt** man im Hinblick auf die Gesamtbetrachtung der Tat abstellen muss. Soll für die Gesamtbetrachtung entscheidend sein, was sich der Täter bei Tatbeginn vorgestellt hat, oder soll ein späterer Zeitpunkt maßgeblich sein? Nach der früher in der Rechtsprechung vertretenen **Tatplantheorie** soll es allein auf die Tätervorstellung bei Tatbeginn ankommen.[263] Hat der Täter von vornherein seinen Tatplan auf bestimmte Tätigkeitsakte beschränkt und schlagen diese fehl, so müsse der Versuch nach Abschluss der ursprünglich geplanten Handlungen als beendet bzw. fehlgeschlagen angesehen werden. Ein Rücktritt sei dann ausgeschlossen. Hatte der Täter hingegen keinen fest umrissenen Tatplan oder kam es ihm auf die Mittel nicht an, so sei für die Abgrenzung von fehlgeschlagenem,

---

260 Vgl. hierzu ausführlich *Heinrich*, AT, Problemschwerpunkt 17, Rn. 819 ff.
261 *Eser/Bosch*, in: Schönke/Schröder, § 24 Rn. 21.
262 BGHSt 31, 170 (175).
263 BGHSt 10, 129 (131); BGHSt 22, 330 (331).

beendetem und unbeendetem Versuch die Vorstellung des Täters nach Abschluss der letzten Ausführungshandlung maßgeblich. Ein Rücktritt bleibe also möglich. Da diese Ansicht aber denjenigen Täter privilegieren würde, der sich entweder zu Beginn überhaupt keine Gedanken macht, oder aber denjenigen, der umsichtig planend gleich sämtliche weitere Möglichkeiten ins Kalkül zieht, wie er nach einem möglichen Fehlschlag nunmehr sein Ziel erreichen kann, stellt die heute h. M. zusammen mit der neueren Rechtsprechung im Rahmen der Gesamtbetrachtungslehre zutreffend auf den Rücktrittshorizont des Täters ab (**Lehre vom Rücktrittshorizont**).[264] Entscheidend ist hiernach nicht die Tätervorstellung bei Tatbeginn, sondern diejenige nach Abschluss der **letzten Ausführungshandlung**. Geht der Täter zu diesem Zeitpunkt davon aus, dass sein bisheriges Handeln (noch) nicht erfolgreich war und dass noch weitere Handlungen notwendig (und möglich!) sind, um den Erfolg herbeizuführen, liegt weiterhin ein unbeendeter Versuch vor, von dem ein Rücktritt durch bloßes Aufhören möglich ist.

Auf der Grundlage der Lehre vom Rücktrittshorizont ist allerdings noch fraglich, wie zu entscheiden ist, wenn sich der Täter zum Zeitpunkt der letzten Ausführungshandlung überhaupt keine Gedanken über den Erfolg oder Misserfolg seiner Tat macht:

546

> **Bsp.:** Anton sticht auf Bruno mit einem Messer ein, wobei er dessen Tod in Kauf nimmt. Daraufhin entfernt er sich, ohne dass er sich weitere Gedanken über Brunos Zustand macht. Der lebensgefährlich verletzte Bruno kann gerettet werden. – Macht sich der Täter nach der letzten Ausführungshandlung überhaupt keine Vorstellungen über die Folgen seines Tuns, so ist ein beendeter Versuch anzunehmen. Es kann hier nicht „in dubio pro reo" davon ausgegangen werden, dass er glaubte, noch nicht alles zur Tatbestandserfüllung Erforderliche getan zu haben. Denn dies würde den gleichgültig handelnden Täter privilegieren und zu einer kaum mehr nachvollziehbaren Strafbefreiung führen.

2. Möglichkeit einer Korrektur des Rücktrittshorizonts

Fraglich ist, ob der Täter auf der Grundlage der herrschenden Lehre vom Rücktrittshorizont die Möglichkeit besitzt, seine Einschätzung noch zu „korrigieren", wenn er nach Ausführung seiner letzten Handlung erkennt, dass seine ursprüngliche Einschätzung unzutreffend war.[265]

547

> **Bsp.:** Anton will Bruno töten. Als Bruno sich nähert, feuert Anton einen gezielten Schuss aus nächster Nähe auf Brunos Brust ab und ist dabei der Ansicht, dass dieser Schuss zur Tötung ausreichen müsste. Bruno geht getroffen zu Boden. Anton glaubt daraufhin, dass Bruno alsbald sterben werde. Zu seiner Überraschung erhebt sich der schwer, aber nicht lebensgefährlich verletzte Bruno jedoch nach wenigen Augenblicken wieder und schleppt sich davon. Anton erkennt nun, dass – entgegen seiner ursprünglichen Annahme – sein Schuss zur Tötung des Bruno doch nicht ausreichend war. Obwohl er weiß, dass er noch weitere Schüsse im Magazin hat und ihm die Tötung Brunos daher noch problemlos möglich wäre, unterlässt er dies und lässt Bruno fliehen.

---

264 BGHSt 31, 170 (175); *Roxin*, AT II, § 30 Rn. 187 ff.
265 Vgl. hierzu ausführlich *Heinrich*, AT, Ergänzung des Problemschwerpunkts 17, Rn. 828 ff.

548 Nach der **Einzelaktstheorie** läge durch den ersten Schuss bereits ein abgeschlossener (und fehlgeschlagener) Versuch vor. Ein Rücktritt wäre nicht mehr möglich. Nach der **Gesamtbetrachtungslehre** in der Form der **Tatplantheorie** ist für die Abgrenzung die Tätervorstellung bei Tatbeginn ausschlaggebend. Da Anton zu diesem Zeitpunkt davon ausging, Bruno mit einem einzigen Schuss töten zu können, läge zuerst ein beendeter Versuch, nach Erkennen der wahren Sachlage dann ein fehlgeschlagener Versuch vor, ein Rücktritt wäre ebenfalls nicht mehr möglich. Nach der **Gesamtbetrachtungslehre** in der Form der **Lehre vom Rücktrittshorizont** lag zum Zeitpunkt der letzten Ausführungshandlung (= dem Schuss) ein beendeter Versuch vor. Ein Rücktritt wäre hier nur dadurch möglich, dass Anton aktive Maßnahmen ergreift, um das Leben Brunos zu retten. Nach dem Erkennen der wahren Sachlage ist jedoch von einem unbeendeten Versuch auszugehen. Daher wäre ein Rücktritt durch bloßes Aufhören möglich. Da es nun aber unsinnig wäre, vom Täter objektiv gar nicht mehr erforderliche Gegenmaßnahmen zu verlangen, um „die Vollendung zu verhindern", muss hier eine **Korrektur des Rücktrittshorizonts** innerhalb einer gewissen Frist möglich sein.[266]

> **Formulierung**
> Hält der Täter nach der letzten Ausführungshandlung den Eintritt des angestrebten Erfolges zwar zunächst für möglich, erkennt er aber unmittelbar darauf, dass er sich geirrt hat, so ist diese korrigierte Vorstellung für den „Rücktrittshorizont" maßgeblich. Der Täter kann also, sofern seine Handlungsmöglichkeiten unverändert fortbestehen, durch bloßes Abstand nehmen von weiteren Ausführungshandlungen mit strafbefreiender Wirkung vom Versuch zurücktreten.

549 Wird in dieser Konstellation der Rücktrittshorizont zugunsten des Täters insoweit korrigiert, dass sich ein beendeter Versuch nachträglich in einen unbeendeten Versuch umwandelt, so muss dies (nun zu Ungunsten des Täters) auch für den umgekehrten Fall gelten.

> **Bsp.:**[267] Aus Verärgerung darüber, dass Bruno ihn auf der Straße angebettelt hat, zieht Anton ein Messer und sticht Bruno mit einem gezielten Stich mit bedingtem Tötungsvorsatz nieder. Dabei geht er davon aus, dass dieser Stich für eine Tötung ausreiche. Zu seiner Überraschung entfernt sich Bruno jedoch, worauf Anton annimmt, dass sein Stich doch nicht tödlich war. Obwohl es ihm möglich gewesen wäre, nochmals zuzustechen, lässt er Bruno ziehen. Kurze Zeit später sieht er jedoch, dass Bruno zusammenbricht und geht nunmehr zutreffend davon aus, dass der Stich doch ausreichend war, um Brunos Tod herbeizuführen. Obwohl er annimmt, dass der Tod nur durch ein sofortiges Einschreiten verhindert werden könnte, unternimmt er nichts und entfernt sich. Bruno wird von einem Passanten gefunden und gerettet. – Nach der Lehre vom Rücktrittshorizont läge an sich ein unbeendeter Versuch vor, da Anton unmittelbar nach dem Stich davon ausging, er hätte Bruno doch nicht tödlich verletzt. Dann wäre an sich ein Rücktritt durch bloßes Aufhören denkbar. Auch hier muss jedoch eine Korrektur des Rücktrittshorizonts in unmittelbarem zeitlichem Abstand möglich sein. Aus dem unbeendeten Versuch wird

---
266 BGHSt 36, 224 (226).
267 Fall nach BGH NStZ 1998, 614.

somit ein beendeter Versuch, wenn der Täter erkennt, dass sein Verhalten zur Herbeiführung des ursprünglich angestrebten Erfolges doch tauglich war.

VI. Sonderprobleme

1. Möglichkeit des Rücktritts bei anderweitiger Zweckerreichung

Umstritten ist ferner die Möglichkeit eines Rücktritts, wenn der Täter hinsichtlich des zu prüfenden Tatbestandes lediglich mit bedingtem Vorsatz handelte und in erster Linie einen anderen Zweck verfolgte, den er auch erreicht hat.[268]

Bsp.:[269] Toni hat beim Pokern in einer Gaststätte sein gesamtes Bargeld an Bruno verloren. Als Bruno die Gaststätte verlässt, folgt er ihm, um sich sein Geld zurückzuholen. Als Bruno sich weigert ihm das Geld zu geben, zieht Toni seine Pistole und schießt mit bedingtem Tötungsvorsatz auf Bruno. Dieser sackt zusammen und leistet keinen Widerstand mehr. Toni nimmt sich das Geld und verschwindet. Dabei erkennt er, dass Bruno lediglich leicht verletzt ist und überleben wird. Zwar könnte er ihn problemlos mit einem weiteren Schuss töten, daran hat Toni jedoch kein Interesse mehr, weil er sein eigentliches Ziel, die Zurückerlangung des Geldes, erreicht hat. – Fraglich ist, ob ein Rücktritt vom Versuch des Totschlages bzw. Mordes auch in dieser Konstellation möglich ist.

Nach der insbesondere von der Rechtsprechung vertretenen **rücktrittsfreundlichen Theorie** ist auch in dieser Konstellation ein Rücktritt zulässig.[270] Denn der mit lediglich bedingtem Tötungsvorsatz handelnde Täter dürfe nicht schlechter gestellt werden als der mit direktem Tötungsvorsatz Handelnde. Auch wenn das Handeln des Täters primär auf ein anderes (außertatbestandliches) Ziel gerichtet gewesen sei, was er auch erreicht habe, und er daher an der Tötung des Opfers kein Interesse mehr habe, müsse dennoch ein Rücktritt möglich sein, da hinsichtlich der konkreten Tat (hier: dem Totschlag bzw. Mord) ein unbeendeter Versuch vorliege (§ 24 Abs. 1 Satz 1, 1. Alt. StGB). Dagegen lehnt die **Zweckerreichungstheorie** in diesen Fällen zu Recht einen Rücktritt ab.[271] Der Täter, dem es in erster Linie auf die Erreichung eines außertatbestandlichen Zieles ankommt, kann dann, wenn er dieses Ziel erreicht hat, nicht mehr strafbefreiend zurücktreten, da sein Weiterhandeln für ihn im Hinblick auf seinen ursprünglichen Tatplan sinnlos geworden ist. Er hat genau das erreicht, was er erreichen wollte. Insofern kann von einem „Aufgeben" der Tat nicht mehr die Rede sein.

In diesem Zusammenhang sind auch die sog. **„Denkzettelfälle"** zu nennen, in denen es dem Täter vorrangig darauf ankommt, dem Opfer einen Denkzettel zu verpassen, er aber hierzu mit bedingtem Tötungsvorsatz handelt.

Bsp.: Anton befürchtet, in seinem „Milieu" die dominierende Rolle zu verlieren, weil ihm sein Widersacher Bruno den Rang streitig macht. Um die Verhältnisse wieder richtig zu stellen, sticht Anton eines Abends mit einem Messer auf Bruno ein, um ihn einzuschüchtern und ihm einen Denkzettel zu

---

268 Vgl. hierzu ausführlich *Heinrich*, AT, Problemschwerpunkts 18, Rn. 835 ff.
269 Fall nach BGH NStZ 1990, 30.
270 BGHSt 39, 221 (230 f.); *Wessels/Beulke/Satzger*, Rn. 1048.
271 *Roxin*, AT II, § 30 Rn. 58.

verpassen. Dabei handelt er mit bedingtem Tötungsvorsatz. Unter dem Beifall seiner Kumpane zieht er das Messer wieder heraus, bespuckt Bruno und geht. Dabei erkennt er, dass Bruno durch den Messerstich nicht allzu schwer verletzt wurde. Ein nochmaliges Zustechen wäre zwar problemlos möglich gewesen, ist für ihn jedoch nicht mehr erforderlich, da er sein primäres Ziel, die Wiederherstellung der „Rangverhältnisse", erreicht hat. – Auch hier tendiert die Rechtsprechung dazu, einen Rücktritt anzunehmen,[272] was aber aus den oben genannten Gründen abzulehnen ist.

2. Rücktritt vom erfolgsqualifizierten Delikt

553 Ein weiteres Problem stellt sich im Rahmen des erfolgsqualifizierten Deliktes, wenn der Täter durch sein Verhalten den Eintritt der schweren Folge bereits bewirkt hat und anschließend vom Grunddelikt zurücktritt.[273]

> **Bsp.:** Anton ist in Erwins Wohnung eingedrungen, um dort den Safe zu knacken und den sich hierin befindenden Schmuck mitzunehmen. Er führt dabei eine Pistole mit sich, um dem Erwin im Notfall damit zu drohen, schießen möchte er auf keinen Fall. Als Erwin ins Zimmer tritt, zieht Anton die Waffe, dabei löst sich versehentlich ein Schuss, der Erwin tödlich trifft. Verunsichert und erschrocken gibt Anton die weitere Tatausführung auf, obwohl die Vollendung aus seiner Sicht noch möglich ist, und flüchtet ohne Beute. – Hier ist Anton letztlich aus autonomen Gründen vom Grunddelikt des versuchten Raubes, §§ 249, 22 StGB, zurückgetreten. Allerdings ist die schwere Folge des § 251 StGB bereits eingetreten.

554 Nach der **weiten Rücktrittstheorie** ist ein solcher Rücktritt (hier: von §§ 251, 22 StGB) auch weiterhin möglich.[274] Denn trete der Täter vom Grunddelikt zurück, sei auch für die Erfolgsqualifikation kein Raum mehr. Diese Lösung ist deswegen zutreffend, weil sie sich streng an den Wortlaut des § 24 StGB hält: Es kommt darauf an, dass der Täter von der „Tat" zurücktritt, von den Folgen ist in § 24 StGB nicht die Rede. Dagegen lehnt die **enge Rücktrittstheorie** einen Rücktritt in derartigen Fällen ab.[275] Ein solcher sei hier deswegen ausgeschlossen, weil die tatbestandsspezifische Gefahr sich bereits im Erfolgseintritt realisiert habe. Die Tat sei daher – trotz formeller Nichtvollendung des Grundtatbestandes – im Hinblick auf den Eintritt der schweren Folge materiell vollendet. Das strafbefreiende Privileg des Rücktritts sei daher verfehlt. Eine entsprechende Argumentation vorausgesetzt, ist in einer Klausur freilich jede der Lösungen vertretbar.

> **Literaturhinweise**
> **Einführende Aufsätze:** *Bott*, Die sogenannten „Denkzettelkonstellationen": Der Rücktritt vom Versuch trotz des Erreichens eines außertatbestandlichen Ziels, JURA 2008, 753 (zusammenfassende Darstellung mit Beispielsfällen und Lösungsansätzen); *Dorn-Haag*, Klausurrelevante Fragen des Rücktritts mehrerer Beteiligter gemäß § 24 II StGB, JA 2016, 674 (vertiefender Überblick mit Fallbeispielen); *Noltensmeier/Henn*, Der Rücktritt vom Versuch nach § 24 I 2 StGB, JA 2010, 269 (studiengerechte Darstellung verschiedener Fallgruppen)

---

272 Vgl. BGHSt 39, 221 (230 f.).
273 Vgl. hierzu ausführlich *Heinrich*, AT, Problemschwerpunkt 20, Rn. 845 ff.
274 BGHSt 42, 158 (160); *Eser/Bosch*, in: Schönke/Schröder, § 24 Rn. 26.
275 *Roxin*, AT II, § 30 Rn. 289 ff.

VI. Sonderprobleme

Übungsfälle: *Hirschmann*, Nachbarstreitigkeiten, JURA 2001, 711 (Anfängerklausur, die die Abgrenzung zwischen unbeendetem und beendetem Versuch sowie die Anforderungen an die Aufgabe der weiteren Tatausführung in § 24 I 1, 1. Alt. StGB zum Gegenstand hat); *Theile*, Eine Beziehung im Sinkflug, ZJS 2009, 545 (Anfängerklausur, die sich insbesondere mit der Aufgabe der weiteren Tatausführung in § 24 I 1, 1. Alt. StGB beschäftigt); *Walter/Schneider*, Aus dem Leben eines Steuerberaters, JA 2008, 262 (Anfängerhausarbeit, die v. a. den fehlgeschlagenen Versuch und die Freiwilligkeit vom Rücktritt behandelt)

Rechtsprechung: BGHSt 40, 304 – Springmesser (fehlende Tätervorstellung bei Tatende); **BGHSt 42, 158** – Versehentlicher Schuss (Rücktritt vom erfolgsqualifizierten Delikt nach Eintritt der schweren Folge); **BGHSt 48, 147** – Gashähne (keine Bestleistung beim Rücktritt vom unechten Unterlassungsdelikt)

Teil 7: Das Unterlassungsdelikt

Kapitel 20: Das Unterlassungsdelikt – Übersicht

I. Grundlagen

1. Struktur des Unterlassungsdelikts

555 Neben den bisher behandelten **Begehungsdelikten** stellen die **Unterlassungsdelikte** die zweite große Deliktsgruppe im Strafrecht dar. Allgemein kann man davon ausgehen, dass sich „menschliches Verhalten" (als Oberbegriff) in die Kategorien Tun (= Begehen, „aktives" Handeln, „aktives" Tun) und Unterlassen (= Nichtstun) einordnen lässt. Dabei können sich auch an das Unterlassen (der gebotenen Handlung) strafrechtliche Folgen knüpfen. Voraussetzung hierfür ist jedoch stets, dass eine besondere **Rechtspflicht zum Handeln** besteht. Diese Rechtspflicht kann sowohl unmittelbar aus dem Gesetz (beim „echten" Unterlassungsdelikt) als auch mittelbar aus einer besonderen Pflichtenstellung (die sog. Garantenpflicht beim „unechten Unterlassungsdelikt") resultieren.

> **Klausurtipp**
> Die Frage, ob ein Tun oder ein Unterlassen vorliegt, wird dabei üblicherweise unter dem Prüfungspunkt der „Handlung" zu Beginn des objektiven Tatbestandes anzusprechen sein.

556 Vom Aufbau und der Struktur her sind die Unterlassungsdelikte mit den Begehungsdelikten vergleichbar und zeichnen sich lediglich dadurch aus, dass einige zusätzliche Voraussetzungen zu beachten sind (z. B. die physisch-reale Handlungsmöglichkeit sowie – bei den unechten Unterlassungsdelikten – die bereits genannte Garantenpflicht, § 13 StGB). Auch darüber hinaus unterliegt das Unterlassungsdelikt den allgemeinen Regelungen. Möglich sind also auch hier der **Versuch**, die **fahrlässige Begehung** und die Möglichkeit der **Beteiligung** (Täterschaft und Teilnahme), wobei sowohl die (aktive) Teilnahme an einem fremden Unterlassungsdelikt als auch die Teilnahme durch Unterlassen an einem fremden Begehungsdelikt möglich sind. Auch bei den subjektiven Voraussetzungen (**Vorsatz- und Irrtumsfragen**) gelten keine Besonderheiten.

2. Strafbarkeit des Unterlassens

557 Der wesentliche Unterschied zwischen einem Begehungsdelikt und einem (unechten) Unterlassungsdelikt ist darin zu sehen, dass ein **Begehungsdelikt immer strafbar** ist, während ein Unterlassen nur dann strafrechtlich relevant ist, wenn

eine **besondere Rechtspflicht zum Handeln** besteht. Durch diese gesetzgeberische Entscheidung soll verhindert werden, dass sich grundsätzlich jeder strafbar macht, der einen strafrechtlich unerwünschten Erfolg abwenden könnte, dies aber unterlässt.

> **Bsp.:** Anton entwendet ein vor der Universität abgestelltes Fahrrad. Sein Freund Bruno sieht dies, unternimmt aber nichts. – Hier gibt es keinen Grund, neben Anton auch Bruno strafrechtlich zur Rechenschaft zu ziehen. Denn Bruno war hier nicht zum Einschreiten verpflichtet, er hatte keine „Rechtspflicht" zum Handeln, da es eine allgemeine Pflicht zur Verhinderung fremder Straftaten nicht gibt. Anders ist dies aber dann, wenn Bruno z. B. als Mitarbeiter eines Wachdienstes gerade die Aufgabe hatte, den Diebstahl zu verhindern.

3. Echte und unechte Unterlassungsdelikte

Wie bereits angesprochen, kann sich die besondere Verpflichtung zum Handeln aus zwei Gründen ergeben: Entweder sie ist gesetzlich **ausdrücklich bestimmt** (= echtes Unterlassungsdelikt), oder dem Einzelnen ist im Hinblick auf das gefährdete Rechtsgut eine besondere Rechtspflicht zum Handeln auferlegt (die sog. **„Garantenpflicht"**).

> **Definition**
>
> Unter einem **echten Unterlassungsdelikt** versteht man ein Delikt, bei dem die Voraussetzungen, unter denen ein Unterlassen strafbar ist, in einem eigenen Straftatbestand vollständig umschrieben werden. Hier erschöpft sich die Tatbestandserfüllung also in dem Verstoß gegen eine bestimmte Gebotsnorm, die als solche im Gesetz abschließend normiert ist.

> **Definition**
>
> Unter einem **unechten Unterlassungsdelikt** versteht man ein Delikt, bei dem eine Unterlassung nicht ausdrücklich im Tatbestand normiert ist, sondern die Nichtabwendung eines tatbestandsmäßigen Erfolges erst im Wege eines Vergleichs mit einem Begehungsdelikt unter den Voraussetzungen des § 13 StGB begründet werden kann. Dies setzt regelmäßig voraus, dass der Täter eine besondere Rechtspflicht zum Handeln (Garantenpflicht) besitzt.

Als „klassische" **echte Unterlassungsdelikte** sind die unterlassene Hilfeleistung (§ 323c StGB) und die Nichtanzeige geplanter Straftaten (§ 138 StGB; allerdings nur bzgl. der hier genannten schweren Straftaten) zu nennen. Einer besonderen Garantenpflicht bedarf es hier nicht (= Jedermannsdelikt). Als weiteres Beispiel ist die Aussetzung in der Form des „Im-Stich-Lassens", § 221 Abs. 1 Nr. 2 StGB zu erwähnen. Auch hier bedarf es keines Rückgriffs auf § 13 StGB, die Voraussetzungen der „Garantenpflicht" sind vielmehr in § 221 Abs. 1 Nr. 2 StGB abschließend umschrieben. Kennzeichnend für die echten Unterlassungsdelikte ist, dass sie ausschließlich durch Unterlassen begangen werden können. Eine Deliktsbegehung durch aktives Tun ist nicht möglich.

Als **unechte Unterlassungsdelikte** kommen sämtliche Straftatbestände in Frage, die üblicherweise durch aktives Tun begangen werden, aber gemäß § 13 StGB bei Vorliegen einer Garantenpflicht auch durch Unterlassen erfüllt werden können

(z. B. Totschlag durch Unterlassen, §§ 212, 13 StGB; Betrug durch Unterlassen, §§ 263, 13 StGB). Diese Delikte stellen somit ein Spiegelbild zu den Begehungsdelikten dar und sind in gleicher Weise strafwürdig, sofern das *„Unterlassen der Verwirklichung des gesetzlichen Tatbestandes durch ein Tun entspricht"* (§ 13 Abs. 1 StGB), was regelmäßig der Fall sein dürfte. Lediglich für die Rechtsfolgen stellt § 13 Abs. 2 StGB klar, dass die Strafe bei einem Unterlassungsdelikt (nach § 49 Abs. 1 StGB) gemildert werden kann (aber nicht muss!).

> **Bsp.:** Mutter Martha kümmert sich nicht um ihren drei Monate alten Säugling, woraufhin dieser verhungert. Die Verursachung des Todes durch Unterlassen muss hier in gleicher Weise strafbar sein, wie wenn Martha ihren Säugling mittels eines Kissens (d. h. durch aktives Tun) erstickt oder mittels Verabreichung eines vergifteten Breis getötet hätte. Der „Erfolg" bleibt derselbe. Als Mutter hat sie auch eine Rechtspflicht zum Handeln (= Garantenpflicht) aus natürlicher Verbundenheit.

561 Sowohl bei den echten, als auch bei den unechten Unterlassungsdelikten kann es sich um **Erfolgsdelikte** (es wird unterlassen, einen bestimmten Erfolg, z. B. den Tod, abzuwenden) oder aber um **schlichte Unterlassungsdelikte** handeln. Die schlichten Unterlassungsdelikte stellen dabei das Gegenstück zu den schlichten Tätigkeitsdelikten dar (vgl. § 323c StGB: Strafbar ist allein das bloße Nicht-Hilfeleisten; auf einen bestimmten Erfolg, z. B. den Tod des in Not Geratenen, kommt es nicht an). Die schlichten Unterlassungsdelikte dominieren bei den echten Unterlassungsdelikten, wohingegen bei den unechten Unterlassungsdelikten die Erfolgsdelikte häufiger anzutreffen sind (z. B. §§ 212, 13 StGB, Tötung durch Unterlassen).

II. Abgrenzung von aktivem Tun und Unterlassen

1. Grundsatz

562 Während bei den echten Unterlassungsdelikten ein Nicht-Handeln unmittelbar tatbestandsmäßig ist, stellt sich bei den unechten Unterlassungsdelikten oftmals die Frage, ob ein aktives Tun oder ein Unterlassen vorliegt. Dies kann für die Strafbarkeit des Einzelnen entscheidende Bedeutung erlangen, nämlich dann, wenn keine Rechtspflicht zum Handeln (Garantenpflicht) vorliegt: Nimmt man ein aktives Tun an, ist die Strafbarkeit begründet; Liegt ein Unterlassen vor, hat sich der Täter mangels Garantenpflicht nicht strafbar gemacht.

563 Die Abgrenzung ist in vielen Fällen eindeutig: Immer dann, wenn der Täter einen Kausalverlauf durch **aktives Handeln** (zielgerichteter Einsatz körperlicher Energie) in Gang setzt, liegt ein **Tun** vor. Bleibt er lediglich passiv und unternimmt nichts, ist ein **Unterlassen** gegeben. Es gibt aber auch Situationen, in denen dies nicht eindeutig ist. Man spricht hier von **mehrdeutigen Verhaltensweisen**, die sowohl als Tun als auch als Unterlassen angesehen werden können.

> **Bsp. (1):**[276] Ein Händler vertreibt giftige Ledersprays (= Tun), ohne die erforderlichen Kontrollen durchzuführen (= Unterlassen). Dies führt bei mehreren Konsumenten zu gesundheitlichen Schäden. Später erfährt er, dass die Sprays giftig sind und unternimmt nichts (= Unterlassen).

---

276 Fall nach BGHSt 37, 106.

> **Bsp. (2):**[277] Anton fährt in der Dunkelheit Fahrrad (= Tun), ohne das Licht einzuschalten (= Unterlassen). Er stößt im Dunkeln mit einem entgegenkommenden Fahrradfahrer zusammen, den er schwer verletzt.
>
> **Bsp. (3):**[278] Fabrikant Fritz überlässt seinen Arbeitern Ziegenhaare zur Herstellung von Pinseln (= Tun). Entgegen seiner gesetzlichen Pflicht hat Fritz die Ziegenhaare, die er aus dem Ausland bezogen hat, nicht desinfizieren lassen (= Unterlassen). Mehrere Arbeiter sterben an Milzbrand, da die Haare verseucht waren.
>
> **Bsp. (4):** Anton, der allein durch den Wald schlendert, sieht, wie dem Spaziergänger Bruno ein schwerer Felsbrocken auf den Kopf fällt. Anstatt zu helfen (= Unterlassen), rennt er weg (= Tun), weil er kein Blut sehen kann. Bruno stirbt.

Eine Lösung lässt sich in diesen Fällen nicht immer zweifelsfrei entwickeln. Ein Anhaltspunkt kann jedoch sein, ob das Tun und das Unterlassen zeitlich auseinanderfallen (wie im Bsp. 1: Zuerst der Vertrieb des giftigen Ledersprays, dann die unterlassene Warnung bzw. der unterlassene Rückruf) oder ob gleichzeitig ein Tun und ein Unterlassen vorliegt (wie in den Bsp. 2 bis 4).

a) Zeitliches Auseinanderfallen von Tun und Unterlassen. Fallen Tun und Unterlassen zeitlich auseinander, verdrängt ein vorhergegangenes Tun, welches den tatbestandsmäßigen Erfolg herbeiführt, regelmäßig das spätere Unterlassen, sofern dieses lediglich darin besteht, den durch das Tun herbeigeführten Erfolg nicht wieder rückgängig zu machen. **Anders** ist dies jedoch dann zu beurteilen, wenn sich Tun und Unterlassen qualitativ unterscheiden. Dies ist insbesondere dann der Fall, wenn ein **Vorsatzwechsel** vorliegt bzw. der **Vorsatz** erst nachträglich hinzutritt oder der Täter aus sonstigen, neu hinzukommenden Gründen (z. B. aus Habgier) nicht tätig wird.

> **Bsp.:** Anton schlägt Bruno in Tötungsabsicht eine Eisenstange auf den Kopf. Danach lässt er den schwerverletzten Bruno liegen und entfernt sich, obwohl Brunos Leben noch zu retten gewesen wäre. Bruno stirbt kurze Zeit später. – Anton hat hier einen Totschlag, § 212 StGB, durch aktives Tun begangen. Er ist nicht noch zusätzlich (oder stattdessen) wegen eines Totschlags durch Unterlassen, §§ 212, 13 StGB, strafbar. – Anders ist jedoch dann zu entscheiden, wenn Anton den Bruno aus Unachtsamkeit mit dem Auto anfährt und sich anschließend in Kenntnis der Sachlage entfernt, weil er keine Scherereien haben will. – Hier liegt im Anfahren (= Tun) lediglich ein fahrlässiges Verhalten, das spätere Unterlassen der Hilfeleistung wurde hingegen vorsätzlich verwirklicht. Da Anton hier eine Rechtspflicht zum Handeln infolge seines vorhergehenden pflichtwidrigen Verhaltens (= Ingerenz[279]) trifft, ist er (nur) wegen einer vorsätzlichen Tötung durch Unterlassen, §§ 212, 13 StGB, und nicht (nur) wegen einer fahrlässigen Tötung durch Tun, § 222 StGB, zu bestrafen.

b) Zeitliches Zusammenfallen von Tun und Unterlassen. Schwieriger sind diejenigen Fälle zu beurteilen, in denen das Tun und das Unterlassen, wie z. B. im

---
277 Fall nach RGSt 63, 392.
278 Fall nach RGSt 63, 111.
279 Vgl. zur Ingerenz noch unten Rn. 624 ff.

genannten Radfahrerfall (Bsp. 2), zusammenfallen. Während hier eine Ansicht streng am Kriterium des **Energieeinsatzes** festhält (wendet der Täter in irgendeiner Form Energie auf, soll ein aktives Tun vorliegen),[280] sehen andere sowohl ein Delikt durch aktives Tun als auch ein solches durch Unterlassen als erfüllt an und lösen das Problem auf **Konkurrenzebene**.[281] Keine dieser Ansichten kann jedoch restlos überzeugen, weil in Einzelfällen trotz eines vorliegenden Energieeinsatzes die Unterlassenskomponente überwiegen kann (wer in Unglücksfällen nicht hilft, sondern wegläuft, wie in Bsp. 4, der wendet zwar Energie auf, es überwiegt hier aber die Unterlassungskomponente, da dem Opfer auch nicht damit gedient wäre, wenn man schlicht stehen bliebe und nichts tut). Die Entscheidung hängt vielmehr stets von einer **normativen Wertung** ab. Es muss gefragt werden, welches Verhalten man dem Täter letztlich vorwirft, worin also der **Schwerpunkt der Vorwerfbarkeit**, d. h. der Schwerpunkt des strafrechtlich relevanten Verhaltens gesehen werden kann.[282] Diese – leider recht unbestimmte – Formel erfordert zwar stets eine Einzelfallprüfung, man wird hierdurch aber in die Lage versetzt, im Wege einer wertenden Beurteilung interessensgerechte Ergebnisse zu erzielen. Tendenziell wird man allerdings davon ausgehen können, dass die stärkere Begehungsform des Tuns dem Unterlassen vorgeht. Dies gilt jedenfalls dann, wenn die Rechtsordnung ein bestimmtes gefährliches Verhalten zwar gestattet, aber an die Einhaltung bestimmter Sicherheitsvorkehrungen knüpft. Werden diese Vorkehrungen unterlassen, wird das gesamte Handeln dadurch pflichtwidrig.

> **Bsp.:** In den Bsp. 1 (Vertrieb der giftigen Ledersprays ohne Kontrolle), 2 (Radfahrer) und 3 (Ziegenhaare) liegt der Schwerpunkt der Vorwerfbarkeit auf dem aktiven Tun (gerade durch dieses Tun gefährdet der Täter die jeweiligen Rechtsgüter). Dagegen liegt in Bsp. 4 (Unfall) ein Unterlassen vor: Man wirft dem Täter hier nicht vor, dass er weggelaufen ist, sondern dass er nicht geholfen hat – die Strafbarkeit wegen Unterlassens wäre in gleicher Weise begründet gewesen, wenn Anton schlicht nichts getan hätte.

2. Sonderproblem: Abbruch von Rettungsbemühungen

567 Besondere Probleme ergeben sich bei der Abgrenzung von Tun und Unterlassen in denjenigen Fällen, in denen jemand eigene Rettungsbemühungen abbricht oder fremde Rettungshandlungen vereitelt (Abbruch bzw. Verhinderung des Ingangsetzens eines rettenden Kausalverlaufes).

> **Bsp.:** Anton sieht, wie ein Mensch auf einem Baggersee mit seinem Schlauchboot kentert. Weit und breit ist niemand anders zu sehen, der helfen könnte. Anton selbst ist Nichtschwimmer, er könnte den Betreffenden aber durch das Zuwerfen eines Seils retten, welches er am Ufer findet. Nachdem er das Seil in Richtung des Ertrinkenden geworfen hat, sieht er, dass es sich dabei um seinen Widersacher Bruno handelt. Schnell zieht er das Seil zurück und lässt Bruno ertrinken. – Da Anton hier keine besondere Rechtspflicht zum Handeln (Garantenpflicht) traf, kommt für ihn, wenn man ein Unterlassen annimmt, nur eine Strafbarkeit wegen unterlassener Hilfeleistung, § 323c StGB, in Betracht. Anders wäre der Fall aber dann zu beurtei-

---

[280] *Freund*, in: MüKo, 4. Aufl., § 13 Rn. 9.
[281] *Baumann/Weber/Mitsch/Eisele-Mitsch*, § 21 Rn. 28.
[282] BGHSt 40, 257 (265 f.); *Eisele*, in: Schönke/Schröder, Vorbem. §§ 13 ff. Rn. 158a.

len, wenn man im Abbrechen der Rettungsbemühungen ein aktives Tun sehen würde, denn dann käme eine Strafbarkeit wegen Totschlags, § 212 StGB, in Frage.

Entscheidend für die Abgrenzung von Tun und Unterlassen im Rahmen des Abbruchs rettender Kausalverläufe ist die Frage, ob die Rettung schon so weit fortgeschritten ist, dass sie sich auch ohne weiteres Zutun des Täters vollziehen könnte und der Täter gerade diese Rettungschance vereitelt. **568**

> **Bsp.:** Hebt Anton lediglich das Seil auf, um es Bruno zuzuwerfen, lässt es dann aber wieder sinken, haben sich die Rettungschancen für Bruno noch nicht erhöht. Der Schwerpunkt der Vorwerfbarkeit liegt hier weiterhin auf dem Unterlassen der Rettung. Das dazwischen geschaltete kurzfristige Tun (Aufnehmen des Seils) hat keine rechtliche Bedeutung erlangt. – Wirft Anton dem Bruno das Seil zu, lässt es dann aber los, sodass Bruno zwar das Seil ergreifen, sich daran aber nicht aus dem Wasser ziehen kann, ändert sich die rechtliche Bewertung ebenso wenig wie dann, wenn Anton dem Bruno das Seil zuwirft, es dann aber wieder zurückzieht, bevor es den Bruno erreicht. Auch hier würde sich Brunos Rettungschance allein durch das Ergreifen des Seiles noch nicht erhöhen, denn Anton hätte ihn erst noch herausziehen müssen. Durch das Loslassen bzw. Zurückziehen des Seiles stellt Anton vielmehr nur denjenigen Zustand wieder her, der auch vorher schon bestand. – Etwas anderes gilt erst dann, wenn Anton das eine Seilende zuvor an einen Baum gebunden hat und dem Bruno das andere Seilende zuwirft. Zieht er das Seil dann zurück, bevor es Bruno erreicht, vereitelt er eine Rettungschance, die sich auch ohne sein weiteres Zutun konkretisiert hätte. Denn Bruno hätte sich nun möglicherweise auch ohne Antons weitere Hilfe selbst aus dem Wasser ziehen können. Hier liegt ein aktives Tun und daher ein Totschlag, § 212 StGB, vor, wenn Bruno anschließend ertrinkt.

Bricht der Täter hingegen nicht nur eigene Rettungsbemühungen ab, sondern vereitelt er aktiv fremde Rettungshandlungen, liegt regelmäßig ein aktives Tun vor. **569**

> **Bsp.:** Im eben genannten Fall will der zufällig herbeieilende Passant Paul als guter Schwimmer den gekenterten Bruno aus dem Wasser holen. Anton verhindert dies, indem er Paul kurzerhand niederschlägt und an einem Baum festbindet. – Hier liegt eindeutig ein aktives Tun vor. Je nachdem wie weit sich die fremden Rettungsbemühungen bereits konkretisiert hatten, spricht man entweder von der Verhinderung des Ingangsetzens oder aber vom Abbruch eines rettenden Kausalverlaufes. Unabhängig von dieser Einschätzung ist Anton hier strafbar nach § 212 StGB (Bruno) und §§ 223, 239, 240 StGB (Paul). – Anders ist wiederum dann zu entscheiden, wenn Paul selbst ebenfalls Nichtschwimmer ist und von Anton die Herausgabe von dessen Handy verlangt, um den Notarzt anzurufen, Anton aber die Herausgabe verweigert und den erzürnten Paul gewaltsam von sich wegschiebt. Auch hier verhinderte Anton fremde Rettungsbemühungen. Er griff jedoch nicht in einen bereits ablaufenden rettenden Kausalverlauf ein, sondern verhinderte durch sein Untätigbleiben lediglich, dass ein solcher in Gang kam. Es liegt demnach lediglich ein Unterlassen vor.

Literaturhinweise

Einführende Aufsätze: *Otto/Brammsen*, Grundlagenprobleme der Unterlassungsdelikte, JURA 1985, 530, 592, 646 (vertiefende Darstellung mit Beispielsfällen); JURA 1986, 37; *Ransiek*, Das unechte Unterlassungsdelikt, JuS 2010, 490, 585, 678 (studierendengerechter Überblick)

Übungsfälle: *v. Danwitz*, Reden ist Silber, Schweigen ist Gold, JURA 2000, 486 (anspruchsvolle Examensklausur); *Lindhelm/Uhl*, Familiäre Tragödie, JA 2009, 783 (anspruchsvolle Klausur/Hausarbeit); *Otto/Brammsen*, Gefahren des Steinbruchs, JURA 1986, 37 (kurze Übungsklausur)

Rechtsprechung: RGSt 63, 211 – Ziegenhaarfall (Abgrenzung Tun – Unterlassen); **RGSt 63, 392** – Radleuchtenfall (Abgrenzung Tun – Unterlassen); **BGHSt 37, 106** – Lederspray (Haftung des Produzenten beim Inverkehrbringen gefährlicher Produkte)

Kapitel 21: Aufbau des Unterlassungsdelikts

I. Prüfungsschema (beim unechten Unterlassungsdelikt)

Der Prüfungsaufbau des **unechten Unterlassungsdelikts** weist im Vergleich zu demjenigen des Begehungsdelikts einige kleinere Besonderheiten auf. Denn neben der in § 13 Abs. 1 StGB geforderten Rechtspflicht zum Tätigwerden (= Garantenpflicht) sind noch weitere ungeschriebene Tatbestandsmerkmale (Handlungsmöglichkeit, Erforderlichkeit etc.) für die Deliktserfüllung notwendig. Das **echte Unterlassungsdelikt** hingegen entspricht vom Aufbau her im Wesentlichen den Begehungsdelikten, da die einzelnen Tatbestandsmerkmale hier abschließend im gesetzlichen Tatbestand umschrieben sein müssen. Dies schließt jedoch nicht aus, dass auch hier ungeschriebene zusätzliche Tatbestandsmerkmale zu beachten sind.

Prüfungsschema (unechtes Unterlassungsdelikt)
I. Tatbestandsmäßigkeit
   1. Objektiver Tatbestand
      a) Handlung (Abgrenzung Tun – Unterlassen)
      b) Tatbestandsmäßigkeit des Verhaltens (bei Erfolgsdelikten: Erfolgseintritt, Kausalität, objektive Zurechnung)
      c) Garantenpflicht
      d) Nichtvornahme der gebotenen Handlung
      e) Möglichkeit der Vornahme der gebotenen Handlung
      f) Erforderlichkeit der Handlung
      g) Zumutbarkeit (str., a. M.: Schuldmerkmal)
      h) Entsprechungsklausel, § 13 StGB
   2. Subjektiver Tatbestand (hier keine Spezialprobleme)
      a) Vorsatz bzgl. sämtlicher objektiver Tatbestandsmerkmale
      b) tatbestandsspezifische subjektive Merkmale
II. Rechtswidrigkeit (hier keine Spezialprobleme; möglich: rechtfertigende Pflichtenkollision)
III. Schuld (hier keine Spezialprobleme)

II. Prüfungsaufbau im Einzelnen

1. Objektiver Tatbestand

a) Handlung. Wie auch beim Begehungsdelikt, so kann sich ein strafrechtlicher Vorwurf stets nur an ein bestimmtes Verhalten knüpfen. Es ist also zuerst festzustellen, welches Verhalten dem Täter konkret vorgeworfen werden kann und ob dieses Verhalten als Tun oder als Unterlassen zu qualifizieren ist. Hierzu ist, wie oben gesehen,[283] insbesondere bei **mehrdeutigen Verhaltensweisen** zu prüfen, ob der Schwerpunkt der strafrechtlichen Vorwerfbarkeit im Unterlassensbereich anzusiedeln ist. Benötigt man beim Begehungsdelikt als Handlung ein vom Willen getragenes menschliches Verhalten,[284] so ist konsequenterweise beim Unterlassungsdelikt ein **vom Willen getragenes menschliches Untätigbleiben** zu fordern.

571

> **Bsp.:** Rettet die schlafende Ehefrau ihren nach Hause kommenden Ehemann nicht, wenn dieser in betrunkenem Zustand die Treppe hinunterfällt und verblutet, dann handelt sie bereits nicht willentlich (auch bei den Begehungsdelikten ist den Körperbewegungen im Schlaf die Handlungsqualität abzusprechen). Die Strafbarkeit scheitert also bereits am fehlenden strafrechtlich relevanten Verhalten und nicht erst an der mangelnden Handlungsmöglichkeit oder am mangelnden Vorsatz.

b) Tatbestandsmäßigkeit des Verhaltens. Die Tatbestandsmäßigkeit des Verhaltens ist (bei den unechten Unterlassungsdelikten) stets auf der Grundlage des jeweiligen Tatbestandes des Besonderen Teils zu prüfen. Obwohl in § 13 StGB davon die Rede ist, der Täter müsse es unterlassen, einen „Erfolg" abzuwenden, der zum Tatbestand eines Strafgesetzes gehört, können nicht nur die klassischen Erfolgsdelikte durch Unterlassen begangen werden. Vielmehr ist der Begriff des „Erfolges" hier in einem weiteren Sinne (und zwar im Hinblick auf die Erfüllung irgendeines Tatbestandes) zu verstehen. Auch schlichte Tätigkeitsdelikte können daher durch Unterlassen begangen werden.

572

In der Regel werden es aber gerade die Erfolgsdelikte sein, die durch Unterlassen begangen werden. Insoweit ist im Rahmen der Prüfung des objektiven Tatbestands des unechten Unterlassungsdelikts zuerst der **Eintritt des Erfolges** (z. B. der Tod eines Menschen) festzustellen.

573

An die Feststellung des Erfolges muss sich dann zwingend die Feststellung der **Kausalität** anschließen. Dies ist mitunter schwierig, da beim Unterlassungsdelikt im Gegensatz zum Begehungsdelikt das vorwerfbare Verhalten nicht einfach hinweg gedacht werden kann, um dann festzustellen, ob der jeweilige Erfolg entfiele.[285] Denn ein Unterlassen zeichnet sich ja gerade dadurch aus, dass keine Veränderung in der Außenwelt hervorgerufen wird, sondern eine notwendige Veränderung der Außenwelt (im Wege der erforderlichen „Rettung") gerade unterbleibt. Um aber festzustellen, dass der strafrechtliche Erfolg (z. B. der Tod eines Menschen) tatsächlich ausgeblieben wäre, wenn der Betreffende gehandelt hätte, bedarf es einer **Prognose**, da sich ein solcher hypothetischer Kausalverlauf niemals

574

---

283 Vgl. hierzu oben Rn. 566.
284 Vgl. hierzu oben Rn. 131.
285 Vgl. zu der hier verwendeten conditio-sine-qua-non-Formel bei den Begehungsdelikten oben Rn. 142.

mit vollständiger Sicherheit voraussagen lässt. Insoweit muss eine bestimmte **Wahrscheinlichkeit** ausreichen: Der strafrechtlich unerwünschte Erfolg muss – so zumindest die h. M. – durch die Vornahme der gebotenen Handlung lediglich „mit an Sicherheit grenzender Wahrscheinlichkeit" verhindert worden sein. Anstatt von Kausalität wird in diesem Zusammenhang daher oft auch von **Quasi-Kausalität** gesprochen und die conditio-sine-qua-non-Formel umgedreht:

> **Formulierung**
> Ein Unterlassen ist immer dann kausal, wenn die rechtlich gebotene Handlung nicht hinzugedacht werden kann, ohne dass der tatbestandsmäßige Erfolg mit an Sicherheit grenzender Wahrscheinlichkeit entfiele.

575 Durch diese Wahrscheinlichkeitsprognose wird das Ergebnis der Prüfung oft nicht eindeutig sein. Auch erscheint manches Ergebnis oft schwer nachvollziehbar zu sein, wie folgender Fall zeigt:

> **Bsp.:** Arzt Armin unterlässt es aus Nachlässigkeit, dem Krebspatienten Paul die erforderlichen Medikamente zu verabreichen. Paul stirbt. Wissenschaftlich erwiesen ist, dass das entsprechende Medikament lediglich bei 90 % der Patienten „anschlägt" und zu einer Lebensverlängerung führt. – Hier kann Armin nach h. M. nicht wegen einer fahrlässigen Tötung durch Unterlassen, §§ 222, 13 StGB, bestraft werden, da die Verabreichung des Medikaments nicht „mit an Sicherheit grenzender Wahrscheinlichkeit" den tödlichen Erfolg verhindert hätte. Während bei Vorsatzdelikten (wenn also Armin dem Paul vorsätzlich das Medikament nicht verabreicht hätte) in aller Regel auf eine Versuchsstrafbarkeit ausgewichen werden kann, besteht diese Möglichkeit bei Fahrlässigkeitsdelikten nicht, da diese logischerweise nicht versucht werden können. Dieses Ergebnis erscheint „unbillig", insbesondere da man bei der Wahrscheinlichkeitsprognose „in dubio pro reo" zugunsten des Täters eine geringe Wahrscheinlichkeit annehmen muss, wenn die Quote nicht wissenschaftlich nachzuweisen ist.

576 Bei den Erfolgsdelikten ist schließlich nach der Feststellung der Kausalität wiederum die **objektive Zurechnung** zu prüfen. Wie auch bei den durch aktives Tun begangenen Delikten, so muss der Erfolg dem Täter auch beim Unterlassungsdelikt als „sein Werk" zugerechnet werden können. Auch hier lassen sich Fallgruppen bilden, in denen eine solche Zurechnung ausscheidet. Eine objektive Zurechnung ist insbesondere dann nicht möglich, wenn der strafrechtlich unerwünschte Erfolg nicht ausschließlich auf dem pflichtwidrigen Unterlassen, sondern auch auf anderen Gründen beruht.

> **Bsp.:** Berta ist unheilbar an Krebs erkrankt. Sie beschließt daher, aus dem Leben zu scheiden, bevor ihr Leidensprozess unerträglich wird. Dies teilt sie ihrem Ehemann Anton mit. Am Abend nimmt sie in seiner Gegenwart eine Überdosis Schlaftabletten ein. Anton wacht nachts an ihrem Bett, bis sie sanft entschlafen ist. Durch das Rufen eines Krankenwagens wäre eine Rettung Bertas möglich gewesen, Anton wollte jedoch den Wunsch seiner Frau respektieren. – An sich liegen hier sämtliche Voraussetzungen einer Unterlassenstäterschaft vor: Nach dem Einschlafen Bertas hatte Anton nicht nur Tatherrschaft, er war als Garant vielmehr auch verpflichtet, Berta zu retten. Es scheidet hier jedoch eine objektive Zurechnung des Erfolges aus, da Berta freiverantwortlich gehandelt hat. Ihr Tod ist daher als „ihr Werk" und nicht als Antons Werk anzusehen.

c) **Garantenpflicht.** Bei sämtlichen unechten Unterlassungsdelikten ist die Feststellung erforderlich, dass den Handelnden als Garant eine besondere rechtliche Pflicht zur Abwendung des tatbestandsmäßigen Erfolges trifft. Da es sich bei der Feststellung der Garantenstellung bzw. der sich daraus ergebenden Garantenpflicht um eine sehr umfangreiche Problematik handelt, soll diese an einer späteren Stelle ausführlich behandelt werden.[286]

577

d) **Nichtvornahme der gebotenen Handlung.** Als nächstes muss festgestellt werden, welches Verhalten (d. h. welches konkrete Unterlassen) dem Täter vorgeworfen werden kann. Es muss also geprüft werden, welches die **gebotene Handlung** gewesen wäre. Handelt es sich, wie zumeist, um ein Erfolgsdelikt, so besteht die gebotene Handlung in der Abwendung des tatbestandsmäßigen Erfolges. Dabei muss genau bestimmt werden, durch welche Handlung dieser tatbestandsmäßige Erfolg hätte abgewendet werden können. Dabei ist es durchaus möglich, dass dem Täter mehrere Handlungsalternativen zur Verfügung standen. Anschließend empfiehlt es sich, kurz festzustellen, dass der Täter eben diese gebotene(n) Handlung(en) nicht vorgenommen hat.

578

> **Bsp.:** Anton sieht, wie seine Ehefrau Berta beim Fensterputzen ausrutscht, aus dem dritten Stock hinunter auf den Gehsteig fällt und dort schwer verletzt liegen bleibt. – Es sind nun mehrere gebotene Handlungen denkbar, die allesamt geeignet sind, den tatbestandsmäßigen Erfolg (= Bertas Tod) abzuwenden (ob sie dem Täter möglich sind und ob er sich für die „effektivste" entscheiden muss, kann an dieser Stelle noch offenbleiben). Geboten sind: die ärztliche Versorgung Bertas, die Beförderung Bertas in ein Krankenhaus mit dem eigenen PKW, das Herbeirufen eines Notarztes oder die Verständigung eines Nachbarn, damit dieser den Notarzt herbeiruft.

Fraglich ist, wie zu entscheiden ist, wenn der Täter sich für die „falsche" Handlung entscheidet, also einen **untauglichen Erfolgsabwendungsversuch** startet.

579

> **Bsp.:** So könnte daran gedacht werden, dass Anton im eben genannten Beispiel zuerst versucht, seine auf die Straße gestürzte Ehefrau selbst medizinisch zu versorgen und erst nach einiger Zeit, als er erkannt hat, dass er dazu nicht in der Lage ist, den Krankenwagen ruft, der dann aber zu spät kommt. – Hier hat Anton die objektiv gebotene Handlung (Rufen des Krankenwagens) nicht oder jedenfalls zu spät vorgenommen. Damit ist der objektive Tatbestand des Totschlags durch Unterlassen, §§ 212, 13 StGB, erfüllt. Die Tatsache, dass er einen untauglichen Erfolgsabwendungsversuch mit untauglichen Mitteln startete, ist lediglich im Rahmen des subjektiven Tatbestandes zu prüfen. Neben dem fehlenden Tötungsvorsatz irrte er sich zudem darüber, welche Handlung geboten war. Dieser Irrtum schließt nach § 16 StGB seinen Vorsatz aus, möglich bleibt dagegen eine Bestrafung wegen fahrlässiger Tötung, § 222 StGB.

e) **Möglichkeit der Vornahme der gebotenen Handlung.** Nachdem festgestellt wurde, welche Handlungen im konkreten Fall zur Abwendung des tatbestandsmäßigen Erfolges geboten waren, muss als nächstes geprüft werden, ob der Täter die entsprechenden Handlungen überhaupt vornehmen konnte, d. h. **ob ihm die Vornahme der gebotenen Handlung physisch-real möglich war**. Ist dies nicht

580

---

286 Vgl. hierzu noch ausführlich unten Rn. 594 ff.

der Fall, dann ist zu untersuchen, ob möglicherweise auf eine andere, zwar weniger effektive, aber dennoch zur Erfolgsabwendung geeignete Handlung zurückgegriffen werden kann.

> Einem Nichtschwimmer ist es nicht möglich, einen Ertrinkenden durch einen Sprung in den See zu retten, er könnte aber den Notarzt anrufen oder zum nächsten Haus laufen und Hilfe holen. – Einem Taubstummen ist es nicht möglich, mittels eines Telefons den Notarzt herbeizurufen, er könnte aber auf die Straße laufen und versuchen, dort Leute zu finden, die ihm behilflich sind. – Jemandem, der noch nie in seinem Leben ein Auto gesteuert hat, ist es nicht möglich, den Verletzten ins Krankenhaus zu fahren, er kann aber einen Nachbarn bitten, dies für ihn zu tun.

581 Allerdings ist im Rahmen der Möglichkeit zu differenzieren: Ist dem Täter ein Handeln objektiv oder individuell nicht möglich, entfällt der objektive Tatbestand, wäre ihm eine bestimmte Handlung zwar möglich, weiß er aber von den ihm zur Verfügung stehenden Möglichkeiten nichts, bleibt die Handlung objektiv möglich und es entfällt lediglich der Vorsatz. Nimmt der Täter hingegen eine in Wirklichkeit nicht bestehende Handlungsmöglichkeit an und handelt trotzdem nicht, liegt ein untauglicher Versuch vor.

> **Bsp.:** Der Nichtschwimmer Anton, der seinen ertrinkenden Sohn nicht rettet, handelt bereits objektiv nicht tatbestandsmäßig, wenn eine Rettung nur dadurch möglich wäre, dass er selbst ins Wasser springt. – Könnte Anton seinem Sohn hingegen einen am Ufer liegenden Rettungsring zuwerfen, von dessen Existenz er aber nichts weiß, dann wäre ihm die Rettung zwar objektiv möglich, es entfällt aber im Rahmen des subjektiven Tatbestandes der Vorsatz, da er sich über seine individuelle Rettungsmöglichkeit irrt. – Glaubt Anton hingegen, dass sich in einem bereitstehenden Kasten ein Rettungsring befindet, den er zuwerfen könnte, handelt er aber dennoch nicht, weil ihm der Tod seines Sohnes ganz gelegen kommt, so liegt dann, wenn dieser Rettungsring objektiv nicht vorhanden war, ein (strafbarer) untauglicher Versuch vor.

582 Sind mehrere Handlungen möglich, reicht es aus, wenn der Täter wenigstens eine von ihnen vornimmt. Fraglich ist, ob der Täter stets die effektivste Möglichkeit zu wählen hat.

> **Bsp.:** Anton hat Bruno mit seinem PKW angefahren. Zwar will er ihn retten, möchte aber wegen des Unfalls keine Scherereien haben. Er legt Bruno daher 100 Meter vor dem Krankhaus auf einer Wiese ab und hofft, dass dieser dort von einem Passanten gefunden wird, was auch geschieht. – Hier entfällt eine Strafbarkeit wegen Unterlassens, da Anton den Erfolg verhindert hat. Auch eine Bestrafung wegen Versuchs ist nicht angebracht. Wird Bruno hingegen nicht gerettet, erweist sich Antons Handlung im Nachhinein als untauglich. Er hat somit die gebotene Handlung (Transport ins Krankenhaus) nicht vorgenommen, obwohl ihm diese möglich gewesen wäre, was zu einer Strafbarkeit nach §§ 212, (211,) 13 StGB führt.

583 f) **Erforderlichkeit der Handlung.** In der Regel wird die zur Erfolgsverhinderung gebotene Handlung auch erforderlich sein. Die Erforderlichkeit der Handlung scheidet daher nur in wenigen Ausnahmefällen aus, so z. B. bei Anwesenheit vorrangiger Rettungspflichtiger.

> **Bsp.:** Lehrerin Linda ist mit ihrer Klasse im Freibad. Die Schülerin Frieda springt trotz eines entsprechenden Verbots ins Schwimmerbecken und droht zu ertrinken. Der Bademeister Bruno eilt sogleich herbei, worauf sich Linda dem Rest der völlig aufgeregten Klasse widmet. Obwohl er Hilfe leisten müsste, unterlässt Bruno aber die Rettung, worauf Frieda ertrinkt. – Hier ist Linda nicht wegen eines Totschlags durch Unterlassen strafbar, weil ihre Hilfeleistung infolge der vorrangigen Rettungspflicht Brunos nicht erforderlich war. Nimmt man dennoch (objektiv) eine Erforderlichkeit an, weil Bruno z. B. von vornherein nicht vor hatte, zu helfen, fehlt es jedenfalls an einem entsprechenden Vorsatz Lindas im Hinblick auf die Erforderlichkeit, § 16 StGB. – Anders ist dies aber ab dem Moment zu beurteilen, in dem Linda erkennt, dass Bruno nicht einschreitet.

Die **Erforderlichkeit** spielt insbesondere dann eine Rolle, wenn ein echtes und ein unechtes Unterlassungsdelikt zusammentreffen, wenn also z. B. bei einem Unglücksfall sowohl ein Garant als auch ein Nichtgarant am Unfallort anwesend sind. Hier geht die Garantenpflicht der allgemeinen Hilfeleistungspflicht (§ 323c StGB) stets vor. Dies gilt aber nur so lange, wie der vorrangig zur Hilfeleistung Verpflichtete fähig und willens ist einzuschreiten. Hilft dieser nicht oder ist er zur Hilfeleistung nicht bereit, dann ist das Tätigwerden des nachrangig Verpflichteten erforderlich.

g) Zumutbarkeit. In Ausnahmefällen kann – trotz vorhandener Möglichkeit – die Erfolgsabwendung für den Einzelnen unzumutbar sein. Dies gilt insbesondere dann, wenn die Rettung für den Unterlassenden eine ernsthafte Gefahr für sein eigenes Leben oder seine eigene Gesundheit darstellen würde. Dabei ist die Zumutbarkeit des Handelns als Tatbestandsmerkmal anzusehen. Dies folgt aus einem Vergleich mit § 323c StGB, denn hier ist das Merkmal der Zumutbarkeit ausdrücklich im gesetzlichen Tatbestand genannt. Nach a. M. ist die Zumutbarkeit hingegen im Rahmen eines allgemeinen Rechtfertigungsgrundes der „Unzumutbarkeit normgemäßen Verhaltens" und somit auf Rechtfertigungsebene zu prüfen.[287] Schließlich möchte eine dritte Gruppe die Unzumutbarkeit infolge der hier erforderlichen Konfliktsituation lediglich auf Schuldebene berücksichtigen.[288] Dagegen spricht, dass man nur schwerlich eine dem Unterlassenden nicht zumutbare Handlung als „Unrecht" einstufen kann (mit der Folge, dass man dagegen unter Umständen sogar im Wege der Notwehr oder Nothilfe vorgehen könnte).

> **Bsp.:**[289] Anton und Berta leben auf einem Hausboot auf dem Rhein. Eines nachts springt die unter Schizophrenie leidende Berta, die Nichtschwimmerin ist, in Selbsttötungsabsicht ins Wasser. Der schwer alkoholisierte Anton unternimmt nichts. Es ist dunkel, die Wassertemperatur beträgt 9,5 Grad und die Wahrscheinlichkeit, die Berta infolge der doch beträchtlichen Geschwindigkeit des Wassers zu finden, ist sehr gering. – Hier verneinte der BGH angesichts der geringen Rettungschance und der zur Rettung notwendigen erheblichen Eigengefährdung die Zumutbarkeit des Handelns und sprach Anton frei.

Die Zumutbarkeit der Erfolgsabwendung scheidet allerdings nicht allein deswegen aus, weil sich der Täter, insbesondere bei vorangegangenem pflichtwidrigen Tun,

---
287 *Gropp/Sinn*, § 11 Rn. 113 ff.
288 *Kühl*, § 18 Rn. 140.
289 Fall nach BGH NJW 1994, 1357.

durch sein Verhalten der Gefahr einer Strafverfolgung aussetzt. Vielfach wird im Rahmen der Zumutbarkeit eine Einzelfallentscheidung erforderlich sein, bei der insbesondere auch der Grad der Gefahr für das bedrohte Rechtsgut eine entscheidende Rolle spielt. So sah es der **BGH** u. a. als zumutbar an, dass ein Gastwirt die Polizei verständigen muss, wenn sich ein Gast anschickt, im alkoholbedingt fahruntauglichen Zustand nach dem Kneipenbesuch in sein Auto zu steigen, um heimzufahren (selbst wenn der Wirt dadurch möglicherweise einen Stammgast verlieren könnte).[290]

587 h) **Entsprechungsklausel, § 13 StGB.** Nach § 13 Abs. 1, 2. Halbsatz StGB hängt die strafrechtliche Haftung des Garanten davon ab, dass ein Unterlassen der Erfolgsabwendung **wertungsmäßig** einer Verwirklichung des gesetzlichen Tatbestandes durch aktives Tun entspricht. Dies ist zwar in der Regel der Fall, es gibt hierzu jedoch einige wenige Ausnahmen bei den sog. **verhaltensgebundenen (Erfolgs-)Delikten.** Es geht hier also um die „Gleichwertigkeit" von Tun und Unterlassen im Hinblick auf das verwirklichte Unrecht.

Definition

Verhaltensgebundene Delikte sind Delikte, die nicht allein auf die Erfolgsverursachung (z. B. eine Vermögensschädigung) abstellen, sondern darüber hinaus eine bestimmte Verhaltensweise erfordern, welche zu dieser Erfolgsverursachung führt. Man spricht hier auch von einer notwendigen „Modalitätenäquivalenz". Entscheidend für die Tatbestandserfüllung ist also, dass der Erfolg gerade auf eine bestimmte Art und Weise („Modalität") herbeigeführt wird (z. B. durch eine Täuschung).

Bsp.: So ist beim Betrug, § 263 StGB, nicht allein die Verursachung eines Vermögensschadens beim Opfer erforderlich. Vielmehr muss dieser Vermögensschaden gerade durch eine Täuschung herbeigeführt werden. Insoweit muss konkret geprüft werden, ob eine Täuschung durch Unterlassen wertungsmäßig einer Täuschung durch aktives Tun entspricht. Ein ähnliches Problem stellt sich beim Verdeckungsmord, § 211 StGB, wenn der Täter nach vorangegangenem strafbarem Verhalten dem Opfer nicht hilft, da er befürchtet, dass durch diese Hilfeleistung sein vorheriges strafbares Verhalten ans Licht kommt.

588 Dabei ist der Begriff des „verhaltensgebundenen Delikts" allerdings erheblicher Kritik ausgesetzt. Denn jede Strafbarkeit setzt ein zurechenbares menschliches Verhalten voraus. Daher sollte man sich von diesem Begriff lösen und über die Entsprechungsklausel lediglich in Ausnahmefällen im Rahmen einer normativen Wertung eine Strafbarkeit dann verneinen, wenn sich das Unterlassen so weit vom Leitbild der Strafbarkeit durch aktives Tun entfernt, dass eine Bestrafung offensichtlich unangebracht wäre.

Klausurtipp

Die Prüfung der Entsprechungsklausel wird sich oftmals erübrigen. Da nur in extremen Ausnahmefällen über die Entsprechungsklausel eine Strafbarkeit

---

[290] BGHSt 4, 20 (23).

auszuschließen sein wird, kann insbesondere in Anfängerklausuren auf eine Prüfung verzichtet werden.

2. Subjektiver Tatbestand

Im Rahmen des **subjektiven Tatbestandes** muss – wie beim normalen Begehungsdelikt auch – als erstes festgestellt werden, dass der Täter mit Vorsatz bzgl. sämtlicher objektiver Tatbestandsmerkmale handelte. Im Anschluss daran ist auf mögliche tatbestandsspezifische subjektive Merkmale einzugehen, wie z. B. auf die Bereicherungsabsicht bei einem Betrug durch Unterlassen.

589

Während eine Minderansicht[291] grundsätzlich bestreitet, dass es überhaupt einen Unterlassungsvorsatz geben kann, geht die h. M. zutreffend davon aus, dass ein solcher stets darin zu sehen ist, dass der Täter sich – in Kenntnis sämtlicher objektiver Tatbestandsmerkmale – für das Untätigbleiben entscheidet, obwohl er weiß, dass er tätig werden müsste und dabei (bei Erfolgsdelikten) den tatbestandsmäßigen Erfolg wenigstens billigend in Kauf nimmt (ein bedingter Vorsatz reicht also auch hier aus). Der Vorsatz muss sich auch hier auf sämtliche objektive Tatbestandsmerkmale beziehen. Dies ist insbesondere im Hinblick auf die Kausalität mitunter problematisch. Denn der Täter muss wissen, dass die von ihm erwartete Handlung den Erfolg mit an Sicherheit grenzender Wahrscheinlichkeit verhindern würde.

590

Da beim unechten Unterlassungsdelikt auch die **Garantenstellung** zum objektiven Tatbestand gehört, muss der Täter auch die (tatsächlichen) Umstände kennen, die eine solche Garantenstellung begründen. Erkennt er diese, geht er aber irrig davon aus, dass aus der erkannten Sachlage keine Garantenstellung folgt, lässt dies den Vorsatz unberührt und ist lediglich auf Schuldebene (als möglicher Verbotsirrtum in Form eines „Gebotsirrtums", § 17 StGB[292]) zu beachten.

591

> **Bsp.:** Vater Viktor sieht zu, wie sein Adoptivsohn mit dem Schlauchboot im See kentert und ertrinkt. Er glaubt allerdings, es handle sich um den Nachbarsohn und unternimmt nichts. – Da sich Viktor hier über die tatsächlichen Voraussetzungen irrte, die seine Garantenstellung begründen, liegt ein Tatbestandsirrtum vor, der seinen Vorsatz ausschließt (§ 16 StGB). Es bleibt bei einer Strafbarkeit nach § 323c StGB. Anders wäre der Fall zu beurteilen, wenn er erkennt, dass es sich bei dem Ertrinkenden um seinen Adoptivsohn handelt, er aber der Ansicht ist, eine Garantenstellung bestehe nur gegenüber leiblichen, nicht aber gegenüber Adoptivkindern. Hier bleibt der Vorsatz bestehen, es liegt lediglich ein (vermeidbarer) Verbotsirrtum (in Form eines Gebotsirrtums) vor (§ 17 StGB).

3. Rechtswidrigkeit

Im Rahmen der Prüfung von Rechtswidrigkeit und Schuld sind – im Vergleich zum normalen Begehungsdelikt – keine Besonderheiten zu verzeichnen. Allerdings ist daran zu erinnern, dass bei den Unterlassungsdelikten insbesondere der Rechtfertigungsgrund der **Pflichtenkollision** eine Rolle spielen kann, wenn der

592

---
291 *Welzel*, § 27 A V 2, 3.
292 Vgl. hierzu noch unten Rn. 758.

Täter bei mehreren gleichzeitig bestehenden Handlungspflichten nur eine der eigentlich gebotenen Handlungen erfüllen kann.[293]

4. Schuld

593 Im Rahmen der Schuld prüfen viele Autoren den besonderen Entschuldigungsgrund der **Unzumutbarkeit normgemäßen Verhaltens**. Nach der hier vorgeschlagenen Lösung ist das Element der Zumutbarkeit jedoch bereits im objektiven Tatbestand zu berücksichtigen.[294] In Ausnahmefällen kann auch beim Unterlassungsdelikt die Schuld entfallen, wenn ein unvermeidbarer Verbotsirrtum, § 17 StGB, vorliegt. Möglich ist hier der bereits angesprochene Irrtum über die Garantenstellung bzw. die Garantenpflicht (= Gebotsirrtum), wenn der Täter zwar alle die Garantenstellung begründenden Umstände erkennt, sich aber über die hieraus folgende Pflicht irrt. Ansonsten gelten im Hinblick auf den Verbotsirrtum die allgemeinen Grundsätze.

> **Literaturhinweise**
>
> **Einführende Aufsätze:** *Engländer,* Kausalitätsprobleme beim unechten Unterlassungsdelikt, JuS 2001, 958 (verständliche Einführung mit einer Entscheidungsbesprechung); *Fahl/Scheurmann-Kettner,* Unterlassungsdelikte, JA 1998, 658 (prägnanter Überblick über die wesentlichen Grundfragen bei der Prüfung von Unterlassungsdelikten); *Kölbel,* Objektive Zurechnung beim unechten Unterlassen, JuS 2006, 309 (ausführliche Darstellung der Zurechnungsaspekte beim unechten Unterlassungsdelikt)
>
> **Übungsfälle:** *v. Heintschel-Heinegg/Kudlich,* Der Regensburger Fenstersturz, JA 2001, 129 (anspruchsvolle Anfängerklausur, die u. a. den Rücktritt vom versuchten unechten Unterlassungsdelikt problematisiert); *Otto/Brammsen,* Gefahren des Steinbruchs, JURA 1986, 37 (anschaulicher Fall, der sich mit Unterlassungsfragen im Zusammenhang mit Tötungs- und Körperverletzungsdelikten beschäftigt)
>
> **Rechtsprechung: BGHSt 16, 155** – Feldweg (Irrtum über die Garantenpflicht als Verbotsirrtum); **BGH NStZ 2011, 31** – Reichenhaller Eissporthalle (Kausalität bei Unterlassungsdelikten)

Kapitel 22: Garantenpflichten

I. Grundlagen

594 Wie bereits mehrfach erwähnt, gibt es zwei Formen von Unterlassungsdelikten, nämlich die **echten** und die **unechten** Unterlassungsdelikte.[295] Diese beiden Formen unterscheiden sich im Wesentlichen dadurch, dass beim **unechten Unterlassungsdelikt** ein Unterlassen nur dann strafbar ist, wenn der Täter „*rechtlich dafür einzustehen hat, dass der Erfolg nicht eintritt*" (er also eine „Garantenpflicht" besitzt), während beim **echten Unterlassungsdelikt** die Voraussetzungen, unter denen ein Unterlassen strafbar ist, im jeweiligen Tatbestand abschließend umschrieben sind.

---

293 Zur rechtfertigenden Pflichtenkollision vgl. ausführlich oben Rn. 348 f.
294 Vgl. hierzu oben Rn. 585 f.
295 Vgl. hierzu bereits oben Rn. 568 ff.

Bevor nun die Garantenpflichten im Einzelnen dargestellt werden, ist kurz noch auf die **Abgrenzung von Garantenstellung und Garantenpflicht** einzugehen, da diese terminologisch oftmals durcheinander geraten.

> **Definition**
> Unter einer **Garantenstellung** versteht man das besondere Rechtsverhältnis, in dem sich eine Person befindet, also z. B. die Stellung als Ehegatte oder die Stellung von Eltern in Bezug auf ihre Kinder.

> **Definition**
> Unter einer **Garantenpflicht** versteht man die aus diesem Rechtsverhältnis (also der Garantenstellung) folgende Pflicht zum Tätigwerden, also z. B. die Pflicht der Eltern, Schäden von ihren Kindern abzuwenden.

Üblicherweise folgt aus einer Garantenstellung auch eine Garantenpflicht. Diese kann allerdings in Einzelfällen aufgrund besonderer Umstände auch einmal ausscheiden. Man muss daher stets prüfen, ob in der konkreten Situation eine bestimmte Garantenstellung dazu führt, dass der Betroffene eine Rechtspflicht hat, gerade in einer bestimmten Art und Weise tätig zu werden. Prüfungsstandort ist jeweils der objektive Tatbestand.

> **Bsp.:** Die gegenüber dem Ehegatten bestehende Garantenstellung führt in der Regel dazu, dass man diesen vor Schäden zu bewahren hat. Dies geht allerdings nicht so weit, dass man verpflichtet wäre, den Ehegatten z. B. von der Begehung von Straftaten abzuhalten. Dies nämlich würde gegen das Prinzip der Eigenverantwortlichkeit verstoßen. Die Bejahung einer Garantenstellung darf nämlich nicht zur Bevormundung des Ehegatten führen, sodass z. B. die Ehefrau, die genau weiß, dass ihr Mann regelmäßig am Samstagabend in seiner Stammkneipe andere Gäste verprügelt (und dabei auch selbst verprügelt wird), nicht wegen Körperverletzung durch Unterlassen strafbar ist, wenn sie dagegen nicht einschreitet.

II. Einteilung der Garantenpflichten

Bevor die einzelnen Garantenpflichten erläutert werden, soll ein grober Überblick darüber gegeben werden, woraus sich diese Pflichten im Einzelnen ergeben und nach welchen Kriterien sie eingeteilt werden können. Denn die Garantenpflichten sind im Gesetz nicht näher umschrieben, in § 13 StGB ist nur die Rede davon, dass der Täter „rechtlich" dafür einzustehen hat, dass der jeweilige Erfolg nicht eintritt. Daher wurden schon früh Fallgruppen gebildet, die sich allerdings zuerst daran orientierten, **woraus** sich im Einzelfall eine Garantenpflicht ergab (formelle Betrachtungsweise; Einteilung nach Entstehungsgründen).

> **Hinweis**
> Frühere Einteilung der Garantenpflichten nach Entstehungsgründen
> - aus Gesetz (normierte Garantenpflichten)
> - aus Vertrag (freiwillig übernommene Garantenpflichten)
> - aus einer engen Lebensbeziehung (persönliches Näheverhältnis)
> - aus vorangegangenem gefährdendem Tun

598 Diese Einordnung ist inzwischen überholt. Heutzutage teilt man die verschiedenen Garantenpflichten nicht mehr nach ihrer **Herkunft**, sondern nach ihrer **Funktion** (materielle Betrachtungsweise; Funktionenlehre) in zwei verschiedene Gruppen ein:

> **Hinweis**
> Heutige Einteilung der Garantenpflichten nach Entstehungsgründen
> - Schutzpflichten (Pflichten zum Schutz bestimmter Rechtsgüter)
> - Überwachungspflichten (Verantwortlichkeit für eine Gefahrenquelle)

599 Die **Schutzpflichten** (auch Obhuts- oder Beschützerpflichten genannt) zeichnen sich dadurch aus, dass eine bestimmte Person aufgrund besonderer tatsächlicher oder rechtlicher Bindungen zum Schutz eines bestimmten Rechtsgutes verpflichtet ist, dem Gefahren von außen drohen. Der Betreffende muss also eine bestimmte Person vor **allen** ihr drohenden Gefahren schützen (Bsp.: Eltern müssen ihre Kinder vor Gefahren schützen).

600 Dagegen zeichnen sich die **Überwachungspflichten** (oder auch Sicherungspflichten genannt) dadurch aus, dass eine bestimmte Person aufgrund einer tatsächlichen oder rechtlichen Übernahme von Verantwortung für eine bestimmte Gefahrenquelle verpflichtet ist, dafür zu sorgen, dass durch diese Gefahrenquelle keine Rechtsgüter anderer geschädigt werden. Er muss also **alle** Personen vor **einer** bestimmten Gefahrenquelle schützen (Bsp.: Der Bauunternehmer muss dafür sorgen, dass niemand in die von ihm ausgehobene Baugrube stürzt).

601 Wichtig ist, dass es sich bei allen diesen Pflichten um **Rechtspflichten** handeln muss, d.h. Pflichten, die aus rechtlichen Gesichtspunkten heraus den Einzelnen zum Handeln verpflichten. Rein **sittliche** oder **moralische Pflichten** genügen also nicht.

602 Aus einem bestimmten Rechtsverhältnis können zudem auch mehrere, im Einzelnen ganz unterschiedliche Pflichten folgen. So sind Eltern minderjähriger Kinder nicht nur verpflichtet, Schäden von ihren Kindern abzuhalten (Schutzpflicht), sondern sie sind auch dafür verantwortlich, dass ihre Kinder anderen keine Schäden zufügen (Überwachungspflicht).

III. Die einzelnen Schutzpflichten (Obhuts- oder Beschützergaranten)

1. Natürliche (familiäre) Verbundenheit

603 Aus dieser „klassischen" Garantenstellung folgt die Pflicht, die einem **nahe stehenden Personen** davor zu schützen, dass ihnen nichts zustößt. Diese Garantenstellung ergibt sich zumeist schon aus familienrechtlichen Bestimmungen, z.B. aus § 1353 BGB, und besteht unabhängig davon, ob die Betreffenden in einer häuslichen Gemeinschaft zusammenleben. Wie weit die familiären Bande gehen, ist allerdings umstritten. Um die Einstandspflichten hier nicht ins Uferlose auszudehnen, ist dabei eine Begrenzung auf den Kernbereich der Familie erforderlich.

604 Anerkannt sind jedenfalls die Garantenstellungen von Verwandten gerader Linie, z. B. von **Eltern** gegenüber ihren **Kindern** (§§ 1601, 1618a, 1626, 1631 BGB) und umgekehrt (vgl. auch §§ 1601, 1618a BGB). Ebenfalls anerkannt ist die Garantenstellung von **Ehegatten** (§ 1353 Abs. 1 Satz 2 BGB) und **Lebenspartnern** i. S. des Lebenspartnerschaftsgesetzes (§ 2 LPartG) untereinander. Die Pflicht endet jedoch, selbst wenn die Ehe bzw. Partnerschaft formal weiterbesteht, jedenfalls dann, wenn das Verhältnis zerrüttet ist. Indiz hierfür ist, dass die (ehemaligen) Partner dauerhaft getrennt leben.

605 Umstritten ist eine solche Garantenstellung dagegen schon im Verhältnis des Vaters gegenüber dem nichtehelichen Kind (eine Garantenstellung ist hier spätestens nach Änderung des § 1684 BGB zu bejahen) oder zwischen **Geschwistern**. Dafür spricht, dass auch bei Geschwistern eine „Blutsverwandtschaft" vorliegt, die z. B. im Strafprozessrecht zu einem Zeugnisverweigerungsrecht führt (§ 52 Abs. 1 Nr. 3 StPO). Dagegen spricht jedoch, dass das BGB z. B. keinerlei Unterhaltsverpflichtungen zwischen Geschwistern enthält, sodass letztlich keine „Rechtspflicht" normiert ist, den anderen zu unterstützen. Ebenso problematisch ist das Verhältnis von **Verlobten** untereinander. Abzulehnen ist eine Garantenstellung aus natürlicher Verbundenheit jedenfalls bei Verschwägerten, nichtehelichen Lebensgemeinschaften, bloßen Freundschaften oder Wohngemeinschaften.

606 In den zuletzt genannten Fällen kommt aber jeweils eine Garantenstellung aus **enger Gemeinschaftsbeziehung** in Frage.[296] Bei dieser ist es jedoch – im Gegensatz zur Garantenstellung aus natürlicher Verbundenheit – stets erforderlich, dass tatsächlich eine Nähebeziehung vorliegt, die sich z. B. darin zeigt, dass die betreffenden Personen zusammenleben. Dagegen kommt es bei der Garantenstellung aus natürlicher Verbundenheit auf eine effektive Familiengemeinschaft, d. h. auf eine tatsächliche Nähebeziehung nicht an. So besteht die Garantenstellung zwischen Eltern und Kindern auch nach dem Auszug der Kinder aus der elterlichen Wohnung noch fort, selbst wenn man sich jahrelang nicht gesehen hat.

607 Die Garantenstellung führt im Regelfall dazu, dass der Verpflichtete einzuschreiten hat, wenn dem anderen eine Gefährdung von außen droht. Darüber hinaus besteht aber auch grundsätzlich die **Pflicht, Selbstschädigungen zu verhindern**. In diesen Fällen kollidiert die Schutzpflicht jedoch mit dem Prinzip der Eigenverantwortlichkeit des Handelnden, sodass, wie oben bereits angesprochen,[297] Garantenstellung und Garantenpflicht auch auseinanderfallen können.

> **Bsp.:** Ein Ehemann verhindert nicht, dass seine Ehefrau einen Käufer beim Abschluss eines Kaufvertrages betrügt. – Obwohl hier eine Garantenstellung aus dem Ehegattenverhältnis folgt, beinhaltet diese nicht die Pflicht, die Ehefrau davor zu schützen, dass sie selbst Straftaten begeht. Die Obhutpflicht zur Hilfe und Fürsorge aufgrund natürlicher Verbundenheit darf nicht zur Bevormundung des anderen führen. Die Beaufsichtigungspflicht wird insoweit verdrängt durch das Prinzip der Eigenverantwortlichkeit des Handelnden. Auch eine Sicherungspflicht (= Pflicht, andere vor Straftaten der Ehefrau zu schützen) greift hier nicht. Denn eine Garantenpflicht hinsichtlich des Vermögens des Käufers besteht nicht.

---

296 Vgl. hierzu noch unten Rn. 608 ff.
297 Vgl. hierzu bereits oben Rn. 596.

2. Enge Gemeinschaftsbeziehung

608 Die Garantenstellung aus enger Gemeinschaftsbeziehung erfordert eine **tatsächliche** (und nicht, wie bei der natürlichen Verbundenheit, eine rechtliche) **Verbundenheit**. Der Grundgedanke dieser Garantenpflicht besteht darin, dass immer dort, wo eine Gemeinschaft darauf angelegt ist, dass ihre Mitglieder sich gegenseitig Hilfe und Beistand leisten, auch ein entsprechendes Vertrauensverhältnis begründet wird. Dabei spielt es keine Rolle, ob es sich um ein gemeinsames Wohnen (Lebensgemeinschaft) oder um sozialtypische Gefahrenlagen (Gefahrengemeinschaft) handelt.

> **Definition**
> Unter einer **Lebensgemeinschaft** versteht man den Zusammenschluss mehrerer Personen, die ihr Leben gemeinsam gestalten und insbesondere auch in derselben Wohnung zusammenleben.

609 Erfasst sind hiervon insbesondere nichteheliche Lebensgemeinschaften, im Einzelfall auch Wohngemeinschaften, wenn es sich nicht um reine Zweckgemeinschaften handelt, sowie Pflegeverhältnisse. Wer also bemerkt, dass diejenige Person, die er in seiner Wohnung zur Pflege aufgenommen hat, im Sterben liegt, ist verpflichtet, den Krankenwagen zu rufen. Tut er dies nicht, macht er sich wegen eines Totschlags durch Unterlassen, §§ 212, 13 StGB, und nicht nur wegen unterlassener Hilfeleistung, § 323c StGB, strafbar.

> **Definition**
> Unter einer **Gefahrengemeinschaft** versteht man einen Zusammenschluss mehrerer Personen mit dem Ziel, durch den Zusammenschluss drohende Gefahren zu reduzieren (z. B. im Rahmen einer Bergtour oder einer Expedition).

610 Im Rahmen einer solchen Gefahrengemeinschaft muss sich jeder darauf verlassen können, dass der andere in Notfällen auch tatsächlich Hilfe leistet. Wer also bemerkt, dass sein Partner während einer Bergtour in eine Felsspalte gestürzt ist und sich das Bein gebrochen hat, darf nicht einfach nach Hause gehen, sondern muss sich um seinen Partner kümmern oder die Bergwacht verständigen.

611 Eine enge Gemeinschaftsbeziehung wird hingegen abgelehnt bei reinen Freundschaften, Liebesverhältnissen oder bloßen Zufallsgemeinschaften (wie z. B. Zechkumpanen, „Unglücksgemeinschaften" nach einem Unfall im Straßenverkehr oder beim gemeinsamen Erwerb und Besitz von Drogen). Wer also bemerkt, dass sein Zechkumpan, den man erst wenige Stunden kennt und mit dem er unter einer Brücke Wodka konsumiert hat, betrunken in den Fluss fällt und zu ertrinken droht, besitzt keine Garantenstellung. Es kommt also bei Untätigkeit höchstens eine Strafbarkeit wegen unterlassener Hilfeleistung, § 323c StGB, nicht aber wegen eines Totschlags durch Unterlassen, §§ 212, 13 StGB, in Frage.

612 Fraglich ist auch innerhalb dieser Fallgruppe, inwieweit jeweils aus einer festgestellten Garantenstellung eine Garantenpflicht folgt. Wiederum ist dabei – wie schon im Rahmen der persönlichen Nähebeziehung – der Grundsatz der Eigenverantwortlichkeit zu berücksichtigen. Wer z. B. seinen Lebenspartner zu einer Gerichtsverhandlung begleitet und dort – ohne dass dies zuvor abgesprochen wurde, zu dessen Gunsten falsch schwört, muss davon nicht abgehalten werden. Insofern begeht der hier Begünstigte keine Beihilfe zum Meineid durch Unterlassen, selbst wenn grundsätzlich eine Garantenstellung gegenüber dem Lebenspartner besteht.

3. Freiwillige (tatsächliche) Übernahme von Schutz- oder Beistandspflichten

Die Garantenstellung aus freiwilliger Übernahme kann mehrere Ursachen haben. So kann eine Pflicht darauf beruhen, dass gerade ein auf die Übernahme von Schutzpflichten gerichteter **Vertrag** abgeschlossen wurde. Die Übernahme von Schutz- oder Beistandspflichten kann aber auch auf einem **vertragsähnlichen Verhältnis**, im Einzelfall sogar auf einer **rein faktischen Übernahme** beruhen. Als Begründung ist auch hier auf die Schaffung eines entsprechenden Vertrauensverhältnisses zu verweisen, welches den hierdurch Begünstigten veranlasst, auf anderweitigen Schutz und auf Sicherungsmaßnahmen zu verzichten. Hieraus ergibt sich unter anderem, dass die freiwillige Übernahme auch nicht zum Zeitpunkt des tatsächlichen Gefahreintritts gekündigt werden kann.

a) Vertrag. In vielen Fällen wird eine Schutzpflicht durch einen **zivilrechtlichen Vertrag** begründet, wie z. B. bei Kinderpflegern, Babysittern oder Bademeistern im Schwimmbad. Auch der Abschluss eines Arztvertrages oder eines Bankvertrages gehört hierher. Maßgeblich ist dabei allerdings immer die tatsächliche – faktische – Übernahme. Es kommt dabei weder auf die Wirksamkeit des zivilrechtlichen Vertrages an, noch reicht (im Regelfall) ein bloßer Vertragsabschluss aus, wenn die versprochenen Dienste erkennbar nicht angetreten wurden. So entsteht also die Garantenpflicht eines Babysitters erst dann, wenn er tatsächlich die Aufsicht über das Baby übernimmt. Die Garantenpflicht besteht allerdings auch dann, wenn der zugrunde liegende Vertrag wegen Minderjährigkeit des Babysitters unwirksam ist.

Allerdings führt nicht jedes Vertragsverhältnis dazu, dass man als Garant Schäden seines Vertragspartners verhindern müsste. Entscheidend ist vielmehr, dass der Vertrag gerade Schutz- und Beistandspflichten zum Gegenstand hat. Dies scheidet u. a. bei normalen **Kaufverträgen** aus. Etwas anderes gilt nach den Grundsätzen von Treu und Glauben lediglich ausnahmsweise bei langjährigen Geschäftsbeziehungen, sofern hierdurch ein besonderes Vertrauensverhältnis geschaffen wurde.

b) Vertragsähnliches Verhältnis. Ein entsprechendes Vertrauensverhältnis kann aber auch ohne ausdrücklich oder konkludent abgeschlossenen zivilrechtlichen Vertrag vorliegen. Wer sich als Einheimischer spontan dazu bereit erklärt einem ortsunkundigen Touristen eine gefährliche Felsspalte zu zeigen, darf diesen nicht einfach dort zurücklassen, wenn der Tourist sich in dem unwegsamen Gelände aus Unachtsamkeit den Fuß bricht. Der „Bergführer" macht sich also, wenn er sich entfernt ohne Hilfe zu holen, nicht nur wegen unterlassener Hilfeleistung, § 323c StGB, sondern wegen vorsätzlicher oder fahrlässiger Tötung durch Unterlassen strafbar. Obwohl sich der Betreffende nicht vertraglich zu einer Führung verpflichtet hatte, folgt eine Garantenstellung hier aus einem vertragsähnlichen Verhältnis.

c) Faktische Übernahme. Schließlich kann im Einzelfall auch eine Garantenstellung durch faktische Übernahme angenommen werden, wobei allerdings eine besonders sorgfältige Prüfung erforderlich ist. So ist z. B. ein Wohnungsinhaber, der einen Obdachlosen bei sich in der Wohnung aufnimmt, dazu verpflichtet, diesen davor zu schützen, dass ein Dritter ihn nach einem gemeinsamen Zechgelage misshandelt. Denn durch die Aufnahme in der Wohnung wird eine Vertrauensgrundlage geschaffen, den Aufgenommenen jedenfalls vor schweren Gefahren zu schützen. Dies gilt vor allem dann, wenn die Gefahren von einem anderen Gast drohen.[298] Eine andere Beurteilung ist aber z. B. dann angebracht, wenn die Gefahren von einem außenstehenden Dritten (etwa einem Einbrecher) herrühren. Auch hat der Gastgeber einer Geburtstagsparty üblicherweise keine Rechtspflicht zum Einschreiten, wenn mehrere seiner Gäste sich gegenseitig verprügeln.

618 Problematisch sind diejenigen Fälle, in denen jemand in einer Notsituation einem anderen zuerst Beistand leistet, die **Hilfeleistung** dann aber **abbricht**. Allein die Tatsache, dass mit der Hilfeleistung begonnen wurde, macht ihn noch nicht zum Garanten. Eine Garantenstellung entsteht erst dann, wenn der Helfer die Situation des Hilfsbedürftigen in risikosteigernder Weise verändert, d. h. seine Rettungsmöglichkeiten verschlechtert. Wer also einen Betrunkenen, der auf der Straße gestürzt ist, in seinem Auto mitnimmt, ihn dann aber auf einem einsamen Parkplatz im Auto zurücklässt, macht sich wegen einer fahrlässigen Tötung durch Unterlassen, §§ 222, 13 StGB, strafbar, wenn dieser im Auto erfriert, sofern die Chancen, im Auto entdeckt und gerettet zu werden, geringer sind als auf der Straße.

4. Stellung als Amtsträger oder als Organ einer juristischen Person

619 Diese Fallgruppe hat sich als Untergruppe der geschilderten Fallgruppe der **freiwilligen Übernahme von Schutzpflichten** entwickelt, wobei Inhalt und Umfang dieser Garantenstellung allerdings umstritten sind.

620 a) **Amtsträger.** Bei den Amtsträgern richten sich Inhalt und Umfang der Garantenpflicht nach der Art der Dienstpflicht und dem jeweiligen Aufgabenbereich. Mit der Anerkennung dieser Fallgruppe der **freiwilligen Übernahme durch die Übernahme eines Amtes** wird gerade im Umweltbereich die Strafbarkeit von Amtsträger begründet, die ihre Aufgaben nicht wahrnehmen. Wer also z. B. als Leiter eines Wasserwirtschaftsamtes eine Firma mit der Entölung von Gewässern beauftragt, obwohl er weiß, dass die Kapazitäten dieser Firma dafür nicht ausreichen, macht sich wegen einer Gewässerverunreinigung durch Unterlassen, §§ 324, 13 StGB, strafbar.[299]

621 Ferner kann eine Garantenpflicht auch für Sozialarbeiter angenommen werden, die im Bereich der Kinder- und Jugendhilfe tätig sind (Pflicht zum Schutz der betreuten Kinder). Problematisch – aber im Ergebnis ebenfalls zu bejahen – ist auch die Annahme einer Rechtspflicht zum Einschreiten von Justizvollzugsbeamten bei der Misshandlung von Gefangenen.[300] Fraglich ist, ob über diese Einzelfälle hinaus allgemein im Bereich des Polizeirechts eine Pflicht der (Polizei-)Beamten zum Schutz von Individualrechtsgütern besteht, ob sie also z. B. verpflichtet sind, Straftaten zu verhindern.

---

[298] BGHSt 27, 10.
[299] Vgl. LG Bremen NStZ 1982, 164.
[300] Vgl. aber BGHSt 43, 82 (84 f.).

> **Bsp.:**[301] Emil, Leiter eines Ordnungsamtes, ist für die Überwachung der Einhaltung von Vorschriften des Gaststättengesetzes zuständig. Trotz Hinweisen schreitet er nicht gegen einen Bordellbetrieb ein, in dem Prostituierte ausgebeutet werden. – Auch hier liegt eine Garantenpflicht Emils vor. Der Einzelne muss darauf vertrauen können, dass der Staat und seine Repräsentanten, deren „ureigenste Aufgabe" es ist, für den Schutz der Rechtsunterworfenen zu sorgen, diese Aufgabe auch wahrnehmen. (Polizei)Beamte trifft daher jedenfalls im Rahmen ihrer Dienstausübung in den Grenzen ihres örtlichen und sachlichen Verantwortungsbereiches die Pflicht, Straftaten anderer zu verhindern. Anders ist dies allerdings dann, wenn der Beamte außerdienstlich Kenntnis von einem bevorstehenden Verbrechen erhält.

b) Organe juristischer Personen. Eine etwas andere Schutzrichtung weist die Garantenstellung von Organen juristischer Personen auf. Durch die (freiwillige) Übernahme der Organstellung innerhalb eines Unternehmens sind die Betreffenden dazu verpflichtet, Schäden (hier in aller Regel Eigentums- und Vermögensschäden) von der juristischen Person fernzuhalten (sog. **„Geschäftsherrenhaftung"**). Strafbar können sich aber auch hier nur einzelne Personen, nicht das Organ als solches machen.

IV. Die einzelnen Überwachungspflichten (Sicherungs- oder Überwachungsgaranten)

Die Sicherungs- oder Überwachungsgarantenstellungen dienen dem Schutz unbestimmt vieler Rechtsgüter vor einer Gefahrenquelle, für die der Garant (aus unterschiedlichen Gründen) verantwortlich ist. Diese Pflichten können auch **übertragen** werden. Nicht nur derjenige, der originär für eine bestimmte Gefahrenquelle verantwortlich ist (z. B. der Bauunternehmer für die Sicherung der Baugrube), sondern auch derjenige, der – zumeist vertraglich – diese Pflichten übernimmt (also z. B. der Vorarbeiter, der mit den konkreten Aufgaben betraut wurde), kann also strafrechtlich zur Verantwortung gezogen werden.

1. Vorangegangenes pflichtwidriges Verhalten (Ingerenz)

Jeder, der durch ein objektiv gefährliches (Vor-)Verhalten die Gefahr eines (weiteren) Schadens für andere Rechtsgüter geschaffen hat, ist zur Abwendung dieses drohenden Schadens und zu entsprechenden Rettungsmaßnahmen verpflichtet. Dies ist jedenfalls der Grundgedanke der Garantenstellung aus **Ingerenz**, die jedoch in ihrer Reichweite besonders umstritten ist. Zu beachten ist nämlich, dass nicht jedes gefährliche Vorverhalten ausreichen kann, sondern dass es sich um ein solches handeln muss, welches eine „nahe" Gefahr des Eintritts eines tatbestandsmäßigen Erfolges schafft. Darüber hinaus ist es umstritten, ob bereits ein lediglich gefahrschaffendes (Vor-)Verhalten ausreicht, oder ob dieses Verhalten auch **objektiv pflichtwidrig** sein muss.[302]

> **Bsp.:** Eines Abends wärmt sich Anton in seinem Auto im Wald. Der vorbeikommende Bruno entwendet ihm eine Flasche Wein, die Anton vor dem Auto abgestellt hatte. Bei der Verfolgung stellt Anton dem Bruno ein Bein, um die-

---
301 Fall nach BGH NJW 1987, 199.
302 Vgl. hierzu ausführlich *Heinrich*, AT, Problemschwerpunkt 23, Rn. 957 ff.

sen an der Flucht mit der „Beute" zu hindern. Dabei stürzt Bruno so unglücklich, dass er sich den Fuß bricht. Obwohl Anton die hilflose Lage Brunos erkennt, schnappt er seine Weinflasche und lässt Bruno liegen. Dessen möglichen Tod nimmt er in Kauf. Tatsächlich erfriert Bruno in der Nacht, da ihm in dem einsamen Waldstück niemand zu Hilfe kommt. – Bei der Frage, ob sich Anton wegen eines Totschlags durch Unterlassen, §§ 212, 13 StGB, oder lediglich wegen unterlassener Hilfeleistung, § 323c StGB, strafbar gemacht hat, kommt es entscheidend darauf an, ob er eine Garantenpflicht gegenüber dem verletzten Bruno besaß. Diese könnte an sein vorheriges Verhalten (Beinstellen) anknüpfen, welches zwar gefährlich, aber infolge Notwehr, § 32 StGB, gerechtfertigt und daher nicht pflichtwidrig war.

625 Eine Ansicht lehnt die **Ingerenz als Garantenstellung grundsätzlich ab.**[303] Hiernach kann auch ein vorangegangenes pflichtwidriges Vorverhalten bei Unterlassungsdelikten keine Garantenstellung begründen, denn die Anerkennung einer solchen allgemeinen Garantenstellung sei viel zu weitgehend, so diese Auffassung, und würde letztlich die Garantiefunktion des Tatbestandes sprengen. Die strafrechtliche Haftung sei vielmehr durch die Haftung für das vorangegangene Tun (hier das Beinstellen) bereits ausreichend abgesichert. Dagegen setzt die **Verursachungstheorie** für eine Garantenstellung lediglich die vorherige Verursachung einer Gefahr voraus. Ein pflichtwidriges Vorverhalten sei nicht erforderlich.[304] Wer eine Gefahr verursache, müsse dafür sorgen, dass diese sich nicht realisiere. Dies gelte auch für den in Notwehr Handelnden. Denn es sei widersprüchlich, ihm bei der Notwehr einerseits Beschränkungen aufzuerlegen, andererseits aber freizustellen, nach dem Angriff Rettungsmaßnahmen zu ergreifen oder nicht. Die von der (bisher wohl) h. M. vertretene **Pflichtwidrigkeitstheorie** verlangt dagegen zutreffend, dass das vorangegangene gefährliche Tun im Hinblick auf die hervorgerufene Gefahr auch pflichtwidrig war.[305] Sonst würde z. B. derjenige, der zur Verteidigung der Rechtsordnung in Notwehr handle, mit einer Garantenpflicht belastet werden. Auch würde derjenige, der durch einen Angriff seine Notlage selbst verschuldet habe, besser stehen als derjenige, der unverschuldet in Not geriete. Zwischen diesen beiden Ansichten entwickelte sich noch eine weitere Ansicht, die jedenfalls bei einem Handeln in Notwehr eine Garantenstellung ablehnt. Konstruktiv wird dies dadurch erreicht, dass entweder zwar ein gefahrschaffendes Vorverhalten zur Begründung einer Garantenstellung für ausreichend angesehen wird, ein Handeln in Notwehr aber von diesem Grundsatz ausgenommen wird (**modifizierte Verursachungstheorie**)[306] oder aber zwar grundsätzlich am Erfordernis der Pflichtwidrigkeit des Handelns festhalten wird, bei Vorliegen anderer Rechtfertigungsgründe als der Notwehr jedoch ausnahmsweise auch ein gerechtfertigtes Vorverhalten zur Begründung einer Garantenstellung für ausreichend befunden wird (**modifizierte Pflichtwidrigkeitstheorie**)[307].

626 Wenn mit der h. M. grundsätzlich ein pflichtwidriges Verhalten für eine Garantenstellung aus Ingerenz gefordert wird, kommt es allerdings in folgenden Fällen zu Problemen:

---

[303] *Seebode*, FS Spendel, 1992, S. 317 (342 ff.).
[304] *Lackner/Kühl/Heger*, § 13 Rn. 13.
[305] BGHSt 43, 381 (396 f.); *Bosch*, in: Schönke/Schröder, § 13 Rn. 35.
[306] *Freund*, in: MüKo, 4. Aufl., § 13 Rn. 141 ff., 152.
[307] *Rengier*, § 50 Rn. 91 ff.

IV. Die einzelnen Überwachungspflichten

Bsp. (1): Anton fährt mit seinem Fahrrad ordnungsgemäß auf dem Radweg. Da kommt ihm plötzlich ein Auto entgegen, das den Radweg als Überholspur benutzt. Anton kann sein Leben gerade noch dadurch retten, dass er mit dem Rad auf den Fußgängerweg ausweicht und dabei die Rentnerin Renate umfährt. Diese bleibt verletzt liegen und benötigt dringend Hilfe. Anton jedoch entfernt sich, ohne zu helfen. Renate stirbt. – Hier hat sich Anton beim Ausweichen nicht pflichtwidrig verhalten, er ist vielmehr nach § 34 StGB gerechtfertigt. Wer strikt an der Pflichtwidrigkeit des Vorverhaltens festhält, kann Anton nicht wegen eines Totschlags durch Unterlassen, §§ 212, 13 StGB, sondern nur nach § 323c StGB bestrafen.

Bsp. (2): Gastwirt Gerd sperrt den randalierenden Gast Rudi, der gerade dabei ist, die Einrichtung zu zertrümmern, kurzerhand in der Besenkammer ein. Als Rudi am nächsten Morgen aufwacht und reumütig um „Freiheit" bittet, lehnt Gerd ab. Rudi verhungert daraufhin in der Besenkammer, was Gerd in Kauf genommen hat. – Auch hier war das Einsperren Rudis im konkreten Fall nach § 32 StGB gerechtfertigt und daher nicht pflichtwidrig. Dennoch erscheint es hier seltsam, Gerd „nur" wegen unterlassener Hilfeleistung, § 323c StGB, und nicht wegen eines Totschlags oder einer Freiheitsberaubung mit Todesfolge durch Unterlassen zu bestrafen.

Folgt man der h. M. und verlangt grundsätzlich ein pflichtwidriges Verhalten, muss allerdings noch – im Rahmen der objektiven Zurechnung – geprüft werden, ob gerade das pflichtwidrige Verhalten den Erfolg verursacht hat (Pflichtwidrigkeitszusammenhang). Ferner muss sich die Pflichtwidrigkeit auf die Verletzung einer Norm beziehen, die gerade dem Schutz des später betroffenen Rechtsgutes dient (Schutzzweckzusammenhang). Auch die sonstigen Elemente der objektiven Zurechnung sind hier zu beachten. **627**

Bsp.: Anton und Bruno beschließen, gemeinsam Heroin zu konsumieren, welches Anton zuvor erworben hat. Nachdem Bruno seine Dosis Heroingemisch inhaliert hat, bricht er bewusstlos zusammen. Anton erkennt, dass sofortige Hilfe erforderlich ist, und unternimmt nichts. – Der BGH bejahte hier eine Garantenpflicht aus Ingerenz durch die pflichtwidrige Aushändigung des Heroins (Straftat nach § 29 Abs. 1 BtMG).[308] Mit der h. M. ist hier jedoch eine Garantenpflicht abzulehnen, da in der Einnahme des Heroins eine freiverantwortliche Selbstgefährdung Brunos vorlag.[309] Hieran ändert auch der Umstand nichts, dass sich – trotz des bewusst eingegangenen Risikos – letztlich ein vom Opfer nicht gewollter Erfolg realisierte.

Wichtig ist noch, dass die Verletzung der allgemeinen Hilfeleistungspflicht des § 323c StGB für sich gesehen noch keine Garantenpflicht aus Ingerenz begründet, da sich sonst derjenige, der bei Unglücksfällen keine Hilfe leistet, in aller Regel auch wegen eines weiteren unechten Unterlassungsdelikts strafbar machen würde. **628**

Bsp.: Anton sieht auf dem Weg in seine Stammkneipe den durch einen Verkehrsunfall verletzten Paul blutüberströmt im Straßengraben liegen. Er hilft nicht und geht weiter. – Anton hat sich hier lediglich nach § 323c StGB wegen unterlassener Hilfeleistung strafbar gemacht. Sieht er Paul eine Stunde später

---

308 BGH NStZ 1984, 452.
309 *Roxin*, AT II, § 32 Rn. 175.

auf dem Rückweg von der Kneipe immer noch dort liegen, kann nicht argumentiert werden, die vorherige Verletzung der allgemeinen Hilfeleistungspflicht stelle ein pflichtwidriges Vorverhalten dar, welches nunmehr eine Garantenstellung aus Ingerenz (und damit eine Strafbarkeit wegen Totschlags durch Unterlassen) begründe.

629 Eine Garantenpflicht aus Ingerenz liegt auch dann vor, wenn der Täter die Gefahr zuvor **vorsätzlich** herbeigeführt hat. Zwar geht die Rechtsprechung teilweise davon aus, dass in diesen Fällen eine Rechtspflicht zum Handeln entfallen müsse, da niemand verpflichtet sein könne, eine zuvor vorsätzlich verursachte Gefahr zu beseitigen.[310] Dem ist jedoch zu widersprechen. Zwar tritt hier das Unterlassungsdelikt regelmäßig auf Konkurrenzebene hinter das vorsätzliche Begehungsdelikt zurück. Dies gilt jedoch dann nicht, wenn der Täter im Rahmen seines Unterlassens zusätzliche qualifizierende Merkmale erfüllt. Zudem lässt sich auch nur so die Strafbarkeit von Beteiligten erfassen, die erst zum Zeitpunkt des Unterlassens hinzutreten. Wer also einen anderen mit bedingtem Tötungsvorsatz niederschlägt und anschließend erkennt, dass es sich um seinen Erbonkel handelt, und der diesem nun gerade deswegen nicht hilft, um die Erbschaft zu „kassieren", macht sich (neben dem Totschlag durch aktives Tun) auch wegen eines Mordes aus Habgier durch Unterlassen strafbar, §§ 212, 211, 13 StGB. Wird der Täter hinsichtlich der fehlenden Hilfeleistung durch den dringenden „Rat" seiner Ehefrau motiviert, die erst nach dem Niederschlagen hinzutritt, kann sich diese wegen Anstiftung zum Mord durch Unterlassen strafbar machen.

2. Pflicht zur Überwachung von Gefahrenquellen

630 Wer eine Gefahrenquelle in Gang setzt oder die Herrschaft über einen Gefahrenbereich ausübt, der muss dafür Sorge tragen, dass hierdurch Rechtsgüter Dritter nicht geschädigt werden. Insoweit obliegt ihm eine Verkehrssicherungspflicht bei tatsächlicher oder rechtlicher Herrschaft über gefährliche Sachen. Die Schaffung der Gefahrenquelle muss dabei (im Gegensatz zur oben behandelten Garantenstellung aus Ingerenz[311]) nicht pflichtwidrig sein. Dies folgt daraus, dass demjenigen, dem die Rechtsordnung ein gefährliches Verhalten in bestimmten Grenzen gestattet, im Gegenzug auch die Pflicht auferlegt werden muss, (weitergehende) Schäden zu verhindern, die sich aus seinem Verhalten ergeben.

> **Bsp.:** Die Garantenstellung kann hier insbesondere entspringen aus allgemeinen Verkehrssicherungspflichten, der Kfz-Haftung, der Tierhalter-Haftung, der Haftung des Grundstückseigentümers, des Gebäudeeigentümers, des Veranstalters von Sportwettkämpfen oder der Haftung des Bauunternehmers für eine Baugrube. Auch derjenige, der eine industrielle Anlage betreibt, muss dafür Sorge tragen, dass durch die Anlage keine Umweltgefahren verursacht werden. Schließlich hat auch die später noch zu behandelnde Produkthaftung[312] ihren Ursprung im Gedanken der Verkehrssicherungspflicht.

631 Fraglich sind allerdings diejenigen Fälle, in denen die Gefahr zwar von der zu überwachenden Gefahrenquelle ausgeht, die konkrete Schädigung aber durch das

---

310 BGH JR 1999, 294.
311 Vgl. oben Rn. 625.
312 Vgl. unten Rn. 632.

IV. Die einzelnen Überwachungspflichten **632, 633**

Verhalten eines voll verantwortlich handelnden Dritten oder dem eigenverantwortlichen Handeln des später Geschädigten verursacht wird.

Bsp.: Wohnungsinhaber Winfried hat dem Obdachlosen Otto in seiner Wohnung Unterschlupf gewährt. Nach einem gemeinsamen Zechgelage mit einem anderen Freund fällt dieser über Otto her, um ihn zu misshandeln. Winfried unternimmt nichts. – Neben der bereits bejahten Garantenstellung aus faktischer Übernahme[313] ist auch an eine solche aus der Verantwortlichkeit für eine Gefahrenquelle (Wohnung) zu denken, da Winfried den Otto in seinem „Herrschaftsbereich" beherbergt und dadurch einen Vertrauenstatbestand geschaffen hat. Im Gegensatz zu einer Gastwirtschaft[314] stellt jedoch eine Privatwohnung keinen Bereich dar, von dem typischerweise Gefahren für andere ausgehen, weshalb eine Garantenstellung hier ausscheidet.[315]

3. Inverkehrbringen gefährlicher Produkte

Die Fallgruppe des Inverkehrbringens gefährlicher Produkte entwickelte sich aus **632** der eben genannten Fallgruppe der Verantwortlichkeit für eine bestimmte Gefahrenquelle heraus zu einer eigenständigen Fallgruppe. Derjenige, der in rechtlich zulässiger Weise Produkte in den Verkehr bringt, die auch bei bestimmungsgemäßer Verwendung aufgrund ihrer Beschaffenheit für den Verbraucher die Gefahr des Eintritts von Gesundheitsschäden zur Folge haben, ist dazu verpflichtet, schadensverhütende Maßnahmen (z. B. Rückrufaktionen) durchzuführen. Dabei entspricht die Pflicht im Wesentlichen den Grundsätzen der zivilrechtlichen Produkthaftung (Pflicht zur Produktbeobachtung). Wie schon bei der Verantwortlichkeit für eine bestimmte Gefahrenquelle, so ist es auch hier nicht Voraussetzung, dass die ursprüngliche Handlung pflichtwidrig war.

Bsp.:[316] Großhändler Fritz liefert an mehrere Einzelhändler Rindfleisch. Später erfährt er, dass es sich hierbei um verseuchtes Fleisch handelt. Er unternimmt nichts. In den nächsten Wochen erleiden mehrere Personen gesundheitliche Schäden, nachdem sie das Fleisch gegessen haben. – Hier hätte Fritz zur Verhinderung von Gesundheitsschäden eine Rückrufaktion durchführen müssen. Da er ein Produkt in den Verkehr gebracht hatte, traf ihn eine diesbezügliche Garantenpflicht zur Verhinderung weitergehender Schäden. Er ist wegen einer fahrlässigen Körperverletzung durch Unterlassen, §§ 222, 13 StGB, strafbar.

4. Beaufsichtigungspflichten

Vergleichbar mit der Fallgruppe der Verantwortlichkeit für eine bestimmte Gefahrenquelle ist auch eine Verantwortlichkeit für das **Handeln einer anderen Person** **633** denkbar. Allerdings muss der Garant hier nicht zum Schutz dieser Person tätig werden, sondern er ist dafür verantwortlich, dass **von** dieser von ihm zu beaufsichtigenden Person keine Gefährdung anderer Personen oder der Allgemeinheit ausgeht.

Bsp.: Klassisch ist hier die Beaufsichtigungspflicht der Eltern für ihre minderjährigen Kinder, der Lehrer für ihre Schüler, der Vorgesetzten für ihre Unterge-

---
313 Vgl. oben Rn. 617 f.
314 Hier wurde eine Garantenpflicht bejaht von BGH NJW 1966, 1763.
315 BGHSt 30, 391 (394 ff.).
316 Vgl. hierzu auch das berühmte „Lederspray-Urteil", BGHSt 37, 106; hierzu *Heinrich*, AT, Rn. 968 Bsp. (2).

benen (vgl. auch § 357 StGB), der Ärzte für die Insassen einer psychiatrischen Anstalt oder der Vollzugsbeamten für die Insassen einer Strafvollzugsanstalt.

634 Streitig ist hier insbesondere das Verhältnis von **Ehegatten** untereinander. Mit der h. M. ist dabei davon auszugehen, dass ein Ehegatte nicht für Straftaten verantwortlich gemacht werden kann, die sein Ehepartner begeht. Er hat insoweit auch keine Rechtspflicht zum Einschreiten. Gleiches gilt für Eltern hinsichtlich ihrer **volljährigen Kinder.** Auch hier gilt der Grundsatz, dass Erwachsene für ihr Verhalten grundsätzlich selbst verantwortlich sind und im Normalfall keine Außenstehenden brauchen, die dafür Sorge tragen (müssen), dass sie sich rechtmäßig verhalten. Anders kann sich die Sache für den **Betriebsinhaber** darstellen, der in bestimmten Fällen verpflichtet ist, betriebsbezogene Straftaten seiner Angestellten zu verhindern („Geschäftsherrenhaftung").

635 Fraglich ist in diesem Zusammenhang, ob auch ein Mensch selbst eine „Gefahrenquelle" darstellen kann mit der Folge, dass man eine Überwachungsgarantenstellung im Hinblick auf die eigene Person besitzen kann. Zu denken ist etwa daran, dass jemand unter Alkoholeinfluss dazu neigt, entgegen seiner früheren Absicht gewalttätig zu werden oder mit dem Auto in betrunkenem Zustand nach Hause zu fahren. Ferner ist daran zu denken, dass jemand, der eine extrem ansteckende Krankheit hat, andere davor warnen muss, dass diese sich ihm nicht zu weit nähern. Sofern man hier nicht bereits ein (zumeist fahrlässig begangenes) Delikt durch aktives Tun (Trinken von Alkohol; Besuch anderer Personen) annimmt, ist eine solche Garantenstellung in engen Grenzen anzuerkennen.

Literaturhinweise

Einführende Aufsätze: *Kretschmer*, Die Garantenstellung (§ 13 StGB) auf familienrechtlicher Grundlage, JURA 2006, 898 (zusammenfassende Darstellung der strafrechtlichen Garantenstellung aus familiärer Verbundenheit mit kleinen Fallbeispielen); *Kühl*, Die strafrechtliche Garantenstellung – Eine Einführung mit Hinweisen zur Vertiefung, JuS 2007, 497 (verständlicher Problemüberblick zur strafrechtlichen Garantenstellung); *Rönnau*, Grundwissen Strafrecht – Garantenstellungen, JuS 2018, 526 (prägnante, studierendengerechte Einführung); *Sowada*, Die Garantenstellung aus vorangegangenem Tun (Ingerenz), JURA 2003, 236 (ausführliche Zusammenfassung der Grundlagen und wichtigsten Problemstellungen anhand von Fallbeispielen)

Übungsfälle: *Dannecker*, Eine folgenschwere Gasexplosion, JURA 1988, 657 (Examensklausur, die die Abgrenzung von positivem Tun und Unterlassen behandelt); *v. Danwitz*, Reden ist Silber, Schweigen ist Gold, JURA 2000, 486 (Examensklausur, die das Problem der Garantenstellung bei vorangegangenem pflichtgemäßem Tun erörtert); *Saal*, Zur strafrechtlichen Haftung eines nicht handelnden Garanten, JURA 1996, 476 (Anfängerklausur, die sich mit dem Problem der Garantenstellung – hier des Wohnungsinhabers hinsichtlich dort begangener Straftaten – beschäftigt)

Rechtsprechung: BGHSt 37, 106 – Lederspray (Garantenpflicht beim Inverkehrbringen gefährlicher Produkte); **BGHSt 53, 38** – Gebäudeeinsturz (Pflicht zur Überwachung einer Gefahrenquelle); **BGHSt 61, 21** – GBL (Garantenpflicht nach eigenverantwortlicher Selbstgefährdung); **BGH NStZ 1984, 452** – Heroinüberlassung (Garantenpflicht aus Ingerenz trotz eigenverantwortlicher Selbstgefährdung); **BGH NJW 2017, 3609** – Verwahrloste Mutter (Garantenpflicht der Kinder für ihre Eltern)

Teil 8: Das Fahrlässigkeitsdelikt

Kapitel 23: Das Fahrlässigkeitsdelikt – Übersicht und Deliktsaufbau

I. Grundlagen

Neben den Vorsatzdelikten bilden die Fahrlässigkeitsdelikte die zweite große Deliktsgruppe im Strafrecht. Während nach § 15 StGB vorsätzliches Verhalten stets strafbar ist, gilt dies für fahrlässiges Verhalten nur dann, wenn es das Gesetz (d. h. ein strafrechtlicher Tatbestand) ausdrücklich mit Strafe bedroht. **636**

> **Gesetzestext:**
> § 15 StGB: *Strafbar ist nur vorsätzliches Handeln, wenn nicht das Gesetz fahrlässiges Handeln ausdrücklich mit Strafe bedroht.*

Wurde bei den Vorsatzdelikten festgestellt, dass ein vorsätzliches Handeln nur dann vorliegt, wenn der Täter mit **Wissen und Wollen** den gesetzlichen Tatbestand verwirklicht,[317] so ist die Fahrlässigkeit dadurch gekennzeichnet, dass der Täter im Zeitpunkt der Tat entweder gar nicht damit rechnet, dass er einen gesetzlichen Tatbestand verwirklichen könnte (**unbewusste Fahrlässigkeit**) oder zwar mit der (entfernten) Möglichkeit einer Tatbestandsverwirklichung rechnet, aber darauf hofft, dass schon „alles gut gehen" wird (**bewusste Fahrlässigkeit**). Die Unterscheidung ist also allein im subjektiven Bereich angesiedelt. **637**

> **Bsp.:** Anton schießt im Wald mit einer Pistole und trifft Bruno, der durch den Schuss getötet wird. – (1) Wenn Anton die Pistole auf Bruno richtet, um ihn zu erschießen, handelt er vorsätzlich. Er ist wegen vorsätzlicher Tötung, § 212 StGB, oder gar wegen Mordes, §§ 212, 211 StGB, strafbar. (2) Wenn Anton lediglich zum Spaß auf Äste zielt und gar nicht damit rechnet, dass sich irgendwelche Personen in seiner Nähe befinden könnten, so fehlt ihm bereits die **Wissenskomponente** des Vorsatzes. Er ist lediglich wegen fahrlässiger Tötung, § 222 StGB, zu bestrafen (unbewusste Fahrlässigkeit). (3) Wenn Anton zwar auf Bruno zielt, ihn jedoch nur verletzen will, fehlt ihm die **Wollenskomponente** hinsichtlich einer Tötung. Auch hier kommt lediglich eine fahrlässige Tötung, § 222 StGB, in Betracht (bewusste Fahrlässigkeit). (4) Vergleichbares gilt, wenn Anton zwar auf Äste zielt, ihm aber durchaus bewusst ist, dass sich im Wald ab und zu Spaziergänger aufhalten, die durch einen Querschläger getötet werden können. Hier liegt im **Wissensbereich** jedenfalls ein Für-Möglich-Halten der Tatbestandsverwirklichung vor. Vertraut Anton nun darauf, es werde schon

---

317 Vgl. hierzu oben Rn. 173 ff.

nichts passieren, handelt er auch hier bewusst fahrlässig. Ist es ihm dagegen völlig gleichgültig, ob er einen Menschen trifft oder nicht, nimmt er also den Tod eines zufällig vorbeilaufenden Spaziergängers als Erfolg billigend in Kauf, liegt **bedingter Vorsatz** vor, der zu einer Bestrafung wegen eines vorsätzlichen Delikts führt.

II. Grundsätzliches zu den Fahrlässigkeitsdelikten

1. Bedeutung der Fahrlässigkeitsdelikte

638 Die Fahrlässigkeitsdelikte führten lange Zeit ein Schattendasein. Dies änderte sich allerdings in den letzten Jahrzehnten insbesondere mit dem Aufkommen neuer und vor allem gefährlicher Verhaltensweisen und Technologien. Insbesondere ist hier der Bereich des Straßenverkehrs zu nennen, in dem es täglich zu einer Vielzahl von fahrlässigen Tötungen und Körperverletzungen kommt. Aber auch der Vertrieb von gefährlichen Produkten oder die Nutzung gefährlicher Anlagen hat sprunghaft zugenommen und führt zu einer Vielzahl von fahrlässigen Gesundheitsverletzungen oder auch Tötungen. Im Bereich der Erfolgsdelikte spielen die Fahrlässigkeitsdelikte daher in der Praxis heute eine bedeutendere Rolle als die Vorsatzdelikte.

2. Elemente des Fahrlässigkeitsdelikts

639 Der Aufbau und das Wesen des Fahrlässigkeitsdelikts waren lange Zeit umstritten – und sie sind es auch heute noch. Bis auf wenige Stimmen ist es allerdings inzwischen anerkannt, dass das Fahrlässigkeitsdelikt jedenfalls irgendeinen **Sorgfaltspflichtverstoß** seitens des Täters erfordert. Dem Täter muss also, damit ihm ein fahrlässiges Verhalten vorgeworfen werden kann, ein konkreter Verstoß gegen irgendeine – geschriebene oder ungeschriebene – Sorgfaltspflicht zur Last gelegt werden. Dabei ist die Einordnung dieses Pflichtverstoßes in den Straftataufbau nicht eindeutig.

640 Während die **klassische kausale Lehre**, die auch beim Vorsatzdelikt den Vorsatz in der Schuld behandelte,[318] konsequenterweise auch die Fahrlässigkeitselemente, insbesondere die Sorgfaltspflichtverletzung, in der Schuld prüfte,[319] zog die **neoklassische Lehre** jedenfalls die objektive Sorgfaltspflichtverletzung und die objektive Vermeidbarkeit in den Bereich des Unrechts und verortete diese Elemente im Bereich der Rechtswidrigkeit: Die Einhaltung der im Verkehr erforderlichen Sorgfalt wird dabei als Rechtfertigungsgrund angesehen.[320] Die heute herrschende **moderne Lehre**, der auch hier gefolgt wird, sieht die objektive Sorgfaltspflichtverletzung und die objektive Vermeidbarkeit hingegen als objektive Tatbestandselemente an, während die Frage, ob dem Täter der Sorgfaltspflichtverstoß auch persönlich zum Vorwurf gemacht werden kann (subjektive Sorgfaltspflichtverletzung) weiterhin im Bereich der Schuld anzusiedeln ist.[321] In jüngster Zeit haben sich jedoch auch neue Lehren entwickelt, die auf die Unterscheidung von objektivem und subjektivem Sorgfaltspflichtverstoß gänzlich verzichten wollen und die – im

---
318 Vgl. hierzu oben Rn. 70.
319 Vgl. *Frank*, StGB, § 59 VIII 4.
320 *Baumann/Weber/Mitsch*, 11. Aufl. 2003, § 22 Rn. 20 ff.
321 *Sternberg-Lieben/Schuster*, in: Schönke/Schröder, § 15 Rn. 118 f.

objektiven Tatbestand zu prüfende – Sorgfaltspflichtverletzung ausschließlich nach individuellen Kriterien bestimmen.³²²

3. Verhältnis von Vorsatz- und Fahrlässigkeitsdelikt

Im Hinblick auf das Verhältnis von Vorsatz- und Fahrlässigkeitsdelikt ist als erstes zu beachten, dass die Merkmale des Fahrlässigkeitsdelikts stets eigenständig zu prüfen sind. Weder folgt aus der Ablehnung vorsätzlichen Verhaltens zwangsläufig die Annahme von Fahrlässigkeit, noch schließt die Annahme vorsätzlichen Verhaltens die Fahrlässigkeit notwendigerweise aus. Vorsatz und Fahrlässigkeit stehen also nicht in einem logischen Stufenverhältnis, die Fahrlässigkeit ist gegenüber dem Vorsatz etwas vollkommen anderes, d. h.: ein „aliud".

> **Klausurtipp**
> Wenn in einer Prüfung nach Annahme des objektiven Tatbestandes im subjektiven Tatbestand der Vorsatz verneint wird, ist immer an ein mögliches Fahrlässigkeitsdelikt zu denken, sofern ein entsprechender Tatbestand existiert. Dieser ist dann aber eigenständig zu prüfen.

4. Strafbarkeit des Fahrlässigkeitsdelikts

Wie bereits erwähnt, ist Fahrlässigkeit nur dann strafbar, wenn dies ausdrücklich gesetzlich bestimmt ist (§ 15 StGB). Dabei spielt die Fahrlässigkeit im Rahmen der **Erfolgsdelikte** eine große Rolle (z. B. fahrlässige Körperverletzung, § 229 StGB; fahrlässige Tötung, § 222 StGB; fahrlässige Brandstiftung, § 306d StGB). Es gibt jedoch auch schlichte **Tätigkeitsdelikte**, die fahrlässig begangen werden können (z. B. fahrlässiger Falscheid, § 163 StGB; fahrlässige Gefährdung des Straßenverkehrs, § 315c Abs. 3 StGB; fahrlässige Trunkenheit im Verkehr, § 316 Abs. 2 StGB).

Sofern die Rechtsgüter Leben oder körperliche Unversehrtheit betroffen sind, sind dabei Fahrlässigkeitstatbestände häufig, seltener existieren solche im Eigentums- und Vermögensbereich. Gerade hier (vgl. z. B. die straflose fahrlässige Sachbeschädigung) fallen daher zivilrechtliche Haftung (§ 823 Abs. 1 BGB) und strafrechtliche Haftung (Straflosigkeit) oftmals auseinander.

5. Definition der Fahrlässigkeit

Es gibt im Gesetz keine – strafrechtliche – Definition des Fahrlässigkeitsbegriffs. Einen Anhaltspunkt bietet allerdings das Zivilrecht, welches im Hinblick auf den (zivilrechtlichen) Verschuldensmaßstab in § 276 Abs. 2 BGB eine Definition enthält:

> **Gesetzestext**
> § 276 Abs. 2 BGB: *„Fahrlässig handelt, wer die im Verkehr erforderliche Sorgfalt außer Acht lässt".*

Diese Definition hat auch im Strafrecht ihre Berechtigung – auch wenn sie sehr abstrakt gehalten ist. Etwas konkreter ist die Definition, die sich zeitweise in Urteilen des BGH findet: „Fahrlässig handelt, wer eine objektive Pflichtwidrigkeit be-

---
322 *Duttge*, in: MüKo, 4. Aufl., § 15 Rn. 95 ff.

geht, sofern er diese nach seinen subjektiven Kenntnissen und Fähigkeiten vermeiden konnte, und wenn gerade die Pflichtwidrigkeit objektiv und subjektiv vorhersehbar den Erfolg gezeitigt hat".[323]

6. Fahrlässiges Unterlassen

646 Möglich ist auch eine Strafbarkeit wegen fahrlässigen Unterlassens.

> **Bsp.:** Es kann für die Strafwürdigkeit keine Rolle spielen, ob die Mutter eines Kleinkindes aus Versehen hochgiftige Substanzen in den Babybrei gibt (= Tun) oder aus Nachlässigkeit vergisst, ihr Baby zu ernähren (= Unterlassen). Wird hierdurch der Tod des Babys verursacht, liegt eine Strafbarkeit nach § 222 StGB bzw. §§ 222, 13 StGB vor.

> **Klausurtipp**
> Bei der Prüfung des fahrlässigen Unterlassungsdelikts sind die Elemente der Unterlassensstrafbarkeit (Garantenstellung, Möglichkeit etc.) und der Fahrlässigkeit (Sorgfaltspflichtverstoß etc.) jeweils im objektiven Tatbestand zu prüfen. Eine zwingende Prüfungsreihenfolge existiert nicht. Möglich – und im modernen Wirtschaftsleben häufig – ist auch ein fahrlässiges Unterlassen mehrerer garantenpflichtiger Personen. Hier ist für jede einzelne Person getrennt zu prüfen, ob ihr eine Pflichtverletzung zur Last fällt.

7. Kein fahrlässiger Versuch

647 Bei den Fahrlässigkeitsdelikten gibt es hingegen keinen Versuch. Denn der Versuch eines Delikts setzt begrifflich den Entschluss voraus, eine Straftat zu begehen. § 22 StGB spricht davon, dass der Täter *„nach seiner Vorstellung von der Tat zur Verwirklichung des Tatbestandes unmittelbar ansetzt"*. Beim Fahrlässigkeitsdelikt liegt aber gerade kein Tatentschluss vor. Der Versuch eines Fahrlässigkeitsdelikts ist somit straflos.

8. Keine Teilnahme an einem Fahrlässigkeitsdelikt

648 Bei den Fahrlässigkeitsdelikten ist auch eine Teilnahme ausgeschlossen. Dies ergibt sich eindeutig aus dem Gesetz. Denn sowohl die Anstiftung als auch die Beihilfe erfordern nach §§ 26, 27 StGB eine **vorsätzlich** begangene rechtswidrige Haupttat. Oft wird aber in der Mitwirkung an einem fremden Fahrlässigkeitsdelikt eine **eigene Fahrlässigkeitsstrafbarkeit** (d. h. eine solche als Täter) gesehen werden können. Das wird in Prüfungen leider oft übersehen.

> **Bsp.:** Bruno überredet Anton dazu, mit einer Pistole im Wald auf Bäume zu schießen. Ein Querschläger trifft einen Passanten, womit keiner der beiden gerechnet hat. – Anton ist strafbar wegen einer fahrlässigen Tötung, § 222 StGB, denn das Schießen im Wald stellt eine Verletzung der objektiv erforderlichen Sorgfalt dar, wobei ein tödlicher Erfolg beim Schießen in der Öffentlichkeit stets vorhersehbar ist. Bruno hat Anton zwar zum Schießen angestiftet, da eine Anstiftung nach § 26 StGB jedoch eine vorsätzlich begangene rechtswidrige Haupttat voraussetzt, scheidet eine solche hier aus. Es kann jedoch auch als sorgfaltspflichtwidrig angesehen werden, andere zum Schießen in der Öf-

---

[323] BGHSt 49, 1 (5).

fentlichkeit zu überreden. Daher hat Bruno hier – als Täter! – ebenfalls eine fahrlässige Tötung, § 222 StGB, begangen.

Wie bei der Behandlung der Teilnahmelehre noch gezeigt werden wird,[324] gibt es beim Fahrlässigkeitsdelikt (im Gegensatz zum Vorsatzdelikt) somit keine Zweiteilung von Täterschaft und Teilnahme. Im Fahrlässigkeitsbereich kennt man nur den **Einheitstäter**: Jeder, der eine Sorgfaltspflicht verletzt, ist Täter. Anstiftung und Beihilfe sind ausgeschlossen.

9. Keine fahrlässige Teilnahme

Konsequenterweise ist nicht nur die Teilnahme **an** einem Fahrlässigkeitsdelikt, sondern auch die **fahrlässige Teilnahme** an einem Vorsatzdelikt straflos. Auch dies ergibt sich unmittelbar aus dem Gesetz. Denn dieses kennt als Teilnahmeformen nur die Anstiftung und die Beihilfe. Beide setzen jedoch aufgrund der eindeutigen Gesetzesfassung ein vorsätzliches Verhalten des Teilnehmers voraus. Der Anstifter muss einen anderen **vorsätzlich** zu dessen (vorsätzlich begangener) Tat bestimmen, der Gehilfe muss einem anderen **vorsätzlich** Hilfe leisten.

> **Bsp. (1):** Anton erzählt Bruno, von dem er weiß, dass dieser zuweilen zu kriminellem Verhalten neigt, dass seine reiche Nachbarin Wilma für sechs Wochen zur Kur gefahren sei und dass er es eigentlich unverantwortlich von ihr finde, das Haus so lange allein zu lassen. Bruno nutzt den ungewollten „Tipp", bricht bei Wilma ein und entwendet deren wertvollen Schmuck. – Da Anton hier Bruno nicht vorsätzlich zu dessen Tat veranlasst hat, scheidet eine Anstiftung aus, selbst wenn Anton vorhersehen konnte, dass Bruno seine Information zu einer Tatbegehung nutzen würde. Eine eigene Täterschaft wegen eines Fahrlässigkeitsdeliktes scheidet aus, weil der Diebstahl nur vorsätzlich begangen werden kann. Einen fahrlässigen Diebstahl kennt unser StGB nicht.

> **Bsp. (2):** Anton leiht Bruno sein Auto, obwohl er weiß, dass Bruno öfters in betrunkenem Zustand fährt. Er vertraut jedoch darauf, dass Bruno das Trinken an diesem Abend sein lässt. – Wenn Bruno dennoch an diesem Tag in betrunkenem Zustand eine Fußgängerin tödlich überfährt, ist Anton, obwohl er durch das Ausleihen des Autos objektiv Hilfe zu Brunos Trunkenheitsfahrt geleistet hat, mangels vorsätzlichen Verhaltens nicht wegen Beihilfe (zu § 222 StGB bzw. § 315c Abs. 1 Nr. 1, eventuell in Verbindung mit Abs. 3 StGB) strafbar. Dagegen kommt eine eigene täterschaftliche fahrlässige Tötung in Betracht, da es objektiv sorgfaltspflichtwidrig ist, einem unzuverlässigen Fahrer ein Auto zur Verfügung zu stellen.

10. Sonderproblem: fahrlässige Mittäterschaft

Da eine Mittäterschaft – wie noch gezeigt werden wird[325] – ein bewusstes und gewolltes Zusammenwirken bei der Tatbegehung voraussetzt, kann diese im Fahrlässigkeitsbereich an sich nicht stattfinden, da hier ja gerade kein Bewusstsein hinsichtlich der Tatverwirklichung existiert. Möglich ist hingegen eine **Nebentäterschaft**, wenn mehrere Personen sich in gleicher Weise sorgfaltspflichtwidrig verhalten und dadurch einen strafrechtlichen Erfolg bewirken (Bsp.: Mehrere Personen entzünden ein Lagerfeuer und vergessen, es anschließend vollständig zu

---

324 Vgl. unten Rn. 762.
325 Vgl. unten Rn. 786 f.

löschen; bei dem anschließenden Waldbrand stirbt ein Mensch). Hier kann allen Beteiligten aber nur eigenes, nicht aber fremdes Verhalten zugerechnet werden. Eine Bestrafung ist daher dann problematisch, wenn die Kausalitätsfrage nicht geklärt werden kann.

> **Bsp.:** Anton und Bruno sitzen an einem Berghang und werfen abwechselnd Steine ins Tal. Einer dieser Steine löst eine Gerölllawine aus, durch die ein Wanderer getötet wird. – Wenn hier nicht festgestellt werden kann, welcher Stein die Lawine auslöste, müssten beide Beteiligten freigesprochen werden, da jeweils „in dubio pro reo" davon auszugehen ist, dass der Stein des anderen die Lawine auslöste. Da eine gegenseitige mittäterschaftliche Zurechnung der Steinwürfe nicht möglich ist, kann dem einen das Verhalten des anderen an sich nicht zur Last gelegt werden.

652 Gerade dieses Beispiel hat in der Literatur zu Recht Forderungen laut werden lassen, eine fahrlässige Mittäterschaft (und daher eine gegenseitige Zurechnung der Tatbeiträge) anzuerkennen. Dabei steht man aber vor dem Problem, dass die Beteiligten zwar im Hinblick auf die strafbare Handlung (das Werfen der Steine) bewusst und gewollt zusammengewirkt haben (sie haben sich „gemeinsam" sorgfaltspflichtwidrig verhalten), es aber bei Erfolgsdelikten (wie der Tötung) an sich erforderlich ist, dass die Beteiligten auch hinsichtlich der Erfolgsherbeiführung bewusst zusammenwirken (was im oben genannten Bsp. nicht der Fall ist). Da allerdings gerade die Verletzung einer objektiven Sorgfaltspflicht den Kern des Fahrlässigkeitsdelikts ausmacht, muss es ausnahmsweise ausreichen, wenn die Beteiligten diesen Pflichtverstoß gemeinsam begehen.

11. Formen der Fahrlässigkeit

653 Bereits oben[326] wurde darauf hingewiesen, dass sich **zwei Formen** der Fahrlässigkeit begrifflich unterscheiden lassen:

> **Definition**
> Unter einer **unbewussten** Fahrlässigkeit versteht man ein Verhalten, bei dem der Täter bei einem bestimmten Tun oder Unterlassen diejenige Sorgfalt außer Acht lässt, zu der er nach den Umständen (objektiv) und nach seinen persönlichen Verhältnissen (subjektiv) verpflichtet und fähig ist, und er infolgedessen den Tatbestand verwirklicht, ohne mit einer solchen Möglichkeit zuvor gerechnet zu haben.

> **Bsp.:** Anton schießt mit seiner Pistole im Wald auf Äste und rechnet nicht damit, dass ein Spaziergänger vorbeikommen könnte. Zu seiner Überraschung trifft ein Querschläger den Spaziergänger Sepp, der durch den Schuss tödlich verletzt wird.

> **Definition**
> Unter einer **bewussten Fahrlässigkeit** versteht man ein Verhalten, bei dem es der Täter zumindest für möglich hält, dass er den gesetzlichen Tatbestand

---
326 Vgl. oben Rn. 637.

verwirklicht, bei dem er jedoch pflichtwidrig (objektiv) und vorwerfbar (subjektiv) darauf vertraut, dass er ihn nicht verwirklichen werde.

Bsp.: Anton weiß im vorigen Beispiel genau, dass ab und zu Spaziergänger im Wald vorbeikommen. Er hat dennoch Lust, mit seiner Pistole auf Äste zu schießen, wobei er allerdings darauf vertraut, es werde schon nichts passieren. Dennoch trifft ein Querschläger den Spaziergänger Sepp tödlich.

Klausurtipp
Die Unterscheidung zwischen der bewussten und der unbewussten Fahrlässigkeit ist für die Strafbarkeit an sich **bedeutungslos.** Sie spielt lediglich für die Strafzumessung eine Rolle. Insofern muss die jeweilige Form der Fahrlässigkeit im Rahmen einer Klausur auch nicht notwendigerweise angesprochen werden. Liegt jedoch eine bewusste Fahrlässigkeit vor, ist oftmals eine Abgrenzung zum bedingten Vorsatz erforderlich.

12. Unterscheidung von einfacher Fahrlässigkeit und Leichtfertigkeit

Während das Begriffspaar bewusste/unbewusste Fahrlässigkeit darauf abstellt, ob der Täter mit der Möglichkeit des Erfolgseintritts gerechnet hat, lässt sich eine weitere Unterscheidung dahingehend treffen, ob der Täter die im Verkehr erforderliche Sorgfalt in lediglich geringem oder in besonders hohem Maße verletzt hat, bzw. ob die Rechtsgutsverletzung im Hinblick auf sein Verhalten eher fern lag oder sich geradezu aufdrängte. Auch diese Unterscheidung wirkt sich beim normalen Fahrlässigkeitsdelikt zwar nicht auf die Frage der Strafbarkeit an sich aus, manche Vorschriften enthalten allerdings gerade das Erfordernis **leichtfertigen Handelns** (vgl. den Raub mit Todesfolge, § 251 StGB).

Definition
Unter **Leichtfertigkeit** versteht man einen gesteigerten Grad an Fahrlässigkeit, der in etwa dem Maßstab der groben Fahrlässigkeit des Zivilrechts entspricht, von diesem aber insoweit abweicht, als auch die individuellen Fähigkeiten und Kenntnisse des Täters zu berücksichtigen sind. Leichtfertig handelt daher derjenige, der die gebotene Sorgfalt in ungewöhnlich hohem Maße verletzt. Dies ist dann der Fall, wenn sich die Gefahr des Erfolgseintritts geradezu „aufdrängt". Entscheidend ist also letztlich der Grad der Vorhersehbarkeit der Rechtsgutsverletzung.

III. Aufbau des Fahrlässigkeitsdelikts

Auch beim Fahrlässigkeitsdelikt wird die grundsätzliche Trennung in Tatbestandsmäßigkeit, Rechtswidrigkeit und Schuld beibehalten. Es ergibt sich folgendes Prüfungsschema:

Prüfungsschema: Fahrlässigkeitsdelikt
I. Tatbestandsmäßigkeit
  1. Handlung des Täters (Tun oder Unterlassen)
  2. Tatbestandsmäßiger Erfolg (bei Erfolgsdelikten)

3. Kausalität (bei Erfolgsdelikten)
   4. Vorliegen einer objektiven Sorgfaltspflichtverletzung
   5. Objektive Zurechnung (bei Erfolgsdelikten)
      – Pflichtwidrigkeitszusammenhang
      – objektive Vorhersehbarkeit des Erfolges
      – sonstige Merkmale der objektiven Zurechnung
II. Rechtswidrigkeit
III. Schuld
   1. Schuldfähigkeit
   2. Fehlen von Entschuldigungsgründen
   3. (Potentielles) Unrechtsbewusstsein (Möglichkeit der Unrechtseinsicht)
   4. Schuldform: Vorliegen einer subjektiven Sorgfaltspflichtverletzung
   5. Subjektive Vorhersehbarkeit des Erfolges (bei Erfolgsdelikten)
   6. Subjektive Vermeidbarkeit des Erfolges (bei Erfolgsdelikten)

Prüfungsschema: Fahrlässiges Unterlassungsdelikt
I. Tatbestandsmäßigkeit
   1. Handlung des Täters (Tun oder Unterlassen)
   2. Tatbestandsmäßiger Erfolg (bei Erfolgsdelikten)
   3. Kausalität (bei Erfolgsdelikten)
   4. Spezifische Unterlassungselemente
      a) Garantenpflicht (bei unechten Unterlassungsdelikten)
      b) Nichtvornahme der gebotenen Handlung
      c) Möglichkeit der Vornahme der gebotenen Handlung
      d) Erforderlichkeit der Handlung
      e) Zumutbarkeit (str., a. M.: Schuldmerkmal)
      f) Entsprechungsklausel (§ 13 StGB)
   5. Spezifische Fahrlässigkeitselemente
      a) Vorliegen einer objektiven Sorgfaltspflichtverletzung
      b) Objektive Zurechnung (bei Erfolgsdelikten)
         – Pflichtwidrigkeitszusammenhang
         – objektive Vorhersehbarkeit des Erfolges
         – sonstige Merkmale der objektiven Zurechnung
II. Rechtswidrigkeit
III. Schuld
   1. Schuldfähigkeit
   2. Fehlen von Entschuldigungsgründen
   3. (Potentielles) Unrechtsbewusstsein (Möglichkeit der Unrechtseinsicht)
   4. Schuldform: Vorliegen einer subjektiven Sorgfaltspflichtverletzung
   5. Subjektive Vorhersehbarkeit des Erfolges (bei Erfolgsdelikten)
   6. Subjektive Vermeidbarkeit des Erfolges (bei Erfolgsdelikten)

1. Tatbestand

656 a) **Handlung.** Wie beim normalen Vorsatzdelikt ist zuerst zu prüfen, welche **Handlung** dem Täter vorzuwerfen ist. Es kann sich hierbei sowohl um ein Tun als auch um ein Unterlassen handeln (Bsp.: Anton fährt betrunken Auto; Martha vergisst es, ihren Säugling ausreichend mit Nahrung zu versorgen).

b) Erfolg. Sofern es sich – was überwiegend der Fall sein wird – um ein Erfolgsdelikt handelt, muss darüber hinaus der **Eintritt des tatbestandsmäßigen Erfolges** (Tod eines Menschen, körperliche Misshandlung, Beschädigung einer Sache) geprüft werden. **657**

c) Kausalität. Zwischen Handlung und Erfolg muss – ebenso wie beim Vorsatzdelikt – eine **Kausalität** im Sinne einer conditio-sine-qua-non-Formel bestehen. Das Verhalten des Täters muss für den Erfolgseintritt ursächlich sein. Gerade im Fahrlässigkeitsbereich kann hierbei oftmals auch ein zeitlich weit zurückliegendes Verhalten in Frage kommen, welches leicht zu einer Ausuferung der Fahrlässigkeitsbestrafung führen kann. Dieser Gefahr kann lediglich durch eine Einschränkung über die objektive Zurechenbarkeit ausreichend begegnet werden.[327] **658**

d) Sorgfaltspflichtverletzung. Während die bis jetzt genannten Punkte denjenigen des Vorsatzdelikts entsprechen, folgen nunmehr vier Prüfungspunkte, die speziell für das Fahrlässigkeitsdelikt prägend sind. Als erstes ist zu untersuchen, ob der Täter eine **Sorgfaltspflichtverletzung** begangen hat. Da die Sorgfaltspflichtverletzung den „Kern" des Fahrlässigkeitsdelikts darstellt, soll hierzu an späterer Stelle umfassend Stellung genommen werden.[328] **659**

e) Objektive Zurechnung. Während die **Verletzung der objektiven Sorgfalt** ein eigenständiges Tatbestandsmerkmal des Fahrlässigkeitsdelikts darstellt, sind die weiteren Prüfungspunkte lediglich **spezielle Ausprägungen der objektiven Zurechnung**, die sich jedoch im Rahmen der Fahrlässigkeitsprüfung zu selbstständigen Prüfungspunkten entwickelt haben. Da die objektive Zurechnung beim Fahrlässigkeitsdelikt im Gegensatz zum Vorsatzdelikt oftmals problematisch ist, sollten diese speziellen Ausprägungen stets (wenn auch nur kurz) angesprochen werden. **660**

aa) Pflichtwidrigkeitszusammenhang. Als erstes muss ein besonderer **Pflichtwidrigkeitszusammenhang** festgestellt werden. Wenn dem Täter die Tat als sein (durch einen Sorgfaltspflichtverstoß herbeigeführtes) Werk zugerechnet werden soll, muss es gerade seine Pflichtverletzung (und nicht etwa ein sonstiger Umstand) sein, die den jeweiligen Erfolg verursacht hat. Insoweit muss also neben die Kausalität von Handlung und Erfolg (im Sinne der conditio-sine-qua-non-Formel) auch eine „Kausalität" zwischen Pflichtwidrigkeit und Erfolg treten. **661**

> **Hinweis**
> Um begriffliche Verwirrungen zu vermeiden, sollte man bei dieser Verknüpfung von Sorgfaltspflichtverstoß und Erfolg jedoch nicht von „Kausalität", sondern vom „Pflichtwidrigkeitszusammenhang" sprechen. Dieser scheidet dann aus, wenn der Erfolg auch bei pflichtgemäßem Verhalten eingetreten wäre (Problematik des „rechtmäßigen Alternativverhaltens"[329]).

bb) Objektive Vorhersehbarkeit. Nächster Prüfungspunkt ist die **objektive Vorhersehbarkeit** des Erfolges. Durch dieses Merkmal werden im Wesentlichen diejenigen Fälle ausgegrenzt, die beim Vorsatzdelikt im Rahmen der objektiven Zu- **662**

---
[327] Vgl. zum Prüfungspunkt der objektiven Zurechnung noch unten Rn. 660 ff.
[328] Vgl. unten Rn. 672 ff.
[329] Vgl. hierzu noch näher unten Rn. 684 f.

rechnung unter die Fallgruppe des **atypischen Kausalverlaufes** fallen.³³⁰ Maßstab ist hier aber nicht ein allwissender Betrachter, sondern es ist vielmehr auf das Wissen des einschlägigen Verkehrskreises abzustellen. Ein nicht völlig außerhalb jeder Lebenserfahrung liegender Geschehensablauf ist damit stets vorhersehbar. Allerdings ist es nicht erforderlich, dass die konkreten Auswirkungen des eigenen Handelns **in allen Einzelheiten** vorausgesehen werden.

> **Definition**
> **Objektiv vorhersehbar** ist ein Erfolg dann, wenn (1) ein umsichtig handelnder Mensch (2) aus dem Verkehrskreis des Täters (3) unter den jeweils gegebenen Umständen (4) aufgrund der allgemeinen Lebenserfahrung (5) mit dem Eintritt des Erfolges gerechnet hätte. Dabei reicht es aus, dass der strafrechtlich unerwünschte Erfolg sich als mögliche Folge des Verhaltens darstellt.

663 Bei den schlichten Tätigkeitsdelikten (Bsp.: fahrlässiges Schwören eines Meineides) entfällt naturgemäß der Prüfungspunkt der objektiven Vorhersehbarkeit des Erfolges (ein solcher ist für die Tatbestandserfüllung ja gerade nicht erforderlich). Stattdessen hat man hier die **objektive Erkennbarkeit der Tatbestandsverwirklichung** zu prüfen.

664 cc) **Sonstige Merkmale der objektiven Zurechnung.** Neben diesen speziellen Ausprägungen der objektiven Zurechnung können beim Fahrlässigkeitsdelikt auch die – bereits beim Vorsatzdelikt angesprochenen – weiteren Fallgruppen zu einem Ausschluss der objektiven Zurechnung führen. Zu nennen sind: die fehlende Verletzung des **Schutzzwecks der Norm** (der Täter verletzt zwar eine Sorgfaltsnorm, diese dient jedoch nicht dazu, genau diesen konkreten Erfolg zu verhindern), die **freiverantwortliche Selbstgefährdung des Opfers** und das **eigenverantwortliche Dazwischentreten eines Dritten**.³³¹

665 f) **Subjektiver Tatbestand.** Einen **subjektiven Tatbestand** kennt das Fahrlässigkeitsdelikt nach zutreffender Ansicht nicht. Lediglich die Unterscheidung von bewusster und unbewusster Fahrlässigkeit könnte hier eine Rolle spielen, die jedoch ausschließlich für die Strafzumessung, nicht aber für die Strafbarkeit an sich relevant ist. In Klausuren ist es daher „eine Todsünde", beim Fahrlässigkeitsdelikt einen subjektiven Tatbestand überhaupt anzusprechen.

2. Rechtswidrigkeit

666 Auf **Rechtswidrigkeitsebene** gibt es beim Fahrlässigkeitsdelikt keine Besonderheiten. Die Rechtswidrigkeit scheidet aus, wenn ein Rechtfertigungsgrund vorliegt. Dabei sind sämtliche Rechtfertigungsgründe, die beim Vorsatzdelikt möglich sind, auch beim Fahrlässigkeitsdelikt denkbar. Möglich ist also eine Rechtfertigung durch Notwehr, Notstand, Festnahmerecht, Einwilligung (hier in der Regel in der Form der Einwilligung in eine als sorgfaltspflichtwidrig einzustufende einverständliche Fremdgefährdung) etc.

> **Bsp.:** Anton greift Bruno tätlich an. Dieser verteidigt sich dadurch, dass er Anton mit dem Gewehrkolben niederschlägt. Dabei löst sich versehentlich ein

---
330 Vgl. oben Rn. 161.
331 Vgl. zu diesen Fallgruppen noch ausführlich unten Rn. 686 ff.

Schuss, der Anton tödlich verletzt. – Unproblematisch liegt hier ein Handeln in Notwehr, § 32 StGB, vor, wenn auch eine vorsätzliche Tötung in Notwehr möglich gewesen wäre. Eine Notwehr kann aber auch dann noch als zulässig angesehen werden, wenn zwar nicht die vorsätzliche Tötung, jedenfalls aber der Einsatz des Gewehrs als Schlagwaffe trotz des hiermit verbundenen Risikos als erforderlich und geboten anzusehen war. Hier ist also die fahrlässige Tötung, § 222 StGB, gerechtfertigt.

Probleme bereitet in diesen Fällen lediglich das **subjektive Rechtfertigungselement**. Wer nicht weiß, dass er ein Rechtsgut des anderen angreift, kann dies kaum „mit Verteidigungswillen" tun. Diese Problematik stellt sich allerdings nur bei der unbewussten Fahrlässigkeit, während bei der bewussten Fahrlässigkeit der Täter jedenfalls weiß, dass er das Rechtsgut des anderen gefährdet. Doch auch bei der unbewussten Fahrlässigkeit ist eine Rechtfertigung möglich, wenn der Täter Kenntnis von der Rechtfertigungslage besitzt und sich zudem darüber im Klaren ist, dass er eine Abwehrhandlung vornimmt.

Bsp.: Anton greift Bruno tätlich an. Dieser zieht eine vermeintlich ungeladene Waffe und richtet diese auf Anton. Versehentlich löst sich ein Schuss, der Anton tötet. – Hier handelte Bruno unbewusst fahrlässig, da er gar nicht damit rechnete, dass die Waffe geladen sein könnte. Dennoch handelte er in der vorliegenden Situation „mit Verteidigungswillen", da er durch die Drohung den Angriff Antons abwehren wollte. Anders ist die Lage dann, wenn Bruno zum Spaß und weil er Anton ärgern wollte mit einer vermeintlich ungeladenen Waffe auf diesen zielt und sich im Nachhinein herausstellt, dass Anton eben im Begriff war, selbst eine Waffe zu ziehen und Bruno zu töten. Löst sich aus Brunos Waffe versehentlich ein Schuss, der Anton tötet, ist Bruno dennoch wegen fahrlässiger Tötung, § 222 StGB, zu bestrafen, da er die Waffe gerade nicht deswegen zog, um einen Angriff abzuwenden. Diejenigen, die beim Fehlen des subjektiven Rechtfertigungsmerkmals lediglich wegen Versuchs bestrafen wollen,[332] kämen hingegen nicht zu einer Verurteilung, da der Versuch eines Fahrlässigkeitsdelikts straflos ist.

3. Schuld

Auf **Schuldebene** sind an erster Stelle die beim Vorsatzdelikt relevanten Punkte (Schuldfähigkeit, das Fehlen von Entschuldigungsgründen etc.) anzusprechen. Auch das Unrechtsbewusstsein spielt beim Fahrlässigkeitsdelikt eine Rolle, und zwar in Form des potentiellen Unrechtsbewusstseins (d.h. der Möglichkeit der Unrechtseinsicht).

Im Bereich der Schuldform (zur Erinnerung: hier wird beim Vorsatzdelikt lediglich die Vorsatzschuld im Rahmen des Erlaubnistatbestandsirrtums geprüft[333]), ist beim Fahrlässigkeitsdelikt die **subjektive Sorgfaltspflichtwidrigkeit** anzusprechen.

> **Definition**
> Unter der **subjektiven Sorgfaltspflichtwidrigkeit** versteht man das Außerachtlassen der dem Täter individuell möglichen Sorgfalt. Eine Pflichtverletzung

---
332 Vgl. zu dieser Ansicht oben Rn. 264.
333 Vgl. unten Rn. 737.

> liegt dann vor, wenn der Erfolg **individuell vorhersehbar und vermeidbar** war.

670 **Individuell vorhersehbar** ist der Erfolg dann, wenn der Täter mit seinen individuellen Fähigkeiten die Gefährlichkeit seiner Handlung erkennen kann. **Individuell vermeidbar** ist der Erfolg, wenn der Täter mit seinen individuellen Fähigkeiten den Sorgfaltspflichtverstoß hätte vermeiden können. Dies ist insbesondere bei (in aller Regel länger andauernden) physischen oder psychischen Mängeln oder (zumeist kurzfristig auftretenden) körperlichen Stresssituationen oder Zuständen der Verwirrung, der Furcht oder eines besonderen Schreckens problematisch, sofern diese noch nicht den in § 20 StGB erforderlichen Grad erreichen.

> **Bsp.:** Anton findet den schwer verletzten Motorradfahrer Bruno nach einem Verkehrsunfall allein im Wald. Es müssen sofort Erste-Hilfe-Maßnahmen durchgeführt werden, die Anton nur unvollständig beherrscht. Sonstige Hilfe ist in entsprechender Zeit nicht zu erlangen. Anton versucht es trotzdem. Er lagert Bruno jedoch so unglücklich, dass dieser verstirbt. – Fraglich ist hier bereits, ob Anton eine objektive Sorgfaltspflicht verletzt hat. Denn dies könnte man nur annehmen, wenn ein durchschnittlicher Kraftfahrer die Pflicht hat, Erste-Hilfe-Maßnahmen ordnungsgemäß durchzuführen. Nimmt man dies an, so läge zwar tatbestandlich eine fahrlässige Tötung vor. Da die Erfolgsverursachung hier aber für Anton individuell nicht vermeidbar war, handelte er ohne Schuld.

671 War ein pflichtgemäßes Verhalten für den Betroffenen individuell nicht möglich, weil er die entsprechenden Fähigkeiten nicht besaß, so ist aber stets an ein mögliches **Übernahmeverschulden** zu denken. Wenn sich der Täter z. B. als Arzt niederlässt, obwohl er keine entsprechende Ausbildung besitzt und er dann einem Notfallpatienten keine effektive Hilfe leisten kann, mag ihm diese Hilfeleistung zwar individuell nicht möglich sein, sein Verschulden liegt aber darin, dass er die Funktion als Arzt überhaupt ausübte.

IV. Objektive Sorgfaltspflichtverletzung

672 Die Sorgfaltspflichtverletzung stellt den „Kern" des Fahrlässigkeitsdelikts dar. Sie gliedert sich, wie bereits erwähnt, in eine objektive und eine subjektive Pflichtwidrigkeit.

> **Definition**
> Unter einer **objektiven Sorgfaltspflichtverletzung** versteht man die Außerachtlassung der für alle geltenden und im Verkehr erforderlichen Sorgfalt.

673 Bei der Prüfung des objektiven Tatbestandes, muss zuerst eine Sorgfaltsnorm festgestellt werden, d. h. es muss geprüft werden, welches Verhalten von der Rechtsordnung in einer bestimmten Situation gefordert wird, um dann in einem zweiten Schritt zu untersuchen, ob und wodurch der Täter gegen diese Sorgfaltspflicht verstoßen hat. Art und Maß der anzuwendenden Sorgfalt ergeben sich dabei aus den Anforderungen, die bei einer Betrachtung der Gefahrenlage **ex ante** an einen besonnenen und gewissenhaften Menschen in der konkreten Lage und der sozia-

IV. Objektive Sorgfaltspflichtverletzung

len Situation des Handelnden zu stellen sind. Es wird also auf das Leitbild des sorgfältigen Teilnehmers eines bestimmten Verkehrskreises abgestellt.

1. Bestimmung der Sorgfaltspflicht

Der Vielgestaltigkeit menschlichen Lebens entsprechend, gibt es keinen abgeschlossenen Katalog an Sorgfaltspflichten. Die jeweilige Sorgfaltspflicht muss vielmehr im Einzelfall konkret bestimmt werden, wobei sich lediglich bestimmte Leitlinien vorgeben lassen. Insoweit ist es also Aufgabe des Richters (bzw. Klausurverfassers) die jeweilige Sorgfaltspflicht im Einzelfall zu bestimmen und einen entsprechenden Verstoß festzustellen. **674**

Relativ unproblematisch sind diejenigen Pflichten, die sich bereits unmittelbar aus einer **rechtlichen Regelung** (Gesetz, Rechtsverordnung etc.) ergeben (sog. Rechtspflichten). In der Praxis besonders bedeutsam sind hier die Regelungen des Straßenverkehrsrechts, z. B. das in § 2 Abs. 1 StVO geregelte Rechtsfahrgebot. Ferner können Sorgfaltspflichten aber auch aus bestimmten **Verkehrsnormen** herrühren (so z. B. aus Regelwerken, die von privaten Interessensverbänden geschaffen wurden, wie DIN-Normen, Vorschriften der Sportverbände oder der Bundesärztekammer). **675**

Schließlich existiert aber auch über die eben genannten geschriebenen Regelungen hinaus noch eine Vielzahl allgemeiner Sorgfalts- und Überwachungspflichten, die zumeist aus allgemeinen **Erfahrungssätzen** oder der Verkehrssitte herrühren. Zu nennen sind in diesem Zusammenhang u. a. die „allgemein anerkannten Regeln der Technik" oder die „Regeln der ärztlichen Kunst". So weiß z. B. auch jeder „Pfadfinder", dass derjenige, der in zulässiger Weise im Freien ein Lagerfeuer entfacht, dieses am Ende des Abends nicht nur oberflächlich löschen oder gar weiter brennen lassen darf. Er verletzt somit seine Sorgfaltspflicht, wenn er sich trotz Glimmens des Feuers entfernt. **676**

2. Begrenzung der Sorgfaltspflichten

Die eben genannten Sorgfaltspflichten werden begrenzt durch den **Vertrauensgrundsatz**. Wer selbst die gebotene Sorgfalt aufwendet, darf sich darauf verlassen, dass sich seine Mitmenschen ebenfalls sorgfaltsgerecht verhalten, sofern nicht das Gegenteil deutlich erkennbar ist. Dies gilt nicht nur im Verhältnis von Täter und Opfer, sondern auch dann, wenn mehrere Personen arbeitsteilig zusammenwirken (wie z. B. bei medizinischen Operationen, Rettungsaktionen oder bei der gemeinsamen Durchführung von Baumaßnahmen). Wird dem Einzelnen ein riskantes Verhalten gestattet (z. B. das Autofahren) so scheidet ein Sorgfaltspflichtverstoß aus, wenn er sich an die aufgestellten (Verkehrs-)Regeln hält (Gedanke des erlaubten Risikos). **677**

> **Bsp.:** Ein Autofahrer darf sich darauf verlassen, dass ein Fußgänger nicht unvermittelt auf die Straße tritt – er muss also nicht darauf achten und vorsorglich bremsen, wenn er an einer Gruppe Fußgänger vorbeifährt. – Anders ist die Sachlage allerdings zu beurteilen, wenn es sich bei den Fußgängern um eine Gruppe Schulkinder oder erkennbar Betrunkene handelt.

3. Feststellung des Sorgfaltspflichtverstoßes

Sofern man die jeweilige Sorgfaltspflicht im Einzelnen bestimmt hat, muss nun in einem zweiten Schritt festgestellt werden, dass der Täter durch sein Verhalten **678** gegen diese zuvor aufgestellte Sorgfaltspflicht verstoßen hat. Denn erfüllt er durch sein Verhalten die festgestellte Sorgfaltspflicht, fährt ein Autofahrer also z. B. ordnungsgemäß, handelt er selbst dann nicht fahrlässig, wenn er einen strafrechtlich unerwünschten Erfolg verursacht.

4. Sonderwissen

679 Bisher wurde davon ausgegangen, dass unter einem Sorgfaltspflichtverstoß die Verletzung der im Verkehr erforderlichen (objektiven) Sorgfalt zu verstehen ist. Es wurde dargelegt, dass dabei auf den „Maßstab eines durchschnittlichen Mitglieds des jeweiligen Verkehrskreises" abgestellt werden muss. Von diesem „Normalmaßstab" ist aber **zu Ungunsten** des Täters abzuweichen, wenn dieser mit einem bestimmten Sonderwissen ausgestattet ist. Dieser Maßstab wird – obwohl es sich um subjektive Kriterien handelt – nicht erst im Rahmen der **Schuld** geprüft, sondern verändert bereits den Inhalt der objektiven Sorgfaltspflicht für den konkreten Täter.

> **Bsp.:** Wenn ein Autofahrer genau weiß, dass es an einer bestimmten Straßenkreuzung häufig zu Unfällen kommt, oder wenn er genau weiß, dass an einer bestimmten Kreuzung das „Vorfahrt Achten!"-Schild bis zur Unleserlichkeit verdreckt ist, dann erhöht sich für ihn infolge dieses Sonderwissens bereits der objektive Sorgfaltsmaßstab. Er muss also „defensiver" fahren als jemand, der von diesen Umständen keine Kenntnis hat.

5. Sonderfähigkeiten

680 Das Gleiche, was bei einem mit Sonderwissen ausgestatteten Täter gilt, gilt auch bei demjenigen, der im Vergleich zum „durchschnittlichen" Angehörigen eines bestimmten Verkehrskreises besondere Fähigkeiten besitzt. Auch hier erhöht sich der Maßstab der objektiven Sorgfaltspflicht. Wer besondere Fähigkeiten besitzt muss diese auch einsetzen (nach „unten" ist also zu „generalisieren", noch „oben" zu „individualisieren").

> **Bsp.:** Wenn ein anerkannter Kardiologe bei einer bestimmten Operation infolge seiner Fähigkeiten das Risiko eines tödlichen Ausgangs auf 10 % reduzieren kann, welches üblicherweise bei anderen Operateuren bei 30 % liegt, dann muss er diese Fähigkeiten auch einsetzen. Ihm ist also die Argumentation versagt, dass sich bei ihm bei Operationen im übermüdeten oder betrunkenen Zustand das Risiko auch nur bei etwa 30 % bewegt, er also in übermüdetem oder betrunkenem Zustand „gleich gut" operieren könne wie seine Kollegen. Auch hier erhöht sich für ihn also bereits der objektive Sorgfaltsmaßstab.

6. Sonderproblem: gerechtfertigtes Verhalten

681 Im Rahmen der Prüfung der **objektiven Sorgfaltspflichtwidrigkeit** ist umstritten, ob bereits an dieser Stelle Elemente der Rechtswidrigkeit mit zu berücksichtigen sind. Fraglich ist insoweit, ob ein letztlich gerechtfertigtes Verhalten tatbestandlich als sorgfaltspflichtwidrig angesehen werden kann.

> **Bsp.:** Anton wird am Rande eines Bergsees von Bruno angegriffen. Dieser will ihn mit bedingtem Tötungsvorsatz in den See werfen. Im Zuge der nun entstehenden Rangelei stößt Anton seinerseits, ohne dass er dies wollte, den Bruno so von sich fort, dass dieser in den See fällt und ertrinkt. – Hier handelte Anton in Notwehr, § 32 StGB. Fraglich ist jedoch, ob eine Strafbarkeit wegen

fahrlässiger Tötung, § 222 StGB, bereits mangels Sorgfaltspflichtverstoßes auf Tatbestandsebene oder erst mangels Rechtswidrigkeit ausscheidet.

Während eine Ansicht sich hier auf den Standpunkt stellt, ein letztlich gerechtfertigtes Handeln könne nicht pflichtwidrig sein, bei Vorliegen eines Rechtfertigungsgrundes müsse daher bereits die Sorgfaltspflichtwidrigkeit auf Tatbestandsebene verneint werden,[334] geht die zutreffende h. M. davon aus, dass bei gerechtfertigtem Verhalten nicht bereits die Pflichtwidrigkeit, sondern erst die Rechtswidrigkeit entfällt.[335] Insoweit sind also im Rahmen der Sorgfaltspflichtwidrigkeit diejenigen Elemente, die zu einer Rechtfertigung des Täters führen, nicht zu berücksichtigen.

> Im genannten Beispiel stellt also das Wegstoßen eines anderen am Ufer eines Sees einen objektiven Sorgfaltspflichtverstoß dar. Die objektive Pflichtwidrigkeit entfällt nicht dadurch, dass das Verhalten (möglicherweise) gerechtfertigt ist. Dieser Umstand ist ausschließlich auf Rechtswidrigkeitsebene zu berücksichtigen.

V. Problemschwerpunkte im Rahmen der objektiven Zurechnung

Wie bereits angesprochen,[336] muss beim Fahrlässigkeitsdelikt neben die Kausalität von Handlung und Erfolg (im Sinne der conditio-sine-qua-non-Formel) auch eine „Kausalität" zwischen Pflichtwidrigkeit und Erfolg treten, die mit dem Begriff des Pflichtwidrigkeitszusammenhangs umschrieben wird und die in folgenden vier Fallgruppen problematisiert werden kann.

1. Rechtmäßiges Alternativverhalten bei Fahrlässigkeitsdelikten (sog. „Pflichtwidrigkeitszusammenhang")

Fraglich ist einerseits, ob überhaupt eine solche „Kausalität" von Pflichtwidrigkeit und Erfolg zu fordern ist, andererseits aber auch, welche Anforderungen an einen solchen Nachweis gestellt werden müssen. Es ist also letztlich zu prüfen, ob es ausreicht, wenn derjenige, der sich unsorgfältig verhält und dabei einen strafrechtlich unerwünschten Erfolg (z. B. den Tod eines Menschen) verursacht, sich mit der bloßen Behauptung, wenn er sich sorgfaltsgemäß verhalten hätte, wäre der Erfolg auch eingetreten („rechtmäßiges Alternativverhalten"), entlasten kann.[337]

> **Bsp.:** Toni fährt mit seinem Auto betrunken und viel zu schnell durch die Straßen einer Kleinstadt. Da torkelt plötzlich der vollkommen betrunkene Otto auf die Fahrbahn und wird von Tonis Auto erfasst und getötet. Toni wendet im nachfolgenden Prozess ein, dass Otto so plötzlich zwischen zwei parkenden Autos auf die Straße fiel, dass er ihn auch in nüchternem Zustand und unter Einhaltung der zulässigen Höchstgeschwindigkeit tödlich überfahren hätte. Diese Behauptung lässt sich im Prozess weder beweisen noch widerlegen. – Hier hat Toni gehandelt (durch das Autofahren) und er hat sich sorgfaltspflichtwidrig verhalten (zu schnelles Fahren in betrunkenem Zustand). Während die Kausalität von Handlung (= Autofahren) und Erfolg (= Ottos

---

334 *Freund/Rostalski*, § 5 Rn. 59 ff.
335 *Roxin/Greco*, AT I, § 24 Rn. 99.
336 Vgl. oben Rn. 661.
337 Vgl. hierzu ausführlich *Heinrich*, AT, Problemschwerpunkt 24, Rn. 1042 ff.

Tod) unproblematisch ist (wäre Toni nicht gefahren, hätte er Otto nicht getötet) ist die „Kausalität" der Pflichtverstöße in Bezug auf Ottos Tod fraglich.

685 Nach der teilweise vertretenen **reinen Kausalitätstheorie** haftet der Täter für den durch sein pflichtwidriges Verhalten verursachten Erfolg unabhängig davon, ob dieser auch bei pflichtgemäßem Verhalten eingetreten wäre oder nicht.[338] Wer sich pflichtwidrig verhalte, dem müssten alle Konsequenzen zugerechnet werden, die sich aus seinem Verhalten ergeben. Damit aber läge eine unserem Strafrecht an sich fremde reine Erfolgshaftung vor. Zutreffend geht daher die h. M. davon aus, dass eine Strafbarkeit jedenfalls dann ausscheidet, wenn nachweisbar derselbe Erfolg auch dann eingetreten wäre, wenn sich der Täter sorgfaltsgemäß verhalten hätte. Während die **Risikoerhöhungslehre**[339] eine Straflosigkeit dabei allerdings nur dann annimmt, wenn dem Täter der **Nachweis** gelingt, dass der Erfolg auch bei pflichtgemäßem Verhalten eingetreten wäre (denn ihm käme eine solche Beweislast zu, da er durch sein pflichtwidriges Verhalten jedenfalls das Risiko für den Erfolgseintritt geschaffen habe), geht die von der Rechtsprechung und der h. L. vertretene **Pflichtwidrigkeits- oder Vermeidbarkeitstheorie** davon aus, dass ein Erfolg dem Täter immer dann nicht zugerechnet werden kann, wenn konkrete Umstände vorliegen, die es jedenfalls als möglich erscheinen lassen, dass der Erfolg auch unabhängig von der Pflichtwidrigkeit eingetreten wäre.[340] Dem Staat würde also insoweit – wie stets bei strafbegründenden Merkmalen – die Beweislast obliegen, dass ein entsprechender Pflichtwidrigkeitszusammenhang vorliegt. Diese Ansicht ist zutreffend, denn sonst würde man in der Tat dem Täter die Pflicht auferlegen, ihn entlastende Umstände zu beweisen. Diese „Beweislast" zur Entlastung ist unserem Strafrecht aber fremd und verstößt gegen den Grundsatz „in dubio pro reo". Die Risikoerhöhungstheorie würde insoweit auch dazu führen, dass die normalen Verletzungsdelikte letztlich zu Gefährdungsdelikten umgestaltet würden.

2. Schutzzweck der Norm

686 Objektiv nicht zurechenbar sind ferner Verhaltensweisen, die zwar an sich pflichtwidrig sind, die jedoch einen Verstoß gegen eine Norm beinhalten, welche ganz andere tatbestandsmäßige Erfolge verhindern soll als denjenigen, der im konkreten Fall tatsächlich eingetreten ist.[341]

> **Bsp.:** Rudi fährt mit seinem Auto viel zu schnell durch die Stadt. Als er dann an einer Schule vorbeikommt, bremst er ab und hält die erforderliche Geschwindigkeit ein. Da springt ihm plötzlich ein Kind vors Auto, welches getötet wird. – Das ordnungsgemäße Autofahren mit angepasster Geschwindigkeit ist nicht pflichtwidrig (sog. erlaubtes Risiko). Allerdings handelte Rudi dadurch pflichtwidrig, dass er zuvor zu schnell fuhr. Der Pflichtwidrigkeitszusammenhang ist hier gegeben, denn wäre Rudi vorher ordentlich gefahren (= rechtmäßiges Alternativverhalten), wäre er zu einem späteren Zeitpunkt an der Unfallstelle gewesen. Geschwindigkeitsbeschränkungen sollen aber nach ihrem Schutzzweck lediglich verhindern, dass auf dem jeweiligen Streckenabschnitt keine Unfälle passieren. Es soll dadurch aber nicht verhindert werden, dass der Fahrer später als sonst an einem anderen Ort ankommt. Ansonsten

---

338 *Spendel*, JuS 1964, 14.
339 *Roxin/Greco*, AT I, § 11 Rn. 88 ff.
340 BGHSt 11, 1; *Sternberg-Lieben/Schuster*, in: Schönke/Schröder, § 15 Rn. 174 ff.
341 Vgl. hierzu bereits oben Rn. 162 mit dem dort genannten Beispiel.

könnte man Rudi nämlich auch vorwerfen, dass er zuvor nicht noch schneller gefahren ist, denn dann hätte er die betreffende Stelle noch früher erreicht und es wäre auch nicht zu einem Unfall gekommen.

3. Freiverantwortliche Selbstschädigung oder Selbstgefährdung des Opfers

Objektiv nicht zurechenbar sind auch Verhaltensweisen, die erst zusammen mit einer eigenverantwortlich gewollten und verwirklichten Selbstverletzung oder Selbstgefährdung des Opfers einen tatbestandlichen Erfolg bewirken.[342] Im Wesentlichen geht es hier um die Zuweisung von **Verantwortungsbereichen**. Jeder ist primär für sein Verhalten selbst verantwortlich. Daher sind diejenigen Risiken, die ein Opfer selbst zu verantworten hat, einem anderen nicht zuzurechnen.

Bsp.: Rudi sticht Toni ohne Tötungsabsicht mit einem Messer nieder. Dieser wird schwer verletzt in ein Krankenhaus gebracht. Er wäre aber durch eine einfache Bluttransfusion zu retten. Aus unerfindlichen Gründen weigert sich Toni jedoch, eine solche durchzuführen. Tags darauf stirbt er an den Folgen des Messerstichs. – Hier hat Rudi eine rechtlich missbilligte Gefahr geschaffen (= Niederstechen), die sich „an sich" auch im konkreten Erfolg (= Tonis Tod) realisierte. Dennoch ist Rudi dieser Erfolg nicht als „sein Werk" zuzurechnen. Denn der Erfolg beruhte letztlich im Wesentlichen auf der Weigerung Tonis, eine medizinisch indizierte Behandlung durchführen zu lassen. Wenn dies in voller Kenntnis des damit verbundenen Risikos geschah, lag darin eine die strafrechtliche Verantwortung Rudis ausschließende Selbstgefährdung.

Notwendig ist allerdings, dass das Opfer **freiverantwortlich** handelt und sich die Mitwirkung des Täters lediglich auf die bloße **Veranlassung**, **Ermöglichung** oder **Förderung** der Selbstgefährdung bezieht. Eine Fahrlässigkeitsbestrafung scheidet daher nicht aus, wenn dem Opfer lediglich ein gleich schwerer oder gar geringerer Sorgfaltspflichtverstoß vorgeworfen werden kann. Dabei sind die Kriterien, die an ein freiverantwortliches Handeln anzulegen sind, umstritten. Während manche Autoren eine solche Freiverantwortlichkeit nur dann ausschließen, wenn das Opfer schuldunfähig ist (§ 20 StGB, § 3 JGG) oder sich in einem die Schuld ausschließenden Zustand befindet (§ 35 StGB),[343] stellt die zutreffende Ansicht auf die Kriterien der Einwilligung ab und fragt, ob sich das Opfer in der konkreten Situation der Bedeutung und Tragweite seiner Handlung bewusst ist, was bei Gewalt, Täuschung oder Drohung regelmäßig ausscheidet.[344]

Bsp. (1):[345] Anton will Bruno verprügeln. Als er ihn auf der Straße trifft, versetzt er ihm einen kräftigen Faustschlag. Da Bruno merkt, dass Anton es nicht hierbei bewenden lassen will, gerät er in Panik. Er dreht sich um und will über die Straße fliehen. Dort wird er von einem Auto erfasst und getötet. – Zwar gefährdet sich Bruno durch sein Fluchtverhalten hier selbst. Dieser Selbstgefährdung liegt jedoch eine panikartige Reaktion zugrunde, welche die Freiverantwortlichkeit ausschließt, sodass der Erfolg dem Anton objektiv zuzurechnen ist. Er ist nach § 227 StGB bzw. § 222 StGB zu bestrafen.

---

342 Vgl. hierzu bereits oben Rn. 164 mit dem dort genannten Beispiel.
343 *Roxin*, AT II, § 25 Rn. 54, 57.
344 BGHSt 53, 288; *Kühl*, § 4 Rn. 88.
345 Vgl. zu einem solchen „Fluchtfall" auch BGHSt 48, 34.

> **Bsp. (2):**[346] Rudi hat Brunos Haus in Brand gesteckt. Feuerwehrmann Fritz vermutet in dem Gebäude noch schlafende Personen und begibt sich ins Innere. Dort wird er von einem herunterstürzenden brennenden Dachbalken erschlagen. – Auch hier scheidet eine freiverantwortliche Selbstgefährdung des Fritz aus, da Fritz als Feuerwehrmann zur Rettung von Menschenleben verpflichtet war und pflichtgemäß und nachvollziehbar handelte. Insoweit ist der Erfolg in diesen „Retterfällen" trotz einer bewussten Selbstgefährdung des Opfers dem Täter zuzurechnen, wenn die Rettungsmaßnahmen nicht als völlig unvernünftig anzusehen sind.

689 Die Fallgruppe der Beteiligung an einer freiverantwortlichen Selbstschädigung bzw. Selbstgefährdung des Opfers ist dabei abzugrenzen von der **einverständlichen Fremdschädigung** bzw. **Fremdgefährdung**. Denn es macht einen Unterschied, ob der Täter lediglich einen Beitrag dazu leistet, dass sich das Opfer selbst gefährdet oder schädigt (= Selbstgefährdung), oder ob das Opfer damit einverstanden ist, durch den Täter gefährdet oder geschädigt zu werden (= Fremdgefährdung). Bei dieser Abgrenzung ist entscheidend darauf abzustellen, wer letztlich (die bei der Abgrenzung von Täterschaft und Teilnahme entscheidende[347]) **Tatherrschaft** über das Geschehen besitzt.

> **Bsp.:**[348] Wer für einen anderen Heroin besorgt und es mit diesem zusammen konsumiert, macht sich, sofern der andere freiverantwortlich handelt, nicht wegen einer fahrlässigen Tötung, § 222 StGB, strafbar, wenn dieser nach dem Heroinkonsum verstirbt. Dies gilt jedoch nur dann, wenn der andere sich das Heroin selbst spritzt (= Beteiligung an einer Selbstgefährdung, die die objektive Zurechnung ausschließt). Spritzt dagegen der Täter dem anderen auf dessen Bitte hin das Heroin, ist ihm die Tat objektiv zuzurechnen, da er durch das Spritzen selbst die Tatherrschaft innehatte (= Fremdgefährdung). Es kommt hier lediglich eine Einwilligung des Opfers in Betracht. Dabei ist zu beachten, dass diese bei vorsätzlichen Tötungsdelikten unwirksam ist (arg. § 216 StGB) und bei fahrlässigen Tötungsdelikten bei vorangegangener Körperverletzung an § 228 StGB gemessen werden muss.

4. Dazwischentreten eines vorsätzlich und schuldhaft handelnden Dritten

690 Objektiv nicht zurechenbar sind schließlich auch Verhaltensweisen, die zwar ein rechtlich relevantes Risiko schaffen, bei denen der Erfolg aber erst dadurch eintritt, dass ein Dritter vollverantwortlich und vorsätzlich eine neue, an die ursprüngliche Handlung anknüpfende, selbstständig auf den Erfolg hinwirkende Gefahr begründet, die sich dann auch im konkreten Erfolg realisiert.[349] Gerade im Fahrlässigkeitsbereich ist es aber umstritten, ob dies auch dann gilt, wenn die verletzte Sorgfaltspflicht gerade ein solches Handeln eines Dritten verhindern soll.[350]

> **Bsp.:** Toni, der in seiner Wohnung eine umfangreiche Waffensammlung besitzt, ist gerade dabei, eine seiner Pistolen zu putzen, als das Telefon klingelt.

---

346 Vgl. zu einem solchen „Retterfall" auch BGHSt 39, 322 (324 ff.).
347 Vgl. hierzu noch unten Rn. 776.
348 Vgl. hierzu BGHSt 32, 262.
349 Vgl. hierzu auch oben Rn. 165 ff.
350 Vgl. hierzu ausführlich *Heinrich*, AT, Problemschwerpunkt 25, Rn. 1050 ff.

Er lässt daher die geladene Waffe auf seinem Schreibtisch liegen und vergisst sie dort (= Verstoß gegen die Sorgfaltspflicht, Waffen ordnungsgemäß aufzubewahren, § 36 WaffG). Im Laufe des Abends hat Toni Gäste, unter anderem auch seinen als jähzornig bekannten Freund Anton sowie Bruno, der mit Anton schon öfters eine Auseinandersetzung hatte. Als es schließlich zum Streit kommt, greift Anton nach der auf dem Schreibtisch liegenden Waffe und erschießt Bruno. – Bei der Beurteilung, ob neben Anton (§ 212 StGB) auch Toni wegen fahrlässiger Tötung, § 222 StGB, zu bestrafen ist, kommt es entscheidend darauf an, ob das vorsätzliche Verhalten Antons den Zurechnungszusammenhang unterbricht.

Nach der unter anderem von der Rechtsprechung vertretenen **Theorie des adäquaten Zurechnungszusammenhangs** schließt das vorsätzliche und schuldhafte Dazwischentreten eines vollverantwortlich handelnden Dritten die Fahrlässigkeitshaftung des die Vorbedingungen schaffenden Ersthandelnden **nicht** aus.[351] Der Erfolg ist lediglich dann nicht zuzurechnen, wenn das Dazwischentreten des Dritten so weit außerhalb jeglicher Lebenserfahrung liegt, dass mit ihm vernünftigerweise nicht zu rechnen war. Insoweit ist eine fahrlässige Teilnahme an einer Vorsatztat als fahrlässige Täterschaft strafbar, was aber an sich den Regelungen der §§ 26, 27 StGB widerspricht, wonach nur die vorsätzliche, nicht aber die fahrlässige Teilnahme strafbar ist. Problematisch ist auch, dass die Strafbarkeit immens ausgeweitet wird, wenn bei jeder Vorsatztat noch danach geforscht werden muss, wer fahrlässig Vorbedingungen hierzu gesetzt hat. Daher schließt nach der **Theorie der Unterbrechung des Zurechnungszusammenhangs** das vorsätzliche und schuldhafte Dazwischentreten eines vollverantwortlich handelnden Dritten stets die Fahrlässigkeitshaftung des die Vorbedingungen schaffenden Ersthandelnden aus.[352] Denn strafrechtliche Normen sollen nur die Vermeidung beherrschbarer Erfolge gebieten, diese Beherrschbarkeit ende jedoch mit dem Dazwischentreten eines vollverantwortlich handelnden Dritten. Dieser an sich richtige Gedanke greift aber jedenfalls bei solchen Vorschriften nicht, durch die bestimmte Personen gerade dazu verpflichtet werden, bestimmte Sicherungsmaßnahmen bei erlaubten, aber gefährlichen Verhaltensweisen zu beachten – und dies gerade deshalb, damit Dritte nicht durch das Verhalten anderer Personen geschädigt werden. Daher geht die **Theorie der begrenzten Verantwortungsbereiche** zutreffend davon aus, dass grundsätzlich zwar jeder auf das rechtstreue Verhalten anderer vertrauen darf, dass dieses Vertrauen aber dann endet, wenn entweder erkennbare Anzeichen für die **Tatgeneigtheit** des Dritten vorliegen oder der Ersthandelnde als **Garant** zur Schadensvermeidung verpflichtet ist.[353] Letzteres liegt immer dann vor, wenn eine gesetzliche Verpflichtung besteht, ein bestimmtes gefährliches Verhalten zu unterlassen, damit Dritte, wie z. B. bei der unsorgfältigen Aufbewahrung von Waffen, diesen Umstand nicht zu einer Straftatbegehung nutzen.

VI. Sonderformen: Vorsatz-Fahrlässigkeits-Kombinationen

Neben den reinen Vorsatzdelikten und den reinen Fahrlässigkeitsdelikten kennt unser Strafgesetzbuch auch sog. Vorsatz-Fahrlässigkeits-Kombinationen. Hierunter

---
351 BGHSt 4, 360 (361 f.); *Puppe*, in: NK, Vor §§ 13 ff. Rn. 253 f.
352 *Otto*, § 6 Rn. 52 ff.
353 *Sternberg-Lieben/Schuster*, in: Schönke/Schröder, § 15 Rn. 171.

versteht man Delikte, bei denen der Täter hinsichtlich der Tathandlung vorsätzlich, hinsichtlich der dadurch herbeigeführten Folgen aber lediglich fahrlässig handeln muss. Meist handelt es sich dabei um die klassischen **Erfolgsqualifikationen** (z. B. § 227 StGB, Körperverletzung mit Todesfolge; § 251 StGB, Raub mit Todesfolge). Sofern der Tatbestand hier keine besonderen Anforderungen aufstellt (z. B. Leichtfertigkeit in § 251 StGB), ist nach § 18 StGB bzgl. der schweren Folge **wenigstens fahrlässiges Handeln** erforderlich.

> **Klausurtipp**
>
> Diese Vorsatz-Fahrlässigkeits-Kombinationen sind nach § 11 Abs. 2 StGB insgesamt als Vorsatzdelikte anzusehen. Konsequenzen hat dies insbesondere im Rahmen der Teilnahme: Anstiftung und Beihilfe sind möglich, obwohl die jeweiligen Delikte einen Fahrlässigkeitsteil enthalten. Sind mehrere an der Tat beteiligt, so muss für jeden Beteiligten die Fahrlässigkeit jedoch eigenständig festgestellt werden.

693 Fraglich ist, welche Anforderungen an das fahrlässige Verhalten zu stellen sind. In der Regel wird bereits in der Verwirklichung des Grundtatbestandes eine Sorgfaltspflichtverletzung liegen, sodass lediglich noch festgestellt werden muss, dass die Herbeiführung der entsprechenden Folge (z. B. der Tod bei § 251 StGB; die konkrete Gefahr bei § 315c Abs. 3 StGB) objektiv und subjektiv vorhersehbar und vermeidbar war. Darüber hinaus ist jedoch stets ein **gefahrspezifischer Zusammenhang** erforderlich, den der Täter auch subjektiv erkennen muss: Die schwere Folge muss gerade Ausdruck der spezifischen Gefahr sein, die dem Grunddelikt innewohnt.

> **Literaturhinweise**
>
> **Einführende Aufsätze:** *Beck,* Achtung: Fahrlässiger Umgang mit der Fahrlässigkeit!, JA 2009, 111, 268 (zusammenfassende Darstellung der Grundlagen des Fahrlässigkeitsdelikts mit Aufbauhilfen); *Kaspar,* Grundprobleme der Fahrlässigkeitsdelikte, JuS 2012, 16, 112 (prägnanter Überblick der Grundlagen, insbesondere Diskussion der Probleme und Hinweise bzgl. des Prüfungsaufbaus); *Lasson,* Eigenverantwortliche Selbstgefährdung und einverständliche Fremdgefährdung, ZJS 2009, 359 (ausführliche Zusammenfassung der Problematik mit besonders relevanten Fallkonstellationen); *Rönnau,* Grundwissen – Strafrecht: Einverständliche Fremdgefährdung, JuS 2019, 119 (prägnante, studierendengerechte Einführung)
>
> **Übungsfälle:** *Albrecht/Kaspar,* Der tödliche Berglauf, JuS 2010, 1071 (Anfängerhausarbeit, die sich mit Fahrlässigkeitsdelikten und der objektiven Zurechnung beschäftigt); *Eisele,* Das misslungene Bremsmanöver, JA 2003, 40 (anspruchsvolle Strafrechtsklausur aus einer Fortgeschrittenenübung, die u. a. auf die objektive Zurechnung im Rahmen der Prüfung der fahrlässigen Tötung eingeht); *Magnus,* Zwei Geisterfahrer begegnen sich: der beidseitige Verkehrsverstoß, JURA 2009, 390 (anschaulicher Fall, der die alternative Kausalität und den Pflichtwidrigkeitszusammenhang zum Gegenstand hat)
>
> **Rechtsprechung:** RGSt 30, 25 – Leinenfänger (Vorhersehbarkeit des Erfolges und erlaubtes Risiko); **BGHSt 11, 1** – Radfahrerfall (rechtmäßiges Alternativverhalten); **BGHSt 21, 59** – Zahnarzt (objektive Zurechnung beim Fahrlässigkeitsdelikt); **BGHSt 24, 31** – Verkehrsunfall (rechtmäßiges Alternativverhalten bei Alkoholfahrten);

VI. Sonderformen: Vorsatz-Fahrlässigkeits-Kombinationen

BGHSt 51, 18 – Kochsalzvergiftung (objektive und subjektive Vorhersehbarkeit);
BGHSt 53, 55 – Wettrennen (Abgrenzung von eigenverantwortlicher Selbstgefährdung und einverständlicher Fremdgefährdung)

Teil 9: Die Irrtumslehre

Kapitel 24: Die Irrtumslehre – Übersicht

I. Grundlagen

694 Um die komplizierte Irrtumsproblematik verstehen zu können, ist es erforderlich, sich als erstes klar zu machen, **über was** sich der Täter alles irren kann. Dabei ist festzustellen, dass sich ein Täter strafrechtlich eigentlich **über alles irren** kann, d. h. über sämtliche Merkmale, die eine Strafbarkeit begründen oder ausschließen können. Es ist daher entscheidend, nach welchen Kriterien man die verschiedenen Irrtümer einteilen kann.

II. Irrtümer auf den verschiedenen Ebenen des Deliktsaufbaus

695 Als erstes ist festzuhalten, dass sich ein Irrtum auf Merkmale in jeder der im Prüfungsaufbau relevanten Ebenen (Tatbestand – Rechtswidrigkeit – Schuld) beziehen kann.

> **Bsp. (1):** Anton schießt in der Dämmerung zum Spaß auf die Mülltonnen in seinem Garten. Hinter einer dieser Mülltonnen hat sich jedoch, für Anton völlig überraschend, das Nachbarskind Anna versteckt, welches durch den Schuss getroffen wird und stirbt. – Hier lag ein Irrtum über die Tatbestandsmerkmale „Mensch" bzw. „Töten" vor. Die Irrtümer betrafen jeweils die **Tatbestandsebene**.
>
> **Bsp. (2):** Rudi greift in seine Manteltasche, um einen Stadtplan herauszuholen, weil er Bruno nach dem Weg fragen will. Bruno deutet dies falsch und meint, Rudi würde ein Messer aus der Tasche ziehen. Daher schlägt er Rudi in Erwartung eines unmittelbar bevorstehenden Angriffs nieder. – Hier lag ein Irrtum über das Bestehen einer Notwehrlage auf **Rechtfertigungsebene** vor.
>
> **Bsp. (3):** Toni muss als Zeuge vor Gericht gegen einige Mitglieder einer kriminellen Vereinigung aussagen. Er geht irrtümlich davon aus, im Falle einer belastenden Aussage würden die übrigen Mitglieder der Vereinigung seine Kinder töten, weil ihm sein Freund Erwin „aus Jux" einen entsprechenden anonymen Drohbrief geschrieben hat. Toni schwört daher einen Meineid zugunsten der Angeklagten. – Hier lag ein Irrtum über das Vorliegen der Voraussetzungen eines Nötigungsnotstandes[354] vor, der, wenn er tatsächlich vorläge, einen **Entschuldigungsgrund** darstellen würde.

---

354 Vgl. zum Nötigungsnotstand oben Rn. 293, 397.

Es gibt also Irrtümer über **tatbestandliche Voraussetzungen** (d. h. über Merkmale des gesetzlichen Tatbestandes oder über die Existenz einer Strafnorm an sich), Irrtümer auf **Rechtswidrigkeitsebene** (d. h. über das Vorliegen eines rechtfertigenden Sachverhalts oder über die Existenz bzw. Tragweite eines Rechtfertigungsgrundes) und Irrtümer auf **Schuldebene** (d. h. über das Vorliegen eines entschuldigenden Sachverhalts oder über die Existenz bzw. Tragweite eines Entschuldigungsgrundes). Darüber hinaus ist selbst ein **Irrtum über sonstige Strafbarkeitsvoraussetzungen** auf der sog. „vierten Prüfungsebene der Strafbarkeit" denkbar (z. B. Irrtümer über persönliche Strafausschließungsgründe). Sämtliche dieser auf den verschiedenen Prüfungsebenen vorkommenden Irrtümer haben dabei unterschiedliche Konsequenzen.

III. Irrtum über tatsächliche Umstände oder über die rechtliche Bewertung

Schwieriger als die Frage, auf welche Prüfungsebene im Deliktsaufbau sich der Irrtum des Täters bezieht, ist die zweite Differenzierung, die im Rahmen der rechtlichen Bewertung von Irrtümern getroffen werden muss. Man kann nämlich (und dies betrifft sämtliche Prüfungsebenen) **qualitativ** zwei Arten von Irrtümern unterscheiden:

1. Irrtum über tatsächliche Umstände

Einerseits kann sich der Täter über das Vorliegen von **tatsächlichen Umständen** irren, d. h. er „erkennt" bestimmte Dinge, die in der Wirklichkeit vor sich gehen, nicht oder nimmt sie falsch wahr. Im Ergebnis muss dieser Irrtum dem jeweiligen Täter zugutekommen, weil der Betroffene auch hier grundsätzlich noch auf der Seite des Rechts steht, sich daher an sich „rechtstreu" verhalten will und lediglich ein tatsächliches Geschehen falsch aufnimmt.

> **Bsp.:** Anton sieht die hinter den Mülltonnen versteckte Anna in der Dämmerung nicht und schießt auf sie in dem Glauben, nur auf die Mülltonnen zu schießen (d. h. er „erkennt" nicht, dass er auf einen Menschen schießt – tatsächlicher Irrtum auf Tatbestandsebene). Bruno deutet Rudis Griff in die Manteltasche fälschlicherweise als Angriff (d. h. er „erkennt" nicht, dass Rudi in Wirklichkeit nur einen Stadtplan herausziehen möchte – tatsächlicher Irrtum auf Rechtfertigungsebene). Toni glaubt infolge des falschen Drohbriefes, dass eine tatsächliche Gefahr für seine Familie vorliegt (d. h. er „erkennt" nicht, dass das Schreiben eigentlich von Erwin stammt – tatsächlicher Irrtum auf Schuldebene).

2. Irrtum über die rechtliche Bewertung

Andererseits kann sich der Täter – wiederum auf sämtlichen Prüfungsebenen – über die **rechtliche Bewertung** eines an sich (d. h. vom Tatsächlichen her) zutreffend erkannten Sachverhalts irren. Hier hat also der Irrtum seinen Ursprung darin, dass der Täter zwar vom tatsächlichen Geschehen her alles erkennt, was es zu erkennen gibt, dass er aber – trotz richtig erkannter Sachlage – aus den erkannten Umständen einen falschen rechtlichen Schluss zieht. Dieser Irrtum muss für den Täter belastender sein, weil er durch seine abweichende rechtliche Bewertung zeigt, dass er sich von der existierenden Rechtsordnung entfernt hat, er sich also gerade **nicht rechtstreu** verhält.

> **Bsp.:** Anton verkehrt geschlechtlich mit seiner volljährigen Tochter, weiß dies auch, meint aber, dieses Verhalten sei nicht strafbar, weil seine Tochter bereits erwachsen ist (d. h. er kennt die Strafnorm des § 173 StGB nicht – rechtlicher Irrtum auf Tatbestandsebene). Bruno schießt in Tötungsabsicht auf den flüchtenden Rudi, der ihm eine Zigarette entwendet hat. Er ist dabei der Ansicht, dieses Verhalten sei durch sein Notwehrrecht gedeckt (d. h. er überdehnt den Rechtfertigungsgrund der Notwehr, § 32 StGB – rechtlicher Irrtum auf Rechtfertigungsebene). Toni schwört vor Gericht einen Meineid zugunsten seines Chefs, weil er weiß, dass dieser ihm sonst kündigen wird. Dabei glaubt er, dass dieses Verhalten vom Entschuldigungsgrund des § 35 StGB gedeckt ist (was nicht zutrifft, da § 35 StGB als zu schützende Rechtsgüter nur „Leben, Leib oder Freiheit" nennt – rechtlicher Irrtum auf Schuldebene).

3. Bedeutung dieser Unterscheidung

700 Diese Unterscheidung zwischen einem **Irrtum auf tatsächlicher Ebene** und einem **Irrtum auf der Ebene der rechtlichen Bewertung** ist wesentlich und muss **immer vollzogen werden**.[355] Nur wer dies verstanden hat, wird sich in der Irrtumslehre zurechtfinden. Besonders schwierig wird es, wenn mehrere Irrtümer zusammentreffen (weshalb sich diese Konstellationen auch als Klausurthemen trefflich eignen):

> **Bsp.:** Bruno hat an Antons Marktstand einen Apfel entwendet. Anton bemerkt den Verlust, hält aber irrtümlich den Paul für den Dieb. Durch einen gezielten Wurf mit einem Pflasterstein streckt er Paul nieder und fügt ihm dabei, was er billigend in Kauf nimmt, eine tödliche Kopfverletzung zu. Dabei glaubt er, zu diesem Verhalten berechtigt zu sein. – Hier irrte sich Anton in zweifacher Hinsicht über Elemente, die die Rechtswidrigkeitsebene betreffen. Ein Irrtum im Tatsächlichen lag darin, dass er Paul für den Dieb hielt (tatsächlicher Irrtum). Darüber hinaus verkannte er jedoch auch die Grenzen seines Notwehrrechts, da er annahm, er dürfe zur Verteidigung eines Apfels einen Menschen in Notwehr töten (rechtlicher Irrtum).

IV. Irrtum zu Lasten und zugunsten des Täters

701 Die bisher aufgezeigten Fälle sind dadurch gekennzeichnet, dass es sich durchweg um Irrtümer handelt, bei denen der Täter für ihn **günstigere** Umstände annimmt: Er glaubt irrtümlich, sich nicht strafbar gemacht zu haben. In gleicher Weise kann er jedoch auch zu seinen **Ungunsten** irren, indem er annimmt, sich strafbar gemacht zu haben, obwohl dies nicht zutrifft. Hier handelt es sich strukturell um die **Abgrenzung** eines (in der Regel) strafbaren **Versuchs von einem straflosen Wahndelikt**. Dabei gelten die gleichen Abgrenzungskriterien wie beim Irrtum zugunsten des Täters: Auch hier kann ein Irrtum auf jeder Ebene des Deliktsaufbaus vorkommen. Für die Frage der Strafbarkeit und Straflosigkeit des Täters ist es dabei wiederum entscheidend, ob sich der Täter über einen tatsächlichen Um-

---

[355] Vgl. an dieser Stelle auch die Beispielsfälle bei *Heinrich*, AT, Rn. 1068.

stand irrt (dann strafbarer Versuch) oder ob er eine falsche rechtliche Bewertung trifft (dann strafloses Wahndelikt).

Bsp. (1): Bruno will seinen Nachbarn Norbert töten. In der Dunkelheit glaubt er, Norbert in seinem Gartenstuhl sitzen zu sehen, und gibt einen gezielten Schuss ab. Allerdings trifft er nicht Norbert, sondern die Mülltonne, die Norbert auf dem Gartenstuhl abgestellt hatte. – Hier verkannte Bruno im tatsächlichen Bereich, dass es sich bei dem Gegenstand auf dem Gartenstuhl nicht um einen Menschen (= Norbert), sondern um eine Sache (= Mülltonne) handelte. Er hat durch seinen Schuss somit keinen Menschen getötet, sondern allenfalls eine Sache beschädigt. Es lag ein Irrtum auf Tatbestandsebene vor, der sich auf das Erkennen eines tatsächlichen Umstandes bezog. Er hat sich daher wegen eines versuchten Totschlags (bzw. Mords) strafbar gemacht. Strukturell lag hier ein „untauglicher" Versuch vor.

Bsp. (2): Anton geht mit seiner Sekretärin „fremd" und geht dabei davon aus, Ehebruch sei strafbar. – Auch hier lag ein Irrtum auf Tatbestandsebene vor, der sich dieses Mal jedoch auf eine rechtlich falsche Bewertung bezog. Anton erkannte den Sachverhalt vollständig richtig (er wusste, dass es sich bei seiner Sekretärin nicht um seine Ehefrau handelte), dachte aber, er habe durch sein Verhalten einen Straftatbestand erfüllt, den unsere Rechtsordnung aber nicht (mehr) kennt. Es lag demnach ein Irrtum auf Tatbestandsebene vor, der auf einer falschen rechtlichen Wertung beruhte (rechtliche Behandlung: strafloses Wahndelikt).

Während bei den Irrtümern zugunsten des Täters ein Irrtum über einen tatsächlichen Umstand den Täter somit privilegiert, wohingegen der Irrtum über die rechtliche Bewertung dem Täter nur im Ausnahmefall (bei Unvermeidbarkeit) zugutekommt, verläuft diese Wertung bei den Irrtümern zu Lasten des Täters genau umgekehrt: hier privilegiert ihn eine falsche rechtliche Bewertung (strafloses Wahndelikt), während er bei einem Verkennen der tatsächlichen Sachlage wegen Versuchs bestraft werden kann, sofern dieser strafbar ist.

Literaturhinweise

Einführende Aufsätze: *Exner*, Kompendium der strafrechtlichen Irrtumslehre, ZJS 2009, 516 (verständliche Darstellung aller wesentlichen Irrtumskonstellationen mit Lösungsansätzen); *Knobloch*, Examensrelevante Irrtümer im Strafrecht – Eine systematische Darstellung, JuS 2010, 864 (systematischer und verständlicher Überblick über die Irrtümer im Strafrecht mit Beispielsfällen); *Rönnau/Faust/Fehling*, Durchblick: Der Irrtum und seine Rechtsfolgen, JuS 2004, 667 (prägnante Darstellung der strafrechtlichen Irrtumsformen mit ihren rechtlichen Folgen)

Übungsfall: *Backmann*, Grundfälle zum strafrechtlichen Irrtum. Fallbeispiel: Die Unfallflucht, JuS 1974, 40 (Aufarbeitung des gesamten Themenkomplexes anhand mehrerer kleiner Beispielsfälle)

Rechtsprechung: BGHSt 2, 194 – Anwaltsnötigung (Grundlage der strafrechtlichen Irrtumslehre); **BGHSt 3, 105** – Landheim (Irrtum über das Züchtigungsrecht); **BGHSt 4, 1** – Volksbefragung (Irrtum über Vorschriften zum Schutze der öffentlichen Ordnung); **BGHSt 23, 281** – Ehegattendiebstahl (Irrtümliche Annahme, eine Sache gehöre dem Ehegatten)

Kapitel 25: Irrtümer auf Tatbestandsebene

I. Grundlagen

703 Die Irrtümer auf Tatbestandsebene sind im StGB ausdrücklich geregelt. Es handelt sich um den in § 16 StGB normierten Tatbestandsirrtum und den in § 17 StGB niedergelegten Verbotsirrtum. Beide betreffen den gesetzlichen Tatbestand, unterscheiden sich jedoch darin, dass es sich beim Tatbestandsirrtum um einen Irrtum über tatsächliche Umstände und beim Verbotsirrtum um einen Irrtum über die rechtliche Bewertung handelt. Das Gesetz versucht dies wie folgt zu umschreiben:

> **Gesetzestext**
>
> **§ 16 Abs. 1 StGB (Irrtum über Tatumstände):** *Wer bei Begehung der Tat einen Umstand nicht kennt, der zum gesetzlichen Tatbestand gehört, handelt nicht vorsätzlich. Die Strafbarkeit wegen fahrlässiger Begehung bleibt unberührt.*

> **Gesetzestext**
>
> **§ 17 StGB (Verbotsirrtum):** *Fehlt dem Täter bei Begehung der Tat die Einsicht, Unrecht zu tun, so handelt er ohne Schuld, wenn er diesen Irrtum nicht vermeiden konnte. Konnte der Täter den Irrtum vermeiden, so kann die Strafe nach § 49 Abs. 1 gemildert werden.*

II. Tatbestandsirrtum (§ 16 StGB)

1. Grundform

704 Der Tatbestandsirrtum als Irrtum über das Vorliegen oder Nichtvorliegen tatsächlicher Umstände ist dabei nichts anderes als die Kehrseite des Vorsatzes, genauer gesagt: des **Wissenselements des Vorsatzes**. Der Handelnde **weiß nicht**, was er in tatbestandlicher Hinsicht tut. Dies kann seine Ursache darin haben, dass er sich entweder gar keine Vorstellungen im Hinblick auf eine mögliche Tatbestandsverwirklichung macht (Bsp.: Aus der für ungeladen gehaltenen Pistole löst sich versehentlich ein tödlicher Schuss) oder seine diesbezüglichen Vorstellungen nicht der Wirklichkeit entsprechen (Bsp.: Der Täter schießt auf einen Menschen, meint aber, es handle sich um eine Mülltonne). Da der Täter in beiden Fällen das Erreichte auch nicht gewollt hat, ist es konsequent, dass jeweils der Vorsatz entfällt, gleichgültig, ob der Täter den Irrtum vermeiden konnte oder nicht. Zu prüfen ist der Tatbestandsirrtum somit im **subjektiven Tatbestand**. Wird ein solcher Irrtum angenommen, ist die Prüfung wegen des Vorsatzdeliktes abzubrechen. Es muss sich dann allerdings eine Fahrlässigkeitsprüfung anschließen, sofern das Gesetz eine entsprechende Fahrlässigkeitsstrafbarkeit kennt (vgl. § 16 Abs. 1 Satz 2 StGB).

> **Klausurtipp**
>
> In Prüfungsarbeiten wird eine solche Fahrlässigkeitsprüfung oft vergessen, andererseits wird mindestens genauso häufig der Fehler gemacht, dass nach Annahme eines Tatbestandsirrtums ohne weitere Prüfung eine Fahrlässigkeitsstrafbarkeit angenommen wird. Erstens muss aber ein solcher Fahrlässigkeitstatbestand überhaupt existieren (vgl. § 15 StGB) und zweitens müssen die Voraussetzungen einer solchen Fahrlässigkeitsstrafbarkeit eigenständig festgestellt

II. Tatbestandsirrtum (§ 16 StGB)

werden. Wenn § 16 Abs. 1 Satz 2 StGB davon spricht, die *"Strafbarkeit wegen fahrlässiger Strafbarkeit [bleibe] unberührt"*, so wird hierdurch weder ein Fahrlässigkeitstatbestand konstitutiv begründet, noch eine Fahrlässigkeitsbestrafung als notwendige Rechtsfolge angeordnet.

> **Bsp.:** Wer vorsätzlich eine Sache in der Annahme zerstört, es sei seine eigene, der kann (da er nicht weiß, dass er eine „fremde" Sache zerstört = Tatbestandsirrtum) nicht wegen einer vorsätzlichen Sachbeschädigung, § 303 StGB, bestraft werden. Eine Strafbarkeit wegen fahrlässiger Sachbeschädigung kommt nun aber schon deshalb nicht in Frage, weil das Gesetz einen solchen Straftatbestand der fahrlässigen Sachbeschädigung nicht kennt.

Einen Sonderfall regelt § 16 Abs. 2 StGB: Wer aufgrund eines Irrtums über tatsächliche Verhältnisse annimmt, er erfülle den Tatbestand eines milderen Gesetzes, kann auch nur nach diesem milderen Gesetz bestraft werden (da ihm der Vorsatz hinsichtlich des schwereren Delikts fehlt). Die Vorschrift ist auch analog auf minder schwere Fälle anzuwenden, obwohl es sich hierbei nicht um eigenständige Tatbestände handelt. Hat der Täter dagegen keine Kenntnis von erschwerenden Umständen, die einen besonders schweren Fall begründen, kommt ihm dieser Irrtum in analoger Anwendung des § 16 Abs. 1 StGB zugute.

2. Sonderformen

a) Subsumtionsirrtum

> **Definition**
> Unter einem **Subsumtionsirrtum** versteht man einen Irrtum, bei dem der Täter bei vollständig richtig erkanntem Sachverhalt zu einer falschen rechtlichen Bewertung kommt, weil er entweder zu seinen Gunsten oder zu seinen Ungunsten den erkannten Sachverhalt unrichtig unter ein bestimmtes Tatbestandsmerkmal subsumiert.

> **Bsp.:** Anton erschlägt den Hund seines Nachbarn. Dabei ist er der Ansicht, keine Sachbeschädigung begangen zu haben, da man ein Tier nicht als Sache i. S. des § 303 StGB bezeichnen könne. Da es im StGB aber keinen Tatbestand der „Tierbeschädigung" gebe, müsse er straflos bleiben.

Da eine exakte juristische Subsumtion keine notwendige Voraussetzung für die Bildung eines Vorsatzes ist, irrt sich der Täter hier lediglich über die rechtliche Bewertung eines zutreffend erkannten Sachverhalts (im Bsp.: ein Tier sei keine „Sache") und unterliegt daher lediglich einem Verbotsirrtum, § 17 StGB, der auf Schuldebene zu prüfen ist. Insoweit ist der in der juristischen Literatur oftmals gebrauchte Terminus des „Subsumtionsirrtums" an sich entbehrlich, da es sich, sofern dem Täter tatsächlich die Einsicht fehlt, Unrecht zu tun, eben um einen reinen Verbotsirrtum handelt (der allerdings im Regelfall vermeidbar ist und die Schuld des Täters bestehen lässt).

Subsumiert der Täter zu seinen **Ungunsten** falsch, liegt demnach auch – konsequenterweise – ein strafloses Wahndelikt vor.

Bsp.: Bruno zerreißt ein Foto des Rudi und meint, diesen dadurch körperlich misshandelt zu haben (§ 223 StGB), weil er auch die Zerstörung einer Fotografie unter dieses Tatbestandsmerkmal subsumiert. – Es liegt hier ein strafloses Wahndelikt vor.

709 **b) Irrtum über normative Tatbestandsmerkmale.** Leider wird die an sich eindeutige und nachvollziehbare Trennung in Irrtümer über tatsächliche Umstände (= Tatbestandsirrtum) und Irrtümer über die rechtliche Bewertung (= Verbotsirrtum) im Bereich der sogenannten **normativen Tatbestandsmerkmale** nicht strikt durchgehalten.[356]

Definition

Unter **normativen Tatbestandsmerkmalen** versteht man solche Tatbestandsmerkmale, die in erster Linie eine **juristische Wertung** erfordern und nicht lediglich sachlich-beschreibend sind. In aller Regel sind bei ihrer Auslegung andere Vorschriften aus der Rechtsordnung heranzuziehen (Bsp.: Urkunde, fremd).

Definition

Unter **deskriptiven Tatbestandsmerkmalen** versteht man solche Merkmale, die sich in erster Linie in einer sachlichen Beschreibung eines bestimmten Lebensvorgangs oder Gegenstandes erschöpfen, der allgemeinen sinnlichen Wahrnehmung zugänglich sind und keine spezifisch juristische Bewertung enthalten (Bsp. Sache, Mensch).

710 Während bei den deskriptiven Tatbestandsmerkmalen die Unterscheidung zwischen dem tatsächlichen Irrtum (= Tatbestandsirrtum) und dem rechtlichen Irrtum (= Verbotsirrtum) strikt durchgehalten wird, will die h. M. bei den normativen Tatbestandsmerkmalen in Grenzbereichen auch bei einem rechtlichen Irrtum einen Tatbestandsirrtum annehmen, sofern der Täter eine höchst komplizierte rechtliche Bewertung nicht nachvollzogen hat.

Bsp.: Anton verkauft und übereignet sein Auto an Bruno. Als dieser den ihm für eine Woche gestundeten Kaufpreis nicht zahlt, nimmt Anton das Auto mit einem heimlich zurückbehaltenen Zweitschlüssel wieder an sich. Dabei nimmt er an, das Auto „gehöre" schließlich noch ihm, da Bruno noch nicht gezahlt habe. – Anton irrte sich hierbei über das normativ geprägte Tatbestandsmerkmal „fremd" in § 242 StGB. Er nahm an, dass er mangels Kaufpreiszahlung noch Eigentümer war (was nicht der Fall war, da das Auto bereits nach § 929 BGB übereignet wurde). Insoweit lag „eigentlich" ein Irrtum über die rechtliche Bewertung und kein Irrtum über das Vorliegen eines tatsächlichen Umstandes vor, da Anton vom Tatsächlichen her alles richtig erfasst hatte (er wusste, dass er das Auto verkauft, dem Bruno den Wagen übergeben und dieser den Kaufpreis noch nicht bezahlt hatte). Dennoch soll hier „ausnahmsweise" ein Tatbestandsirrtum vorliegen, sofern man zu der Erkenntnis gelangt, dass Anton „an sich rechtstreu" war und lediglich eine höchst komplizierte

---

356 Vgl. zu dieser Unterscheidung bereits oben Rn. 697 ff.

II. Tatbestandsirrtum (§ 16 StGB)

juristische Bewertung im Rahmen eines normativ geprägten Tatbestandsmerkmals nicht nachvollzogen hat.

Als Prüfungsmaßstab einer solchen „Ausnahme" wird auf die sog. **„Parallelwertung in der Laiensphäre"** abgestellt: Hat der Handelnde den Begriffskern des jeweiligen Tatbestandsmerkmals zwar generell erfasst (weiß er also z. B. grundsätzlich, wann eine Sache in seinem Eigentum steht und wann nicht), hat er aber im konkreten Fall – nach Laienansicht nachvollziehbar – eine falsche rechtliche Bewertung getroffen, soll ausnahmsweise ein Tatbestandsirrtum vorliegen. Denn verkenne jemand trotz vollständiger Tatsachenkenntnis nachvollziehbar eine juristisch komplizierte und vielleicht sogar umstrittene rechtliche Einordnung, sei ihm der soziale Sinn seines Handelns nicht bewusst und er stehe mit seiner Ansicht nicht außerhalb der Rechtsordnung. Daher müsse hier § 16 StGB zur Anwendung kommen.

711

Festzuhalten ist aber, dass solche Irrtümer über normativ geprägte Tatbestandsmerkmale, die ausnahmsweise zu einem Tatbestandsirrtum führen sollen, eher selten vorkommen werden. Schon von daher kann bezweifelt werden, ob diese wenigen Fälle eine Durchbrechung des Grundsatzes rechtfertigen, dass nur Irrtümer im Bereich des tatsächlichen Erkennens (und nicht im Bereich der rechtlichen Wertung) zu einem Tatbestandsirrtum führen können. Eine solche Durchbrechung ist aber auch sachlich nicht angebracht. Vollzieht der Täter eine höchst komplizierte bzw. umstrittene juristische Subsumtion nicht nach, so reicht es aus, ihm auf Schuldebene einen (dann in der Regel unvermeidbaren) Verbotsirrtum zuzubilligen. Dies gilt umso mehr, als eine saubere Unterscheidung von deskriptiven und normativen Tatbestandsmerkmalen nicht gelingt, denn auch bei den klassischen deskriptiven Tatbestandsmerkmalen ist stets eine juristische Bewertung erforderlich.[357]

712

c) Irrtum über den Kausalverlauf

> **Definition**
> Unter einem **Irrtum über den Kausalverlauf** versteht man einen Irrtum, bei dem sich der Täter über die Art und Weise der Herbeiführung eines angestrebten Erfolges irrt.

713

Da die Kausalität ein (ungeschriebenes) objektives Tatbestandsmerkmal eines jeden Erfolgsdelikts darstellt und zur Kausalität auch der Kausalverlauf (d. h. die Art und Herbeiführung des Taterfolgs) gehört, muss sich der Vorsatz auch hierauf beziehen. Irrt sich der Täter darüber, liegt daher ebenfalls ein Tatbestandsirrtum, § 16 StGB, vor.

> **Bsp.:** Anton will Bruno mit einem Stock verprügeln. Nachdem er einmal vorbeigeschlagen hat, gelingt es Bruno zu fliehen. In Panik und aus Angst vor Misshandlungen springt er auf der Flucht eine drei Meter hohe Mauer hinunter, wobei er sich schwer verletzt. – Die Körperverletzung ist dem Verfolger Anton hier zwar objektiv zurechenbar (es ist nicht atypisch, dass ein Verfolgter aus Angst um sein Leben panikartig reagiert, mangels freiverantwortlichem

---

357 Vgl. hierzu auch *Heinrich*, AT, Rn. 1081 ff.

Handeln scheidet insoweit auch eine freiverantwortliche Selbstgefährdung bzw. -verletzung aus), der eingetretene Erfolg (Verletzung durch Sturz) stellt jedoch eine wesentliche Abweichung vom vorgestellten (und beabsichtigten) Kausalverlauf dar (Verletzung durch Prügel), mit der Anton nicht gerechnet hat.

714 Da ein Täter einen Kausalverlauf allerdings niemals in sämtlichen Einzelheiten exakt vorhersehen kann, ist zwischen **wesentlichen** und **unwesentlichen** Abweichungen zu unterscheiden. Liegt eine unwesentliche Abweichung des vorgestellten vom tatsächlich eingetretenen Kausalverlauf vor, führt dies nicht zum Ausschluss des Vorsatzes.

> **Bsp.:** Anton will Bruno durch einen gezielten Kopfschuss töten. Er zielt jedoch ungenau und schießt Bruno direkt ins Herz. – Hier liegt lediglich eine unwesentliche Abweichung vor, die nicht zu einem Ausschluss einer vorsätzlichen Tötung führen kann.

715 Liegt hingegen eine **wesentliche** Abweichung vor, so wird in der Regel bereits die objektive Zurechnung ausscheiden (atypischer Kausalverlauf[358]). Ist ein solcher atypischer Kausalverlauf aber abzulehnen, rechnet der Täter aber nachvollziehbar nicht mit der Möglichkeit eines solchen Verlaufs, liegt ein beachtlicher Tatbestandsirrtum, § 16 StGB, vor.

> **Bsp.:** Anton will Bruno mit einem Beilhieb töten, verletzt ihn aber nur schwer. Dennoch kommt Bruno auf dem Weg ins Krankenhaus ums Leben, weil der Fahrer des Krankenwagens in betrunkenem Zustand einen Unfall verursacht. – Fraglich ist hier bereits, ob Anton der Tod überhaupt objektiv zuzurechnen ist. Hier kommt es darauf an, ob man Brunos Tod als einen atypischen Kausalverlauf ansieht, weil der Unfalltod im Krankenwagen infolge eines betrunkenen Fahrers (im Gegensatz zum Unfalltod durch zu schnelles Fahren) völlig außerhalb dessen liegt, was nach dem gewöhnlichen Lauf der Dinge und nach der allgemeinen Lebenserfahrung im Anschluss an einen Beilhieb zu erwarten ist. Lehnt man einen atypischen Kausalverlauf ab, kommt aber immer noch ein Irrtum über den Kausalverlauf in Frage, wenn Anton mit einem solchen Verlauf nicht im Geringsten gerechnet hat (wesentliche Abweichung des vorgestellten vom tatsächlich eingetretenen Kausalverlauf).

716 Die Beurteilung, ob eine Abweichung „wesentlich" oder „unwesentlich" ist, ist oft schwierig und hängt vom Einzelfall ab. Zu prüfen ist, ob sich die Abweichung noch innerhalb der Grenzen des nach allgemeiner Lebenserfahrung Vorhersehbaren hält. Diese „Grenzen der allgemeinen Lebenserfahrung" werden dabei recht weit gesteckt, sodass nur in Ausnahmefällen eine wesentliche Abweichung anzuerkennen ist.

> **Bsp.:** Eine solche wesentliche Abweichung ist z. B. dann abzulehnen, wenn der Täter sein Opfer in Tötungsabsicht von einer Brücke aus in einen Fluss wirft, das Opfer aber bereits beim Aufprall auf den Brückenpfeiler stirbt statt, wie beabsichtigt, zu ertrinken. – Dagegen nahm der BGH eine wesentliche Abweichung in einem Fall an, in dem der Täter seine Frau an einer einsamen Stelle im Wald erschlagen und die Leiche anschließend dort vergraben wollte,

---

358 Vgl. hierzu oben Rn. 161.

II. Tatbestandsirrtum (§ 16 StGB)

die Frau aber schon im Kofferraum auf dem Weg in den Wald starb, da sie im Kofferraum erstickte, womit der Täter aber nicht gerechnet hatte.[359]

Besondere Probleme bereiten hier die Fälle des **mehraktigen Geschehens**, wenn der Täter irrtümlich glaubt, den Erfolg bereits durch den ersten Akt erreicht zu haben, während er ihn tatsächlich erst durch den zweiten Akt erreicht.[360]

717

> **Bsp.:**[361] Anton will Bruno durch einen Beilhieb töten. Nachdem er ihn niedergeschlagen hat, beseitigt er die vermeintliche Leiche Brunos dadurch, dass er sie in eine Jauchegrube wirft. Tatsächlich hat Anton den Bruno durch den Beilhieb aber lediglich bewusstlos geschlagen und schwer verletzt. Brunos Tod tritt nunmehr dadurch ein, dass dieser in der Jauchegrube ertrinkt. Damit hat Anton nicht gerechnet, er ging vielmehr davon aus, dass Bruno zu diesem Zeitpunkt bereits tot war. Insoweit handelte er während des Beilhiebs (der aber nicht zum Tode führte) mit Tötungsvorsatz, nicht aber während des Versenkens der vermeintlichen Leiche (das den Tod allerdings herbeiführte).

Die früher vertretene **Lehre vom dolus generalis** geht in diesen Fällen davon aus, dass ein Gesamtvorsatz hinsichtlich der Tötung gegeben sei.[362] Anton wollte Bruno töten und tötete ihn auch. Es dürfe in diesen Fällen nicht zwischen den verschiedenen Akten differenziert werden. Damit verstößt diese Ansicht aber gegen das Simultaneitätsprinzip: Bezugspunkt jeder Strafbarkeit muss stets eine konkrete menschliche Handlung sein, auf die sich der Vorsatz jeweils beziehen muss. Auf dieser Grundlage kommt die **Trennungstheorie** zu einer strikten Trennung der Geschehensabläufe mit der Folge, dass sich der Täter hier lediglich wegen eines Versuchs (erster Teilakt) in Kombination mit einer Fahrlässigkeitstat (zweiter Teilakt) strafbar gemacht hat.[363] Dadurch wird ein einheitlicher Handlungskomplex aber willkürlich auseinandergerissen. Daher differenziert die **Theorie vom Gesamtvorsatz** danach, ob der Täter den zweiten Akt (hier: das Versenken in der Jauchegrube) bereits von Anfang an vorhatte oder nicht. Nur im ersten Fall läge ein vorsätzlich begangenes Delikt vor, wohingegen ein Vorsatz dann abzulehnen sei, wenn der zweite Akt auf einem neuen Entschluss beruhte.[364] Dagegen soll es nach der **Fortwirkungstheorie** darauf ankommen, ob die durch den ersten Akt stattgefundene Verletzung bei ungestörtem Fortgang für sich genommen zum Tod geführt hätte (im vorliegenden Fall also: wäre das Opfer auch ohne Versenken in der Jauchegrube an den Folgen des Beilhiebs gestorben).[365] In diesem Fall sei die Ersthandlung bereits konkret „erfolgstauglich" und es läge insgesamt ein vorsätzliches Verhalten vor. Nach der **Planverwirklichungstheorie** soll dagegen lediglich dann eine vollendete Vorsatztat vorliegen, wenn der Täter im Hinblick auf den Taterfolg absichtlich gehandelt hat, während es beim Versuch bleiben soll, wenn der Erfolg lediglich schlicht-vorsätzlich verwirklicht werden sollte.[366] Diese Differenzierung im Vorsatzbereich findet allerdings im Gesetz keine Stütze. Zutreffend

718

---

359 BGH NStZ 2002, 309.
360 Vgl. hierzu ausführlich *Heinrich*, AT, Problemschwerpunkt 26, Rn. 1092 ff.
361 Fall nach BGHSt 14, 193.
362 *Welzel*, § 13 I 3 d.
363 *Kühl*, § 13 Rn. 48.
364 *Stein*, in: SK, § 16 Rn. 45.
365 *Schröder*, in: LK, 11. Aufl., § 16 Rn. 31.
366 *Roxin/Greco*, AT I, § 12 Rn. 177 ff.

stellt daher die wohl herrschende **Lehre des Irrtums über den Kausalverlauf** auch hier auf das Kriterium der wesentlichen oder unwesentlichen Abweichung ab.[367] Anknüpfungspunkt bleibt dabei die vom Täter vorgenommene Ersthandlung. Gefragt wird anschließend danach, ob der durch die Zweithandlung tatsächlich bewirkte Erfolg eine wesentliche oder unwesentliche Abweichung des vorgestellten vom tatsächlich eingetretenen Kausalverlauf darstellt (im vorliegenden Fall liegt lediglich eine unwesentliche Abweichung vor, da der eingetretene Kausalverlauf nicht außerhalb des nach der Lebenserfahrung Vorhersehbaren liegt).

719 d) **Irrtum über das Handlungsobjekt (error in persona vel obiecto).** Beim Irrtum über das Handlungsobjekt handelt es sich um einen Irrtum auf Tatbestandsebene, bei dem der Täter über die Person (error in persona) oder das Objekt (error in obiecto) irrt, auf die bzw. auf das sich sein Handeln bezieht. Dabei verletzt der Täter zwar das von ihm anvisierte Objekt (z. B. die Person, auf die er tatsächlich gezielt hat), er wollte jedoch eigentlich ein anderes Tatobjekt verletzen. Er unterliegt somit einer Fehlvorstellung über die Identität (oder eine bestimmte Eigenschaft) des Objekts, kurz: Es liegt eine **Objektsverwechslung** vor.

> **Bsp.:** Anton will Bruno töten. Als er ihn eines Abends allein im Garten arbeiten sieht, hält er die Gelegenheit für günstig. Er holt sein Gewehr, schleicht sich von hinten an und schießt auf den vor ihm Stehenden, der sofort tot umfällt. Nun erst erkennt er, dass es sich bei dem Getöteten nicht um Bruno, sondern um den Gärtner Gustav handelt, der Bruno in Größe und Statur ähnlich sah.

720 Im vorliegenden Fall wollte Anton einen Menschen töten (d. h. er hatte Vorsatz hinsichtlich eines Totschlags, § 212 StGB) und er konkretisierte seinen Tötungsvorsatz auch auf ein bestimmtes Objekt. Später stellt sich jedoch heraus, dass das von ihm anvisierte und auch getroffene Objekt (= Gustav) ein anderes war als das, was er vermutete (= Bruno). Dennoch: Anton wollte hier einen Menschen töten und er tötete auch einen Menschen. Er hat auch genau den Menschen getötet, den er anvisierte (d. h. auf den sich sein Vorsatz **konkretisierte**). Die Frage, **warum** er diesen konkreten Menschen töten wollte (eben weil er ihm eine ganz bestimmte Identität unterstellte), darf keine Rolle spielen. Es handelt sich dabei um einen reinen **Motivirrtum**. Dieser muss aber in der strafrechtlichen Beurteilung unbeachtlich bleiben, denn Bezugspunkte des Vorsatzes sind nach § 16 StGB die äußeren Tatumstände, nicht jedoch die mit der Tat verfolgten Zwecke.

> **Bsp.:** Anton hat erfahren, dass Bruno ihn als „Depp" bezeichnet haben soll. Aus „Rache" schlägt er Bruno beim nächsten Treffen ins Gesicht. Nachdem er später erfährt, dass Bruno niemals eine solche Äußerung getätigt hat, tut ihm alles furchtbar leid. – Selbstverständlich schließt dieser „Motivirrtum" Antons seine Strafbarkeit wegen einer vorsätzlich begangenen Körperverletzung, § 223 StGB, nicht aus.

721 Allerdings muss man beim **error in persona vel obiecto** (in freier Übersetzung: Irrtum in der Person oder über einen Gegenstand) danach differenzieren, ob das

---

367 BGHSt 14, 193 (194); *Baumann/Weber/Mitsch/Eisele-Eisele*, § 11 Rn. 76.

tatsächlich getroffene Objekt und das eigentlich gewollte Objekt „tatbestandlich gleichwertig" sind oder nicht (d. h. ob ihre Verletzung vom selben Tatbestand erfasst ist). Ist dies der Fall (handelt es sich also z. B. um zwei Menschen), dann ist der Irrtum als bloßer Motivirrtum unbeachtlich. Sind hingegen beide Objekte tatbestandlich nicht gleichwertig (Tötung eines Menschen und Zerstörung einer Sache), ist der Irrtum beachtlich. Es liegt dann lediglich (sofern strafbar) ein Versuch hinsichtlich des gewollten und (sofern strafbar) eine Fahrlässigkeitstat hinsichtlich des tatsächlich getroffenen Objekts vor.

> **Bsp.:** Anton will Bruno töten. Er glaubt, dass Bruno im Dunkeln in seinem Gartenstuhl sitzt. Anton schießt. Bei dem vermeintlichen Bruno handelte es sich aber um eine Mülltonne, die Bruno dort abgestellt hatte und die nun durchlöchert ist. – Hier sind die beiden Objekte (Mensch, Sache) tatbestandlich nicht gleichwertig, daher ist Anton lediglich wegen einer versuchten Tötung, §§ 212, 22 StGB, strafbar, da ja tatsächlich kein Mensch zu Tode kam. Daneben liegt eine straflose fahrlässige Sachbeschädigung vor (eine vorsätzliche Sachbeschädigung scheidet aus, da Anton ja gerade keine Sache beschädigen, sondern einen Menschen töten wollte).

Klausurtipp

Sind beide Objekte tatbestandlich gleichwertig und ist der Irrtum des Täters daher unbeachtlich, so ist sein Vorsatz dadurch gleichzeitig „verbraucht". Verfehlt wäre es, nun auch noch einen Versuch bzgl. desjenigen Objekts zu prüfen, welches er tatsächlich verletzen oder zerstören wollte. Schießt Anton z. B. auf Gustav, meint er aber, er schieße auf Bruno, so ist Anton nur wegen eines an Gustav begangenen vollendeten Totschlags strafbar. Daneben liegt nicht auch noch eine versuchte Tötung Brunos vor. Wer hierin gleichzeitig ein vom Vorsatz getragenes unmittelbares Ansetzen hinsichtlich der Tötung Brunos sieht, würde Anton einen zweifachen Vorsatz unterstellen, den dieser nicht hatte. – Ein insbesondere in Anfängerarbeiten oftmals gemachter Fehler.

e) Fehlgehen der Tat (aberratio ictus)

Definition

Unter einer **aberratio ictus** versteht man einen Vorgang, bei dem der Täter nicht das anvisierte Tatobjekt (z. B. die Person, auf die er gezielt hatte), sondern ein anderes Tatobjekt verletzt (z. B. daneben schießt).

Man spricht in diesen Fällen auch von einem „Fehlgehen der Tat" (oder in korrekter Übersetzung einer „Abirrung des Pfeiles"). Angriffs- und Verletzungsobjekt sind in diesen Fällen also nicht identisch.

> **Bsp.:** Anton will Bruno töten und lauert ihm mit einem geladenen Gewehr auf. Als Bruno die Straße entlangkommt, gibt Anton einen gezielten Schuss auf Bruno ab. Der Schuss verfehlt jedoch sein Ziel und trifft den hinter dem Bruno laufenden Otto tödlich. – Auch hier wollte Anton einen Menschen töten und tötete auch einen Menschen. Er tötete allerdings einen anderen Menschen als den, auf den sich sein Vorsatz zuvor konkretisierte.

723 Die Lösung dieses Falles ist umstritten.[368] Nach der kaum mehr vertretenen **Gleichwertigkeitstheorie** ist die aberratio ictus jedenfalls bei tatbestandlicher Gleichwertigkeit der Objekte unbeachtlich.[369] Wie beim error in persona soll der Täter in diesem Fall wegen eines vorsätzlichen Vollendungsdelikts zu bestrafen sein. Denn er wolle ein bestimmtes Rechtsgut verletzen und verletzte dieses auch. Diese Ansicht verstößt allerdings gegen das Schuldprinzip, da man dem Täter letztlich einen Gattungsvorsatz unterstellt. Daher sieht die inzwischen ganz herrschende **Versuchslösung** die aberratio ictus zutreffend als beachtlichen Irrtum an.[370] Der Täter kann im Falle des Fehlgehens der Tat lediglich wegen Versuchs hinsichtlich des Zielobjekts (sofern dieser strafbar ist) sowie wegen einer Fahrlässigkeitstat hinsichtlich des tatsächlich getroffenen Objekts (sofern ein solcher Tatbestand existiert) bestraft werden. Dies folgt aus der grundsätzlichen Notwendigkeit der Konkretisierung des Vorsatzes auf ein bestimmtes Objekt. Zudem folgt diese Lösung aus der isolierten Betrachtung beider Objekte: Das Zielobjekt verletzte der Täter nicht (= Versuch), das getroffene Objekt wollte er nicht verletzen (= kein Vorsatz). Eine Zwischenposition nimmt die **Vorhersehbarkeitstheorie** ein, nach der eine aberratio ictus nur dann unbeachtlich sei, wenn das Fehlgehen der Tat bei gleichwertigem Tatobjekt vorhersehbar war.[371] Liegt ein ungleichwertiges Tatobjekt vor oder war das Fehlgehen der Tat unvorhersehbar, komme dagegen lediglich ein Versuch in Betracht. Dies wird damit begründet, dass die aberratio ictus letztlich nur einen Unterfall des Irrtums über den Kausalverlauf darstelle. Gegen diese Theorie ist aber vorzubringen, dass sie mit dem ansonsten dem Fahrlässigkeitsbereich zuzuordnenden Begriff der Vorhersehbarkeit Kriterien anwendet, die dem Vorsatz an sich fremd sind.

724 Hinzuweisen ist allerdings darauf, dass die geschilderte Konsequenz der aberratio ictus (Versuch plus Fahrlässigkeitstat) nur dann eintritt, wenn der Täter **ausschließlich** das anvisierte Objekt treffen will. Hält er hingegen ein Fehlgehen der Tat für möglich und findet sich damit ab, handelt er im Hinblick auf das getroffene Objekt (bedingt) vorsätzlich.

> **Bsp.:** Anton schießt in Tötungsabsicht auf Bruno, der in einer Menschenmenge steht. Dabei ist ihm bewusst, dass er mit seinem Schuss auch einen anderen Menschen treffen könnte, dies ist ihm jedoch gleichgültig. Tatsächlich trifft er den neben Bruno stehenden Rudi. – Hier ist Anton wegen einer vorsätzlichen Tötung (bzw. eines vorsätzlichen Mordes) an Rudi zu bestrafen. Da er nur einen Menschen töten wollte, scheidet eine Bestrafung wegen einer gleichzeitig verwirklichten versuchten Tötung an Bruno aus.

725 **f) Grenzfälle.** Ein Grenzfall der aberratio ictus liegt dann vor, wenn der Täter das anvisierte Objekt verfehlt, das tatsächlich getroffene Objekt aber zufällig genau dasjenige ist, welches der Täter ursprünglich treffen wollte.

> **Bsp.:** Anton möchte Bruno töten. Er lauert ihm mit einem geladenen Gewehr auf. Als dann ein Fremder (nämlich Fritz) vorbeikommt, der dem Bruno ähnlich sieht und den Anton für Bruno hält, zielt er auf ihn und schießt. Der

---

368 Vgl. hierzu ausführlich *Heinrich*, AT, Problemschwerpunkt 27, Rn. 1105 ff.
369 *Heuchemer*, JA 2005, 275.
370 BGHSt 38, 295 (296 f.); *Sternberg-Lieben/Schuster*, in: Schönke/Schröder, § 15 Rn. 57.
371 *Puppe*, in: NK, § 16 Rn. 102 ff.

Schuss verfehlt jedoch sein Ziel und trifft den zufällig hinter dem Fritz laufenden Bruno.

Hier liegt eine Kombination eines error in persona mit tatbestandlich gleichwertigen Objekten (Anton hielt den Fritz für Bruno) mit einer aberratio ictus (die Kugel traf nicht den anvisierten Menschen, sondern einen anderen) vor. Hätte es sich bei dem Getroffenen um eine ganz andere Person gehandelt, so läge nach der hier vertretenen Ansicht eine aberratio ictus vor. Da Anton aber am Ende genau denjenigen getroffen hat, den er ursprünglich treffen wollte, wird hier teilweise doch ein vollendeter vorsätzlich begangener Totschlag (oder Mord) an Bruno angenommen. Nimmt man die Vorsatzkonkretisierung jedoch ernst, kann dies nicht richtig sein: Da sich Antons Vorsatz im Moment des Schusses auf Fritz konkretisierte, den er am Ende jedoch verfehlte, muss auch dann, wenn die Kugel letztlich doch den „Richtigen" trifft, eine aberratio ictus angenommen werden. Anton ist daher (lediglich) wegen eines versuchten Totschlags (oder Mordes) an Fritz in Tateinheit mit einer fahrlässigen Tötung des Bruno zu bestrafen, §§ 212 (211), 22; § 222; § 52 StGB.

Weitere Grenzfälle zwischen error in persona und aberratio ictus liegen in folgenden Konstellationen vor:

Bsp. (1): Anton will Bruno töten. Er bringt unter Brunos Auto, das vor dessen Haus abgestellt ist, eine Autobombe an, deren Auslösung an den Zündungsmechanismus des Wagens gekoppelt ist. Tatsächlich hat Anton die Bombe jedoch an Rudis Auto angebracht, der an diesem Abend zufällig vor Brunos Haus parkte. Als Rudi in der Nacht davonfahren will, stirbt er infolge der Explosion. – Nimmt man hier an, Anton habe seinen Vorsatz auf denjenigen konkretisiert, der den Zündschlüssel dreht, läge ein error in persona vor.[372] Geht man hingegen zutreffend davon aus, dass die Bombenexplosion denjenigen verfehlte, den sie treffen sollte (nämlich Bruno), kommt man zu einer aberratio ictus.[373]

Bsp. (2): Anton stellt eine vergiftete Flasche Schnaps in seinen Kühlschrank. Dabei geht er davon aus, dass seine Ehefrau alsbald davon trinken und daran sterben werde. Tags darauf nimmt jedoch seine Haushälterin unbefugter Weise einen kräftigen Schluck aus der Flasche und stirbt. – Auch hier könnte man entweder annehmen, Anton habe seinen Vorsatz schlicht auf einen Menschen konkretisiert, der aus der Flasche trinkt (dann error in persona) oder auf ein Fehlschlagen der Tat abstellen, weil die vergiftete Flasche letztlich ihr Ziel verfehlt (dann aberratio ictus).

III. Verbotsirrtum (§ 17 StGB)

Wie bereits dargelegt, versteht man unter einem Verbotsirrtum einen Irrtum über das Verbotensein einer Tat. Der Täter kennt die Verbots- oder Gebotsnorm nicht, ihm fehlt bei voller Tatsachenkenntnis *„die Einsicht, Unrecht zu tun"* (§ 17 StGB). Es handelt sich beim Verbotsirrtum um einen Irrtum über die Tatbestandsebene, der aber auf Schuldebene zu prüfen ist und bei dem der Täter bei

---

372 *Roxin/Greco*, AT I, § 12 Rn. 197.
373 *Heinrich*, AT, Rn. 1112.

vollständig richtig erkannter Sachlage zu seinen Gunsten eine rechtlich unzutreffende Bewertung vornimmt und insoweit fälschlicherweise annimmt, sein Verhalten sei erlaubt. Das fehlende Unrechtsbewusstsein kann sich dabei auf die Strafnorm als solche oder auf die Reichweite der jeweiligen Vorschrift beziehen.

> **Bsp.:** Wer bei einem Unglücksfall keine Hilfe leistet, weil er glaubt, hierzu nicht verpflichtet zu sein, unterliegt einem Verbotsirrtum, denn er kennt die Strafnorm des § 323c StGB nicht. – Wer hingegen weiß, dass man nach einem Unfall im Straßenverkehr warten und dazu beitragen muss, dass Feststellungen über den Unfallverlauf ermöglicht werden, im konkreten Fall aber glaubt, bei leichten Blechschäden reiche es aus, dem Geschädigten einen Zettel mit seiner Adresse an die Windschutzscheibe zu klemmen, der kennt zwar die Strafnorm des § 142 StGB (Unerlaubtes Entfernen vom Unfallort), irrt sich aber über deren Reichweite, im konkreten Fall über die Dauer und den Umfang der Wartepflicht. Der in der Praxis oft angeführte Zettel an der Windschutzscheibe (der zudem meist vom Wind davongetragen wird) genügt den Anforderungen des § 142 StGB eben gerade nicht.

729 Das Vorliegen eines Verbotsirrtums hat zur Folge, dass im Rahmen der Schuld (unter dem Prüfungspunkt des Unrechtsbewusstseins) festgestellt werden muss, ob der Täter den Irrtum **vermeiden** konnte. Lediglich bei Unvermeidbarkeit des Irrtums handelt der Täter ohne Schuld, § 17 Satz 1 StGB. War der Irrtum hingegen vermeidbar, kommt lediglich (fakultativ!) eine Strafmilderung nach § 49 StGB in Frage (§ 17 Satz 2 StGB). Hieraus folgt, dass nicht nur derjenige bestraft werden kann, der ein aktuelles Unrechtsbewusstsein hat, sondern auch derjenige, der aufgrund eines vermeidbaren Irrtums kein Unrechtsbewusstsein hatte, dies aber „hätte haben können" (sog. „potentielles" Unrechtsbewusstsein).

> ➡ **Klausurtipp**
>
> In der Praxis wird die Berufung auf einen Verbotsirrtum zumeist als Schutzbehauptung abgetan (insofern muss der Richter zuerst feststellen, ob sich der Täter tatsächlich „irrte"). Da die Strafvorschriften zumindest des Kernstrafrechts (d.h. die Straftatbestände des StGB) regelmäßig in der Bevölkerung bekannt sein dürften, kommt in der Praxis sowie in Prüfungsarbeiten kaum einmal ein „echter" (= direkter) Verbotsirrtum vor. Häufiger sind hingegen die Fälle des ebenfalls nach § 17 StGB zu beurteilenden Erlaubnisirrtums über Elemente der Rechtswidrigkeit (= „indirekter" Verbotsirrtum). Geht man im Einzelfall aber davon aus, dass sich der Täter tatsächlich irrte, so wird auch hier kaum einmal eine Unvermeidbarkeit des Irrtums vorliegen.

730 Bei der Frage der **Vermeidbarkeit** legt insbesondere die Rechtsprechung einen sehr strengen Maßstab an. So wird eine Unvermeidbarkeit erst dann angenommen, wenn es dem Täter aufgrund seiner sozialen Stellung und nach seinen individuellen Fähigkeiten auch bei der ihm zumutbaren Anspannung seines Gewissens und unter Zuhilfenahme anderer möglicher Erkenntnisquellen nicht möglich war, das Unrecht der Tat einzusehen.[374]

---

[374] BGHSt 35, 347 (350).

Der Täter hat also schon bei den geringsten **Zweifeln** an der Rechtmäßigkeit seines Verhaltens eine Erkundigungspflicht. Er muss sich vor der Tatbegehung im Rahmen des ihm Zumutbaren durch Einholung eines Rechtsrates bei einem Fachmann Gewissheit über die Strafbarkeit (bzw. Straflosigkeit) seines Verhaltens verschaffen. Einschränkend wird jedoch inzwischen gefordert, dass die Erkundigung bei einer kompetenten Stelle auch tatsächlich zu einer richtigen Auskunft geführt hätte („hypothetische Auskunft"), was bei einer unklaren Rechtslage zumindest zweifelhaft sei.[375] Hat er keine Zweifel über die Rechtmäßigkeit seines Verhaltens, so ist zu prüfen, ob er Unrechtseinsicht hätte haben können (potentielles Unrechtsbewusstsein). Insofern haben sich einige wenige Fallgruppen herausgebildet, in denen eine Unvermeidbarkeit ernsthaft diskutiert werden kann:

> **Bsp.:** Ein unvermeidbarer Verbotsirrtum kann vorliegen, wenn der Handelnde auf Nachfrage von einem für vertrauenswürdig und kompetent gehaltenen Anwalt (oder einer zuständigen Behörde) eine falsche Auskunft bekommen hat. – Ferner ist an einen unvermeidbaren Verbotsirrtum zu denken, wenn es sich um eine entlegene Vorschrift des Nebenstrafrechts handelt, die kaum jemand kennt und die auch der Täter nicht aufgrund seiner Zugehörigkeit zu einem bestimmten Verkehrskreis hätte kennen müssen. – Schließlich kann ein unvermeidbarer Verbotsirrtum dann in Frage kommen, wenn es sich um eine in Rechtsprechung und Literatur umstrittene Rechtsfrage handelt (insbesondere dann, wenn der BGH eine langjährige Rechtsprechung zu Ungunsten des Täters ändert oder wenn die Auslegung eines Tatbestandsmerkmals nicht eindeutig ist).

> **Literaturhinweise**
> **Einführende Aufsätze:** *Henn,* Der subjektive Tatbestand der Straftat – Teil 2: Überblick über die Irrtumskonstellationen, JA 2008, 854 (studiengerechte Darstellung mit Hinweisen zur Fallbearbeitung und Beispielsfällen); *Herzberg,* Vorsatzausschließende Rechtsirrtümer, JuS 2008, 385 (verständlicher Überblick mit Beispielen); *Hinderer,* Tatumstandsirrtum oder Verbotsirrtum?, JA 2009, 864 (zusammenfassende Darstellung der verschiedenen Irrtumskonstellationen mit Hinweisen zum Prüfungsaufbau und zu den klassischen Fallgestaltungen); *Kudlich/Koch,* Tatbestandsirrtum – error in persona – aberratio ictus, JA 2017, 827 (gelungene Darstellung verschiedener Klausurkonstellationen)
>
> **Übungsfälle:** *Dürre/Wegerich,* Aberratio ictus und Erlaubnistatbestandsirrtum, JuS 2006, 712 (Anfängerklausur im Strafrecht, die den Unterschied zwischen abberatio ictus und error in persona vel in obiecto herausarbeitet); *Kudlich,* Schlecht beraten, JuS 2003, 243 (anspruchsvolle Übungsklausur, die sich mit dem Problem der Abgrenzung zwischen Tatbestands- und Verbotsirrtum bei einem außerstrafrechtlichen Rechtsirrtum beschäftigt); *Noltensmeier/Henn,* Dumm gelaufen, JA 2007, 772 (anspruchsvoller Fall, der u. a. auf den error in persona und dessen Auswirkungen auf den Anstifter und den Haupttäter eingeht)
>
> **Rechtsprechung: BGHSt 4, 236** – Benzinmarken (Vermeidbarkeit des Verbotsirrtums); **BGHSt 14, 193** – Jauchegrube (Irrtum über den Kausalverlauf); **BGHSt 38, 32** – Drogenkurier (Irrtum über den Kausalverlauf)

---

375 BGHSt 37, 55 (67).

Kapitel 26: Irrtümer auf Rechtswidrigkeitsebene

I. Grundlagen

732 Im Gegensatz zu den bereits erörterten Irrtümern auf Tatbestandsebene sind die Irrtümer, die sich auf die Ebene der Rechtswidrigkeit beziehen, **gesetzlich nicht normiert**. Daher ist auch ihre rechtliche Einordnung in vielen Bereichen umstritten. Wiederum gilt auch hier: Es gibt letztlich zwei verschiedene Irrtumsformen, die streng zu trennen sind und die eine unterschiedliche rechtliche Bewertung erfordern. Wiederum kann sich der Täter über die tatsächlichen Voraussetzungen irren, die ihm – ihr Vorliegen unterstellt – einen von der Rechtsordnung anerkannten Rechtfertigungsgrund zur Seite stellen würden (sog. **Erlaubnistatbestandsirrtum**), oder er kann bei vollständiger und zutreffender Kenntnis aller Tatsachen aufgrund einer rechtlich falschen Wertung irrtümlich glauben, ihm stehe ein Rechtfertigungsgrund zur Seite, obwohl dies nicht der Fall ist (sog. **Erlaubnisirrtum**). Auch hier muss derjenige, der sich über einen tatsächlichen Umstand irrt, letztlich besser stehen als derjenige, der eine rechtlich falsche Bewertung vornimmt.

> **Bsp. Erlaubnistatbestandsirrtum:** Rudi greift in seine Manteltasche, um einen Stadtplan herauszuholen, weil er Bruno nach dem Weg fragen will. Bruno deutet dies falsch, meint, Rudi würde ein Messer aus der Tasche ziehen, und schlägt ihn in Erwartung eines unmittelbar bevorstehenden Angriffs nieder. – Hier glaubt Bruno irrig an eine Situation (nämlich das Vorliegen eines „Angriffs"), die ihn zur Notwehr, § 32 StGB, berechtigen würde.
>
> **Bsp. Erlaubnisirrtum:** Anton schießt in Tötungsabsicht auf den flüchtenden Karl, der ihm einen Apfel entwendet hat. Dabei ist er der Ansicht, dieses Verhalten sei durch sein Notwehrrecht gedeckt. – Hier hat Anton vom Tatsächlichen her alles erkannt, er irrt sich jedoch darüber, dass ihm in diesen Fällen ein Notwehrrecht zusteht (dies entfällt hier mangels Gebotenheit der Verteidigungshandlung, da ein krasses Missverhältnis vorliegt).

> **Klausurtipp**
> In der Klausur ist es einerseits wichtig, genau festzustellen, über was der Täter eigentlich irrt (insbesondere dann, wenn er sich, was nicht selten vorkommt, über mehrere Dinge irrt). Als nächstes muss – im Wege der Subsumtion – festgestellt werden, um welche Form des Irrtums es sich dabei handelt. In einem dritten Schritt ist dann darzulegen, wie dieser Irrtum rechtlich zu behandeln ist (eine Frage, die insbesondere beim Erlaubnistatbestandsirrtum umstritten ist).

II. Erlaubnistatbestandsirrtum

1. Übersicht

733 **Definition**
Unter einem **Erlaubnistatbestandsirrtum** versteht man einen Irrtum über das Vorliegen eines Umstandes, der, wenn er tatsächlich vorläge, die Voraussetzungen eines anerkannten Rechtfertigungsgrundes erfüllen würde.

Bsp.: Bruno ertappt Anton, als dieser in seinem Wohnzimmer die Schränke durchwühlt. Anton flieht. Da Bruno glaubt, Anton habe wertvollen Schmuck entwendet, schießt er nach Abgabe eines Warnschusses gezielt auf dessen Beine, worauf Anton, der nichts mitgenommen hatte, schwer verletzt wird. – Hier glaubte Bruno irrig, es läge noch ein gegenwärtiger Angriff auf sein Eigentum vor, der ihn zur Notwehr, § 32 StGB, berechtigen würde (§ 127 StPO scheidet hier aus, da ein gezielter Schuss nicht mehr vom Festnahmerecht umfasst ist).

Beim Erlaubnistatbestandsirrtum liegt also ein Irrtum über einen **tatsächlichen Umstand** vor. Der Täter glaubt, sich in einer Situation zu befinden, in der ihm ein Rechtfertigungsgrund zur Seite stehen würde. Insoweit ist er an sich rechtstreu, nimmt also keine rechtlich unzutreffende Wertung vor, sondern irrt lediglich über das Vorliegen eines bestimmten Sachverhalts.

Klausurtipp
Da ein Erlaubnistatbestandsirrtum nur dann vorliegt, wenn der Täter auf der Grundlage der von ihm angenommenen tatsächlichen Situation auch wirklich gerechtfertigt wäre, ist in einer Klausur bereits an dieser Stelle – d. h. vor der Frage der rechtlichen Behandlung des Erlaubnistatbestandsirrtums – zu prüfen, ob die Voraussetzungen eines Rechtfertigungsgrundes auf der Grundlage der Vorstellungen des Täters tatsächlich gegeben wären. Wie noch zu zeigen sein wird, ist es daher zweckmäßig – gleich welcher Theorie man folgt – den Erlaubnistatbestandsirrtum (erst) auf der Ebene der Schuld zu prüfen.

2. Rechtliche Einordnung des Erlaubnistatbestandsirrtums

a) **Vorsatz- und Schuldtheorie.** Um den Streit im Hinblick auf die rechtliche Einordnung des Erlaubnistatbestandsirrtums nachvollziehen zu können, muss man sich noch einmal die grundsätzliche Stellung des **Vorsatzes** und des **Unrechtsbewusstseins** im allgemeinen Straftataufbau klar machen. Wie bereits erwähnt[376] sah die früher vertretene **Vorsatztheorie** das Unrechtsbewusstsein als Bestandteil des Vorsatzes an (mit der Folge, dass jeder Irrtum, d. h. auch derjenige, der lediglich das Unrechtsbewusstsein betrifft, letztlich den Vorsatz ausschloss). Dagegen sieht die heute herrschende (und im Gesetz in § 17 StGB verankerte) **Schuldtheorie** das Unrechtsbewusstsein als selbstständiges Schuldelement an (mit der Folge, dass ein Irrtum, der das Unrechtsbewusstsein betrifft, den Vorsatz des Täters unberührt lässt). Nur wer diese Differenzierung „begriffen" hat, kann die nachfolgende (äußerst schwierige) Diskussion nachvollziehen. Da die rechtliche Behandlung des Erlaubnistatbestandsirrtums zu den zentralen Problemen des Allgemeinen Teils des Strafrechts gehört, sollten sich durchaus auch Anfänger mit dieser Materie beschäftigen.[377]

b) **Rechtliche Behandlung.** Nach der (früher vertretenen) **Vorsatztheorie**[378] schließt zwar lediglich der in § 16 StGB ausdrücklich geregelte Tatbestandsirrtum den (Tatbestands-)Vorsatz aus, während sämtliche weiteren Irrtümer (und somit

---
376 Vgl. hierzu oben Rn. 373.
377 Vgl. hierzu ausführlich *Heinrich*, AT, Problemschwerpunkt 28, Rn. 1128.
378 *Schröder*, ZStW 65 (1953), 178 (192).

auch sämtliche Irrtümer über die Rechtfertigungsgründe) lediglich das Unrechtsbewusstsein beseitigen. Da aber das Unrechtsbewusstsein ebenfalls ein Bestandteil des Vorsatzes sei (der Vorsatz setzt sich nach dieser Theorie ja gerade aus dem Tatbestandsvorsatz und dem Unrechtsbewusstsein zusammen) sei letztlich bei jedem Irrtum der Vorsatz des Täters ausgeschlossen. Diese Theorie widerspricht jedoch schon dem Gesetz, da § 17 StGB dann nie zur Anwendung käme. Auch könnte nicht zwischen dem grundsätzlich rechtstreuen Täter und demjenigen Täter, dessen rechtliche Wertung sich von derjenigen der Rechtsordnung unterscheidet, differenziert werden. Daher macht die heute noch teilweise vertretene **eingeschränkte** bzw. **modifizierte Vorsatztheorie** jedenfalls bei denjenigen eine Ausnahme, die aus **Rechtsfeindschaft** oder **Rechtsblindheit** irren (was in aller Regel beim Erlaubnisirrtum, nicht aber beim Erlaubnistatbestandsirrtum der Fall ist),[379] können dadurch aber die Schwächen dieser Theorie nicht beseitigen.

736 Einem anderen Ansatz folgen die **Schuldtheorien**, die in mehreren Varianten vertreten werden. Nach der **strengen Schuldtheorie** beseitigt wiederum lediglich der in § 16 StGB genannte Tatbestandsirrtum den (Tatbestands-)Vorsatz, während sämtliche weiteren Irrtümer lediglich das Unrechtsbewusstsein betreffen.[380] Im Gegensatz zur Vorsatztheorie wird das Unrechtsbewusstsein aber als selbstständiges Schuldmerkmal angesehen, sodass stets § 17 StGB zur Anwendung kommt. Sowohl der Erlaubnistatbestandsirrtum als auch der Erlaubnisirrtum beträfen demnach als Irrtum über das Verbotensein der Tat lediglich das Unrechtsbewusstsein und müssten nach § 17 StGB behandelt werden. Gegen diese Theorie spricht aber wiederum, dass dann nicht zwischen dem grundsätzlich rechtstreuen Täter und demjenigen Täter, dessen rechtliche Wertung sich von derjenigen der Rechtsordnung unterscheidet, differenziert werden könnte. Zu folgen ist daher der **eingeschränkten Schuldtheorie**, die ebenfalls in mehreren Varianten vertreten wird. Grundgedanke ist hier, dass derjenige, der sich über tatsächliche Umstände irrt (und insofern an sich rechtstreu ist), am Ende besser stehen muss als derjenige, der eine rechtlich falsche Wertung trifft. Insoweit muss der Erlaubnistatbestandsirrtum (als Irrtum über die tatsächlichen Voraussetzungen eines Rechtfertigungsgrundes) letztlich wie ein Tatbestandsirrtum, der Erlaubnisirrtum (als Irrtum über das Verbotensein der Tat) hingegen wie ein Verbotsirrtum behandelt werden. Da allerdings § 16 StGB vom Wortlaut her nur den klassischen Tatbestandsirrtum (und nicht den Irrtum über Rechtfertigungsgründe) betrifft, kann hier lediglich eine **analoge Anwendung des § 16 StGB** weiterführen. Eine solche Analogie ist zulässig, da es sich hier um eine Analogie zugunsten des Täters handelt.

737 Innerhalb der **eingeschränkten Schuldtheorie** ist es nun aber umstritten, ob die analoge Anwendung des § 16 StGB zur Folge hat, dass der **Vorsatz** insgesamt, das heißt der Vorsatz als Element des subjektiven Tatbestandes, ausscheidet (Ausschluss des Unrechtsvorsatzes).[381] Dies kann jedoch nicht richtig sein, da der Täter immerhin im Hinblick auf die Verwirklichung des objektiven Tatbestandes vorsätzlich handelt, der subjektive Tatbestand insoweit also problemlos erfüllt ist. Was dem Täter fehlt, ist lediglich der Vorsatz hinsichtlich der Rechtswidrigkeit seines Verhaltens. Würde man

---

379 *Otto*, § 15 Rn. 5 ff.
380 *Maurach/Gössel/Zipf*, AT 2, § 44 Rn. 61.
381 So *Sternberg-Lieben/Schuster*, in: Schönke/Schröder, § 15 Rn. 35, § 16 Rn. 18.

diesen „Rechtswidrigkeitsvorsatz" nun – was auf den ersten Blick konsequent erscheint – auf Rechtswidrigkeitsebene prüfen, hätte dies zur Folge, dass das „Unrecht" der Tat ausscheidet, wenn sich der Täter in einem Erlaubnistatbestandsirrtum befindet. Dann aber dürfte man sich gegen einen sich in einem Erlaubnistatbestandsirrtum befindenden Täter nicht im Rahmen der Notwehr oder Nothilfe, § 32 StGB, verteidigen. Dies kann aber nicht richtig sein, denn das Risiko der irrtümlichen Annahme eines rechtfertigenden Sachverhalts sollte letzten Endes der Irrende und nicht das angegriffene Opfer tragen. Letzteres muss sich auch weiterhin rechtmäßig verteidigen können. Daher ist der Erlaubnistatbestandsirrtum lediglich auf **Schuldebene** zu berücksichtigen (und zwar unter einem eigenständigen Prüfungspunkt der „Schuldform"; die ebenfalls gebräuchlichen Termini „Schuldvorsatz" oder „Vorsatzschuld" sind dagegen eher verwirrend).[382] Dieses Ergebnis wird auch von der Rechtsprechung vertreten, die allerdings noch keine dogmatische Einordnung getroffen hat, sondern lediglich davon ausgeht, derjenige, der sich in einem Erlaubnistatbestandsirrtum befinde, solle hinsichtlich der „Rechtsfolgen" so gestellt werden, als sei er einem Tatbestandsirrtum unterlegen (sog. **rechtsfolgenverweisende eingeschränkte Schuldtheorie**).[383] Im allgemeinen Prüfungsschema lässt sich dieses wie folgt abbilden:

Prüfungsschema
I. **Tatbestand**
  1. objektiver Tatbestand
  2. subjektiver Tatbestand (hier Prüfung des Tatbestandsirrtums, § 16 StGB)
II. **Rechtswidrigkeit**
III. **Schuld**
  1. Schuldfähigkeit
  2. Spezielle Schuldmerkmale
  3. Unrechtsbewusstsein (hier: Prüfung des Verbotsirrtums, § 17 StGB)
  4. Schuldform (hier Prüfung des Erlaubnistatbestandsirrtums)
  5. Fehlen von Entschuldigungsgründen

Zu erwähnen ist schließlich noch die **Lehre von den negativen Tatbestandsmerkmalen**, deren Anwendung, wie bereits ausgeführt,[384] grundsätzlich einen zweistufigen (und keinen dreistufigen) Deliktsaufbau voraussetzt. Diese Lehre geht davon aus, dass der gesetzliche (Unrechts-)Tatbestand aus positiven Tatbestandsmerkmalen (den im jeweiligen gesetzlichen Tatbestand genannten Merkmalen) und negativen Tatbestandsmerkmalen (dem Fehlen von Rechtfertigungsgründen) bestehe. Konsequent wird dann der fehlende Vorsatz bzgl. des Vorliegens von positiven Tatbestandsmerkmalen (= klassischer Tatbestandsirrtum) in gleicher Weise behandelt wie der fehlende Vorsatz bzgl. der Rechtswidrigkeit (= Erlaubnistatbestandsirrtum). Da nach dieser Lehre aber sowohl jedes positive als auch jedes negative Tatbestandsmerkmal (= Rechtfertigungsgrund) einen Umstand darstellt, *„der zum gesetzlichen Tatbestand gehört"* kann § 16 StGB hiernach auch beim Erlaubnistatbestandsirrtum direkt angewendet werden.[385]

---
382 So auch *Jescheck/Weigend*, § 41 IV 1d.
383 BGHSt 3, 105 (107); BGHSt 49, 34 (44).
384 Vgl. oben Rn. 74.
385 *Schünemann/Greco*, GA 2006, 777 (790 f.).

739 c) **Rechtsfolge.** Entfällt nach der hier vorgeschlagenen Ansicht der Vorsatz hinsichtlich der Rechtswidrigkeit auf Schuldebene nach § 16 StGB analog, so ist eine Fahrlässigkeitsprüfung anzuschließen, sofern ein entsprechender Fahrlässigkeitstatbestand existiert. Zu prüfen ist hier, ob der Täter dadurch eine Sorgfaltspflicht verletzt hat, dass er dem entsprechenden Irrtum unterlegen ist. Da der Täter vorsätzlich den Tatbestand verwirklichte und sich lediglich gerechtfertigt glaubte, handelte er jedenfalls objektiv sorgfaltspflichtwidrig. Da die Tat auch nicht gerechtfertigt ist, kann lediglich die subjektive Sorgfaltspflichtwidrigkeit auf Schuldebene entfallen.

740 d) **Teilnahme.** Neben der Frage, ob man gegen einen sich in einem Erlaubnistatbestandsirrtum befindenden Täter Notwehr oder Nothilfe üben darf, kommen die verschiedenen Lehren auch hinsichtlich der Frage, ob eine für die Anstiftung oder Beihilfe erforderliche „vorsätzlich" begangene Haupttat vorliegt, wenn sich der Täter in einem Erlaubnistatbestandsirrtum befindet, zu unterschiedlichen Ergebnissen.[386]

> Bsp.: Toni hat seinem Freund Otto den Geldbeutel aus der Hosentasche gezogen und eingesteckt. Nachdem Otto das Fehlen bemerkt hat, weist ihn Toni mit den Worten „der dort war es" auf den davoneilenden Rudi hin, worauf Otto diesen verfolgt. Bruno, der die ganze Szene mit angesehen hat und die Sache höchst amüsant findet, feuert Otto bei der Verfolgung Rudis kräftig an. Als Otto schließlich den nichtsahnenden Rudi eingeholt hat und dieser sich (verständlicherweise) weigert, Otto den angeblich von ihm gestohlenen Geldbeutel zurückzugeben, schlägt Otto ihn nieder, um auf diese Weise zu seinem Geldbeutel zu kommen. – Während sich Otto im Hinblick auf die von ihm begangene Körperverletzung, § 223 StGB, in einem Erlaubnistatbestandsirrtum befindet, ist fraglich, ob sich die hier nicht irrenden Toni und Rudi wegen Anstiftung bzw. Beihilfe zu § 223 StGB strafbar gemacht haben. Dies setzt aber voraus, dass Otto eine „vorsätzlich begangene rechtswidrige" Haupttat begangen hat (vgl. §§ 26, 27 StGB). Im Hinblick auf Toni ist darüber hinaus aber stets auch eine mittelbare Täterschaft zu erörtern.

741 Nach der (**modifizierten**) **Vorsatztheorie** ist auch der Erlaubnistatbestandsirrtum wie ein vorsatzausschließender Tatbestandsirrtum gemäß § 16 StGB zu behandeln. Da der Haupttäter somit nicht vorsätzlich handelt, wäre sowohl eine Anstiftung als auch eine Beihilfe mangels vorsätzlich begangener rechtswidriger Haupttat nicht möglich. Nach der **strengen Schuldtheorie** hingegen wird der Erlaubnistatbestandsirrtum wie ein Verbotsirrtum nach § 17 StGB behandelt. Der Täter handelt auf jeden Fall vorsätzlich und lediglich bei Unvermeidbarkeit des Irrtums entfällt die Schuld. Da dann aber eine vorsätzlich begangene rechtswidrige Haupttat vorläge, wäre auch eine Beteiligung hieran in Form von Anstiftung und Beihilfe möglich. Innerhalb der **eingeschränkten Schuldtheorie** sind die Lager gespalten. Diejenigen, die hier eine umfassende Analogie zu § 16 StGB annehmen und den Vorsatz insgesamt ausschließen, kommen zu dem Ergebnis, dass bei dem Täter, der einem Erlaubnistatbestandsirrtum unterliegt, der Vorsatz bereits auf der Ebene des Unrechts entfällt, womit eine Teilnahme ausscheiden würde. Die hier vertretene Gegenansicht, die den Vorsatz hinsichtlich der Rechtswidrigkeit lediglich

---

386 Vgl. hierzu ausführlich *Heinrich*, AT, Problemschwerpunkt 29, Rn. 1136.

auf Schuldebene entfallen lässt, kommt hingegen – ebenso wie die von der Rechtsprechung vertretene **rechtsfolgenverweisende eingeschränkte Schuldtheorie** – zu dem Ergebnis, dass ein vorsätzliches Verhalten i. S. der §§ 26, 27 StGB vorliege. Denn wenn in §§ 26, 27 StGB von „vorsätzlicher Tat" gesprochen werde, dann beziehe sich dies nur auf den Tatbestandsvorsatz, nicht aber auch den auf Schuldebene zu prüfenden Vorsatz hinsichtlich der Rechtswidrigkeit. Anstiftung und Beihilfe bleiben nach dieser – nicht zuletzt deshalb zu befürwortenden – Auffassung also möglich. Dagegen lehnen die Vertreter der **Lehre von den negativen Tatbestandsmerkmalen** ein vorsätzliches Verhalten des Haupttäters infolge der direkten Anwendbarkeit des § 16 StGB ab, sodass lediglich eine mittelbare Täterschaft, nicht aber Anstiftung und Beihilfe möglich sind.

III. Erlaubnisirrtum

1. Übersicht

> **Definition**
> Unter einem **Erlaubnisirrtum** versteht man einen Irrtum über das Bestehen oder die rechtlichen Grenzen eines anerkannten Rechtfertigungsgrundes. Der Täter nimmt hier also entweder einen Rechtfertigungsgrund an, den die Rechtsordnung (schon von der Sache her) nicht anerkennt, oder er dehnt die Grenzen eines an sich anerkannten Rechtfertigungsgrundes zu weit aus.

742

Bsp. (1): Lehrerin Linda schlägt ihrem Schüler Sascha als Erziehungsmaßnahme kräftig ins Gesicht, weil dieser während der Unterrichtsstunde gerülpst hat. – Linda irrte hier über die Existenz eines Rechtfertigungsgrundes „Züchtigungsrecht".

Bsp. (2): Anton ertappt Bruno bei einem Einbruchsdiebstahl. Bruno flieht. Obwohl Anton erkennt, dass Bruno nichts mitgenommen hat, wirft er ihm einen schweren Stein an den Kopf, um ihn zu stoppen, damit seine Identität festgestellt werden kann. – Anton irrte sich hier über die rechtlichen Grenzen des (an sich von der Rechtsordnung anerkannten) Rechtfertigungsgrundes des Festnahmerechts (§ 127 StPO erlaubt nur die mit dem Festhalten verbundenen leichten Körperverletzungen).

Beim Erlaubnisirrtum liegt also ein Irrtum über die **rechtliche Bewertung** im Hinblick auf einen möglichen Rechtfertigungsgrund vor. Der Täter glaubt, einen Rechtfertigungsgrund in Anspruch nehmen zu können, den ihm die Rechtsordnung so aber nicht zugesteht. Allerdings ist in diesen Fällen stets (und vorrangig) zu prüfen, ob sich der Täter überhaupt irrte, d. h. ob er überhaupt davon ausging, ihm stünde ein Rechtfertigungsgrund zu. Weiß er nämlich, dass er an sich nicht so handeln hätte dürfen wie er gehandelt hat, dann entfällt bereits der Irrtum und es erübrigen sich alle weiteren Überlegungen.

2. Rechtliche Behandlung

Der Erlaubnisirrtum ist rechtlich als (indirekter) Verbotsirrtum i. S. des § 17 StGB anzusehen. Da es sich um einen Irrtum im Bereich der rechtlichen Wertung handelt, betrifft er nicht den Vorsatz, sondern das Unrechtsbewusstsein. Dieses kann entfallen, wenn der Täter infolge einer falschen rechtlichen Bewertung eines vom

743

Tatsächlichen her richtig erkannten Sachverhalts entweder über die Existenz der Strafvorschrift an sich irrt („reiner" Verbotsirrtum auf Tatbestandsebene) oder aber zwar weiß, dass sein Verhalten an sich strafbar ist, er aber irrtümlich aufgrund einer falschen rechtlichen Wertung annimmt, ihm stünde ein Rechtfertigungsgrund zur Seite (den es in Wirklichkeit nicht oder jedenfalls nicht in diesem Umfang gibt). Beide Fälle müssen rechtlich gleich behandelt werden. Lediglich bei Unvermeidbarkeit dieses Irrtums entfällt daher die Schuld, ansonsten ist der Täter strafbar. Es kommt lediglich eine fakultative Strafmilderung nach § 49 Abs. 1 StGB in Betracht.

> **Literaturhinweise**
>
> **Einführende Aufsätze:** *Kelker*, Erlaubnistatbestands- und Erlaubnisirrtum – eine systematische Erörterung, JURA 2006, 591 (verständlicher Überblick mit einer argumentativen Aufbereitung der Probleme); *Momsen/Rackow*, Der Erlaubnistatbestandsirrtum in der Fallbearbeitung, JA 2006, 550, 654 (Übersicht mit Ratschlägen zur Behandlung des Erlaubnistatbestandsirrtums in der Fallbearbeitung); *Stiebig*, Der Erlaubnistatbestandsirrtum in der Prüfungsarbeit, JURA 2009, 274 (verständlicher Überblick zum Aufbau und zur Einordnung des Erlaubnistatbestandsirrtums in der Prüfung)
>
> **Übungsfall:** *Momsen/Sydow*, Überraschungen im Parkhaus, JuS 2001, 1194
>
> **Rechtsprechung: BGHSt 2, 194** – Anwaltsnötigung (Grundlage der strafrechtlichen Irrtumslehre); **BGHSt 3, 105** – Landheim (Abgrenzung von Erlaubnistatbestandsirrtum und Erlaubnisirrtum)

Kapitel 27: Sonstige Irrtümer

I. Rechtliche Behandlung des Doppelirrtums

744 Besondere Schwierigkeiten ergeben sich in denjenigen Fällen, in denen mehrere Irrtümer zusammentreffen. Dies gilt insbesondere dann, wenn es sich um die Kombination eines Irrtums über tatsächliche Umstände mit einem solchen über die rechtliche Bewertung handelt. Auch hier muss zuerst festgestellt werden, über was der Täter im konkreten Fall geirrt hat. Danach sind die jeweiligen Irrtümer zu klassifizieren, um anschließend darzulegen, wie sie rechtlich zu behandeln sind. Handelt es sich um einen Doppelirrtum, so sind auf dieser Ebene teilweise weitere Erwägungen notwendig.

1. Kombination von Tatbestands- und Verbotsirrtum auf Tatbestandsebene

745 Unterliegt der Täter im Rahmen einer Tat sowohl einem Tatbestandsirrtum als auch einem Verbotsirrtum (Doppelirrtum auf Tatbestandsebene), so geht der **Tatbestandsirrtum** vor. Damit scheidet der Vorsatz des Täters aus und es muss sich eine Fahrlässigkeitsprüfung anschließen, sofern ein entsprechender Fahrlässigkeitstatbestand existiert. Diese Lösung folgt bereits daraus, dass der Tatbestandsirrtum den Vorsatz auf Tatbestandsebene ausschließt und man zur Frage der Schuld (bei der ein Verbotsirrtum relevant werden könnte) gar nicht mehr kommt.

Bsp.: Anton streift beim Ausparken das Auto seines Nachbarn Norbert, bemerkt dies jedoch nicht. Im Übrigen ist er ohnehin der Ansicht, bei bloßen Blechschäden bestünde keine Wartepflicht. – Hier lag sowohl ein Tatbestandsirrtum vor (= Irrtum über die Tatsache, dass ein „Unfall" vorlag), als auch ein Verbotsirrtum (= Unkenntnis darüber, dass man auch bei Unfällen mit Blechschäden warten muss, vgl. § 142 StGB). Auf Letzteres kommt es jedoch nicht an, da auf subjektiver Tatbestandsebene bereits der Vorsatz entfällt, § 16 Abs. 1 StGB.

2. **Kombination von Erlaubnistatbestandsirrtum und Erlaubnisirrtum auf Rechtswidrigkeitsebene**

Treffen hingegen auf Rechtswidrigkeitsebene ein Erlaubnistatbestandsirrtum und ein Erlaubnisirrtum zusammen, so geht – im Gegensatz zu den Irrtümern auf Tatbestandsebene – der Irrtum über die rechtliche Bewertung, d. h. der Erlaubnisirrtum vor, sodass der Täter nach § 17 StGB zu beurteilen ist. Seine Schuld entfällt nur dann, wenn der Irrtum für ihn unvermeidbar war. Eine Fahrlässigkeitsprüfung, die an sich nach Annahme eines Erlaubnistatbestandsirrtums folgen müsste (vgl. § 16 Abs. 1 Satz 2 StGB), findet in diesen Fällen nicht mehr statt. **746**

Bsp.: Anton bemerkt, dass Ludwig nachts bei ihm im Keller eingebrochen ist. Er eilt hinunter und überrascht Ludwig, der aber fliehen kann, wobei er eine billige Flasche Wein im Wert von 1,99 Euro mitnimmt. Anton will dies nicht auf sich beruhen lassen und verfolgt ihn. In der Dunkelheit verliert er ihn aber aus den Augen und verwechselt ihn später mit Otto. Ohne große Vorwarnung schießt Anton mit seinem Jagdgewehr auf diesen, wobei er dessen Tod billigend in Kauf nimmt. Dabei hält er sich infolge Notwehr für gerechtfertigt. – Da Otto nicht der Dieb der Weinflasche war (Irrtum über einen tatsächlichen Umstand), lag diesbezüglich eine dem Erlaubnistatbestandsirrtum vergleichbare Situation vor. Anton stellte sich Umstände vor, die eine Notwehrlage begründet hätten. Gleichzeitig irrte er jedoch auch über die Grenzen des Notwehrrechts. Es lag ein krasses Missverhältnis der betroffenen Rechtsgüter vor. Wegen einer Weinflasche im Wert von 1,99 darf man nicht – zumal nicht ohne Vorwarnung – auf einen Menschen schießen. Insoweit traf Anton im Hinblick auf den Umfang des Notwehrrechts eine rechtlich falsche Wertung, sodass zusätzlich ein Erlaubnisirrtum vorlag (gleichzeitig lag hier im Übrigen auch noch auf Tatbestandsebene ein error in persona vor, der jedoch infolge der Vorsatzkonkretisierung auf Otto wegen tatbestandlicher Gleichwertigkeit der Objekte unbeachtlich war[387]).

Da sowohl der Erlaubnistatbestandsirrtum (bei der Schuldform) als auch der Erlaubnisirrtum (beim Unrechtsbewusstsein) nach der hier vorgeschlagenen Lösung[388] auf der Ebene der Schuld zu prüfen sind, folgt das Ergebnis noch nicht zwingend aus dem Prüfungsaufbau. Dass der Erlaubnisirrtum hier vorgeht und der Doppelirrtum auf Rechtswidrigkeitsebene daher nach § 17 StGB zu behandeln ist, ergibt sich jedoch daraus, dass an sich gar kein rechtlich relevanter Erlaubnistatbestandsirrtum vorliegt. Denn dieser setzt voraus, dass dem Täter bei vorgestellter Sachlage ein rechtlich anerkannter Rechtfertigungsgrund zur Seite gestan- **747**

---
387 Vgl. zum error in persona oben Rn. 719 ff.
388 Vgl. hierzu oben Rn. 737, 743.

den hätte. Dies ist aber nicht der Fall, wenn sich der Täter auch dann, wenn er die Sachlage hier richtig eingeschätzt hätte, infolge des Erlaubnisirrtums nicht auf den entsprechenden Rechtfertigungsgrund hätte berufen können. Das „Hinzutreten" eines zusätzlichen Irrtums über die tatsächliche Sachlage darf den Täter also nicht privilegieren.

II. Irrtümer auf Schuldebene

748 Im Folgenden soll ein Überblick über die Irrtümer auf Schuldebene gegeben werden, die jedoch bei weitem nicht die Bedeutung haben wie die Irrtümer auf Tatbestands- oder auf Rechtswidrigkeitsebene. Auch ist deren rechtliche Einordnung weit weniger umstritten. Einig ist man sich darüber, dass Irrtümer über Schuldausschließungsgründe (§ 20 StGB, § 17 StGB) unbeachtlich sind. Der Täter kann sich also nicht darauf berufen, er sei davon ausgegangen, bei der Tatbegehung infolge eines Alkoholrausches schuldunfähig gewesen zu sein. Dagegen muss bei Irrtümern über Entschuldigungsgründe wiederum zwischen einem **Irrtum über tatsächliche Voraussetzungen** und einem **Irrtum über die rechtliche Bewertung** unterschieden werden. In begrifflicher Anlehnung an die Irrtümer auf Rechtswidrigkeitsebene kann man diesbezüglich von einem **Entschuldigungstatbestandsirrtum** und einem **Entschuldigungsirrtum** sprechen.

1. Entschuldigungstatbestandsirrtum

749 **Definition**
Unter einem **Entschuldigungstatbestandsirrtum** versteht man einen Irrtum über das Vorliegen eines Umstandes, der, wenn er wirklich vorläge, die Voraussetzungen eines anerkannten Entschuldigungsgrundes erfüllen würde.

Bsp.: Toni muss als Zeuge vor Gericht gegen einige Mitglieder einer kriminellen Vereinigung aussagen. Er geht irrtümlich davon aus, im Falle einer belastenden Aussage würden die übrigen Mitglieder der Vereinigung seine Kinder töten, weil ihm sein Freund Erwin „aus Jux" einen entsprechenden anonymen Drohbrief geschrieben hat. Toni schwört daher einen Meineid zugunsten der Angeklagten. – Läge tatsächlich eine solche Gefahr vor, dann wäre Toni nach § 35 StGB entschuldigt, da die Voraussetzungen eines Nötigungsnotstandes[389] vorlägen. Insoweit irrte er sich hier über die tatsächlichen Voraussetzungen, die ihm ein solches Notstandsrecht gewähren würden.

Der **Entschuldigungstatbestandsirrtum** ist in § 35 Abs. 2 StGB zumindest für den entschuldigenden Notstand (§ 35 StGB) ausdrücklich geregelt. Der Täter handelt bei Unvermeidbarkeit des Irrtums ohne Schuld. Als Begründung hierfür kann angeführt werden, dass die psychische Zwangslage des Täters gleich ist, unabhängig davon, ob die Gefahr tatsächlich besteht oder nur in seiner Vorstellung existiert. Die Rechtsfolgen sind also dieselben wie beim Verbotsirrtum in § 17 StGB, wobei eine Unvermeidbarkeit des Irrtums nur selten festzustellen sein wird. – Diese in § 35 Abs. 2 StGB für den entschuldigenden Notstand normierte Rechtsfolge ist für die anderen Entschuldigungsgründe analog anzuwenden. Systema-

---

[389] Vgl. zum Nötigungsnotstand oben Rn. 293, 397.

tisch wird der Entschuldigungstatbestandsirrtum innerhalb der **Schuld** geprüft und zwar jeweils im Rahmen des entsprechenden Entschuldigungsgrundes.

2. Entschuldigungsirrtum

> **Definition**
> Unter einem **Entschuldigungsirrtum** versteht man einen Irrtum über das Bestehen oder die rechtlichen Grenzen eines anerkannten Entschuldigungsgrundes. Der Täter nimmt also entweder einen Entschuldigungsgrund an, den die Rechtsordnung nicht anerkennt, oder aber er überdehnt die Grenzen eines anerkannten Entschuldigungsgrundes.

750

> **Bsp.:** Ein Schiffbrüchiger zerrt einen anderen von der rettenden Planke, um sein wertvolles Gepäck dort zu lagern und zu retten. Dabei glaubt er irrig, im entschuldigenden Notstand (§ 35 StGB) zu handeln. – Dies trifft aber schon allein deswegen nicht zu, weil das Eigentum in § 35 StGB nicht erwähnt ist. Der Täter überdehnte also den Anwendungsbereich des § 35 StGB.

Der **Entschuldigungsirrtum** ist gesetzlich nicht geregelt. Im Ergebnis muss ein solcher Irrtum als unbeachtlich angesehen werden, da sich der Täter in diesen Fällen so weit von der Rechtsordnung entfernt, dass selbst eine Prüfung der Vermeidbarkeit dieses Irrtums sowie eine fakultative Strafmilderung, wie sie die Regelung des § 17 StGB vorsieht, hier unangebracht wären. – Eine Prüfung des **Entschuldigungsirrtums** findet innerhalb der Schuld im Rahmen des jeweiligen Entschuldigungsgrundes statt. Hier kann festgestellt werden, dass ein entsprechender Irrtum vorlag, dieser jedoch als unbeachtlich anzusehen ist.

751

III. Irrtümer auf der „Vierten Ebene der Strafbarkeit"

Nach der Behandlung der Irrtümer auf Schuldebene soll hier noch kurz darauf hingewiesen werden, dass auch auf der „**Vierten Ebene der Strafbarkeitsprüfung**"[390] Irrtümer vorkommen können, die allerdings selten praktische Relevanz besitzen. Auch hier kann aber die getroffene Unterscheidung zwischen einem Irrtum über die tatsächlichen Voraussetzungen und einem Irrtum über die **rechtliche Bewertung** weiterhelfen. Während Irrtümer über **Strafverfolgungsvoraussetzungen** (z. B. über die Angehörigeneigenschaft beim Familiendiebstahl, § 247 i. V. m. § 11 Abs. 1 Nr. 1 StGB) stets unbeachtlich sind, ist der Irrtum über tatsächliche Voraussetzungen eines **persönlichen Strafausschließungsgrundes** umstritten.[391]

752

> **Bsp.:** Toni ist Antiquitätenhändler und besorgt sich seine wertvollen Stücke in unregelmäßigen Abständen durch Einbruchsdiebstähle. Gerd hat ihm dabei bereits zweimal gegen Entgelt geholfen. Eines Tages kommt Toni zu Gerd und bittet diesen, drei wertvolle gestohlene Uhren eine Zeit lang für ihn aufzubewahren, da man ihm „auf der Spur" sei. Gerd stimmt zu, wobei er davon ausgeht, dass es sich dabei um die Uhren handelt, die beim letzten Einbruch, an dem er auch selbst teilnahm, erbeutet wurden. Tatsächlich handelt es sich

---
390 Vgl. hierzu oben Rn. 414 ff.
391 Vgl. hierzu ausführlich *Heinrich*, AT, Problemschwerpunkt 30, Rn. 1160 ff.

jedoch um Uhren, die Toni allein gestohlen hatte. – Bei der hier zu prüfenden Begünstigung, § 257 StGB, wird nach Abs. 3 Satz 1 derjenige nicht bestraft, der bereits wegen Beteiligung an der Vortat strafbar ist. Gerade hiervon geht Gerd irrtümlich aus.

753 Nach der **objektiven Theorie** soll für die Annahme eines persönlichen Strafausschließungsgrundes allein die objektive Sachlage entscheidend sein, weil es sich hierbei um einen Umstand „jenseits von Unrecht und Schuld" handele.[392] Ein entsprechender Irrtum wäre insoweit unbeachtlich. Dagegen soll nach der **subjektiven Theorie** für die Annahme eines persönlichen Strafausschließungsgrundes allein die Tätervorstellung entscheidend sein.[393] Denn die persönlichen Strafausschließungsgründe würden gerade auf Umständen beruhen, die die besondere Motivation und den Umfang der Schuld des Täters betreffen. Diesbezüglich sei aber gerade die Sicht des Täters entscheidend. Ein Irrtum sei somit beachtlich. Zutreffend unterscheidet die **differenzierende Theorie** hingegen nach der Art des jeweiligen persönlichen Strafausschließungsgrundes.[394] So ist die objektive Sachlage dann entscheidend, wenn staatspolitische Belange oder kriminalpolitische Zweckmäßigkeitserwägungen den Strafausschluss begründen (§§ 36, 173 Abs. 3 StGB). Dagegen kommt es auf die Tätervorstellung an, wenn dem Strafausschluss eine notstandsähnliche Motivationslage zugrunde liegt (§ 257 Abs. 3 Satz 1, § 258 Abs. 6 StGB). Eine einheitliche Lösung ist in diesem Bereich deswegen nicht möglich, weil die persönlichen Strafausschließungsgründe auf keinem einheitlichen Konzept beruhen, sodass jeweils im Einzelfall zu entscheiden ist, ob bei der betreffenden Norm der Irrtum beachtlich ist oder nicht.

754 Wird nach der subjektiven oder der differenzierenden Theorie der Irrtum als beachtlich angesehen, so sind die sich hieraus ergebenden **Rechtsfolgen** wiederum umstritten: Nach einer Ansicht ist hier § 16 Abs. 2 StGB analog anzuwenden mit der Folge, dass lediglich eine Fahrlässigkeitsprüfung vorzunehmen ist.[395] Nach anderer Ansicht findet hier § 35 Abs. 2 StGB analoge Anwendung, was dazu führt, dass eine Vermeidbarkeitsprüfung anzuschließen ist.[396]

755 Dagegen muss der Irrtum über das Bestehen oder die rechtlichen Grenzen eines anerkannten persönlichen Strafausschließungsgrundes als reiner Rechtsirrtum – ebenso wie der Entschuldigungsirrtum – unbeachtlich bleiben. Wenn der Täter einen persönlichen Strafausschließungsgrund annimmt, den die Rechtsordnung nicht anerkennt, bzw. wenn er die Grenzen eines rechtlich anerkannten persönlichen Strafausschließungsgrundes überdehnt, entfernt er sich so weit von der Rechtsordnung, dass selbst eine Prüfung der Vermeidbarkeit dieses Irrtums sowie eine fakultative Strafmilderung, wie sie die Regelung des § 17 StGB vorsieht, unangebracht wären.

Bsp.: Gustav erfährt, dass seine bei ihm wohnende Freundin Beate vor wenigen Stunden einen Einbruchsdiebstahl begangen und die Beute im Schlafzimmer versteckt hat. Als der Polizeibeamte Paul klingelt und sich nach Beate erkundigt, behauptet Gustav wahrheitswidrig, diese befinde sich schon seit längerem

---

[392] BGHSt 23, 281 (282); *Roxin/Greco*, AT I, § 12 Rn. 149.
[393] *Stree*, FamRZ 1962, 55 (58 f.).
[394] *Sternberg-Lieben/Schuster*, in: Schönke/Schröder, § 16 Rn. 36.
[395] *Sternberg-Lieben/Schuster*, in: Schönke/Schröder, § 16 Rn. 34.
[396] *Horn*, MDR 1971, 8 (11).

auf einer Urlaubsreise, worauf Paul sich unverrichteter Dinge wieder entfernt.
– Geht Gustav hier irrtümlich davon aus, er könne wegen der von ihm begangenen Strafvereitelung, § 258 StGB, nicht bestraft werden, weil er sie zugunsten einer Angehörigen begangen habe, § 258 Abs. 6 i. V. m. § 11 Abs. 1 Nr. 1 StGB (was nicht zutrifft, da bloße Freundschaften nicht hierunter fallen), ist dieser Irrtum unbeachtlich.

IV. Irrtum über die Garantenstellung beim unechten Unterlassungsdelikt

756 Eine weitere bedeutsame Irrtumskonstellation ist dann gegeben, wenn sich der Täter im Rahmen eines **unechten Unterlassungsdelikts** über seine Rechtspflicht zum Handeln, d. h. über seine **Garantenpflicht** irrt. Da es sich bei der Garantenpflicht um ein objektives Tatbestandsmerkmal handelt,[397] liegt hier ein Irrtum auf Tatbestandsebene vor. Wiederum ist es entscheidend, ob sich der Täter über tatsächliche Umstände irrt, die seine Garantenstellung begründen, oder ob er bei vollständiger Tatsachenkenntnis im Hinblick auf seine Garantenpflicht eine falsche rechtliche Wertung trifft.

757 Irrt sich der Täter über die **tatsächlichen Voraussetzungen des Vorliegens einer Garantenstellung**, ist dieser Irrtum als Tatbestandsirrtum nach § 16 StGB zu behandeln.

> **Bsp.:** Anton sieht während eines Spazierganges, dass ein Kind im See ertrinkt. Obwohl er helfen könnte, unterlässt er dies, weil er glaubt, es handle sich um den Nachbarssohn, den er nicht leiden kann. In Wirklichkeit handelt es sich jedoch um seinen eigenen Sohn. – Hier scheitert seine Bestrafung wegen eines Totschlags durch Unterlassen, §§ 212, 13 StGB, am fehlenden Vorsatz hinsichtlich seiner Garantenstellung. Es bleibt bei einer Strafbarkeit wegen unterlassener Hilfeleistung, § 323c StGB. Nimmt Anton hingegen irrtümlich an, bei dem Ertrinkenden handle es sich um seinen Sohn, während in Wirklichkeit ein Nachbarkind ertrinkt, liegt neben der unterlassenen Hilfeleistung, § 323c StGB, ein (untauglicher) Versuch eines Totschlags durch Unterlassen, §§ 212, 13, 22 StGB, vor.

758 Dagegen ist der **Irrtum über die Existenz oder die rechtlichen Grenzen einer Garantenstellung** als Irrtum über die rechtliche Bewertung eines zutreffend erkannten Sachverhalts wie ein Verbotsirrtum (hier in der Form des sog. „Gebotsirrtums") nach § 17 StGB zu behandeln.

> **Bsp.:** Erwin sieht, wie sein Vater Viktor im See ertrinkt. Er glaubt jedoch, dass man nur seinen Kindern gegenüber zur Hilfeleistung verpflichtet ist, nicht aber gegenüber seinen Eltern. Er unternimmt nichts, worauf Viktor stirbt. – Hier lag ein (im Ergebnis in der Regel vermeidbarer) Gebotsirrtum vor, der nach § 17 StGB lediglich zu einer fakultativen Strafmilderung führt. Erwin ist wegen einer Tötung durch Unterlassen, §§ 212, 13 StGB, zu bestrafen. – Sieht Erwin hingegen, dass ein Nachbarskind ertrinkt und glaubt er, auch gegenüber Nachbarn bestünde eine Garantenpflicht, liegt neben der vollendeten unterlassenen Hilfeleistung, § 323c StGB, lediglich ein strafloses Wahndelikt vor.

---

[397] Vgl. hierzu oben Rn. 577, 591.

V. Zusammenfassung und Überblick

759 1. **Der Tatbestandsirrtum** (§ 16 StGB)

a) **Definition:** Irrtum über das Vorliegen eines Umstandes, der zum gesetzlichen Tatbestand gehört (d. h. der Täter irrt sich über das tatsächliche Vorliegen eines bestimmten Tatbestandsmerkmals). Nicht erfasst ist hingegen der „error in persona vel obiecto", da hier ein reiner Motivirrtum des Täters vorliegt.

b) **Rechtsfolge:** Täter handelt ohne (Tatbestands-)Vorsatz. Lediglich Fahrlässigkeitsprüfung.

c) **Einordnung:** Prüfung innerhalb des subjektiven Tatbestandes.

d) **Beispiel:** Der Täter erschießt im Dunkeln einen Menschen, dachte aber, er schieße auf einen Hund.

2. **Der Verbotsirrtum** (§ 17 StGB)

a) **Definition:** Irrtum über das Verbotensein einer Tat (der Täter kennt die Verbots- oder Gebotsnorm nicht, ihm fehlt also bei voller Tatsachenkenntnis die Einsicht, Unrecht zu tun).

b) **Rechtsfolge:** Täter handelt bei Unvermeidbarkeit (selten!) des Irrtums ohne Schuld; bei Vermeidbarkeit lediglich (fakultative) Strafmilderung (§ 49 Abs. 1 StGB).

c) **Einordnung:** Prüfung innerhalb der Schuld im Rahmen des Unrechtsbewusstseins.

d) **Beispiele:** Der Täter meint, man wäre bei Unglücksfällen nicht verpflichtet, Hilfe zu leisten (d. h. er kennt die Norm des § 323c StGB nicht) oder er meint, es gäbe bei Verkehrsunfällen mit geringem Sachschaden keine Wartepflicht (d. h. er kennt den genauen Inhalt des § 142 StGB nicht).

3. **Der Erlaubnistatbestandsirrtum** (gesetzlich nicht geregelt)

a) **Definition:** Irrtum über das Vorliegen eines Umstandes, der, wenn er tatsächlich vorläge, die Voraussetzungen eines anerkannten Rechtfertigungsgrundes erfüllen würde.

b) **Rechtsfolge:** Die rechtliche Behandlung ist umstritten (vgl. Rn. 735 ff.). Nach h. M. Anwendung des § 16 StGB analog. Täter handelt ohne (Schuld-)Vorsatz (= fehlender Vorsatz bzgl. der Rechtswidrigkeit). Anzuschließen ist eine Fahrlässigkeitsprüfung.

c) **Einordnung:** Prüfung innerhalb der Schuld im Rahmen der Schuldform (Schuldvorsatz als Schuldelement).

d) **Beispiel:** Der Täter erschießt einen Menschen, weil er irrig annimmt, dieser würde ihn angreifen, und er daher glaubt, es läge eine Notwehrsituation vor (Putativnotwehr).

4. **Der Erlaubnisirrtum** (gesetzlich nicht geregelt)

a) **Definition:** Irrtum über das Bestehen oder die rechtlichen Grenzen eines anerkannten Rechtfertigungsgrundes. Der Täter nimmt also entweder einen Rechtfertigungsgrund an, den die Rechtsordnung (schon von seiner Existenz her) nicht anerkennt, oder aber er überdehnt den Anwendungsbereich eines an sich anerkannten Rechtfertigungsgrundes.

b) **Rechtsfolge:** Behandlung nach § 17 StGB (wie ein Verbotsirrtum).

c) **Einordnung:** Prüfung innerhalb der Schuld im Rahmen des Unrechtsbewusstseins.

V. Zusammenfassung und Überblick   759

d) **Beispiele:** Der Täter tötet einen Menschen, weil er glaubt, aktive Sterbehilfe sei ein anerkannter Rechtfertigungsgrund, oder er tötet einen Menschen auf der Flucht, weil er irrtümlich glaubt, auch eine Tötung sei vom Festnahmerecht des § 127 StPO gedeckt.

5. **Der Entschuldigungstatbestandsirrtum** (geregelt in § 35 Abs. 2 StGB für den entschuldigenden Notstand)

a) **Definition:** Irrtum über das Vorliegen eines Umstandes, der, wenn er tatsächlich vorläge, die Voraussetzungen eines anerkannten Entschuldigungsgrundes erfüllen würde.

b) **Rechtsfolge:** Der Täter handelt bei Unvermeidbarkeit des Irrtums (selten!) ohne Schuld; bei Vermeidbarkeit lediglich (obligatorische) Strafmilderung. Diese in § 35 Abs. 2 StGB für den entschuldigenden Notstand normierte Rechtsfolge gilt für die anderen Entschuldigungsgründe analog.

c) **Einordnung:** Prüfung innerhalb der Schuld im Rahmen der Entschuldigungsgründe.

d) **Beispiel:** Der Täter leistet einen Meineid, da er irrtümlich davon ausgeht, im Falle der Äußerung der Wahrheit werde er von Verbündeten des Angeklagten erschossen. Träfe dies zu, stünde ihm tatsächlich ein Entschuldigungsgrund zu.

6. **Der Entschuldigungsirrtum** (gesetzlich nicht geregelt)

a) **Definition:** Irrtum über das Bestehen oder die rechtlichen Grenzen eines anerkannten Entschuldigungsgrundes. Der Täter nimmt also entweder einen Entschuldigungsgrund an, den die Rechtsordnung (schon von seiner Existenz her) nicht anerkennt, oder aber er überdehnt die Grenzen eines an sich anerkannten Entschuldigungsgrundes.

b) **Rechtsfolge:** Der Irrtum ist unbeachtlich.

c) **Einordnung:** Prüfung innerhalb der Schuld im Rahmen der Entschuldigungsgründe mit der Feststellung, dass der Irrtum unbeachtlich ist.

d) **Beispiele:** Eine Mutter glaubt, bei der Tötung eines frisch geborenen Kindes kurz nach der Geburt liege ein anerkannter Entschuldigungsgrund vor; der Täter erschießt, ohne dass eine Notwehrlage vorliegt, einen Menschen, um sein Eigentum zu retten. Dabei glaubt er irrtümlich, im entschuldigenden Notstand (§ 35 StGB) zu handeln (Eigentum ist in § 35 StGB nicht erwähnt).

7. **Der Irrtum über tatsächliche Voraussetzungen persönlicher Strafausschließungsgründe** (gesetzlich nicht geregelt)

a) **Definition:** Irrtum über das Vorliegen eines Umstandes, der, wenn er tatsächlich vorläge, die Voraussetzungen eines anerkannten persönlichen Strafausschließungsgrundes erfüllen würde.

b) **Rechtsfolge:** Der Irrtum ist unbeachtlich, wenn staatspolitische Belange oder kriminalpolitische Zweckmäßigkeitsüberlegungen den Strafausschluss begründen (z. B. bei § 36 StGB). Er ist hingegen beachtlich, wenn dem Strafausschluss eine notstandsähnliche Motivationslage zugrunde liegt (z. B. § 257 Abs. 3 Satz 1 StGB); vgl. oben Rn. 753.

c) **Einordnung:** Prüfung innerhalb des jeweiligen persönlichen Strafausschließungsgrundes.

d) **Beispiel:** Der Täter verwahrt gestohlene Uhren seines Freundes in der irrigen Annahme, sie würden aus einem Einbruch stammen, an dem er selbst beteiligt war, was jedoch nicht zutrifft.

8. **Die Überdehnung von persönlichen Strafausschließungsgründen** (gesetzlich nicht geregelt)

a) **Definition:** Irrtum über das Bestehen oder die rechtlichen Grenzen eines anerkannten persönlichen Strafausschließungsgrundes. Der Täter nimmt also entweder einen persönlichen Strafausschließungsgrund an, den die Rechtsordnung (schon von seiner Existenz her) nicht anerkennt, oder aber er überdehnt die Grenzen eines an sich anerkannten persönlichen Strafausschließungsgrundes.

b) **Rechtsfolge:** Der Irrtum ist unbeachtlich.

c) **Einordnung:** Prüfung im Rahmen des jeweiligen persönlichen Strafausschließungsgrundes mit der Feststellung, dass der Irrtum unbeachtlich ist.

d) **Beispiel:** Der Täter begeht eine Strafvereitelung zugunsten eines Freundes (von § 258 Abs. 6 StGB nicht erfasst).

> **Literaturhinweise**
>
> **Einführende Aufsätze:** *Bachmann*, Irrtümer im Bereich der Schuld, JA 2009, 510 (kurzer Überblick über die verschiedenen Arten von Irrtumskonstellationen auf der Schuldebene); *Satzger*, Der irrende Garant – zur Abgrenzung von Tatbestands- und Gebotsirrtum beim vorsätzlichen unechten Unterlassungsdelikt, JURA 2011, 432 (verständliche Darstellung der Problematik mit Beispielsfällen); *Schuster*, Der Doppelirrtum auf Rechtfertigungsebene, JuS 2007, 617 (studierendengerechte Darstellung mit zwei Beispielsfällen)
>
> **Übungsfälle:** *Britz*, Errare humanum est?, JuS 2002, 465 (anspruchsvoller Fall aus einer Anfängerübung, der die Abgrenzung des Erlaubnisirrtums vom Erlaubnistatbestandsirrtum behandelt); *Stoffers*, Ein Tag im Leben des Bademeisters A, JURA 1993, 376 (Übungshausarbeit, die u. a. das Fehlen des Unrechtsbewusstseins zum Gegenstand hat)
>
> **Rechtsprechung:** BayObLG NJW 1963, 310 – Eigentumsvorbehalt (Doppelirrtum auf Tatbestandsebene)

Teil 10: **Täterschaft und Teilnahme**

Kapitel 28: Die Beteiligungslehre – Überblick

I. Grundlagen

Der Bereich der **Täterschaft und Teilnahme** ist in den §§ 25 ff. StGB geregelt. Dabei wird zwischen der Täterschaft und der Teilnahme ausdrücklich unterschieden. Gemeinsamer Oberbegriff ist dabei derjenige des **Beteiligten** (vgl. die Legaldefinition in § 28 Abs. 2 StGB). Der Begriff der **Täterschaft** wird in § 25 StGB umschrieben. Als **Teilnahmeformen** (vgl. die Legaldefinition des Begriffs „Teilnehmer" in § 28 Abs. 1 StGB) nennt das Gesetz (abschließend) die **Anstiftung** (§ 26 StGB) und die **Beihilfe** (§ 27 StGB). **760**

1. Dualistisches Beteiligungssystem

Damit folgt das StGB dem sog. **dualistischen Beteiligungssystem** (= Trennung von Täterschaft und Teilnahme) und hat sich gegen das sog. **Einheitstätersystem** entschieden. Nach Letzterem wäre jeder Beteiligte, der einen ursächlichen Beitrag zur Tatbestandsverwirklichung geleistet hat, ohne Rücksicht auf die sachliche Qualität seines Beitrages als Täter anzusehen. Eine Differenzierung fände dann erst auf der Ebene der Strafzumessung statt. Dagegen unterscheidet das dualistische Beteiligungssystem bereits **auf Tatbestandsebene** zwischen **Täterschaft und Teilnahme**. Der Beteiligte wird also – je nach Gewichtung seines Tatbeitrages – entweder wegen einer täterschaftlich begangenen Straftat oder wegen Anstiftung oder Beihilfe zu dieser Straftat bestraft. **761**

Dennoch ist das Einheitstätersystem auch dem deutschen Strafrecht nicht fremd. Denn es sieht das dualistische System nur bei den **Vorsatzdelikten** vor. Bei den **Fahrlässigkeitsdelikten** hingegen gilt auch im deutschen Recht das Einheitstätersystem. Dies ergibt sich daraus, dass Anstiftung und Beihilfe nach §§ 26, 27 StGB jeweils sowohl ein vorsätzliches Handeln des Teilnehmers als auch eine vorsätzlich verwirklichte Haupttat des Täters erfordern. Im Fahrlässigkeitsbereich hingegen reicht jede Verletzung einer im Verkehr erforderlichen Sorgfalt aus, um eine Täterschaft zu begründen. Anstiftung und Beihilfe sind nicht möglich, aber auch nicht erforderlich. Ferner beruht auch das deutsche **Ordnungswidrigkeitenrecht** (vgl. § 14 OWiG) auf dem Prinzip des Einheitstäters. **762**

2. Gesetzlich geregelte Täterschaftsformen

Das deutsche Strafrecht kennt insgesamt vier verschiedene Formen der Täterschaft und zwei Formen der Teilnahme. Dabei werden in § 25 StGB drei der vier Formen der **Täterschaft** ausdrücklich genannt. **763**

764 In § 25 Abs. 1, 1. Alt. StGB findet sich die Grundform der **Alleintäterschaft**: „*Als Täter wird bestraft, wer die Straftat selbst [...] begeht*" (Bsp.: Anton nimmt an der Garderobe Brunos teuren Ledermantel mit, um ihn für sich zu behalten). Die Alleintäterschaft ist das Kernstück der Täterschaft. Jeder Täter wird nur und ausschließlich für sein eigenes Handeln bestraft, eine Zurechnung irgendwelcher Tatbeiträge ist denklogisch ausgeschlossen.

765 In § 25 Abs. 1, 2. Alt. StGB wird die **mittelbare Täterschaft** umschrieben: „*Als Täter wird bestraft, wer die Straftat [...] durch einen anderen begeht*".

Bsp.: Anton beauftragt den achtjährigen Sascha damit, ihm den an der Garderobe hängenden schwarzen Ledermantel des Bruno zu bringen, wobei er Sascha gegenüber behauptet, es handle sich um seinen eigenen Mantel.

766 Schließlich regelt § 25 Abs. 2 StGB die **Mittäterschaft**: „*Begehen mehrere die Straftat gemeinschaftlich, so wird jeder als Täter bestraft*".

Bsp.: Anton und Rudi wollen gemeinsam Brunos teuren Mantel stehlen. Absprachegemäß steht Rudi „Schmiere", während Anton den Mantel von der Garderobe nimmt. Hier findet eine gegenseitige Zurechnung der jeweils erbrachten Tatbeiträge auf der Grundlage eines gemeinsamen Tatplans statt.

767 Gesetzlich nicht geregelt ist die **Nebentäterschaft**, bei der mehrere Personen einen tatbestandsmäßigen Erfolg herbeiführen, **ohne dass ein gemeinsamer Tatplan vorliegt**. Hier wird jeder Beteiligte nur wegen seines eigenen Tatbeitrages und des durch ihn herbeigeführten Erfolges zur Verantwortung gezogen. Eine Zurechnung der Tatbeiträge des anderen findet nicht statt. Da insoweit jeder Täter wie ein **Alleintäter** behandelt wird, konnte der Gesetzgeber auf eine Regelung verzichten.

Bsp.: Unabhängig voneinander und ohne voneinander zu wissen, schütten sowohl Anton als auch Bruno auf einer Party dem Rudi eine jeweils tödliche Menge Gift ins Glas. Rudi trinkt und stirbt infolge der Vergiftung. – Beide sind hier wegen Totschlags strafbar.

768 Während die Nebentäterschaft bei Vorsatzdelikten selten vorkommt, ist sie bei den Fahrlässigkeitsdelikten häufiger anzutreffen, da hier oftmals erst das fahrlässige Verhalten mehrerer Personen zusammen zum tatbestandlichen Erfolg führt.

3. Teilnahmeformen

769 Als Teilnahmeformen nennt das Gesetz abschließend die **Anstiftung** und die **Beihilfe**. Unter einer **Anstiftung** (§ 26 StGB) versteht man das vorsätzliche Bestimmen eines anderen zu dessen vorsätzlich und rechtswidrig – aber nicht notwendigerweise schuldhaft – begangener Haupttat (Bsp.: Anton gibt einem berufsmäßigen Killer 10.000 €, damit dieser seine Ehefrau umbringt). Der Anstifter wird – ohne Möglichkeit einer Strafmilderung – wie ein Täter bestraft. Unter **Beihilfe** (§ 27 StGB) ist dagegen das vorsätzliche Hilfeleisten zu einer vorsätzlich und rechtswidrig – wiederum aber nicht notwendigerweise schuldhaft – begangenen Tat eines anderen zu verstehen (Bsp.: Bruno besorgt Anton eine Pistole, damit dieser seine Ehefrau umbringen kann). Die Strafbarkeit der Beihilfe richtet sich zwar ebenfalls nach der Haupttat. Es findet jedoch eine **obligatorische Strafmilderung** nach § 27 Abs. 2 i. V. m. § 49 Abs. 1 StGB statt.

II. Abgrenzung von Täterschaft und Teilnahme – Grundsätze

1. Grundlagen

Wesensmerkmal der **Täterschaft** ist es, dass der Täter **eine eigene Tat begeht**, während der **Teilnehmer** sich lediglich an **einer fremden Tat beteiligt**. Es kommt also entscheidend darauf an, ob für den Beteiligten eine eigene oder eine fremde Tat vorliegt. Diese Beurteilung kann im Einzelfall schwierig sein, zumal mehrere **Abgrenzungstheorien** existieren, die sogleich noch vertieft dargestellt werden und jedenfalls in ihren wesentlichen Grundzügen beherrscht werden sollten. Schwierigkeiten ergeben sich insbesondere bei der Abgrenzung von **Mittäterschaft und Beihilfe** (wenn mehrere Personen bei der Tatausführung am Tatort sind) und bei der Abgrenzung von **mittelbarer Täterschaft und Anstiftung** (wenn eine Person lediglich im Vorfeld der Tatausführung auf den später unmittelbar Handelnden einwirkt).

> **Klausurtipp**
>
> Bevor in einer Fallbearbeitung auf die verschiedenen Abgrenzungstheorien von Täterschaft und Teilnahme eingegangen wird, muss in einem ersten Schritt geprüft werden, ob die einzelnen Beteiligten überhaupt die sonstigen, für eine Täterschaft notwendigen Merkmale in ihrer Person aufweisen. Bei vielen Delikten wird nämlich bereits von der tatbestandsmäßigen Umschreibung her der Täterkreis eingegrenzt, sodass es unnötig, ja sogar falsch wäre, hier auf die Abgrenzungstheorien einzugehen. Drei Fallgruppen werden im Folgenden dargestellt.

2. Sonderdelikte

Wie bereits dargelegt,[398] versteht man unter Sonderdelikten solche Delikte, die eine besondere **Subjektqualität** bzw. eine besondere **Pflichtenstellung** des Täters voraussetzen, wie etwa die Amtsträgereigenschaft bei den Amtsdelikten (vgl. z. B. § 332 StGB) oder die Garantenpflicht bei den Unterlassungsdelikten. Wer diese besondere Subjektqualität oder Pflichtenstellung nicht aufweist, **kann niemals Täter sein.** Er kann objektiv noch so viel „Tatherrschaft" besitzen und subjektiv noch so sehr Täter sein wollen, aus rechtlichen Gesichtspunkten kommt hier höchstens eine Teilnahme in Frage. In diesem Zusammenhang ist allerdings auch § 14 StGB zu beachten: Handelt jemand für einen anderen (z. B. als Geschäftsführer oder Vorstand für die betreffende juristische Person), so reicht es aus, wenn der Vertretene die besondere Subjektqualität oder Pflichtenstellung besitzt.

3. Eigenhändige Delikte

Wie ebenfalls bereits erwähnt,[399] versteht man unter eigenhändigen Delikten solche Delikte, die nur von demjenigen begangen werden können, der die **tatbestandsmäßige Handlung in seiner Person selbst** vornimmt, wie z. B. die Aussagedelikte, §§ 153 ff. StGB (man muss selbst falsch schwören), oder die Verkehrsdelikte, §§ 315c, 316 StGB (man muss selbst betrunken Auto fahren). Eine

---

398 Vgl. hierzu oben Rn. 115.
399 Vgl. hierzu oben Rn. 115.

Mittäterschaft nach § 25 Abs. 2 StGB oder eine mittelbare Täterschaft eines anderen ist hier nicht möglich. Wer einen schuldunfähigen Betrunkenen dazu überredet, mit dem Auto nach Hause zu fahren, kann sich nur wegen einer Anstiftung zu § 316 StGB, nicht aber wegen mittelbarer Täterschaft strafbar machen.

4. Absichtsdelikte etc.

773 Hierunter fallen Delikte, die besondere **subjektive Voraussetzungen** für die Deliktsverwirklichung fordern, wie z. B. die **Absichtsdelikte** (insbesondere Diebstahl und Betrug). Wer bei diesen die jeweils geforderte besondere Absicht (z. B. Zueignungsabsicht, Bereicherungsabsicht) nicht hat, kann niemals Täter eines solchen Delikts sein. Was den Prüfungsaufbau angeht, ist diese Deliktsgruppe problematisch, da die Frage der Abgrenzung von Täterschaft und Teilnahme im objektiven Tatbestand zu klären ist, die spezifische Absicht aber an sich erst im subjektiven Tatbestand zu prüfen ist.

5. Allgemeindelikte

774 Liegt keiner der genannten Fälle vor, kommt im Hinblick auf das jeweilige Delikt sowohl Täterschaft als auch Teilnahme in Frage. In diesen Fällen ist die Abgrenzung anhand der sogleich darzustellenden Theorien vorzunehmen.

> **Klausurtipp**
> In der strafrechtlichen Prüfung gibt es eine **zwingende** Aufbauregel: die **Täterschaft ist notwendigerweise vor der Teilnahme zu prüfen.** Denn die Teilnahme setzt stets (vgl. den Wortlaut der §§ 26, 27 StGB) eine vorsätzlich begangene rechtswidrige Haupttat eines anderen voraus. Diese ist (**objektives**) **Tatbestandsmerkmal der Anstiftung bzw. der Beihilfe.** Das Vorliegen einer Haupttat kann aber nur dann angenommen werden, wenn diese Tat, d. h. das täterschaftlich durch einen Anderen begangene Delikt, zuvor bereits geprüft wurde. Als schwerer Fehler in Prüfungsarbeiten ist es daher zu werten, wenn die Teilnahme vor der Täterschaft untersucht wird.

III. Abgrenzung von Täterschaft und Teilnahme – Theorien

775 Bei der Abgrenzung von Täterschaft und Teilnahme haben sich in Rechtsprechung und Literatur verschiedene Theorien entwickelt, die zwar vom Ausgangspunkt her unterschiedlich sind, sich im Ergebnis allerdings weitgehend angenähert haben.[400] Entscheidend ist, dass die Abgrenzung für jeden Beteiligten und für jedes geprüfte Delikt eigenständig durchgeführt wird.

> **Klausurtipp**
> Sind mehrere an einer Deliktsverwirklichung beteiligt, muss bei jedem Beteiligten und jedem geprüften Delikt stets zu **Beginn des objektiven Tatbestandes** (d. h. nicht in einer abstrakten Vorprüfung zu Beginn der Klausur!) die Beteiligungsform festgestellt werden. Anknüpfungspunkt ist das zumeist im Tatbestand verwendete Merkmal „Wer" (zu lesen als „Wer als Täter"). Zulässig ist

---

[400] Vgl. hierzu ausführlich *Heinrich*, AT, Problemschwerpunkt 31, Rn. 1203 ff.

> allerdings der Verweis „nach oben", wenn bereits dort die (Mit-)Täterschaft bei einem weiteren Delikt festgestellt wurde und sich sachlich keine Änderungen ergeben. Zu formulieren ist also z. B.: „Wie im Rahmen des oben erörterten Diebstahls bereits ausgeführt, handelte Anton auch bei der anschließenden Zerstörung der Vase in bewusstem und gewolltem Zusammenwirken mit Bruno und ist daher als (Mit-)Täter anzusehen". Zulässig ist es ferner, die Frage der Mittäterschaft (erst) im Rahmen der zentralen Tathandlung (z. B. bei der Wegnahme im Rahmen des Diebstahls) zu prüfen.

Nach der heute nicht mehr vertretenen **formal-objektiven Theorie** konnte nur derjenige Täter sein, der den Tatbestand durch seine Handlung entweder ganz oder teilweise objektiv erfüllte.[401] Erforderlich war dabei, dass er die Ausführungshandlung ganz oder teilweise selbst vornahm. Teilnehmer hingegen konnte nur derjenige sein, der zur Tatbestandsverwirklichung nur durch eine Vorbereitungs- oder Unterstützungshandlung beitrug. Es wurde also eine enge Auslegung des Täterbegriffs gefordert, die sich an objektiven Kriterien orientieren musste. Diese Theorie ist jedoch mit der heutigen Fassung des § 25 StGB nicht mehr vereinbar, da sie weder die Rechtsfigur der mittelbaren Täterschaft (derjenige, der sich zur Tatbegehung eines menschlichen Werkzeugs bedient, ist ja regelmäßig gerade nicht am Tatort) noch diejenige der arbeitsteiligen Mittäterschaft (der Bandenchef, der allein die Vorbereitung und Planung übernimmt, ist regelmäßig an der Ausführungshandlung „vor Ort" selbst nicht beteiligt) ausreichend erfassen konnte. Daher vertrat die Rechtsprechung schon früh die **subjektive Theorie** (oder auch: animus-Theorie).[402] Für die Abgrenzung komme es allein auf den Willen des Handelnden an. Täter sei, wer die Tat **als eigene wolle**, d. h. mit Täterwillen (animus auctoris) handle. Teilnehmer sei hingegen, wer die Tat nur **als fremde veranlassen oder fördern wolle**, d. h. mit Teilnehmerwillen (animus socii) tätig werde. Der subjektiven Theorie gelingt es insoweit, auch den im Hintergrund agierenden Bandenchef als Täter zu erfassen, der sich eines voll-deliktisch handelnden Mittäters bedient. Diese Ansicht ist aber deswegen zu kritisieren, weil sie Täterschaft und Teilnahme zu **beliebig austauschbaren Begriffen** macht und die Bewertung vollständig in das Ermessen des Richters stellt. Daher fordert die Literatur zutreffend schon seit Langem objektive Abgrenzungskriterien und findet diese im Begriff der **Tatherrschaft** (sog. materiell-objektive Theorie oder auch Tatherrschaftslehre).[403] Täter ist hiernach, wer die Tat beherrscht, d. h. als **Schlüsselfigur** (oder auch: „Zentralgestalt") das Tatgeschehen nach seinem Willen hemmen, lenken oder mitgestalten kann, also die **Tatherrschaft** innehat. Teilnehmer ist hingegen derjenige, der die Tat nicht beherrscht und lediglich als **Randfigur** die Begehung der Tat veranlasst oder in irgendeiner Weise fördert. Dabei wird unter Tatherrschaft das vom Vorsatz umfasste „In-den-Händen-Halten" des tatbestandsmäßigen Geschehensablaufes verstanden. Dieses konkretisiert sich beim unmittelbar handelnden Täter in der Handlungsherrschaft, beim Mittäter in einer funktionalen Tatherrschaft und beim mittelbaren Täter in einer Herr-

---
401 *Beling*, Die Lehre vom Verbrechen, 1906, S. 408 ff.
402 BGHSt 2, 150 (151); vgl. auch *Baumann/Weber/Mitsch*, 11. Aufl. 2003, § 29 Rn. 59 ff.
403 *Roxin*, AT II, § 25 Rn. 27 ff.

schaft kraft überlegenen Wissens oder Willens im Hinblick auf das Handeln des Tatmittlers.

777 Wie bereits erwähnt, haben sich die beiden zuletzt genannten Theorien aber heute jedenfalls vom Ergebnis her im Wesentlichen angeglichen. Insbesondere die Rechtsprechung nähert sich zunehmend der Tatherrschaftslehre an. So findet sich in einigen Urteilen die Wendung, dass der die Täterschaft begründende „Täterwille" aufgrund einer „wertenden Betrachtung" zu ermitteln sei, welche sämtliche Umstände der Tat einschließen müsse. Wesentliche Anhaltspunkte dieser wertenden Betrachtung sollen hierbei sein: der gemeinsame Tatplan, der Umfang der Tatbeteiligung, der Grad des eigenen Interesses am Taterfolg, die Tatherrschaft oder wenigstens der „Wille zur Tatherrschaft".[404] Insoweit kann man heute auch davon sprechen, dass der BGH eine **gemäßigt-subjektive Theorie** (teilweise auch als „normative Kombinationstheorie" bezeichnet) vertritt: Jedenfalls demjenigen, der die Tat unmittelbar ausführt, wird regelmäßig ein Täterwille unterstellt, der ihn zum Täter macht. Insoweit kommt es auf den Streit heute nur noch bei denjenigen an, die, insbesondere bei der Mittäterschaft, nicht unmittelbar am Tatort anwesend sind und den Tatbestand nicht eigenhändig verwirklichen.

IV. Täterschaft und Teilnahme beim Unterlassungsdelikt

1. Überblick

778 Auch beim Unterlassungsdelikt ist es mitunter erforderlich, Formen von Täterschaft und Teilnahme auseinander zu halten, wobei hier einige Besonderheiten zu beachten sind. So ist es zwar denkbar, dass mehrere Handlungspflichtige in bewusstem und gewolltem Zusammenwirken (d. h. einem gemeinsamen Untätigbleiben) einen tatbestandsmäßigen Erfolg herbeiführen und insoweit als **Mittäter** handeln. Eine gegenseitige Zurechnung der Tatbeiträge über § 25 Abs. 2 StGB ist beim Unterlassen allerdings nur dann erforderlich, wenn die Betreffenden den tatbestandsmäßigen Erfolg nur durch ein gemeinsames Handeln verhindern könnten, nicht jedoch dann, wenn bereits das aktive Handeln einer Person ausgereicht hätte. Zudem muss eine **mittelbare Täterschaft** durch Unterlassen ausscheiden, da die mittelbare Täterschaft gerade einen bestimmenden Einfluss des mittelbaren Täters auf den Tatmittler voraussetzt, welcher bei einem Unterlassen nicht denkbar ist (in diesen Fällen wird aber regelmäßig eine unmittelbare Unterlassungstäterschaft vorliegen). Dagegen ist eine **Teilnahme** (Anstiftung oder Beihilfe) an einem Unterlassungsdelikt problemlos möglich.

779 Veranlasst dagegen ein Handlungspflichtiger einen rettungspflichtigen oder rettungswilligen Dritten durch Gewalt, Täuschung oder Drohung dazu, eine Rettungsmaßnahme zu unterlassen, dann liegt neben einer eigenen Unterlassungstäterschaft zugleich eine (diese verdrängende) **Täterschaft durch aktives Tun** vor.

> **Bsp.:** Vater Viktor sieht zu, wie sein Sohn Sascha mit seinem Schlauchboot auf dem See kentert und zu ertrinken droht. Er unternimmt jedoch nichts, weil ihm der Tod seines Sohnes gerade recht kommt. Als sich jedoch der zufällig vorbeikommende Passant Paul anschickt, Sascha zu retten, schlägt Viktor diesen nieder und verhindert dadurch die Rettung. – Der Schwerpunkt der

---

404 BGHSt 54, 69 (128).

Vorwerfbarkeit liegt hier nicht im Unterlassen der Rettung (eine Strafbarkeit könnte hier z. B. daran scheitern, dass Viktor Nichtschwimmer ist und somit keine rettungstaugliche Handlung vornehmen konnte), sondern in der Verhinderung der Rettung, die ein aktives Tun darstellt (Abbruch eines rettenden Kausalverlaufes).[405]

2. Abgrenzung von Täterschaft und Teilnahme beim Unterlassungsdelikt

Ausgehend von den oben bei der Abgrenzung von Täterschaft und Teilnahme beim Begehungsdelikt dargestellten Ansichten, haben sich beim Unterlassungsdelikt weitere Theorien entwickelt, um die Nichthinderung der Begehungstat eines Dritten seitens des Garanten zu erfassen.[406]

Bsp.: Vater Viktor sieht aus dem Fenster seiner Wohnung, wie sein Nachbar Norbert gerade dabei ist, aus einem nichtigen Anlass Sascha, den Sohn Viktors, zu verprügeln. Obwohl Viktor eingreifen und Norbert ohne größere Schwierigkeiten von den Schlägen abhalten könnte, tut er nichts, da er der Meinung ist, diese Tracht Prügel geschehe seinem Sohn gerade recht. – Fraglich ist hier, ob Viktor wegen einer täterschaftlich begangenen Körperverletzung durch Unterlassen, §§ 223, 13 StGB, oder wegen einer Beihilfe durch Unterlassen zur von Norbert begangenen Körperverletzung, §§ 223, 27, 13 StGB, zu bestrafen ist.

Die vor allem von der Rechtsprechung vertretene **subjektive Theorie** will auch beim Unterlassungsdelikt Täterschaft und Teilnahme danach abgrenzen, ob der untätig Bleibende die Tatverhinderung mit Täter- oder mit Teilnehmerwillen unterlässt.[407] Dabei könnten allerdings objektive Kriterien zur Feststellung des Willens herangezogen werden. Begründet wird dies damit, dass Tun und Unterlassen gleich zu behandeln seien. Dagegen lässt sich aber einwenden, dass der „Täter- oder Teilnehmerwille", der bereits bei den Begehungsdelikten kaum nachweisbar ist, beim Unterlassungsdelikt noch schwieriger festgestellt werden kann. Zutreffend grenzt daher die von der h. M. in der Literatur vertretene **Tatherrschaftstheorie** auch bei den Unterlassungsdelikten Täterschaft und Teilnahme nach dem Kriterium der Tatherrschaft ab.[408] Es muss also danach differenziert werden, bei wem die maßgebliche Entscheidung für die Tatausführung und damit die Tatherrschaft (insoweit in der Form der „potentiellen" Tatherrschaft) liegt. Dabei wird man davon ausgehen können, dass der unterlassende Garant bei der Nichtverhinderung der Begehungstat eines Dritten diese Tatherrschaft zwar in der Regel besitzt, Ausnahmen aber möglich bleiben. Spezifisch auf die Unterlassungsdelikte zugeschnitten ist dagegen die **Täterschaftstheorie**, wonach ein Garant, der eine fremde Tat nicht verhindere, stets Täter sei.[409] Eine Beihilfe sei lediglich bei denjenigen Delikten möglich, die besondere Täterqualifikationen (z. B. eine besondere Subjektstellung) voraussetzen. Denn man könne bei Vorliegen einer „Rechtspflicht zum Handeln" (§ 13 Abs. 1 StGB) keine weitere Differenzierung vornehmen. Da der Garant immer handeln

---
405 Vgl. hierzu bereits oben Rn. 567 ff.
406 Vgl. hierzu ausführlich *Heinrich*, AT, Problemschwerpunkt 32, Rn. 1212.
407 BGHSt 54, 44 (51).
408 *Weigend*, in: LK, 13. Aufl., § 13 Rn. 94.
409 *Roxin*, AT II, § 31 Rn. 140 ff.

müsse, sei er daher auch immer als Täter anzusehen. Genau andersherum sieht dies die **Teilnahmetheorie**: Der Garant, der eine fremde Tat nicht verhindere, sei stets nur als Gehilfe anzusehen.[410] Denn der Unterlassende sei bei der Nichthinderung einer fremden Tat immer nur mittelbar beteiligt und könne nur dann die Tatherrschaft besitzen, wenn der den Tatverlauf beherrschende Begehungstäter diese verloren habe. Gegenüber dem Begehungstäter spiele der Unterlassungstäter immer nur eine untergeordnete Rolle. Eine Täterschaft durch Unterlassen in Garantenstellung bei Taten Dritter ist nach dieser Theorie also nicht möglich. Gegen beide Ansichten ist jedoch einzuwenden, dass es auch im Unterlassensbereich eine Unterscheidung zwischen Täterschaft und Teilnahme geben muss. Die **differenzierende Theorie** schließlich nimmt eine Abgrenzung von Täterschaft und Teilnahme beim Unterlassungsdelikt unter Berücksichtigung der jeweiligen Art der Garantenstellung vor.[411] Der unterlassende Obhuts- oder Beschützergarant sei stets als Täter anzusehen, während der Sicherungs- oder Überwachungsgarant immer nur als Gehilfe zu bestrafen sei. Denn der Obhuts- oder Beschützergarant müsse das zu schützende Rechtsgut vor jeder Gefahr bewahren, die diesem von außen drohe, wohingegen der Sicherungs- oder Überwachungsgarant nur für eine bestimmte Gefahrenquelle verantwortlich sei. Hiergegen spricht jedoch, dass das Gesetz selbst nur das Merkmal der Rechtspflicht zum Handeln an sich kennt und nicht nach einzelnen Funktionen der Garantenstellung unterscheidet.

> **Literaturhinweise**
> **Einführende Aufsätze:** *Bachmann/Eichinger,* Täterschaft beim Unterlassungsdelikt, JA 2011, 105, 509 (systematischer Überblick über die verschiedenen Konstellationen von Täterschaft bei Unterlassungsdelikten); *Bock,* Beteiligungssystem und Einheitstätersystem, JURA 2005, 673 (vertiefende Darstellung mit Beispielsfällen); *Otto,* Beihilfe durch Unterlassen, JuS 2017, 289 (ausführliche Darstellung der Beteiligung durch Unterlassen); *Rönnau,* Mittäterschaft in Abgrenzung zur Beihilfe, JuS 2007, 514 (kurzer Überblick mit Hinweisen zur Fallbearbeitung)
>
> **Übungsfall:** *Tiedemann/Walter,* Der reuige Provisionsvertreter, JURA 2002, 708 (anspruchsvolle Klausur, die u. a. Fragen der Anstiftung, Beihilfe, mittelbaren Täterschaft und Mittäterschaft behandelt)
>
> **Rechtsprechung:** **RGSt 74, 84** – Badewannenfall (subjektive Tätertheorie); **BGHSt 8, 393** – Kameradenmord (Abgrenzung von Täterschaft und Teilnahme bei eigenhändiger Tatausführung); **BGHSt 18, 87** – Staschynskij-Fall (subjektive Tätertheorie)

Kapitel 29: Mittäterschaft

I. Grundlagen

Definition
Unter **Mittäterschaft** versteht man die gemeinschaftliche Begehung einer Straftat durch mindestens zwei Personen im Wege des **bewussten und ge-**

---
410 *Kühl,* § 20 Rn. 230 ff.
411 *Heine/Weißer,* in: Schönke/Schröder, Vorbem. §§ 25 ff. Rn. 102.

I. Grundlagen

wollten Zusammenwirkens auf der Grundlage eines gemeinsamen Tatplans.

Eine gesetzliche Regelung der Mittäterschaft findet sich in § 25 Abs. 2 StGB: *„Begehen mehrere die Straftat gemeinschaftlich, so wird jeder als Täter bestraft"*. In der Regel wird es sich dabei um ein arbeitsteiliges Vorgehen von im Wesentlichen gleichberechtigten Partnern handeln. Die Besonderheit besteht nun darin, dass die jeweiligen **objektiven Tatbeiträge** der einzelnen Personen – ebenso wie die **Tatfolgen** – wechselseitig jedem Mittäter als eigene Tat über § 25 Abs. 2 StGB **zugerechnet** werden – sofern sie von einem **gemeinsamen Tatplan** getragen wurden. Jeder Mittäter wird also so gestellt, als hätte er sämtliche Tatbeiträge eigenhändig begangen, selbst wenn er (wie z. B. der „Bandenchef" im Hintergrund) gar nicht am Tatort anwesend war. Weitere Voraussetzung ist allerdings, dass die jeweils handelnden Personen auch als Täter (und nicht nur als Gehilfen) anzusehen sind, was nach der hier vertretenen Ansicht erfordert, dass sie (wegen des arbeitsteiligen Vorgehens jedenfalls „funktionelle") **Tatherrschaft** besitzen und taugliche Täter des jeweiligen Delikts sein können.

Eine solche Zurechnung ist streng genommen nur dann erforderlich, wenn der jeweilige Mittäter nicht ohnehin alle Tatbestandsmerkmale in eigener Person verwirklicht. Erfüllen nämlich mehrere Täter jeweils sämtliche Tatbestandsmerkmale selbst, so ergäbe schon die isolierte Prüfung der Handlung jedes einzelnen Täters eine eigene Strafbarkeit, sodass eine gesonderte Zurechnung über § 25 Abs. 2 StGB gar nicht erforderlich wäre. **783**

> **Bsp.:** Anton und Bruno verprügeln gemeinsam den Ludwig. – Wenn sowohl Anton als auch Bruno zuschlagen, begeht jeder für sich eine Körperverletzung, ohne dass es der Zurechnungsnorm des § 25 Abs. 2 StGB bedarf. In diesen Fällen wird in der Praxis allerdings oft nicht klar sein, wer welche Verletzungsfolgen konkret herbeigeführt hat. Insoweit ist es sinnvoll, sämtliche bei Ludwig eingetretenen Verletzungen sowohl Anton als auch Bruno in vollem Umfang zuzurechnen. Dies kann auch für die Strafzumessung Bedeutung erlangen, da eine Vielzahl von Schlägen mit höherer Strafe geahndet werden kann als ein einzelner Schlag.

Entscheidende Bedeutung gewinnt die Mittäterschaft allerdings dann, wenn die einzelnen Beteiligten nicht jeweils sämtliche Tatbestandsmerkmale in eigener Person erfüllen, sondern jeder nur einen isolierten Tatbeitrag leistet (arbeitsteilige Mittäterschaft). **784**

> **Bsp.:** Anton und Bruno wollen Ludwig berauben. Anton hält Ludwig mit Gewalt fest, während Bruno ihm die Brieftasche aus der Jacke zieht. – Gäbe es die mittäterschaftliche Zurechnungsnorm des § 25 Abs. 2 StGB nicht, so könnte der festhaltende Anton lediglich wegen Nötigung bzw. Körperverletzung, der wegnehmende Bruno nur wegen Diebstahls bestraft werden. § 25 Abs. 2 StGB ermöglicht es nun bei Vorliegen eines gemeinsamen Tatplans, Bruno auch Antons Gewaltanwendung und diesem wiederum die Wegnahme der Brieftasche durch Bruno zuzurechnen. Dies hat zur Folge, dass beide über § 25 Abs. 2 StGB so behandelt werden, als hätte jeder von ihnen sowohl Gewalt angewendet als auch eine Sache weggenommen. Beide haben

sich daher wegen eines Raubes nach §§ 249, 25 Abs. 2 StGB strafbar gemacht.

II. Voraussetzungen der Mittäterschaft

785 Zur Begründung der Mittäterschaft sind sowohl subjektive als auch objektive Elemente erforderlich. Auf subjektiver Ebene muss jedenfalls ein gemeinsamer Tatentschluss bzw. ein **gemeinsamer Tatplan** festgestellt werden. Darüber hinaus ist auf objektiver Ebene das Vorliegen eines irgendwie gearteten **objektiven Tatbeitrages** erforderlich. Welche Qualität dieser objektive Tatbeitrag haben muss, ist allerdings umstritten.[412]

1. Gemeinsamer Tatplan

786 Grundvoraussetzung der Mittäterschaft ist ein Einvernehmen zwischen den Beteiligten, gemeinsam eine Tat begehen zu wollen. Es muss also ein Tatentschluss im Hinblick auf die gemeinsame Verwirklichung eines bestimmten Delikts festgestellt werden. Das erforderliche Einvernehmen kann sowohl **ausdrücklich** als auch **konkludent** erfolgen. Es kann sowohl vor der Tatbegehung als auch noch während der Ausführung der Tat begründet werden (in letzterem Fall spricht man von sukzessiver Mittäterschaft). Nicht ausreichend ist es hingegen, wenn mehrere Personen nebeneinander und ohne Absprache handeln und dabei das gleiche Ziel verfolgen, auch wenn sie ihr Handeln gegenseitig wahrnehmen (z.B. Steinwerfer bei einer Demonstration).

787 Der ursprünglich gefasste Tatplan kann im Laufe der Tatbegehung gemeinsam geändert werden. Dies setzt jedoch voraus, dass – wiederum ausdrücklich oder konkludent – eine neue Vereinbarung getroffen wird, welche die bisherige ablöst. Geht ein Mittäter über den ursprünglichen Tatplan hinaus (= Mittäterexzess), so genügt eine bloße Kenntnisnahme und Billigung des Verhaltens durch den anderen Mittäter nicht. Er muss vielmehr sein Einverständnis (zumindest konkludent) erklären. Dabei ist auch hier stets ein **gegenseitiges** Einvernehmen erforderlich.

> **Bsp.:** Rudi verprügelt Toni. Als dieser am Boden liegt, tritt der hinzukommende Ludwig dem Toni ohne Absprache mit Rudi nochmals kräftig in den Bauch. Selbst wenn Rudi diese Mitwirkung durchaus recht ist, liegt hier keine Mittäterschaft vor, da das Verhalten zuvor nicht abgesprochen wurde. – Dagegen liegt (sukzessive) Mittäterschaft vor, wenn Rudi sagt „und jetzt prügeln wir ihn gemeinsam" und beide daraufhin weiter zutreten. – Zieht Ludwig dann ein Messer und sticht in Tötungsabsicht auf Toni ein, liegt ein Mittäterexzess vor. Die Tötung ist Rudi nur dann zuzurechnen, wenn die Änderung des gemeinsamen Tatplans von beiden beschlossen wurde. Eine bloße innere Billigung, die nicht nach außen kommuniziert wurde, reicht hierfür nicht aus.

2. Objektiver Tatbeitrag

788 In objektiver Hinsicht setzt Mittäterschaft voraus, dass jeder Beteiligte auf der Grundlage des gemeinsamen Tatentschlusses einen entsprechenden **Tatbeitrag** leistet. Welches Gewicht und welche Bedeutung dieser Tatbeitrag haben muss, ist

---

412 Vgl. hierzu noch ausführlich unten Rn. 788 f.

II. Voraussetzungen der Mittäterschaft

allerdings – insbesondere im Hinblick darauf, dass auch der Gehilfe regelmäßig einen Tatbeitrag erbringt – umstritten.[413]

> **Bsp.:** Anton, Bruno und Ludwig planen gemeinsam einen Banküberfall. Anton, der Kopf der Bande, tüftelt die Feinheiten aus, besorgt Strumpfmasken und Waffen und erläutert Bruno und Ludwig den Lageplan der Bank. Dann schickt er die beiden los. Bruno stürmt mit gezogener Waffe in die Bank, bedroht den Kassierer und lässt sich das Geld geben. Ludwig wartet mit laufendem Motor vor dem Eingang. Nach der gemeinsamen Flucht teilen Anton, Bruno und Ludwig das Geld unter sich auf. – Fraglich ist hier, inwieweit der im Hintergrund agierende Anton und der lediglich vor der Bank wartende Ludwig, die beide an der Ausführungshandlung (= Wegnahme von Geld unter Gewaltandrohung) selbst nicht beteiligt waren, als Mittäter einer schweren räuberischen Erpressung (§§ 253, 255, 250 Abs. 2 Nr. 1 Var. 1 StGB) anzusehen sind.

Nach der **strengen Tatherrschaftslehre**, die von einer Minderansicht in der Literatur vertreten wird, ist stets eine wesentliche Mitwirkung im Ausführungsstadium des jeweiligen Delikts erforderlich.[414] Zwar sei eine persönliche Anwesenheit am Tatort nicht unbedingt notwendig, der Betreffende müsse dann aber mit den übrigen Beteiligten wenigstens **in Kontakt** stehen, d. h. sie von einer Befehlszentrale aus dirigieren und koordinieren können (z. B. über Funk oder Telefon). Folgt man dieser Ansicht, könnte aber der Bandenchef (hier: Anton), der oftmals als Zentralfigur die Planung und Organisation übernimmt und auch ein wesentliches Interesse am Taterfolg besitzt, meist nur als Anstifter erfasst werden. Auch Ludwig könnte hiernach nicht als Täter bestraft werden. Daher lässt die **gemäßigte Tatherrschaftslehre** (h. M.) zutreffend auch einen Tatbeitrag im Vorbereitungsstadium der Tat ausreichen, wenn dieser während des Tatgeschehens fortwirkt und den tatausführenden Mittäter in dessen Tatentschluss bestärkt.[415] Allerdings muss dieser Tatbeitrag von einigem Gewicht sein. Ein „Minus" bei der Tatausführung muss von einem „Plus" bei der konkreten Tatplanung im Vorbereitungsstadium ausgeglichen werden (sog. „funktionelle Tatherrschaft"). Damit wird es möglich, auch den vorausschauend planenden Bandenchef, der sich bei der Tatausführung bewusst im Hintergrund hält (wie hier Anton), als Mittäter der Tat anzusehen (problematisch wäre dies aber hinsichtlich Ludwig). Zu erwähnen ist schließlich noch die vorwiegend von der Rechtsprechung vertretene **subjektive Tätertheorie**, die – wie bei der Abgrenzung von Täterschaft und Teilnahme insgesamt – auch hier vorwiegend subjektive Kriterien heranzieht. Täter sei, wer die Tat als eigene, Teilnehmer hingegen, wer die Tat als fremde wolle.[416] Insoweit sei eine Beteiligung während der Tatausführung nicht erforderlich, es könne auch eine rein geistige Mitwirkung oder die vorherige Planung genügen, wenn der Betreffende den entsprechenden Täterwillen besitze und die Tat hierdurch objektiv fördere oder erleichtere. Eine Beteiligung während der Tatausführung ist nicht erforderlich, bloße Vorbereitungshandlungen können daher ausreichen (nach dieser Theorie läge eine Täterschaft aller Beteiligter nahe).

---

413 Vgl. hierzu ausführlich *Heinrich*, AT, Problemschwerpunkt 33, Rn. 1226 ff.
414 *Roxin*, AT II, § 25 Rn. 198 ff., 210.
415 *Heine/Weißer*, in: Schönke/Schröder, § 25 Rn. 67.
416 BGHSt 11, 268 (271 f.).

III. Sonderprobleme

1. Prüfungsstandort

790 **Klausurtipp**

> Die Frage der Mittäterschaft ist – wie die Abgrenzung von Täterschaft und Teilnahme insgesamt – zu Beginn des **objektiven Tatbestandes** zu prüfen. Zulässig ist allerdings auch eine Prüfung im Rahmen der Tathandlung im objektiven Tatbestand (z.B. bei der „Wegnahme" im Rahmen eines Diebstahls, § 242 StGB). Dabei darf man sich auch hier nicht daran stören, dass über das Merkmal des gemeinsamen Tatentschlusses **subjektive Kriterien** im Rahmen des objektiven Tatbestandes anzusprechen sind. Denn die Frage, welche Form der Täterschaft vorliegt, bleibt ein Merkmal des **objektiven Tatbestandes**. Ob es klug ist, im Rahmen einer Klausur mehrere Mittäter zusammen oder getrennt zu prüfen, hängt davon ab, ob sämtliche Mittäter sämtliche Tathandlungen gemeinsam erfüllen (dann ist auch eine gemeinsame Prüfung sinnvoll) oder ob nur einer von ihnen die Tathandlung vollzieht und man diese dem anderen Mittäter nach § 25 Abs. 2 StGB zurechnen muss (dann sollte eine getrennte Prüfung erfolgen).

791 Wichtig ist aber, dass über § 25 Abs. 2 StGB nur **objektive Kriterien** zugerechnet werden können. Nicht möglich ist die Zurechnung eines fremden Vorsatzes, fremder Absichten oder Sonderstellungen, die eine Täterschaft individuell begründen (z.B. die Amtsträgereigenschaft oder die Garantenstellung).

2. Mittäterexzess

792 Über § 25 Abs. 2 StGB können nur diejenigen Tatbeiträge zugerechnet werden, die von einem gemeinsamen Tatplan gedeckt sind. Geht ein Mittäter über das Vereinbarte hinaus, macht er also mehr als abgesprochen, so liegt ein **Mittäterexzess** vor, der den übrigen Beteiligten nicht zugerechnet werden kann.

> **Bsp.:** Anton und Bruno vereinbaren, bei Jürgen einzubrechen, dessen Safe zu knacken und den Inhalt zu entwenden. Dies gelingt ihnen auch. Als sie sich mit der Beute bereits auf dem Rückzug befinden, zerstört Anton zu Brunos Überraschung mit einem herumstehenden Schürhaken noch drei im Wohnzimmer stehende Porzellanvasen. – Diese Sachbeschädigung, § 303 StGB, ist vom gemeinsamen Tatplan nicht mehr erfasst. Sie stellt einen Mittäterexzess dar, der Bruno nicht zugerechnet werden kann.

793 Insofern kann man also auch dann, wenn ein einheitliches Geschehen zu beurteilen ist, an dem mehrere Personen beteiligt sind, zu einem für die jeweiligen Personen unterschiedlichen Ergebnis gelangen. Allerdings ist die Frage des Abweichens vom gemeinsamen Tatplan stets einer sorgfältigen Prüfung zu unterziehen, da der Tatplan in vielen Fällen „offen" gestaltet ist und neben dem ausdrücklich abgesprochenen Verhalten oftmals Elemente enthält, die „stillschweigend" mit einbezogen wurden.

3. Aufkündigung des gemeinsamen Tatplans

794 Will ein Mittäter, nachdem ein gemeinsamer Tatplan gefasst wurde, „aussteigen", so ist zu differenzieren: Kündigt er den Tatplan auf, bevor die Tat ins Versuchsstadium gelangt, so scheidet eine Mittäterschaft aus (möglich bleibt allerdings eine Beihilfe, wenn seine „Leistung", z. B. das Besorgen des Nachschlüssels, noch fortwirkt). Problematischer ist es, wenn die Tat bereits ins Versuchsstadium gelangt ist und ein Mittäter aussteigen will, die anderen Mittäter aber die Tat vollenden. In diesen Fällen kann dem aussteigenden Mittäter allein ein Rücktritt nach § 24 Abs. 2 Satz 2, 2. Alt. StGB helfen.[417] Werden hingegen mehrere Taten begangen, ist fraglich, welche Anforderungen an die Aufkündigung des Tatentschlusses zu stellen sind:

> **Bsp.:**[418] Anton und Bruno, beide polizeilich gesucht, vereinbaren, ihren Lebensunterhalt durch die Begehung von Straftaten zu bestreiten und sich im Bedarfsfalle gegenseitig Unterstützung und Schützenhilfe zu geben, selbst wenn dies zum Tod von Menschen führen könnte. Anton übergibt Bruno zu diesem Zweck eine Schusswaffe. Zwar nimmt Bruno sich vor, die Waffe im Ernstfall nicht zu benutzen, davon erzählt er Anton jedoch nichts. Eines Abends werden sie von einer Polizeistreife kontrolliert. Anton zieht sofort die Waffe und erschießt einen Beamten, um sich der drohenden Festnahme zu entziehen. Dabei geht er absprachegemäß davon aus, auch Bruno würde die Waffe zur Verteidigung und zur gegenseitigen Schützenhilfe einsetzen. Bruno hingegen erhebt sofort nach dem Schuss beide Arme zum Zeichen der Aufgabe. Anton bekommt hiervon jedoch nichts mit und erschießt einen weiteren Beamten. – Obwohl Bruno selbst keine Schüsse abgegeben und nach außen seine Tataufgabe erklärt hat, werden ihm beide Tötungen mittäterschaftlich über § 25 Abs. 2 StGB zugerechnet: In der vor der Tat getroffenen Absprache liegt ein gemeinsamer Tatentschluss zur zumindest bedingt vorsätzlichen Tötung der kontrollierenden Beamten. Dieser wurde nicht dadurch ausgeschlossen, dass Bruno sich insgeheim vorbehielt, selbst nicht zu schießen. Ferner lag auch in der Anwesenheit am Tatort ein ausreichender objektiver Tatbeitrag vor. Denn diese Anwesenheit Brunos bestärkte Anton in seinem Tatentschluss, da er absprachegemäß glaubte, auf Brunos Mithilfe zählen zu können. Dies gilt auch für die Tötung des zweiten Beamten, denn ein „Aussteigen" kann nur dann Einfluss auf das Verhalten des anderen Mittäters haben, wenn es zu dessen Kenntnis gelangt. Hier aber bekam Anton von Brunos Tataufgabe nichts mit und glaubte immer noch an dessen Unterstützung.

Diese Lösung kann auch mit den Grundsätzen des Rücktritts vom Versuch begründet werden. Nach § 24 Abs. 2 StGB erlangt ein Mittäter nach Eintritt der Tat in das Versuchsstadium lediglich dann Straffreiheit, wenn er entweder die Vollendung verhindert oder die Tat ohne seinen früheren Tatbeitrag begangen wird. Wenn der Tatbeitrag jedoch in einer geistigen Unterstützungshandlung liegt (und man eine solche ausreichen lässt), kann dieser Beitrag lediglich dann nicht mehr weiterwirken, wenn der Mittäter vom Entzug der zugesagten Unterstützung Kenntnis erlangt.

4. Zurechnungsprobleme bei der sukzessiven Mittäterschaft

Eine Mittäterschaft kann nicht nur dann vorliegen, wenn mehrere Personen von Anfang an arbeitsteilig zusammenwirken, sondern auch dann, wenn ein Mittäter

---
417 Vgl. hierzu oben Rn. 533 f.
418 Fall nach BGHSt 37, 289.

erst nachträglich in das Tatgeschehen „einsteigt", nachdem ein anderer mit der Tat bereits begonnen hat (**sukzessive Mittäterschaft**). Auch hier ist jedoch sowohl ein gemeinsamer Tatplan – der üblicherweise während der Tatbegehung ausdrücklich oder stillschweigend gefasst wird – als auch ein objektiver Tatbeitrag des später Hinzukommenden erforderlich.

797 Fraglich ist, bis zu welchem **Zeitpunkt** das Eintreten eines hinzukommenden Mittäters möglich ist. Unproblematisch ist dies zwischen Versuchsbeginn und Vollendung. Darüber hinaus lässt insbesondere die Rechtsprechung[419] eine sukzessive Mittäterschaft aber auch noch in der Phase zwischen Vollendung und Beendigung der Tat zu, was von der h. M. in der Literatur[420] zu Recht mit dem Argument abgelehnt wird, die vom Tatbestand geforderten Handlungen seien im Zeitpunkt der Vollendung des Delikts bereits abgeschlossen. Hilft jemand nach Vollendung der Tat, kann daher keine sukzessive Mittäterschaft mehr vorliegen. Vielmehr können nur noch die §§ 257 ff. StGB einschlägig sein.

> **Bsp.:** Anton ist in Jürgens Villa eingebrochen und flüchtet mit der Beute. Er wird von Jürgen verfolgt, der das Geschehen beobachtet hat. Auf der Flucht trifft Anton seinen Freund Bruno, der zufällig mit seinem PKW unterwegs ist und die Sachlage sofort durchschaut. Bruno reißt die Beifahrertür auf, lässt Anton ins Auto springen und braust davon. – Hier war zwar die Wegnahme bereits vollständig abgeschlossen (= vollendet), der Wohnungseinbruchsdiebstahl, §§ 242, 244 Abs. 1 Nr. 3, Abs. 4 StGB, war hingegen noch nicht beendet, da die Sicherung der Beute noch nicht erfolgt war. Nach zutreffender Ansicht war eine (sukzessive) Mittäterschaft Brunos (ebenso wie eine sukzessive Beihilfe[421]) hier aber nicht mehr möglich. Es kommt lediglich eine Begünstigung, § 257 StGB, in Betracht.

798 Insbesondere bei mehraktigen Delikten, wie z. B. dem Raub, § 249 StGB, kann es aber vorkommen, dass zwar einzelne Handlungen bereits vollständig abgeschlossen sind, das Delikt selbst aber noch nicht vollendet ist. Hier ist fraglich, ob dem später hinzutretenden Mittäter die bereits abgeschlossenen Tatbeiträge der anderen noch angelastet werden können.

> **Bsp.:** Anton will Ludwig berauben und schlägt ihn bewusstlos. Als er seine Taschen durchsucht, kommt zufällig Bruno vorbei und hilft ihm. Sie finden gemeinsam Ludwigs Brieftasche, entwenden diese und teilen sich die Beute. – Hier handeln Anton und Bruno zum Zeitpunkt der Wegnahme der Brieftasche als Mittäter. Fraglich ist, ob dies auch für die Gewaltanwendung (= Niederschlagen) gilt, da diese bereits vor Brunos Hinzukommen stattfand.

799 Eine mittäterschaftliche Zurechnung muss dann ausscheiden, wenn der Tatbeitrag des zuerst Handelnden (wie im vorliegenden Beispiel) **vollständig abgeschlossen** ist. Denn dann fehlt es hinsichtlich der Verwirklichung dieses Tatbestandsmerkmals (hier: der Gewaltanwendung bzw. Körperverletzung) sowohl an einem gemeinsamen Tatplan als auch an einem objektiven Tatbeitrag des Hinzutretenden. Eine nachträgliche wechselseitige Billigung kann diese Voraussetzungen nicht ersetzen. Im vorliegenden Beispiel ist Bruno also nur wegen eines mittäterschaftlich

---

419 BGHSt 2, 344 (345); BGHSt 6, 249 (251).
420 *Kühl*, § 20 Rn. 127 f.
421 Vgl. hierzu unten Rn. 863.

begangenen Diebstahls, §§ 242, 25 Abs. 2 StGB, zu bestrafen (und nicht wegen eines mittäterschaftlich begangenen Raubes, §§ 249, 25 Abs. 2 StGB, sowie einer mittäterschaftlich begangenen Körperverletzung, §§ 223, 25 Abs. 2 StGB). Anders ist dies hingegen zu beurteilen, wenn der Tatbeitrag des zuerst Handelnden noch fortwirkt, z. B. wenn Anton den Ludwig nicht niedergeschlagen, sondern mit der Waffe bedroht hätte und diese Bedrohung auch nach dem Hinzukommen Brunos noch aufrechterhalten hätte.

5. Mittäterschaftliche Zurechnung, wenn ein Mittäter selbst Tatopfer wird

Wendet man die Regelungen über die Mittäterschaft konsequent an, kommt eine mittäterschaftliche Zurechnung selbst dann in Frage, wenn ein Mittäter (versehentlich) selbst Tatopfer wird.

> **Bsp.:**[422] Anton und Bruno wollen gemeinsam in Jürgens Villa einbrechen und dessen Wertsachen entwenden. Sie vereinbaren zudem, dass sie im Falle ihrer Entdeckung Waffen einsetzen wollen, um eine Flucht zu ermöglichen. Wenn es nicht zu vermeiden sei, solle auch auf eventuelle Verfolger geschossen und dabei deren Tod in Kauf genommen werden. Nachdem sie in die Villa eingedrungen sind, werden sie tatsächlich von einer zufällig in der Nähe weilenden Polizeistreife überrascht. Bei der anschließenden Flucht verlieren sich Anton und Bruno aus den Augen. Plötzlich merkt Anton, dass jemand dicht hinter ihm herläuft. Er hält den Verfolger für einen Polizisten und feuert in der Dunkelheit mit bedingtem Tötungsvorsatz zwei Schüsse auf ihn ab. Bei dem hinter ihm Laufenden handelt es sich jedoch um Bruno. Dieser wird getroffen und bleibt schwer verletzt liegen.

Während Anton sich hier wegen eines versuchten Mordes, §§ 212, 211, 22 StGB, in Tateinheit mit gefährlicher Körperverletzung, §§ 223, 224 Abs. 1 Nr. 2, Nr. 5 StGB, strafbar gemacht hat, ist dies hinsichtlich Bruno nicht eindeutig. Manche lehnen hier eine mittäterschaftliche Zurechnung der Schüsse über § 25 Abs. 2 StGB ab, weil Bruno selbst (versehentlich) Opfer der Tat geworden ist. Eine Selbsttötung bzw. Selbstverletzung ist aber nicht strafbar.[423] Für eine Mittäterschaft spricht allerdings, dass dem Bruno hier nicht sein eigenes Verhalten angelastet wird, sondern das Verhalten Antons, welches ihm **über § 25 Abs. 2 StGB zugerechnet wird**. Anton aber wollte einen „anderen" töten. Zwar unterlag er dabei einem **error in persona**, weil er Bruno für einen Polizeibeamten hielt. Dieser Irrtum ist für Anton aber unbeachtlich.[424] Ebenso muss der Irrtum auch für Bruno unbeachtlich sein, wenn sich Antons Verhalten im Rahmen des gemeinsamen Tatplans hielt und die bestehenden Abmachungen nicht überschritten wurden.[425]

6. Fahrlässige Mittäterschaft

Da die Mittäterschaft im Hinblick auf den jeweiligen Tatbestand einen gemeinsamen Tatentschluss voraussetzt, der bei Fahrlässigkeitsdelikten gerade nicht vor-

---

[422] Fall nach BGHSt 11, 268.
[423] So *Gropp/Sinn*, § 13 Rn. 163.
[424] Vgl. zur Unbeachtlichkeit des error in persona oben Rn. 720 f.
[425] So im Ergebnis auch BGHSt 11, 268 (271); *Heine/Weißer*, in: Schönke/Schröder, § 25 Rn. 101.

liegt, wird zumindest von der h. M. die Möglichkeit einer fahrlässigen Mittäterschaft abgelehnt, was allerdings bedenklich ist.[426]

7. Mittäterschaft bei erfolgsqualifizierten Delikten

803 Dagegen ist eine Mittäterschaft bei erfolgsqualifizierten Delikten, z. B. bei der Körperverletzung mit Todesfolge, § 227 StGB, denkbar, sofern das vorsätzlich verwirklichte Grunddelikt mittäterschaftlich verwirklicht wurde (Bsp.: Anton und Bruno verprügeln gemeinsam den Ludwig, der infolge der Schläge verstirbt, ohne dass Anton und Bruno dies gewollt hätten). Im Hinblick auf die – wenigstens fahrlässig verursachte – schwere Folge ist der Fahrlässigkeitsvorwurf jedoch grundsätzlich für jeden Mittäter getrennt zu prüfen.

8. Unmittelbares Ansetzen beim Mittäter

804 Auf die Frage, wann beim Zusammenwirken mehrerer Mittäter ein unmittelbares Ansetzen und somit ein Versuchsbeginn anzunehmen ist, wurde bereits im Rahmen der Behandlung des Versuchs eingegangen.[427]

Literaturhinweise

Einführende Aufsätze: *Geppert*, Die Mittäterschaft (§ 25 Abs. 2 StGB), JURA 2011, 30 (zusammenfassende Darstellung mit mehreren wichtigen Fallgestaltungen); *Grabow/Pohl*, Die sukzessive Mittäterschaft und Beihilfe, JURA 2009, 656 (ausführlicher und verständlicher Beitrag zur Problematik); *Rengier*, Täterschaft und Teilnahme – Unverändert aktuelle Streitpunkte, JuS 2010, 281 (kurzer Überblick über die wichtigsten Streitpunkte).

Übungsfälle: *Frommeyer/Nowak*, Der ungeliebte Geliebte, JuS 2001, L 44 (anschaulicher Fall zum Problem des Rücktritts bei mehreren Beteiligten); *Gaede*, Täterschaft und Teilnahme beim Bandendiebstahl, JuS 2003, 774 (anspruchsvolle Klausur, die Fragen der Täterschaft und Teilnahme beim Bandendiebstahl zum Gegenstand hat); *Safferling*, Mittäterschaftlicher Diebstahl, JuS 2005, 135 (Anfängerklausur, die sich mit dem Problem der mittäterschaftlichen Zurechnung und der versuchten Mittäterschaft befasst).

Rechtsprechung: BGHSt 11, 268 – Verfolger-Fall (Zurechnung eines error in persona, wenn ein Mittäter selbst Opfer der Straftat wird); BGHSt 16, 12 – Spritztour (geistige Mitwirkung im Vorbereitungsstadium); BGHSt 36, 231 – Bleikristallvase (Mittäterschaft bei Mord und Totschlag); BGHSt 37, 289 – Polizistenmord (Aufgabe des gemeinsamen Tatentschlusses)

Kapitel 30: Mittelbare Täterschaft

I. Grundlagen

805 **Definition**
Unter **mittelbarer Täterschaft** versteht man die Begehung einer Straftat durch einen anderen.

---

426 Vgl. hierzu bereits oben Rn. 651 f.
427 Vgl. hierzu oben Rn. 494 f.

I. Grundlagen

Eine gesetzliche Regelung der mittelbaren Täterschaft findet sich in § 25 Abs. 1, 2. Alt. StGB: „Als Täter wird bestraft, wer die Straftat […] durch einen anderen begeht". Die mittelbare Täterschaft zeichnet sich dabei dadurch aus, dass der mittelbare Täter die tatbestandsmäßige Handlung nicht selbst, d. h. eigenhändig, sondern „durch" einen von ihm beherrschten sog. „Tatmittler" (oder auch: „**menschliches Werkzeug**") vornehmen lässt. Dabei hält der mittelbare Täter (= Hintermann) das Gesamtgeschehen kraft seines planvoll lenkenden Willens vollständig in der Hand, besitzt also **Tatherrschaft**. Dagegen weist der Tatmittler (d. h. die unmittelbar handelnde Person) regelmäßig irgendeinen „**Defekt**" in der Strafbarkeit auf, sodass er strafrechtlich – zumindest im Hinblick auf dieses Delikt – nicht zur Verantwortung gezogen werden kann. Genau diesen Umstand macht sich der mittelbare Täter zu Nutze.

> **Bsp.:** Anton zwingt seine zwölfjährige Tochter Frieda (diese ist nach § 19 StGB schuldunfähig) dazu, im Supermarkt Lebensmittel zu stehlen. Tags darauf überredet er seinen schwachsinnigen Freund Otto (dieser ist nach § 20 StGB schuldunfähig), seinen Widersacher Bruno zu töten.

Kennzeichnend für die mittelbare Täterschaft ist also eine aus tatsächlichen oder rechtlichen Gründen unterlegene Stellung des Tatmittlers und eine beherrschende Rolle des Hintermannes (= des mittelbaren Täters). Diese kann in Form der Ausnutzung konstitutioneller Mängel (konstitutionsbedingte Herrschaft, z. B. bei einem kindlichen Werkzeug), der Hervorrufung eines Irrtums (Irrtumsherrschaft), überlegenen Sachwissens (Wissensherrschaft) oder der Ausübung von Zwang (Nötigungsherrschaft) vorkommen.

Eine mittelbare Täterschaft ist jedoch – wie jede andere Täterschaftsform – nur dann möglich, wenn der mittelbare Täter neben der erforderlichen Tatherrschaft auch die für eine Täterschaft notwendigen Merkmale und Sondereigenschaften des jeweiligen Delikts aufweist. Sie scheidet daher aus bei **eigenhändigen Delikten** (da der Hintermann die Handlung nicht selbst unmittelbar vornimmt) und bei **Sonder- und Pflichtdelikten** (sofern dem Hintermann die besondere Pflichtenstellung fehlt). Auch bei **Fahrlässigkeitsdelikten** ist eine mittelbare Täterschaft nicht denkbar, da es an einem bewussten Ausnutzen des menschlichen Werkzeugs fehlt (hier liegt aber infolge des bei den Fahrlässigkeitsdelikten existierenden Einheitstäterprinzips zumeist eine „normale" Alleintäterschaft vor[428]). Oftmals wird, insbesondere bei einem schuldunfähigen „Werkzeug" oder der Fallgruppe des „Täters hinter dem Täter", eine mittelbare Täterschaft zudem von der **Anstiftung** abzugrenzen sein. Denn auch der Anstifter veranlasst einen anderen zur Begehung einer Straftat, die nach § 26 StGB jedoch nicht schuldhaft verwirklicht werden muss. Die Abgrenzung von Anstiftung und mittelbarer Täterschaft richtet sich nach den allgemeinen Kriterien der Abgrenzung von Täterschaft und Teilnahme, nach h. L. also danach, wer die Tatherrschaft besitzt.

> **Klausurtipp**
> In einer Klausur ist der unmittelbar Handelnde als Tatnächster zuerst zu prüfen. Kommt man an irgendeinem Punkt zur Ablehnung der Strafbarkeit, ist in einem zweiten Schritt die Strafbarkeit des Hintermannes zu untersuchen. Die-

---

428 Vgl. hierzu oben Rn. 762.

ser muss – um mittelbarer Täter sein zu können – Täterqualität besitzen und das (straflose) Handeln des Tatmittlers bewusst veranlasst, gesteuert oder ausgenutzt haben.

II. Formen der mittelbaren Täterschaft

808 Die mittelbare Täterschaft kann in mehreren Formen vorliegen, je nachdem, auf welcher Ebene des Straftataufbaus ein strafrechtlicher Defekt des Tatmittlers liegt, den sich der mittelbare Täter zu Nutze macht.

1. Der Tatmittler handelt nicht objektiv tatbestandsmäßig

809 **Bsp.:** Anton fordert die ihm hörige Gisela auf, zu seinen Gunsten eine Lebensversicherung abzuschließen und sich daraufhin selbst zu töten. Gisela tut dies. – Gisela handelte bei der von ihr vorgenommenen Selbsttötung nicht tatbestandsmäßig, da § 212 StGB nach zutreffender Ansicht voraussetzt, dass ein anderer Mensch getötet wird. Die Selbsttötung ist also nicht strafbar. Für Anton stellt sich die Tötung jedoch als Fremdtötung in mittelbarer Täterschaft dar, sofern er Tatherrschaft besaß (hier liegt eine mittelbare Täterschaft in der Form vor, dass das Opfer als „Tatmittler gegen sich selbst" eingesetzt wird). Kommt man hingegen zu dem Ergebnis, dass Antons Mitwirkung nur als Anstiftung oder Beihilfe zu einer freiverantwortlichen Selbsttötung zu qualifizieren ist, dann ist er mangels vorsätzlich begangener rechtswidriger Haupttat straflos.

2. Der Tatmittler handelt nicht vorsätzlich

810 **Bsp.:** Anton fordert Bruno nach einem Kneipenbesuch auf, ihm seinen an der Garderobe hängenden „schwarzen Mantel" zu bringen. Bei diesem Mantel handelt es sich allerdings um den Mantel Rudis. Bruno bringt den Mantel nach draußen in der Annahme, es handle sich um Antons Mantel. – Bruno nahm hier eine fremde bewegliche Sache weg, handelte jedoch hinsichtlich der Wegnahme nicht vorsätzlich, da er glaubte, der berechtigte Gewahrsamsinhaber (Anton) hätte ihm die Mitnahme gestattet. Anton hingegen hat einen Diebstahl in mittelbarer Täterschaft (in der Form der Irrtumsherrschaft) begangen, da er selbst die erforderlichen subjektiven Qualitäten (hier insbesondere auch die Absicht rechtswidriger Zueignung) aufwies.

3. Dem Tatmittler fehlen sonstige zusätzliche, für die Tatbestandsverwirklichung notwendige subjektive Merkmale

811 **Bsp.:** Anton überredet Bruno, ihm den an der Garderobe hängenden Mantel Rudis nach draußen zu bringen, wobei er Bruno darüber aufklärt, dass es sich zwar um Rudis Mantel handelte, er sich diesen aber nur kurz ausleihen möchte, um Zigaretten zu holen. Er werde den Mantel dann wieder zurückbringen. Letzteres hatte Anton aber nie vor. Bruno bringt ihm den Mantel. – Hier nahm Bruno zwar vorsätzlich eine fremde bewegliche Sache weg, er handelte jedoch ohne (Dritt-)Zueignungsabsicht, da er glaubte, es läge nur eine (straflose) Gebrauchsanmaßung durch Anton vor (sog. **„absichtslos-doloses Werkzeug"**). Da Anton die Tat Brunos veranlasste, selbst aber Zueignungsabsicht besaß, ist er mittelbarer Täter eines Diebstahls, §§ 242, 25 Abs. 1 Alt. 2 StGB.

4. Der Tatmittler handelt nicht rechtswidrig

Bsp.: Bruno vermisst seine Geldbörse. Anton sagt zu ihm bewusst wahrheitswidrig, der schnell zum Bahnhof eilende Rudi habe die Geldbörse entwendet. Bruno rennt hinter Rudi her, hält diesen mit einem schmerzhaften Griff fest und fordert ihn unter Schlägen auf: „Geld her!". Der nichtsahnende Rudi schlägt daraufhin den Bruno mit einem Faustschlag nieder, da er von einem Raubüberfall ausgeht. Eben dies hatte Anton vorausgesehen. – Rudi handelt im Rahmen seines Faustschlages gerechtfertigt nach § 32 StGB, da jedenfalls ein gegenwärtiger rechtswidriger Angriff auf seine körperliche Integrität vorliegt. Anton nutzt dies für seine Zwecke aus und ist daher wegen zweier Körperverletzungen in mittelbarer Täterschaft zu bestrafen. (Bruno war infolge eines Erlaubnistatbestandsirrtums entschuldigt, Rudi handelte infolge Notwehr gerechtfertigt).

5. Der Tatmittler handelt nicht schuldhaft

Bsp.: Anton überredet den geisteskranken Otto und die zwölfjährige Frieda dazu, Flaschen von einer Autobahnbrücke auf fahrende Autos zu werfen, wodurch mehrere Personen verletzt werden. – Da Otto (§ 20 StGB) und Frieda (§ 19 StGB) nicht schuldfähig sind, können sie nicht bestraft werden. Da Anton diesen Umstand bewusst ausnutzt, ist er wegen Sachbeschädigung, § 303 StGB, in Tateinheit mit gefährlicher Körperverletzung, §§ 223, 224 StGB, und gefährlichem Eingriff in den Straßenverkehr, § 315b Abs. 1 Nr. 3 StGB, jeweils in mittelbarer Täterschaft, zu bestrafen.

6. Abgrenzungsfragen

In den aufgezeigten Fällen können die unmittelbar handelnden Tatmittler nicht wegen der von ihnen begangenen Delikte bestraft werden. Insofern ist eine Strafbarkeit des im Hintergrund Agierenden wegen mittelbarer Täterschaft notwendig. Allerdings könnte man in den letztgenannten Fällen (schuldunfähiges Werkzeug) auch lediglich eine Anstiftung annehmen, da diese nach § 26 StGB keine schuldhafte, sondern nur eine vorsätzlich begangene rechtswidrige Haupttat voraussetzt („limitierte Akzessorietät"). Dies kann jedoch oftmals nicht befriedigen, da dann niemand „als Täter" für die begangene Tat verantwortlich gemacht werden könnte. Daher wird bei der Abgrenzung von mittelbarer Täterschaft und Anstiftung regelmäßig dann eine mittelbare Täterschaft vorliegen, wenn der Hintermann das schuldlose Handeln des Tatmittlers erkennt und gerade diesen Umstand ausnutzt.

III. Fallgruppen des „Täters hinter dem Täter"

In den bisher genannten Fällen ist die Möglichkeit einer mittelbaren Täterschaft weitgehend unumstritten. Darüber hinaus wird aber diskutiert, ob eine mittelbare Täterschaft auch dann vorliegen kann, wenn der Tatmittler für seine Tat zwar voll verantwortlich ist, d.h. wegen der Tatbegehung selbst bestraft werden kann, er aber dennoch „faktisch" vom Hintermann beherrscht wird. Man spricht hier von der Rechtsfigur des **„Täters hinter dem Täter"**. Die Annahme einer solchen

Rechtsfigur würde dazu führen, dass beide Beteiligte – ohne dass jedoch eine Mittäterschaft vorliegt – als Täter des jeweiligen Delikts bestraft werden könnten. Im Ergebnis ist dies in bestimmten Ausnahmefällen anzuerkennen, in denen infolge des steuernden Einflusses des Hintermannes die Annahme einer bloßen Anstiftung verfehlt wäre. Die Rechtsfigur des „Täters hinter dem Täter" wird dabei in drei Fallgruppen diskutiert:

1. Organisierte Machtapparate

816 Überwiegend anerkannt ist die Rechtsfigur des „Täters hinter dem Täter" in Fällen eines im Hintergrund agierenden organisierten Machtapparates (wie z. B. bei staatlich organisierter Kriminalität) oder einem organisierten Bandenwesen (wie z. B. der Mafia). Denn in diesen Fällen der sog. **Organisationsherrschaft** besteht ein Bedürfnis, neben dem die Tat unmittelbar Ausführenden auch die „Drahtzieher" und Bandenchefs als „Täter" strafrechtlich zur Verantwortung zu ziehen. In der Literatur wird das Vorliegen einer solchen „Organisationsherrschaft" im Wesentlichen von drei Voraussetzungen abhängig gemacht: (1) dem Vorliegen einer vertikal hierarchisch gegliederten Organisation (**Machtapparat**), (2) der Austauschbarkeit der die Tat konkret ausführenden Personen (**Fungibilität**) und (3) dem Wirken des Machtapparates außerhalb der Rechtsordnung (**Rechtsgelöstheit**).

> **Bsp. (Mauerschützenfall):**[429] An der ehemaligen deutsch-deutschen Grenze wird der Republikflüchtling Rainer vom diensthabenden Wachmann Wilhelm durch drei Schüsse schwer verletzt und anschließend so lange auf dem „Todesstreifen" liegen gelassen, bis er verblutet. Bereits bei der Abgabe der Schüsse handelt Wilhelm mit bedingtem Tötungsvorsatz. Grundlage für die Tötung war der sog. „Schießbefehl". Dieser ging zurück auf die „Jahresbefehle" des Ministers für Nationale Verteidigung der DDR. Notwendige Voraussetzung dieser Jahresbefehle war ein vorangegangener Beschluss des Nationalen Verteidigungsrates der DDR, einem zentralen staatlichen Organ, dem die einheitliche Leitung der Verteidigungs- und Sicherheitsmaßnahmen der DDR oblag. Er bestand aus ca. 14 Mitgliedern, allesamt hohe Funktionsträger aus Partei und Staat. Der BGH sah diese in mehreren Entscheidungen als mittelbare Täter hinsichtlich der Tötungen an der Mauer an. Der unmittelbar handelnde Wachmann Wilhelm sei zwar für die Tötung selbst auch voll verantwortlich und daher wegen Totschlages, § 212 StGB, zu bestrafen.[430] Dennoch käme für die Hintermänner eine mittelbare Täterschaft in Form des „Täters hinter dem Täter" in Betracht.

817 Eine **Anstiftung** scheidet in den vorliegenden Fällen deswegen aus, weil es an einer Bestimmung des die Tat unmittelbar Ausführenden zur konkreten Einzeltat fehlt. Es werden im Rahmen organisatorischer Machtapparate oft nur „allgemeine Befehle" erteilt, die jedoch in dieser pauschalen Form für eine Anstiftung nicht ausreichen. Zudem wäre es kriminalpolitisch kaum tragbar, die eigentlich Verantwortlichen lediglich als Teilnehmer anzusehen und sie dadurch zu Figuren am Rande des Geschehens herabzustufen. Diese Erwägung gilt erst recht für die Annahme einer bloßen **Beihilfe** (obwohl bei dieser üblicherweise keine so strengen Anforderungen an die Bestimmtheit der Tat zu stellen sind[431]). Gegen die

---

[429] Vgl. hierzu u. a. BGHSt 39, 1; BGHSt 40, 48.
[430] Vgl. hierzu und für die folgenden Ausführungen die knappe Übersicht bei *Heinrich*, AT, Rn. 1256 f.
[431] Vgl. hierzu noch unten Rn. 870.

Annahme von **Nebentäterschaft** spricht, dass die Befehlsgeber und die Ausführenden nicht unabhängig voneinander und ohne vom anderen zu wissen, den tatbestandsmäßigen Erfolg herbeiführten. Es liegt vielmehr gerade ein organisatorisches Gefüge vor. Gegen eine **Mittäterschaft** spricht, dass nur schwer von einem gemeinsamen Tatentschluss die Rede sein kann, wenn der Hintermann, wie dies bei Befehlsketten oft der Fall ist, den unmittelbar Handelnden und die konkreten Tatumstände gar nicht kennt. Für einen gemeinsamen Tatentschluss (zu einer konkreten Tat) ist aber regelmäßig mehr zu fordern als das Bewusstsein, derselben Organisation anzugehören. Auch fehlt es an der gemeinsamen Tatausführung, denn die Befehlsgeber werden diese in aller Regel vollständig den Ausführenden überlassen. Kriminalpolitisch wäre es zudem verfehlt, die Befehlsgeber und die Ausführenden gleichberechtigt nebeneinander zu stellen und ihnen in gleicher Weise die Verantwortung für das Geschehen zuzuschreiben. Daher sprechen die besseren Argumente für die Annahme einer **mittelbaren Täterschaft**: Die Befehlsgeber haben letztlich das Geschehen unter Kontrolle und können es jederzeit stoppen. Insofern ist ihre Tatherrschaft noch umfassender als in vielen Fällen sonstiger mittelbarer Täterschaft. Die Ausführenden sind als menschliche Werkzeuge austauschbar, der Handlungsbefehl führte somit „automatisch" zur erstrebten Tatbestandsverwirklichung. Letztlich kann man für die mittelbare Täterschaft nicht verlangen, dass der Hintermann den konkreten Vordermann unter unmittelbarer Kontrolle hat und beherrscht, es muss ausreichen, wenn er den organisatorischen „Apparat" beherrscht, dessen Teil der konkret handelnde Tatmittler ist.

Während die Rechtsfigur des „Täters hinter dem Täter" bei organisierten Machtapparaten wie z. B. der staatlich organisierten Kriminalität oder dem organisierten Bandenwesen im Rahmen krimineller Vereinigungen inzwischen anerkannt ist, wird über die Geltung dieser Grundsätze in Wirtschaftsunternehmen noch gestritten.[432] Einerseits können hier in gleicher Weise hierarchische Strukturen vorliegen und der einzelne Arbeitnehmer unter Druck gesetzt werden, andererseits fehlt es bei Wirtschaftsunternehmen am Merkmal der „Rechtsgelöstheit", wenn das Unternehmen sonst ganz legal auf dem Markt tätig ist.

818

2. Vermeidbarer Verbotsirrtum des Tatmittlers

Als weitere Fallgruppe des „Täters hinter dem Täter" wird auch das Versetzen des Tatmittlers in einen vermeidbaren Verbotsirrtum (§ 17 StGB) diskutiert.[433] Hier handelt der die Tat Ausführende trotz des Irrtums schuldhaft und macht sich daher strafbar. Dennoch unterliegt er regelmäßig der „Steuerung" durch einen Hintermann, die oftmals dieselbe Intensität erlangt wie diejenige im Rahmen organisierter Machtapparate.

819

> **Bsp. (Katzenkönigfall):**[434] Wilhelm, Bruno und Hilde leben in einem von Mystizismus, Scheinerkenntnis und Irrglauben geprägten neurotischen Beziehungsgeflecht zusammen. Hilde und Wilhelm machen sich einen Spaß daraus, den leicht beeinflussbaren Bruno durch Tricks und allerlei mystische Kulthandlungen von der Existenz eines sog. Katzenkönigs zu überzeugen, der die

---

432 Dafür *Lackner/Kühl/Heger*, § 25 Rn. 2; dagegen *Roxin*, AT II, § 25 Rn. 129 ff.
433 Vgl. hierzu ausführlich *Heinrich*, AT, Problemschwerpunkt 34, Rn. 1258 ff.
434 Fall nach BGHSt 35, 347 – Katzenkönig.

ganze Menschheit bedrohe und den man bekämpfen müsse. Eines Tages erfährt Hilde, dass ihre frühere Jugendliebe Paul ihre langjährige Konkurrentin Elsa geheiratet hat. Aus Eifersucht beschließt sie, ihre Konkurrentin Elsa durch Bruno töten zu lassen. Mit Wilhelms Hilfe überzeugt sie Bruno davon, dass der Katzenkönig nunmehr ein Menschenopfer verlange, da er sonst auf einen Schlag große Teile der Menschheit vernichten würde. Dieses Menschenopfer müsse durch die Tötung Elsas erbracht werden. Bruno weiß zwar, dass die Tötung von Menschen an sich Unrecht ist, lässt sich jedoch von Hilde davon überzeugen, dass der göttliche Auftrag des Katzenkönigs das Tötungsverbot in diesem Falle ausnahmsweise außer Kraft setzen würde. Mit einem von Wilhelm zur Verfügung gestellten Messer macht sich Bruno auf den Weg und sticht Elsa in deren Wohnung mehrmals von hinten mit Tötungsabsicht in den Rücken. Diese überlebt jedoch den Anschlag. – Hier hat sich Bruno trotz des Irrtums (der als vermeidbarer Verbotsirrtum nach § 17 StGB einzuordnen ist) wegen eines versuchten Mordes (Tötung in Heimtücke) strafbar gemacht. Fraglich ist aber, ob Hilde und Wilhelm, die Bruno in diesen Irrtum versetzt hatten, trotz Brunos eigener Täterschaft wegen mittelbarer Täterschaft bestraft werden können oder ob hier lediglich eine Strafbarkeit wegen Anstiftung möglich ist.

820 Die Vertreter der **Theorie der strengen Verantwortlichkeit** sind der Auffassung, dass nur ein unvermeidbarer Verbotsirrtum zur Täterschaft des Hintermannes führen könne. Handle der Tatmittler hingegen selbst tatbestandsmäßig, rechtswidrig und schuldhaft, komme für den Hintermann lediglich Anstiftung in Betracht.[435] Denn die Rechtsordnung werte eine im vermeidbaren Verbotsirrtum begangene Tat als eine solche des Handelnden, der dadurch gerade nicht als „Werkzeug" des Hintermannes angesehen werden könne. Diese Ansicht verkennt jedoch, dass der Handelnde hier in gleicher Weise der Steuerung durch den Hintermann unterliegen kann wie in den Fällen eines unvermeidbaren Verbotsirrtums oder der zuvor genannten organisierten Machtapparate. Daher ist der **Theorie der eingeschränkten Verantwortlichkeit** zuzustimmen, die davon ausgeht, dass auch ein vermeidbarer Verbotsirrtum des Vordermannes zur mittelbaren Täterschaft des Hintermannes führen kann.[436] Denn auch in diesen Fällen kann der Hintermann durch die Täuschung Tatherrschaft besitzen. Ob der Hintermann tatsächlich Täter oder möglicherweise nicht doch nur Anstifter ist, muss sich nach den allgemeinen Kriterien bestimmen, die sich gerade an dieser Tatherrschaft ausrichten. Fehle dem unmittelbar Handelnden die Einsicht, Unrecht zu tun, so geht es bei der Prüfung der Vermeidbarkeit eines Verbotsirrtums nur darum, ob er diese Unrechtseinsicht hätte haben können. Diese Schuldfrage ändert aber an der faktischen Dominanz des Hintermannes nichts.

3. Nötigung des Tatmittlers

821 Schließlich ist die Rechtsfigur des „Täters hinter dem Täter" auch noch in einer dritten Konstellation anzuerkennen. Diese ist dadurch gekennzeichnet, dass der Tatmittler vom mittelbaren Täter zur Tat genötigt wird, wobei er dieser Nötigung jedoch im Hinblick auf den Rang des zu schützenden Rechtsgutes hätte standhalten müssen, er also weder gerechtfertigt noch entschuldigt, sondern für die Tat voll verantwortlich ist.

---

435 *Jescheck/Weigend*, § 62 II V.
436 BGHSt 35, 347 (353 f.); *Roxin*, AT II, § 25 Rn. 76 ff.

Bsp.: Arbeitgeber Fritz möchte seinen Angestellten Bruno unter der Ankündigung, dass er sonst seine Arbeitsstelle verlieren werde, dazu bringen, den Ludwig zu erschießen. Nach mehreren Repressalien beugt sich Bruno dem Druck und führt die Tat aus. – Trotz der Nötigung durch Fritz ist Bruno wegen Totschlags, möglicherweise sogar wegen Mordes zu bestrafen. Die rechtswidrige Nötigung durch Fritz stellte für ihn weder einen Rechtfertigungsgrund noch einen Entschuldigungsgrund dar, denn in Anbetracht der Schwere des verletzten Rechtsgutes (Tod eines Menschen) hätte man Bruno zumuten können, die Repressalien auf sich zu nehmen oder die Polizei zu verständigen. Fritz ist als Hintermann nun nicht nur wegen einer Anstiftung, sondern wegen **mittelbarer Täterschaft** zu bestrafen, da er durch seine Drohungen Tatherrschaft besaß.

IV. Sonderproblem: Abgrenzung von strafloser Anstiftung zur Selbsttötung und Totschlag in mittelbarer Täterschaft

Besondere Abgrenzungsprobleme stellen sich dann, wenn eine andere Person zur Begehung einer Selbsttötung veranlasst wird. Es stellt sich dabei die Frage, ob und inwieweit eine mittelbare Täterschaft auch dann möglich ist, wenn der Täter das Opfer als „Werkzeug gegen sich selbst" einsetzt.

822

> **Bsp.:**[437] Anton unterhält eine Beziehung mit der ihm hörigen Gisela. Im Mittelpunkt ihrer Beziehung stehen Gespräche über Psychologie und Philosophie. Mit der Zeit beginnt er ihr vorzuspiegeln, er sei ein Abgesandter des Sternes Sirius und hätte den Auftrag, vor dem Untergang der Erde einige wertvolle Menschen, darunter Gisela, zu retten. Neben dem Abschluss einer Lebensversicherung, bei dem sie ihn als Bezugsberechtigten einsetzen solle, müsse sie aber auch ihren „Körper tauschen", um in einem neuen Körper auf einem anderen Planeten weiterleben zu können. Gisela möchte nun zwar keine Selbsttötung begehen, willigt jedoch in die Entledigung ihres bisherigen Körpers ein. Auf Geheiß Antons setzt sie sich in eine Badewanne und wirft einen eingeschalteten Fön ins Wasser, was zu ihrem Tod führt. – Fraglich ist hier, ob eine freiverantwortliche Selbsttötung vorliegt, die nach deutschem Recht straflos ist (mit der Folge, dass mangels Vorliegens einer vorsätzlichen rechtswidrigen Haupttat auch eine Beteiligung hieran straflos ist), oder ob sich Anton wegen einer Tötung bzw. eines Mordes in mittelbarer Täterschaft strafbar gemacht hat.

Der **BGH** verurteilte hier zu Recht wegen Mordes in mittelbarer Täterschaft: Wird der Getötete durch eine Täuschung zur Vornahme der Tötungshandlung bestimmt, so ist der Täuschende dann mittelbarer Täter, wenn er kraft überlegenen Wissens den Irrenden lenkt und zum Werkzeug gegen sich selbst macht (sog. „Irrtumsherrschaft"). Da Gisela hier weder schuldunfähig war noch in irgendeinem Notstand handelte, müssen die allgemeinen Kriterien der Abgrenzung von Täterschaft und Teilnahme herangezogen werden. Es muss also gefragt werden, wer Tatherrschaft besaß. Verschleiert der Handelnde dem Opfer, dass dieses eine Ursache für den eigenen Tod setzt (sog. „rechtsgutsbezogener Irrtum"), beherrscht er das Geschehen und besitzt Tatherrschaft kraft überlegenen Wissens. Im vorliegenden Fall glaubte Gisela nicht, dass sie sich selbst töten werde, sondern sie

823

---
437 Fall in Anlehnung an BGHSt 32, 38.

dachte, ihren alten Körper lediglich gegen einen neuen auszutauschen. Diesen Irrtum hatte Anton veranlasst und wollte ihn für seine Zwecke ausnutzen. Insoweit ist mittelbare Täterschaft zu bejahen.

824 Umstritten ist in diesem Zusammenhang, ob auch das Hervorrufen eines bloßen Motivirrtums, der einen anderen zur Selbsttötung veranlasst, zur Irrtumsherrschaft und daher zur mittelbaren Täterschaft führt (Bsp.: Dem Opfer wird vorgetäuscht, es leide unter einer unheilbaren, im weiteren Stadium sehr schmerzhaften Krankheit, worauf sich dieses selbst tötet). Zwar irrt das Opfer hier nicht darüber, dass es seinem Leben ein Ende setzt, dennoch „beherrscht" der Hintermann auch hier die Entscheidung des Opfers, weshalb in diesen Fällen ebenfalls eine mittelbare Täterschaft anzunehmen sein kann. Allerdings muss hierbei auf den Einzelfall abgestellt werden, da eine mittelbare Täterschaft dann ausscheidet, wenn trotz der Täuschung letztlich ein freiverantwortliches Handeln des Opfers vorliegt.[438]

V. Sonstige Probleme im Rahmen der mittelbaren Täterschaft

1. Irrtumsprobleme

825 Im Rahmen der mittelbaren Täterschaft können vielfältige Irrtumsprobleme auftreten, insbesondere wenn der Hintermann glaubt, er beherrsche den Tatmittler (dann läge mittelbare Täterschaft vor), während der Tatmittler genau weiß, was er tut (dann liegt objektiv lediglich eine Anstiftung vor). Da der Vorsatz in Bezug auf die mittelbare Täterschaft den Anstiftervorsatz mit enthält, ist der Hintermann hier wegen vollendeter Anstiftung zu bestrafen. Im umgedrehten Fall (der Hintermann will anstiften, beherrscht aber unerkannt den Tatmittler), liegt – je nachdem ob das Werkzeug trotz allem vorsätzlich handelt oder nicht – eine vollendete (§ 26 StGB) oder eine versuchte (§ 30 Abs. 1 StGB) Anstiftung vor.[439]

826 Problematisch ist ebenfalls die Konstellation, in der ein Tatmittler einem Identitätsirrtum unterliegt (er erschießt den Falschen). Stellt dies beim ihm infolge der Gleichwertigkeit der Objekte lediglich einen unbeachtlichen error in persona dar, wirkt sich dies für den mittelbaren Täter als aberratio ictus aus.[440] Denn es kann für diesen keine Rolle spielen, ob er ein mechanisches Werkzeug (z. B. einen Stein) verwendet, welches das anvisierte Objekt verfehlt und ein anderes trifft oder ob er sich eines menschlichen Werkzeugs bedient, welches sich irrt. Macht der Tatmittler bewusst etwas anderes als vom Hintermann beabsichtigt, liegt hingegen ein Exzess des Werkzeugs vor, der dem mittelbaren Täter nicht zuzurechnen ist.

2. Unmittelbares Ansetzen zur Tatbestandsverwirklichung beim mittelbaren Täter

827 Auf die Problematik des unmittelbaren Ansetzens beim mittelbaren Täter wurde bereits im Rahmen des Versuchs eingegangen.[441]

---

438 Vgl. hierzu den Übungsfall bei *Heinrich/Reinbacher*, JA 2007, 264.
439 Vgl. hierzu näher *Heinrich*, AT, Rn. 1265 f.
440 Vgl. zum error in persona und zur aberratio ictus oben Rn. 719 ff. und 722 ff.
441 Vgl. oben Rn. 498 f.

Literaturhinweise

Einführende Aufsätze: *Koch,* Grundfälle zur mittelbaren Täterschaft, § 25 I Alt. 2 StGB, JuS 2008, 399, 496 (kurzer Überblick über die wichtigsten Fallkonstellationen); *Kubiciel,* Strafbarkeit des Veranlassens eines Selbsttötungsversuches bei Täuschung des Opfers über die Tragweite des eigenen Tuns – „Sirius"-Fall, JA 2007, 729 (Entscheidungsbesprechung und kritische Auseinandersetzung); *Murmann,* Grundwissen zur mittelbaren Täterschaft (§ 25 I 2. Alt. StGB), JA 2008, 321 (verständlicher Überblick mit vielen Beispielsfällen).

Übungsfälle: *Ambos,* Mauerschützen, JuS 2000, 465 (anspruchsvoller Fall, der die Abgrenzung von Täterschaft und Teilnahme bei Beteiligung an einem Begehungsdelikt durch positives Tun behandelt); *Edlbauer,* Von süßen und salzigen Spielplatzfallen, JURA 2007, 941 (Übungsklausur zum Problem des Versuchsbeginns bei mittelbarer Täterschaft); *Kudlich,* Irrtumsprobleme bei der mittelbaren Täterschaft, JuS 2003, 755 (Übungsklausur, die Probleme der mittelbaren Täterschaft mit Fragen des Allgemeinen Teils kombiniert); *Radde,* Ein Opfer für den Katzenkönig, JA 2016, 818 (klausurmäßige Aufarbeitung des „Katzenkönig-Falles").

Rechtsprechung: BGHSt 32, 38 – Sirius (Abgrenzung von Totschlag in mittelbarer Täterschaft und Beihilfe an strafloser Selbsttötung); **BGHSt 35, 347** – Katzenkönig (mittelbare Täterschaft bei vermeidbarem Verbotsirrtum des unmittelbar Handelnden); **BGHSt 40, 218** – Mauerschützen III (mittelbare Täterschaft bei organisierten Machtapparaten); **BGHSt 44, 204** – Minensperren (Rücktritt vom Totschlagsversuch des mittelbaren Täters); **BGHSt 45, 270** – Krenz (strafrechtliche Verantwortlichkeit von Mitgliedern des Politbüros).

Kapitel 31: Anstiftung

I. Grundlagen der Teilnahme – Grundsatz der limitierten Akzessorietät

Voraussetzung für die Strafbarkeit sowohl des Anstifters als auch des Gehilfen ist das Vorliegen einer **vorsätzlichen rechtswidrigen Haupttat eines anderen**. Man spricht in diesem Zusammenhang auch von der **Akzessorietät** der Teilnahme. Das heißt: Die Strafbarkeit des Teilnehmers ist abhängig von der Existenz einer fremden Tat. Stellt man fest, dass der Haupttäter nicht tatbestandsmäßig gehandelt hat oder gerechtfertigt war, kann es daher auch keine Teilnahme geben.

> **Bsp.:** Anton gibt dem hoch verschuldeten Bruno den Tipp, in seiner Lage wäre es wohl das Beste für ihn und seine Familie, sich umzubringen. Bruno tut dies. – Hier hat Anton zwar eine Anstiftung zu einer Selbsttötung geleistet, da diese „Haupttat" aber bereits nicht tatbestandsmäßig ist, kann auch die Anstiftung hierzu nicht bestraft werden. Möglich wäre lediglich eine mittelbare Täterschaft, wenn Anton den Bruno vorsätzlich in einen Irrtum versetzt oder sonst irgendwie „gesteuert" hätte, wofür hier jedoch nichts ersichtlich ist.

Diese **Akzessorietät** ging früher sehr weit: Es war erforderlich, dass der Haupttäter tatbestandsmäßig, rechtswidrig und schuldhaft handelte (**strenge Akzessorietät**). Dies hat der Gesetzgeber inzwischen abgeschwächt und auf das Erfordernis der **schuldhaften** Tatbegehung verzichtet. Notwendig ist nunmehr lediglich das Vorliegen einer **vorsätzlich begangenen rechtwidrigen Tat**. Man spricht insoweit heute von der **limitierten Akzessorietät der Teilnahme**. Dies ergibt sich nunmehr eindeutig aus dem Wortlaut der §§ 26, 27 StGB. Zwar wird in denjenigen Fällen, in denen es beim unmittelbar Handelnden an der Schuld fehlt, regelmäßig eine mittelbare Täterschaft vorliegen. Diese scheidet jedoch dann aus, wenn der steuernde Hintermann das jeweilige Delikt bereits tatbestandlich nicht begehen kann, wie dies z. B. bei den Sonder- oder Pflichtdelikten der Fall ist.

> **Bsp.:** Anton veranlasst den, wie er weiß, geisteskranken Richter Rudolf dazu, eine Rechtsbeugung, § 339 StGB, zu begehen. – Während Rudolf hier freizusprechen ist (vgl. § 20 StGB), macht sich Anton wegen Anstiftung zur Rechtsbeugung strafbar. Eine mittelbare Täterschaft scheidet aus, da dem Anton die subjektive Täterqualität, nämlich die Eigenschaft eines Richters, fehlt.

830 Eine vorsätzliche rechtswidrige Haupttat liegt – nach allerdings umstrittener Ansicht – auch dann vor, wenn sich der Haupttäter in einem **Erlaubnistatbestandsirrtum** befindet, da in diesen Fällen lediglich auf Schuldebene die Vorsatzschuld (und eben nicht der Tatbestandsvorsatz) entfällt.[442]

831 Anstiftung und Beihilfe sind ferner auch – und dies wird in Prüfungsarbeiten vielfach übersehen – möglich beim **erfolgsqualifizierten Delikt**. Dies ist auf den ersten Blick problematisch, da sich das **erfolgsqualifizierte Delikt** gerade dadurch auszeichnet, dass zu einem vorsätzlich begangenen Grunddelikt eine **fahrlässig herbeigeführte Folge** hinzutreten muss (z. B. § 227 StGB, Körperverletzung mit Todesfolge). Anstiftung und Beihilfe sind aber an sich nur bei einem **vorsätzlichen Delikt** möglich. Eine Lösung ergibt sich sowohl aus dem Wortlaut des § 18 StGB, der den Teilnehmer ausdrücklich nennt, als auch aus § 11 Abs. 2 StGB. Denn hiernach ist eine Tat auch dann **vorsätzlich** begangen, wenn sie einen gesetzlichen Tatbestand verwirklicht, der hinsichtlich der Handlung Vorsatz voraussetzt, hinsichtlich einer dadurch verursachten besonderen Folge jedoch Fahrlässigkeit ausreichen lässt. Erforderlich ist allerdings, dass auch dem Teilnehmer hinsichtlich der schweren Folge Fahrlässigkeit zur Last fällt, § 18 StGB. Die Sorgfaltspflichtverletzung ist also für den Teilnehmer gesondert festzustellen.

832 Hinzuweisen ist an dieser Stelle noch auf die in § 28 StGB vorgenommene „**Lockerung der Akzessorietät**", wenn es sich bei den jeweiligen Tatbestandsmerkmalen um „besondere persönliche Merkmale" handelt.[443] Auch ist zu beachten, dass besonders schwere und minder schwere Fälle – auch wenn sie mit Regelbeispielen versehen sind – an der Akzessorietät nicht teilhaben, da sie (für jeden Beteiligten getrennt) nur auf Strafzumessungsebene geprüft werden.

II. Grundlagen der Anstiftung

833 Gemäß § 26 StGB ist als Anstifter anzusehen, *„wer vorsätzlich einen anderen zu dessen vorsätzlich begangener rechtswidriger Tat bestimmt hat"*. Der Anstifter wird *„gleich einem Täter bestraft"*, was bedeutet, dass für ihn der gleiche Strafrahmen gilt. Wie bei den Tatbeständen des Besonderen Teils, so ist auch bei der Anstiftung zwischen dem objektiven und dem subjektiven Tatbestand zu unterscheiden. Im **objektiven Tatbestand** ist dabei zuerst das Vorliegen einer (fremden) Haupttat

---

442 Vgl. hierzu ausführlich oben Rn. 740 f.
443 Vgl. hierzu noch ausführlich unten Rn. 879 ff.

III. Der objektive Tatbestand der Anstiftung

sowie als Tathandlung der Anstiftung das Bestimmen des Haupttäters zu dieser Tat zu prüfen. Der **subjektive Tatbestand** erfordert – wie auch sonst – ein vorsätzliches Handeln des Täters im Hinblick auf die genannten objektiven Tatbestandsmerkmale. Bei der Prüfung der Rechtswidrigkeit und der Schuld ergeben sich keine Besonderheiten. Insoweit ergibt sich also folgendes

> Prüfungsschema
> I. **Tatbestand**
>   1. **Objektiver Tatbestand**
>   a) Vorliegen einer vorsätzlichen rechtswidrigen Haupttat
>   b) Bestimmen des Haupttäters zu dieser Tat
>   2. **Subjektiver Tatbestand**
>   a) Vorsatz bzgl. des Vorliegens der vorsätzlichen rechtswidrigen Haupttat
>   b) Vorsatz bzgl. des Bestimmens zu dieser Tat
> II. **Rechtswidrigkeit (es gelten keine Besonderheiten)**
> III. **Schuld (es gelten keine Besonderheiten)**

Dabei ist eine Anstiftung auch in Form des „**mittäterschaftlichen**" Zusammenwirkens möglich – und zwar dann, wenn ein Haupttäter von mehreren Anstiftern aufgrund eines gemeinsamen Tatplans zur Tat bestimmt wird. Auch ist eine Anstiftung in der Weise möglich, dass ein Dritter zu einer Anstiftung des Haupttäters angestiftet wird. In diesem Fall liegt eine **Kettenanstiftung** vor.[444]

> **Klausurtipp**
> Da die Anstiftung schon infolge der höheren Strafdrohung im Vergleich zur Beihilfe als das schwerere Delikt anzusehen ist und diese im Falle des Zusammentreffens auf Konkurrenzebene auch verdrängt, ist in einer Klausur die Anstiftung stets vor der Beihilfe zu prüfen.

III. Der objektive Tatbestand der Anstiftung

1. Vorliegen einer vorsätzlichen rechtswidrigen Haupttat

Bei der Prüfung der vorsätzlichen rechtswidrigen Haupttat gibt es in der Regel kaum Probleme. Wichtig ist nur, dass der **Täter stets vor dem Teilnehmer** geprüft wird. Nur dann, wenn die Strafbarkeit des Haupttäters festgestellt wurde, kann untersucht werden, ob ein anderer sich an dieser – für ihn fremden – Tat beteiligt hat. In Klausuren kann dieser Prüfungspunkt also grundsätzlich mit Verweis auf die vorherige Täterprüfung kurz bejaht werden. Zu beachten ist dabei die „limitierte" Akzessorietät: Ein schuldhaftes Handeln des Haupttäters ist nicht erforderlich.

> **Klausurtipp**
> Auf den ersten Blick problematisch erscheint oftmals die Frage, ob eine Anstiftung auch dann möglich ist, wenn der Haupttäter die Tat lediglich **versucht**

---

444 Vgl. zur Kettenanstiftung noch unten Rn. 874.

> hat. Hier darf man sich nicht täuschen lassen: Auch der Versuch einer Tat stellt eine vorsätzliche rechtswidrige Haupttat dar. Auch zu dieser kann daher angestiftet und Beihilfe geleistet werden, selbst wenn der Teilnehmer an sich die Vollendung wollte. Denn der Vorsatz hinsichtlich der Vollendung schließt den Vorsatz im Hinblick auf den Versuch mit ein. Von dieser Konstellation **streng zu unterscheiden** ist dagegen die versuchte Anstiftung, bei der nicht erst die Haupttat, sondern bereits das „Bestimmen" eines anderen durch den Teilnehmer im Versuchsstadium stecken bleibt.

2. Bestimmen des Haupttäters zu dessen Tat

836 Ein **Bestimmen** des Haupttäters bedeutet das **objektive Hervorrufen des Tatentschlusses** beim Täter im Hinblick auf eine konkrete rechtswidrige Tat. Wie dieses Bestimmen bzw. das Hervorrufen des Tatentschlusses im Einzelnen aussehen muss, ist umstritten. Entscheidend ist jedenfalls, dass ein zielgerichtetes Verhalten vorliegt, welches sich zudem auf eine ganz bestimmte Tat richten muss.

> **Bsp.:** Für eine Anstiftung ist es jedenfalls nicht ausreichend, wenn ein Redner im Rahmen einer Protestkundgebung die ihm im Wesentlichen unbekannten Zuhörer auffordert: „Und daher wäre es doch sinnvoll, wenn einer von Euch einmal eine Bank überfallen würde, damit man den Herrschaften dort oben zeigt, dass sie nicht machen können, was sie wollen" und tags darauf tatsächlich einer der Zuhörer, durch die Rede motiviert, eine Bank überfällt. Denn hier richtete sich die Aufforderung an einen unbestimmten Personenkreis und bezog sich auch nicht auf eine konkrete Tat (welche Bank? Wann? Auf welche Weise?). Darüber hinaus wäre im vorliegenden Fall auch der Anstiftervorsatz fraglich.

837 **a) Aufforderung an eine bestimmte Person.** Aufgrund der hohen Strafandrohung für den Anstifter, der in gleicher Weise wie der Täter zu bestrafen ist, muss im Rahmen des Bestimmens mehr als eine bloß kausale Verursachung gefordert werden. Das Veranlassen einer fremden Tat muss seinen Grund in einer **zielgerichteten Aufforderung** zur Begehung einer **bestimmten** Tat haben. Dabei kann sich die Aufforderung auch an mehrere Personen richten. In Abgrenzung zum Straftatbestand der „Öffentlichen Aufforderung zu Straftaten" in § 111 StGB muss es sich dabei aber um einen überschaubaren Personenkreis von dem Täter bekannten Personen handeln.

838 **b) Aufforderung zu einer konkreten Tat.** Im Hinblick auf die konkrete Tat ist es notwendig (aber auch ausreichend), dass diese in ihren wesentlichen Grundzügen umschrieben wird, wobei jedoch Tatort, Tatzeit und Tatopfer nicht zwingend feststehen müssen. In allen Einzelheiten muss die Tat also nicht besprochen werden, sie muss jedoch als konkret-individualisierbares Geschehen erkennbar sein. Insofern reicht die Aufforderung, „irgendeine" Straftat zu begehen oder „irgendeinen" Menschen zu verprügeln nicht aus.

> **Bsp.:**[445] Bruno bittet Anton um die Beschaffung eines falschen Passes, da er sich ins Ausland absetzen will. Anton verlangt hierfür 10.000 Euro, die Bruno nicht hat. Daher schlägt Anton ihm vor, er solle eben „eine Bank oder Tank-

---

445 Fall nach BGHSt 34, 63.

stelle machen". Danach gehen sie ohne weitere Absprache auseinander. Tatsächlich überfällt Bruno in der nächsten Woche eine Bank und erbeutet 20.000 Euro. Nach seinen späteren Aussagen hatte ihn ausschließlich die Äußerung Antons zu diesem Verhalten motiviert. – Bruno hat hier entweder eine räuberische Erpressung nach §§ 253, 255 StGB oder einen Raub nach § 249 StGB begangen. Nach seiner Aussage hat ihn erst Antons „Tipp" auf diese Idee gebracht, sodass eine kausale Verursachung des Tatentschlusses vorliegt. Dies reicht jedoch für ein Bestimmen nicht aus. Vielmehr ist es erforderlich, dass die Tatobjekte nicht nur ihrer Gattung nach umrissen werden, sondern dass sich die Bestimmung auf ein konkret individualisierbares Geschehen bezieht, was hier nicht der Fall war. Eine Anstiftung scheidet daher aus.

c) **Notwendigkeit einer kommunikativen Beeinflussung.** Fraglich ist, mit welcher Intensität der Anstifter auf den Angestifteten einwirken, insbesondere, ob der Angestiftete die Anstiftung überhaupt bemerken muss oder ob allein die Schaffung einer zur Tat anreizenden Situation ausreichend ist.[446]

Bsp.: Anton möchte seine Ehefrau, die teure Vasen sammelt, ärgern und lässt daher während einer gemeinsamen Urlaubsreise die Schlüssel zur Wohnzimmervitrine, in der sich die Vasen befinden, deutlich sichtbar auf dem Wohnzimmertisch liegen. Dabei geht er davon aus, dass sich die Hausangestellte Hilde diese einmalige Gelegenheit nicht entgehen lassen und einige der Vasen entwenden wird, was auch geschieht. – Fraglich ist hier, ob die Schaffung der tatanreizenden Situation für ein „Bestimmen" zum Diebstahl im Sinne des § 26 StGB genügt, oder ob eine weitergehende Einflussnahme erforderlich ist.

Die Vertreter der **Verursachungstheorie** sind der Auffassung, das Tatbestandsmerkmal des „Bestimmens" in § 26 StGB setze lediglich die kausale Verursachung einer Haupttat voraus.[447] Das Schaffen einer zur Tat anreizenden Sachlage reiche daher aus, ein kommunikativer Kontakt sei nicht erforderlich. Denn Strafgrund der Anstiftung sei allein die Verursachung einer fremden Straftat. Die Art und Weise dieser Verursachung sei dabei gleichgültig. Da dann aber die Strafbarkeit des Anstifters extrem weit ausgedehnt würde (das bloße Liegenlassen eines Messers könnte unter Umständen schon eine versuchte Anstiftung zum Mord darstellen, § 30 StGB), fordert die **Kommunikationstheorie** für das Tatbestandsmerkmal des „Bestimmens" wenigstens eine irgendwie geartete kommunikative Beeinflussung des Täters durch den Anstifter.[448] Dagegen wird insbesondere vorgebracht, gerade das Schaffen tatprovozierender Umstände sei oft aussichtsreicher und erfordere mehr Raffinesse als die unmittelbare kommunikative Beeinflussung. Dennoch fordert eine noch weitergehende Theorie nicht nur eine kommunikative Beeinflussung, sondern ein kollusives Zusammenwirken zwischen Anstifter und Haupttäter (**Kollusionstheorie**).[449] Der Haupttäter müsse unmittelbar auffordernd auf den Willen des Täters einwirken. Ein beiläufig geäußerter Rat oder eine bloße Information könnten nicht ausreichen. Dieser Ansicht ist deswegen zu folgen, weil nur eine solche restriktive Auslegung die hohe Strafandrohung („gleich einem Täter") ohne Milderungsmöglichkeit bei der Anstiftung rechtfertigen kann.

---

[446] Vgl. hierzu ausführlich *Heinrich*, AT, Problemschwerpunkt 36, Rn. 1289 ff.
[447] *Lackner/Kühl/Heger*, § 26 Rn. 2.
[448] *Jescheck/Weigend*, § 64 II 2a.
[449] *Kühl*, § 20 Rn. 172 ff.

841 **d) Anstiftung durch Unterlassen.** Nach zutreffender Ansicht ist eine Anstiftung nur durch aktives Tun möglich. Dies folgt schon daraus, dass, wie eben gesehen, das **Bestimmen** nicht nur eine aktive Einwirkung auf den Willen des Haupttäters verlangt, sondern sogar ein kollusives Zusammenwirken mit diesem. Insoweit ist ein Bestimmen durch Unterlassen nicht möglich, da ein bloßes Unterlassen jedenfalls keine psychische Einflussnahme auf den Haupttäter darstellen kann.

842 **e) Anstiftung eines bereits zur Tat Entschlossenen (omnimodo facturus).** Weitgehend anerkannt ist ferner, dass ein bereits zur konkreten Tat fest Entschlossener nicht mehr zu dieser Tat angestiftet werden kann. Es fehlt hier an einer ursächlichen „Bestimmung" zu dieser Tat. Man spricht in diesen Fällen von der **Rechtsfigur des „omnimodo facturus"**. Wer einen zur Tat bereits fest Entschlossenen zu dieser Tat anstiften will, macht sich – bei einem Verbrechen – aber wegen einer **versuchten Anstiftung**, § 30 Abs. 1 StGB, strafbar. Ferner ist an eine Strafbarkeit wegen **psychischer Beihilfe**, § 26 StGB, durch Bestärken des Tatvorsatzes zu denken. Dagegen ist die Anstiftung eines lediglich **Tatgeneigten**, der sich jedoch hinsichtlich der konkreten Tatbegehung noch unschlüssig ist, durchaus möglich. Ebenso möglich ist eine Anstiftung dann, wenn der Haupttäter nur allgemein dazu entschlossen ist, bestimmte Delikte (regelmäßig) zu begehen (z. B. ein „Berufskiller"), hierzu aber abwartet, bis er konkrete Aufträge dazu bekommt.

> **Bsp.:** Ehemann Anton stürzt unglücklich und droht zu verbluten. Seine Ehefrau Berta kommt hinzu und überlegt, ob sie ihn nicht besser sterben lassen solle. Sie ist sich jedoch unschlüssig und ruft daher beim Hausfreund Rudi an, um diesen zu fragen, was er von dieser Idee halte. Rudi fordert sie daraufhin eindringlich dazu auf, Hilfsmaßnahmen zu unterlassen. Berta folgt diesem Rat und Anton stirbt. – Hier war Berta hinsichtlich der Tötung ihres Ehemannes zum Zeitpunkt des Anrufes lediglich tatgeneigt. Die konkrete Tat wurde letztlich durch Rudis Aufforderung verursacht. Dies muss für eine Anstiftung ausreichen. An diesem Beispiel wird übrigens deutlich, dass zwar eine Anstiftung **durch Unterlassen** nicht möglich ist, eine Anstiftung **zu einem Unterlassen** hingegen schon.

843 **f) Anstiftung zu einer anderen Tat („Umstiftung").** Wer einen anderen zur Begehung einer anderen Tat anstiftet, als von diesem ursprünglich geplant, wird als „Umstifter" wegen Anstiftung zu dieser neuen Tat bestraft. Die Tatsache, dass der Täter die ursprünglich beabsichtigte Tat nicht begeht, kann nicht zur Straflosigkeit des Anstifters führen. Dieser Umstand kann höchstens im Rahmen der Strafzumessung berücksichtigt werden.

> **Bsp.:** Anton will Bruno verprügeln. Er erzählt seinem Freund Toni von diesen Plänen. Dieser meint, Anton solle stattdessen doch besser Brunos neuen Ferrari demolieren. Anton macht dies. – Hier hat Anton eine Sachbeschädigung, § 303 StGB, begangen. Toni hat ihn hierzu angestiftet. Dass er ihn gleichzeitig davon abgehalten hat, Bruno zu verprügeln und dadurch eine Körperverletzung nach § 223 StGB zu begehen, kann nicht zum Ausschluss der Strafbarkeit wegen Anstiftung führen.

844 **g) Anstiftung zu einer leichteren Tat („Abstiftung").** Ist der Täter entschlossen, ein qualifiziertes Delikt zu begehen, und veranlasst ihn der Anstifter lediglich zur Durchführung des Grunddelikts, so ist der Täter im Hinblick auf das Grunddelikt

als **omnimodo facturus** anzusehen. Eine Anstiftung scheidet also aus, da der Täter, der ein qualifiziertes Delikt begehen will, jedenfalls auch zur Begehung des Grunddelikts entschlossen ist. Ferner muss hier eine Strafbarkeit an den Grundsätzen der objektiven Zurechnung (Fallgruppe der Risikoverringerung) scheitern. Möglich ist hingegen eine **psychische Beihilfe** zum Grunddelikt, wenn der Handelnde den Täter zur Begehung des (minder schweren) Delikts ausdrücklich ermutigt. Es kommt dann aber möglicherweise eine Rechtfertigung nach § 34 StGB in Betracht, wenn die Abstiftung die einzige Möglichkeit war, die schwerere Tat zu verhindern.

h) Anstiftung eines zur Tat Entschlossenen zu einer Qualifikation ("Aufstiftung"). Umstritten hingegen ist die Situation, in der der Anstifter den Haupttäter zu einem "Mehr" anstiftet (sog. "Aufstiftung").[450]

> **Bsp.:** Anton will zur Nachtzeit in Ingos Geschäftsräume einbrechen, um dort Waren zu entwenden. Er weiß, dass die Räume nachts unbewacht sind. Als er sich auf den Weg machen will, überredet ihn seine Ehefrau Berta, die ansonsten mit derartigen Geschäften ihres Mannes nichts zu tun hat, "zur Sicherheit" doch eine Pistole mitzunehmen. Anton lässt sich hierzu überreden und entwendet bei Ingo zwei Computeranlagen. Da ihm niemand in die Quere kommt, braucht er die stets griffbereite Waffe nicht einzusetzen. – Hinsichtlich des besonders schweren Falls des Diebstahls, §§ 242, 243 Abs. 1 Satz 2 Nr. 1 StGB, ist Anton als omnimodo facturus anzusehen. Fraglich ist aber, wie die Anstiftung Antons zur Begehung des Qualifikationstatbestandes (hier: § 244 Abs. 1 Nr. 1a StGB) durch Berta rechtlich zu behandeln ist.

Die **Qualifikationstheorie** will denjenigen, der einen zum Grunddelikt entschlossenen Täter zu einer Qualifikation anstiftet, stets wegen Anstiftung zu dieser Qualifikation, d. h. zum Tatganzen, bestrafen.[451] Denn durch eine Qualifikation werde die Tatidentität geändert, weshalb eine völlig neue Bewertung möglich und notwendig sei. Das qualifizierte Delikt sei eine selbstständige Unrechtseinheit und daher eigenständig zu beurteilen. Dies würde allerdings dazu führen, dass bei der Anstiftung zu qualifizierenden Merkmalen, die den Unrechtsgehalt einer Tat nur leicht erhöhen, eine sonst nicht mögliche Anstiftung auch zum Grunddelikt wieder komplett auflebte. Daher differenzieren sowohl die von der Rechtsprechung vertretene **Unwertsteigerungstheorie**[452] als auch die **Wesentlichkeitstheorie**[453] danach, ob der Unwert der geplanten Tat durch die Aufstiftung konkret gesteigert wird bzw. ob die Abwandlung der Tat wesentlich ist. Nur in diesen Fällen läge eine Anstiftung zum Tatganzen, in den sonstigen Fällen hingegen lediglich eine Beihilfe vor. Denn die Abgrenzung, ob das qualifizierte Delikt mit dem Grunddelikt noch identisch sei und somit eine Tatidentität darstelle, dürfe nicht nach formalen Aspekten, sondern müsse nach materiellen Kriterien erfolgen. Gegen beide Theorien spricht jedoch, dass ein vernünftiger Maßstab dafür, wann bei einer Qualifikation das Unrecht gesteigert wird und wann nicht, kaum gefunden werden kann. Diese Rechtsunsicherheit wird von der **Beihilfe- oder Aliudtheorie** im Wesentlichen vermieden. Sie geht zutreffend davon aus, dass derjenige, der

---

450 Vgl. hierzu ausführlich *Heinrich*, AT, Problemschwerpunkt 37, Rn. 1298 ff.
451 *Fischer*, § 26 Rn. 5.
452 BGHSt 19, 339 (340 f.); *Baumann/Weber/Mitsch/Eisele-Eisele*, § 26 Rn. 37.
453 *Krey/Esser*, Rn. 1047.

einen zur Begehung des Grunddelikts entschlossenen Täter zur Begehung einer Qualifikation überredet, nicht wegen Anstiftung zu dieser Qualifikation, sondern nur wegen einer Beihilfe bestraft werden kann.[454] Eine Anstiftung ist lediglich hinsichtlich desjenigen Teils möglich, zu dem der Täter noch nicht entschlossen war, sofern dieser eigenständig strafbar ist, wie z. B. bei einer „Aufstiftung" vom einfachen Diebstahl zum Diebstahl mit Waffen das dadurch begangene eigenständige Waffendelikt. Denn ein „Steigern" des Tatentschlusses ist eben kein „Hervorrufen", wie es § 26 StGB verlangt, sondern ein typischer Fall der Beihilfe.

847 **i) Anstiftung zum Weiterhandeln.** Mit den eben genannten Fällen der „Aufstiftung" zwar vergleichbar, im Ergebnis aber anders zu behandeln sind die Fälle der Anstiftung zum Weiterhandeln („sukzessive" Anstiftung). Wollte der Täter nach Tatvollendung mit der Tatbegehung aufhören und fordert ihn der Beteiligte zum Weiterhandeln auf, liegt hierin eine eigenständige Anstiftungshandlung.

> **Bsp.:** Anton schlägt Rudi mit der Faust mehrmals ins Gesicht. Nach zehn Schlägen in Folge meint Anton dann, das reiche jetzt. Der danebenstehende und bisher unbeteiligte Bruno meint aber: „Mach ruhig noch weiter". Anton tut dies. – Anton begeht hier, obwohl er mehrfach zuschlägt, nur eine Körperverletzung, § 223 StGB (natürliche Handlungseinheit). Da Bruno ihn (lediglich) zu den letzten Schlägen – die für sich gesehen mehrere natürliche Handlungen darstellen – angestiftet hat, liegt bei ihm eine Anstiftung zu dieser weitergehenden Körperverletzung vor, §§ 223, 26 StGB, obwohl Anton zur Tatbegehung (im Hinblick auf die vorherigen Schläge) bereits entschlossen war.

IV. Der subjektive Tatbestand der Anstiftung

848 Der **subjektive Tatbestand** erfordert, wie auch bei den sonstigen Delikten, ein **vorsätzliches** Handeln hinsichtlich sämtlicher objektiver Tatbestandsmerkmale. Dabei ist ein sog. **doppelter Anstiftervorsatz** notwendig, d. h. sowohl ein Vorsatz in Bezug auf das Vorliegen einer **vorsätzlichen rechtswidrigen Haupttat** als auch ein Vorsatz hinsichtlich des **Bestimmens** zu dieser Tat. In beiden Fällen reicht dabei bedingter Vorsatz aus.

849 Ein Vorsatz hinsichtlich des Bestimmens eines anderen liegt regelmäßig dann vor, wenn der Anstifter weiß (oder jedenfalls billigend in Kauf nimmt), dass er beim Haupttäter den Tatentschluss hervorruft. Problematisch ist hingegen oft der Vorsatz hinsichtlich des Vorliegens der **vorsätzlichen rechtswidrigen Haupttat**. Dieser muss nämlich sämtliche Elemente dieser Tat erfassen, also sowohl die objektiven und subjektiven Tatbestandsmerkmale als auch die Rechtswidrigkeit der vom Haupttäter ausgeführten Tat. Bei einer Anstiftung zum Diebstahl muss der Anstifter also z. B. wissen, dass der Haupttäter mit Zueignungsabsicht handeln wird (während er selbst diese Absicht nicht besitzen muss). Eine Lockerung der strengen Akzessorietät findet allerdings bei den besonderen persönlichen Merkmalen statt (vgl. § 28 Abs. 1 und 2 StGB).[455] Hinsichtlich dieser Merkmale beziehungsweise hinsichtlich des insoweit erforderlichen Vorsatzes ist auf die jeweils unter-

---

454 *Heine/Weißer*, in: Schönke/Schröder, § 26 Rn. 9.
455 Vgl. hierzu näher unten Rn. 879 ff.

IV. Der subjektive Tatbestand der Anstiftung

suchte Person (im hiesigen Zusammenhang also den Anstifter) selbst abzustellen – und nicht auf den weiteren Beteiligten (hier also den Haupttäter).

1. Vorsatz hinsichtlich der Bestimmtheit der Tat

Fraglich ist vor allem, wie bestimmt die vorsätzliche rechtswidrige Haupttat in der Vorstellung des Anstifters sein muss, damit noch von einer Anstiftung **zu dieser Tat** gesprochen werden kann. So kann ein Vorsatz, den Haupttäter zur Begehung „irgendeiner" Straftat anzustiften, nicht ausreichen. Es ist aber auch nicht erforderlich, dass die konkrete Haupttat bereits in allen Einzelheiten vom Vorstellungsbild des Anstifters erfasst ist. Wer für die objektive Bestimmung eines anderen zu dessen Tat eine rein kausale Verursachung ausreichen lässt, muss daher im subjektiven Bereich Einschränkungen vornehmen. Vorzuziehen ist jedoch die oben vorgeschlagene Lösung,[456] bereits den objektiven Tatbestand im Rahmen der „Bestimmung" einzuschränken und die Bestimmung eines anderen zu einer ganz bestimmten Tat zu fordern.

2. Exzess des Haupttäters

Der Anstifter ist nur insoweit strafbar, als die begangene Haupttat mit seinem Vorsatz übereinstimmt. Ein **Exzess** des Haupttäters wird ihm nicht zugerechnet. Unwesentliche Abweichungen sind allerdings bedeutungslos.

> **Bsp.:** Anton überredet Bruno, durch eine, wie er annimmt, stets offene Kellertüre in Ingos Geschäftsräume einzusteigen, um dort Wertsachen zu entwenden. Weil die Kellertüre jedoch geschlossen ist, zertrümmert Bruno kurzerhand die Eingangstüre, dringt in den Geschäftsraum ein und entwendet die Wertsachen. Zum Spaß zerstört er dann noch fünf Computermonitore mit einer herumliegenden Eisenstange. – Während Bruno sich wegen Diebstahls in einem besonders schweren Fall, §§ 242, 243 Abs. 1 Satz 2 Nr. 2 StGB, sowie wegen Sachbeschädigung, § 303 StGB, strafbar gemacht hat, bleibt es bei Anton bei einer Anstiftung zum einfachen Diebstahl, §§ 242, 26 StGB.

3. Auswirkungen eines error in persona des Haupttäters für den Anstifter

In dieser für Übungsfälle beliebten Konstellation verwechselt der Angestiftete das Tatopfer, was bei ihm regelmäßig zu einem unbeachtlichen error in persona führt.[457] Fraglich ist, ob der Irrtum auch für den Anstifter unbeachtlich ist oder ob sich für ihn die Situation als eine aberratio ictus darstellt,[458] da sein „Medium" letzten Endes den Falschen trifft.[459]

> **Fall:**[460] Viktor beabsichtigt, seinen Sohn Erwin zu töten. Da er die Tat jedoch nicht selbst ausführen will, heuert er den Bruno an. Diesem gibt er genaueste Anweisungen über Erwins Aussehen und dessen Gewohnheiten. Ferner übergibt er ihm eine Fotografie, damit er Erwin eindeutig identifizieren kann. Die Tötung soll im Pferdestall stattfinden, den Erwin jeden Abend zur gleichen Zeit mit einer Plastiktüte in der Hand betritt. Wie verabredet, wartet Bruno

---
456 Vgl. hierzu oben Rn. 836 ff.
457 Vgl. zum error in persona oben Rn. 719 ff.
458 Vgl. zur aberratio ictus oben Rn. 722 ff.
459 Vgl. hierzu ausführlich *Heinrich*, AT, Problemschwerpunkt 38, Rn. 1307 ff.
460 Fall nach BGHSt 37, 214 – Hoferbe.

am Tatabend in einem Versteck im Pferdestall, um Erwin zu erschießen. Zu besagter Zeit öffnet sich die Stalltüre und der Nachbar Norbert, der Erwin in Größe, Gestalt und Aussehen ähnlich sieht und der ebenfalls eine Plastiktüte mit sich führt, tritt ein. Daraufhin erschießt Bruno den Norbert in dem Glauben, es handle sich um Erwin.

853 Nach der bereits vom Preußischen Obertribunal vertretenen **Unbeachtlichkeitstheorie**, der Teile der Literatur gefolgt sind, ist ein für den Täter unbeachtlicher error in persona auch für den Anstifter unbeachtlich.[461] Aus der Akzessorietät von Anstiftung und Haupttat folge, dass ein Irrtum des Täters sich in gleicher Weise auf den Anstifter auswirken müsse. Da der Anstifter den Tatentschluss beim Täter hervorgerufen habe, müsse er auch für einen Irrtum des Angestifteten haften, denn es sei unbillig, den Anstifter im Vergleich zum Täter zu privilegieren. Problematisch an dieser Lösung ist, dass dann, wenn der Täter seinen Irrtum bemerkt und er daraufhin den „Richtigen" tötet, der Anstifter konsequenterweise wegen einer Anstiftung zu beiden Taten bestraft werden müsste. Die genannte Schwäche wird durch die in weiten Teilen der Literatur zutreffend vertretene **Aberratio-ictus-Theorie** vermieden. Hiernach stellt ein für den Täter unbeachtlicher error in persona für den Anstifter grundsätzlich eine aberratio ictus dar.[462] Die Akzessorietät von Haupttat und Anstiftung muss in diesem Falle aufgehoben werden, da es keinen Unterschied machen darf, ob der Täter ein mechanisches Werkzeug losschickt, welches fehlgeht oder ob der Anstifter ein „menschliches Werkzeug" verwendet, welches sich irrt. Der Irrtum ist also für den Anstifter beachtlich. Denn die Anstiftung ist in dem Moment misslungen, in dem der Täter einen anderen tötet als denjenigen, den er töten soll. Im Ergebnis ist der Anstifter daher wegen einer Fahrlässigkeitstat (im Hinblick auf das tatsächlich getroffene Objekt) in Idealkonkurrenz zu einer versuchten Anstiftung[463] (nach a. M.: Anstiftung zum Versuch[464]), § 30 Abs. 1 StGB, zu Lasten des tatsächlich gewollten Objekts zu bestrafen. Der BGH folgt grundsätzlich der Unbeachtlichkeitstheorie, nimmt hiervon aber diejenigen Fälle aus, in denen eine „wesentliche Abweichung" des vorgestellten vom tatsächlich eingetretenen Kausalverlauf vorliegt (**Wesentlichkeitstheorie**).[465] Liege hingegen eine unwesentliche Abweichung vor, bleibe es bei der Anstifterstrafbarkeit. Eine wesentliche Abweichung sei aber lediglich dann anzunehmen, wenn die Verwechslung des Opfers durch den Täter außerhalb der Grenzen des nach allgemeiner Lebenserfahrung Vorhersehbaren liege (was kaum einmal der Fall sein dürfte). Andere stellen hingegen auf der Grundlage dieser Theorie darauf ab, dass jedenfalls bei höchstpersönlichen Rechtsgütern stets eine wesentliche Abweichung anzunehmen sei.[466] Schon dies zeigt aber die Willkürlichkeit des Kriteriums der „Wesentlichkeit". Wieder andere gehen davon aus, dass eine Verwechslung des Tatopfers durch den Haupttäter für den Anstifter jedenfalls dann unbeachtlich sei, wenn der Anstifter dem Haupttäter – wie dies in der Regel der Fall sein wird – die Individualisierung des Opfers überlassen habe (**Individualisierungstheorie**).[467] Denn in diesem Fall trage er das Risiko einer Verwechslung

---

461 Preußisches Obertribunal GA 7 (1859), 322 (337) – Rose-Rosahl-Fall; *Puppe*, in: NK, § 16 Rn. 107 ff.
462 *Roxin*, AT II, § 26 Rn. 119 f.
463 *Roxin*, AT II, § 26 Rn. 120.
464 So *Freund/Rostalski*, § 10 Rn. 132 ff.
465 BGHSt 37, 214 (218).
466 *Otto*, § 22 Rn. 46.
467 *Heine/Weißer*, in: Schönke/Schröder, § 26 Rn. 26.

in gleicher Weise wie der Haupttäter. Hiergegen spricht jedoch, dass auch das Merkmal der „Individualisierung" letztlich viel zu unbestimmt ist.

4. Anstiftervorsatz beim agent provocateur

Völlig unklar ist schließlich, ob und inwieweit ein sog. „agent provocateur", also ein polizeilicher Lockspitzel („V-Mann"), der ins kriminelle Milieu eingeschleust wird, um dort Taten (mit) zu veranlassen oder zu unterstützen, damit die Betreffenden im Rahmen der Tatbegehung festgenommen werden können, für die durchgeführten Taten als Anstifter verantwortlich gemacht werden kann.[468]

854

> **Bsp.:** Der verdeckte Ermittler Rolf hat Anton und Bruno im Verdacht, Einbruchsdiebstähle durchzuführen. Da er die beiden auf frischer Tat ertappen will, teilt er ihnen bei einem Treffen mit, der Eigentümer der Villa in der Schlossallee 11 sei – was tatsächlich zutrifft – vom 14. bis zum 26. August auf Urlaubsreise, das Haus sei in dieser Zeit unbewohnt und auch nicht durch eine Alarmanlage gesichert. Er gibt ihnen den Tipp, dort einzubrechen. Gleichzeitig informiert er seinen Dienstvorgesetzten. Er geht dabei davon aus, dass die das Haus beobachtenden Polizeibeamten zwar das Einbrechen nicht verhindern würden, dass es ihnen aber problemlos möglich sein werde, die beiden Einbrecher beim Verlassen des Hauses festzunehmen. Leider wird der Hinweis des Rolf auf der Dienststelle „verschlampt", sodass Anton und Bruno den Diebstahl problemlos durchführen können.

Während sich die Täter hier nach § 244 Abs. 1 Nr. 3, Abs. 4 StGB strafbar gemacht haben, ist fraglich, ob Anton hierzu in strafbarer Weise angestiftet hat. Nach der **Theorie der Rechtsgutsgefährdungsgrenze** scheidet eine Anstiftung dann aus, wenn es der Anstifter lediglich zum Versuch der Haupttat unter Ausschluss weiterer Gefährdung des Tatobjkts kommen lassen will.[469] Könne die Vollendung der Tat nicht ausgeschlossen werden oder sei eine formelle Vollendung der Tat sogar notwendig, liege hingegen stets eine Anstiftung vor, die allenfalls durch § 34 StGB gerechtfertigt werden könne. Problematisch ist hieran, dass es oft kriminalpolitisch sinnvoll und notwendig sein kann, die Vollendung eines Delikts abzuwarten, um den Täter später besser überführen zu können. Etwas weiter geht die **Theorie der formellen Vollendungsgrenze**.[470] Sie sehen den Anstifter zwar auch nur dann als straffrei an, wenn er es lediglich zum Versuch der Straftat kommen lassen will, fordern aber nicht, dass der Anstifter zudem jede weitere Gefährdung ausschließen kann. Der Anstifter sei erst dann strafbar, wenn er den eventuell eintretenden Tatererfolg wenigstens bedingt vorsätzlich in Kauf nehme. Wiederum etwas weiter geht die **Theorie der materiellen Vollendungsgrenze**.[471] Hiernach scheidet eine Anstiftung selbst dann aus, wenn der Anstifter die formelle Vollendung der Tat (bedingt) vorsätzlich in Kauf nimmt, aber jedenfalls die materielle Beendigung der Tat nicht will (also z. B. wenn der Anstifter damit rechnet, dass zwar der Gewahrsamsbruch stattfinden könnte und der Diebstahl damit vollendet wäre, die Täter aber auf der Flucht geschnappt und die Beute gesichert würde). Begründet wird dies damit, dass der Handelnde auch hier dem Rechtsgutsinhaber letztlich keinen Schaden zufügen wolle. Dagegen lässt sich einwenden, dass die Grenze

855

---

468 Vgl. hierzu ausführlich *Heinrich*, AT, Problemschwerpunkt 39, Rn. 1312 ff.
469 *Jescheck/Weigend*, § 64 II 2b.
470 *Baumann/Weber/Mitsch/Eisele-Eisele*, § 26 Rn. 43 ff.
471 *Roxin*, AT II, § 26 Rn. 156.

der „Beendigung" äußerst vage sein kann und teilweise auch diese abgewartet werden muss, um die Täter tatsächlich zu überführen. Daher stellt die **Theorie der irreparablen Rechtsgutverletzung** zutreffend darauf ab, dass eine Strafbarkeit des agent provocateur lediglich dann infrage kommt, wenn er jedenfalls bedingt vorsätzlich eine irreparable Schädigung des Rechtsgutes in Kauf nimmt.[472] Wer aber dem Rechtsgutinhaber letztlich keinen Schaden zufügen will, der kann auch nicht als Anstifter bestraft werden, sollte die Überführung der Täter wider Erwarten fehlschlagen. So zeigt z. B. der Diebstahl in Kaufhäusern, dass es hinsichtlich des verletzten Rechtsgutes völlig gleichgültig ist, ob man den Täter bei Ergreifen des Gegenstandes, beim Einstecken desselben, beim Verlassen des Gebäudes oder bei der Übergabe der Ware an den Hehler überführt. Auch im Betäubungsmittelstrafrecht kann die Teilnahme am Betäubungsmittelhandel sinnvoll sein, um sich in die entsprechenden „Kreise" einzuschleusen, damit später „zugeschlagen" werden kann und die zumeist bandenmäßig organisierten Täter überführt werden können. Auch kommt es dann nicht zu einer irreparablen Schädigung des Rechtsguts, wenn die Betäubungsmittel nach ihrem Ankauf letztlich der Polizei übergeben und vernichtet werden.

> **Literaturhinweise**
>
> **Einführende Aufsätze:** *Bock,* Grundwissen zur Anstiftung (§ 26 StGB), JA 2007, 599 (systematischer Überblick anhand einzelner Fallbeispiele); *Grabow,* Die sukzessive Anstiftung, JURA 2009, 408 (kurzer Überblick mit Lösungsansätzen); *Koch/Wirth,* Grundfälle zur Anstiftung, JuS 2010, 203 (Darstellung der Grundlagen mit Beispielsfällen); *Satzger,* Der „omnimodo facturus" – und das, was man in jedem Fall dazu wissen muss!, JURA 2017, 1169 (übersichtliche Darstellung der Strafbarkeit der Auf-, Ab- und Umstiftung).
>
> **Übungsfälle:** *Kudlich/Pragal,* Der Anstifter als Opfer des Angestifteten, JuS 2004, 791 (anspruchsvoller Fall, der die Probleme, die durch die Verletzung des Tatveranlassers selbst auftreten können, verdeutlicht); *Sowada,* Das Opfer ist manchmal der Gärtner, JURA 1994, 37 (Übungsklausur, in der es um die Anstiftung zu einem Mord geht, bei dem der Haupttäter einem error in persona unterliegt).
>
> **Rechtsprechung: BGHSt 34, 63** – „Eine Bank machen" (Bestimmtheit der Haupttat); **BGHSt 37, 214** – Hoferbe (Auswirkungen eines error in persona des Haupttäters auf den Anstifter); **BGHSt 47, 44** – Heroinerwerb (Tatprovokation durch Vertrauensperson)

Kapitel 32: Beihilfe

I. Grundlagen

856 Beihilfe leistet derjenige, der an einer fremden Tat mitwirkt, ohne Anstifter oder selbst Täter zu sein. Strukturell entspricht die Beihilfe weitgehend der Anstiftung. Auch die Beihilfe setzt die Existenz einer **vorsätzlich begangenen rechtswidrigen Haupttat** voraus. Hat der Haupttäter nicht tatbestandsmäßig gehandelt oder war er gerechtfertigt, scheidet daher auch eine Beihilfe aus. So ist z. B. die Beihilfe

---

472 *Heine/Weißer,* in: Schönke/Schröder, § 26 Rn. 21 ff.

zu einer Selbsttötung straflos, weil die Selbsttötung keinen Straftatbestand erfüllt. Auch für die Beihilfe gilt der Grundsatz der **limitierten Akzessorietät**: Die Haupttat, zu der Hilfe geleistet wird, muss zwar vorsätzlich und rechtswidrig verwirklicht werden, sie braucht jedoch nicht schuldhaft begangen zu werden. Insoweit stellt sich auch bei der Hilfeleistung zur Tat eines **Schuldunfähigen** das Problem der Abgrenzung von Beihilfe und **mittelbarer Täterschaft**.

Auch die Beihilfe gliedert sich in einen objektiven und einen subjektiven Tatbestand. Dabei ist im **objektiven Tatbestand** – wie schon bei der Anstiftung – zuerst das Vorliegen der (fremden) Haupttat und danach die Tathandlung der Beihilfe, nämlich das Hilfeleisten zu dieser Tat, festzustellen. Der **subjektive Tatbestand** erfordert auch hier ein vorsätzliches Handeln des Täters im Hinblick auf die genannten objektiven Tatbestandsmerkmale. Es ergibt sich folgendes

> Prüfungsschema
> I. Tatbestand
>   1. objektiver Tatbestand
>   a) Vorliegen einer vorsätzlichen rechtswidrigen Haupttat
>   b) Objektive Hilfeleistung zu dieser Tat
>   2. subjektiver Tatbestand
>   a) Vorsatz bzgl. des Vorliegens der vorsätzlichen rechtswidrigen Haupttat
>   b) Vorsatz bzgl. des Hilfeleistens zu dieser Tat
> II. **Rechtswidrigkeit (es gelten keine Besonderheiten)**
> III. **Schuld (es gelten keine Besonderheiten)**

II. Der objektive Tatbestand der Beihilfe

1. Vorliegen einer vorsätzlichen rechtswidrigen Haupttat

Bei der Feststellung der fremden Haupttat wird es in einer strafrechtlichen Prüfung kaum einmal ernsthafte Probleme geben. Zu beachten ist lediglich auch hier wieder der Grundsatz der **limitierten Akzessorietät**: Notwendig ist allein eine vorsätzlich begangene rechtswidrige, nicht aber schuldhafte Haupttat. Auch bei der Beihilfe gilt wieder der bereits genannte Grundsatz: Der **Täter ist vor dem Teilnehmer** zu prüfen. Wenn zuvor in einer eigenständigen Prüfung festgestellt wurde, dass der Haupttäter eine strafbare Handlung vorgenommen hat, kann man problemlos auf diese Ausführungen verweisen.

2. Objektive Hilfeleistung zu dieser Tat

Ein **Hilfeleisten** liegt in jedem Tatbeitrag, der die Haupttat entweder ermöglicht, erleichtert oder die vom Täter begangene Rechtsgutsverletzung verstärkt.

> **Bsp.:** Anton will einen Einbruchsdiebstahl begehen, §§ 242, 243 Abs. 1 Satz 2 Nr. 1 StGB. Bruno besorgt ihm hierfür beim Eisenwarenhändler ein Stemmeisen und steht während der Tatzeit „Schmiere", um Anton gegebenenfalls über sein Handy zu warnen, wenn sich „verdächtige Personen" nähern. – Hier liegt eine Beihilfe zum Einbruchsdiebstahl auch dann vor, wenn Anton sich ohne Brunos Hilfe das Stemmeisen selbst besorgt hätte. Ebenso kann es keine Rolle

spielen, ob sich das „Schmiere-Stehen" deswegen als überflüssig erwiesen hat, weil in der fraglichen Zeit niemand vorbeikam.

860 a) **Allgemeine Probleme.** Im Gegensatz zur Anstiftung kann eine Beihilfe – nach allerdings umstrittener Ansicht – auch durch Unterlassen geleistet werden, sofern dem Gehilfen eine Garantenpflicht obliegt.

> **Bsp.:** Norbert geht mit seinem 15-jährigen Sohn Edgar zu einem Fußballspiel. Auf dem Heimweg entdeckt der leicht angetrunkene Edgar den gegnerischen Fan Fritz. Er sagt zu seinem Vater: „Den verprügele ich jetzt", nähert sich Fritz und schlägt zu. Norbert schreitet dagegen nicht ein, weil er stolz auf seinen Sohn ist. Fritz wird schwer verletzt. – Hier hat Edgar eine Körperverletzung, § 223 StGB, begangen (eine fehlende Strafmündigkeit nach § 3 JGG würde lediglich die Schuld betreffen). Norbert besaß hinsichtlich seines Sohnes eine Garantenpflicht (Beaufsichtigungspflicht), die hier nicht durch ein eigenverantwortliches Verhalten Edgars ausgeschlossen war. Zwar reicht das bloße Nichtstun Norberts für eine Mittäterschaft nicht aus, er ist aber wegen Beihilfe durch Unterlassen, §§ 223, 13, 27 StGB, zu bestrafen.

861 Die Mittel, mit denen Beihilfe geleistet werden kann, sind vielfältig. Möglich ist die Beihilfe sowohl in Form der „technischen" Unterstützung, z. B. durch Mithilfe am Tatort oder Übergabe des Tatwerkzeugs (**physische Beihilfe**), als auch in Form der intellektuellen Unterstützung, z. B. durch Erteilung von Ratschlägen oder schlichtes Bestärken des Tatentschlusses (**psychische Beihilfe**). Nicht ausreichend ist hingegen eine bloße Kenntnisnahme und Billigung der Tat. Dabei ist insbesondere die Reichweite der psychischen Beihilfe umstritten, da hier nur schwer festzustellen ist, inwieweit sich die Beihilfe auf den Erfolg der Haupttat ausgewirkt hat.

> **Bsp.:** Es ist also gleichgültig, ob Bruno dem Anton, der einen Einbruch plant, ein geeignetes Tatwerkzeug zur Verfügung stellt (physische Unterstützung), ob er ihm „Tipps" gibt, wie die möglichen Entdeckungsrisiken minimiert werden könnten (psychische Unterstützung durch Erteilung von Ratschlägen), oder ob er ihn durch ständiges Zureden ermuntert die Tat durchzuführen (psychische Unterstützung durch Bestärkung des Tatentschlusses). Auch das Versprechen, dem Täter bei der Flucht oder der Sicherung der Diebesbeute zu helfen, gehört hierher. Dagegen ist eine bloße Anwesenheit am Tatort nicht ausreichend, sofern keine erkennbare Unterstützung stattfindet. Eine Unterstützung ist – anders als bei der Anstiftung – aber auch dann möglich, wenn der Haupttäter davon nichts mitbekommt (heimliche Beihilfe).

862 Die Beihilfe muss ferner nicht bei der Tatausführung selbst geleistet werden. Sie kann auch weit **vor der Tat** stattfinden, sofern der Gehilfenbeitrag bei der konkreten Tatausführung noch fortwirkt (z. B. durch die Beschaffung der Tatwaffe oder durch nützliche Hinweise bzgl. des Tatorts).

863 Fraglich und umstritten ist hingegen, ob eine Beihilfe auch dann noch möglich ist, wenn der Helfende seinen Beitrag erst nach der Vollendung, aber noch vor Beendigung der Tat erbringt (**sukzessive Beihilfe**), also dem Täter z. B. lediglich beim Abtransport der bereits weggenommenen Beute behilflich ist. Während die Rechtsprechung dies als möglich ansieht (und daher zu kaum lösbaren Abgrenzungsproblemen im Hinblick auf die Begünstigung, § 257 StGB, kommt),[473] spricht mehr dafür, eine solche „nachträgliche" Beihilfe (ebenso wie eine „nachträgliche" Mittäterschaft[474]) abzulehnen, sofern der Täter den Tatbestand bereits vollständig verwirklicht hat.[475] Denn zu Vorgängen, die in der Vergangenheit liegen, kann keine Hilfe geleistet werden. Insoweit ist nach dem Eintritt des tatbestandsmäßigen Erfolges lediglich noch eine Begünstigung, § 257 StGB, möglich.

b) Kausalität der Beihilfe für die Haupttat. Seit langem umstritten ist die Frage, ob und inwieweit die Beihilfe für den Erfolg der Haupttat kausal geworden sein muss.[476] Dies ist vor allem deswegen bedeutsam, weil nach deutschem Recht die versuchte Beihilfe straflos ist, was sich aus einem Umkehrschluss aus § 30 Abs. 1 StGB ergibt, der nur die versuchte Anstiftung, und das auch nur bei Verbrechen, unter Strafe stellt.

864

> **Bsp.:** Erwin hat sich dazu entschlossen, seinen Vater Viktor zu töten, um schneller an seine Erbschaft zu kommen. Auf dem Weg zu Viktors Wohnung begegnet Erwin seinem Freund Toni, dem er von seinem Vorhaben erzählt. Auch Toni kann Viktor nicht ausstehen und gibt Erwin, „damit es auch wirklich klappt", seinen Revolver mit. Bei Viktor angekommen, merkt Erwin, dass der Revolver, was Toni nicht wusste, kaputt ist. Erwin ersticht daraufhin Viktor mit einem mitgebrachten Messer, so wie er es von Beginn an vorhatte. – Fraglich ist hier, ob Toni wegen einer (vollendeten) Beihilfe zum Mord, §§ 212, 211, 27 StGB, bestraft werden kann oder ob nur eine straflose versuchte Beihilfe vorliegt.

Nach der **Kausalitätstheorie** liegt eine Beihilfe nur dann vor, wenn das Verhalten für die Haupttat **ursächlich geworden** ist. Begründet wird dies damit, dass von einer Mitwirkung an fremdem Unrecht nur dann gesprochen werden kann, wenn sich die Beihilfehandlung im Erfolg der Haupttat in irgendeiner Weise widerspiegelt. Schlägt sich die Beihilfehandlung hingegen im Erfolg der Haupttat nicht nieder, hätte diese also in gleicher Weise auch ohne die Hilfeleistung stattgefunden, liege konstruktiv lediglich eine (straflose) versuchte Beihilfe vor. Hinsichtlich der Anforderungen, die an die Kausalität des Gehilfenbeitrages gestellt werden müssen, gibt es allerdings im Rahmen dieser Theorie unterschiedliche Auffassungen. Einige Stimmen fordern eine **strenge Kausalität**.[477] Der Gehilfenbeitrag müsse also in vollem Umfang für den Erfolg der Haupttat ursächlich sein. Andere stellen geringere Anforderungen und verlangen nur eine **Verstärkungskausalität**. Der Gehilfenbeitrag müsse für den Erfolg der Haupttat nur insofern kausal sein, als er die Tatbestandsverwirklichung fördere und somit die Kausalität „verstärke".[478] Er müsse die Tatbestandsverwirklichung also entweder ermöglichen, erleichtern, intensivieren oder absichern. Eine dritte Variante dieser Theorie fordert dagegen eine **„modifizierende" Kausalität** des Gehilfenbeitrages für den Erfolg der konkreten Haupttat. Der Gehilfenbeitrag müsse für den Erfolg zumindest in der vorliegenden Modifikation ursächlich geworden sein. Er müsse in irgendeiner Form im eingetretenen Erfolg sichtbar sein, selbst wenn der Erfolg als solcher auch ohne die Beihilfe eingetreten wäre.[479] Kritisch lässt sich gegen alle Kausalitätstheorien einwenden, dass sich

865

---

473 BGHSt 14, 280 (281); ebenso *Heine/Weißer*, in: Schönke/Schröder, § 27 Rn. 20.
474 Vgl. hierzu oben Rn. 797.
475 *Roxin*, AT II, § 26 Rn. 259 ff.
476 Vgl. hierzu ausführlich *Heinrich*, AT, Problemschwerpunkt 40, Rn. 1325 ff.
477 *Heine/Weißer*, in: Schönke/Schröder, § 27 Rn. 6 f.
478 *Kühl*, § 20 Rn. 215.
479 *Baumann*, JuS 1963, 125 (126).

eine Kausalität gerade bei der psychischen Beihilfe kaum nachweisen lässt. Auch ist der „Erfolg" eines Einbruchsdiebstahls am Ende genau derselbe, unabhängig davon, ob nun ein Gehilfe vor dem Haus „Schmiere" steht oder nicht. Daher lässt die insbesondere von der Rechtsprechung vertretene **Förderungstheorie** jede irgendwie geartete „Förderung" der Haupttat genügen.[480] Denn § 27 StGB stelle bereits das bloße „Hilfeleisten" als reine Tätigkeit als solche unter Strafe. Ohne Rücksicht auf eventuelle Kausalitätsfragen solle hier die bewusste und gewollte Komplizenschaft erfasst werden. Eine solche Förderung scheide allerdings dann aus, wenn der Unterstützungshandlung die Eignung zur Förderung der Haupttat von vornherein fehle oder sie erkennbar nutzlos sei. Darüber hinaus wird von Teilen der Literatur die **Risikoerhöhungstheorie** vertreten. Diese verlangt ebenfalls keine Ursächlichkeit des Gehilfenbeitrages für den Erfolg der Haupttat. Ausreichend sei eine Risikoerhöhung für das angegriffene Rechtsgut.[481] Denn der Strafgrund der Beihilfe liege gerade nicht in der Verursachung des Erfolges, sondern in der Steigerung der Erfolgschancen. Es muss also immer festgestellt werden, ob durch den Gehilfenbeitrag das Risiko der Tatbegehung erhöht wurde. Zu nennen ist schließlich noch die **abstrakte Gefährdungstheorie**, wonach der Gehilfenbeitrag für den Erfolg der Haupttat weder ursächlich sein noch diesen in irgendeiner Weise fördern müsse.[482] Denn die Beihilfe sei ein abstraktes Gefährdungsdelikt, bei dem bereits das bloße Hilfeleisten als solches wegen der damit in aller Regel verbundenen gefahrerhöhenden Wirkung unter Strafe gestellt werde.

866 c) **Beihilfe durch neutrale Handlungen.** Fraglich ist schließlich noch, ob auch derjenige zu einer Straftat in strafbarer Weise Hilfe leistet, der diese zwar objektiv fördert oder durch sein Verhalten sogar kausal zum Taterfolg beiträgt, sich dabei aber äußerlich so verhält wie andere Personen auch bzw. im Rahmen seiner beruflichen Tätigkeit nur ein Verhalten an den Tag legt, welches für sich betrachtet völlig normal ist.[483]

> **Bsp.:** Herbert betreibt einen Eisenwarenladen, in dem er auch Messer verkauft. Eines Tages betritt der verwegen aussehende Anton das Geschäft und fordert von Herbert in aufgeregtem Ton ein großes Küchenmesser, „welches auch wirklich scharf" ist. Herbert verkauft ihm eine solches, wobei ihm durchaus der Gedanke kommt, Anton könne das Messer auch zu illegalen Zwecken einsetzen. Dies ist ihm aber gleichgültig. Anton begibt sich daraufhin direkt in seine Stammkneipe, in der sich sein Widersacher befindet, mit dem er sich zuvor gestritten hatte, und ersticht diesen von hinten. – Fraglich ist, ob sich Herbert wegen einer Beihilfe zum Mord, §§ 212, 211, 27 StGB, strafbar gemacht hat, da der Verkauf des Messers für den Erfolg dieser Haupttat unzweifelhaft kausal war und Herbert jedenfalls bedingten Vorsatz hatte, Anton durch den Verkauf in irgendeiner Weise zu unterstützen.

867 Die **Beihilfetheorie** will bei diesen an sich „neutralen Handlungen" die normalen Regeln der Beihilfe anwenden.[484] Eine Einschränkung der Gehilfenstrafbarkeit sei nicht gerechtfertigt, denn § 27 StGB gelte für jedermann und sehe eine Privilegie-

---

480 BGHSt 2, 129 (130 f.); BGHSt 54, 140 (142 f.).
481 *Otto*, § 22 Rn. 53.
482 *Herzberg*, GA 1971, 1 (4 ff.).
483 Vgl. hierzu ausführlich *Heinrich*, AT, Problemschwerpunkt 41, Rn. 1330 ff.
484 *Krey/Esser*, Rn. 1083 ff.

II. Der objektive Tatbestand der Beihilfe

rung etwa für „normale" geschäftsmäßige Tätigkeiten nicht vor. Dies überzeugt, denn es ist nicht einzusehen, warum in Teilbereichen die allgemeinen Beihilferegelungen außer Kraft gesetzt werden sollten. Wer vorsätzlich einem anderen zu dessen Tat Hilfe leistet, begeht eine Beihilfe, auch wenn er selbst an der Tat kein Interesse hat. Allerdings ist im Vorsatzbereich besonders sorgfältig zu prüfen, ob der Täter wirklich eine konkrete Tat eines anderen jedenfalls bedingt vorsätzlich unterstützen wollte. Dagegen wollen die Vertreter der im Folgenden dargestellten **objektiven Einschränkungslehren** bereits auf der Ebene des objektiven Tatbestandes Einschränkungen vornehmen. Nach der **Lehre von der Sozialadäquanz** sollen Handlungen, die sozialüblich sind, grundsätzlich aus der Gehilfenstrafbarkeit ausscheiden.[485] Denn ein Verhalten, welches sich vollständig im Rahmen der normalen sozialen Ordnung bewege, könne nicht tatbestandsmäßig sein und stelle daher kein „Hilfeleisten" dar. Ähnlich argumentiert die **Lehre von der professionellen Adäquanz**, die bei der Prüfung der Sozialadäquanz darauf abstellt, ob sich der Gehilfe im Rahmen seiner Berufsregeln hält.[486] Auch die Vertreter der **Lehre von der objektiven Zurechnung** kommen zu ähnlichen Ergebnissen: Erfolge, die auf Handlungen beruhen, die kein rechtlich missbilligtes Risiko setzen, seien objektiv nicht zurechenbar und daher nicht tatbestandsmäßig.[487] Gegen die objektiven Einschränkungstheorien spricht jedoch, dass sowohl die hier verwendeten Maßstäbe, insbesondere derjenige der Sozialadäquanz kaum eine trennscharfe Abgrenzung ermöglichen. Einen anderen Weg gehen die **subjektiven Einschränkungstheorien**, die allein auf den Handlungszweck abstellen und zusätzliche subjektive Anforderungen verlangen. So geht eine Ansicht davon aus, dass eine Gehilfenstrafbarkeit bei neutralen Alltagshandlungen dann straflos bleiben müsse, wenn im Hinblick auf die Haupttat lediglich **dolus eventualis** vorliege.[488] Da sich eine Tatbegehung oft nicht ausschließen lasse, müsse jedenfalls im Wissens-Bereich mehr als ein bloßes „Für-möglich-Halten" vorliegen. Dies gilt nach dem BGH jedenfalls dann, wenn nicht das vom Handelnden erkannte Risiko eines strafbaren Verhaltens des von ihm Unterstützten derart hoch ist, dass es dem Handelnden hätte klar sein müssen, dass er es mit einem erkennbar tatgeneigten Täter zu tun hat.[489] In der Rechtsprechung wird dabei aber auch auf den Wollens-Bereich abgestellt und gefordert, dass der Gehilfe einen besonderen **Tatförderungswillen** aufweisen müsse.[490] Ein Wissen um die Tatbegehung allein könne nicht ausreichen. Wieder andere wollen darauf abstellen, ob die Handlung einen **deliktischen Sinnbezug** aufweise, d. h. der Gehilfe müsse wissen, dass seine Handlung (hier: der Verkauf des Messers) für den Haupttäter nur im Hinblick auf das zu begehende Delikt einen Sinn ergibt (und ihm nicht auch sonst in irgendeiner Form nützlich sein kann).[491] Gegen diese Theorien ist allerdings einzuwenden, dass sie letztlich mit der gängigen Vorsatzdogmatik unvereinbar sind. Einen wiederum anderen Ansatzpunkt verfolgt die **Lehre vom Rechtswidrigkeitsausschluss**. Bei neutralen Handlungen sei der Tatbestand der Beihilfe nach den allgemeinen Regeln gegeben, allerdings könne das Verhalten im Einzelfall gerecht-

---

485 *Murmann*, JuS 1999, 552.
486 *Hassemer*, wistra 1995, 81 (83).
487 *Gropp/Sinn*, § 10 Rn. 318.
488 *Hoyer*, in: SK, § 27 Rn. 30 ff.
489 BGHSt 46, 107 (112 f.).
490 BGHSt 29, 99 (105 ff.).
491 *Roxin*, AT II, § 26 Rn. 221 ff.

fertigt sein.⁴⁹² Da allerdings regelmäßig kein anerkannter Rechtfertigungsgrund ersichtlich sei, müsse im Rahmen der „neutralen Handlungen" eine schlichte Abwägung im Einzelfall erfolgen. Hiergegen spricht jedoch, dass die Prüfungsebene der Rechtswidrigkeit nicht den Zweck hat, „normale Verhaltensweisen" straflos zu stellen.

III. Der subjektive Tatbestand der Anstiftung

868 Im **subjektiven Tatbestand** ist auch bei der Beihilfe ein **vorsätzliches** Handeln hinsichtlich sämtlicher objektiver Tatbestandsmerkmale erforderlich. Da das Delikt der Beihilfe – wie auch die Anstiftung – **zwei objektive Tatbestandsmerkmale** aufweist, muss auch hier ein sog. **doppelter Gehilfenvorsatz** vorliegen, wobei wiederum jeweils bedingter Vorsatz ausreicht.

1. Vorsatz bzgl. des Vorliegens der vorsätzlichen rechtswidrigen Haupttat

869 Der Täter muss nicht nur um die Möglichkeit der Begehung einer bestimmten Haupttat wissen, sondern er muss darüber hinaus auch – wie schon bei der Anstiftung – die **Vollendung der Haupttat** wollen. Insofern stellt sich auch bei der Beihilfe ein Problem bei der rechtlichen Behandlung des **agent provocateur**. Darüber hinaus muss der Gehilfe auch eine bestimmte Tat im Auge haben.

> **Bsp.:** Es genügt also nicht, dass der Gehilfe einem anderen eine Waffe zur Verfügung stellt in dem Wissen, dass dieser damit irgendwann einmal irgendeine Straftat, sei es einen Mord, sei es einen Banküberfall oder sei es eine bloße Bedrohung, begehen wird.

870 Allerdings sind die Anforderungen, die an den Vorsatz hinsichtlich der Bestimmtheit der Tat zu stellen sind, hier wesentlich geringer als bei der Anstiftung. Es genügt, wenn das Vorstellungsbild des Gehilfen den wesentlichen Unrechtsgehalt der Tat erfasst. Eine Beihilfe kann dabei bereits dann vorliegen, wenn der Gehilfe dem Haupttäter ein wesentliches Tatmittel (z. B. eine Pistole) willentlich übergibt und damit bewusst das Risiko schafft, dass durch den Einsatz gerade dieses Mittels eine dadurch typischerweise ermöglichte Haupttat gefördert wird. Auch kommt es auf die konkrete Zahl der Opfer (z. B. bei einem Attentat) nicht an, wenn der Gehilfe genau weiß, dass der Täter einen Angriff auf Menschen plant. Für einen Exzess des Haupttäters haftet der Gehilfe allerdings ebenso wenig wie der Anstifter. Unterliegt der Haupttäter einem error in persona, so gelten für den Gehilfen die gleichen Grundsätze wie für den Anstifter.

2. Vorsatz bzgl. des Hilfeleistens zu dieser Tat

871 Der Gehilfe muss ferner die Eignung seiner Handlung zur Förderung der Haupttat erkannt und zumindest billigend in Kauf genommen haben, dass er durch seine Hilfeleistung zum Erfolg der Haupttat beiträgt. Wollte der Gehilfe den Haupttäter ursprünglich zur Tatbegehung anstiften, scheitert diese Anstiftung jedoch aus dem Grund, dass der Haupttäter zur Tatbegehung bereits entschlossen ist (omnimodo

---

492 K. *Müller*, FS Schreiber, 2003, S. 343 (357).

facturus[493]), so liegt eine Beihilfe vor, da der Beihilfevorsatz stets im Anstiftungsvorsatz mit enthalten ist.

IV. Sonstiges

Es ist an dieser Stelle nochmals darauf hinzuweisen, dass die versuchte Beihilfe straflos ist, was sich im Umkehrschluss aus § 30 Abs. 1 StGB ergibt. Dagegen ist die Beihilfe zum Versuch in vollem Umfang strafbar, da es sich beim Versuch um eine vorsätzlich begangene rechtswidrige Tat handelt. Nach § 27 Abs. 2 StGB richtet sich die Strafe für den Gehilfen nach der Strafdrohung für den Täter; sie ist aber obligatorisch nach § 49 Abs. 1 StGB zu mildern.

> **Literaturhinweise**
>
> **Einführende Aufsätze:** *Bechtel,* Die neutrale Handlung – Problemfeld im Rahmen des Förderungsbeitrags iSd § 27 StGB, JURA 2016, 865 (vertiefende Darstellung der Problematik); *Geppert,* Zum Begriff der „Hilfeleistung" im Rahmen von Beihilfe (§ 27 StGB) und sachlicher Begünstigung (§ 257 StGB), JURA 2007, 589 (Darstellung der Abgrenzungsschwierigkeiten anhand verschiedener Beispielsfälle); *Seher,* Grundfälle zur Beihilfe, JuS 2009, 793 (kompakte Darstellung der wesentlichen Probleme anhand von Beispielsfällen)
>
> **Rechtsprechung: BGHSt 46, 107** – Bankmitarbeiter (neutrale bzw. berufstypische Handlungen als Beihilfe); **BGHSt 47, 100** – Vergatterung (Beihilfe bei Mauerschützen); **BGH NJW 2007, 384** – El Motassadeq (Bestimmtheit der Haupttat)

Kapitel 33: Sonstige Teilnahmeprobleme

I. Kettenteilnahme

Unter einer Kettenteilnahme versteht man, dass mehrere Personen im Vorfeld einer Tat Teilnahmebeiträge erbringen, die sich nicht unmittelbar an den Haupttäter, sondern an einen weiteren Teilnehmer richten. Kennzeichnend ist, dass der Kettenteilnehmer stets wegen Anstiftung oder Beihilfe zur Haupttat bestraft wird (also nicht z.B. wegen Beihilfe zur Anstiftung zur Haupttat), wobei der am Anfang der Kette stehende Teilnehmer den Haupttäter nicht einmal zu kennen braucht. Als Leitlinie lässt sich sagen: Liegen mehrere Anstiftungen vor, ist eine **Anstiftung zur Haupttat** gegeben. Befindet sich an irgendeiner Stelle in der Kette des Ablaufes eine Beihilfe, wird lediglich wegen **Beihilfe zur Haupttat** bestraft. Insoweit können die im Folgenden behandelten vier Konstellationen auseinandergehalten werden:

1. Anstiftung zur Anstiftung

In dieser klassischen Form der „Kettenanstiftung", die im Ergebnis als normale Anstiftung zur Haupttat gewertet wird, stiftet ein Anstifter einen anderen dazu an, einen Dritten zur Begehung der Haupttat anzustiften (Bsp.: Anton sagt zu Bruno, er solle dem Toni ausrichten, dieser solle morgen das Tatopfer ermorden).

---
493 Vgl. zu dieser Rechtsfigur oben Rn. 842.

2. Anstiftung zur Beihilfe

875 In dieser Konstellation stiftet jemand einen anderen dazu an, einem Dritten bei der Tatbegehung zu helfen (Bsp.: Anton sagt zu Bruno, er soll dem Toni einen Revolver bringen, damit dieser den von ihm bereits geplanten Mord durchführen kann). In diesen Fällen liegt für beide Personen, die im Vorfeld tätig sind, eine Beihilfe zur Haupttat vor.

3. Beihilfe zur Anstiftung

876 In dieser Konstellation hilft jemand einem anderen vorsätzlich dabei, einen Dritten zur Tatbegehung anzustiften (Bsp.: Anton fährt Bruno zu ihrem gemeinsamen Bekannten Rolf, wobei er weiß, dass Bruno dem Rolf an diesem Abend einen Mordauftrag erteilen wird). In diesen Fällen liegt nun für denjenigen, der dem Anstifter Hilfe leistet, eine Beihilfe zur Haupttat vor, während der Anstifter selbst wegen einer Anstiftung zur Haupttat bestraft wird.

4. Beihilfe zur Beihilfe

877 Hilft schließlich jemand einem anderen dabei, einem Dritten bei der Tatausführung zu helfen, liegt für beide Beteiligten eine Beihilfe zur Haupttat vor (Anton fährt Bruno zu einer Villa in dem Wissen, dass Bruno dort im Hinblick auf einen Einbruchsdiebstahl „Schmiere" stehen soll).

II. Konkurrenzen

878 Leistet ein Teilnehmer sowohl eine Anstiftung als auch eine Beihilfe zur selben Haupttat, geht die stärkere Form der Anstiftung vor.

> **Bsp.:** Stiftet Bruno den Anton zu einem Wohnungseinbruchsdiebstahl an und besorgt er ihm überdies geeignetes Werkzeug, welches Anton zur Tatbestandsverwirklichung benötigt, so tritt diese Beihilfe hinter der Anstiftung auf Konkurrenzebene zurück. Bruno ist nur wegen Anstiftung zum Wohnungseinbruchsdiebstahl, §§ 242, 244 Abs. 1 Nr. 3, Abs. 4, § 26 StGB, zu bestrafen.

III. Lockerungen der Akzessorietät, §§ 28, 29 StGB

1. Allgemeines

879 Nicht nur hinsichtlich des „Ob" ist die Teilnehmerstrafbarkeit vom Vorliegen einer Haupttat abhängig. Auch im Hinblick auf den Strafrahmen richtet sich die Strafbarkeit des Teilnehmers nach derjenigen des Haupttäters. Nach § 26 StGB wird der Anstifter gleich einem Täter bestraft. Nach § 27 Abs. 2 StGB richtet sich die Strafe eines Gehilfen ebenfalls nach der für den Haupttäter geltenden Strafandrohung, sie ist jedoch obligatorisch nach § 49 Abs. 1 StGB zu mildern.

880 In den §§ 28, 29 StGB finden sich allerdings Lockerungen dieser strikten Akzessorietät, die entweder im Hinblick auf die zu verhängende Strafe (§ 28 Abs. 1 StGB) oder im Hinblick auf den Schuldspruch (§ 28 Abs. 2 und § 29 StGB) Sonderregelungen enthalten. Diese greifen dann ein, wenn es gerade **besondere persönliche Merkmale** (§ 28 StGB) oder besondere **Schuldmerkmale** (§ 29 StGB) sind, die eine Strafbarkeit des Täters entweder begründen oder die für ihn strafschärfend

oder strafmildernd wirken. Da diese Merkmale nicht notwendig beim Teilnehmer in gleicher Weise vorhanden sein müssen, sollen ihm diese im konkreten Fall auch nicht angelastet werden.

> **Bsp.:** Anton hat aus Habgier seinen reichen Erbonkel getötet, um schneller an sein Erbe zu kommen (= Mord nach §§ 212, 211 StGB). Sein Freund Bruno hat ihm die Tatwaffe besorgt (= Beihilfe), um Anton einen Gefallen zu tun, wobei er dessen Motivation kennt. – Neben der obligatorischen Strafmilderung bei der Beihilfe (nach § 27 Abs. 2 Satz 2 StGB) muss sich Bruno hier zusätzlich darauf berufen können, dass er selbst das Mordmerkmal der Habgier nicht erfüllt hat. Hatte er hingegen bereits gar keine Kenntnis von der Habgier seines Freundes, so handelte er im Hinblick auf den habgierigen Mord nicht einmal vorsätzlich, da lediglich Vorsatz hinsichtlich eines Totschlags, § 212 StGB, gegeben war. In beiden Fällen ist eine Strafbarkeit wegen Beihilfe zum Mord unangebracht, und es liegt lediglich Beihilfe zum Totschlag vor.

2. Besondere persönliche Merkmale

881 Man spricht im Rahmen der besonderen persönlichen Merkmale i. S. des § 28 StGB auch von **täterbezogenen Merkmalen** und unterscheidet diese von den **tatbezogenen Merkmalen**. Letztere beschreiben die Tat, d. h. die Art und Weise der Tatbegehung, den Tathergang, den tatbestandsmäßigen Erfolg, die besondere Gefährlichkeit des Täterverhaltens oder besondere Tatumstände und sind im Wesentlichen identisch mit den objektiven Tatbestandsmerkmalen. Für sie gilt § 28 StGB nicht, es bleibt beim Grundsatz der strengen Akzessorietät der Teilnahme. Dagegen beziehen sich die seltener vorkommenden **täterbezogenen Merkmale** auf den konkreten Täter und knüpfen seine Strafbarkeit an das Vorliegen besonderer persönlicher Umstände, Motive, Beweggründe, Gesinnungen oder an seine besondere Pflichtenstellung, eben an die **besonderen persönlichen Merkmale**. Hier gilt dann § 28 StGB.

882 Meist (aber nicht immer!) handelt es sich bei den besonderen persönlichen Merkmalen um subjektive Tatbestandsmerkmale. Aber auch das objektive Tatbestandsmerkmal der „Amtsträgereigenschaft" bei den Amtsdelikten, §§ 331 ff. StGB, stellt ein (täterbezogenes) besonderes persönliches Merkmal dar, ebenso wie die Garantenstellung des Unterlassungstäters, § 13 Abs. 1 StGB. Andererseits wird die Zueignungsabsicht beim Diebstahl, § 242 StGB, nicht als besonderes persönliches Merkmal gewertet.

883 Eine – letztlich allerdings nicht sehr viel weiterführende – Umschreibung der **besonderen persönlichen Merkmale** findet sich in § 14 Abs. 1 StGB: Besondere persönliche Merkmale sind hiernach *„besondere persönliche Eigenschaften, Verhältnisse oder Umstände"*. Wann nun aber ein Tatbestandsmerkmal eine dieser Voraussetzungen erfüllt, muss im jeweiligen Einzelfall unter Berücksichtigung von Sinn und Zweck der Norm festgestellt werden. Diese Beurteilung kann mitunter schwierig sein.

> **Bsp.:** Neben den Mordmerkmalen der ersten und dritten Gruppe des § 211 StGB (Mordlust, Befriedigung des Geschlechtstriebes, Habgier, sonstige niedrige Beweggründe, Verdeckungs- und Ermöglichungsabsicht) sind als besondere persönliche Merkmale anerkannt: a) Merkmale, die eine beson-

dere Pflichtenstellung höchstpersönlicher Art umschreiben, wie die Vermögensbetreuungspflicht bei der Untreue, § 266 StGB, oder das Anvertrautsein bei der veruntreuenden Unterschlagung, § 246 Abs. 2 StGB; b) die Garantenstellung beim unechten Unterlassungsdelikt; c) die Eigenschaft als Mitglied einer Bande, z.B. beim Bandendiebstahl, § 244 Abs. 1 Nr. 2 StGB; d) die Stellung als Unfallbeteiligter nach § 142 Abs. 5 StGB, aber auch z.B. e) die Schwangerschaft in § 218 StGB.

3. Die Rechtsfolgen des § 28 StGB

884 Wenn nun besondere persönliche Merkmale beim Täter und beim Teilnehmer in unterschiedlicher Weise vorliegen, ist wie folgt zu differenzieren: Fehlen besondere persönlichen Merkmale, welche die Strafe für den Täter **begründen**, beim Teilnehmer, dann gilt für ihn § 28 Abs. 1 StGB. Sind die besonderen persönlichen Merkmale hingegen **strafschärfend** (bei Qualifikationen), **strafmildernd** (bei Privilegierungen) oder **strafausschließend** zu berücksichtigen, ist § 28 Abs. 2 StGB anwendbar. Hierzu im Einzelnen:

885 a) **§ 28 Abs. 1 StGB.** Diese Vorschrift regelt den Fall, dass besondere persönliche Merkmale die Strafbarkeit des Täters begründen. Weist der Teilnehmer diese besonderen persönlichen Merkmale nicht auf, ist seine Strafe nach den Grundsätzen des § 49 Abs. 1 StGB zu mildern. Die Strafbarkeit „begründen" heißt hier, dass das Vorliegen der besonderen persönlichen Merkmale nach der tatbestandlichen Fassung erforderlich ist, damit es überhaupt zu einer Strafbarkeit wegen eines bestimmten Delikts kommen kann (Bsp.: Die Amtsträgereigenschaft bei der Bestechlichkeit, § 332 StGB: Wird ein Nichtamtsträger bestochen, gibt es keinen entsprechenden „subsidiären" Tatbestand; im Gegensatz dazu steht die Körperverletzung im Amt, § 340 StGB: Wird hier die Tat durch einen Nichtamtsträger begangen, liegt immer noch eine „einfache" Körperverletzung nach § 223 StGB vor).

886 Liegt das besondere persönliche Merkmal lediglich beim Teilnehmer, nicht aber beim Täter vor, so scheitert eine Teilnehmerstrafbarkeit bei strafbegründenden Merkmalen daran, dass es bereits an der Haupttat fehlt. Denn der unmittelbar Handelnde kann den Tatbestand in seiner Person gar nicht erfüllen (ein Nichtamtsträger kann sich nicht wegen Bestechlichkeit strafbar machen).

887 b) **§ 28 Abs. 2 StGB.** Diese Vorschrift regelt den Fall, dass **besondere persönliche Merkmale** die Strafe schärfen, mildern oder ausschließen. Weist ein Beteiligter (und hierbei kann es sich – im Gegensatz zu § 28 Abs. 1 StGB – sowohl um den Täter als auch um einen Teilnehmer handeln) diese besonderen persönlichen Merkmale nicht auf, dann ist er nach dem **Grunddelikt** zu bestrafen. Es findet insoweit also eine **Tatbestandsverschiebung** statt: die beiden Beteiligten werden nach verschiedenen Normen bestraft. **Schärfen, mildern oder ausschließen** heißt in diesem Zusammenhang, dass die besonderen persönlichen Merkmale jeweils bei demjenigen, bei dem sie vorliegen, zu einer Qualifikation, einer Privilegierung oder zum Eingreifen eines Strafaufhebungsgrundes führen.

> **Bsp.:** Der Student Sebastian überredet den Polizisten Paul, bei der nächsten Studierendendemo die Teilnehmer kräftig zu verprügeln. Dies geschieht. – Während Paul hier eine Körperverletzung im Amt, § 340 StGB, beging, fehlte

dem Anstifter das besondere persönliche Merkmal der Amtsträgereigenschaft. Da § 340 StGB eine Qualifikation des § 223 StGB darstellt, bei dem die Amtsträgereigenschaft die Strafe schärft (und nicht begründet), ist Sebastian lediglich wegen Anstiftung zu einer einfachen Körperverletzung, §§ 223, 26, 28 Abs. 2 StGB, zu bestrafen.

c) **§ 28 StGB und die Tötungsdelikte.** Besonders problematisch ist die Anwendung des § 28 StGB bei den Tötungsdelikten. Denn hier ist umstritten, ob der Mord, § 211 StGB, eine Qualifikation des Totschlags, § 212 StGB, darstellt (dann wäre hinsichtlich der besonderen persönlichen Merkmale der ersten und dritten Gruppe § 28 Abs. 2 StGB anwendbar) oder als eigenständiges Delikt anzusehen ist (dann würde § 28 Abs. 1 zur Geltung gelangen). **888**

Bsp.: Tötet Anton seinen Erbonkel aus Habgier und hat ihm Bruno im Wissen um Antons Motivation (ohne aber selbst habgierig zu handeln) für diese Tat eine Waffe überlassen, würde die Rechtsprechung Bruno nach §§ 212, 211, 27, 28 Abs. 1 StGB wegen Beihilfe zum Mord bestrafen (und die Strafe nach § 49 Abs. 1 StGB mildern), während man nach der (zutreffenden) Gegenansicht aufgrund des § 28 Abs. 2 StGB lediglich zu einer Strafbarkeit Brunos wegen Beihilfe zum Totschlag, §§ 212, 27 StGB, kommt. – Im umgedrehten Fall, wenn Anton seinen Onkel aus anderen Motiven heraus tötet, Bruno ihm dazu aber aus habgierigen Motiven die Pistole überlassen hat, bliebe es nach der Rechtsprechung bei § 212 StGB als Haupttat (weshalb Bruno auch nur zu dieser Beihilfe geleistet hat), während nach der Gegenansicht Anton nach § 212 StGB, Bruno hingegen wegen einer Beihilfe zum Mord, §§ 212, 211, 27 StGB, zu bestrafen wäre.

IV. Die versuchte Teilnahme

1. Grundsatz

Nach den allgemeinen **Akzessorietätsgrundsätzen** sind Anstiftung und Beihilfe nur strafbar, wenn eine **vorsätzliche rechtswidrige Haupttat** vorliegt. Da der **Versuch** einer Straftat ebenfalls eine **vorsätzliche rechtswidrige Haupttat** darstellt, sind auch die Anstiftung und die Beihilfe zum Versuch in vollem Umfang strafbar. **889**

2. Einzelfälle

Von dieser (strafbaren) **Anstiftung bzw. Beihilfe zum Versuch** streng zu unterscheiden sind die **versuchte Anstiftung** bzw. die **versuchte Beihilfe**. Diese zeichnen sich dadurch aus, dass es nicht zu einer vorsätzlich begangenen rechtswidrigen Haupttat kommt, die geplante Tat also nicht einmal das Versuchsstadium erreicht oder aber die Anstiftungs- bzw. Beihilfehandlung für die Haupttat nicht ursächlich wird. Es handelt sich also insoweit um eine **erfolglose** (= **misslungene**) **Teilnahme**. **890**

a) **Versuchte Anstiftung.** Diese ist **nur bei einem Verbrechen** strafbar, bei einem Vergehen ist sie hingegen straflos (vgl. § 30 Abs. 1 StGB). Grund hierfür ist die besondere Gefährlichkeit für das betroffene Rechtsgut, die den Gesetzgeber dazu veranlasste, bei der Anstiftung zu einem Verbrechen letztlich eine reine **Vorberei-** **891**

tungshandlung selbstständig mit Strafe zu bedrohen. Die versuchte Anstiftung ist dabei in mehreren Formen möglich:

> **Bsp. (1):** Erwin meldet sich bei seinem Freund Bruno und fragt diesen, ob er bereit sei, gegen eine Belohnung von 10.000 Euro den Gustav zu töten. Bruno lehnt entrüstet ab (= „misslungene Anstiftung").
>
> **Bsp. (2):** Erwin wendet sich daraufhin an Rudi. Dieser erklärt sich dazu bereit, den Mord durchzuführen. Noch bevor er jedoch zur Tat unmittelbar ansetzt, kommen ihm Bedenken und er teilt Erwin mit, er steige aus (= „erfolglose Anstiftung").
>
> **Bsp. (3):** Erwin fordert schließlich auch Toni zur Ermordung Gustavs auf. Toni erklärt ihm daraufhin, genau dies habe er ohnehin für den folgenden Tag geplant gehabt. – Auch in diesen Fällen der „Anstiftung" eines bereits zur Tat Entschlossenen (omnimodo facturus)[494] liegt konstruktiv lediglich eine versuchte Anstiftung vor (= „untaugliche Anstiftung").

892 Im subjektiven Bereich ist auch hier ein doppelter Anstiftervorsatz erforderlich. Ausreichend ist wiederum bedingter Vorsatz. Es genügt also, wenn der Anstifter bei einer an sich „nicht ernst gemeinten" Aufforderung jedenfalls damit rechnet, der Angestiftete könnte trotzdem tätig werden, und er dies billigend in Kauf nimmt. Erforderlich ist aber, dass die Tat, zu der angestiftet werden soll, ausreichend bestimmt ist, wobei hier dieselben Kriterien heranzuziehen sind wie bei der vollendeten Anstiftung.[495] Die Strafe bei der versuchten Anstiftung richtet sich nach der Strafe für den Versuch des jeweiligen Verbrechens, wobei jedoch eine obligatorische Strafmilderung nach § 49 Abs. 1 StGB erfolgt (§ 30 Abs. 1 Satz 2 StGB). Handelt es sich um einen grob unverständigen Anstiftungsversuch, ist § 23 Abs. 3 StGB anwendbar (§ 30 Abs. 1 Satz 3 StGB).

893 **b) Versuchte Beihilfe.** Die versuchte Beihilfe ist immer straflos, da eine dem § 30 Abs. 1 StGB entsprechende Regelung für die Beihilfe fehlt.

> **Bsp.:** Erwin will Gustav ermorden, schnappt seine Pistole und macht sich auf den Weg. Seine Freundin Sigrid hat dies mitbekommen und bemerkt, dass Erwin in der Aufregung die Munition für seine Pistole vergessen hat. Schnell läuft sie ihm nach. Als sie das Haus erreicht, hat Erwin den Gustav aber bereits mit einem Beil erschlagen. – Sigrid ist hier straflos, da ihre Hilfeleistung nach jeder Ansicht „zu spät" kam und die Tat auch nicht förderte.

3. Verbrechensverabredung, § 30 Abs. 2 StGB

894 Gesondert unter Strafe gestellt hat der Gesetzgeber zudem konspirative Absprachen mehrerer, die auf die Begehung eines **Verbrechens** gerichtet sind. § 30 Abs. 2 StGB enthält dabei drei verschiedene Varianten:

895 **a) Sich-Bereit-Erklären, ein Verbrechen zu begehen oder einen Dritten zu einem solchen anzustiften, § 30 Abs. 2, 1. Alt. StGB.** Hierunter versteht man die ernsthafte Kundgabe einer Bereitschaft gegenüber einem anderen, ein Verbrechen zu begehen oder einen anderen hierzu anzustiften. Dabei kann es sich entweder

---

494 Vgl. zu dieser Rechtsfigur oben Rn. 842.
495 Vgl. hierzu oben Rn. 838, 850.

IV. Die versuchte Teilnahme

um ein einseitiges Angebot des Sich-Bereit-Erklärenden oder um eine Zusage auf eine entsprechende Anfrage hin handeln.

> **Bsp.:** Anton fragt bei Gustav an, ob er nicht dessen Ehefrau töten solle; Anton antwortet auf Gustavs Schreiben, er suche jemanden, der gegen Entgelt seine Ehefrau töten wolle, in einem Schreiben, er „mache es".

b) **Annahme des Erbietens eines anderen, § 30 Abs. 2, 2. Alt. StGB.** Dieser Fall stellt das genaue Gegenstück zum Sich-Bereit-Erklären dar. Der Handelnde muss hier das Angebot eines anderen annehmen und sich mit ihm solidarisieren. Dabei reicht es aus, wenn der Annehmende damit rechnet, der andere werde seine Erklärung ernst nehmen und ihr entsprechend handeln. Ist dies der Fall, liegt eine Strafbarkeit auch dann vor, wenn die Annahme des Erbietens des anderen nur zum Schein erfolgt.[496] Nicht erforderlich ist, dass das Angebot selbst ernsthaft war, sofern der Täter die mangelnde Ernsthaftigkeit nicht erkennt.

896

> **Bsp.:** Nachdem Anton bei Gustav angefragt hat, ob er nicht dessen Ehefrau töten solle, antwortet ihm Gustav: „Wunderbare Idee, Du erhältst dafür auch 10.000 Euro".

c) **Verbrechensverabredung, § 30 Abs. 2, 3. Alt. StGB.** Der wichtigste Fall des § 30 Abs. 2 StGB ist jedoch die **Verbrechensverabredung**, § 30 Abs. 2, 3. Alt. StGB. Strafgrund der Verbrechensverabredung ist dabei die durch eine Willensbildung mehrerer Personen gesteigerte Gefahr für das bedrohte Rechtsgut. Denn das konspirative Zusammenwirken Mehrerer entfaltet regelmäßig eine gewisse Gruppendynamik, welche die Beteiligten psychisch binden und so die spätere Ausführung der Tat wahrscheinlicher machen kann.[497] Sie ist die Vorstufe einer späteren Mittäterschaft, muss sich also auf eine spätere mittäterschaftliche Begehung eines Verbrechens oder auf die gemeinschaftliche Anstiftung eines Dritten zu einem Verbrechen richten. Die Zusage einer Gehilfenschaft nach § 27 StGB reicht nicht aus. Erforderlich ist ferner, dass die geplante Tat nicht nur gattungsmäßig umrissen, sondern im Hinblick auf Tatobjekt, Tatort und Tatzeit in ihren wesentlichen Grundzügen konkretisiert wurde. Auch müssen die Täter zur Begehung einer Straftat tatsächlich entschlossen sein, diese also ernstlich wollen. Nicht erforderlich ist hingegen, dass sich die Betreffenden – wie z. B. bei einer Verabredung über das Internet – persönlich kennen.

897

> **Klausurtipp**
>
> § 30 Abs. 2 StGB, insbesondere die Verbrechensverabredung, ist nur dann eigenständig zu prüfen, wenn die geplante Straftat nicht ins Versuchsstadium gelangt, d. h. solange es an einem unmittelbaren Ansetzen fehlt. Ist ein solches festzustellen (oder wird die Tat gar vollendet), tritt § 30 Abs. 2 StGB zwar in den überwiegenden Fällen „eigentlich" erst auf Konkurrenzebene zurück, eine Prüfung ist aber dennoch nicht angezeigt. Ebenfalls ist zu beachten, dass eine Strafbarkeit nach § 30 StGB auch dann nicht wieder auflebt, wenn die Tat bereits ins Versuchsstadium gelangt ist, der Beteiligte aber von diesem Versuch strafbefreiend zurückgetreten ist.

---

496 BGHSt 62, 96 (101).
497 BGHSt 61, 84 (92); BGHSt 62, 96 (98).

4. Rücktritt vom Versuch der Beteiligung, § 31 StGB

898 Da § 30 StGB eigenständige, als Vollendungsdelikt ausgestaltete Vorfeldtatbestände enthält, können die Vorschriften über den Rücktritt vom Versuch, § 24 StGB, hier nicht angewendet werden. Deshalb hat der Gesetzgeber in § 31 StGB eine **eigenständige Rücktrittsregelung** geschaffen, die derjenigen des § 24 StGB ähnelt und ebenfalls einen persönlichen Strafaufhebungsgrund darstellt.

> **Bsp.:** Anton will Rudi zur Begehung eines Mordes überreden. Rudi erklärt sich dazu auch bereit. Noch bevor Rudi jedoch zur Tat unmittelbar ansetzt, kommen ihm Bedenken und er teilt Anton mit, er steige aus. – Anton hat hier sowohl nach § 30 Abs. 1 StGB eine versuchte Anstiftung begangen als auch nach § 30 Abs. 2, 2. Alt. StGB das Erbieten eines anderen angenommen. Rudi hingegen hat zwar ebenfalls § 30 Abs. 2 StGB (in der Form des Sich-Bereit-Erklärens, 1. Alt.) erfüllt, er ist aber nach § 31 Abs. 1 Nr. 2 StGB strafbefreiend zurückgetreten.

899 Steigt hingegen ein Tatbeteiligter aus der gemeinsam geplanten Tat aus, ohne dass er verhindern kann, dass die anderen Beteiligten die Tat trotzdem durchführen, trägt er nach § 31 Abs. 1 Nr. 3 StGB – wie auch bei § 24 Abs. 2 StGB – das Risiko dieses „Misslingens seines Rücktritts", sofern er es nicht schafft, seinen Tatbeitrag vollständig rückgängig zu machen, was allerdings selten der Fall sein dürfte. Andererseits kann ein Täter auch durch bloßes Untätigbleiben die Tat verhindern und dadurch zurücktreten, wenn ohne ihn die Tat nicht durchgeführt werden kann und er dies auch weiß oder wenn sämtliche Beteiligten übereinkommen, von der Tat abzusehen.

V. Die notwendige Teilnahme

900 Ergänzend ist noch darauf hinzuweisen, dass es Delikte gibt, die es notwendigerweise voraussetzen, dass mehrere Personen an der Tatbestandsverwirklichung mitwirken. Dabei sind zwei verschiedene Formen denkbar, die rechtlich unterschiedlich behandelt werden müssen.

> **Definition**
> Unter dem Begriff der notwendigen Teilnahme versteht man die Teilnahme an einem Delikt eines anderen, welches bereits vom Tatbestand her so gefasst ist, dass seine Verwirklichung eine Mitwirkung mehrerer Personen voraussetzt.

1. Begegnungsdelikte

901 Diese Deliktsgruppe setzt voraus, dass jedenfalls ein Beteiligter auf Täterseite und ein Beteiligter auf Opferseite **freiwillig** zusammenwirken, wobei das freiwillige Mitwirken des Opfers im konkreten Fall nicht dazu führt, dass ein tatbestandsausschließendes Einverständnis oder eine rechtfertigende Einwilligung den Täter straflos stellen (z. B. bei der Tötung auf Verlangen, § 216 StGB, oder beim Wucher, § 291 StGB). In diesen Fällen macht sich zwar der Täter strafbar, eine Strafbarkeit des Opfers scheidet allerdings regelmäßig aus, obwohl eine solche konstruktiv denkbar wäre (Bsp.: Bei der Tötung auf Verlangen, § 216 StGB, könnte man das „Verlangen" des Opfers problemlos als Anstiftung zu § 216 StGB einordnen).

Bsp.: Lehrerin Linda geht ein Verhältnis mit ihrem 17-jährigen Schüler Edgar ein. – Linda ist wegen eines sexuellen Missbrauchs von Schutzbefohlenen nach § 174 Abs. 1 Nr. 2 StGB strafbar. Edgar ist straflos, da die Norm gerade seinem Schutz dienen soll.

2. Sonstige Fälle

Es gibt jedoch auch Fälle notwendiger Teilnahme (zumeist bezeichnet als „**Konvergenzdelikte**"), bei denen zwar mehrere Personen zusammenwirken, ohne dass aber der eine als Täter und der andere als Opfer angesehen werden kann (insbesondere, weil die Norm nicht gerade dem Schutz des einen Beteiligten dient). Hier gelten keine Besonderheiten: Alle Mitwirkenden werden wegen ihrer Tatbeteiligung bestraft.

Bsp.: Zwei Geschwister vollziehen gemeinsam den Beischlaf. – Nach § 173 Abs. 2 Satz 2 StGB sind beide wegen Beischlafs zwischen Verwandten strafbar. Dies gilt lediglich nach Abs. 3 für denjenigen nicht, der zum Tatzeitpunkt noch nicht volljährig ist.

Literaturhinweise

Einführende Aufsätze: *Geppert*, Die Akzessorietät der Teilnahme (§ 28 StGB) und die Mordmerkmale, JURA 2008, 34 (verständlicher Beitrag zur Akzessorietät der Teilnahme im Rahmen der Mordmerkmale); *Hinderer*, Versuch der Beteiligung, § 30 StGB, JuS 2011, 1072 (kurzer Überblick zu den wichtigsten Problemen im Rahmen der Prüfung von § 30 StGB); *Krell*, Die Kettenanstiftung, JURA 2011, 499 (prägnante, studiengerechte Einführung)

Übungsfälle: *Krahl*, Aktienhandel mit fast tödlicher Folge, JuS 2003, 57 (Anfängerklausur, die Probleme aus dem Bereich der Täterschaft und Teilnahme im Zusammenhang mit Mordmerkmalen aufwirft); *Mitsch*, Brandreden, JA 2009, 115 (anspruchsvoller Fall, der sich im Kernbereich mit der versuchten Beteiligung beschäftigt)

Rechtsprechung: BGHSt 50, 1 – Auftragsmord (gekreuzte Mordmerkmale); **BGHSt 50, 142** – Nebenbuhler (Rücktritt von versuchter Anstiftung); **BGHSt 53, 174** – Manipulationsabrede (Sich-Bereit-Erklären zu einer Anstiftung); **BGH NStZ 2000, 421** – Liebhaber (Beihilfe zur Anstiftung); **BGHSt 62, 96** – Ausbruch aus JVA (Verbrechensverabredung bei mangelnder Ernstlichkeit)

Teil 11: **Konkurrenzen und Wahlfeststellung**

Kapitel 34: Konkurrenzen und Wahlfeststellung

I. Grundlagen

903 Nach der Prüfung, welche Strafvorschriften der Täter durch welche Handlung(en) erfüllt hat, ist festzustellen, ob und in welcher Form diese Straftatbestände im **Gesamtergebnis** bzw. im **Urteilstenor** Berücksichtigung finden. Dieser Urteilstenor setzt sich sowohl aus dem **Schuldspruch** („Der Täter wird wegen Diebstahls [...]") als auch dem **Rechtsfolgenausspruch** oder **Strafausspruch** („[...] zu einer Freiheitsstrafe von drei Jahren verurteilt") zusammen. Da der Schuldspruch die Grundlage für die Strafzumessung ist, haben die Konkurrenzen in der Praxis auch für die Entscheidung, welche Strafe letztlich verhängt wird, eine entscheidende Bedeutung.

> **Klausurtipp**
> Die Konkurrenzen, geregelt in §§ 52–55 StGB, sind der einzige Bereich des Strafrechts, der mit Sicherheit in jeder Klausur vorkommt. Denn im Gegensatz zur strafrechtlichen Praxis sind die meisten Klausuren so aufgebaut, dass den Beteiligten mehrere strafrechtlich relevante Taten vorgeworfen werden. Da die Konkurrenzen auch stets am Ende der Klausur das Gesamtergebnis wiedergeben und dem Korrektor daher regelmäßig ein abschließendes Bild der Klausurbearbeitung geben werden, sollte man sich diesbezüglich etwas Mühe geben.

904 Das deutsche Strafrecht geht in §§ 52 ff. StGB einerseits davon aus, dass nicht wegen jeder Gesetzesverletzung eine eigene Strafe auszusprechen ist, die am Ende schlichtweg mit den weiteren verwirklichten Einzelstrafen addiert wird (Kumulationsprinzip). Andererseits wird auch nicht für sämtliche begangenen Delikte lediglich eine Strafe ausgesprochen (Einheitsstrafe). Vielmehr muss zwischen verschiedenen Formen von Konkurrenzverhältnissen differenziert werden, die – da sie zu unterschiedlichen Rechtsfolgen führen – gut auseinanderzuhalten sind und die am folgenden Ausgangsfall verdeutlicht werden sollen:

> **Ausgangsfall:** Anton entwendet beim Eisenwarenhändler Herbert eine Eisenstange. Tags darauf schlägt er auf der Straße die Rentnerin Renate mit dieser Eisenstange bewusstlos und entwendet deren Handtasche.

1. Vollständiges Zurücktreten eines Delikts

905 Erstens kann eine vom Täter verwirklichte Strafnorm vollständig in einer anderen, gleichzeitig verwirklichten Strafnorm aufgehen. In diesem Fall tritt sie in vollem Umfang zurück, d.h. man bestraft hier nur wegen **einer Straftat**.

Ausgangsfall: Durch die Wegnahme der Handtasche (= fremde bewegliche Sache) mittels Gewaltanwendung hat Anton sowohl einen Diebstahl (§ 242 StGB) als auch einen Raub (§ 249 StGB) begangen. Da in jedem Raub notwendigerweise sämtliche Elemente des Diebstahls enthalten sind, verliert der Diebstahl seine eigenständige Funktion und tritt daher zurück. Da Anton beim Raub auch ein gefährliches Werkzeug verwendet hat (und durch den Schlag Renate in die Gefahr des Todes brachte), liegt gleichzeitig auch ein schwerer Raub vor, § 250 Abs. 2 Nr. 1 und Nr. 3b StGB, der seinerseits den einfachen Raub (sowie den Diebstahl mit Waffen, § 244 Abs. 1 Nr. 1a StGB) vollständig verdrängt.

2. Mehrere Delikte durch eine Handlung

906 Als nächstes ist der Fall zu untersuchen, dass durch **eine Handlung** nicht nur mehrere unterschiedliche Strafnormen erfüllt werden, die im Verhältnis des „Mehr oder Weniger" stehen, sondern dass durch die verschiedenen Strafnormen auch unterschiedliche Rechtsgüter verletzt werden. Dann liegt ein Fall der **Tateinheit** oder **Idealkonkurrenz** nach § 52 StGB vor.

Ausgangsfall: Neben dem schweren Raub hat Anton durch das Niederschlagen gleichzeitig eine gefährliche Körperverletzung, §§ 223, 224 Abs. 1 Nr. 2, Nr. 5 StGB, begangen. Diese tritt **nicht** hinter den schweren Raub zurück, da sie nicht notwendigerweise in jedem Raub enthalten ist (dieser ist auch durch eine bloße Drohung mit Gewalt möglich). Da die Gewaltanwendung im Rahmen des Raubes und die Körperverletzung durch **eine Handlung** (= Niederschlagen) begangen wurden, liegt Tateinheit zwischen dem (schweren) Raub und der (gefährlichen) Körperverletzung vor. – Dagegen tritt die einfache Körperverletzung, § 223 StGB, hinter der gefährlichen Körperverletzung, § 224 StGB, zurück, da es sich in diesem Verhältnis wiederum um ein „Mehr oder Weniger" handelt.

3. Mehrere Delikte durch mehrere Handlungen

907 Schließlich ist auch noch der Fall zu betrachten, dass der Täter durch **mehrere Handlungen** mehrere Straftaten begangen hat, die nicht notwendigerweise etwas miteinander zu tun haben. Dann liegt ein Fall der **Tatmehrheit** oder **Realkonkurrenz** nach § 53 StGB vor.

Ausgangsfall: Anton hat tags zuvor die Eisenstange bei Herbert entwendet. Hierdurch hat er einen Diebstahl, § 242 StGB, begangen, der äußerlich mit dem tags darauf begangenen schweren Raub zu Lasten Renates nichts zu tun hat. Der Diebstahl wurde durch eine vollkommen andere Handlung begangen und betraf ein anderes Tatopfer. Antons Motivation, die Eisenstange später zu einem Raub zu verwenden, bleibt dabei unberücksichtigt. Beide Straftaten stehen weder in einem räumlichen noch in einem zeitlichen Zusammenhang. Es liegt hier der klassische Fall einer Tatmehrheit vor.

II. Die einzelnen Konkurrenzen im Überblick

908 Um die Beurteilung der Konkurrenzen richtig verstehen zu können, ist es erforderlich, sich die unterschiedlichen **Konsequenzen** der oben genannten Einordnung (Zurücktreten, Tateinheit oder Tatmehrheit) klarzumachen. Tritt ein Delikt hinter ein anderes zurück, wird es im Folgenden gar nicht mehr berücksichtigt. Liegt eine Tateinheit, § 52 StGB, vor, so taucht das Delikt zwar im Schuldspruch des jeweiligen Urteils auf und kennzeichnet das Unrecht der jeweiligen Tat. Die Strafe bemisst sich jedoch nach demjenigen Delikt, welches die höchste Strafdrohung aufweist. Anders ist dies schließlich bei der Tatmehrheit, § 53 StGB: Hier tauchen die verschiedenen Delikte nicht nur im Schuldspruch auf, sondern werden auch im Hinblick auf die ausgesprochene Strafe berücksichtigt. Für jedes begangene Delikt wird dabei eine eigenständige Strafe ausgesprochen, woraus dann eine Gesamtstrafe gebildet wird.[498] Insoweit kommt der Beteiligte also bei der Annahme einer Tatmehrheit am schlechtesten weg. Im Folgenden soll ein kurzer Überblick über die verschiedenen Konkurrenzmöglichkeiten gegeben werden:

1. Unechte Konkurrenz: Ein Tatbestand wird einmal verwirklicht

909 Wird durch eine Handlung lediglich ein Tatbestand einmal verwirklicht, liegt lediglich eine Tat und somit gar kein Konkurrenzverhältnis vor. Das klingt an sich logisch, ist aber dann entscheidend, wenn mehrere natürliche Handlungen zu einer Handlung zusammengefasst werden. Man spricht hier auch von der sog. **unechten Konkurrenz**, was an sich widersprüchlich ist, da in diesen Fällen genau genommen gar kein Konkurrenzverhältnis vorliegt. Denn es bleibt am Ende nur ein Tatbestand übrig.

> **Bsp.:** Anton gibt Bruno auf einer Party in schneller Folge fünf kräftige Ohrfeigen. – In diesem Fall werden mehrere natürliche Handlungen rechtlich zu einer Handlung zusammengefasst. Denn es wäre unsinnig, Anton hier wegen fünf Körperverletzungen zu bestrafen. Es liegt also im Ergebnis nur eine Körperverletzung vor. Anton wird nur zu einer Strafe verurteilt.

2. Scheinbare Konkurrenz: Zwei Tatbestände werden verwirklicht, einer tritt vollständig hinter den anderen zurück

910 Ferner gibt es Fälle, in denen zwar mehrere Tatbestände verwirklicht werden, man aber letztlich nur wegen der Verwirklichung eines Straftatbestandes bestraft wird, da ein Tatbestand vollständig hinter den anderen zurücktritt. Da in diesen Fällen auch nur ein Straftatbestand im Schuldspruch auftaucht, spricht man hier von **scheinbarer Konkurrenz**. Diese unterscheidet sich von der unechten Konkurrenz dadurch, dass wenigstens vom Wortlaut her mehrere verschiedene Tatbestände erfüllt sind, auch wenn am Ende infolge des Zurücktretens – wie beispielsweise des Diebstahls hinter einen Raub – nur ein Tatbestand übrig bleibt.

> **Ausgangsfall:** Wenn Anton die Renate mit einer Eisenstange niederschlägt und ihre Handtasche entwendet, verdrängt, wie oben gesehen, der schwere Raub, § 250 StGB, sowohl den Grundtatbestand des einfachen Raubes als auch den Diebstahl (mit Waffen). Der Richter bestraft hier also wegen schweren Raubes und entnimmt die Strafe dem Strafrahmen des § 250 Abs. 2 StGB (Freiheitsstrafe nicht unter fünf Jahren). Der gleichzeitig verwirklichte einfache Raub taucht im Schuldspruch ebenso wenig auf wie der im Raub enthaltene Diebstahl.

---

498 Vgl. hierzu noch näher unten Rn. 916 f.

3. Echte Konkurrenz: Zwei Tatbestände werden verwirklicht, beide tauchen im Schuldspruch auf

Für die Konkurrenzbeurteilung relevant sind aber vor allem diejenigen Fälle, in denen am Ende tatsächlich mehrere selbstständige Straftatbestände übrig bleiben, die im Schuldspruch des Urteils auch eigens genannt werden. Diese Fälle der **echten Konkurrenz** sind gesetzlich ausdrücklich in den §§ 52 und 53 StGB geregelt.

a) Tateinheit oder Idealkonkurrenz, § 52 StGB. § 52 StGB regelt den Fall, dass der Täter durch **eine Handlung** mehrere Delikte begeht. Dabei sind zwei Möglichkeiten denkbar. Entweder der Täter erfüllt im Wege der **gleichartigen Konkurrenz** durch eine Handlung denselben Tatbestand mehrfach (er tötet z. B. durch eine Bombe 15 Menschen) oder aber er erfüllt im Wege der **ungleichartigen Konkurrenz** durch eine Handlung mehrere unterschiedliche Tatbestände (er schlägt seiner Frau mit einem (zerbrechenden) fremden Aschenbecher auf den Kopf und begeht durch diesen Schlag sowohl eine gefährliche Körperverletzung, §§ 223, 224 Abs. 1 Nr. 2 StGB, als auch eine Sachbeschädigung, § 303 StGB). Die Erfüllung mehrerer Tatbestände kann sich dabei entweder gegen einen oder aber gegen mehrere Rechtsgutsträger richten.

> **Bsp.:** Die 15 Morde richten sich notwendigerweise gegen 15 verschiedene Personen. Wird der Täter wegen Sachbeschädigung und Körperverletzung bestraft, kann sich die Tat entweder gegen denselben Rechtsgutsträger richten (wenn der Verletzte zugleich Eigentümer der Sache war) oder zwei verschiedene Personen betreffen (wenn der Verletzte gerade nicht Eigentümer der Sache war).

Liegt insoweit eine **echte Konkurrenz** vor, stehen die verschiedenen verwirklichten Delikte in Idealkonkurrenz, § 52 StGB, wenn sie durch **eine Handlung** begangen wurden. Liegen dagegen **mehrere Handlungen** vor, ist Realkonkurrenz, § 53 StGB, gegeben.

> **Bsp.:** Wenn Anton durch eine Bombe 15 Menschen tötet, liegt eine Handlung (= Idealkonkurrenz) vor. Tötet der Serienmörder an 15 aufeinanderfolgenden Tagen jeweils einen Menschen, sind dagegen mehrere Handlungen gegeben (= Realkonkurrenz).

Diese Frage (eine oder mehrere Handlungen) hat nun entscheidenden Einfluss auf das Strafmaß. Es wurde bereits darauf hingewiesen, dass dem deutschen Strafrecht eine reine Kumulation verschiedener Strafen für einzelne Delikte fremd ist. Begründet wird dies damit, dass eine bloße Addition von Einzelstrafen das Maß der Schuld des Täters übersteigen würde. Deshalb findet sich in den §§ 52 ff. StGB eine differenzierende Regelung, die von dem Grundgedanken ausgeht, dass der Täter besser stehen muss, wenn er mehrere Straftatbestände durch **eine Handlung** erfüllt (= Idealkonkurrenz), als wenn er diese durch **mehrere Handlungen** verwirklicht (= Realkonkurrenz).

Werden durch dieselbe Handlung mehrere Straftatbestände erfüllt, die auch selbstständig im Schuldspruch auftauchen (Idealkonkurrenz, § 52 StGB), so wird im Ergebnis nur auf **eine Strafe** erkannt. Der Täter wird im Strafausspruch nach dem Strafrahmen beurteilt, den die **schwerste Tat** vorgibt, § 52 Abs. 2 Satz 1 StGB (sog. „**Absorptionsprinzip**"). Für die anderen Taten wird keine Strafe ausgesprochen, sie gelten durch die Bestrafung wegen der schwersten Tat als mit abgegolten. Sie erscheinen allerdings im Schuldspruch und kennzeichnen daher das Unrecht der Tat. Der Schuldvorwurf bleibt somit bestehen, die Taten sind lediglich im Hinblick auf den zur Verfügung stehenden **Strafrahmen** unbeachtlich. Innerhalb dieses Strafrahmens (z. B. beim Diebstahl: Freiheitsstrafe bis zu fünf Jahren oder Geldstrafe) kann nun aber bei der konkreten Strafzumessung strafschärfend berücksichtigt werden, dass der Täter mehrere Straftaten begangen hat.

916 b) **Tatmehrheit oder Realkonkurrenz, § 53 StGB.** Etwas komplizierter – und für den Täter ungünstiger – ist die Berechnung dann, wenn die Straftaten durch **mehrere Handlungen** begangen wurden. Wie bei der Idealkonkurrenz können sich die verschiedenen Handlungen auch hier auf denselben Straftatbestand beziehen (gleichartige Realkonkurrenz; Bsp.: Anton zertrümmert regelmäßig samstags nach dem Diskothekenbesuch auf dem Heimweg fremde Autos) oder aber verschiedene Straftatbestände betreffen (ungleichartige Realkonkurrenz; Bsp.: Bruno tötet montags seine Ehefrau und begeht dienstags einen Banküberfall).

917 Liegt Tatmehrheit vor, so wird, da hier die Schuld des Täters als höher anzusehen ist, für jede der begangenen Straftaten eine gesonderte Strafe ausgesprochen. Aus diesen **Einzelstrafen** wird dann eine **Gesamtstrafe** gebildet. Zwar erscheint im Urteilstenor nur diese Gesamtstrafe, die Einzelstrafen werden aber in den Urteilsgründen gesondert erwähnt. Bei der Bildung der Gesamtstrafe findet nun wiederum **keine reine Addition der Einzelstrafen** statt. Nach § 54 StGB wird der Gesamtstrafe die schwerste (Einzel-)Strafe zugrunde gelegt (Einsatzstrafe) und unter Berücksichtigung der anderen Strafen leicht erhöht (sog. **„Asperationsprinzip"**).

> Im **Ausgangsfall** (Diebstahl der Eisenstange, um tags darauf die Rentnerin Renate bewusstlos zu schlagen und zu berauben) muss der Richter also zuerst die jeweiligen Einzelstrafen festlegen. So kann er z. B. wegen des begangenen Diebstahls der Eisenstange eine Freiheitsstrafe von acht Monaten und wegen des schweren Raubes (in Tateinheit mit gefährlicher Körperverletzung) eine Freiheitsstrafe von fünf Jahren verhängen. Hieraus ist nun eine Gesamtstrafe zu bilden, indem die höhere Strafe (fünf Jahre Freiheitsstrafe) als Einsatzstrafe genommen und unter Berücksichtigung der geringeren Strafen erhöht wird. In der Praxis zeigt sich dabei die Tendenz, dass bei der Bildung der Gesamtstrafe die höchste Strafe veranschlagt und mit der Hälfte der zweithöchsten Strafe addiert wird (die Gesamtstrafe würde im Ausgangsfall daher fünf Jahre und vier Monate Freiheitsstrafe betragen).

III. Prüfungsschema

918 Nach der Feststellung, welche Straftaten der Täter insgesamt begangen hat, folgt die Prüfung der Konkurrenzen gedanklich in zwei Schritten. Als Erstes muss geprüft werden, ob der Täter die verschiedenen Delikte durch eine oder durch mehrere Handlungen verwirklicht hat. Hier können bereits die Fälle der **unechten Konkurrenz** ausgeschieden werden, in denen der Täter durch eine Handlung das gleiche Rechtsgut desselben Rechtsgutsträgers mehrfach verletzt (Körperverletzung durch mehrere Schläge, Beleidigung durch mehrere üble Ausdrücke, Diebstahl mehrerer Sachen). Anschließend muss geprüft werden, ob auch tatsächlich

III. Prüfungsschema   919

alle Straftaten im Schuldspruch auftauchen sollen oder ob eine der festgestellten Straftaten hinter einer anderen im Wege der „Gesetzeskonkurrenz" oder als „mitbestrafte Vor- oder Nachtat" zurücktreten soll.

Klausurtipp

Bei umfangreicheren Sachverhalten bietet sich regelmäßig eine Prüfung nach Sachverhaltskomplexen (= Handlungsabschnitten) an, die sich an den einzelnen Handlungen der Beteiligten zu orientieren haben. Dann aber wird zumeist auch jedem Sachverhaltskomplex „eine Handlung" (im Sinne der Konkurrenzregeln) zugrunde liegen. Die Konkurrenzen sollten dann zuerst innerhalb der einzelnen Handlungsabschnitte geklärt werden (zur besseren Übersicht am besten auch gleich am Ende des jeweiligen Sachverhaltskomplexes). Am Ende sind dann die Konkurrenzen der verschiedenen Handlungsabschnitte untereinander zu erörtern, wobei zwischen den einzelnen Handlungsabschnitten dann in der Regel Realkonkurrenz anzunehmen sein dürfte. Auch ist es angebracht, bei eindeutigen Fällen der Gesetzeskonkurrenz auf die gesonderte Prüfung des verdrängten Tatbestandes zu verzichten und es bei einem entsprechenden Hinweis im Ergebnissatz des ausführlich geprüften und vorrangigen Delikts zu belassen (z. B.: Anton ist daher wegen Raubes, § 249 StGB, zu bestrafen. Der zugleich verwirklichte Diebstahl bzw. die begangene Nötigung treten im Wege der Spezialität zurück).

Diese Vorüberlegungen führen zu folgendem **Schaubild**:   919

Überblick Konkurrenzen	Ein Tatbestand wird nur einmal verwirklicht	Ein Tatbestand wird mehrmals erfüllt oder es werden mehrere Tatbestände verwirklicht (= echte Konkurrenz)	
		Schuldspruch wegen sämtlicher Taten (= wirkliche Konkurrenz)	Schuldspruch nur wegen einer Tat, da die anderen Taten verdrängt werden (= scheinbare Konkurrenz)
Eine Handlung (Handlungseinheit): • natürliche Handlung (z. B. eine Körperbewegung) • natürliche Handlungseinheit (mehrere natürliche Handlungen in engem zeitlichen und räumlichen Zusammenhang) • tatbestandliche Handlungseinheit (Verknüpfung mehrerer natürlicher Handlungen durch einen Tatbestand; z. B. Raub, § 249 StGB) • Verklammerung (mehrere Einzeldelikte werden durch eine – schwerere – Dauerstraftat verknüpft) • (Fortsetzungszusammenhang; veraltet)	Keine Konkurrenz (= unechte Konkurrenz) z. B. mehrere Schläge in schneller Folge als eine Körperverletzung	**§ 52 StGB**, Tateinheit oder Idealkonkurrenz Rechtsfolge: Strafe richtet sich nach der Strafandrohung des schwersten Delikts; Absorptionsprinzip	Gesetzeskonkurrenz • **Spezialität** (ein Tatbestand enthält einen anderen vollständig und zusätzlich noch weitere Merkmale; z. B. Qualifikationen) • **Subsidiarität** (ein Tatbestand tritt aufgrund ausdrücklicher gesetzlicher Anordnung oder aus systematischen Gründen zurück, z. B. § 246 StGB.) • **Konsumtion** (eine Strafnorm ist zwar nicht notwendige, aber typische Begleittat einer schwereren Norm)

Überblick Konkurrenzen	Ein Tatbestand wird nur einmal verwirklicht	Ein Tatbestand wird mehrmals erfüllt oder es werden mehrere Tatbestände verwirklicht (= echte Konkurrenz)	
		Schuldspruch wegen sämtlicher Taten (= wirkliche Konkurrenz)	Schuldspruch nur wegen einer Tat, da die anderen Taten verdrängt werden (= scheinbare Konkurrenz)
Mehrere Handlungen (Handlungsmehrheit)	Nicht denkbar	**§ 53 StGB**, Tatmehrheit oder Realkonkurrenz Rechtsfolge: Bildung einer Gesamtstrafe; Asperationsprinzip (nicht: Kumulation)	• mitbestrafte Vortat (die der Vorbereitung der Haupttat dient) • mitbestrafte Nachtat (die der Sicherung der Haupttat dient, z. B. Sicherungsbetrug)

1. Unterscheidung: eine Handlung oder mehrere Handlungen

920 Der für die Konkurrenzfrage entscheidende **materiell-rechtliche Handlungs- und Tatbegriff** knüpft an die „natürliche Handlung" an, erfasst aber darüber hinaus auch Fälle, in denen mehrere natürliche Handlungen im Rahmen einer **rechtlichen Bewertung** zu einer Handlung im Rechtssinne zusammengefasst werden. Lediglich dann, wenn eine der im Folgenden genannten Fallgruppen vorliegt, ist von **einer Handlung** im Rechtssinne auszugehen. Ist dies nicht der Fall, liegen notwendigerweise **mehrere Handlungen** vor.

921 **a) Natürliche Handlung.** Die natürliche Handlung ist die Grundform aller strafrechtlich relevanten Handlungen. Sie lässt sich regelmäßig durch die Vornahme (oder bei Unterlassungsdelikten: durch die Nichtvornahme) einer Körperbewegung kennzeichnen. Regelmäßig wird hier durch einen Handlungsentschluss eine Willensbetätigung realisiert.

> **Bsp.:** Ein Schuss, ein Schlag, das Zünden einer Bombe. Auch wer eine Bombe in eine Menschenmenge wirft und dabei zehn Menschen tötet, begeht nur **eine natürliche Handlung** (= Werfen der Bombe), selbst wenn dadurch mehrere höchstpersönliche Rechtsgüter verletzt werden.

922 Wichtig ist, dass bei der Beurteilung immer an die Handlungen derjenigen Personen angeknüpft werden muss, deren Strafbarkeit im konkreten Fall geprüft wird. Sind an einer Tat mehrere (insbesondere Täter und Teilnehmer) beteiligt, so ist diese Frage für jeden von ihnen gesondert zu prüfen, wobei man im Einzelfall zu unterschiedlichen Ergebnissen kommen kann.

> **Bsp.:** Anton übergibt Bruno 20.000 Euro mit der Aufforderung, er solle sämtliche fünf Liebhaber seiner Ehefrau töten. Bruno macht dies an fünf verschiedenen Tagen. – Während Bruno wegen fünffachen Mordes zu bestrafen ist, die allesamt in Realkonkurrenz, § 53 StGB, stehen, hat Anton durch seine einmalige Anstiftung nur eine natürliche Handlung vorgenommen und ist daher auch nur wegen einer Anstiftung zu einem fünffachen Mord strafbar.

b) Natürliche Handlungseinheit

923 **Definition**

Eine **natürliche Handlungseinheit** liegt dann vor, wenn mehrere im Wesentlichen gleichartige Verhaltensweisen eines Täters von einem einheitlichen Willen getragen werden und aufgrund ihres räumlich-zeitlichen Zusammenhangs derart eng miteinander verbunden sind, dass das gesamte Tätigwerden objektiv auch für einen Dritten bei natürlicher Betrachtungsweise als ein einheitliches, zusammenhängendes Geschehen erscheint.

Liegt eine solche natürliche Handlungseinheit vor, ist lediglich eine Handlung im Rechtssinne anzunehmen, da eine Aufspaltung in verschiedene (Einzel)Handlungen dem Gesamtgeschehen nicht gerecht würde. Entscheidend ist aber stets, dass das Verhalten von einem einheitlichen Vorsatz getragen ist. Findet ein Vorsatzwechsel statt bzw. fasst der Täter einen neuen Tatentschluss, liegt auch eine neue Tat vor. Dagegen ist es unschädlich, wenn der Täter in schneller Folge das Tatmittel wechselt, also z. B. bei einer beabsichtigten Tötung zuerst mit einer Pistole schießt und anschließend mit einem Messer zusticht.

Bsp.: Anton will seinen Nachbarn Bruno verprügeln. Er reißt aus dessen Zaun eine Latte heraus und schlägt Bruno damit auf den Kopf. – Die Sachbeschädigung am Zaun, § 303 StGB, und die gefährliche Körperverletzung an Bruno, §§ 223, 224 Abs. 1 Nr. 2 StGB, stellen zwar zwei natürliche Handlungen dar, die aber, da sie von einem einheitlichen Vorsatz getragen sind, in natürlicher Handlungseinheit stehen.

Die natürliche Handlungseinheit richtet sich in ihrer **Grundform** gegen dasselbe Rechtsgut und gegen denselben Rechtsgutsträger. Dabei kann es sich um eine iterative (= wiederholte) oder eine sukzessive (= sich nach und nach vollziehende) Tatbegehung handeln. **924**

Bsp. (iterative Tatbegehung): Anton bricht in eine Villa ein und leert dort den Safe, indem er durch einen jeweils neuen Griff ins Innere insgesamt zehn Bündel mit je 200 Scheinen zu je 50 Euro entnimmt und in seine mitgebrachte Aktentasche steckt. – Obwohl Anton hier mehrmals „zugriff" hat er lediglich einen (Wohnungseinbruchs-)Diebstahl, §§ 242, 244 Abs. 1 Nr. 3, Abs. 4 StGB, begangen. Denn es darf keine Rolle spielen, ob er die Geldscheine gleichzeitig oder nacheinander aus dem Safe holt.

Bsp. (sukzessive Tatbegehung): Anton schießt acht Mal in schneller Folge mit seiner Pistole auf Bruno, wobei er ihn die ersten drei Male verfehlt, die nächsten vier Male lediglich verletzt und erst beim letzten Schuss tötet. – Obwohl Anton hier acht Schüsse abgegeben hat, liegt auch hier eine natürliche Handlungseinheit vor. Unschädlich wäre es auch, wenn Anton während der Tatausführung die Tötungsart wechselte, also z. B. nach Leerschießen des Magazins dazu überginge, Bruno zu erwürgen.

Die in natürlicher Handlungseinheit begangenen Taten können sich jedoch auch gegen **verschiedene Rechtsgüter** desselben Rechtsgutsträgers richten, wenn eine enge zeitliche und räumliche Verknüpfung vorliegt. **925**

Bsp.: Anton schlägt Klara nieder, wobei er sie beschimpft. Als Klara am Boden liegt, zerreißt er ihre Bluse, entwendet ihre Handtasche und läuft davon. – Obwohl sich die begangenen Delikte der Körperverletzung, Beleidigung, Sachbeschädigung und des Diebstahls bzw. Raubes gegen verschiedene Rechtsgüter (körperliche Unversehrtheit, Ehre, Eigentum) richten, stehen sie aufgrund ihres unmittelbaren zeitlichen und räumlichen Zusammenhangs in natürlicher Handlungseinheit, sofern sie von einem einheitlichen Vorsatz getragen sind.

926 Schließlich ist es in **Ausnahmefällen** auch anerkannt, dass Taten, die im unmittelbaren zeitlichen und räumlichen Zusammenhang stehen, als natürliche Handlungseinheit zu betrachten sind, selbst wenn sie sich gegen unterschiedliche Rechtsgutsträger richten.

> **Bsp.:** Anton flieht in seinem PKW vor einem Polizeiauto. Dabei schießt er mehrmals wild um sich, wobei er zwei Polizeibeamte und einen Passanten tötet. Außerdem beschädigt er während der Flucht vier geparkte Fahrzeuge und fährt eine auf dem Fußgängerüberweg stehende Frau an, die dadurch schwer verletzt wird (sog. „Polizeifluchtfälle"). – Sind diese Taten durch einen einheitlichen Fluchtwillen des Täters motiviert, ist es auch hier angebracht, lediglich eine Handlung des Täters anzunehmen, selbst wenn die Flucht einige Zeit dauert.

927 Eine natürliche Handlungseinheit liegt ferner auch dann vor, wenn sich mehrere natürliche Handlungen (lediglich) teilweise überschneiden (**Teilidentität der Ausführungshandlungen**).

> **Bsp.:** Anton schlägt Bruno nieder und greift in dessen Manteltasche, um ihm den Geldbeutel wegzunehmen. Er wird dabei von Rudi beobachtet, der herbeieilt, um Bruno zu helfen. Daraufhin erschießt Anton den Rudi. Anschließend zieht er Bruno, wie von Anfang an beabsichtigt, dessen Geldbeutel aus der Tasche und flieht. – Hier fallen die noch nicht abgeschlossene Wegnahmehandlung (als Teilakt des Raubes) und die Gewaltanwendung gegenüber Rudi (als weiterer Teilakt des Raubes sowie als Tötungshandlung) zeitlich zusammen. Es liegt daher eine natürliche Handlungseinheit zwischen dem Raub an Bruno und dem Mord an Rudi vor, obwohl die Gewaltanwendung gegenüber Bruno zum Zeitpunkt des Schusses auf Rudi schon abgeschlossen war.

928 Eine solche Teilidentität der Ausführungshandlungen ist – nach allerdings umstrittener Ansicht – auch dann anzunehmen, wenn ein Unterlassungsdelikt mit einem Begehungsdelikt bzw. ein Dauerdelikt mit einem Zustandsdelikt zusammentrifft, der Täter also z. B. während eines Hausfriedensbruches eine Körperverletzung begeht oder während der Entführung im Rahmen eines erpresserischen Menschenraubes gegenüber einem Dritten Lösegeldforderungen durchsetzt.

c) Tatbestandliche Handlungseinheit

929 **Definition**
Unter einer **tatbestandlichen Handlungseinheit** sind diejenigen Fälle zu verstehen, in denen bereits aufgrund der Fassung des gesetzlichen Tatbestandes mehrere natürliche Handlungen zu einer rechtlich-sozialen Bewertungseinheit verbunden werden.

Da in den Fällen der tatbestandlichen Handlungseinheit am Ende stets nur ein Tatbestand einmal verwirklicht wird, liegt regelmäßig auch nur eine „unechte Konkurrenz" vor. Eine solche Handlungseinheit kann sich dabei bereits eindeutig aus der **tatbestandlichen Fassung** des jeweiligen Delikts ergeben (wie z. B. beim

Raub, § 249 StGB, der bereits nach dem Gesetzeswortlaut eine Zweiaktigkeit von Gewaltanwendung oder Drohung und einer späteren, hierauf beruhenden Wegnahme voraussetzt). Eine tatbestandliche Handlungseinheit besteht ferner regelmäßig bei **Dauerdelikten** (Anton hält Bruno mehrere Tage lang in seinem Keller gefangen, wobei er die Kellertüre mehrfach am Tag wieder neu verschließt, nachdem er ihm etwas zu Essen gebracht hat) sowie bei Tatbeständen, die mehrere natürliche Handlungen zu einer **rechtlichen Bewertungseinheit** zusammenfassen (z. B.: Otto begeht während einer mehrjährigen geheimdienstlichen Agententätigkeit, § 99 StGB, in vielfältiger Weise Spionagetätigkeiten). Eine tatbestandliche Handlungseinheit kann schließlich auch bei den **Unterlassungsdelikten** vorliegen (z. B. dann, wenn ein Hilfeleistungspflichtiger während einer Zeitspanne von einer halben Stunde mehrere Möglichkeiten hätte, einen Ertrinkenden zu retten, aber durchweg untätig bleibt).

d) Fortsetzungszusammenhang. Bis vor wenigen Jahren war es anerkannt, dass auch über die Rechtsfigur des sog. Fortsetzungszusammenhangs mehrere an sich selbstständige natürliche Handlungen zu einer Handlung im Rechtssinne zusammengefasst werden konnten. Nachdem der BGH durch eine Entscheidung aus dem Jahre 1994 diese Rechtsfigur für (teilweise) unanwendbar erklärt hat,[499] gibt es heute jedoch kaum noch Stimmen, die eine weitere Anwendung befürworten. Insoweit soll auf diese Rechtsfigur hier nicht vertiefend eingegangen werden. Eine Kenntnis der entsprechenden Fälle ist aber hilfreich, um sich klar zu machen, welche Verhaltensweisen heute **nicht mehr** als eine Handlung im Rechtssinne angesehen werden können.

> **Definition**
> Unter der Rechtsfigur des **Fortsetzungszusammenhangs** verstand man die Zusammenfassung von Handlungsreihen mit gleichartig wiederkehrender Tatbestandsverwirklichung zu einer Tat.
>
> > **Bsp.:** Vater Viktor begeht über einen Zeitraum von insgesamt 15 Jahren hinweg auf der Grundlage eines einheitlich gefassten Tatentschlusses gegenüber seiner minderjährigen Tochter in mehr als 230 Fällen einen sexuellen Missbrauch.

Ein Fortsetzungszusammenhang, der mehrere, zeitlich teilweise weit auseinanderliegende Handlungen zu einer Handlung im Rechtssinne verknüpfte, wurde von der h. M. früher unter folgenden vier Voraussetzungen angenommen: a) das Vorliegen mehrerer an sich rechtlich selbstständiger Taten (d. h. an sich selbstständiger natürlicher Handlungen), b) die Verletzung eines gleichartigen Rechtsguts, wobei es jedoch (mit Ausnahme von höchstpersönlichen Rechtsgütern) nicht erforderlich war, dass es sich um dieselben Rechtsgutsträger handelte, c) eine im Wesentlichen gleichartige Begehungsweise, d. h. die Taten mussten nach demselben „Schema" vor sich gehen, und d) als besondere subjektive Voraussetzung ein von Anfang an gefasster Gesamtvorsatz. Ein solcher Gesamtvorsatz wurde angenommen, wenn ein zuvor gefasster Vorsatz sämtliche Teile der geplanten Handlungsreihe in ihren wesentlichen Grundzügen nach Zeit, Ort und Art der Bege-

499 BGHSt 40, 138.

hungsweise sowie der Person des Verletzten umfasste, wobei dieser Vorsatz jeweils noch bis zur Beendigung des letzten Teilakts auf weitere Handlungsteile erstreckt werden konnte (nach weiten Teilen der Literatur genügte dagegen auch ein „Fortsetzungsvorsatz", d. h. es wurde für ausreichend befunden, wenn nach Abschluss der bisherigen Tat ein neuer Entschluss gefasst wurde, der als Fortsetzung des vorangegangenen Tatentschlusses angesehen werden konnte, sodass alle Tatentschlüsse eine „fortlaufende psychische Linie" bildeten).[500]

932 **e) Klammerwirkung.** Neben den genannten Formen der Handlungseinheit gibt es schließlich auch noch die Möglichkeit, mehrere Handlungen, die sich entweder zeitlich überschneiden oder aber zeitlich sogar auseinanderfallen und an sich nichts miteinander zu tun haben, durch eine weitere Handlung zu einer Handlung im Rechtssinne zu **verklammern** – mit der Konsequenz, dass auch hier keine Realkonkurrenz, § 53 StGB, sondern Idealkonkurrenz, § 52 StGB, anzunehmen ist. Dabei sind mehrere Fallgruppen zu unterscheiden:

933 **aa) Das Zusammentreffen eines Dauerdelikts mit einem Zustandsdelikt.** In dieser – einfacher zu handhabenden – Kategorie wird ein Zustandsdelikt während eines notwendig längere Zeit andauernden Dauerdelikts begangen.

> **Bsp.:** Anton bricht bei Klara ein und sperrt diese in die Besenkammer. Nachdem er sich einige Stunden im Haus umgesehen hat, schließt er die Kammer wieder auf und verprügelt Klara heftig. Anschließend sperrt er die Türe zur Besenkammer wieder zu und lässt Klara erst eine Stunde später frei. – Sowohl die Freiheitsberaubung, § 239 StGB, als auch der Hausfriedensbruch, § 123 StGB, stellen Dauerstraftaten dar, die während der gesamten Zeit stattfanden. Fraglich ist, wie sich die Körperverletzung, § 223 StGB, als Zustandsdelikt hierzu verhält.

934 Die **Rechtsprechung** geht davon aus, dass eine Handlung im Rechtssinne nur dann vorliegt, wenn eine Teilidentität der Ausführungshandlungen festzustellen ist, die Dauerstraftat also gerade notwendiger Bestandteil des Zustandsdelikts ist.[501] In der Literatur werden hingegen verschiedene Ansätze vertreten. So gehen die einen davon aus, Handlungseinheit läge nur vor, wenn das Dauerdelikt (hier der Hausfriedensbruch bzw. die Freiheitsberaubung) gerade Mittel oder Voraussetzung zur Begehung des anderen Delikts (hier der Körperverletzung) sein sollte oder wenn das Zustandsdelikt gerade dazu dienen soll, das Dauerdelikt zu ermöglichen (z.B. Sachbeschädigung durch Zerstören der Türe zur Ermöglichung des Hausfriedensbruchs).[502] Eine weitere Ansicht nimmt eine Klammerwirkung nur an, wenn das Zustandsdelikt gerade dazu dient, das Dauerdelikt aufrecht zu erhalten (z.B. eine Körperverletzung, die das gefangen gehaltene Opfer am Verlassen des Raumes hindert).[503] Weitgehend einig ist man sich jedoch, dass jedenfalls dann **mehrere Handlungen** gegeben sind, wenn das Zustandsdelikt nur „anlässlich" der Tat und aufgrund eines neuen Entschlusses verübt wird.[504]

---

500 Vgl. zu dieser Rechtsfigur (insbesondere auch zu deren Vor- und Nachteilen) ergänzend *Heinrich*, AT, Rn. 1424 ff.
501 BGHSt 18, 29 (33).
502 *Wessels/Beulke/Satzger*, Rn. 1283.
503 *Rissing-van Saan*, in: LK, 13. Aufl., § 52 Rn. 24.
504 *Kühl*, § 21 Rn. 34b.

III. Prüfungsschema   **935, 936**

> **Bsp.:** Nachdem Anton die in der Besenkammer eingesperrte Klara verprügelt hat, zerstört er beim Verlassen des Hauses spontan noch einen Computerbildschirm, um sich abzureagieren. – Hier liegen nach der h. M. mehrere Handlungen vor, da die Sachbeschädigung nicht von vornherein geplant war und nur „anlässlich" der Tat stattfand.

> **bb) Die Verklammerung mehrerer Einzeldelikte durch ein Dauerdelikt.** **935**
> Schwieriger wird die Beurteilung dann, wenn mehrere Einzeldelikte, die durch verschiedene Handlungen begangen wurden, und die an sich in Realkonkurrenz, § 53 StGB, zueinander stünden, während eines Dauerdeliktes begangen wurden. Es fragt sich hier, ob das Dauerdelikt dazu imstande ist, diese Delikte zu einer Handlung im Rechtssinne zu verklammern.

> **Bsp.:** Anton führt unerlaubt eine Waffe mit sich (strafbar nach § 52 WaffG) und bedroht damit auf der Straße den Bruno (§ 241 StGB). Einige Minuten später nimmt er der Klara unter Anwendung von Gewalt die Handtasche weg (§§ 249, 250 Abs. 1 Nr. 1 StGB). Wieder einige Minuten später trifft er auf Kurt, den er erschießt (§ 212 StGB). – Die gegenüber Bruno verübte Bedrohung und das Mitsichführen der Waffe stellen nach den oben dargestellten Grundsätzen der Teilidentität der Ausführungshandlungen eine Handlung im Rechtssinne dar. Gleiches gilt für den schweren Raub gegenüber Klara bzw. dem Totschlag an Kurt im Vergleich jeweils zum Mitsichführen der Waffe. Fraglich ist aber, ob in diesem Fall das Dauerdelikt des unerlaubten Führens der Waffe auch die Delikte der Bedrohung, des Raubes und des Totschlags, die an sich nichts miteinander zu tun haben, zu einer Tat verklammern kann.

Dabei sind folgende Leitlinien zu beachten: Ist das Dauerdelikt schwerer als die **936** jeweiligen Einzeldelikte, dann ist eine Verklammerung möglich (das unerlaubte Mitsichführen einer Waffe, § 52 WaffG, könnte also zwei zeitlich auseinanderliegende Bedrohungen, § 241 StGB, zu einer Tat verklammern). Da es aber nur wenige Dauerdelikte mit extrem hoher Strafandrohung gibt, sind diese Fälle praktisch kaum relevant. Wiegen dagegen die Einzeldelikte schwerer als das jeweilige Dauerdelikt, schied nach der **früheren Rechtsprechung des BGH** eine Verklammerung zu einer Handlung grundsätzlich aus.[505] Dies galt im Übrigen unabhängig davon, ob nur ein oder ob mehrere Einzeldelikte schwerer wogen als das Dauerdelikt. Diese Rechtsprechung wurde später jedoch aufgegeben. Nunmehr – und im Ergebnis zu Recht – scheidet eine Verklammerung nur dann aus, wenn beide Einzeldelikte schwerer sind als das Dauerdelikt. Ist hingegen lediglich ein Delikt schwerer als das Dauerdelikt, ist eine Verklammerung möglich.[506] Dabei stellt der BGH bei der Beurteilung der Schwere des Delikts nicht auf einen abstrakten Vergleich (z. B.: Verbrechen stets schwerer als Vergehen), sondern auf eine konkrete Betrachtung im Einzelfall ab.

> **Bsp.:** Im oben genannten Fall (Bedrohung zu Lasten Brunos, Raub zu Lasten Klaras; Tötung des Kurt – jeweils unter Mitsichführen einer Schusswaffe), wäre zwar eine Verklammerung der Bedrohung und des Raubes, der Bedrohung und des Totschlags, nicht aber eine Verklammerung des Raubes und des Totschlags möglich, da das Waffendelikt (§ 52 WaffG) im Verhältnis zum Raub und zum Totschlag nicht schwerer wiegt.

---

505 BGHSt 3, 165 (167); so auch heute noch *Jescheck/Weigend*, § 67 II 3.
506 BGHSt 31, 29 (31).

2. Selbstständigkeit der Delikte oder Zurücktreten eines Delikts

937 Liegt lediglich eine Handlung vor und werden dadurch mehrere Straftatbestände erfüllt (der Begriff „Verletzung mehrerer Gesetze" in § 52 StGB bedeutet „Verwirklichung mehrerer Straftatbestände"), so muss entschieden werden, ob alle diese Tatbestände selbstständig in den Schuldspruch aufgenommen werden sollen oder ob einzelne Straftatbestände hinter andere zurücktreten (und daher im Schuldspruch nicht auftauchen). Gleiches gilt dann, wenn mehrere Handlungen vorliegen. Hier kann entweder – bei selbstständiger Beurteilung – eine Realkonkurrenz, § 53 StGB, vorliegen oder aber ein Straftatbestand kann (auch hier) hinter einen anderen zurücktreten.

938 Entscheidend für die Frage, ob trotz mehrfacher Gesetzesverletzung nur wegen einer Tat verurteilt werden soll, ist letztlich die rechtliche Bewertung, ob der **Unrechtsgehalt** der gesamten Tat durch die Verurteilung wegen eines Tatbestandes bereits **vollständig abgegolten** ist oder ob die Aufnahme auch des anderen Tatbestandes in den Schuldspruch erforderlich ist, um den Unrechtsgehalt der Tat umfassend zu kennzeichnen (was zumeist dann der Fall ist, wenn die verwirklichten Taten nichts miteinander zu tun haben, sich gegen verschiedene Rechtsgüter oder – bei höchstpersönlichen Rechtsgütern – gegen verschiedene Rechtsgutsträger richten).

939 In der Rechtslehre wurden verschiedene Fallgruppen entwickelt, bei denen ein solches Zurücktreten anzunehmen ist. Liegt keine der im Folgenden genannten Fallgruppen vor, ist von einer Selbstständigkeit der Tatbestände auszugehen. In diesem Fall ist dann – je nachdem ob eine oder mehrere Handlungen vorliegen – Idealkonkurrenz, § 52 StGB, oder Realkonkurrenz, § 53 StGB, anzunehmen. Liegt hingegen eine der sogleich noch näher erörterten Fallgruppen vor, ist zu differenzieren: Wird die mehrfache Gesetzesverletzung durch **eine Handlung** begangen, ist ein Zurücktreten eines Tatbestandes im Wege der **Spezialität**, der **Subsidiarität** oder der **Konsumtion** möglich. Man spricht in diesen Fällen von **Gesetzeskonkurrenz**. Wird das Gesetz durch **mehrere Handlungen** mehrfach verletzt, ist ein Zurücktreten eines Tatbestandes (nur) im Wege der **mitbestraften Vor- oder Nachtat** möglich. Dabei zeichnen sich sämtliche Fallgruppen dadurch aus, dass der Unrechtsgehalt der verdrängten Vorschrift im Unrechtsgehalt der vorrangig anwendbaren Vorschrift vollständig enthalten ist.

a) Spezialität

940 **Definition**

Spezialität liegt dann vor, wenn eine Strafnorm **begriffsnotwendig** alle Merkmale einer anderen Vorschrift enthält, sodass die Verwirklichung des spezielleren Delikts zwangsläufig auch den in Betracht kommenden allgemeinen Tatbestand erfüllt.

Zusammengefasst kann man im Hinblick auf die Spezialität auch sagen: Ein Tatbestand enthält sämtliche Merkmale eines anderen und zumindest noch ein weiteres Merkmal. Dies ist regelmäßig (aber nicht nur) dann der Fall, wenn eine Qualifikation vorliegt.

> **Bsp.:** Eine Körperverletzung mit Todesfolge, § 227 StGB, setzt einerseits die vorsätzliche Verwirklichung einer Körperverletzung, andererseits den Eintritt einer tödlichen Folge voraus, die nach § 18 StGB zumindest fahrlässig verursacht worden sein muss. – Damit enthält die Körperverletzung mit Todesfolge notwendigerweise sowohl eine einfache Körperverletzung, § 223 StGB, als auch eine fahrlässige Tötung, § 222 StGB.

b) Subsidiarität

Definition 941

Subsidiarität liegt dann vor, wenn eine Strafvorschrift entweder bereits nach der Fassung des gesetzlichen Tatbestandes nur anwendbar ist, wenn nicht bereits ein anderer Tatbestand eingreift (formelle bzw. gesetzliche Subsidiarität) oder aber eine schwächere Begehungsform aus systematischen Erwägungen hinter einer stärkeren Begehungsform zurücktritt (materielle oder systematische Subsidiarität).

aa) Formelle Subsidiarität. In vielen Fällen enthält bereits das Gesetz eine ausdrückliche Regelung, dass ein Tatbestand nur dann gilt, wenn nicht ein vorrangiger Tatbestand anwendbar ist. So regelt z. B. § 145d StGB ausdrücklich, dass wegen einer Vortäuschung einer Straftat nur dann zu bestrafen ist, wenn die Tat nicht in §§ 164, 258 oder 258a StGB mit Strafe bedroht ist (**spezielle Subsidiarität**). Noch weiter gefasst ist § 248b StGB, der unbefugte Gebrauch eines Fahrzeugs, der aufgrund ausdrücklicher Anordnung nur dann gilt, „wenn die Tat nicht in anderen Vorschriften mit schwererer Strafe bedroht ist" (**allgemeine Subsidiarität**). Hiermit ist insbesondere eine gesetzliche Subsidiarität zum Diebstahl gemeint. Das Gleiche gilt für § 246 StGB, die Unterschlagung, wobei sich die Subsidiarität hier – nach allerdings umstrittener Ansicht[507] – auf Vermögensdelikte beschränken muss. Weitere Beispiele finden sich in § 145 Abs. 2, § 265a und § 316 StGB. Der subsidiäre Tatbestand gilt in diesen Fällen immer nur „hilfsweise" und erfüllt gleichsam eine Auffangfunktion. 942

bb) Systematische Subsidiarität. Über die formelle Subsidiarität hinaus treten aus systematischen Gründen Strafvorschriften einer schwächeren Begehungsform eines Delikts dann zurück, wenn durch dieselbe Handlung zugleich eine stärkere Begehungsform dieses Delikts erfüllt und dadurch das betroffene Rechtsgut intensiver verletzt wird. Dies gilt z. B. stets im Verhältnis von Versuch und Vollendung oder im Verhältnis eines bloßen Gefährdungsdelikts zum (schwereren) Verletzungsdelikt. 943

> **Bsp.:** Anton verbringt seinen 84-jährigen, etwas verwirrten Großonkel Günther auf eine abgelegene Berghütte und lässt ihn dort allein. Günther findet nicht mehr zurück und stirbt am vierten Tag. Dies hatte Anton auch beabsichtigt. – Hier hat Anton Günthers Leben dadurch gefährdet, dass er ihn i. S. des § 221 Abs. 1 Nr. 1 StGB in eine hilflose Lage versetzte. Da Anton darüber hinaus nicht nur Gefährdungsvorsatz, sondern sogar Tötungsvorsatz hatte und Günther auch tatsächlich zu Tode kam, tritt § 221 Abs. 1 Nr. 1, Abs. 3 StGB hinter §§ 212, 211 StGB zurück.

---

[507] *Eser/Bosch*, in: Schönke/Schröder, § 246 Rn. 31; a. M. aber BGHSt 47, 243.

944 Weitere Fälle der systematischen Subsidiarität sind das Verhältnis von Beihilfe und Anstiftung sowie das Verhältnis von Teilnahme und Täterschaft. Auch Delikte, die lediglich ein Durchgangsstadium der Begehung eines anderen Delikts darstellen (z. B. die einer Tötung vorgelagerte Körperverletzung), sind systematisch subsidiär. Im Gegensatz zur Spezialität ist hier das leichtere Delikt nicht notwendigerweise im schwereren Delikt enthalten, es liegt daher keine „logische", sondern eine „normative" Subsidiarität vor.

c) Konsumtion

945 **Definition**

Unter einer **Konsumtion** versteht man den konkurrenzrechtlichen Grundsatz, wonach bei Vorliegen einer Handlung, die mehrere Straftatbestände erfüllt, ein Tatbestand den anderen vollständig verdrängt, sofern der verdrängte Straftatbestand als typische Begleittat eines anderen, schwereren Tatbestandes anzusehen ist.

Die Konsumtion unterscheidet sich somit von der Spezialität dadurch, dass hier eine Strafnorm nicht **notwendigerweise**, sondern nur **typischerweise** mit einer anderen zusammentrifft und zudem eine andere Schutzrichtung aufweist. Die Strafbedürftigkeit für diese Straftat kann aber ausnahmsweise dann entfallen, wenn der Unrechts- und Schuldgehalt der Strafnorm durch das schwerere Delikt miterfasst und vollständig abgedeckt wird. Wann dies der Fall ist, entzieht sich – leider – der abstrakten Beurteilung und ist eine Frage des Einzelfalles.

> **Bsp.:** Als typisches Beispiel einer Konsumtion ist der klassische Einbruchsdiebstahl anzusehen (= besonders schwerer Fall des Diebstahls, §§ 242, 243 Abs. 1 Satz 2 Nr. 1 StGB): Wer zur Ausführung der Tat in ein Gebäude einbricht (= gewaltsames Öffnen), der beschädigt dabei in aller Regel Fenster oder Türen (= Sachbeschädigung, § 303 StGB) und begeht zudem einen Hausfriedensbruch (= § 123 StGB). Eine Spezialität liegt hier nicht vor, da es auch Fälle des Einbruchsdiebstahls geben kann, bei denen §§ 123, 303 StGB nicht erfüllt werden (z. B.: Der nicht mehr zu Hause wohnende Sohn dringt nachts mittels eines Zweitschlüssels in die Wohnung seines Vaters ein, um zu stehlen). Eine Konsumtion scheidet lediglich dann aus, wenn der durch § 303 StGB verursachte Schaden im Vergleich zum gestohlenen Gut besonders hoch ist (Zerstörung einer teuren elektronischen Sicherungsanlage, um ein Tagebuch zu stehlen).[508]

d) Mitbestrafte Vortat

946 **Definition**

Unter einer **mitbestraften Vortat** versteht man einen konkurrenzrechtlichen Grundsatz, wonach bei Vorliegen mehrerer Handlungen, die mehrere Straftatbestände erfüllen, ein Tatbestand den anderen verdrängt, sofern die zeitlich erste Tat im Vergleich zu der ihr nachfolgenden Haupttat eine untergeordnete Bedeutung hat.

---

508 Kritisch zur Konsumtion inzwischen auch BGH NJW 2002, 150 (152).

Die mitbestrafte Vortat setzt damit notwendigerweise voraus, dass zwei verschiedene Handlungen vorliegen, die ansonsten im Verhältnis der Realkonkurrenz, § 53 StGB, stünden. Eine untergeordnete Bedeutung – und somit das Zurücktreten der Vortat – liegt immer dann vor, wenn die untergeordnete Tat als **notwendiges Durchgangsstadium** einen funktionellen Bestandteil der Haupttat darstellt. Sie erfüllt für sich gesehen zwar einen eigenen Straftatbestand, die Rechtsgutsverletzung geht aber nicht über das hinaus, was durch die spätere Tat bereits abgedeckt ist.

> Bsp.: Anton nimmt bei einer Party bei Bruno dessen Autoschlüssel mit. Am nächsten Tag dringt er in Brunos Garage ein und entwendet, wie er es von Anfang an geplant hatte, mittels dieses Schlüssels dessen PKW. – Der Diebstahl des Schlüssels und der Diebstahl des Autos beruhen auf zwei getrennten Handlungen. Dennoch war der Diebstahl des Schlüssels nur eine Vorbereitungshandlung für das, was Anton tatsächlich wollte, nämlich die Wegnahme des Autos.

e) **Mitbestrafte Nachtat**

> **Definition**
> Unter einer **mitbestraften Nachtat** versteht man einen konkurrenzrechtlichen Grundsatz, wonach bei Vorliegen mehrerer Handlungen, die mehrere Straftatbestände erfüllen, ein Tatbestand den anderen verdrängt, sofern die zeitlich nachfolgende Tat im Vergleich zur vorherigen Tat eine untergeordnete Bedeutung hat, da sie lediglich die durch die Haupttat erlangten Vorteile sichert.

Durch die mitbestrafte Nachtat darf der Täter also lediglich die bereits erlangten Vorteile sichern, ausnutzen oder verwerten, wobei dem Rechtsgutsträger dadurch kein neuer Schaden entstehen darf. Der Unrechtsgehalt der mitbestraften Nachtat wird dann durch die Bestrafung der Haupttat mit abgegolten. Die Nachtat lebt erst dann wieder auf, wenn eine Bestrafung wegen der Vortat aus irgendwelchen Gründen (z. B. wegen Verjährung) nicht erfolgen kann.

> Bsp.: Anton hat in einem Supermarkt eine CD entwendet und in seine Manteltasche gesteckt. An der Kasse fragt ihn die Kassiererin, ob er etwas zu bezahlen habe. Anton verneint dies und passiert den Kassenbereich. – Hier hat Anton bereits mit dem Einstecken der CD die Wegnahme vollendet, also bereits im Supermarkt einen Diebstahl, § 242 StGB, begangen. Die nachfolgende Täuschung der Kassiererin stellt für sich gesehen zwar einen eigenständigen Betrug, § 263 StGB, dar. Dieser soll Anton aber lediglich die Vorteile der Vortat sichern. Er tritt daher als sog. Sicherungsbetrug hinter den Diebstahl zurück.

Liegt in der nachfolgenden Tat jedoch eine Schadensvertiefung oder werden andere Rechtsgutsträger geschädigt (wie bei der Veräußerung einer gestohlenen Sache an einen gutgläubigen Kunden, der infolge § 935 BGB kein Eigentum erwerben kann – dieses Verhalten stellt einen eigenständigen Betrug nach § 263 StGB dar), greift diese Rechtsfigur nicht. In diesen Fällen ist dann Realkonkurrenz, § 53 StGB, anzunehmen (selbst wenn der Täter den Verkauf von vornherein geplant hatte).

IV. Wahlfeststellung und „in dubio pro reo"

949 Das Rechtsinstitut der **Wahlfeststellung** kann zwar nicht zu den **Konkurrenzen** im eigentlichen Sinne gezählt werden, dennoch bietet sich eine Erörterung im vorliegenden Zusammenhang an. Während die Konkurrenzen die Frage betreffen, wie mehrere festgestellte Straftaten im Verhältnis zueinander stehen, betrifft die Wahlfeststellung die, wie zu entscheiden ist, wenn nach Ausschöpfung sämtlicher Erkenntnis- und Beweismittel in der strafrechtlichen Hauptverhandlung weiterhin verschiedene Lebenssachverhalte möglich bleiben und das Gericht nicht die erforderliche Überzeugung erlangt hat, dass sich die Tat auf eine bestimmte Art und Weise abspielte.

950 Kann das Gericht am Ende eines Strafverfahrens nicht feststellen, wie sich eine bestimmte Tat abgespielt hat, sind mehrere Möglichkeiten denkbar, auf die im Folgenden noch kurz eingegangen werden soll: 1) Steht nicht fest, ob der Angeklagte die Tat begangen hat oder nicht, muss ihn das Gericht nach dem Grundsatz „in dubio pro reo" **freisprechen**; 2) Steht fest, dass der Angeklagte jedenfalls ein bestimmtes Delikt begangen hat, ist aber unklar, ob er darüber hinaus auch noch ein weiteres Delikt begangen hat, welches in einem **zeitlichen** oder **normativen Stufenverhältnis** mit dem festgestellten Delikt stehen würde, kann er nur (aber immerhin) wegen desjenigen Delikts bestraft werden, welches tatsächlich festgestellt ist; 3) Steht fest, dass der Täter eine Tat begangen hat, kann ihm aber nicht nachgewiesen werden, welche, ist unter bestimmten Voraussetzungen eine **wahldeutige Verurteilung** (= **Wahlfeststellung**) möglich.

1. Der Grundsatz „in dubio pro reo"

951 Nach dem Grundsatz „in dubio pro reo" („im Zweifel für den Angeklagten") ist eine Verurteilung des Angeklagten wegen einer Straftat nur dann möglich, wenn zur Überzeugung des Gerichts feststeht, dass der Täter die Straftat auch tatsächlich begangen hat. Bleiben für den Richter ernsthafte Zweifel übrig, dass sich ein bestimmtes Tatgeschehen nicht so, sondern möglicherweise anders abgespielt hat, so muss er die für den Angeklagten jeweils günstigere Konstellation annehmen, d. h. ihn im Zweifel freisprechen.

> **Bsp.:** Rudi ist in Antons Garten mit einem Beil erschlagen worden, auf dem sich Antons Fingerabdrücke befinden. Anton behauptet, am Tatabend bei seiner 200 km entfernt wohnenden Freundin Gisela übernachtet zu haben. Diese bestätigt dies. Dagegen meint der Nachbar Norbert, er habe Anton am fraglichen Abend in seinem Haus gesehen, zumindest aber hätte Licht gebrannt. – Hält der Richter die beiden Aussagen von Gisela und Norbert in gleicher Weise für glaubwürdig, wird er Anton hier „in dubio pro reo" freisprechen.

952 Einen **gesetzlichen Anknüpfungspunkt** findet der Grundsatz „in dubio pro reo" in Art. 103 Abs. 2 GG, Art. 6 Abs. 2 EMRK sowie in § 261 StPO, selbst wenn er hier nicht ausdrücklich normiert ist. Dennoch ist es heutzutage anerkannt, dass der Grundsatz sogar **Verfassungsrang** besitzt. Vom Anwendungsbereich her betrifft er allerdings nur das Vorliegen oder Nichtvorliegen eines **tatsächlichen Sachverhalts** (z. B. die Frage, ob der Täter bei der Tatbegehung anwesend war oder nicht, ob er vom späteren Opfer tatsächlich angegriffen wurde oder ob der Angriff allein vom ihm ausging). Nicht anwendbar ist er hingegen bei **Rechtsfragen**. Der Richter kann sich also nicht darauf berufen, eine bestimmte Rechtsfrage sei in der juristischen Praxis noch nicht eindeutig geklärt, daher müsse er den Angeklagten freisprechen. Vielmehr muss der Richter diese Rechtsfragen stets entscheiden, auch wenn es möglich ist, dass die nächste Instanz das Urteil wieder aufheben und anders entscheiden wird.

2. Zeitliche und normative Stufenverhältnisse

Steht fest, dass der Angeklagte jedenfalls ein bestimmtes Delikt begangen hat, ist aber unklar, ob er darüber hinaus auch noch ein weiteres Delikt begangen hat, welches in einem **zeitlichen** oder **normativen Stufenverhältnis** mit dem festgestellten Delikt stehen würde, kann er nur (aber immerhin) wegen desjenigen Delikts bestraft werden, welches tatsächlich festgestellt ist. Stehen dabei mehrere vom Täter möglicherweise begangene Taten in einem **zeitlichen Stufenverhältnis** (d. h. folgen die Taten zeitlich aufeinander) und würde die Strafbarkeit wegen einer dieser Taten die Strafbarkeit wegen der anderen logisch ausschließen, spricht man von einer **Postpendenz-** oder **Präpendenzfeststellung**. Hierbei lässt sich – im Gegensatz zur Wahlfeststellung – ein Sachverhaltskomplex sicher feststellen, ein weiterer bleibt jedoch unklar (einseitige Sachverhaltsungewissheit). Davon sind die **logischen** und die **normativen Stufenverhältnisse** zu unterscheiden.

3. Postpendenzfeststellung

> **Definition**
> Unter der **Postpendenzfeststellung** versteht man eine Konstellation, in der bei zwei aufeinander folgenden Sachverhalten der zeitlich spätere sicher feststeht, der frühere Sachverhalt jedoch nicht mit Sicherheit nachgewiesen werden kann.

> **Bsp.:** Anton wird festgenommen, als er gerade auf der Straße an Bruno eine Rolex-Uhr für 100 Euro verkauft hat, die aus einem Einbruchsdiebstahl stammt. In seiner Manteltasche trägt er 14 weitere dieser Uhren mit sich. Obwohl gewisse Indizien dafür sprechen, kann nicht festgestellt werden, dass Anton an dem Einbruchsdiebstahl beteiligt war. – Hier kann zwar sicher festgestellt werden, dass Anton die gestohlenen Uhren verkauft (= abgesetzt i. S. des § 259 StGB) hat. Unklar ist aber, ob er sie selbst gestohlen (dann läge ein Diebstahl, § 242 StGB, vor) oder von Dritten erlangt hat. Hätte Anton den Diebstahl selbst begangen, müsste er wegen dieses Diebstahls bestraft werden. Eine Bestrafung wegen Hehlerei schiede dann aus, da Hehlerei nur in Bezug auf Sachen möglich ist, die „ein anderer gestohlen" hat. Hätte er den Diebstahl nicht begangen, käme hingegen eine Hehlerei in Frage. Wäre der Grundsatz „in dubio pro reo" hier doppelt anzuwenden, dann müsste Anton freigesprochen werden.

Dieses Ergebnis (Freispruch) wäre grob unbillig, da ja **tatsächlich feststeht**, dass Anton die Uhr später abgesetzt und daher jedenfalls eine der beiden Straftaten begangen hat. Insofern wird hier zu Recht davon ausgegangen, dass eine Verurteilung wegen des tatsächlich nachgewiesenen Delikts (hier der Hehlerei) erfolgen muss. Neben einer solchen Verurteilung auf eindeutiger Grundlage im Wege der Postpendenzfeststellung ist eine wahldeutige Verurteilung im Wege der echten Wahlfeststellung nicht möglich. Die Verurteilung im Wege der Postpendenzfeststellung geht der Verurteilung im Wege der Wahlfeststellung insoweit vor.

4. Präpendenzfeststellung

955 Definition

Unter der **Präpendenzfeststellung** versteht man eine Konstellation, in der bei zwei aufeinander folgenden Sachverhalten der zeitlich frühere sicher feststeht, der spätere jedoch nicht mit Sicherheit festgestellt werden kann.

> **Bsp.:** Anton hat mit Bruno vereinbart, Rudi zu töten (= Verbrechensverabredung, § 30 Abs. 2 StGB). Rudi wird später auch tatsächlich umgebracht. Es kann jedoch nicht festgestellt werden, ob Anton bei der Tötung Rudis dabei war oder ob er zuvor „ausgestiegen" ist. – In diesen Fällen muss das Gleiche gelten wie zuvor, allerdings in umgekehrter Richtung. Der Satz „in dubio pro reo" schließt den zweiten Sachverhalt und somit die Strafbarkeit wegen eines vollendeten Totschlags (bzw. Mordes) aus, es verbleibt aber die Strafbarkeit wegen der zuerst verwirklichten Tat. Anton ist somit lediglich wegen einer Verbrechensverabredung nach § 30 Abs. 2 StGB zu bestrafen (diese würde dann, wenn Anton den Totschlag begangen hätte, als mitbestrafte Vortat zurücktreten).

5. Logisches Stufenverhältnis

956 Definition

Unter einem **logischen Stufenverhältnis** versteht man eine Konstellation, bei der zwar die Begehung eines Tatbestandes (zumeist des Grundtatbestandes) festgestellt werden kann, es jedoch unklar ist, ob der Täter darüber hinaus noch weitere (qualifizierende) Merkmale erfüllt hat.

> **Bsp.:** Anton hat Bruno geschlagen. Unklar bleibt, ob er dies mit der bloßen Faust getan hat oder ob er dazu eine Eisenstange benutzte. – Hier liegt ein logisches Stufenverhältnis in der Form von Grundtatbestand und Qualifikation vor. Nach dem Grundsatz „in dubio pro reo" kann Anton nicht wegen einer gefährlichen Körperverletzung nach § 224 Abs. 1 Nr. 2 StGB bestraft werden. Die Ahndung erfolgt nur nach dem minder schweren Delikt, hier also nach § 223 StGB.

6. Normatives Stufenverhältnis

957 Definition

Unter einem **normativen Stufenverhältnis** versteht man eine Konstellation, bei der die Begehung des leichteren Tatbestandes zwar – wie beim logischen Stufenverhältnis – festgestellt werden kann, es jedoch unklar ist, ob der Täter darüber hinaus eine schwerere Begehungsform gewählt hat, wobei sich der (festgestellte) leichtere und der (nicht feststellbare) schwerere Tatbestand aber gegenseitig ausschließen würden.

> **Bsp.:** Anton schlägt Bruno eine Bierflasche über den Kopf. Bruno stirbt. Es kann nicht festgestellt werden, ob Anton hinsichtlich der Tötung (bedingt) vorsätzlich oder bewusst fahrlässig gehandelt hat. – Da sich Vorsatz und Fahrlässigkeit begrifflich ausschließen (es liegt also ein „Entweder-Oder"-Verhältnis vor, da es umstritten ist, ob in jedem Vorsatzdelikt zwingend auch ein Fahrlässigkeitsdelikt enthalten ist), könnte man auch hier an eine doppelte Anwen-

dung des „in dubio pro reo"-Grundsatzes denken. Wie beim logischen Stufenverhältnis bestraft man aber auch hier nach dem leichteren Delikt, wenn sich das schwerere Delikt nicht nachweisen lässt. Anton hat sich also nur wegen einer fahrlässigen Tötung, § 222 StGB, strafbar gemacht.

Weitere Fälle des normativen Stufenverhältnisses betreffen die Abgrenzung von Täterschaft (schwerere Begehungsform) und Teilnahme (leichtere Begehungsform) sowie von Anstiftung (schwerere Begehungsform) und Beihilfe (leichtere Begehungsform). Gleiches gilt auch für das Verhältnis einer möglichen Tatbeteiligung an einer Katalogtat des § 138 StGB (schwerere Begehungsform) und der Nichtanzeige dieser Tat (leichtere Begehungsform).

7. **Die echte Wahlfeststellung**

Definition 958
Unter einer **echten Wahlfeststellung** versteht man eine Konstellation, in der sicher feststeht, dass der Täter durch eine Handlung einen von zwei sich gegenseitig ausschließenden Tatbeständen verwirklicht hat.

In diesen Fällen der sog. **Tatsachenalternativität** hat sich der Täter also auf jeden Fall strafbar gemacht, es ist aber völlig unklar, welchen Tatbestand er verwirklichte.

Bsp.: Anton wird mit 34 Rolex-Uhren, die er verkaufsbereit im Inneren seines Mantels aufgereiht hat, gestellt. Die Uhren stammen nachweislich aus einem am Vortag begangenen Einbruchsdiebstahl. Es kann Anton aber nicht nachgewiesen werden, ob er die Uhren nun gestohlen (§ 242 StGB) oder illegal angekauft (§ 259 StGB) hat. Eine weitere Möglichkeit (etwa ein gutgläubiger Erwerb) kann jedoch ausgeschlossen werden. – Dieses Beispiel unterscheidet sich von dem oben genannten Fall der Postpendenz,[509] da dort jedenfalls der spätere Sachverhalt (= der Verkauf als Absetzen i. S. des § 259 StGB) sicher feststeht und es lediglich fraglich ist, wie Anton in den Besitz der Uhren gekommen ist. Im Falle der echten Wahlfeststellung steht dagegen kein Einzelakt sicher fest. Ob Anton hier durch Wegnahme oder durch Übernahme seitens des Diebes in den Besitz der Uhren kam, bleibt fraglich.

Auch in diesen Fällen der **Tatsachenalternativität** (Erlangung des Gewahrsams durch Diebstahl oder Hehlerei) wäre es kaum nachvollziehbar, im Wege einer doppelten Anwendung des Grundsatzes **„in dubio pro reo"** zu einem Freispruch des Täters zu kommen, da feststeht, dass er wenigstens einen der beiden in Frage kommenden Tatbestände erfüllt hat. Daher ist anerkannt, dass eine **Verurteilung auf wahldeutiger Grundlage** (= echte Wahlfeststellung) unter folgenden Bedingungen zulässig sein muss:[510] 959

Prüfungsschema
1. **Nichterforschbarkeit des Sachverhalts**
2. **Ausschließliches Vorliegen strafbarer Tatbestandsalternativen**
3. **Gleiche Schwere der Straftaten**
4. **Rechtsethische und psychologische Vergleichbarkeit der Straftaten**

---
509 Vgl. oben Rn. 954.
510 Der Große Senat für Strafsachen hat die Zulässigkeit im Jahre 2017 bestätigt, vgl. BGHSt 62, 164 (172).

960 a) **Nichterforschbarkeit des Sachverhalts.** Das Gericht muss nach Ausschöpfung aller prozessualen Erkenntnismittel zu dem Schluss kommen, dass der Sachverhalt nicht (mehr) aufklärbar ist.

961 b) **Ausschließliches Vorliegen strafbarer Tatbestandsalternativen.** Jede der in Frage kommenden tatsächlichen Konstellationen muss einen (unterschiedlichen) Straftatbestand erfüllen. Dabei dürfen die in Frage kommenden Tatbestände nicht in einem Stufenverhältnis stehen. Es darf keine Konstellation vorstellbar sein, in der sich der Täter nicht strafbar gemacht hätte.

962 c) **Gleiche Schwere der Straftaten.** Die in Betracht kommenden Straftatbestände müssen gleich schwer wiegen. Liegt ein Verhältnis des „Mehr oder Weniger", also ein normatives Stufenverhältnis vor, gilt der Grundsatz „in dubio pro reo" in vollem Umfang, sodass der Täter (lediglich) wegen des minder schweren Delikts zu bestrafen ist.

963 d) **Rechtsethische und psychologische Vergleichbarkeit der Straftaten.** Die in Frage kommenden Tatbestände müssen rechtsethisch und psychologisch vergleichbar sein. Unter **rechtsethischer Vergleichbarkeit** ist hierbei eine annähernd gleiche Schwere der Schuld und darüber hinaus auch eine sittlich und rechtlich vergleichbare Bewertung zu verstehen. Dies setzt z. B. voraus, dass durch die Taten annähernd gleiche Rechtsgüter verletzt werden und für sie auch in etwa die gleiche Strafe festgesetzt werden müsste (dies scheidet z. B. bei den Tatbeständen des Totschlages, § 212 StGB, und des Vollrausches, § 323a StGB, aus, wenn nicht festgestellt werden kann, ob der Täter eine Tötung im Rausch begangen hat). Unter einer **psychologischen Vergleichbarkeit** versteht man eine einigermaßen gleichgeartete seelische Beziehung des Täters zu den mehreren in Frage kommenden Verhaltensweisen. Diese Beziehung ist unter Berücksichtigung der Einstellung des Täters zu den jeweils verletzten Rechtsgütern sowie seiner Motivationslage zu beurteilen.

964 Nach den vorgenannten Kriterien ist eine Wahlfeststellung möglich zwischen Diebstahl, § 242 StGB, und Begünstigung, § 257 StGB, Hehlerei, § 259 StGB, Betrug, § 263 StGB, oder Computerbetrug, § 263a StGB (denn diese alle etwa gleich schweren Delikte richten sich allesamt gegen die Rechtsgüter Eigentum oder Vermögen). Dagegen wurde in der Rechtsprechung eine Wahlfeststellung mangels rechtsethischer und psychologischer Vergleichbarkeit u. a. abgelehnt (mit der Folge eines Freispruchs des Angeklagten nach dem Grundsatz „in dubio pro reo") im Verhältnis von Betrug, § 263 StGB, und Urkundenfälschung, § 267 StGB,[511] oder zwischen Betrug, § 263 StGB, und versuchtem Schwangerschaftsabbruch, §§ 218, 22 StGB.[512]

> Bsp.: Anton verkauft der schwangeren Sigrid ein untaugliches Abtreibungsmittel. Es kann nicht nachgewiesen werden, ob er die Untauglichkeit des Abtreibungsmittels kannte (dann Betrug) oder nicht (dann versuchter Schwangerschaftsabbruch). – Hier ist mangels rechtsethischer und psychologischer Vergleichbarkeit keine Wahlfeststellung möglich.

---

511 OLG Düsseldorf NJW 1974, 1833.
512 BGH bei *Dallinger*, MDR 1958, 738 (739).

IV. Wahlfeststellung und „in dubio pro reo"

> **Klausurtipp**
> Kommt in einer Klausur eine Verurteilung auf wahldeutiger Tatsachengrundlage in Frage, so sind zuerst – im Hinblick auf sämtliche mögliche Geschehensabläufe – die jeweils in Frage kommenden Tatbestände vollständig durchzuprüfen. Kommt man hierbei zu dem Ergebnis, dass der Betreffende sich nach einem der möglichen Geschehensabläufe nicht strafbar gemacht hat, ist er freizusprechen. Ansonsten ist festzustellen, ob die verschiedenen möglichen Geschehensabläufe auf verschiedenen möglichen – zeitlich gestuften – Handlungen beruhen (dann ist eine Post- oder Präpendenzfeststellung zu prüfen) oder ob das vorwerfbare Verhalten nur jeweils auf einer Handlung beruhen kann (dann kommt eine echte Wahlfeststellung in Betracht).

8. Die unechte Wahlfeststellung

Schließlich sind noch die Fälle der **unechten Wahlfeststellung** zu erwähnen. Diese zeichnen sich dadurch aus, dass ein Täter eine bestimmte Strafnorm erfüllt hat, es jedoch unklar ist, durch welche Verhaltensweise er dies erreichte. Auch hier ist eine Verurteilung möglich.

> **Bsp.:** Anton beschwört vor zwei verschiedenen Gerichten in ein und derselben Sache jeweils eine genau entgegengesetzte Aussage. – Er hat damit auf jeden Fall einen Meineid begangen, es ist lediglich fraglich, ob dies durch die erste oder die zweite Aussage geschah. Dies kann jedoch nicht dazu führen, dass er nach dem Grundsatz „in dubio pro reo" freizusprechen ist. Er ist hier wegen eines Meineides zu bestrafen, wobei unklar bleiben kann, durch welche Handlung er diesen Meineid begangen hat.

> **Literaturhinweise**
> **Einführende Aufsätze:** *Baur,* Die ungleichartige Wahlfeststellung nach der Entscheidung des Großen Strafsenats, JA 2018, 568 (übersichtlicher und verständlicher Überblick über die Zulässigkeit und die Voraussetzungen der Wahlfeststellung); *Kruse,* Wahlfeststellung in Gutachten, Strafurteil und Anklageschrift, JURA 2008, 173 (kurzer Beitrag zu den theoretischen Grundlagen der Wahlfeststellung mit Hinweisen zur Fallbearbeitung); *Norouzi,* Grundfälle zur Wahlfeststellung, Präpendenz und Postpendenz, JuS 2008, 17, 113 (systematischer Überblick mit Fallbeispielen); *Seher,* Zur strafrechtlichen Konkurrenzlehre – Dogmatische Strukturen und Grundfälle, JuS 2004, 392, 482 (verständliche Einführung anhand von Beispielsfällen)
>
> **Übungsfälle:** *Fahl,* Der gestohlene Jaguar, JuS 1999, 903 (kurzer Beitrag, der anhand eines Beispielsfalles auf Probleme bei der Wahlfeststellung und der Bestimmung der prozessualen Tat eingeht); *Siebrecht,* Brutaler Besuch, JuS 1997, 1101 (anspruchsvoller Fall, der die unechte Wahlfeststellung zum Gegenstand hat)
>
> **Rechtsprechung: BGHSt 36, 262** – AIDS II (Tatsachenalternative; unechte Wahlfeststellung); **BGHSt 40, 138** – Fortsetzungstaten (Ende der Rechtsfigur des Fortsetzungszusammenhangs); **BGHSt 41, 368** – Dagobert (mehrmaliges Ansetzen zur Tatbestandsverwirklichung als rechtlich eine Handlung); **BGHSt 46, 24** – Schnapsflasche (Tateinheit von §§ 251, 22 StGB und § 227 StGB); **BGHSt 53, 23** – Grillanzünder (Tateinheit von § 224 Abs. 1 Nr. 5 StGB und § 226 StGB; **BGHSt 62, 164** – Wahlfeststellung (Zulässigkeit der echten Wahlfeststellung)

Stichwortverzeichnis

Die Zahlenangaben verweisen auf die jeweiligen Randnummern.

A
abergläubischer Versuch 455 f.
– Definition 455
aberratio ictus 722 ff.
– bei Anstiftung 852
– Definition 722
– Gleichwertigkeitstheorie 723
– mittelbare Täterschaft 826
– Versuchslösung 723
– Vorhersehbarkeitstheorie 723
– Zusammentreffen mit error in persona (vel objecto) 725 ff.
abgebrochene Kausalität 150 f.
Abgrenzung
– Beihilfe – Begünstigung 480, 863
– objektiver Tatbestand 72 f.
– Rechtswidrigkeit-Schuld 206
– subjektiver Tatbestand 72 f.
– Versuch – Vollendung 475
– Vollendung – Beendigung 478 f.
– Vorbereitung – Versuch 471
– Vorsatz – Fahrlässigkeit 171 f., 174 ff., 637
Absehen von Strafe 422
Absicht 189 f.
– Definition 189
– Fernziel 190
– Zwischenziel 190
Absichtsprovokation 251 ff.
– actio illicita in causa 253
– Einwilligungstheorie 253
– Rechtsbewährungstheorie 253
– Rechtsmissbrauchstheorie 253
– Selbstschutztheorie 253
absolute Straftheorien 17
absolutes Antragsdelikt 420
abstraktes Gefährdungsdelikt 111
abstrakt-konkretes Gefährdungsdelikt 111
Abwehrprovokation 257
actio illicita in causa 253
actio libera in causa 408 ff.
– Ausdehnungstheorie 411
– Ausnahmetheorie 411
– bedingter Vorsatz 413
– Begründung 410 f.
– Definition 409
– Einführung 408 f.
– eingeschränkte Vorverlagerungstheorie 410, 412

– fahrlässige 409
– Formen 409
– Irrtum 413
– Koinzidenzprinzip 408
– Unvereinbarkeitstheorie 410
– vorsätzliche 409
– Vorverlagerungstheorie 410
– zweiaktiges Geschehen 412
agent provocateur 854 f.
– Anstiftung 854 f.
– formelle Vollendungsgrenze 855
– irreparable Rechtsgutsverletzung 855
– materielle Vollendungsgrenze 855
– Rechtsgutsgefährdungsgrenze 855
Aggressivnotstand (§ 904 BGB) 329, 331
– Abgrenzung zum Defensivnotstand 326, 331
– Definition 330
– Güterabwägung 332
– Prüfungsschema 331
– subjektives Rechtfertigungselement 332
Akzessorietät 828 ff., 856
– limitierte 828 ff., 856, 858
– Lockerung 832, 879 ff.
Allgemeindelikt 115
allgemeines Selbsthilferecht (§ 229 BGB) 333 ff.
– Prüfungsschema 335
Allgemeinrechtsgut 11
alternative Kausalität 146
Analogie 29 f., 96 ff.
Analogieverbot 29 f., 96
Angemessenheit 290
Angriff 225 ff.
– Defintion 225
– durch Unterlassen 227
– gegenwärtiger 229 ff.
– provozierter 251 ff.
– rechtswidriger 233 ff.
– selbstverschuldet herbeigeführter 254 ff.
Annahme des Erbietens 896
Anordnung, rechtswidrige 346
Anstiftung 760, 769, 833 ff.
– Abstiftung 844
– Bestimmtheit der Tat 817, 836 ff.
– Definition 769, 833
– doppelter Anstiftervorsatz 848 ff., 892
– durch Unterlassen 841 f.

361

Stichwortverzeichnis

- erfolgsqualifiziertes Delikt 831
- Exzess 851
- Grundlagen 833 f.
- Irrtumsprobleme 825 f., 852 f.
- Kettenanstiftung 834, 874
- Kettenteilnahme 873 ff.
- kommunikative Beeinflussung 839 f.
- Konkurrenzen 878, 922, 944
- (limitierte) Akzessorietät 828 ff., 835
- mittelbare Täterschaft 834
- objektiver Tatbestand 835 ff.
- omnimodo facturus 842, 844 f., 891
- Prüfungsschema 833
- Strafmaß 879
- subjektiver Tatbestand 848 ff.
- Umstiftung 843
- versuchte 842, 890 ff.
- Vollendungswille 854 f.
- zum Unterlassen 842
- zum Weiterhandeln 847
- zur Qualifikation 845 f.
- zur versuchten Tat 835, 889

Appellfunktion des Tatbestandes 75, 203, 205
Äquivalenztheorie 142
asthenische Affekte 401 f.
atypischer Kausalverlauf 161, 713
Außenbezug von Handlungen 129 f.
Aufbau des Tatbestandes 77 f.
Aufstiftung 845 f.
- Beihilfetheorie 846
- Qualifiaktionstheorie 846
- Unwertsteigerungstheorie 846
- Wesentlichkeitstheorie 846

Auslegung 96 ff.
- Abgrenzung zur Analogie 30, 96 f.
- grammatikalische 100
- historische 101
- systematische 102
- teleologische 103
- Wortlaut 100

automatisierte Verhaltensweisen 134

B

bedingte Schuldunfähigkeit 362
bedingter Vorsatz 174 ff., 191
- Abgrenzung von bewusster Fahrlässigkeit 174 ff., 191, 637, 653
- Billigungstheorie 175, 178
- Definition 191
- Ernstnahmetheorie 175
- Gleichgültigkeitstheorie 175
- Möglichkeitstheorie 176
- Risikotheorien 177
- voluntative Theorien 175
- Wahrscheinlichkeitstheorie 176
- Willenstheorien 175
- Wissenstheorien 176

Bedingungstheorie 142
beendeter Versuch 492 f., 514
- Abgrenzung zum unbeendeten Versuch 492 f.
- Definition 492, 514
- Rücktritt 522 ff.
- subjektiver Maßstab 514

Beendigung 478 f.
- Abgrenzung zur Vollendung 478
- Definition 478

Befehl, rechtswidriger 346, 406
Begehungsdelikt 114, 435, 901
Beihilfe 760, 769, 856 ff.
- Abgrenzung zur Begünstigung 480, 863
- agent provocateur 869
- Bestimmtheit der Tat 869 f.
- Definition 769, 856
- doppelter Gehilfenvorsatz 868 ff.
- durch Unterlassen 860
- erfolgsqualifiziertes Delikt 831
- Exzess 870
- Grundlagen 856 ff.
- Haupttat 858
- heimliche 861
- Hilfeleistung 857, 859 ff.
- Kettenteilnahme 873, 875 ff.
- Konkurrenzen 878, 944
- (limitierte) Akzessorietät 828 ff.
- limitierte Akzessorietät 856, 858
- objektiver Tatbestand 858 ff.
- physische 861
- Prüfungsschema 857
- psychische 842, 844, 861
- Strafmaß 879
- subjektiver Tatbestand 868 ff.
- sukzessive 480, 863
- versuchte 872, 890, 893
- Vorsatz zum Hilfeleisten 871
- zum Versuch 872, 889

Beispiele für echte Wahlfeststellung 964
Besitzkehr (§ 859 Abs. 2 BGB) 336
besondere persönliche Merkmale 417, 880 ff.
- Teilnahme 881 ff.

besondere Selbsthilferechte 337
besondere subjektive Tatbestandsmerkmale 170
besonders schwere Fälle 117 ff., 431
Bestimmen zur Tat 836 ff.
- Kollusionstheorie 840
- Kommunikationstheorie 840
- Verursachungstheorie 840

Stichwortverzeichnis

– Vorsatz 850
Bestimmtheitsgrundsatz 26
Beteiligung 760 ff.
– Absichtsdelikte 773
– am Unterlassungsdelikt 556
– Definition 760
– dualistisches Beteiligungssystem 761 f.
– durch Unterlassen 780 f.
– eigenhändige Delikte 772
– Einheitstätersystem 649, 761 f.
– Erscheinungsformen 763 ff.
– Grundlagen 760 ff.
– Klausurhinweise 774
– Randfigur 776
– Rücktritt vom Versuch 898 f.
– Sonderdelikte 771
– Tötungsdelikte 888
– Zeitpunkt 796 ff., 862 f.
Blankett-Tatbestände 76
Bluterfälle 161

C

conditio-sine-qua-non-Formel 142, 146, 574 f., 658

D

Dauerdelikt 112 f., 929
Dauergefahr 279, 385
– Definition 279
Dazwischentreten eines Dritten 165 ff., 664, 690 f.
Defekt des Vordermanns
– fehlende Rechtswidrigkeit 812
Defensivnotstand (§ 228 BGB) 324 ff.
– Abgrenzung zum Aggressivnotstand 326, 331
– Definition 325
– Güterabwägung 327
– Prüfungsschema 326
– subjektives Rechtfertigungselement 328
Deliktsarten 108 ff.
Deliktsaufbau 58 ff.
deskriptive Tatbestandsmerkmale 87
direkter Vorsatz 188
Distanzdelikt 120
Disziplinarrecht 37
dolus alternativus 198 ff.
dolus antecedens 196 f.
dolus cumulativus 200
dolus directus 188 f.
– ersten Grades 189
– zweiten Grades 188
dolus generalis 193 f.
dolus subsequens 195
Doppelirrtum 744 ff.

Doppelkausalität 146
dreigliedriger Verbrechensaufbau 58 ff.
Drei-Stufen-Theorie 256
Duldungspflichten, besondere gesetzliche 395

E

Echtes Sonderdelikt 115
echtes Unterlassungsdelikt 114, 558 ff., 570, 594
– Beispiele 559
– Definition 114, 558
– Prüfungsschema 570
– Versuch 500 f., 541
– Zumutbarkeit 585
eigenhändiges Delikt 115, 772
Einheit der Rechtsordnung 215, 321
Einverständnis 296 ff.
– Abgrenzung zur Einwilligung 296 ff.
– Begriff 296
– Irrtum über das Vorliegen 301
– Prüfungsschema 299
– Voraussetzungen 299 ff.
Einwilligung 302 ff.
– Abgrenzung zum Einverständnis 296 ff.
– Begriff 302
– dispositives Rechtsgut 303
– durch Minderjährige 305
– Einwilligungsfähigkeit 304 f.
– Erklärung 306
– Fahrlässigkeitsdelikte 313
– hypothetische 319 f.
– Irrtum über das Vorliegen 312
– Kenntnis 312
– Prüfungsschema 302
– täuschungsbedingt 309 f.
– Voraussetzungen 302 ff.
– Willensmängel 309 f.
Einwilligung durch Minderjährige 305
Einziehung 55
entschuldigender Notstand 381 ff.
– Abgrenzung zum rechtfertigenden Notstand 270, 383
– berufstypische Gefahren 392
– besondere Hinnahmepflichten 389 ff.
– besonderes Rechtsverhältnis 392 ff.
– Dauergefahr 385
– Duldungspflichten, gesetzliche 395
– Erforderlichkeit der Notstandshandlung 387
– Gefahr 382 ff.
– Gegenwärtigkeit der Gefahr 385
– Irrtümer 748 f.
– Nötigungsnotstand 397
– Notstandshandlung 386 ff.

Stichwortverzeichnis

- Notstandshilfe 391
- Notstandslage 382 ff.
- Prüfungsschema 381
- Selbstverursachung der Gefahr 390 f.
- subjektives Element 396
- Verhältnismäßigkeit 388
- Voraussetzungen 382 ff.
- Zumutbarkeit 387

Entschuldigungsgründe 378 ff.
- Abgrenzung von Schuldausschließungsgründen 379
- Grundlagen 379 f.
- Irrtum über 748 ff.
- übergesetzliche 407

Entschuldigungsirrtum 748, 751, 759
- Definition 759
- Rechtsfolge 751

Entschuldigungstatbestandsirrtum 748 f., 759
- Definition 749, 759
- Rechtsfolge 749

Erfolgsdelikt 109, 137
- kupiertes 109

erfolgsqualifizierter Versuch 460, 466 ff.
- Definition 466
- differenzierende Theorie 467
- Theorie der Erfolgsgefährlichkeit 467
- Theorie der Handlungsgefährlichkeit 467

erfolgsqualifiziertes Delikt 116
- Definition 116
- Rücktritt 553 f.
- Teilnahme 831

Erfolgsunwert 107, 214

Erforderlichkeit
- der Notstandshandlung 283 f., 387
- der Notwehrhandlung 238 ff.

Erlaubnisirrtum 372, 729, 732, 742 f., 759
- Abgrenzung zum Erlaubnistatbestandsirrtum 732
- Definition 732, 742, 759
- indirekter Verbotsirrtum 729, 743
- Rechtsfolgen 743
- Zusammentreffen mit Erlaubnistatbestandsirrtum 746 f.

Erlaubnistatbestandsirrtum 232, 373, 732 f., 759
- Abgrenzung zum Erlaubnisirrtum 732
- Definition 732 f., 759
- Lehre von den negativen Tatbestandsmerkmalen 738, 741
- rechtliche Behandlung 733 f.
- Teilnahme 740 f., 830
- Unrechtsbewusstsein 373
- Zusammentreffen mit Erlaubnisirrtum 746 f.

erlaubtes Risiko 158, 351, 686
error in persona des Angestifteten 852 f.
- aberratio-ictus-Theorie 853
- Individualisierungstheorie 853
- Unbeachtlichkeitstheorie 853
- Wesentlichkeitstheorie 853

error in persona (vel objecto) 719 ff.
- Definition 719
- fehlgeschlagener Versuch 510
- Gleichwertigkeit der Objekte 721
- Konkretisierungstheorie 720, 726
- Mittäterschaft 801
- mittelbare Täterschaft 826
- Prüfungshinweise 721
- Zusammentreffen mit aberratio ictus 725 ff.

Europäische Menschenrechtskonvention (EMRK) 52
Europäisches Strafrecht 51
Euthanasie-Fall 407

F

Fahrlässigkeit 171 f.
- Abgrenzung zum bedingten Vorsatz 174 ff., 191
- bewusste 174, 191, 653
- Einwilligung 313
- individuelle 669
- Pflichtwidrigkeitszusammenhang 163

Fahrlässigkeit, Fahrlässigkeitsdelikte 636 ff., 686
- Abgrenzung zum bedingten Vorsatz 637
- Aufbau 639 f., 655 ff.
- Bedeutung 638
- bewusste 637
- Dazwischentreten eines Dritten 690 f.
- Definition 644 f.
- einfache 654
- Einheitstäterprinzip 649, 762
- Erfolg 657
- Erkennbarkeit 663
- Formen 653
- gerechtfertigtes Verhalten 681 f.
- Grundlagen 636 ff.
- Handlung 656
- individuelle 669
- individuelle Vermeidbarkeit 670
- individuelle Vorhersehbarkeit 670
- Kausalität 658
- Leichtfertigkeit 654
- Mittäterschaft 651 f., 802
- Nebentäterschaft 651 f., 768
- objektive Vorhersehbarkeit 662 f.
- Pflichtwidrigkeitszusammenhang 661, 684 f.

Stichwortverzeichnis

- rechtmäßiges Alternativverhalten 661, 684 f.
- Rechtswidrigkeit 666 f.
- Schuld 668 ff.
- Selbstgefährdung 687 ff.
- Sorgfaltspflichtwidrigkeit, subjektive 669
- Strafbarkeit 642 f.
- subjektiver Tatbestand 665
- Tatbestand 656 ff.
- Teilnahme 648 ff.
- Übernahmeverschulden 671
- unbewusste 637, 653
- Unterlassen 556, 646, 656
- Verhältnis zu Vorsatzdelikten 641
- Vermeidbarkeit 669
- Versuch 647
- Vorhersehbarkeit 669
- Vorsatz-Fahrlässigkeits-Kombinationen 692 f.

fakultative Strafmilderung
- bei tätiger Reue 476
- beim Erlaubnisirrtum 743
- beim grob unverständigen Versuch 454
- beim Unterlassungsdelikt 560
- beim Verbotsirrtum 729
- beim Versuch 432

Fallgruppen 597

fehlgeschlagener Versuch 507 f., 544 f.
- Abgrenzung zum unbeendeten Versuch 542 ff.
- Definition 507
- Einzelaktstheorie 544, 548
- Gesamtbetrachtungslehre 544 f., 549
- Gleichgültigkeit 546
- Rechtsfolge 507 ff.
- Rücktrittshorizont 545, 548 f.
- sinnlos gewordene Tat 510
- subjektiver Maßstab 507
- Tatplantheorie 545, 548
- zeitliche Zäsur 511

Festnahmerecht (§ 127 StPO) 338 ff.
- dringender Tatverdacht 341
- Festnahmehandlung 342
- Festnahmelage 340 f.
- frische Tat 340
- Irrtümer 733, 742
- Prüfungsschema 339
- Schusswaffengebrauch 342
- strenge Tatlösung 341
- subjektives Rechtfertigungselement 343
- Verdachtslösung 341

Flaggenprinzip 44
Fluchtfall 230
formelles Recht 34 f.

fortgesetzte Handlung 930 f.
- Definition 930
- neue Rechtsprechung 930
- Serienstraftaten 931
- Voraussetzungen 931

fragmentarischer Charakter des Strafrechts 14

Freiwilligkeit beim Rücktritt 535 ff.
- autonome Entscheidung 539
- Definition 535
- fehlgeschlagener Versuch, Verhältnis zum 508
- Frank'sche Formel 536
- Motive 536
- „Verbrechervernunft" 538

Fremdgefährdung, einvernehmliche 689

G

Garantenpflicht 558, 577, 594 ff.
- Definition 595
- Grundlagen 594 ff.
- Ingerenz 629
- Obhuts- oder Beschützergaranten 599, 603 ff.
- Schutzpflichten 599, 602 ff.
- Sicherungsgarant 600, 623 ff.
- Überwachungspflichten 600, 602, 623 ff.
- Unterscheidung von Garantenstellung 594 ff., 607, 612
- Vorsatz 629

Garantenstellung 258 f., 577, 594 ff.
- Amtsträger 619 ff.
- Beaufsichtigungspflichten 633 ff.
- Definition 595
- Ehegatten 596, 604, 607
- Eigenverantwortlichkeit 607, 612
- Eltern 604, 633 f.
- enge Gemeinschaftsbeziehung 606, 608 ff.
- enge natürliche Verbundenheit 603 ff.
- faktische Übernahme 613, 617 f., 631
- freiwillige Übernahme 613 ff.
- Gefahrengemeinschaft 608 ff.
- Gefahrenquelle 600, 623, 630 f.
- Geschwister 605
- Inverkehrbringen gefährlicher Produkte 632
- Irrtum 591, 593, 756 ff.
- Kinder 604, 633 f.
- Lebensgemeinschaft 608 f.
- Lebenspartner 604
- Organe juristischer Personen 619, 622
- Rechtspflichten 601
- Übernahme von Sicherungspflichten 630 f.

365

Stichwortverzeichnis

- unechte Unterlassungsdelikte 560
- Verlobte 605
- Vertrag 613 ff.
- vertragsähnliches Verhältnis 613, 616
- Vorsatz 591
- Zufallsgemeinschaft 611

Gebotenheit
- Garantenstellung zum Angreifer 258 f.
- Irrtum des Angreifers 261
- Provokation des Angriffs 251 ff.
- Schuldunfähigkeit des Angreifers 260

Gebotenheit der Notwehrhandlung 243 ff.
- Drei-Stufen-Theorie 245
- krasses Missverhältnis 247 ff.

Geeignetheit
- der Notstandshandlung 282, 386
- der Notwehrhandlung 237

Gefahr 272 ff., 382 ff.
- Dauergefahr 279, 385
- Definition 272
- Gegenwärtigkeit 278 f., 385
- Rechtswidrigkeit 280
- Selbstverursachung 275, 390 f.
- Sicht eines objektiven Dritten 273

Gefahrabwendungswille 291 f.
- Rechtsfolge bei Fehlen 292

Gefährdungsdelikt 110 f.
- abstraktes 111
- abstrakt-konkretes 111
- konkretes 111
- Konkurrenzen 943

Gegenwärtigkeit
- einer Gefahr 278 f.
- eines Angriffs 230 f.
- Gefahr 385

Gegenwärtigkeit eines Angriffs 229
Geltungsbereich des deutschen Strafrechts 39 ff.
Generalklauseln 26
Generalprävention 19
- negative 19
- positive 19
Gerichtsverfassungsrecht 36
Gesamtunrechtstatbestand 74
geschriebene Tatbestandsmerkmale 85
Gesetzeskonkurrenz 939
Gesinnungsunwert 107
Gewalt 132
- vis absoluta 132
- vis compulsiva 132
Gewohnheitsrecht 25
grob unverständiger Versuch 452 ff.
- Definition 452
- grob unverständige Motivation 453
- Rechtsfolge 454

Grundtatbestand 116
Güterabwägung 219, 285 ff.

H

Handlung 59, 121 ff.
- aktives Tun 123
- Anforderungen 125 ff.
- Außenbezug 129 f.
- automatisierte Verhaltensweisen 134
- Formen 123
- Grundlagen 122
- Handlungen im Schlaf 131
- Handlungswille 131 ff.
- juristische Personen 127, 622
- konkretes Verhalten 128
- Kurzschlusshandlungen 134
- menschliches Verhalten 121, 123, 126 f.
- natürliche 920 ff.
- Nicht-Handlung 122
- Prüfungsschema 135
- Spontanhandlungen 134
- Standort der Prüfung 135 f.
- subjektives Element 131, 133
- vis absoluta 132
- vis compulsiva 132
- vorverlagerte Handlungen 131

Handlungen
- Grundlagen 121
- subjektives Element 132

Handlungseinheit 920, 923 ff., 941
- Dauerdelikte 928 f., 933 ff.
- iterative und sukzessive Tatbestandserfüllung 924
- Klammerwirkung 932 ff.
- natürliche 923 ff.
- Polizeifluchtfälle 926
- rechtliche 920, 923
- rechtliche Bewertungseinheit 929
- tatbestandliche 929
- Teilidentität der Ausführungshandlung 927 f., 934
- unechte Konkurrenz 909
- Unterlassungsdelikte 929

Handlungslehre 125
Handlungsmehrheit 920, 939 f.
Handlungsobjekt 15
Handlungsunwert 107, 214
Handlungswille 131
Haustyrannenfall 284, 385, 387
Heroinfälle 164, 627, 689
Hilfeleistungspflicht § 323c StGB 628
Hinnahmepflichten, besondere 389 ff.
Hoferbenfall 852 f.
Hoheitsträger im Dienst 267 ff.
- Differenzierungstheorie 269

Stichwortverzeichnis

– rein öffentlich-rechtliche Theorie 268
– Selbstverteidigungstheorie 269
– strafrechtliche Theorie 268
– Trennungstheorie 269
hypothetische Einwilligung 319 f.
hypothetische Kausalität 149

I
in dubio pro reo 32, 216, 950 ff.
– Anwendungsbereich 952
– gesetzlicher Anknüpfungspunkt 952
– Grundsatz 951
Individualrechtsgut 10
Individualschutzprinzip 47, 221, 228
Indizwirkung 118, 203
– des Tatbestandes 203 ff.
– von Regelbeispielen 118
Ingerenz 624 ff.
– Ablehnung als Garantenstellung 625
– bei rechtmäßigem Verhalten 626
– modifizierte Pflichtwidrigkeitstheorie 625
– modifizierte Verursachungstheorie 625
– Pflichtwidrigkeitstheorie 625
– Pflichtwidrigkeitszusammenhang 627
– Schutzzweckzusammenhang 627
– Verursachungstheorie 625
Interessenabwägung 285 ff.
Internationaler Strafgerichtshof 50
internationales Strafrecht 40 f.
Irrtum 694 ff.
– actio libera in causa 413
– Anstiftung 825 f.
– Beihilfe 870
– des Angreifers 261
– Doppelirrtum 744 ff.
– Einwilligung 312
– Entschuldigungsgründe 749, 751
– Garantenstellung 591, 593, 756 ff.
– Grundlagen 694
– Kausalverlauf, Irrtum über den 194, 713 ff., 718
– mittelbare Täterschaft 825 f.
– rechtliche Bewertung 697, 699 f.
– Rechtswidrigkeitsebene 696, 732 f.
– Rücktritt 506
– Schuldebene 696, 748 ff.
– Strafausschließungsgrund 696, 752 ff., 759
– Strafverfolgungsvoraussetzungen 752
– Subsumtionsirrtum 181, 706 ff.
– Tatbestandsebene 696, 703 ff.
– tatsächliche Umstände 697 f., 700, 733
– Überblick über die Irrtumsarten 695 f., 759

– zu Lasten des Täters 701 f.
– zugunsten des Täters 701 f.
– Zusammenfassung 759
Irrtum bei mehraktigen Geschehensabläufen 717 f.

J
Jauchegrubenfall 193, 717 f.
Jugendstrafrecht 362

K
Katzenkönigfall 819
Kausalität 137 ff.
– abgebrochene 150 f.
– alternative 146
– Äquivalenztheorie 142
– Bedingungstheorie 142
– conditio-sine-qua-non 142, 146
– Doppelkausalität 146
– Fahrlässigkeitsdelikte 658
– Formen 145 f.
– generelle 143
– Gremienentscheidungen 152 f.
– Grundlagen 137 ff.
– hypothetische 149, 574
– Irrtum über den Kausalverlauf 194, 713 ff., 718
– Kausalitätstheorien 140 ff.
– kumulative 147 f.
– Mehrfachkausalität 146
– mehrstufige 151
– Quasi-Kausalität 574 f.
– Reservursache 149
– überholende 150 f.
– ungeschriebenes Tatbestandsmerkmal 139
– Unterlassen 144, 574 f.
Kausalität der Beihilfe 864 f.
– abstrakte Gefährdungstheorie 865
– Förderungstheorie 865
– Kausalitätstheorie 865
– Risikoerhöhungslehre 865
Kettenteilnahme 873 ff.
Klammerwirkung 932 ff.
– Dauer- und Zustandsdelikt 933 f.
– mehrerer Einzeldelikte 935 f.
– Teilidentität der Ausführungshandlung 927 f., 934
klassischer Verbrechensaufbau 70 f.
kognitive Theorien 176
Koinzidenzprinzip 408
konkretes Gefährdungsdelikt 111
Konkurrenzen 903 ff.
– Beteiligung 878
– Dauerdelikt 933 ff.

367

Stichwortverzeichnis

- echte 911 ff.
- Gesamtstrafe 917
- gleichartige 912
- Grundlagen 903 ff.
- Konsumtion 939, 945
- Kumulationsprinzip 904, 914
- mitbestrafte Nachtat 939, 947 f.
- mitbestrafte Vortat 939, 946
- natürliche Handlung 920 ff.
- natürliche Handlungseinheit 923 ff.
- Prüfungsschema 918 f.
- Qualifikation 940
- Rechtfertigungsgründe 217
- Selbstständigkeit der Delikte 937 ff.
- Spezialität 939 f.
- Subsidiarität 939, 941 ff.
- tatbestandliche Handlungseinheit 929
- unechte 909
- ungleichartige 912
- Zurücktreten 937 ff.
- Zusammentreffen Dauerdelikt mit Zustandsdelikt 928, 933 ff.

Konsumtion 945
kumulative Kausalität 147 f.
Kurzschlusshandlungen 134

L

Lebensführungsschuld 128
Lehre von den negativen Tatbestandsmerkmalen 74, 738, 741
Lehre von der Straftat 54
limitierte Akzessorietät 828 ff., 856, 858
Lockerung der Akzessorietät 832, 879 ff.
- bei Tötungsdelikten 888

M

Maßregeln der Besserung und Sicherung 55
materielles Recht 34
Mauerschützenfälle 816 f.
mehraktige Delikte, Konkurrenzen 929
mehraktige Geschehen 798 f.
mehraktige Geschehensabläufe 193 f., 717 f.
Mehrfachkausalität 146
mehrstufige Kausalität 151
menschliches Verhalten 121, 126 f.
mildestes Mittel 238
minder schwere Fälle 117 ff., 431
misslungener Rücktritt 504 ff.
mitbestrafte Nachtat 947 f.
mitbestrafte Vortat 946
Mittäterschaft 766, 782 ff.
- Aufkündigung des gemeinsamen Tatplans 794 f.
- Ausführungsstadium 788 f.
- Bandenchef 776, 782, 788 f.
- Beteiligungsminus 789
- Definition 766, 782
- erfolgsqualifizierte Delikte 803
- fahrlässige 651 f., 802
- funktionelle Tatherrschaft 776, 782, 789
- gemeinsamer Tatplan 782, 785 ff.
- Gesamtlösung 495, 497
- Grundlagen 782 ff.
- Mittäter als Opfer 800 f.
- Mittäterexzess 792 f.
- objektiver Tatbeitrag 785, 788 f.
- Prüfungsstandort 790
- Rücktritt 794 f.
- sukzessive 480, 786, 796 ff.
- Tatplanänderung 787
- Versuchsbeginn 494 f., 804
- Voraussetzungen 785 f.
- Vorbereitungsstadium 789
- Zurechnung 782 ff., 791

mittelbare Täterschaft 765, 805 ff.
- Abgrenzung von Anstiftung 807, 814, 817
- absichtslos-doloses Werkzeug 776, 811
- bei Selbsttötung 822 ff.
- Defekt des Vordermanns 813
- Definition 765, 805
- durch Unterlassen 778
- Exzess 826
- Fahrlässigkeit 807
- Formen 808 ff.
- Grundlagen 805 f.
- Irrtumsfragen 825 f.
- Irrtumsherrschaft 806, 810
- konstitutionsbedingte Herrschaft 806
- Nötigung des Tatmittlers 806, 821
- Organisationsherrschaft 816
- organisierte Machtapparate 817 f.
- Prüfungshinweis 807
- qualifikationslos-doloses Werkzeug 809
- Schuldlosigkeit 813
- Täter hinter dem Täter 815 ff.
- Tatherrschaft 805
- Tatmittler 805, 809 ff.
- tauglicher Täter 807
- vermeidbarer Verbotsirrtum des Tatmittlers 819 f.
- Versuchsbeginn 498 f., 827
- Wissensherrschaft 806, 811

mittelbare täterschaftsorganisierte Machtapparate 816
Mitverschulden 289
Möglichkeit der gebotenen Handlung 580 ff.
Motivirrtum 720 f., 824

Stichwortverzeichnis

mutmaßliche Einwilligung 314 ff.
– Grundlagen 314
– hypothetischer Wille 316 f.
– kein schutzwürdiges Interesse 318
– materielles Interesse des Betroffenen 316 f.
– Prüfungsschema 315
– Voraussetzungen 315 ff.
– wahrer Wille 316

N
natürliche Handlung 920 ff.
ne bis in idem 31
Nebenstrafrecht 36, 731
Nebentäterschaft 651 f., 767 f.
neutrales Verhalten (bei der Beihilfe) 866 f.
– Beihilfetheorie 867
– Lehre vom Rechtswidrigkeitsausschluss 867
– objektive Einschränkungslehren 867
– subjektive Einschränkungstheorien 867
normative Tatbestandsmerkmale 88, 709 ff.
Nothilfe 220
Nötigungsnotstand 293, 397
Notstandshandlung 281 ff., 386 ff.
– Angemessenheit 290
– Erforderlichkeit 283 f., 387
– Geeignetheit 282, 386
– Güterabwägung 285 ff.
– Interessenabwägung 285 ff.
– Mitverschulden 289
– Verhältnismäßigkeit 388
– Zumutbarkeit 387, 389 ff.
Notstandshilfe 277, 391
Notstandslage 272 ff., 382 ff.
– Dauergefahr 279, 385
– Gefahr 272 ff., 382 ff.
– Gegenwärtigkeit 278 f., 385
– Rechtswidrigkeit 280
– Selbstverursachung 275
Notwehr 218 ff.
– Absichtsprovokation 251 ff.
– Angriff 225 ff.
– Doppelfunktion 221
– Drei-Stufen-Theorie 245, 256
– Erforderlichkeit der Notwehrhandlung 238 ff.
– Europäische Menschenrechtskonvention 249
– Garantenstellung zum Angreifer 258 f.
– Gebotenheit der Notwehrhandlung 243 ff.
– Geeignetheit der Notwehrhandlung 237
– gegenwärtiger Angriff 229 ff.
– Grundlagen 218 ff.

– Güterabwägung 219, 247
– Hoheitsträger im Dienst 267 ff.
– Individualschutzprinzip 221, 228
– Irrtum des Angreifers 261
– krasses Missverhältnis 247 ff.
– mildestes Mittel 238
– Nothilfe 220, 235
– Notwehrhandlung 236 ff.
– Notwehrlage 225 ff.
– Provokation des Angriffs 251 ff.
– Prüfungsschema 224
– Putativnotwehr 266, 759
– Rechtsbewährungsprinzip 221
– Rechtsgüter Dritter 223
– rechtswidriger Angriff 233 ff.
– Schuldunfähigkeit des Angreifers 260
– Schusswaffengebrauch 250
– Schutzwehr 245
– Selbstschutzprinzip 221
– selbstverschuldet herbeigeführter Angriff 254 ff.
– sozialethische Einschränkungen 243 f.
– subjektives Rechtfertigungselement 262, 264
– Trutzwehr 245
– Verteidigungswille 262 ff.
– Voraussetzungen 224
– zivilrechtliche 323
– Zumutbarkeit 242
Notwehr gegen Notwehr 234
Notwehrexzess 265, 398 f.
– asthenische Affekte 401 f.
– differenzierende Theorie 399
– Einschränkungen 404
– extensive Theorie 399
– extensiver 265, 398 ff.
– intensiver 265, 398, 401 f.
– Putativnotwehrexzess 405
– restriktive Theorie 399
– subjektive Anforderungen 403
Notwehrexzesses 400
Notwehrhandlung 236 ff.
– erforderliche 238 ff.
– gebotene 243 ff.
– geeignete 237
– zumutbare 242
Notwehrlage 225 ff.
notwendige Teilnahme 900 ff.
nullum crimen, nulla poena sine lege 23 f., 75

O
objektive Rechtfertigungsmerkmale 212
objektive Sorgfaltspflichtverletzung, Definition 672

Stichwortverzeichnis

objektive Strafbarkeitsbedingungen 93 f.
objektive Tatbestandsmerkmale 91
objektive Zurechnung 141, 154 ff.
- allgemeines Lebensrisiko 158
- atypischer Kausalverlauf 161, 713
- Beherrschbarkeit des Erfolges 159
- Dazwischentreten eines Dritten 165 ff., 690 f.
- Definition 156 f.
- einverständliche Fremdgefährdung 689
- erlaubtes Risiko 158, 351
- Fahrlässigkeitsdelikt 660 ff., 683 ff.
- freiverantwortliche Selbstgefährdung 164, 664, 687 ff.
- freiverantwortliche Selbstschädigung 164, 664, 687 ff.
- Grundformel 156
- Grundlagen 154 f.
- Pflichtwidrigkeitszusammenhang 163, 627, 661, 684 f.
- rechtmäßiges Alternativverhalten 163, 661, 684 f.
- Risikoverringerung 160, 844
- Schutzzweck der Norm 162, 627, 686
- Sicherheitsvorschriften 166
- Sozialadäquanz 158, 352
objektiver Tatbestand 72 f., 78, 91
- Rechtswidrigkeit als Indizwirkung 207
- Rechtswidrigkeit als Merkmal des 207
öffentlich-rechtliche Rechtfertigungsgründe 338 ff.
omnimodo facturus 842, 844 f., 891
Ordnungswidrigkeiten 38, 762
- Einheitstäterprinzip 762

P
Parallelwertung in der Laiensphäre 711
Personalitätsprinzip
- aktives 45
- passives 46
persönliche Strafaufhebungsgründe 418
- Beispiele 418
- Definition 418
- Rücktritt 418, 502, 516, 898
- tätige Reue 418
persönliche Strafausschließungsgründe 416 f.
- Beispiele 416
- besonderes persönliches Merkmal 417
- Definition 416
- Irrtum über 752 ff., 759
- Überdehnung 755 ff.
Pflichtwidrigkeitszusammenhang 163, 576, 661, 684 f.

Privilegierung 116, 887
- Definition 116
- Täterschaft und Teilnahme 887
provozierte Notwehr 251 ff.
Putativnotwehr 266, 759
Putativnotwehrexzess 405

Q
Qualifikation 116, 887
- Definition 116
- Konkurrenzen 940
- Täterschaft und Teilnahme 887

R
Radleuchtenfall 563, 566
rechtfertigende Pflichtenkollision 348 f., 592
rechtfertigender Notstand 270 ff.
- Abgrenzung zum entschuldigenden Notstand 270
- Angemessenheit 290
- Anwendungsfälle 293
- Dauergefahr 279
- Erforderlichkeit der Notstandshandlung 283 f.
- Geeignetheit der Notstandshandlung 282
- Gefahrabwendungswille 291 f.
- Grundlagen 270
- Güterabwägung 285 ff.
- Interessenabwägung 285 ff.
- Irrtümer 733 f., 742 f.
- Nötigungsnotstand 293
- Notstandshilfe 277
- Prüfungsschema 271
- subjektives Rechtfertigungselement 291 f.
- Verschulden der Notstandslage 289
- Voraussetzungen 271
Rechtfertigungsgründe 61, 204
- gewohnheitsrechtliche Geltung 215
- Güterabwägung 212, 247, 285 ff.
- Hoheitsträger im Dienst 267 ff.
- kein abgeschlossener Katalog 215
- keine Geltung des Analogieverbots 215
- Konkurrenzen 217
- objektives Rechtfertigungsmerkmal 212
- Prüfungsreihenfolge 217
- Rechtfertigungshandlung 212
- Rechtfertigungslage 212
- rechtswidrige Anordnung 346, 406
- rechtswidriger Befehl 346, 406
- Rügerecht, beamtenrechtliches 215
- Struktur 211 ff.
- subjektives Rechtfertigungselement 213 f., 262 ff., 291 f.
- ungeschriebene 294 ff., 347 ff.

Stichwortverzeichnis

- verfassungsrechtlich abgeleitete 345
- Wahrnehmung berechtigter Interessen (§ 193 StGB) 350
- zivilrechtliche 321 ff.
- Züchtigungsrecht 353 f.

rechtliches Gehör 31
rechtmäßiges Alternativverhalten 163, 661, 684 f.
Rechtsbewährungsprinzip 221
rechtsethische/psychologische Vergleichbarkeit 963
Rechtsfolgen der Straftat 53 ff.
Rechtsgut 11
- Allgemeinrechtsgut 11
- Individualrechtsgut 10
- Leben 288

Rechtsgüterschutz 9 ff.
Rechtsgutsträger 15
rechtswidrige Tat 64
Rechtswidrigkeit 201 ff.
- Abgrenzung zur Schuld 206
- als Tatbestandsmerkmal 95, 207
- Definition 201
- des Angriffs 233 f.
- Erlaubnistatbestände 203 f.
- Güterabwägung 212
- in dubio pro reo 216
- Indizwirkung 203 ff.
- offene Tatbestände 205
- Prüfungsschema 201, 217
- Rechtfertigungshandlung 212
- Rechtfertigungslage 212
- subjektives Rechtfertigungselement 213 f., 262 ff., 291 f.
- Tatbestandsbezogenheit 202

Rechtswidrigkeit des Angriffs 235
Reflexbewegungen 131
Regelbeispiel 117 ff., 431, 491
relative Straftheorien 18 ff.
relatives Antragsdelikt 420
Reserveursache 149
Risikoerhöhungstheorie 685, 865
Risikoverringerung 160, 844
Rücktritt vom Versuch 502 ff.
- aktiver Gegenakt 523, 528, 530 f.
- Alleintäter 515, 517 ff.
- außertatbestandliches Handlungsziel 550 f.
- Aufgeben der Tat 519 ff.
- Bemühen, freiwilliges und ernsthaftes 527, 532 f.
- Beseitigung des eigenen Tatbeitrages 533 f.
- Denkzettelfälle 552
- Einzelaktstheorie 544, 548

- erfolgsqualifizierte Delikte 554
- erfolgsqualifizierter Versuch 553
- Gesamtbetrachtungslehre 544 f., 548 f.
- Gleichgültigkeit 546
- Grundlagen 502
- Klausurhinweise 502, 509, 515
- Korrektur des Rücktrittshorizonts 547 ff.
- mehrere Täter 515, 528 ff.
- misslungener 504 ff.
- nach fehlgeschlagenem Einzelakt 543 ff.
- persönlicher Strafaufhebungsgrund 418, 502, 516
- Prüfungsreihenfolge 515
- rechtsdogmatische Einordnung 502
- Rechtsfolge 516
- Rücktrittshorizont 545, 548 f.
- Rücktrittsvarianten 515
- Rücktrittswille 535 ff.
- Tatbegriff 520
- Tatplantheorie 545, 548
- unerkannt fehlgeschlagener Versuch 525 ff.
- unerkannt untauglicher Versuch 525 ff.
- untauglicher Versuch 521, 525 f.
- Unterlassungsdelikt 540 f.
- Unternehmensdelikte 477
- Verhinderung der Tatvollendung 522 ff., 530 f., 533
- Versuch der Beteiligung 898 f.
- Zweckerreichungstheorie 551

Rücktrittshorizont, außertatbestandliches Handlungsziel 552
Rücktrittsvorbehalt 444
Rückwirkungsverbot 27 f.
Rügerecht, beamtenrechtliches 215

S
Sachverhalt 56 f.
Sanktionen
- Überblick 55

scheinbare Konkurrenz 910
Schuld 355, 357
- Abgrenzung zur Rechtswidrigkeit 206
- Bestandteile 359
- Fahrlässigkeitsdelikt 668 ff.
- Heranwachsende 362
- individuelle Vorwerfbarkeit 355
- Jugendliche 362
- Kinder 361 f.
- Koinzidenzprinzip 408
- Lebensführungsschuld 128
- Prüfungsschema 359
- verminderte Schuldfähigkeit 368
- Vorwerfbarkeit 356

Stichwortverzeichnis

Schuldausschließungsgründe 379 f.
- Abgrenzung zu Entschuldigungsgründen 379 f.

Schuldfähigkeit 62, 360 ff., 364 f.
- bedingte Schuldunfähigkeit 362
- Einschränkungen (§§ 19 ff. StGB) 361 ff.
- fehlende Einsichtsfähigkeit 365
- fehlende Steuerungsfähigkeit 365
- Jugendstrafrecht 362

Schuldform 376 f.
Schuldmerkmale, spezielle 369, 880
Schuldprinzip 32, 94, 356 f.
Schuldtheorie 373, 734, 741
- eingeschränkte 736 f., 741
- Erlaubnistatbestandsirrtum 736 f.
- rechtsfolgenverweisende eingeschränkte 737, 741
- strenge 736, 741

Schuldunfähigkeit 363
- Alkoholrausch 367
- andere seelische Abartigkeiten 366
- krankhafte seelische Störung 366
- Schwachsinn 366
- tief greifende Bewusstseinsstörung 366
- verminderte 368

Schuldvorsatz 737, 741
Schuldvorwurf 358, 915
- Gegenstand 358

Schusswaffengebrauch
- im Rahmen der Festnahme 342
- im Rahmen der Notwehr 250, 267 ff.

Schutzprinzip 47, 221
Schutzwehr 245
Schutzzweck der Norm 162, 686
Selbstgefährdung 164, 664, 687 ff.
- Abgrenzung zur Fremdgefährdung 689
- BtMG 164
- freiverantwortliche 164, 687 ff.

Selbsttötung 809, 822 ff., 828
Selbstverursachung der Gefahr 390 f.
Simultaneitätsprinzip 194
Siriusfall 822 ff.
Sonderdelikt 115, 771, 791
- echtes 115
- unechtes 115

Sorgfaltspflicht 672 ff.
- Begrenzung 677
- Bestimmung der Pflicht 674, 676
- Erfahrungssätze 676
- Rechtspflichten 675
- Sonderfähigkeiten 680
- Sonderwissen 679
- Verkehrsnormen 675
- Vertrauensgrundsatz 677

Sorgfaltspflichtverletzung 639 f., 659
- Bestimmung der Pflicht 675
- Betrachtung ex-ante 673
- Feststellung 678
- gerechtfertigtes Verhalten 681 f.
- objektive 672 ff.
- subjektive 669

Sozialadäquanz 158, 352
sozialethische Einschränkungen
- des Notstandsrecht 290
- des Notwehrrechts 243 f.

Spezialität 940
Spezialprävention 20
- negative 20
- positive 20

Spontanreaktionen 134
Sprengfalle 727
Staatsschutzprinzip 47
Stellvertretungsprinzip 49
Strafbarkeitsvoraussetzungen, sonstige 414 ff.
Strafbegründungsschuld 357
Strafe 55
- Freiheitsstrafe 55
- Geldstrafe 55
- Hauptstrafe 55
- Nebenstrafe 55

Strafgrund des Versuchs 424 ff.
- gemischt subjektiv-objektive Theorie 427
- objektive Versuchstheorie 426
- subjektive Versuchstheorie 425

Strafprozessrecht 34 f.
Strafrecht
- Anknüpfungspunkt 42 ff.
- Aufgabe 9 ff.
- Grundlagen 2 ff.
- internationales 39 ff.
- Rechtsgüterschutz 9 ff.
- Stellung im Rechtssystem 1

Straftheorien 16 ff.
- absolute 17
- Generalprävention 19
- relative 18 ff.
- Spezialprävention 20

Strafverfolgungshindernisse 419, 421
Strafverfolgungsvoraussetzungen 419 f.
Strafzumessungsregeln 117, 119
Stufenverhältnis
- logisches 956
- normatives 950, 953, 957
- Postpendenzfeststellung 953 f., 956
- Präpendenzfeststellung 953, 955
- zeitliches 950, 953

subjektive Tatbestandsmerkmale 92, 169 ff.
subjektive Vermeidbarkeit 670

Stichwortverzeichnis

subjektive Vorhersehbarkeit 670
subjektiver Tatbestand 72 f., 78, 92, 169 ff.
subjektives Rechtfertigungselement 213 f., 262 ff., 291 f.
Subsidiarität 941 ff.
– formelle 942
– systematische 943
Subsumtion 77, 82
Subsumtionsirrtum 181, 706 ff.
Sühnetheorie 17

T
Tataufgabe 519 f.
– Voraussetzungen 519 f.
Tatbestand 56, 60, 75 ff.
– Appellfunktion 75, 203, 205
– Aufbau 77 f.
– Definition 56, 60
– Indizwirkung 203 f.
– objektiver 72 f., 78
– Prüfungsschema 78, 169
– subjektiver 72 f., 78, 169 ff.
tatbestandliche Handlungseinheit 929
– Definition 929
tatbestandsbezogene Merkmale 89
Tatbestandsirrtum 704 ff., 759
– Definition 759
– Fahrlässigkeitsstrafbarkeit 704
– Garantenstellung 757
– Irrtum über den Kausalverlauf 194, 713 ff.
– Irrtum über normative Tatbestandsmerkmale 709 ff.
– mehraktiges Geschehen 717 f.
– milderes Gesetz 705
– Prüfungshinweis 704
– Rechtsfolge 704
– Subsumtionsirrtum 181, 706 ff.
– Zusammentreffen mit Verbotsirrtum 745
Tatbestandsmerkmale 77 f.
– Definition 81
– deskriptive 87
– geschriebene 85
– normative 88, 709 ff.
– objektive 78, 80, 91
– subjektive 78, 80, 92, 169 ff.
– Subsumtion 82
– tatbezogene Merkmale 89, 881
– täterbezogene Merkmale 90, 881
– ungeschriebene 86, 139
tatbezogene Merkmale 881
Tateinheit 906, 912 ff.
– Absorptionsprinzip 915
– Dauerdelikt 933 ff.
– gleichartige Idealkonkurrenz 912

– Kumulationsprinzip 904, 914
– ungleichartige Idealkonkurrenz 912
Tatentschluss 439 ff., 470
– Abgrenzung zum Vorsatz 439
– bedingter 445
– endgültiger 444
– Fehler 446
– Rücktrittsvorbehalt 444
– Tatgeneigtheit 444
täterbezogene Merkmale 90, 881 ff.
– strafbegründende 884 ff.
– strafmodifizierende 884, 887
Täterschaft 763 ff.
– Alleintäter 764
– Erscheinungsformen 763 ff.
– Grundlagen 807
Täterschaft/Teilnahme, Abgrenzung 770 ff., 775 ff.
– Animustheorie 776, 781
– bei Absichtsdelikten 773
– bei Allgemeindelikten 774
– bei eigenhändigen Delikten 772
– bei Sonderdelikten 771
– differenzierende Theorie 781
– formal-objektive Theorie 776
– gemäßigt-subjektive Theorie 777
– Grundlagen 770
– materiell-objektive Theorie 776
– Prüfungshinweise 770, 774
– subjektive Theorie 776, 781
– Täterschaftstheorie (beim Unterlassungsdelikt) 781
– Teilnahmetheorie 781
– Unterlassungsdelikt 778 ff.
Tatherrschaft 776, 781
– Definition 776
– funktionelle 776, 782, 789
– Handlungsherrschaft 776
– Willensherrschaft 776
Tatherrschaftslehre 776, 781, 789
tätige Reue 476
Tätigkeitsdelikt 109, 137
– Fahrlässigkeitsdelikte 642
– schlichtes 109
Tatmehrheit 907, 916 f.
– Asperationsprinzip 917
– Gesamtstrafe 917
– gleichartige Realkonkurrenz 916
– ungleichartige Realkonkurrenz 916
Tatobjekt 15
täuschungsbedingte Einwilligung 309 ff.
– allgemeine Unwirksamkeitstheorie 310
– medizinische Aufklärungspflicht 311
– normative Autonomietheorie 310

373

Stichwortverzeichnis

- rechtsgutsbezogene Unwirksamkeitstheorie 310
- Teilnahme 828 ff.
  - Akzessorietät 828 ff.
  - eigenhändige Delikte 772
  - erfolglose 890
  - erfolgsqualifiziertes Delikt 831
  - Fahrlässigkeitsdelikt 648 f.
  - Grundlagen 828 ff.
  - Kettenteilnahme 834, 873 ff.
  - notwendige 900 ff.
  - Schuldmerkmale 880
  - Strafmaß 879
  - täterbezogene Merkmale 881
  - Tötungsdelikte 888
- Teilnehmer 760
- Territorialitätsprinzip 43
- Trutzwehr 245
- Tun, Abgrenzung zum Unterlassen 555 f., 562 ff.
  - Abbruch von Rettungsbemühungen 567 ff.
  - Grundsatz 562
  - mehrdeutige Verhaltensweisen 563 ff.
  - Schwerpunkt der Vorwerfbarkeit 566, 571
  - Vereiteln fremder Hilfe 569
  - Vorsatzwechsel 565

U

- überholende Kausalität 150 f.
- überschießende Innentendenz 443
- Ubiquitätsprinzip 43
- Umfang, objektiver Tatbeitrag 788 f.
  - gemäßigte Tatherrschaftslehre 789
  - strenge Tatherrschaftslehre 789
  - subjektive Tätertheorie 789
- unbeendeter Versuch 492 f., 512 f., 518 ff.
  - Abgrenzung zum beendeten Versuch 492 f.
  - Definition 492, 512
  - Rücktritt 518 ff.
  - subjektiver Maßstab 513
- unechtes Sonderdelikt 115
- unechtes Unterlassungsdelikt 114, 558 ff., 570 ff., 594 ff.
  - Definition 114, 558
  - Entsprechungsklausel 587 f.
  - Handlung 571
  - Handlungsmöglichkeit, physisch-reale 556, 580 ff.
  - individuelle Möglichkeit 581
  - Irrtum über Garantenstellung 593, 756 ff.
  - objektive Unmöglichkeit 581
  - Pflichtwidrigkeitszusammenhang 163, 576, 627
  - Prüfungsschema 570 ff.
  - Rücktritt 540 f.
  - Strafmilderung 560
  - Tatbestandsmäßigkeit 572 ff.
  - taugliche Täter 771
  - Zumutbarkeit 585 f.
- ungeschriebene Tatbestandsmerkmale 86
- unmittelbares Ansetzen 447, 469 ff., 473 f., 481 f.
  - Alleintäter 482 ff.
  - beendeter Versuch 493
  - Einzelfallbetrachtung 486, 492
  - Einzelfälle 487 ff.
  - gemischt objektiv-subjektive Theorie 427
  - gemischt subjektiv-objektive Theorie 482
  - „Jetzt geht es los" 483 f.
  - mehrere Delikte 487
  - objektives Element 485 f.
  - Qualifikation 489 f.
  - subjektives Element 483 f.
  - Teilaktstheorie 485
  - Theorie des erstmöglichen Eingriffs 501
  - unbeendeter Versuch 492 f.
  - Zäsur 486 f., 489
  - zusammengesetzte Delikte 488
  - Zwischenaktstheorie 485
- unmittelbares Ansetzen bei Mittäterschaft 494 f., 804
  - Gesamtlösung 495
  - modifizierte Einzellösung 495
  - strenge Einzellösung 495
- unmittelbares Ansetzen bei mittelbarer Täterschaft 498 f., 827
  - differenzierende Theorie 499
  - Einwirkungstheorie 499
  - Rechtsgutsgefährdungstheorie 499
  - strenge Akzessorietätstheorie 499
- unmittelbares Ansetzen bei vermeintlicher Mittäterschaft 496 f.
  - enge Gesamtlösung 497
  - modifizierte Einzellösung 497
  - strenge Einzellösung 497
  - weite Gesamtlösung 497
- unmittelbares Ansetzen beim Unterlassungsdelikt 500 f.
  - Theorie der unmittelbaren Rechtsgutsgefährdung 501
  - Theorie des letztmöglichen Eingriffs 501
- Unrecht 65 f., 201
  - Begriff 65
  - Grundlagen 201
- Unrechtsbewusstsein 370 ff., 729
  - aktuelles 374

Stichwortverzeichnis

- Definition 370
- Fahrlässigkeit 668
- Grundlagen 370 ff.
- potentielles 374, 729, 731
- selbstständiges Schuldelement 373
- Tatbestandsbezogenheit 375
- Teilbarkeit 375

unselbstständige Strafmilderungen 431
unselbstständige Strafschärfungen 431
untauglicher Versuch 448 ff.
- Abgrenzung zum Wahndelikt 459, 701
- Rücktritt 521
- Strafbarkeit 451
- Untauglichkeit des Tatmittels 450
- Untauglichkeit des Tatobjekts 450
- Untauglichkeit des Tatsubjekts 450

Unterlassen
- Anstiftung durch 841 f.
- Beteiligung durch 779 ff.

Unterlassungsdelikt 114, 555 ff.
- Aufbau 556, 570 ff.
- Beihilfe durch Unterlassen 860
- Beteiligung eines Garanten 779 ff.
- Entsprechungsklausel 587 f.
- Erfolgsdelikt 561
- Erfolgseintritt 573
- Erforderlichkeit 583 f.
- Fahrlässigkeit 556
- Handlung 571
- Irrtum 593, 756 ff.
- Konkurrenzen 929
- Mittäter 778
- Nichtvornahme der gebotenen Handlung 578 f.
- objektive Zurechnung 576
- Quasi-Kausalität 574 f.
- Rechtswidrigkeit 592
- Rücktritt 540 f.
- schlichtes 561
- Schuld 593
- Struktur 555 f.
- subjektiver Tatbestand 589 ff.
- Tatbestandsmäßigkeit 572 ff.
- Täterschaft und Teilnahme 778 ff.
- Täterschaftstheorie 781
- Teilnahme am Unterlassungsdelikt 556, 780 f., 842
- Teilnahme durch Unterlassen 556, 841 f.
- Teilnahmetheorie 781
- untauglicher Erfolgsabwendungsversuch 579
- Unzumutbarkeit normgemäßen Verhaltens 593
- Versuch 541, 556
- Vorsatz 179, 589 ff.

- Zumutbarkeit 585 f.

Unternehmensdelikt 120, 477
- Definition 120

unwesentliche/wesentliche Abweichung vom Kausalverlauf 716

V

Verbot der Doppelbestrafung 31, 37, 40
Verbotsirrtum 370 ff., 728 ff., 759
- Definition 728, 759
- direkter 729
- fakultative Strafmilderung 729
- Garantenpflicht 758
- Gebotsirrtum 591, 593, 758
- mittelbare Täterschaft 819 f.
- Rechtsauskunft 731
- Unrechtseinsicht 728 f.
- Vermeidbarkeit 374, 729 ff.
- Zusammentreffen mit Tatbestandsirrtum 745

Verbotsnorm 203
Verbrechen 106, 428 ff.
- Definition 106, 428

Verbrechensaufbau 58 ff.
- kausaler Verbrechensaufbau 70 f.
- klassische Lehre 70 f., 640
- Lehre von den negativen Tatbestandsmerkmalen 74, 738, 741
- moderne Lehre 72 f., 640
- neo-klassische Lehre 640

Verbrechensverabredung 472, 894 f., 897
Vereinigungstheorien 21
Verfall 55
verfassungsrechtliche Vorgaben 22 ff.
Vergehen 106, 428 ff.
- Definition 106, 428

Vergeltungstheorie 17
verhaltensgebundenes Delikt 587 f.
Verhältnismäßigkeit 388
Verhinderung der Tatvollendung 522 ff.
- Bestleistungstheorie 524
- Chanceneröffnungstheorie 524
- Differenzierungstheorie 524
- ernsthaftes Bemühen 527, 532 f.

Verjährung 421
Verletzungsdelikt 110, 137
Vermeidbarkeit
- Verbotsirrtum 374

vermeintliche Mittäterschaft 496 f.
verminderte Schuldfähigkeit 368
Versuch 423 ff.
- abergläubischer 455 f.
- Anstiftung 891 f.
- Aufbau 433 ff.
- Beihilfe 893

375

Stichwortverzeichnis

- erfolgsqualifizierter 460 ff.
- fakultative Strafmilderung 432
- fehlgeschlagener 507 f.
- Formen 448 ff.
- gemischt objektiv-subjektive Theorie 427
- grob unverständiger 452 ff.
- Mittäterschaft 494 f.
- mittelbare Täterschaft 498 f.
- Nicht-Vollendung 437
- Prüfung 436
- Qualifikation 489
- Rechtsfolgen 432
- Regelbeispiele 431, 491
- Strafbarkeit des 428 ff., 438
- Unterlassungsdelikt 500 f., 541
- Versuchsformen 503 ff.
- versuchte Anstiftung 842
- Voraussetzungen 435 ff.
- Vorbereitungshandlungen 471 f.
- Vorprüfung 437 f.

versuchte Teilnahme 889 ff.
Verteidigungswille 262 ff.
- Erforderlichkeit 263 f.
- Kenntnistheorie 263
- Lehre vom Verteidigungswillen 263
- objektive Theorie 263
- Rechtsfolge des Fehlens 264
- Versuchstheorie 264
- Vollendungstheorie 264

vierte Ebene der Strafbarkeit 414, 696, 752 ff.
- Irrtümer 752 ff.

vis absolute 132
vis compulsiva 132
V-Mann 496, 854 f.
Völkerstrafrecht 50
Vollendung 475 ff.
Volltatbestände 76
voluntative Theorien 175
Vorbereitungshandlungen 471 f., 891
vorläufige Abstandnahme von der Tat 520
- enge Tattheorie 520
- kriminalpolitische Theorie 520
- Theorie des eingeschränkten Tatbegriffs 520
- weite Tattheorie 520

Vorprüfung beim Versuch 436 ff.
Vorsatz 67 ff., 171 f.
- Abgrenzung zum Fahrlässigkeitsdelikt 172
- Abgrenzung zur Fahrlässigkeit 171, 175 f., 637
- Absicht 189 f.
- Anstiftervorsatz 848 f.
- Arten 184 ff.

- Billigungstheorie 175, 178
- Definition 69, 173
- direkter 188 f.
- dolus alternativus 198 ff.
- dolus antecedens 196 f.
- dolus directus 188 f.
- dolus generalis 193 f.
- dolus subsequens 195
- Doppelfunktion 737
- Elemente des Vorsatzes 173 ff., 180 ff.
- Ernstnahmetheorie 175
- Erscheinungsformen 192 ff.
- Gefährdungsgrade 182
- Gleichgültigkeitstheorie 175
- kognitive Theorien 176
- mehraktige Geschehensabläufe 193 f., 717 f.
- Möglichkeitstheorie 176
- Risikotheorien 177
- Simultaneitätsprinzip 194, 718
- Stellung des Vorsatzes im Verbrechensaufbau 67 ff.
- Unterlassungsdelikte 179, 589 ff.
- Vorsatz-Fahrlässigkeits-Kombinationen 692 f.
- Wahrscheinlichkeitstheorie 176
- Willenstheorien 175
- Wissenselement 175 f., 180 f., 185
- Wissenstheorien 176
- Wissentlichkeit 188
- Wollenselement 175, 182 f., 186

Vorsatz-Fahrlässigkeits-Kombinationen 692 f.
Vorsatzschuld 737, 741
Vorsatztheorie 373, 734 f., 741
- eingeschränkte 735, 741
- Erlaubnistatbestandsirrtum 735, 741
- strenge 735

Vorwerfbarkeit 206, 571

W

Wahlfeststellung 949 f., 958 ff.
- echte 958 ff.
- Postpendenzfeststellung 953 f., 956
- Präpendenzfeststellung 953, 955
- Stufenverhältnis 950
- Tatsachenalternativität 958 f.
- unechte 965

Wahndelikt 120, 442, 457 ff.
- Abgrenzung zum untauglichen Versuch 459, 701
- Definition 120, 457

Wahrnehmung berechtigter Interessen (§ 193 BGB) 350
Weltrechtsprinzip 48

Stichwortverzeichnis

Wissentlichkeit 188

Z
Ziegenhaarfall 563, 566
zivilrechtliche Notwehr (§ 227 BGB) 323
zivilrechtliche Rechtfertigungsgründe 321 ff.
zivilrechtlicher Notstand 324 ff.
Züchtigungsrecht 353 f.

Zumutbarkeit
– beim entschuldigenden Notstand 387, 389 ff.
– beim Unterlassungsdelikt 585 f.
– der Notwehrhandlung 242
Zustandsdelikt 112 f.
– Zusammentreffen mit Dauerdelikt 928, 933 ff.
zweigliedriger Deliktsaufbau 74, 738
Zweispurigkeit des Sanktionensystems 55